SEP
SECRETARÍA DE
EDUCACIÓN PÚBLICA

CONACULTA   **INAH**

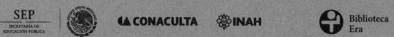

Biblioteca
Era

Michel Graulich

Moctezuma

Michel Graulich

Moctezuma

APOGEO Y CAÍDA DEL IMPERIO AZTECA

Traducción de Tessa Brisac

SEP
SECRETARÍA DE
EDUCACIÓN PÚBLICA

 CONACULTA

INAH

Ediciones
Era

Esta publicación fue realizada con el estímulo del Programa de Apoyo a la Traducción (PROTRAD) dependiente de instituciones culturales mexicanas.

Coedición Ediciones Era / Instituto Nacional de Antropología e Historia

Edición original: *Montezuma ou l'apogée et la chute de l'empire aztèque*, Fayard, París, 1994.

«Montezuma» de Michel Graulich
World copyright © Librairie Arthème Fayard 1994

Primera edición en Biblioteca Era: 2014
ISBN: 978-607-445-343-0
DR de la edición en español © 2014, Ediciones Era, S.A. de C.V.
Calle del Trabajo 31, 14269 México, D.F.
Impreso y hecho en México
Printed and made in Mexico

www.edicionesera.com.mx

Índice

•

· Introducción ·

Moctezuma II, último emperador de los aztecas, es una figura fascinante y trágica: conocido principalmente como desafortunado adversario de Hernán Cortés, el conquistador de México,[1] fue víctima de la irrupción de los europeos, pero pocas veces se recuerda que también lo fue del juicio de la Historia.

Fue víctima, pues, en primer lugar, de la conquista española. Una conquista que desembocó en la destrucción de Tenochtitlan, de la civilización azteca y, finalmente, en la desaparición de nueve décimas partes de la población indígena. Una conquista que, si uno se toma la molestia de pensar un momento en ello, no resulta tan alejada de nuestro presente. ¿Cuáles eran, en efecto, los motivos que Cortés invocaba para intervenir? ¿Cómo justificaba su acción? Proclamaba que lo había mandado su rey, junto con un poder supranacional, el del papa, para llevar a esos pueblos, según él menos desarrollados, una ideología más humana y más respetuosa del hombre y de sus derechos. Venía a ofrecer a los indios un mejor nivel de vida; también venía a protegerlos contra sus tiranos, a ser árbitro de sus conflictos, a hacer reinar la paz y la justicia, a poner fin a crímenes de lesa humanidad tan atroces como los sacrificios

---

[1] Moctezuma II fue el último emperador azteca debidamente entronizado. Escribo Montezuma, que suena mejor que Motecuhzoma pronunciado a la francesa. [En la presente traducción, seguiremos la costumbre establecida en México y escribiremos "Moctezuma". N. de T.] Moctezuma y Cortés son grandes figuras históricas cuyos nombres bien podemos afrancesar. Por lo demás, el español nos pone el ejemplo al hispanizar o actualizarlos sin vacilar, y hablar de Hernán Cortés en lugar de Fernando Cortés, o de Moctezuma en lugar de Motecuhzoma. Por otra parte, llamaremos "reyes" o, en el caso del rey de reyes, "emperador" a los *tlatoque* aztecas. El término "rey" designa realidades tan diversas –desde los faraones hasta los reyes-peleles, pasando por los soberanos a veces múltiples de las antiguas ciudades griegas, los reyes de Roma, de Francia, de las Indias, los monarcas absolutos...– que no hay motivo para negarse a usarlo en el caso mesoamericano.

humanos, el canibalismo y las costumbres antinaturales. Y todo ello de buena fe, pues consideraba que sus valores eran universales, que era preciso combatir a quienes los rechazaban, que el orden cristiano debía imperar en todas partes. A la luz de estas metas, ¿qué significaban las pocas riquezas que sustraían los conquistadores, sino una justa recompensa? En fin, que Cortés sería uno de los inventores del derecho, o deber, de injerencia humanitaria... Un precursor, si se quiere, que nuestra época condena sin darse cuenta, al parecer, de que lo que practica no siempre es tan diferente.

Pues esta época nuestra también se empeña en desaparecer todas las civilizaciones distintas, pero ahora las califica de "iguales" a la nuestra, aunque sin dejar de estigmatizar como "fundamentalista" a cualquiera que a nuestros valores, universales, prefiera los de su propia tradición y se niegue a integrarse...

¿Con qué comparar la intrusión en México de aquellos españoles con sus armas desconocidas y tan seguros de sí mismos? ¿Con una invasión de extraterrestres o de viajeros del futuro? Las civilizaciones mesoamericanas, en efecto, eran bastante comparables a las del antiguo Egipto o de Mesopotamia. Cortés y su pequeña tropa, ellos mismos casi invencibles, sólo eran la vanguardia de todo un mundo nuevo. Moctezuma lo entendió, y definió su conducta en consecuencia.

Ahora bien, la Historia lo juzgó con severidad; calificó de pasividad lo que sólo era legítima prudencia y quiso recordar sólo esa supuesta pasividad, sin tratar de ver de dónde venía la acusación ni lo que ocultaba: pero la Historia fue manipulada por los propios aztecas. A la circunspección del emperador, prefirió el arrojo y la valentía de su efímero sucesor, el joven y heroico Cuauhtémoc, que arrastró a su pueblo entero, sin dudar ni vacilar, a un gigantesco suicidio colectivo. Los tiempos cambian y, con razón o sin ella, la segunda mitad del siglo XX ya no admira tanto a los jefes de Estado maximalistas, empeñados en vencer o morir...

De la vida de Moctezuma, pues, sólo se suele considerar la última fase: la del enfrentamiento con los españoles. El soberano reinó de 1502 a 1520, pero de los primeros diecisiete años de su reinado, se conoce muy poco. No cabe duda, sin embargo, de que Moctezuma fue el más grande y el más lúcido de los nueve soberanos de Tenochtitlan, y su época la más notable de toda la historia azteca. Pero la terrible irrupción española opacó todo lo demás y nunca se ha dedicado a su reinado un estudio detallado. Los especialistas del pasado precolombino suelen tener formación de arqueólogos o antropólogos, no de historiadores. Los historiadores, por su parte, se interesan en la Conquista y en lo que la siguió, pero no en lo que la precedió. Además, los mitos no son muy de su agrado y resulta que son fundamentales en la historia que nos ocupa, sobre todo cuando Moctezuma cree reconocer en los blancos invasores al dios Quetzalcóatl y sus seguidores.

El reino de Moctezuma está mal documentado, aunque no tan mal como el de los demás personajes prehispánicos. Uno puede preguntarse, pues –y tal pregunta es el punto de partida de ese libro–, si es posible escribir la biografía de una personalidad precolombina, reconstruir su historia en el sentido que nosotros le damos a la palabra, establecer los hechos y las circunstancias, las causas y los efectos, determinar los móviles, apreciar las intenciones, como en una investigación judicial. ¿Será posible eso, en el contexto de esa América anterior al contacto con los europeos, una América que ignoraba –con la notable excepción de los mayas de quienes, lamentablemente, subsisten muy pocos textos–[2] la escritura verdadera, fonética? ¿Será posible para un tiempo y un país donde la transmisión del saber era principalmente oral, con todo lo que eso implica de olvido, pérdida, deformación a lo largo de las generaciones y estructuración de la memoria mediante esquemas preconcebidos?

Los aztecas, ciertamente, tenían libros. Pero esos libros contenían dibujos, como nuestras historietas, no textos. Y no pretendían registrarlo todo, ni remotamente. Las crónicas, los anales, tenían por principal función la de refrescar la memoria. En ellos se consignaban fechas, nombres y alusiones muy sintéticas a los acontecimientos más importantes. Una imagen bastaba para dar pie a que el depositario del "texto" iniciara un largo relato, obviamente aprendido de memoria y cada vez menos confiable a medida que los hechos contados se multiplicaban o se alejaban en el tiempo. Imaginemos uno de aquellos manuscritos figurativos, el relato de quinientos años de la vida de una ciudad; quinientos años de reinados, de genealogías, de sucesiones, de conflictos de todo tipo, de guerras, victorias y derrotas, de rituales diversos. Una guerra, en un libro, solía reducirse al glifo de una ciudad acompañado por una señal de conquista, o a la representación de un rey vencedor agarrando a su adversario por el cabello. Sobre las causas, las peripecias y las consecuencias de la guerra, nada. ¿Cómo sorprenderse, entonces, si respecto a esas circunstancias los narradores a menudo confundían

[2] Los mayas dejaron numerosas inscripciones que por fin se empiezan a descifrar. Pero son demasiado pocas para cubrir toda la carrera de un mismo personaje, y los datos que dan son casi tan dudosos como los de las fuentes del México central.

las cosas? ¿O si, para llenar los vacíos de su información, tendían a recurrir al mito o a la leyenda? Además, los mesoamericanos tenían de la historia una concepción cíclica que suponía que se repetía en sus grandes rasgos de un ciclo a otro.

Tal concepción de la historia no podía dejar de incidir en la cronología. Una fecha podía ser más que sólo un indicador temporal: solía tener un valor simbólico. Algunos tipos de acontecimientos *debían* ocurrir en tal o cual año determinado, porque en ese mismo año se habían presentado en los tiempos míticos o en un ciclo anterior. Una migración se había dado en un año Pedernal, una hambruna en un año Conejo. Y si los hechos no se conformaban, ahí estaban los anales para corregir los errores de la realidad.

Se cambiaban las fechas, pues, si hacía falta, y obviamente sin previo aviso. De ahí se derivan múltiples dificultades, agravadas aún por la repetición de un mismo nombre de año cada cincuenta y dos años. Y para colmo, un mismo año podía recibir nombres distintos en distintas ciudades. Para los mexicas, 1519 era un año 1-Caña. Pero en otras ciudades vecinas, que no sabemos identificar del todo, ese mismo año se llamaba 13-Caña, o 7-Caña, o 6-Pedernal, o 5-Pedernal... Así es como para el mismo acontecimiento –por ejemplo, la consagración del primer rey mexica, Acamapichtli– las fuentes indican no menos de siete años distintos.[3]

Confusión de la cronología, imprecisión de la memoria, deformación de los hechos. Por lo demás, conservar la memoria exacta del pasado no era la preocupación central de los historiógrafos aztecas. Su papel era cantar la grandeza de la ciudad, de su dinastía real o de tal personaje o linaje particular. De *su* ciudad y de ninguna otra, con un etnocentrismo a toda prueba que podía llevarlos hasta a negar las más sonadas derrotas, la dependencia respecto de tal otro reino o el tributo a pagar, mientras adjudicaban a los suyos la mayor gloria. Cuando Cortés hace su entrada solemne en Tenochtitlan, donde es recibido por Moctezuma, un historiador texcocano afirma sin empacho que quien salió a recibir al conquistador fue su propio soberano, el rey de Texcoco. Como dice un cronista de la época colonial: "No había pueblo ni aldea, por insignificante que fuera, que no se arrogara todas las grandes acciones que hizo Moctezuma, que no pretendiera haber estado exento y libre de tributos y rentas, y haber poseído armas y escudos reales y ha-

[3] El mecanismo de los calendarios aztecas se expone más adelante (capítulo IV, "Los años de reforma"). Sobre los problemas de cronología, ver por ejemplo Davies, *Los mexicas...*, apéndice, y Graulich, *Mythes et rituels...*

ber ganado guerras". Por otra parte, sabemos de varios soberanos que mandaron destruir todos los libros existentes para poder recomponer la historia a su antojo.

A las deformaciones involuntarias, pues, se agregan otras deliberadas, por razones de chovinismo o de propaganda, o para que la historia concuerde con el mito. Escribir la historia de un personaje prehispánico parece, entonces, una apuesta imposible. No es tan grave que tengamos escasos documentos, lo peor es que, mientras más testimonios encontramos, más se multiplican las contradicciones.

Un intento de biografía de Quetzalcóatl, el supuesto rey y reformador religioso de los toltecas, los antecesores de los aztecas, llevó a una conclusión inequívoca: tal como lo presentan las fuentes, ese Quetzalcóatl es mítico de principio a fin. Si es que existió un personaje con este nombre, nada sabemos de su vida ni de los acontecimientos de sus tiempos. Nada. El mito ha cubierto todo.

No es una conclusión muy sorprendente; Quetzalcóatl pertenece, al fin y al cabo, a un pasado remoto: habría vivido entre trescientos y mil quinientos años antes de la llegada de los europeos. Pero entonces ¿qué pasaría con una figura muy cercana? Frente a esa pregunta, el primer nombre que viene a la mente es el de Moctezuma.

Respecto a ese emperador, los datos son abundantes, relativamente variados y recientes. Los que se refieren a ciertos capítulos de su vida provienen de dos orígenes distintos, uno indígena y el otro –más desinteresado– occidental, lo que nos permite cotejar y verificar.

Los datos indígenas relativos a la Conquista son escritos de la época colonial, bastante posteriores a lo que relatan. Eso es a la vez una desgracia y una suerte. Una desgracia, porque los cronistas tienen aún más motivos que antes para maquillar los hechos. No quieren malquistarse con el ocupante; se supone que están felices de haber recibido la fe cristiana. Pero también tratan de explicar la caída del imperio en función de los antecedentes míticos y de las concepciones mexicas de la historia. Y así tendremos la suerte de sorprender *in fraganti* el proceso de "mitificación", de ver cómo el hecho de la Conquista va siendo reinterpretado y remodelado para adaptarlo a una estructura totalizadora admirable, única en su género, que se propone dar cuenta a la vez de los ciclos de la naturaleza, de la vida humana, de la vida de un imperio y de la evolución de las sociedades.

Cuando, respecto a la Conquista, los anales y las crónicas indígenas se cotejen con las versiones españolas, a veces las juzgaremos con severidad. Eso no implica que carezcan de valor. Por el contrario, como documentos sobre la manera indígena de pensar y de concebir el mundo,

15

son insustituibles. Pero como documentos históricos, su confiabilidad es mínima.

¿Cuáles son esas fuentes?[4] Excepto unos pocos monumentos historiados, ninguna es prehispánica. Los manuscritos figurativos con los cuales contamos fueron elaborados según una tradición indígena a veces auténtica y otras no tanto, y los dibujos que contienen reflejan, poco o mucho, la aculturación en proceso. Se trata de anales que registran los hechos notables año por año: los códices del arzobispo Le Tellier, de Reims (*Telleriano-Remensis*, realizado entre 1548 y 1563) y *Vaticanus A* o *Ríos* (entre 1566 y 1589), que remiten a un prototipo común perdido, y cuyos dibujos están acompañados por comentarios escritos, en español para el *Telleriano*, en italiano para el *Ríos*. El *Códice Aubin* (1576) contiene pocos dibujos, pero incluye textos sucintos en náhuatl; el *Mexicanus* (fin del siglo XVI) contiene pequeños dibujos y algunas palabras, siempre en náhuatl; el *Códice en cruz* (cerca de 1560) sólo parsimoniosos dibujos. Como el tardío *Códice Azcatitlan*, que sobre todo enlista glifos de ciudades conquistadas, y el *Códice Mendoza* (1541), que también contiene muchos de estos glifos, esos documentos permiten verificar o confirmar datos provenientes de fuentes más ricas.

Lo principal de nuestra documentación proviene de textos escritos en español o en náhuatl con caracteres latinos. Usualmente, esos textos se apoyan en manuscritos figurativos que algún monje o algún cronista español o indígena se hizo explicar por especialistas de la memorización de la historia. En efecto, un mérito indiscutible de España fue el notorio esfuerzo por conservar el recuerdo de las civilizaciones que se empeñaba en destruir.

El ejemplo más típico de esos documentos es la *Historia de los mexicanos por sus pinturas* (principios de los años 1530). Su propio título lo indica: se apoya en "pinturas", es decir, códices, que comenta brevemente en español. Es una historia del mundo desde su creación, con partes míticas de capital importancia, seguidas por las andanzas de los mexicas, la fundación de Tenochtitlan y su historia hasta el inicio de la época colonial. Los *Anales de Cuauhtitlan* (1570) y los *Anales de Tlatelolco* (1528) también comentan manuscritos figurativos, pero en náhuatl. Presentan puntos de vista que ya no son los de la ciudad capital sino de ciudades súbditas –aun cuando Tlatelolco era ciudad gemela de Mexico-Tenochtitlan. La misma observación vale para los anales de Chi-

---

[4] Sobre estas fuentes, consultar, además de las introducciones de las obras citadas, *Handbook of Middle American Indians*, vols. 12-15, y, en francés, Graulich, *Mythes et rituels...*

malpáhin (principios del siglo XVII), un descendiente de una familia reinante de Amaquemecan, ciudad de la confederación de Chalco, antaño poderosa.

Una sola fuente, la *Crónica X*, relata la historia de los mexicas con verdadero detalle. Fue redactada, en náhuatl probablemente, e ilustrada por un autor desconocido en la década de 1530. Las informaciones que contiene, provenientes de códices y de largas recitaciones, fueron recopiladas en la ciudad de México; tal vez, incluso, de boca de un miembro del linaje de una importante figura del siglo XV, Tlacaélel. Por desgracia, el texto original se perdió, pero varios autores posteriores abrevaron ampliamente en él. El dominico Diego Durán, primero, para su *Historia de las Indias de Nueva España e Islas de Tierra Firme* (1581), que presenta dibujos con fuerte influencia europea. Después, el jesuita Juan de Tovar (*Relación, Códice Ramírez*), quien en los años 1580 resume a Durán pero también aprovecha otros documentos ahora perdidos, uno de ellos proveniente de Texcoco. Y finalmente don Hernando Alvarado Tezozómoc, un descendiente de Moctezuma, cuya *Crónica mexicana* (*circa* 1600) escrita en español es comparable con la *Historia* de Durán, pero con más riqueza de detalles y de expresiones y giros en náhuatl.

Para compensar el carácter demasiado unilateral de la *Crónica X*, disponemos de las *Relaciones geográficas*. Se trata de las respuestas de funcionarios españoles a un cuestionario del gobierno central, redactadas casi todas entre 1580 y 1585. Algunas preguntas versan sobre las tradiciones históricas, los tributos y las instituciones de los indios. Los informes son de importancia desigual, pero arrojan una luz interesante sobre regiones de las cuales nada sabríamos sin ellos. Algunos son esenciales, como la *Descripción de Tlaxcala*, del mestizo Diego Muñoz Camargo, testimonio único sobre el pasado y la actitud de la ciudad de Tlaxcala, el gran adversario de Mexico-Tenochtitlan. Otra relación interesante, la de Texcoco, de Juan Bautista Pomar, resulta sin embargo más pobre en datos históricos.

El punto de vista de la ciudad de Texcoco, principal aliada y competidora de Tenochtitlan, está expuesto en la voluminosa obra de Fernando de Alva Ixtlilxóchitl, quien a principios del siglo XVII se hizo comentar documentos de primerísimo orden, como el *Códice Xólotl* y los *Mapas Quinatzin* y *Tlotzin*. Su *Historia chichimeca* es fundamental, a pesar de su tendencia a adornarla con situaciones y anécdotas tomadas de la historia europea medieval o contemporánea para valorizar a sus compatriotas.

El último autor es el fraile Juan de Torquemada, contemporáneo de Alva Ixtlilxóchitl, quien utilizó su obra. Entre 1592 y 1607, este franciscano compila múltiples textos, algunos perdidos desde entonces, para redactar su monumental *Monarquía indiana*, buena parte de la cual está dedicada a la historia de los aztecas.

En lo que toca a la Conquista española, a todos los documentos citados se añade el libro XII de la magistral *Historia general de las cosas de Nueva España*, de Bernardino de Sahagún. Es una versión indígena de los acontecimientos, relatada tardíamente, en los años 1550, por indígenas de Tlatelolco que no ocultan su hostilidad hacia sus vecinos y aliados de Tenochtitlan. Sahagún tuvo cuidado de recogerla en náhuatl y de mandarla ilustrar. La versión náhuatl ilustrada figura en el *Códice Florentino*, junto con una traducción a menudo resumida, aunque a veces también introduce elementos nuevos.

Sobre la Conquista, tenemos además fuentes españolas, radicalmente distintas de las que acabamos de reseñar. No se derivan de la memoria colectiva; conocemos a sus autores, así como el papel que cumplieron, si es el caso, en los hechos que relatan, sus intereses, sus simpatías y antipatías. Se ciñen más a los acontecimientos y provienen muchas veces de testigos directos. Cortés escribe sus cartas a Carlos V, verdaderos informes, casi al calor de la acción. Sus afirmaciones son verificables. Ya en 1521, algunos conquistadores rinden declaraciones judiciales sobre las acusaciones contra su antiguo jefe. Por otro lado, Andrés de Tapia, Bernardino Vázquez de Tapia, Francisco de Aguilar y Bernal Díaz del Castillo escriben lo que vivieron. Un cronista como Fernández de Oviedo retoma en su obra informes de otros participantes. López de Gómara tuvo amplia oportunidad de interrogar largamente a Cortés. A todo eso se agregan documentos de los archivos. En general, los aztecas y Moctezuma II son vistos de fuera, de manera bastante neutral, sin prevención a favor o en contra de una u otra de las ciudades.

Tales documentos, los mejores que tenemos sobre la antigua América, ¿nos permiten, a fin de cuentas, narrar la vida de un personaje anterior al contacto con los europeos? Su vida como tal, no. Los documentos no consideran al individuo sino después de la Conquista, bajo la influencia extranjera. Pero es posible bosquejar con razonable certeza los principales acontecimientos de su época –sobre todo cuando algún testimonio europeo los confirman. A grandes rasgos. En cuanto a los detalles, su mérito principal es el de instalar la escenografía y pintar las mentalidades.

Los aspectos religiosos del reino de Moctezuma II fueron el tema de mis conferencias en la École Pratique des Hautes Études (EPHE) de París, sección V, en 1991-1992 y 1992-1993. Las discusiones que suscitaron me permitieron aclarar varios aspectos. Conste aquí mi agradecimiento a todos los participantes. Mi gratitud va también a la Académie Royale des Sciences d'Outre-mer de Bélgica, por el permiso otorgado para publicar aquí la ponencia que presenté sobre la muerte de Moctezuma.

La pronunciación de las palabras en náhuatl

La lengua náhuatl, o mexicana, fue transcrita con letras latinas por personas que hablaban español; se lee por lo tanto como el español de entonces. A grandes rasgos,[5] hay que saber que:

x se pronuncia *sh*;

z se pronuncia *s*;

qu se pronuncia *k* antes de i o e, *kw* en los otros casos;

cu se pronuncia *kw*;

hu antes de una vocal, *uh* en los otros casos, se pronuncian *w* como en wisqui.

---

[5] Para más detalles, ver Launey, *Introduction à la langue...*

· Prólogo ·
Al principio de los tiempos

LA DUALIDAD CREADORA

Los relatos históricos de los antiguos mexicanos hunden sus raíces en el mito. Suelen remontarse hasta los orígenes del mundo y poner en escena a los dioses –uno de los cuales, Quetzalcóatl, la serpiente con plumas de quetzal, cumplirá un papel capital al final del reino de Moctezuma. Algunos de esos mitos nos parecen curiosamente familiares. Evocan irresistiblemente los primeros capítulos del Génesis y el cristianismo.

En el origen, sin embargo, no hay un Dios sino dos dioses que forman una unidad, una pareja. Ometéotl, "dios dos", es su nombre cuando se considera a la pareja como entidad única; de lo contrario, se le llama Ometecuhtli y Omecíhuatl, señor dos (o "de la dualidad") y señora dos. Pues todo, en Mesoamérica, va de a dos, todo se entiende en términos de equivalencias, oposiciones y complementariedades. Ometéotl es lo masculino y lo femenino, contiene todas las oposiciones complementarias del universo: a lo masculino se asocian el cielo, la luz, el sol, la vida, el guerrero, el nómada, lo activo; a lo femenino, lo que es terrestre, oscuro, lunar, muerto, sedentario, pasivo.

En el origen de los tiempos, pues, Ometéotl decide crear. Sólo con su aliento, o bien al engendrar cuatro hijos: el Tezcatlipoca rojo, el Tezcatlipoca negro, Quetzalcóatl y Maquizcóatl. Recordemos dos nombres fundamentales: los de los hermanos enemigos, Quetzalcóatl y Tezcatlipoca. Quetzalcóatl significa "serpiente con plumas de quetzal" y remite al cielo diurno. Tezcatlipoca es el "Espejo Humeante", es decir, el cielo nocturno, tan oscuro como los espejos de obsidiana que usaban los mesoamericanos.

Esos cuatro hijos reciben de Ometéotl el encargo de formar los cielos, la tierra y los infiernos, el sol, las aguas y las divisiones del tiempo. Crean también a Mictlantecuhtli y Mictlancíhuatl, el señor y la señora del lugar de los muertos, así como a Tláloc, el dios de la tierra y de la lluvia, y a Chalchiuhtlicue, la diosa de las aguas que fluyen.

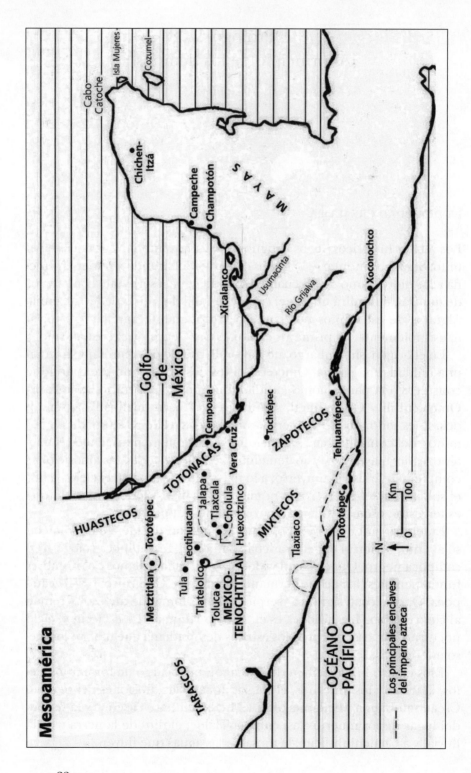

Mesoamérica

Cabo Catoche
Isla Mujeres
Cozumel
Chichen-Itzá
Campeche
Champotón
M A Y A S
Xicalanco
Usumacinta
Río Grijalva
Xoconochco

Golfo de México

HUASTECOS
Metztitlan
Tototépec
Tula
Teotihuacan
TOTONACAS
Cempoala
Jalapa
Tlaxcala
Cholula
Vera Cruz
Huexotzinco
Tochtépec
ZAPOTECOS
Tehuantépec
Tlatelolco
Toluca
MEXICO-TENOCHTITLAN
MIXTECOS
Tlaxiaco
Tototépec

TARASCOS

OCÉANO PACÍFICO

N
Km
0
100

Los principales enclaves del imperio azteca

Según algunos relatos, la pareja suprema creó y estableció a sus criaturas en el paraíso maravilloso de Tamoanchan, donde vivían sin fin, inmortales, en perfecta armonía entre sí y con sus padres.

Había en Tamoanchan un árbol que era símbolo de esa armonía, pero estaba prohibido tocarlo. Desafortunadamente, una diosa –llamada a veces Xochiquétzal, a veces Itzpapálotl o también Cihuacóatl– fue tentada y cortó una flor o una fruta. O bien, nos dicen, "los dioses" cortaron flores o ramas del árbol. Enseguida, el árbol se rompió, indicando la ruptura entre creadores y criaturas. Los dioses fueron exilados del paraíso hacia las tinieblas, en la tierra, donde se volvieron presa de la muerte.

Para los antiguos mesoamericanos como para nosotros, cortar la flor es una imagen que remite a las relaciones sexuales. Variantes del mito nos enseñan que, en realidad, la diosa fue seducida por Tezcatlipoca o uno de sus avatares. Bajo la mirada complaciente de las otras criaturas, se unió a él y dio a luz a Cintéotl, "dios maíz", que era a la vez el primer ser engendrado, es decir, el primer hombre, y el maíz, Venus y el fuego culinario.

Lo que Venus, fuego, maíz y hombre tienen en común nos da un hermoso ejemplo de la forma en que, para explicar el mundo, el mito establece entre las cosas relaciones de analogía.

Primero el hombre y el maíz, su alimento básico. Son estrechamente solidarios: los antiguos mesoamericanos imaginaban que el primer hombre había sido modelado con masa de maíz. Además el hombre, como la semilla, muere, es enterrado y renace. Cuando uno siembra una semilla de maíz, la entierra, y a los ocho días surge el brote tierno.

Una semilla de maíz es comparable con el planeta Venus: estrella del atardecer, Venus se acerca cada vez más al horizonte, donde al final parece sumergirse. Durante ocho días, es invisible, como hundida bajo la tierra. Es el periodo llamado de conjunción inferior. Después renace en el oriente como lucero de la mañana y parece resurgir de la tierra, cual brote tierno.

Una estrella es fuego en el cielo. El fuego se puede concebir como una chispa de vida, es decir, como semilla, pues en el principio de toda vida hay una chispa creada por Ometéotl en el más alto cielo, una flamita que baja y entra en el seno de la mujer en el momento de la concepción...

El mito de la transgresión originaria es, sin duda, muy antiguo. De él existen múltiples variaciones, algunas muy lejanas y notablemente más brutales. Así, se contaba, por ejemplo, que en la creación Quetzalcóatl

Itzpapálotl y el árbol roto de Tamoanchan.
Códice Borgia.

y Tezcatlipoca partieron en dos a un caimán gigantesco llamado Tlaltéotl, "deidad tierra", que nadaba en las aguas primordiales. Con una parte hicieron la tierra, con la otra el cielo. Indignados con este comportamiento, los dioses, para consolar a Tlaltéotl, procuraron que desde entonces produjera todo fruto necesario para la subsistencia de los hombres; a cambio, la diosa exigió sangre y corazones humanos como alimento. Como ocurre en el mito bíblico, la ruptura de la prohibición con la ilícita agresión contra Tlaltéotl provoca la aparición de la tierra y las plantas útiles, y de la muerte ineluctable. Pero aquí hay una enseñanza más, esencial en el pensamiento mesoamericano: la muerte engendra la vida.

Volvamos a este mito que tanto nos recuerda a Adán y Eva. Aquí, la culpa tiene un claro carácter sexual que no tiene en la Biblia. Pero, lo mismo que en el Génesis, el pecado verdadero es el orgullo, la soberbia, el querer igualarse con el Creador: Tezcatlipoca y Xochiquétzal procrearon, es decir, crearon. Ahora bien, la creación era el gran privilegio de la pareja primordial, y los dioses culpables actuaron sin su permiso.

Antes, en el paraíso, había todo. Desde ahora, todo está por conquistar. Los exiliados han perdido la luz, la abundancia, la amistad de sus padres. Y están condenados a morir. Sin regreso.

A cambio, viven en un mundo vagamente iluminado por la primera estrella, Venus. Disponen también de los instrumentos básicos de la civilización: la planta cultivada por antonomasia y el fuego culinario. Y a la vida sin fin la sustituye en adelante la sucesión de las generaciones.

LA CREACIÓN DEL SOL Y DE LA LUNA EN TEOTIHUACAN

Se trata desde entonces de intentar la reconquista de lo que se ha perdido. Antes que nada, la vida sin fin. Aquí es donde intervienen los grandes héroes míticos, por ejemplo los Gemelos de los maya-quichés, cuyas aventuras nos narra su antiguo libro sagrado, el *Popol Vuh*. Descienden al inframundo para vencer a la muerte. A la mitad de su viaje subterráneo, se sacrifican lanzándose a una hoguera y así destruyen sus cuerpos, que les impedían regresar al cielo. Mueren y renacen, triunfan de las fuerzas infernales, de la muerte y de las tinieblas y resurgen por fin, transformados en sol y luna.

Teotihuacan se encuentra a unos cincuenta kilómetros al noreste de la actual México. Ahí se encuentran los vestigios de una majestuosa metrópoli que conoció una gloria sin igual hacia mediados del primer milenio de nuestra era. Tres edificios eran, y siguen siendo, particularmente impresionantes: las pirámides del Sol, de la Luna y de Quetzalcóatl. La ciudad fue abandonada casi por completo en el siglo VIII. En tiempos de los aztecas, estaba en ruinas, pero había conservado un inmenso prestigio, a tal punto que en ella se solía ubicar la creación del sol y de la luna.

El mito mexica de esta creación es una variante del episodio central del *Popol Vuh*. Dos dioses, Quetzalcóatl-Nanáhuatl y 4-Pedernal, están haciendo penitencia. El rico 4-Pedernal ofrece plumas preciosas y oro; los punzones con los cuales se extrae sangre son de jade y, a manera de sangre, ofrece coral. Quetzalcóatl-Nanáhuatl (Serpiente Emplumada-Buboso), por su parte, pobre y enfermo, sólo puede ofrecer las costras de sus llagas y su propia sangre. A la medianoche, los dos dioses deben tirarse a una inmensa hoguera. 4-Pedernal se asoma primero, pero el calor lo hace retroceder. Quetzalcóatl no vacila. Seguido por un águila, animal solar, se precipita en el fuego, muere, desciende al infierno donde triunfa de la muerte y mata a los señores de la noche sacrificándolos. Luego, convertido en Tonatiuh, el sol, sube al cielo, donde lo entroniza la pareja suprema, Ometéotl.

Estimulado por su ejemplo, 4-Pedernal se lanza al fuego también y un jaguar, animal nocturno, lo sigue. Pero, sea por su menor ardor o porque el calor del fuego ya ha disminuido, el caso es que se convierte en un astro menos brillante. Algunas crónicas mencionan que su brillo se redujo cuando Papátzac, un dios de la ebriedad, le rompió la cara con una vasija pintada con un conejo; tal golpe es el origen de las manchas en forma de conejo que los mesoamericanos, igual que los indios de la India, ven en la superficie de la Luna. 4-Pedernal sólo se convirtió en la Luna.

La diosa Tlaltéotl, desgarrada, había pedido corazones y sangre; el sol, al emerger por primera vez, exige también sacrificios humanos. Sólo acepta avanzar en el cielo si lo alimentan con corazones, órganos del movimiento. Y crea a cuatrocientos cinco mimixcoa para que hagan la guerra y los alimenten a él y a la tierra con corazones y sangre. Pero cuatrocientos de ellos prefieren embriagarse y fornicar en lugar de cumplir con su deber cósmico. Entonces, el sol acude a los otros cinco, Mixcóatl (serpiente de nubes), sus tres hermanos y su hermana, quienes, cumpliendo sus órdenes, exterminan a los cuatrocientos mimixcoa (plural de Mixcóatl; el sistema de numeración mesoamericano es vigesimal y funciona, por tanto, con múltiplos de veinte).

El sol, cuando aparece, establece un sistema intermedio entre la eterna luz del paraíso originario y las tinieblas eternas del exilio en la tierra. El paraíso perdido es reconquistado sólo en parte. Pues, si bien el sol sube hacia el empíreo del dios dos, Ometéotl, vuelve a bajar después y se sume otra vez en la noche. Instaura un sistema intermedio, una alternancia: alternancia del día y de la noche, de la temporada de secas, asociada con el día, y la temporada de aguas, igual a la noche.

El mito de Teotihuacan es el prototipo de todo sacrificio humano. Al matarse voluntariamente, al quemar el envoltorio material que encarcela la chispa de vida de origen celeste y la encadena a la tierra, los dos dioses logran vencer a la muerte y hacen posible una supervivencia en el Más Allá. Por añadidura, recuperan en parte el paraíso perdido y la vida sin fin. Antes de su sacrificio, todos bajaban al país de los muertos y nadie volvía a salir. Pero al aparecer como sol y luna, Quetzalcóatl y 4-Pedernal instauran las moradas felices de ultratumba, donde será recibida toda persona que las merezca. En adelante, para salir del país de los muertos y ganarse ese Más Allá, bastará con seguir su ejemplo: aumentar la parte del propio fuego interior a expensas del cuerpo y destruir de buen grado ese cuerpo pesado que lo retiene a uno en exilio en la tierra. De ahí los ayunos, la abstinencia sexual, la extracción de sangre de diversas partes del cuerpo mediante espinas de maguey, las mortificaciones de todo tipo, tan características de las religiones mesoamericanas. Los aztecas las veían como recursos múltiples para aligerarse, aumentar la propia llama, infligirse muertes parciales simbólicas. De ahí también su deseo de morir en el campo de batalla o en la piedra de sacrificios.[1]

Quetzalcóatl y la Luna instauran, entonces, los dos Más Allá felices que los aztecas conocen. La casa del sol está reservada a los guerreros heroicos quienes, como brillante séquito, acompañan al astro en su ascenso al cenit. Al mediodía, las mujeres heroicas, es decir muertas en el parto, los relevan y acompañan al sol hasta su ocaso. El paraíso de Tláloc, por otra parte, acoge a los elegidos de ese dios y a los guerreros, transformados en pájaros y mariposas, que ahí pasan las tardes libando en las flores.

El mito es muy significativo desde el punto de vista sociológico también. Quetzalcóatl-Nanáhuatl es un valiente, pero es pobre y sin abolengo en comparación con 4-Pedernal. En realidad, a este último le correspondía convertirse en sol. El desplazamiento del rico sedentario, dueño del terreno, autóctono, por un invasor sin recursos pero valiente es una constante en los mitos mesoamericanos. La relación puede codificarse en términos de parentesco, en términos astrales, en términos de estaciones y en términos zoológicos. El recién llegado, en efecto, muchas veces es un hermano menor, solar, asimilado al águila y asociado con la temporada de secas, mientras su rival, el hermano mayor, es lunar y nocturno, asimilado al jaguar y asociado con la temporada de lluvias.

Ya aludimos a las similitudes entre el mito de Quetzalcóatl y el cristianismo. Como en éste, pues, se trata de una culpa primordial, pero sobre todo de una redención similar. En el cristianismo también, hasta la llegada del Cristo, el mundo está –simbólicamente– en tinieblas. Y el Cristo, como Quetzalcóatl, reconquista hasta cierto punto el paraíso perdido, o por lo menos una gloriosa supervivencia después de la muerte, con su sacrificio, con su muerte, con su descenso a los infiernos y su regreso después de vencer a la muerte. Dicho eso, el cristianismo admite varios milenios entre la Caída y la Redención. En México, sólo veinticinco años separan la expulsión del paraíso y el sacrificio del dios heroico. Por lo demás, no hay el menor indicio de una influencia del Viejo Mundo sobre el Nuevo.

---

[1] Para quienes no tenían esa suerte, quedaba la posibilidad de morir simbólicamente por medio de una víctima-sustituto. El guerrero que ofrecía a su prisionero en sacrificio, el rico comerciante o los miembros de una corporación que ofrecían a un esclavo bañado ritualmente "morían" a través de su víctima, y para esa "muerte" también se preparaban con las penitencias que ya mencionamos.

La religión de los mexicas y su visión del mundo, del tiempo y de la historia son de lo más coherentes. Las fases de la creación del universo se desprenden en efecto de una estructura muy específica que está inspirada en la carrera cotidiana del sol tal como la entendían en aquella época.

EL SOL FALAZ DE LA TARDE

En Mesoamérica, el verdadero motor del universo era el sol; el astro que produce la alternancia del día y de la noche, de la temporada de secas (diurna) y la temporada de lluvias; el astro macho que, al ponerse, penetra en el seno de la diosa tierra y la fecunda; el astro que hace el día y mide el tiempo; el astro, finalmente, que determina algunas oposiciones complementarias fundamentales del pensamiento mesoamericano –día y noche, ascenso hacia el cielo y descenso al inframundo, vida y muerte– y, sobre todo, que permite una mediación entre ellas.

Pues los mesoamericanos tenían una idea muy singular de la carrera del sol. Para ellos, cuando el sol alcanza su punto culminante al mediodía, regresa hacia el este y lo que se ve en la tarde sólo es su reflejo, su luz reflejada por un espejo de obsidiana negra. Ese espejo es un símbolo de la noche y de la tierra. Por tanto, el astro de la tarde sólo es un sol falso que, como la luna, toma su luz prestada de otro. Un sol lunar, pues, y falaz. Un sol de unión de los contrarios y de mediación, puesto que en él se mezclan y confunden día y noche, brillo del sol y espejo negro.

Sin duda alguna, ese sol que se da la vuelta al mediodía y desanda su camino es único en los anales de la humanidad. No se basa en nada, va en contra de toda evidencia, es una pura y arbitraria construcción mental. Pero tenía para los aztecas un valor explicativo de una riqueza pasmosa. En él veían el paradigma de todo ciclo de existencia. Un año o incluso una era, llamada "un Sol", se equiparaban con un día; lo mismo valía para la vida de cualquier ser humano y, muy en particular, la del rey, como también para la vida de una ciudad o de un imperio.

Tomemos el mito de la transgresión de Tamoanchan. La expulsión del paraíso es el final de una época. El fin de una época es como un deceso, es una puesta del sol. Tanto más cuando las criaturas castigadas son arrojadas a las tinieblas de la noche. Si el final de la edad paradisíaca es una puesta de sol, esta edad propiamente dicha representa una tarde. En el modelo del día mesoamericano, la tarde es un momento de unión de los contrarios. Eso exactamente es la era del paraíso: un periodo de total armonía en el universo entre creadores y criaturas y entre estas últimas. Y al principio, en el punto culminante, en el mediodía, está la pareja suprema que crea el paraíso.

MEDIODÍA
Espejo negro

MAÑANA

DÍA

TARDE
Sol lunar
Unión de los contrarios
Paraíso

ESTE

OESTE
Transgresión

NOCHE
Infiernos

MEDIANOCHE
Hoguera de Teotihuacan

A la era paradisíaca, la transgresión y el descenso del cielo a la tierra y a las tinieblas corresponden entonces la tarde, la puesta del sol y la caída de la noche. La transgresión consiste en una relación sexual de un dios con Xochiquétzal o Cihuacóatl, ambas diosas de la tierra. Y ¿qué es la puesta del sol? El principio de su entrada al país de los muertos, ciertamente, pero también una fecundación sexual: el astro penetra a la diosa tierra y la fecunda. Muere y se acopla. Para los aztecas, morir era "acostarse con la diosa tierra". ¿Cuál era el resultado de esta puesta del sol-acoplamiento?: la noche y el nacimiento de una primera estrella.

La transgresión primordial es el final de una era y prepara el advenimiento de otra nueva. Reclama el sacrificio expiatorio. Éste se da en Teotihuacan y, precisa el mito, a medianoche. Entonces Quetzalcóatl-Nanáhuatl salta a la hoguera, entonces nace el sol. Nace en el corazón de las tinieblas, lo mismo que la noche nace al mediodía, cuando el espejo negro aparece en el cielo: los contrarios se engendran mutuamente. Como la vida y la muerte. Luego, el sol emerge y es el principio de un día, de una temporada seca, de una edad nueva.

LAS EDADES DEL MUNDO O "SOLES"

Una era se llamaba un "Sol". Era como un inmenso día de varios siglos, que primero tenía un periodo de noche, después el nacimiento del astro, el ascenso matutino, el apogeo, la tarde y el ocaso. Los mexicas creían que varias eras, o Soles, de ese tipo habían trascurrido una

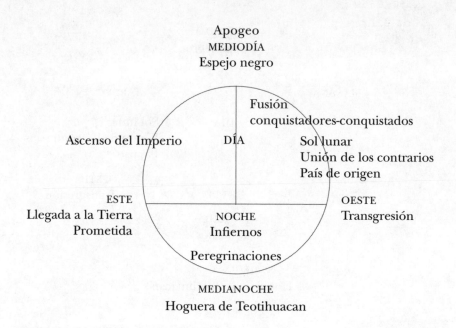

Apogeo
MEDIODÍA
Espejo negro

Fusión
conquistadores-conquistados

Ascenso del Imperio   DÍA   Sol lunar
Unión de los contrarios
País de origen

ESTE   OESTE
Llegada a la Tierra   NOCHE   Transgresión
Prometida   Infiernos
Peregrinaciones

MEDIANOCHE
Hoguera de Teotihuacan

tras otra, cuatro o cinco. Sobre todo, se creía que en torno a esos Soles libraban una lucha constante los hermanos enemigos, Tezcatlipoca y Quetzalcóatl, que se alternaban en el poder. Primero, Tezcatlipoca fue Sol, pero con el tiempo declinó, se unió con Xochiquétzal y fue expulsado hacia las tinieblas. Es el mito que ya conocemos. Quetzalcóatl tomó el relevo y terminó del mismo modo. El tercer Sol de nuevo fue Tezcatlipoca. El cuarto, por fin, el sol actual según muchos pueblos, es otra vez el de Quetzalcóatl:

Primer Sol: Tezcatlipoca.
Segundo Sol: Quetzalcóatl.
Tercer Sol: Tezcatlipoca.
Cuarto Sol: Quetzalcóatl.

Cuando los aztecas tomaron el poder en el México central, presentaron su advenimiento como el principio de un nuevo Sol, el quinto, instaurado por Tezcatlipoca bajo su aspecto de Huitzilopochtli, el dios tutelar de los habitantes de Tenochtitlan, los mexicas.

Quinto Sol: Tezcatlipoca-Huitzilopochtli.

El modelo del día, paradigma de toda vida, de todo reinado y de toda era, estructura también la concepción mexicana de la historia. Y lo hace de un modo que nos permite apreciar aún mejor la utilidad del extraño "sol lunar" de la tarde.

Las aventuras de los héroes divinos son las de los pueblos que ellos eligieron y a los que ellos protegen. Un pueblo se dice originario de una isla en la cual la vida se despliega sin fin, en armonía con otros pueblos. Pero surge un conflicto. Su rey ya no reconoce la superioridad de tal otro. Enseguida viene la ruptura. Debe abandonar la tierra de origen y echar a andar, entre las tinieblas y los peligros, para tratar de recuperar lo perdido. El pueblo desamparado camina, entonces, hacia una Tierra Prometida por su dios protector, hacia un país que es el reflejo de la tierra de origen.

EL SOL DE QUETZALCÓATL

La historia de los toltecas, esencial para lo que sigue, ilustra de maravilla todo eso. Los toltecas dicen ser originarios de una isla lejana, Huehuetlapallan, en la cual viven en buena inteligencia con otros pueblos. Pero un día, sus jefes se rebelan contra el rey legítimo. Guiados por Mixcóatl y los cuatrocientos mimixcoa, vagan en busca de una tierra. En cierto momento, los cuatrocientos son devorados por la diosa de la tierra Itzpapálotl, pero logran vencerla y reanudan su marcha. Más tarde, Mixcóatl encuentra a una mujer, Chimalma, y se une a ella. Su hermano Apanécatl y los mimixcoa aprovechan que ha perdido su ardor belicoso para asesinarlo. Sin embargo, a Mixcóatl le nace un hijo póstumo, Quetzalcóatl, la Serpiente Emplumada.

Todavía muy joven, Quetzalcóatl descubre lo que le sucedió a su padre. Parte en busca de sus huesos, los encuentra y los entierra en el Mixcoatepec, la "montaña de Mixcóatl", cerca de Colhuacan. Ahí ocurrirá el acontecimiento central de la migración tolteca.

Al enterarse de que Quetzalcóatl se propone inaugurar un santuario en el Mixcoatepec prendiendo ahí un fuego, sus tíos, asesinos de su padre, deciden adelantarse. Quetzalcóatl, sin embargo, llega primero a la cumbre de la montaña y procede a encender la flama ritual. Furiosos, sus adversarios escalan la montaña para matarlo. El sobrino los espera. Apenas aparecen, él les parte la cabeza y los inmola.

Este episodio del Mixcoatepec es, en realidad, una transformación ritualizada del mito de Teotihuacan. Versión ritualizada, pues la creación del sol toma ahí la forma del inicio de un fuego nuevo. Al prender ese fuego cada cincuenta y dos años, cuando terminaba un "siglo" indígena, los aztecas aseguraban el regreso del astro. Tendremos amplia oportunidad de volver sobre esto.

Quetzalcóatl de Tollan.
Durán, *Historia*...

Poco después, Quetzalcóatl y los toltecas llegan a su destino y fundan Tollan. De conquista en conquista, forjan su imperio. El sol salió y sube al cenit.

Las fuentes nos describen después al Quetzalcóatl del final de Tollan, un Quetzalcóatl envejecido, radicalmente distinto de como era en su juventud. Antes, era un guerrero, pobre, siempre en movimiento; ahora, es un rey-sacerdote opulento que nunca sale de su espléndido palacio. Hace penitencia pero, en lugar de su propia sangre, ofrece plumas preciosas, oro y coral, es decir, que se comporta exactamente como su antiguo rival, la Luna, en Teotihuacan. "Quetzalcóatl, por lo demás, poseía todas las riquezas del mundo, en oro, en plata, en piedras verdes llamadas *chalchihuitl* y en otras cosas preciosas." El país se ha vuelto un paraíso, las mazorcas del maíz son enormes, los tallos de las acelgas son como árboles; hay hasta cacao, algodón y pájaros de rico plumaje multicolor, como en la tierra caliente. En todas partes reina la abundancia.

Los toltecas se han aculturado. Han inventado todas las artes y viven en la opulencia. Más aún, son francos, honestos, incansables, felices. Desconocen la muerte, razón por la cual no hay sacrificios humanos.

Es la tarde, la unión de los contrarios. El crepúsculo se acerca. El sol –Quetzalcóatl– ya no es sino el reflejo de lo que antes era. Se siente enfermo. Cada vez más pesado, enviscado en la materia, se ha acercado tanto a la tierra que casi se confunde con ella y su fuego se está apagando. Quetzalcóatl, pues, se va pareciendo de extraña manera tanto al dios de la tierra Tláloc como al dios viejo del fuego.

La transgresión que sella el fin de la era tolteca renueva la de Tamoanchan. Surge Tezcatlipoca, que quiere derrocar a su eterno rival y dominar la era nueva que se acerca. Algunas versiones del mito dicen que desafía y vence a Quetzalcóatl en el juego de pelota. Según otros, disfrazado de anciano, viene a saludarlo y se ofrece a curarlo. Le muestra un espejo en el cual el viejo astro declinante descubre con estupor que tiene un cuerpo. Luego, Tezcatlipoca le presenta una medicina. Quetzalcóatl la acepta sin darse cuenta de que se trata de pulque, la bebida embriagante de los mexicas. Bebe hasta cinco tazas, se emborracha. Entonces llama a su hermana Xochiquétzal y pasa la noche con ella. De golpe, "el árbol se quiebra". Quetzalcóatl entiende que se acabó Tollan y que tiene que irse.

En todas partes, el desorden se instala. Huémac, el "virrey" de Tollan, a veces presentado como un doble de Quetzalcóatl, a veces como un aspecto de Tezcatlipoca, incurre a su vez en excesos de orden sexual, al igual que su hija. El Espejo Humeante y su acólito azteca Huitzilopochtli se las arreglan para introducir en Tollan la enfermedad, la discordia, la guerra, los sacrificios humanos y la muerte.

Un día, Tezcatlipoca se instala en el mercado y hace bailar en el hueco de su palma a una especie de títere vivo, que es en realidad Huitzilopochtli. Los toltecas, para verlos, se empujan y arremolinan tanto que muchos mueren. Furiosos, los presentes lapidan al titiritero y a su fenómeno. Pero de uno de los cadáveres emanan olores tan pestilentes que matan, diezman a los pobladores. Intentan entonces retirar el cuerpo pero es tan pesado que no logran moverlo. Miles de toltecas se juntan para arrastrarlo con cuerdas. En vano. Las cuerdas se rompen, los toltecas caen y se aplastan unos a otros. Y de nuevo, mueren por miles.

Después, una lluvia de piedras cae sobre la ciudad y, entre ellas, una piedra de sacrificios. Muchos toltecas, como enloquecidos, van a echarse sobre la piedra, donde son sacrificados. Luego, Tezcatlipoca se disfraza de anciana y se pone a asar elotes. Atraídos por el olor, los toltecas se apiñan y la anciana los masacra a todos...

Finalmente, los sobrevivientes deciden huir de la ciudad. Quetzalcóatl parte hacia el oriente, perseguido por su hermano enemigo. En el camino, funda la ciudad de Cholula. Al llegar al mar, se embarca y desaparece. O, según otra versión más precisa, se inmola en una hoguera. Pero esta vez no se transforma en sol. Su corazón reaparece bajo la forma de la estrella de la mañana, primera luz de la nueva era. En cuanto a Huémac, se mete en una caverna en la cual se ahorca o lo matan sus súbditos sublevados.

El mito de Quetzalcóatl en Tollan encubre un trasfondo de verdad histórica. Traduce en términos solares el ascenso y la decadencia del que fue el último gran imperio del México central antes de la llegada del más ilustre de los pueblos nahuas, los mexicas, imperio del que éstos se proclaman herederos. Quetzalcóatl era el cuarto Sol. Tezcatlipoca y Huitzilopochtli, dioses de los mexicas, acabaron con él e inauguraron un quinto Sol, el suyo. Pero saben que, necesariamente, Quetzalcóatl debe regresar y destruir el Sol mexica. Tal es la ley de la alternancia de los hermanos enemigos.[2]

[2] Para fuentes y análisis detallados de esos mitos, ver Graulich, *Mythes et rituels...*, y Graulich, *Quetzalcóatl...*

· I ·
El ascenso de los mexicas

En la época de Moctezuma, el imperio azteca tiene menos de un siglo y la propia ciudad de Mexico-Tenochtitlan, si nos atenemos a las tradiciones, no llega a los doscientos años.

Todo había empezado en la lejana isla de Aztlan, país de origen de los aztecas, varios siglos antes. Los mexicas, en aquella época todavía llamados "*mexitin*", allá vivían en buena armonía con varios pueblos aztecas más. El rey de la isla se llamaba Moctezuma. Ya entonces. Compartió su reino entre sus dos hijos: al mayor le tocó ser rey de los huaxtecos y de otros pueblos; al menor, de los mexitin. Pero el menor quería reinar sobre todos, y se fue de Aztlan.

Eso ocurría en 1064, o quizás en 1168 d. C. No importa mucho la fecha, pues todo aquí es invento: Aztlan, isla en una laguna, que no es más que una imagen retrospectiva de Tenochtitlan; ese primer rey, que tiene el mismo nombre que el último y el de en medio de la dinastía mexica. Invento, sobre todo, el tema del hermano menor que busca suplantar al primogénito. Y que quiere dominar solo a todas las etnias, igual que el último Moctezuma... El relato es mito, propaganda, manipulación con fines políticos, cualquier cosa menos historia. Por lo mismo, es inútil buscar dónde podía ubicarse Aztlan.

Los años 1064 y 1168 llevan el mismo nombre de 1-Pedernal. Eso, el valor simbólico de la fecha, es lo importante para los mexicas. 1-Pedernal es el año de nacimiento de su dios; el año, también, de todo lo que empieza. Así pues, en un año 1-Pedernal, los mexitin echan a andar, dejando atrás la tierra paradisíaca donde vivieron felices hasta el día en que el orgullo de su rey provocó el desgarramiento. Desde ese día, todo se ha vuelto distinto. Las espinas rasguñan, las hierbas cortan, las piedras lastiman los pies, las fieras muerden. ¡Quedó atrás el paraíso!

Empiezan las interminables peregrinaciones hacia la tierra que les prometió su dios, el dios Espanto, mejor conocido por su nombre de Colibrí Zurdo, Huitzilopochtli. Colibrí, porque ese pájaro es el avatar del alma de un guerrero difunto; Zurdo, porque un guerrero zurdo es

La partida de la isla mítica de Aztlan.
Códice Boturini. La fecha 1-Pedernal figura a la derecha del personaje en la canoa. Huellas de pies indican que los mexicas se dirigen hacia el antiguo Colhuacan, "Monte Curvo", donde en una caverna encuentran una efigie de Colibrí Zurdo. Las vírgulas sobre la cabeza del dios indican que está hablando. A la derecha, los diferentes pueblos o "casas" que acompañan a los mexicas. Por ejemplo, en tercer lugar desde abajo, los xochimilcas ("los del campo-flor"), representados por una casa y un jefe a cada lado del glifo de la ciudad, un campo en flor.

particularmente temible. También porque la izquierda, para el sol, en camino del este al oeste, corresponde al sur y al mediodía. Huitzilopochtli, encarnación de los mexicas y terrible guerrero, está estrechamente asociado, en efecto, con el astro del día. Es el sol de los mexicas. La vida de él y el imperio de ellos se confunden. Juntos se levantarán, juntos alcanzarán el cenit y juntos declinarán.

Un pacto liga al dios con su pueblo elegido. Éste lo adorará y hará guerras para alimentar al sol y a la tierra. Será su misión sagrada. Huitzilopochtli, por su parte, lo protegerá y lo conducirá hacia una tierra de abundancia desde donde los mexicas dominarán el mundo:

Yo os envío a todo el mundo como nobles y señores; y puesto que seréis señores, tendréis [debajo de vosotros a] incontables *macehuales*, los cuales os tributarán y os darán en abundancia chalchihuites, oro, plumas de quetzal, esmeraldas, corales, cristal de colores y ricas vestiduras. Serán vuestros esclavos y vosotros los mantendréis, pero os darán variadas y preciosas plumas de azulejo, de *tlauhquechol* y de *tzinitzcan*. Tendréis cacao de colores y algodón de colores; pues ésa es la misión para la que fui enviado.[1]

El pacto se selló con el sacrificio de cierto número de mimixcoa que los errantes encontraron milagrosamente, acostados sobre cactáceas, ofreciendo su pecho al cuchillo. Representan a los autóctonos de la Tierra Prometida a quienes los mexicas han de masacrar para alimentar a su dios y a la tierra. Colibrí Zurdo aparece bajo la forma de un águila y les obsequia a los mexitin un arco y unas flechas, además de su nuevo nombre, el de "mexicas".

La presencia de los mimixcoa en este episodio, la de Mixcóatl, Apanécatl y Chimalman entre los cuatro cargadores de la imagen de Huitzilopochtli, y muchos detalles más, muestran hasta qué punto tales relatos están enteramente fabricados con elementos en su mayoría recuperados de los mitos toltecas. Es fabricación también, y tardía, el discurso atribuido a Huitzilopochtli y que describe el imperio en su apogeo.

COATÉPEC, LA GLORIA DEL COLIBRÍ ZURDO

Las peregrinaciones mexicas prosiguen, marcadas por toda suerte de aventuras. Hay que desconfiar especialmente de las mujeres, partidarias del inmovilismo: quieren establecerse, fijarse, detener a los errantes, aquellos que harán que salga el sol y pondrán fin a su reinado, reinado también de las tinieblas. Malinalxóchitl, hermana del propio Colibrí Zurdo, es una bruja acusada de comerse el corazón y las pantorrillas de la gente y de trastocar sus caras. ¿Cómo seguir avanzando después de sufrir semejante tratamiento? Los mexicas se quejan y, por orden de su dios, abandonan a la bruja.

Después de varias decenas de años, los migrantes llegan a Coatépec, la Montaña de las Serpientes, cerca de Tollan. Ahí construyen una represa. Se crea un lago que transforma el Coatépec en una isla encantadora. El lugar es tan atractivo que un grupo de mexicas, los cuatrocientos huitznahuas y su hermana Coyolxauhqui ("la de los cascabeles en la cara"), se proponen quedarse ahí definitivamente. Este lugar maravillo-

---

[1] Alvarado Tezozómoc, *Crónica mexicáyotl*, pp. 41-43. La *Crónica mexicáyotl* es otro hermoso ejemplo de texto "mítico" compuesto mucho más tarde, cuando el imperio ya se había hecho realidad.

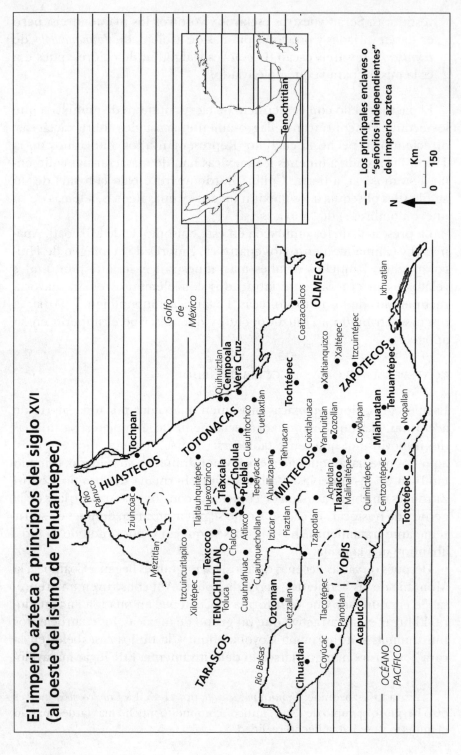

El imperio azteca a principios del siglo XVI (al oeste del istmo de Tehuantepec)

Los principales enclaves o "señoríos independientes" del imperio azteca

Km
0   150

N

Golfo de México

OCÉANO PACÍFICO

Río Pánuco

Río Balsas

Tenochtitlan

HUASTECOS

TOTONACAS

TARASCOS

MIXTECOS

ZAPOTECOS

OLMECAS

YOPIS

Tochpan

Tziuhcóac

Meztitlan

Itzcuincuitlapilco

Xilotépec

Toluca

Cuauhnáhuac

Cujauhquechollan

TEXCOCO

TENOCHTITLAN

Chalco

Atlixco

Izúcar

Piaztlan

Tlatlauhquitépec

Huexotzinco

Tlaxcala

Cholula

Puebla

Tepeyácac

Cuauhtochco

Cuetlaxtlan

Quihuiztlan

Cempoala

Vera Cruz

Tochtépec

Coatzacoalcos

Ixhuatlan

Tehuacan

Ahuilizapan

Coixtlahuaca

Yanhuitlan

Xaltianquizco

Xaltépec

Itzcuintépec

Zozollan

Coyolapan

Tehuantépec

Nopallan

Achiotlan

Tlaxiaco

Malinaltépec

Quimictépec

Centzontépec

Miahuatlan

Tototépec

Tzapotlan

Oztoman

Cuetzallan

Tlacotépec

Panotlan

Acapulco

Coyúcac

Cihuatlan

so, imagen del paraíso perdido de Aztlan, ¿no es a todas luces el que llevan tanto tiempo buscando?

[Oh sacerdote,] aquí ha de estar tu misión, para la que viniste; aquí esperarás y encontrarás a la gente de los cuatro rumbos, combatirás [...] y así conseguirás, como nos dijiste, chalchihuites, piedras preciosas, oro, plumas, ricas y variadas plumas, cacao y algodón de colores y variedad de flores y frutos, toda clase de riquezas.[2]

Pero todavía está lejos la Tierra Prometida. Los huitznahuas se dejan seducir por apariencias engañosas y Huitzilopochtli se enoja. "¿Qué decís?", protesta por medio de su estatua, "¿acaso vosotros sabéis [más que yo], es ése vuestro oficio, me aventajáis? Yo ya sé lo que he de hacer."[3] Y decide materializarse. A medianoche, masacra a los rebeldes. Al día siguiente al amanecer, los mexicas estupefactos descubren los cadáveres de los partidarios del inmovilismo y de las tinieblas. Huitzilopochtli seca la laguna y hay que reanudar la marcha.

Una versión mexica tardía afirma que el dios se encarna al nacer milagrosamente de una mujer, la piadosa Coatlicue ("la de la falda de serpientes"), madre de Coyolxauhqui y de los huitznahuas. Un día, mientras está barriendo el templo en lo alto del Monte de las Serpientes, Coatlicue levanta una bolita de plumas y, quién sabe por qué, la guarda bajo su falda. Enseguida se encuentra embarazada. Sus hijos, escandalizados por este embarazo inexplicado, deciden matarla. Una noche, armados como para una guerra, marchan hacia la cumbre del Coatépec. Coatlicue tiembla, pero de su seno sale una voz que le dice que no tema. En el momento en que Coyolxauhqui y sus hermanos llegan a la punta del cerro, Huitzilopochtli nace. Armado con su "serpiente de fuego", fulmina a su media hermana y la degüella, antes de masacrar a los cuatrocientos huitznahuas.

Coatépec, para los mexicas, es *la* victoria por antonomasia, la que tratarán de reproducir en el campo de batalla y repetirán cada año ritualmente, en la pirámide principal de Tenochtitlan llamada, precisamente, Monte de las Serpientes.

Ese mito es el mito fundamental de los mexicas, el único que ellos crearon. Y sin mucho esfuerzo de imaginación: ¡no hicieron más que adaptar el mito tolteca de la victoria de Quetzalcóatl en el Mixcoatépec sobre sus tíos los cuatrocientos mimixcoa! Como sea, el asunto transcu-

---

[2] Alvarado Tezozómoc, *Crónica mexicáyotl*, p. 49.
[3] Alvarado Tezozómoc, *Crónica mexicáyotl*, p. 51.

El sacrificio de los mimixcoa.

Códice Boturini. Los mexicas errantes están representados por los cuatro jefes que cargan al dios, a la izquierda. Sus nombres están indicados sobre ellos: Serpiente-Espejo, Serpiente-Águila, Apanécatl (también es el nombre del tocado de plumas aquí dibujado) y una mujer, Escudo Acostado. Delante de ellos, sobre unas biznagas, yacen tres mimixcoa que Amímitl sacrifica. Más arriba, Huitzilopochtli, bajo la forma de un águila, entrega armas y un morral a su pueblo elegido.

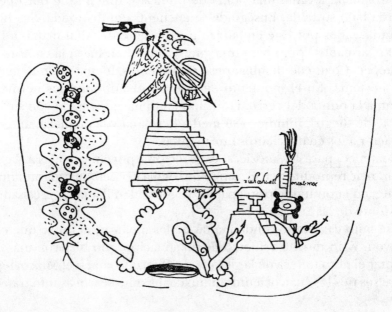

Huitzilopochtli nace armado en la cumbre de su templo edificado sobre el Monte de las Serpientes. Según el *Códice Azcatitlan.*

rre muy cerca de Tollan: una manera de dar a entender que el sol tolteca se acabó y está empezando el de los mexicas...

EL VALLE DE MÉXICO

Los peregrinos prosiguen hacia el sur y pronto penetran en la hermosa y luminosa cuenca de México. Situada en el corazón mismo del país, a una altura de 2 236 metros sobre el nivel del mar que atempera notablemente los calores subtropicales, está rodeada por otros valles prósperos: el de Puebla al oriente, el de Morelos al sur, el de Toluca al poniente y, al norte, el del Mezquital. Imagínese una amplia cuenca de unos ocho mil kilómetros cuadrados, bordeada por altas montañas entre las cuales las más conocidas son dos majestuosos volcanes cubiertos de nieves eternas, el Popocatépetl ("Montaña Humeante", con 5 286 metros de altura) y el Iztaccíhuatl ("Mujer Blanca") al sureste, y el monte Tláloc al este. Las aguas de las montañas se vertían en una serie de lagunas y lagos poco profundos comunicados entre sí. Los lagos de Xaltocan y Texcoco, que subsisten en parte hoy, eran salobres; los de Xochimilco y Chalco, más al sur, eran de agua dulce.

Los prodigiosos recursos que brindaban esos lagos complementaban felizmente los de la agricultura y la caza. Había peces, acamayas, moluscos, ajolotes, ranas, aves acuáticas –patos, garzas–, en cantidades extraordinarias, toda clase de moscos, larvas, gusanos, insectos comestibles, plantas de infinita variedad. Además, se les podía extraer sal. Estas amplias extensiones de agua, con sus riberas consteladas de ciudades, pueblos y aldeas, permitían la comunicación y el transporte por canoa, sumamente cómodos en un país donde no existían bestias de carga o de labor ni se usaba la rueda.

Esas circunstancias favorables y otras ventajas más, tales como la presencia de tierra adecuada para la alfarería y de obsidiana que servía para puntas de lanza y herramientas cortantes, habían atraído poblaciones numerosas desde hacía milenios. En este escenario había florecido, mil años antes, la majestuosa metrópoli de Teotihuacan cuya grandeza sólo fue igualada por Tenochtitlan. Una y otra ciudad rebasaron los 150 mil habitantes. Las grandes densidades de población en el valle, sobre todo en su parte sur, obligaron a desarrollar métodos para extender e intensificar la agricultura. Fue necesario crear terrazas en las faldas de los cerros y las montañas, llevar agua a las tierras secas, abonar los campos, drenar terrenos demasiado húmedos, construir chinampas, como lo habían hecho antaño los mayas en sus selvas pantanosas. Las chinampas, impropiamente llamadas "jardines flotantes", son los incontables islotes

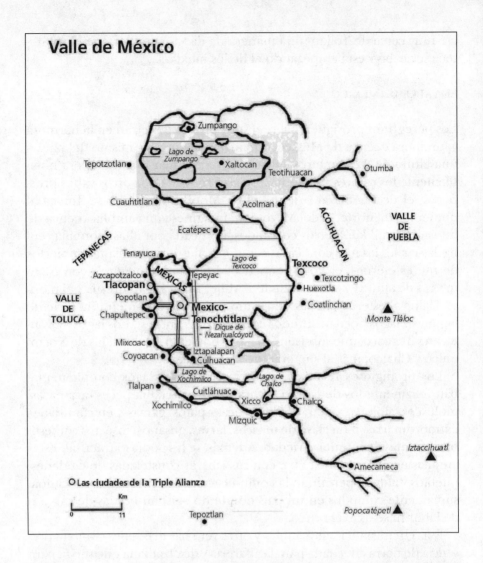

Valle de México

Zumpango

Lago de Zumpango

Tepotzotlan

Xaltocan

Teotihuacan

Otumba

Cuauhtitlan

Acolman

VALLE DE PUEBLA

ACOLHUACAN

Ecatépec

TEPANECAS

Tenayuca

Lago de Texcoco

Texcoco

Azcapotzalco

MÉXICAS

Tepeyac

Texcotzingo

Tlacopan

Huexotla

Popotlan

VALLE DE TOLUCA

Chapultepec

Coatlinchan

Mexico-Tenochtitlan

Monte Tláloc

Dique de Nezahualcóyotl

Mixcoac

Coyoacan

Iztapalapan

Culhuacan

Lago de Xochimilco

Lago de Chalco

Tlalpan

Cuitláhuac

Xochimilco

Xicco

Chalco

Mízquic

Iztaccíhuatl

Amecameca

O Las ciudades de la Triple Alianza

Km

0   11

Tepoztlan

Popocatépetl

artificiales creados en los lagos de agua dulce del sur de la cuenca. Copiosamente irrigados por todos lados, permitían obtener cada año múltiples cosechas de maíz, frijoles y plantas diversas, y alimentar así a varios centenares de miles de habitantes. Eran como si dijéramos el granero de la región.

Cultivar la tierra, construir, significaba también desmontar a una escala tremenda. La técnica agrícola más común consistía en rozar un terreno y quemar ahí mismo árboles y monte bajo antes de sembrar. Era un método costoso, pues las tierras desbrozadas se agotaban rápidamente. En el ámbito de la construcción, para revestir los suelos y los edificios construidos en piedra –particularmente las grandes pirámides– se usaban cantidades enormes de mortero de cal y de estuco, y ello exigía calcinar piedra caliza y destruir bosques enteros.

Poco después de su llegada a este valle tan deseable, los recién venidos tienen que enfrentarse a una coalición de las poblaciones locales, convocadas por Cópil, hijo de Malinalxóchitl, la hermana abandonada en el camino por Colibrí Zurdo. El encuentro se produce en Chapultepec, en la orilla poniente de la laguna de México. Los mexicas son aplastados y su rey Huitzilíhuitl es capturado y sacrificado. A Cópil lo mata un sacerdote de Colibrí Zurdo o el mismo dios, de nuevo encarnado. El sacerdote acude a un lugar donde se encuentra un trono de Quetzalcóatl. Desde ahí, tira el corazón de Cópil a la laguna. En este mismo lugar se fundará, más adelante, Mexico-Tenochtitlan.

EL ÁGUILA QUE DEVORA LA SERPIENTE

Refugiados en Tizapan, un terreno insalubre que les concede el rey de Colhuacan, los mexicas finalmente prosperan y mantienen excelentes relaciones con los habitantes de esa ciudad. Pero Huitzilopochtli, que una vez más teme que se detengan antes de llegar a la Tierra Prometida, les ordena por medio de sus sacerdotes que vayan y pidan al rey de Colhuacan que les dé a su hija para convertirla en su reina y su diosa. El rey acepta. Con gran ceremonia llevan a la muchacha al campamento mexica. Ahí, la inmolan, la desuellan, un oficiante reviste su piel y los mexicas invitan al rey a que venga a aplaudir la nueva grandeza y felicidad de su hija. Tanta delicadeza desemboca en una batalla en que los mexicas se ven empujados hasta adentro de la laguna. En 1325 (año 2-Casa), los sacerdotes de Huitzilopochtli tienen por fin la visión tan esperada de la Tierra Prometida: del corazón de Cópil ha brotado un nopal en el cual está parada un águila devorando una serpiente.

El águila es el sol, Huitzilopochtli; la serpiente es la oscuridad, los autóctonos, las presas futuras. El águila que devora a la serpiente es también el astro del día que aparece, las tinieblas que se disipan. Las peregrinaciones son un viaje en la noche; cuando el pueblo elegido llega por fin a la Tierra Prometida, el sol nace para él. Se decía: "Ahí donde habrá sol, ahí donde habrá día".[4] Así que en ese lugar, una isla de nueve kilómetros cuadrados, se funda la ciudad de Mexico, también llamada Tenochtitlan. Poco tiempo después, un grupo de disidentes se establece en Tlatelolco, en la parte septentrional de la isla.

---

[4] "*Oncan tonaz, oncan tlathuiz*". Muñoz Camargo, "Descripción...", p. 146.

¿Cuál era la situación política del valle? Se supone que después del derrumbe del imperio de los toltecas –del cual sabemos muy poco–, pongamos que en el siglo XII, la región fue invadida por bárbaros o "chichimecas". Las crónicas gustan de describir el rústico y nómada modo de vida y la rápida aculturación de esos chichimecas. Su rey, Xólotl, se habría instalado primero cerca de Xaltocan y luego en Tenayuca... Otros "inmigrantes" fueron los tepanecas, que se establecieron en Azcapotzalco; los acolhuas, que ocuparon las riberas orientales del lago y la ciudad de Coatlinchan; los fieros otomíes... Se fue creando una multitud de pequeñas ciudades-Estado y de confederaciones en perpetua rivalidad. En el oriente, la triple alianza de los acolhuas de Coatlinchan, Huexotla y Texcoco (antaño Tetzcoco). De Tenochtitlan hacia el norte, Xaltocan y Tenayuca. Al oeste, las ciudades tepanecas de Tlacopan y Azcapotzalco. Al sur, Colhuacan, Xochimilco, donde hasta hoy subsisten algunos "jardines flotantes" (chinampas), y Chalco.

Los documentos son muy discretos en cuanto a los primeros cincuenta años de Tenochtitlan. Hacia 1352, los mexicas habrían participado con los acolhuas y los habitantes de Huexotzinco, una ciudad del vecino valle de Puebla, en un ataque contra los tlaxcaltecas. Ya en aquella época se movían probablemente en la órbita de Azcapotzalco. Los tepanecas de esta ciudad extendieron su poderío de manera notable desde el principio del gobierno del gran Tezozómoc, por 1370.

Este Tezozómoc es quien, se supone, habría asignado a Tenochtitlan un primer soberano en 1371. Acamapichtli está descrito algunas veces como de origen tepaneca, otras como hijo de un mexica y una mujer noble de Colhuacan. En cualquier caso, a Colhuacan, ciudad que los mexicas acababan de conquistar, fue el nuevo rey a buscarse una esposa, la princesa Ilancuéitl. De ese modo, se reafirmaba el vínculo con los toltecas, cuyo poder desvanecido seguía siendo considerado el único legítimo en el México central. En efecto, Colhuacan, "el lugar de quienes tienen ancestros", habría sido una muy antigua fundación tolteca. Más tarde, se solía llamar "colhuas" a los mexicas, y así se los nombrarían a Cortés en 1519.

Aún tributario de los tepanecas, el rey Acamapichtli se apoderó de Tenayuca y de tres ciudades de la región de los jardines flotantes, Cuitláhuac, Xochimilco y Mízquic. Huitzilíhuitl sucedió a Acamapichtli. Presumió de victorias en la misma región así como por el norte de la ciudad, contra Cuauhtitlan, Xaltocan y Texcoco. Chimalpopoca, el tercer rey mexica o *huey tlatoani*, "gran orador", habría ganado batallas contra Tequixquíac y Chalco.

La visión del águila sobre el nopal,
señal de la llegada de los mexicas a la Tierra
Prometida. Durán, *Historia*...

Pero sobre todo ayudó a Tezozómoc a adueñarse del reino oriental de los acolhuas. Ello produjo un cambio radical del equilibrio de fuerzas en el valle. El rey de Texcoco, Ixtlilxóchitl el Viejo, fue asesinado (1418). Su hijo menor, Nezahualcóyotl ("Coyote Hambriento"), tuvo que huir. Mientras tanto, en Azcapotzalco, Tezozómoc murió y el heredero del trono fue desplazado por un hermano menor, Maxtla. Chimalpopoca, que había tomado partido por el perdedor, fue asesinado por orden del usurpador.

Los soberanos de Mexico-Tenochtitlan

Acamapichtli: 1375-1395.
Huitzilíhuitl: 1395-1414.
Chimalpopoca: 1414-1428.
Itzcóatl: 1428-1440.
Motecuhzoma I: 1440-1469.
Axayácatl: 1469-1481.
Tízoc: 1481-1486.
Ahuítzotl: 1486-1502.
Motecuhzoma II (Moctezuma): 1502-1520.

Estamos por el año de 1428. El nuevo *tlatoani* de Tenochtitlan se llama Itzcóatl y es un personaje valiente y decidido. Algunos le atribuyen el asesinato de Chimalpopoca. Decide sacudirse el yugo de la ciudad de Azcapotzalco y negocia las alianzas necesarias. Con la ayuda de Coyote Hambriento, de la ciudad tepaneca de Tlacopan y de Huexotzinco, en el valle de Puebla, derrota a Azcapotzalco y somete a las ciudades de obediencia tepaneca que se niegan a pagarle tributo. Luego funda con las ciudades de Texcoco y Tlacopan (Tacuba) una confederación, la Triple Alianza, que desde entonces va a dominar gran parte del actual territorio mexicano. Itzcóatl se vuelve señor de los colhuas (*colhuatecuhtli*), Nezahualcóyotl de los acolhuas (*acolhuatecuhtli*) y Totoquihuaztli de Tlacopan y los tepanecas (*tepanecatecuhtli*). Ha nacido el imperio azteca. En un principio, Tenochtitlan y Texcoco quedan en plan de igualdad y Tlacopan como el pariente pobre de la alianza. Pero al poco tiempo Tenochtitlan prevalece y su rey se convierte en el jefe de hecho del imperio: el emperador.

Una de las primeras decisiones de Itzcóatl es mandar que se busquen, reúnan y quemen todas las crónicas existentes, para reescribir la historia a su manera. Es un éxito completo: todas las historias de Tenochtitlan que nos llegaron han sido profunda y visiblemente corregidas.

En otras palabras, todo aquello que en la historia mexica es anterior al reino de Itzcóatl es por lo menos dudoso, y en particular los éxodos. Los libros corregidos presentan a los mexicas como lo exige el estereotipo mítico fundamental del nómada recién llegado, pobre pero valiente, similar al águila o al sol, que triunfa sobre los ricos sedentarios cómodamente instalados, ligados a la tierra, nocturnos y lunares.

Lo cual no implica, empero, que se tenga que rechazar el principio mismo de las peregrinaciones. Las fuentes antiguas de Mesoamérica a menudo describen cómo tal o cual pueblo abandona de repente sus tierras o sus ciudades para seguir a un intérprete de su deidad protectora hacia una tierra paradisíaca. Podría ser, incluso, una de las explicaciones de las oleadas de abandonos de ciudades que marcan toda la historia de Mesoamérica. En cualquier caso, ese tipo de búsquedas está históricamente bien documentado, por lo menos entre los indígenas de Brasil. Durante cuatro siglos, los estupefactos testigos europeos recogieron relatos sobre las súbitas migraciones de poblaciones arrastradas por uno u otro profeta en busca del paraíso. En uno de esos casos, más de diez mil indígenas se lanzaron a cruzar América del Sur de un océano a otro. Los escasos sobrevivientes que llegaron a Perú no encontraron nada parecido a la felicidad imaginada...

Los desplazamientos son, pues, probables, pero lo que es casi seguro es que cuando los mexicas encontraron refugio en la laguna de México, ya existía ahí una ciudad.[5] Esa preexistencia de Tenochtitlan es precisamente lo que el rey Itzcóatl se proponía ocultar.

La arqueología y algunos detalles de las fuentes sugieren que las cosas pudieron suceder como sigue. Un grupo de gentes que se llaman mexicas abandona, por una razón cualquiera, una ciudad originaria, quizás cercana –¿y por qué no Colhuacan?– y se lanza en busca de una tierra que los reciba. Después de largas andanzas infructuosas, los exilados terminan pidiendo asilo a la ciudad que después se llamará Mexico-Tenochtitlan y cuya deidad protectora es Quetzalcóatl. Son bien recibidos; se les atribuye uno o varios barrios, según una tradición muy arraigada en Mesoamérica. La ciudad se vuelve tributaria de los tepanecas. Cuando ocurren los acontecimientos de 1428, los mexicas se hacen activos promotores de la rebelión, mientras que los antiguos pobladores vacilan. Se logra un acuerdo según el cual, en caso de éxito, los mexicas de Itzcóatl se volverán amos y dueños de la ciudad. Después de la victoria, toman efectivamente el poder, ocupan la mayor parte de los cargos importantes e integran los principales linajes nobles. Los que más contribuyeron a la victoria reciben tierras confiscadas a los vencidos. En el terreno religioso, Quetzalcóatl es sustituido por Huitzilopochtli como deidad tutelar. El sistema de gobierno bicéfalo, muy extendido en las grandes civilizaciones precolombinas, permite que la población antigua siga teniendo su parte de poder. El rey, representante en la tierra del sol y del cielo diurno, solía tener a su lado, en efecto, a un "virrey" o *cihuacóatl*, "Serpiente Hembra" (nombre también de una gran diosa), que representa la tierra, la noche y a los autóctonos.

Heredera del imperio tepaneca, la Triple Alianza se encuentra por lo mismo atrapada en el engranaje de la conquista. Convertida en la gran potencia de la cuenca de México, no puede sino despertar el temor y la hostilidad de vecinos desconfiados. Por lo tanto, Itzcóatl tiene que tomar la iniciativa y suprimir a los enemigos potenciales. Después de consolidar sus conquistas en el valle, se dirige hacia el sur, donde somete a Cuauhnáhuac y, más allá, a Iguala y Cuetzallan, en el actual Guerrero. La conquista de Cuauhnáhuac (ahora Cuernavaca, Morelos) es muy significativa. Muestra que los aztecas buscan diversificar sus recursos y al-

[5] Una ciudad que probablemente tendría posesiones en tierra firme, pues en caso contrario es difícil imaginar cómo estas pequeñas islas habrían podido alimentar a una población numerosa.

canzar cierta independencia económica mediante el control de niveles ecológicos distintos. El valle de Morelos, ubicado a una altura bastante menor que el de México, produce cultivos tropicales muy codiciados, especialmente algodón.

Moctezuma (en náhuatl *Motecuhzoma*) Ilhuicamina, que sucede a Itzcóatl en 1440, extiende el imperio prodigiosamente. Primero, al precio de una larga guerra, consigue desbaratar la poderosa liga de Chalco-Amaquemecan. Este Estado, concentrado sobre todo en el sureste del valle de México, controla el acceso hacia el valle de Puebla y la costa del Golfo. Muchos refugiados de Chalco van a instalarse en el valle vecino, cerca de Huexotzinco y de Atlixco.[6]

LA GUERRA FLORIDA

El largo reinado de Moctezuma I se vio ensombrecido por una espantosa hambruna,[7] cuyas consecuencias a largo plazo resultaron fatales.

El hambre duró, al parecer, desde 1450 hasta 1454, es decir, del año 10-Conejo al año 1-Conejo.[8] La nieve cayó en capas espesas, el frío y las enfermedades hicieron estragos en la población y las cosechas fueron desastrosas. La gente intentaba emigrar o, para salvar a sus hijos, los vendía como esclavos a los habitantes de la costa del Golfo, donde reinaba la abundancia. Esperanza vana, pues los totonacos los inmolaban a sus dioses para que el azote no alcanzara sus dominios. Los reyes abrieron de par en par sus reservas y distribuyeron víveres, pero no eran suficientes para alimentar a todos.

Para los sacerdotes de Tenochtitlan, el azote era un castigo de los dioses. ¿Por qué? Porque no se les había ofrecido alimento bastante: el castigo refleja el pecado. Para tratar de apaciguarlos, había que ofrecer-

[6] Torquemada, p. 163.

[7] Además de las fuentes que se mencionarán en el texto, ver Sahagún, *Historia general*..., libro 6, cap. 1, p. 450; *Codex Telleriano-Remensis*, fol. 7, p. 273; *Códice Aubin*, fol. 35r; *Anales de Tlatelolco*, pp. 91-93; *Anales de Cuauhtitlan*, p. 52; *Historia de los mexicanos*..., p. 6, y Chimalpáhin, *Relaciones*..., p. 200. Las fuentes del valle de Puebla, la *Historia tolteca-chichimeca* y Muñoz Camargo, no la mencionan.

[8] Ver al respecto, Alva Ixtlilxóchitl, vol. 2, pp. 111-113, y también para el relato que sigue; *Anales de Tlatelolco*, pp. 91-93; *Anales de Cuauhtitlan*, p. 52; Chimalpáhin, *Relaciones*..., p. 200; *Historia de los mexicanos*...; Durán, *Historia*..., vol. 1, pp. 241-244; Torquemada, vol. 1, pp. 157-158; Hassig, *Aztec Warfare*..., p. 162, y Davies, *The Aztec Empire*..., pp. 58-61.

les sacrificios (humanos, por supuesto) en grandes cantidades. Y, sobre todo, las inmolaciones tenían que realizarse con más regularidad. Las víctimas eran en su mayoría prisioneros de guerra. Pero las guerras eran intermitentes y lejanas, los cautivos sólo llegaban de vez en cuando y para colmo muy flacos y debilitados, si es que llegaban, pues la mayor parte moría en el camino. Para remediar eso, se decidió organizar la "guerra florida" (*xochiyaóyotl*),[9] vale decir, batallas periódicas en que la Triple Alianza se oponía a Tlaxcala, Huexotzinco y Cholula (antes Cholollan), ciudades las tres del valle de Puebla.[10] Algunos historiadores antiguos dicen que los combates tenían que realizarse cada veinte días. Las ciudades entraban en liza por turnos: tal mes, Tenochtitlan contra Tlaxcala; el siguiente, Texcoco contra Huexotzinco, y así sucesivamente. Otros afirman que se acordaban los encuentros según las necesidades señaladas por los sacerdotes o el emperador.[11] Las batallas tenían que librarse en un lugar habitual, sin que se buscara conquistar tierras ni ciudades. En caso de dificultades o de catástrofe en uno de los dos campos, habría una tregua y se prestarían mutuamente ayuda. Los habitantes de cada uno de los valles no podían entrar al otro, bajo pena de morir en sacrificio. Huelga decir que las nobles intenciones muchas veces no pasaron de buenos deseos.[12]

¿Quién ideó esa guerra ritual, fresca, alegre y florida? Los mexicas y los texcocanos se disputan esa dudosa gloria. Los testimonios mexicas provenientes de la perdida *Crónica X* atribuyen la idea al *cihuacóatl* Tlacaélel, hermano gemelo de Moctezuma I, un personaje casi mítico que

[9] Sobre la guerra florida, ver Ceballos Novelo; Vaillant, *La civilización azteca...*, pp. 122 y 284ss; Soustelle, *La vida cotidiana...*, pp. 106ss; Katz, "The Causes of War..."; López Austin, *La constitución real...*, pp. 43-44; Canseco Vincourt, pp. 101-124; Davies, *Los señoríos...*; Davies, *The Aztecs...*, pp. 97ss y 232; Davies, *The Aztec Empire...*, pp. 232-250; Brundage, *A Rain of Darts...*, pp. 96ss; Brundage, *The Jade Steps...*, pp. 131ss; Hicks, "Flowery War..."; Isaac, "Aztec Warfare..."; León-Portilla, *La filosofía...*, pp. 254-257; Alcina Franch, *Los aztecas*, pp. 105-106; Lameiras, p. 53, y Hassig, *Aztec Warfare...*, passim.

[10] Los dioses de esas ciudades son, respectivamente, Tezcatlipoca, Huitzilopochtli y Tláloc y, por otra parte, Camaxtli, Matlalcueye y Quetzalcóatl (ver Alva Ixtlilxóchitl). Van por pares: Tezcatlipoca se confunde en parte con Camaxtli; Matlalcueye, con la esposa o la hermana de Tláloc, y es sabido que Huitzilopochtli es un sustituto mexica de Quetzalcóatl.

[11] Tapia, "Relación...", p. 93, y Tovar, *Manuscrito..*, fol. 66a, que probablemente se basa en Tapia.

[12] Alva Ixtlilxóchitl, vol. 2, pp. 111-113; Pomar, *Relación...*, p. 89, y Torquemada, vol. 1, libro 2, cap. 71.

habría tenido una influencia decisiva en la historia mexica durante unos cincuenta años.[13]

Una particularidad de dicha crónica: en ella, la guerra florida es anterior a la hambruna. Moctezuma acaba de tomar prisioneros y quiere sacrificarlos para inaugurar el templo de Huitzilopochtli ampliado y renovado. Tlacaélel objeta que todavía no está concluida la obra, pero ello, prosigue, no debe ser obstáculo para que el rey mande proceder a la inmolación de las víctimas. La alimentación de Huitzilopochtli no debe depender de oportunidades azarosas. Por el contrario, hay que abrirle al dios una especie de mercado al cual pueda acudir con su ejército para adquirir guerreros comestibles. Así pues, tendrá en todo momento a su disposición una dotación de pan caliente, recién horneado, tierno y sabroso.

Ese "mercado" iba a consistir en Tlaxcala, Huexotzinco, Cholula, Atlixco, Tecóac y Tliliuhquitepec, seis ciudades elegidas por el dios para su servicio.[14] No se trataría de destruir a esos enemigos, sino de conservarlos como bastimentos o como caza. El hecho de instaurar una guerra ritual, "florida", contra ellos, combina varias ventajas. En el mercado-campo de batalla se hacen las compras para los dioses. Y de paso –pero eso no lo dice Tlacaélel– para los nobles quienes, distintos en eso de los dioses, las comerán realmente. En especial el propio "virrey" o *cihuacóatl*, aficionado a la carne humana. Al mismo tiempo, el reino cosechará honor y gloria, los nobles tendrán en qué ocuparse y los soldados, dónde ejercitarse y demostrar su valor. En adelante, en esas guerras podrán los valientes conquistar joyas, insignias y promociones. En cuanto a los demás enemigos, sigue explicando el *cihuacóatl* Tlacaélel, los tarascos, los yopis o los huaxtecos, Colibrí Zurdo los aprecia poco. Esos bárbaros que hablan idiomas extranjeros son como "pan bazo y duro, pan desabrido y sin sazón".[15]

Mientras no encontremos más información respecto a Tlacaélel, que en realidad sólo conocemos por la *Crónica X*, no podremos decir con certeza si él es el inventor de la guerra sagrada. Según los historiadores

---

[13] Durán, *Historia...*, vol. 2, cap. 28, p. 232. Sobre Tlacaélel, ver León-Portilla, *La filosofía...*, pp. 249-257; Davies, *The Aztec Empire...*, pp. 48-50; Zantwijk, "Quetzalcóatl...", y Zantwijk, "*Met mij...*"

[14] Seis es también el número de los *calpulli*, los barrios que se encargan del culto a Huitzilopochtli en México. Ver Zantwijk, "Los seis barrios..."

[15] Durán, *Historia...*, vol. 2, cap. 28, pp. 232-233; cap. 29, p. 235, y cap. 55, p. 417; también Muñoz Camargo, *Historia...*, p. 116, y Benavente o Motolinía, *Memoriales...*, pp. 219-220.

nahuas de Texcoco,[16] por cierto, el inventor no fue él sino Nezahualcóyotl. Según Alva Ixtlilxóchitl, siempre preocupado por darle el mejor
papel a la familia real de Texcoco con la cual tiene parentesco, Nezahualcóyotl primero se opuso enérgicamente a las exigencias de los
sacerdotes que, durante la hambruna, reclamaban más víctimas. Pero,
al ver que no había escapatoria, el rey pidió y consiguió que sólo se sa-
crificara a los prisioneros de guerra, destinados de cualquier modo a
morir en el campo de batalla. Y Xicoténcatl de Tlaxcala, presente quién
sabe por qué en la reunión de los reyes de la Triple Alianza, habría sugerido entonces encuentros periódicos y regulados.

Todo parece indicar, sin embargo, que la iniciativa fue de los mexicas. Texcoco era amiga de Huexotzinco y de Tlaxcala, ciudades que
habían ayudado a Nezahualcóyotl durante su exilio. Tenochtitlan, en
cambio, era hostil a esas ciudades y sin duda perseguía objetivos políticos
ocultos. Y como ya entonces la metrópoli era el miembro más poderoso
de la Triple Alianza, le tocaba decidir en última instancia. Es probable
que la hambruna ya hubiera empezado. El estrecho vínculo entre la
causa del mal y su remedio es por demás evidente. Además, veremos
que un monumento capital del reino de Moctezuma II, el Teocalli (templo) de la Guerra Sagrada, erigido después de otra hambruna, conme-
mora la instauración de la guerra florida.

El que para garantizar un abasto suficiente de cautivos haya parecido
necesario acordar encuentros regulares con adversarios más o menos
voluntarios es un dato importante. Los dioses, afirmaban los sacerdotes,
no podían depender de los azares de una guerra. Eso significa que las
guerras eran ocasionales, no se hacían por capricho. Dicho de otro modo, la sola necesidad de alimentar al cielo y a la tierra, la invocación del
deber cósmico o, para los mexicas, de su misión no bastaban para justificar una guerra ordinaria. Hacían falta otros motivos, de derecho internacional. De ahí, para el culto y para los guerreros nobles, la necesidad
de conseguir algo así como un fondo de operaciones. Desde ese momento, habrá dos tipos de guerra. En la primera el objetivo es la conquista, el botín y el tributo, los prisioneros para esclavizar o sacrificar. La
otra, en principio, sólo se propone la captura de víctimas sacrificables
y el ejercicio militar.

La "guerra florida" no era una novedad. La expresión ya aparece,
para hablar de un conflicto entre las ciudades de Chalco y Tlacochcal-
co, en 1324. Pero ahí, más que una guerra verdadera con pérdidas
humanas, parece designar unos ritos de penitencia, extracción de san-

16 Pomar, *Relación...*, p. 89, y Alva Ixtlilxóchitl.

Huitzilopochtli, el Colibrí Zurdo, armado con su lanzadardos
y, en la otra mano, flechas y un escudo coronado con una
pequeña bandera. Durán, *Historia...*

gre y justas que sólo provocaban heridas.[17] La "guerra florida" entre
Tenochtitlan y Chalco en 1376 parece haber sido del mismo tipo, pero
diez años después las cosas, al parecer, se habían agriado.[18] En 1387, se
mataba de verdad, pero sólo a la gente común: "los doce años que duró
la guerra de las flores, sólo sucumbían los vasallos, mientras que los
grandes no morían, por eso se llamaba guerra de las flores".[19]

Según el cronista de Chalco, Chimalpáhin, quien nos da estas informaciones, la guerra dejó de ser "florida" –o, digamos, convenida, regulada– en 1415, cuando "los señores mexicas ya no soltaron a los chalcas
que alcanzaban [capturaban]; lo mismo los señores chalcas, cuando
alcanzaban a los mexicanos, ya no los soltaban". En otros escritos, sin

[17] Chimalpáhin, *Troisième relation...*, p. 46; Chimalpáhin, *Relaciones...*, p. 152,
y Brundage, *A Rain of Darts...*, p. 101, particularmente la nota 23, que sostiene
que la guerra florida se remonta a la época tolteca y después a la de Quinatzin,
pero los documentos que invoca no autorizan tales conclusiones.

[18] *Anales de Cuauhtitlan*, p. 32, y *Códice Chimalpopoca...*, en *Die Geschichte der
Königreiche von Golhuacan*, p. 172.

[19] Chimalpáhin, *Annales...*, libro 8, p. 71.

embargo, toda la guerra contra Chalco (1384-1455) recibe el calificati-vo de "florida".[20]

No deja de sorprender esa complicidad entre nobles, que juntos pro-curaban que sólo se matara a la gente común. ¿Acaso no les correspon-dían a ellos por derecho y primacía el oficio de las armas y la muerte gloriosa y florida en el campo de batalla o en la piedra del sacrificio? Al bautizar a un niño del común, se le daban las insignias del estatuto o del oficio de su padre.[21] Al pequeño noble, en cambio, le entregaban armas en miniatura. Cuando veía la luz, la partera le decía:

Sábete y entiende que no es aquí tu casa donde has nacido, porque eres soldado y criado, eres ave que llaman *quecholli*, eres ave que lla-man *zaquan*, que eres ave y soldado del que está en todas partes [...]. Solamente es tu posada esta casa. Tu propia tierra, otra es, en otra parte estás prometido, que es el campo donde se hacen las guerras, donde se traban las batallas; para allí eres enviado; tu oficio y facul-tad es la guerra, tu oficio es dar a beber al sol con sangre de los ene-migos y dar de comer a la tierra, que se llama *Tlaltecutli*, con los cuerpos de tus enemigos. Tu propia tierra, y tu heredad, y tu padre, es la casa del sol, en el cielo [...]. Por ventura merecerás, y serás dig-no de morir en este lugar y recibir en él muerte florida.[22]

Destino dichoso, tal vez, pero al que los nobles del siglo XIV no pare-cían tener mucha prisa de entregarse. En la época que nos ocupa ya no es lo mismo.[23] Sin embargo, la complicidad que unía a los nobles, por enemigos que fueran, persistió. Cuando los mexicas organizaban gran-des ceremonias con sacrificio de guerreros, sin falta invitaban a los se-ñores de sus Estados enemigos predilectos, enemigos comparados, sin

[20] *Anales de Cuauhtitlan*, p. 32. Respecto a la "prehistoria" de la guerra flori-da, ver Davies, *Los señoríos...*, pp. 89ss, p. 147; Davies cita como otro caso de "guerra florida" la *Relación geográfica de Villa de Espíritu Santo*, donde se habla de ciudades que luchaban para obtener víctimas que comer; y también el ca-so de Ixtepexi. Ver además Davies, *The Aztecs...*, p. 97. La escena de la batalla en los murales de Cacaxtla, que datan del siglo VIII, parece representar un combate ritual y "florido".

[21] García Quintana, "El baño ritual...", p. 191; *Codex Mendoza*, fol. 58, p. 121, y Acosta, p. 265.

[22] Sahagún, *Historia general...*, libro 6, cap. 31, p. 384, y cap. 37, pp. 398ss.

[23] No es motivo suficiente para decir, con Brundage (*The Jade Steps...*, p. 132), que sólo los señores (*tetecuhtin*) participaban en esos conflictos, y de manera voluntaria, ¡con exclusión de la gente del común!

embargo, con el infierno.[24] Dichos señores llegaban en el mayor secreto –la gente del común no podía enterarse– y se retiraban colmados de regalos. La ciudad de Tlaxcala, por su parte, hacía lo mismo.[25] Durante los combates, la muerte o la inmolación de nobles de alto rango en los campos de batalla florida parece haber sido muy lamentada.

Los combates floridos, a veces muy sangrientos, dieron lugar a toda una poesía caballeresca, cuyas resonancias encontramos en las obras de los antiguos cronistas. Alvarado Tezozómoc, por ejemplo, califica la "guerra florida" de "batalla civil y gloriosa, rociada con flores, preciada plumería, de muerte gloriosa, con alegría, en campo florido [...] florido de cuerpos muertos, parecen rosas coloradas, envueltos en preciada plumería, y muertos con tanta alegría que ya están gozando de [la presencia de] nuestros antecesores y reyes pasados".[26]

La investigación moderna se ha interrogado mucho respecto a las "guerras floridas", por ejemplo, sobre cuáles eran sus motivaciones reales. Las que alegan los autores antiguos son, como vimos, primero, el alimento fresco y regular para los dioses; luego, el ejercicio, los honores y la promoción; finalmente, pero no se afirma con tanta claridad, el abastecimiento de carne humana.

El primer motivo es probablemente el más importante, a tal punto que algunos autores describen la guerra florida como "la realización de una concepción religiosa que constituía la base fundamental de la existencia misma del pueblo azteca".[27] Pero hay que matizar. La realización de esa concepción también pasaba por las otras guerras, las de tipo ordinario. La guerra florida sólo garantizaba regularidad y "frescura" en el flujo de víctimas.

Para otros autores,[28] es primordial el segundo motivo, el ejercicio militar, puesto que un imperio como el azteca requería de una máquina de guerra en perfecto estado. A lo que podría objetarse que antes se habría

[24] Alvarado Tezozómoc, *Crónica mexicana...*, p. 491.

[25] Ver, por ejemplo, Torquemada, vol. 1, p. 199; Durán, *Historia...*, vol. 2, p. 466, y Sahagún, *Historia general...*, libro 2, cap. 21, p. 103. Veremos ejemplos de ello en los siguientes capítulos.

[26] Alvarado Tezozómoc, *Crónica mexicana...*, pp. 632-633. Sobre la poesía, ver Garibay, *Poesía náhuatl* y *Cantares mexicanos*; Bierhorst, *Songs of the Aztecs*, y en francés, Baudot, *Les lettres précolombiennes*.

[27] Ceballos Novelo, "Sentido religioso y social...", p. 492. Ver también Vaillant; Soustelle, *La vida cotidiana...*, pp. 106-107 y 215-216; Brundage, *A Rain of Darts...*, pp. 100-101; Brundage, *The Jade Steps...*, pp. 130-134; Burland, p. 48; Conrad y Demarest, p. 60, y Townsend, *The Aztecs*, p. 200.

[28] Hicks, "Flowery War..."

necesitado un ejército permanente que nunca existió, ni siquiera, al parecer, después de varias décadas de encuentros floridos regulares... Por lo demás, los mitos y los poemas aztecas muestran claramente la extraordinaria importancia de la mística guerrera. Y todos sabemos que otros imperialismos tuvieron ejércitos muy eficientes sin por eso recurrir a entrenamientos tan mortíferos como las guerras floridas. Finalmente, ¿qué razones habrían tenido los adversarios de la Triple Alianza para participar en ese jueguito mortal? Por lo que sabemos, ni los tlaxcaltecas ni los huexotzincas eran imperialistas entregados a la conquista del mundo...

En cuanto al tercer motivo, no se debe rechazar de entrada. Es un hecho que las víctimas eran comidas, por lo menos por las familias nobles y probablemente también por las de los valientes. Hay investigadores estadounidenses que han llegado a afirmar que si los aztecas hacían sacrificios humanos era principalmente por falta de proteínas, dada la ausencia de animales domésticos sustanciosos. La obtención de carne humana, dicen, era un poderoso estímulo para los guerreros.[29]

Existe, innegablemente, una extraña coincidencia: la única gran civilización agrícola arcaica que no disponía de ganado también era la que rutinariamente engordaba y consumía seres humanos... Pero esa idea, pregonada con gran despliegue publicitario, no es un descubrimiento nuevo. Poco después de la Conquista, Carlos V ya había promulgado una ordenanza para fomentar la importación de ganado a la Nueva España, con la esperanza de acabar así con el canibalismo.

La tesis es, por lo menos, excesiva. Se ha demostrado que los aztecas no carecían tanto de proteínas como se pensaba. Está probado, por otra parte, que sólo comían algunas partes del cuerpo. Además, el canibalismo en gran escala sólo concernía a categorías limitadas de personas y su práctica era propia del altiplano central. En otras regiones, los Estados no tenían poder suficiente para hacerse de un gran número de cautivos. En fin, nada demuestra que las civilizaciones mesoamericanas de los milenios anteriores, igualmente desprovistas de ganado, hayan practicado la antropofagia más que ocasionalmente. Dicho todo esto, es verdad que la guerra ritual instauraba un aporte regular y sin duda apreciado de carne humana.

EL PUNTO DE VISTA DE TLAXCALA

¿No habrá sido la guerra florida una guerra como todas, sólo que manejada con métodos más insidiosos? El cronista español López de Gó-

---

[29] Harner, "The Ecological Basis...", y Harris, *Cannibals...*

mara ya lo sugiere en el siglo XVI: sin duda, concede, se peleaba por ejercitarse y por obtener víctimas, pero sobre todo porque los de Puebla no querían obedecer ni recibir a los dioses de los mexicas. Alvarado Tezozómoc confirma: según él, el virrey Tlacaélel propone claramente derrotar a las seis ciudades de Puebla y a los yopis, y convertirlos en vasallos para arrastrarlos hasta Tenochtitlan. Habla de esos combates no como de torneos caballerescos entre pares, sino como de un mercado al cual los tlaxcaltecas van a venderse y los mexicas a surtirse.[30]

¿Cuál es, al respecto, el punto de vista de las ciudades del valle de Puebla? ¿Cuál fue su parte en este "mercado"? Es difícil decirlo. Cuando los historiadores de la ciudad de Tlaxcala hablan de una guerra verdadera y encarnizada, sin duda proyectan sobre el pasado situaciones más recientes. Pero es verdad que ya antes de Moctezuma II las batallas rituales no siempre eran tan corteses. Prueba de ello es que iban a despertar en los tlaxcaltecas tal odio hacia la Triple Alianza que se convertirían en los más firmes aliados de Cortés.

Si hemos de creerle a Alva Ixtlilxóchitl, el que propuso el sistema de las batallas rituales fue Xicoténcatl de Tlaxcala. Probablemente abreva en otro cronista de Texcoco, Pomar, y éste afirma que escuchó de boca de ancianos de Tlaxcala que sus antepasados habían querido esas guerras floridas. Pero ¿qué podía buscar Tlaxcala con esas guerras? Nada demuestra que la famosa hambruna haya sido tan grave en el valle de Puebla como lo fue en el de México. Y los tlaxcaltecas debían saber que tenían reservas muy inferiores a las de sus vecinos y, por tanto, terminarían perdiendo.[31]

Escuchemos las versiones tlaxcaltecas. No cabe duda que, para ellos, se trataba de una verdadera guerra. Como dijeron a Cortés, esta provincia nunca había pagado tributo, nunca había tenido amo; desde tiempos inmemoriales, habían vivido libres, siempre habían logrado defenderse "del gran poder de Moctezuma, de su padre y sus abuelos que toda la tierra tenían sojuzgada": nunca habían logrado someterlos, aunque los tenían cercados por todos lados y no dejaban salir a nadie. Según las confidencias que hizo a los españoles uno de sus reyes, Maxixcatzin, las guerras contra Tenochtitlan se remontaban a unos noventa o cien años antes, en tiempos del "abuelo" de Moctezuma. En aquel tiempo, los mexicas habían agarrado con engaños a uno de los principales señores tlaxcaltecas y lo torturaron a muerte antes de embal-

---

[30] López de Gómara, vol. 2, p. 410, y Alvarado Tezozómoc, *Crónica mexicana...*, caps. 38-39, pp. 360ss.

[31] Pomar, *Relación...*, p. 92.

samarlo y convertirlo en un lampadario para los aposentos reales. Propiamente, en un hachón.[32]

Parece que el narrador tlaxcalteca, al evocar semejante falta de modales, no pudo contener las lágrimas. ¿Creería su propio cuento? ¿O estarían calculadas sus lágrimas para conmover a los españoles, demasiado sentimentales? Finalmente, de guerras y sacrificios algo sabía por su propia cuenta el tal Maxixcatzin. Por otra parte, su relato contradice por completo el resto de los datos y es claramente apócrifo: debía ser parte de las anécdotas típicas de la propaganda de guerra. Otro fragmento más sospechoso aún, embebido en influencia cristiana, que recoge Alva Ixtlilxóchitl, relata un episodio semejante pero esta vez a propósito de Chalco, socio de Tenochtitlan en la guerra florida. Hasta las circunstancias se parecen y aquí también se explica un desastre por el enojo de los dioses y el remedio que se propone es el aumento de las inmolaciones.

Según ese relato, el rey Nezahualcóyotl de Texcoco quiere acabar con una rebelión en Chalco, pero es vencido. Los sacerdotes le explican que es un castigo por su falta de fe, pues escatima los sacrificios humanos. Coyote Hambriento ordena entonces masacrar a un montón de cautivos. Sin embargo, Toteotzintecuhtli de Chalco consigue capturar a dos hijos de Axayácatl, el soberano de Tenochtitlan, y a dos hijos de Nezahualcóyotl, que habían salido juntos de cacería. Los sacrifica, hace engastar sus corazones en oro y los convierte en collar. En cuanto a los cuerpos, los manda disponer en las cuatro esquinas de una sala de fiestas, cada uno con un quemador de incienso lleno de dialtea en la mano, para iluminar la sala.

El final de esta anécdota difiere mucho de la de Maxixcatzin: su protagonista, en efecto, es un rey de Texcoco al que Alva Ixtlilxóchitl presenta como casi monoteísta. En lugar de multiplicar los sacrificios, Nezahualcóyotl los prohíbe, pues entiende que no sirven para nada. Sus dioses, desde ese momento, le parecen dioses falsos y tiene la intuición de otro dios desconocido, muy poderoso, creador del universo. Después de cumplir el rey un ayuno de cuarenta días (!), un joven resplandeciente se le aparece a su paje y le manda anunciar a su amo que tendrá su venganza y que, a pesar de su avanzada edad, ¡su esposa le dará otro hijo![33]

Dejemos la anécdota y pasemos a explicaciones más serias. El tlaxcalteca Muñoz Camargo afirma que antaño los valles vecinos vivían en la más perfecta armonía. Tlaxcala comerciaba con la costa y prosperaba. Pero los mexicas sucumbieron a la ambición y se lanzaron a una políti-

---

[32] Cortés, *Cartas y documentos*, p. 49, y Cervantes de Salazar, vol. 1, p. 285.
[33] Alva Ixtlilxóchitl, vol. 1, pp. 553ss.

ca de conquista, primero con Axayácatl, después con uno de sus sucesores, Ahuítzotl. Pronto sometieron a Huexotzinco, Cholula y varias ciudades del valle de Puebla y establecieron avanzadas para rodear a Tlaxcala. Huexotzinco, Cholula y otras ciudades vencidas, que envidiaban la prosperidad de Tlaxcala y su orgullosa independencia, soliviantaron a los mexicas contra los tlaxcaltecas afirmando que éstos querían adueñarse de toda la costa (Cuetlaxtlan, Tuxtlan, Cempoala, Coatzacoalcos, Tabasco y hasta lo que ahora es Campeche). De inmediato, los mexicas se adelantaron y sometieron todo el país totonaco (el Totonacapan) y las provincias huastecas. Tlaxcala buscó defender sus posiciones pero poco a poco tuvo que replegarse. Al preguntar a los mexicas los motivos de esta guerra injustificada, se les contestó que el gran emperador de Tenochtitlan era el soberano universal del mundo y que nadie podía sustraerse a su dominio, so pena de ser destruido. Desde entonces, ya no conoció tregua la guerra entre las dos ciudades.[34]

Se observará que el autor en ningún momento menciona la guerra sagrada. Tampoco la niega, sólo pretende explicar cuál es, según los tlaxcaltecas, el origen de la hostilidad entre las dos potencias. Su cronología está enredada –ubica a Ahuítzotl antes de Axayácatl–, pero su análisis no carece de bases. En efecto, apenas concluido el pacto de guerra florida con aquellos que los Aliados llamarían desde entonces los "enemigos de casa", Moctezuma I se dio a la tarea de rodearlos. Primero, atacó Tlatlauhquitépec, Tochpan y Cuechtlan, cortando así las rutas del valle de Puebla hacia el noreste. Después, la emprendió contra el flanco sur de Tlaxcala. Una tras otra fueron sometidas Tepeaca, al sureste de Tlaxcala, Coixtlahuaca, en el norte de la región mixteca, Ahuilizapan (Orizaba) y Cuetlaxtlan (Cotaxtla), y los ejércitos aliados alcanzaron la costa del Golfo, al sur de la actual Veracruz. Tlaxcala prometió ayudar a Ahuilizapan, luego a Coixtlahuaca, finalmente a Cuetlaxtlan, pero cada vez se abstuvo de intervenir o lo hizo en secreto, parsimoniosamen-

[34] Muñoz Camargo, "Descripción...", pp. 178ss; citado en Torquemada, vol. 1, pp. 197-199. Esos datos de Muñoz son la base de la teoría de Alfredo López Austin (*La constitución real...*, pp. 43-44), según la cual los Estados no tributarios del valle de Puebla constituían una amenaza para el comercio de los Aliados con la costa del Golfo y el país maya. Era necesario, por lo tanto, neutralizarlos, pero evitando que se unieran contra la amenaza exterior. Resultaba entonces más conveniente mantener con ellos relaciones oficialmente correctas, hasta amistosas, mientras se procuraba debilitarlos constantemente por medio de los combates rituales. Respecto a las causas reales de las guerras, ver también Katz, *Situación social...*; Isaac, "Aztec Warfare..."; Conrad y Demarest; Lameiras; Davies, *The Aztec Empire...*, y Hassig, *Aztec Warfare...*.

te y sin éxito. Cabe decir que en aquel tiempo Huexotzinco era más poderosa que Tlaxcala. Su sumisión a Tenochtitlan, de la cual habla el mestizo tlaxcalteca Muñoz Camargo, data del reinado de Moctezuma II.

Con esas campañas relámpago, Tlaxcala se encontró cercada y privada de los bienes de lujo que como tributo empezaban a fluir en abundancia hacia las ciudades de la Triple Alianza: el cacao, bebida noble y moneda para complementar el trueque, el hule, que servía entre otros usos para hacer las pelotas del juego sagrado, el algodón y las plumas resplandecientes de las aves multicolores.[35]

Esa carrera hacia el mar y el cerco a Tlaxcala sugieren que tuvieron que cumplir un papel importante los motivos políticos y económicos. Además, Tenochtitlan deseaba sin duda eliminar toda posible amenaza, y con mayor razón una amenaza tan cercana. Pero un ataque directo hubiera sido costoso en extremo. La estrategia de la Triple Alianza siempre fue seguir la línea de menor resistencia, y el valle de Puebla estaba densamente poblado. Cortés estimaba la población de los Estados de Tlaxcala y Huexotzinco en unos 150 mil tributarios, es decir, unos 750 mil habitantes.[36] Era de esperar, pues, una resistencia encarnizada y muy numerosas pérdidas a cambio de unas ventajas económicas y políticas más bien reducidas. El valle de Puebla no tenía productos de lujo que ofrecer. Además, incluso si triunfaban, los Aliados hubieran tenido que enfrentar un sinfín de rebeliones y contraataques.

En esas condiciones, la "guerra florida" debió resultar una solución inmejorable. Con sus encuentros regulados entre efectivos iguales, debía provocar pérdidas aparentemente iguales, pero mucho más dolorosas allí donde era menor la población, es decir, en el valle de Puebla. Todo sugiere que fue impuesta por los mexicas a adversarios que no podían negarse sin parecer cobardes y perder cara. Un argumento más en este sentido es que las batallas siempre se organizaban en el valle de Puebla o en sus fronteras, nunca en el valle de México. Los "enemigos de casa", en realidad, tenían todos los rasgos de una ciudad sitiada.

Al principio, los reyes del valle de Puebla no deben haber medido bien las consecuencias de las batallas rituales. Quizás hasta pensaron que tal alianza cortés comprometería a los Aliados y les impediría atacarlos realmente. Por el lado de la Triple Alianza y de Tenochtitlan, el arreglo

---

[35] Davies, *Los señoríos...*, pp. 109-110 y 143; Davies, *The Aztec Empire...*, p. 233, y Hassig, *Aztec Warfare...*, p. 162. Torquemada dice que en realidad Tlaxcala sí acudió a socorrer a las ciudades atacadas.

[36] Cortés, *Cartas y documentos*, p. 46; Dumond calcula alrededor de 500 mil habitantes en 1519, sin contar Huexotzinco y Cholula.

no podía ser más conveniente. No sólo les abastecía con las indispensables víctimas y les permitía entrenar a sus tropas, sino que eliminaba todo riesgo de ataque por ese lado. Podían tranquilamente cercar el valle de Puebla, para privarlo de posibles refuerzos y múltiples recursos, arruinarlo y desangrarlo, hasta que cayera como fruto maduro. Y todo con la más caballeresca cortesía y sin atentar contra la antigua amistad que unía a Texcoco con Huexotzinco y Tlaxcala.[37]

La táctica dio frutos: según estimaciones sin duda muy tentativas, la población disminuyó en el valle de Puebla mientras en todas partes crecía.[38]

LA ERA DE LOS TRES HERMANOS: AXAYÁCATL, TÍZOC Y AHUÍTZOTL (1469-1502)

Si bien en el oriente el poderío azteca se hace sentir hasta la costa, hacia el poniente, en cambio, no rebasa los límites de la cuenca.

Axayácatl (1469-1481) intenta remediar esa situación. Toma Toluca y penetra en el poderoso reino de los tarascos de Michoacán, pero la ofensiva termina en desastre y los tarascos conservan su independencia. Más cerca, en Tlatelolco, corre con más suerte. Por asombroso que parezca, esta ciudad gemela de Tenochtitlan sigue siendo autónoma. Con uno u otro pretexto, Axayácatl la ataca. Los tlatelolcas piden en vano la ayuda de los "enemigos de casa". Son vencidos, su rey sucumbe y se les impone un gobernador militar.

Para conmemorar sus victorias y la gloria de su ciudad, Axayácatl manda esculpir un gigantesco recipiente de piedra, destinado a recibir los corazones y la sangre de los sacrificados. Ese *cuauhxicalli* está decorado en su periferia con once escenas que muestran a los reyes de Tenochtitlan sometiendo a representantes de once de las principales conquistas mexicas. El monumento fue encontrado en 1988 en el patio de un edificio ubicado dentro del recinto de lo que era el Templo Mayor de Tenochtitlan.[39]

El reino de Tízoc (1481-1486) fue breve y poco glorioso. Al parecer el soberano fue juzgado débil y blando y no se excluye que lo hayan asesinado por este motivo. Tízoc, sin embargo, dirigió algunas campañas victoriosas, entre otras, contra Xiuhcóac, en los linderos de la región

[37] Ver también Hassig, *Aztec Warfare*..., pp. 129ss, 172 y 255.
[38] Davies (*Toltec Heritage*..., p. 166) cita a García Cook.
[39] Padilla, Sánchez-Nava y Solís Olguín; Pérez Castro et al., y Graulich, "La piedra del sol".

huasteca, en el norte del actual estado de Veracruz. En cambio, fracasó frente a Metztitlan, situada en el camino hacia Xiuhcóac. Su mérito principal parece haber sido la ampliación excepcional de la gran pirámide de Mexico-Tenochtitlan. Era una pirámide doble, a semejanza de la realeza o de la deidad suprema originaria de los mesoamericanos. Dos santuarios la coronaban, uno dedicado a Huitzilopochtli, el guerrero invencible, el sol ascendente, la luz, el corazón mismo del pueblo mexica; el otro dedicado a Tláloc, el antiguo dios de la tierra y de la lluvia, encarnación de lo autóctono. Tízoc también mandó esculpir una nueva Piedra, al estilo de la de Axayácatl, pero completada con las nuevas conquistas importantes logradas desde entonces.

La pirámide renovada fue inaugurada con inigualable boato por el sucesor de Tízoc, Ahuítzotl. En tres días, unos 80 400 prisioneros de guerra fueron sacrificados ahí. Por lo menos, si hemos de creer en las crónicas más confiables. Después de tan prometedor principio, el gran *tlatoani* se lanzó a una serie de campañas que casi iban a duplicar la superficie del imperio. Al poniente, sometió la región entre Toluca y Tula. Al sur, cruzó el actual Guerrero y llegó hasta el Pacífico. Al oriente, realizó conquistas en Oaxaca, pacificó la región del Istmo y penetró hasta el puerto de Xoconochco, en la actual frontera con Guatemala. Por lo demás, igual que sus antecesores y su sucesor, no cesó de reprimir rebeliones.

Por el lado del valle de Puebla, la guerra ritual degeneró. Hacia 1498, los Aliados armaron un ataque sorpresa[40] contra Atlixco, ataque poco caballeresco que tuvo el defecto adicional de terminar en una derrota lamentable. Los guerreros de la Triple Alianza y de ciudades como Chalco, Xochimilco, Cuitláhuac y Mízquic iban bajo el mando de un sobrino del emperador, Tlacahuepan, hermano del futuro Moctezuma II. Dos hermanos más lo acompañaron, a pesar de los pronósticos sombríos de los adivinos. Tlacahuepan, por cierto, le habría dicho al rey: "Poderoso señor, creo que no volveré a ver tu cara. Te encargo a mis mujeres y a mis hijos".

Los Aliados, dicen, sumaban unos cien mil hombres –una cifra claramente inflada–, pero los mesoamericanos no acostumbraban lanzar todas sus fuerzas juntas a la batalla. Tlacahuepan primero destaca a doscientos hombres, que libran heroicas escaramuzas. Luego, envía al combate a los texcocanos. Pero cuantos más hombres manda a pelear, más mueren. Los tepanecas, que llegan como refuerzo, hacen maravillas mientras los texcocanos se retiran a descansar. Sin embargo, en el otro bando, los huexotzincas acuden también por miles y la batalla se vuelve

[40] Torquemada, vol. 1, p. 191.

masacre. Tlacahuepan se da cuenta. Abraza a sus dos hermanos y les dice: "Ea, hermanos, ya es tiempo de demostrar el valor de nuestras personas: acudamos al socorro". Entran en la batalla, "matando y derribando gente que era cosa de espanto", pero el enemigo no cede ni pizca de terreno. Pronto, en el arrebato del combate, el fogoso Tlacahuepan se encuentra cercado por más de cien hombres. Los terribles molinetes de su sable-mazo (*macuáhuitl*) derriban a la mitad de sus contendientes. Finalmente, agotado, se rinde: "Cesad, huexotzincas, ya veo que soy vuestro y que no puedo defenderme. Baste el combate; véisme aquí, haced a vuestra voluntad". Lo quieren llevar vivo, pero él se aferra a los cadáveres, diciendo que lo tienen que sacrificar sobre estos muertos, en el campo de batalla. Como no logran desasirlo, lo matan y lo despedazan ahí mismo. Sus hermanos también caen, y son capturados muchos grandes señores mexicas. Los Aliados tienen que emprender la retirada.[41]

Si bien esta batalla y la muerte de Tlacahuepan están confirmadas por muchos autores, las rodean bastantes incertidumbres. Los textos provenientes de la perdida *Crónica X*, por ejemplo, las ubican bajo el reino de Moctezuma II. Los adversarios a veces son los atlixcas, a veces los huexotzincas o incluso los tlaxcaltecas o los tliliuhquitepecas.[42] Además, algunas fuentes hacen de Tlacahuepan un hijo de Moctezuma.[43]

Por añadidura, la muerte de tres príncipes hermanos parece ser un lugar común de las batallas perdidas. Ya se menciona a propósito de una batalla florida contra los chalcas, bajo Moctezuma I.[44] Los mexicas están cercados y se defienden furiosamente. De ahí resulta una horren-

---

[41] Durán, *Historia...*, vol. 2, pp. 433-436, y Alvarado Tezozómoc, *Crónica mexicana...*, pp. 610-613.

[42] Ver Durán y Alvarado Tezozómoc. Los *Anales de Cuauhtitlan* (§1214), fechan la batalla en 1495; Alva Ixtlilxóchitl, en 1494; el *Códice Aubin*, en 1498, y Chimalpáhin, en 1495. Ver también Torquemada, vol. 1, p. 191; *Crónica mexicáyotl*, pp. 134-135, y *Relación de la genealogía...*, p. 279, que la ubica también antes del advenimiento de Moctezuma II. Muñoz Camargo (*Historia...*, pp. 114-115) hace morir a Tlacahuepan luchando contra Tlaxcala. Se menciona a menudo al héroe en la poesía. Davies (*Los señoríos...*) se inclina por la versión de la *Crónica X* y también Hassig (*Aztec Warfare...*, pp. 227-229), por ejemplo. Para una versión contraria, ver Prem, Dyckerhoff y Miehlich, p. 27.

[43] Fray Juan de Torquemada lo presenta como un hijo de Moctezuma caído en 1504 en lucha contra Tlaxcala. Davies, *Los señoríos...*, p. 135. Para Fernando de Alva Ixtlilxóchitl, no se trata de un hijo de Moctezuma, sino de un hermano, pero muerto por los atlixcas en 1494 o, en otro pasaje, en 1508.

[44] Durán, *Historia...*, cap. 17, vol. 2, pp. 145-146, y Alvarado Tezozómoc, *Crónica mexicana...*, pp. 294-297.

Inauguración del Templo Mayor de México en 1487.
Codex Telleriano-Remensis, según Krickeberg, *Altmexikanische Kulturen*. Bajo
la fecha 7-Conejo (1486), muerte de Tízoc (envuelto en un bulto funerario sobre un asiento de cestería) y advenimiento de Ahuítzotl. Bajo
8-Caña (1487), la pirámide principal de México con su doble altar, y debajo los
palos para encender el fuego inaugural y el glifo de México. Alrededor,
los guerreros víctimas ataviados como mimixcoa, con el glifo de su ciudad de origen. Para los de Mazatlan-Tzicóac, a la izquierda, se da el número veinte mil, figurado por dos bolsas de incienso (que representan
ocho mil cada una) y diez "plumas" de cuatrocientos.

Guerra de Chalco.
Tlacahuepan baila en lo alto del mástil antes
de sacrificarse. Durán, *Historia...*

da matanza para ambos bandos. Llegada la noche, se echa de menos a
tres hermanos del rey: Chahuaque, Quetzalcuauh y... Tlacahuepan. Los
encuentran muertos. En otra versión, Tlacahuepan es capturado y llevado a Chalco. Los chalcas quieren liberarlo y hacerlo su rey. Él se
burla y dice a sus compañeros que, si los liberaran a ellos también, aceptaría, pero que si no, morirá con ellos. Cuando vienen a pedirle respuesta, finge aceptar, pero pide que primero lo dejen alegrarse con sus
compañeros, pues es el día de la fiesta de "Cae el Fruto". Para celebrar-
la, agrega, es preciso levantar un mástil de veinte brazas de altura con
una plataforma en la cumbre. Los chalcas lo complacen. Los mexicas
cantan y bailan, y finalmente Tlacahuepan trepa a lo alto del mástil,
baila en la plataforma y clama: "Chalcas, sepan que por mi muerte tengo que comprar sus vidas y que ustedes servirán a mis hijos y a mis
nietos, pues mi sangre real será pagada con la vuestra".[45] Entonces, se
tira al vacío, cae como la fruta madura y se rompe en pedazos. Al resto
de los prisioneros mexicas, los matan a flechazos.

[45] Se optó por modernizar la redacción o puntuación de algunas de las citas
insertadas en el relato, para hacer más fluida la lectura (N. de T.).

Tendremos ocasión de ver sucumbir a otros tríos principescos. Parecería que los especialistas aztecas de la memorización de la historia adornaban sus recitaciones con aventuras más o menos intercambiables. Pero en el caso que nos ocupa, la muerte de un Tlacahuepan pariente cercano de Moctezuma II está bien documentada, demasiado para que dudemos de ella. Y tampoco cabe duda de que morían numerosos príncipes en los combates, aunque no siempre de a tres. En cualquier caso, el que se tratara de un ataque sorpresivo parece demostrar que el emperador Ahuítzotl tenía toda la intención de acabar con sus enemigos familiares. Moctezuma presenció la derrota mexica y eso podría explicar en parte por qué, una vez en el trono, se empeño siempre en someter el enclave del valle de Puebla.

EL DECLIVE DE HUEXOTZINCO

Poco después de la batalla de Atlixco, se produjeron en Huexotzinco acontecimientos cuyo resultado final fue que esta ciudad quedara relegada a un segundo plano en el valle de Puebla, por debajo de Tlaxcala. En efecto, parece que a raíz de la muerte del rey Chiyauhcóatl, en Chiyauhtzinco-Huexotzinco estalló una verdadera guerra civil,[46] de la cual la Triple Alianza, por supuesto, intentó sacar provecho.

El hijo de Chiyauhcóatl, Toltécatl, era tan valiente que, cuando el ataque sorpresa de la Triple Alianza contra Atlixco, no dudó en lanzarse a la batalla con las manos vacías. Mató a unos enemigos, los despojó de sus armas y con ellas siguió peleando. Al replegarse los mexicas, Toltécatl trajo de vuelta a Huexotzinco a un cautivo que hizo sacrificar y cuya piel vistió en los combates. Sus hazañas le ganaron la sucesión de su padre como soberano de la ciudad. Pronto entró en conflicto con los sacerdotes de Huexotzinco. Según una de las versiones –pero hay otras que difieren radicalmente–, éstos cometieron excesos inauditos. Entraban sin más a las casas para robarse el maíz y los guajolotes. Más grave aún, hurtaban la ropa de las mujeres mientras se bañaban. La población, indignada, no se atrevía a actuar. Toltécatl decidió entonces castigar a los culpables, pero cuando quiso detenerlos, los sacerdotes tomaron las armas. Hubo combate y el supremo sacerdote del dios tutelar Camaxtli intervino en persona con un arma secreta, una calabaza mágica que, gracias a varios sortilegios y algunos encantamientos, escupía fuego. Poco inclinados a dejarse rostizar por ese prototipo de arcabuz, los señores y guerreros desistieron. Toltécatl y muchos de sus

---

[46] Chimalpáhin, *Relaciones...*, p. 225.

La ejecución de Tzotzoma.
Durán, *Historia*... A la izquierda, en una casa estilizada,
las metamorfosis de Tzotzoma en fuego, águila y serpiente.

partidarios fueron a buscar refugio con los chalcas, quienes avisaron al emperador. Ahuítzotl, que no había olvidado la derrota de Atlixco, mando asesinar a Toltécatl. Hay motivos para creer que en Huexotzinco la facción contraria a los sacerdotes continuó su lucha.[47]

Otra iniciativa de Ahuítzotl resultó no menos desafortunada que su ataque a traición. Tenochtitlan ya disponía de un acueducto que traía el agua dulce desde Chapultepec, pero como había crecido mucho la población de la ciudad, el emperador pensó en construir otro más desde las fuentes de Coyoacan. Pidió permiso al rey Tzotzoma, que se vio forzado a aceptar, pero creyó su deber advertirle a su señor que las fuentes, muy abundantes, a veces se desbordaban de manera imprevisible y lo inundaban todo. Llevar sus aguas a Tenochtitlan podía ser peligroso y era preferible conformarse con las de Chapultepec.

Esa respuesta enojó a Ahuítzotl sobremanera. Mandó a dos de sus jueces principales a ahorcar a Tzotzoma o cortarle la cabeza. Pero el coyoacano tenía poderes poco comunes. Al ver llegar a sus verdugos, se convirtió primero en un águila gigantesca, luego en jaguar, y los puso en fuga. Al día siguiente, los mexicas volvieron con refuerzos. Sin embar-

---

[47] Torquemada, vol. 1, p. 191; Chimalpáhin (*Annales*..., pp. 169-170) da una versión del todo distinta, poco favorable a Toltécatl. Al final, habría sido asesinado por sus tíos sacerdotes, junto con sus partidarios. Lo mismo asientan los *Anales de Cuautitlan*, pp. 270-27, y Prem, Dyckerhoff y Miehlich, p. 28.

go, en lugar del rey sólo encontraron a una enorme serpiente. Dominado su terror inicial, los enviados trataron de atacarla, pero el animal se convirtió en un gran fuego que los obligó a huir. Furibundo, el emperador exigió a los señores de Coyoacan que le entregaran al rey, so pena de arrasar la ciudad. Tzotzoma tuvo que ceder. "Aquí me tienen", dijo a los mexicas, "me entrego entre sus manos, pero digan a su señor Ahuítzotl lo que le anuncio. Antes de que hayan transcurrido muchos días, México quedará inundada y destruida y se arrepentirá de haber desoído mi consejo."

Se construyó el acueducto y se inauguró con grandes fiestas. Pronto, las aguas impetuosas entraron a Mexico-Tenochtitlan y la profecía de Tzotzoma se cumplió. La ciudad se inundó completamente. Algunos cuentan que Ahuítzotl tuvo que salir corriendo de su palacio y que, en su prisa, se golpeó la cabeza contra una viga. Murió pocos años después.

LA ESTRUCTURA DEL IMPERIO AZTECA[48]

Al morir Ahuítzotl, el imperio había alcanzado su mayor expansión. Sin embargo, formaba un conjunto excéntrico: mientras al oeste y al norte las fronteras se encontraban a pocos días de marcha desde Tenochtitlan, por el sur y el oriente estaban a cientos de kilómetros de distancia, cerca de mil incluso en el caso de Xoconochco. Por lo demás, quedaban cantidad de enclaves insumisos –el valle de Puebla, por supuesto, pero también los reinos de Meztitlan, de los yopis y de Tototépec, además de una nebulosa de otros territorios de importancia variable–, pues las conquistas aliadas habían avanzado al azar de las circunstancias y de las necesidades, siguiendo siempre las líneas de menor resistencia. Como en el caso de los "enemigos de la casa" del valle de Puebla, los mexicas solían librar los obstáculos serios dándoles la vuelta, al tiempo que los aislaban y debilitaban.

Es probable que Tenochtitlan haya poseído desde un principio campos de cultivo en tierra firme y que haya sometido muy pronto algunas ciudades ribereñas de los lagos. Tras la guerra contra los tepanecas, Nezahualcóyotl recuperó su reino acolhua mientras que Mexico-Tenochtitlan y Tlacopan se repartieron el reino tepaneca. En las ciudades adquiridas o recuperadas, la Alianza procuró conservar en lo posible a

---

[48] Sobre este tema, ver Gibson, "Structure..."; Bray; Brumfiel; Hodge; Rojas, "La organización..."; Smith; Broda, "El tributo..."; Broda, "Estratificación social..."; Offner; Hicks, "Subject States and Tribute..."; López Austin, *La constitución real...*, pp. 46-49; Davies, *The Aztec Empire...*, y Lameiras.

los reyes locales confirmándolos o, si los tepanecas los habían corrido, restituyéndolos en el poder. Así son reinstaladas unas treinta dinastías en las ciudades de la cuenca y creadas algunas nuevas. La lealtad de todos estos reyes sometidos es alentada y consolidada mediante alianzas matrimoniales y, en Texcoco, mediante la obligación impuesta a los soberanos de mandar a sus hijos a la corte de Nezahualcóyotl.

Obviamente había que proteger la hegemonía de la Triple Alianza y cortar de raíz las coaliciones capaces de amenazarla. También había que garantizar los recursos, es decir, los tributos, para alimentar la valentía de los guerreros, recompensar a los vasallos leales de un imperio incierto, fomentar amistades nuevas, aumentar el prestigio y por tanto la autoridad de los soberanos de Texcoco, de Tlacopan y sobre todo de Tenochtitlan. Y el Estado, cada vez más poderoso, necesitaba recursos para sostener su rango. El ánimo de rivalidad y de competencia era tal entre los aztecas que hay quien ha llegado a hablar de sociedad *potlach*. Como entre los indígenas de la costa noroeste de América del Norte, de quienes se tomó prestada esa palabra, un jefe tenía que mostrarse muy generoso, incluso hasta humillar u obligar con sus prodigalidades a sus rivales. Si éstos no estaban en condiciones de hacer lo mismo, perdían cara y tenían que admitir su inferioridad.

El Estado, pues, debía defenderse y pagar (o recompensar). Para eso tenía que apoderarse de riquezas cada vez más importantes a medida que el imperio crecía. Era un círculo vicioso: para conservar las nuevas adquisiciones, hacían falta ejércitos, aliados y, por consiguiente, tributos; para hacerse de esos recursos, había que conquistar y acrecentar el imperio; para proteger esas conquistas nuevas, hacían falta nuevos tesoros y nuevas guerras.

Desde que se formó la Triple Alianza, hubo una suerte de reparto del mundo. Simplificando, podemos decir que el Anáhuac, el mundo conocido, fue dividido en cuadrantes definidos por líneas que partían de Tenochtitlan hacia los cuatro puntos cardinales. Tlacopan recibió como su área de expansión el cuadrante noroccidental. Texcoco, el nororiental, mucho más apetecible. En cuanto a los mexicas-colhuas, podían extender su glacis protector rumbo a los dos cuadrantes del sur. Todo esto no impedía que se llevaran a cabo expediciones comunes. En tal caso, las tierras confiscadas, los tributos y los servicios forzados se repartían según reglas de cálculo que probablemente tomaban en cuenta el cuadrante involucrado, los efectivos proporcionados y la posición de cada participante dentro de la Alianza.

Las ciudades conquistadas recibían estatutos variables, según su grado de resistencia, su ubicación geográfica o su importancia estratégica.

En la medida de lo posible, los reyes, señores o principículos locales seguían en sus cargos, y sólo se les exigían "regalos" o tributos o, a veces, tropas auxiliares en caso de guerra. Tal era la regla en la cuenca y sus alrededores, y dondequiera que la soberanía de la Triple Alianza era aceptada sin combate o sin demasiada resistencia. Muchas veces, la ciudad en cuestión recibía a un funcionario llamado *calpixqui*, encargado de vigilar la recolección del impuesto o del tributo y la buena ejecución de los servicios forzados.

Algunas veces, la elección de un nuevo rey requería la ratificación del emperador. En otros casos, se le asignaba al rey un "consejero" imperial para administrar la justicia y cuidar que el pueblo no recibiera malos tratos. En casos más difíciles, podía suceder también que se nombrara a un noble local para sustituir al rey, o que se designaran reyes adicionales: tal fue el caso en Azcapotzalco, donde al rey nativo le adjuntaron un rey mexica. Con menor frecuencia, un gobernador militar (*cuauhtlatoani* o *tlacatecuhtli* o *tlacochtecuhtli*) sustituía al soberano o a los soberanos locales, pero al parecer ésta era más bien una situación transitoria, hasta que era posible restablecer la dinastía legítima. Finalmente, tampoco era inusual que los pobladores de ciudades particularmente reacias o que hubieran intentado varias rebeliones fueran exterminados y reemplazados por colonos de la Triple Alianza.

El tejido de poderes y obligaciones resultaba en extremo complejo. Un pueblo, un centro ceremonial o una ciudad sometida al imperio conservaba sus obligaciones anteriores para con la ciudad de la cual dependía. Si la conquistaba una coalición, podía contraer obligaciones nuevas hacia varias ciudades a la vez. Los poblados del reino acolhua de Texcoco cumplían obligaciones con esta ciudad, pero también con Tenochtitlan. El Acolhuacan era, por otra parte, una de las provincias tributarias del imperio, quizás porque su conquista databa de la época en que Tenochtitlan era aliada de Azcapotzalco. Los reyes mexicas poseían tierras ahí. En cambio, Cuauhnáhuac y nueve ciudades más habían sido dadas a Nezahualcóyotl, pero también le pagaban tributo a Tenochtitlan.

Así que se combinaban el tributo –productos de la región, brutos o manufacturados, en cantidades a veces inmensas– y los servicios forzados. Los ciudadanos de un pueblo o de una ciudad tenían que trabajar las tierras y cumplir otras labores o abastecer de bienes a su señor, aquel que los había "merecido" con su valor, al conquistarlos. Pero también tenían obligaciones para con la capital del pequeño reino al que pertenecían. A su vez, ésta podía ser súbdita de otra más grande. En el gran reino acolhua, que abarcaba toda una sucesión de reinos menores, ocho ciudades, por ejemplo, tenían que hacerse cargo del mantenimiento de los bosques y jardines del rey de Texcoco. Dos veces trece ciudades, por relevos de veinte días, tenían que alimentar dos fuegos en el palacio de Texcoco y tenerlos siempre prendidos. Ocho distritos tributarios proveían el abastecimiento del palacio y diversos servicios. Otras ciudades tenían que asumir la educación de tal príncipe heredero... A veces, en una ciudad, tal subdivisión (*calpulli*) pagaba tributo a su rey, mientras otra se hacía cargo de trabajos en la capital del Estado y otras más, de la entrega de bienes a Tenochtitlan. En algunos casos, las obligaciones hacia el imperio se reducían a abastecer de alimentos, y a veces de refuerzos, a las tropas que pasaban. Las ciudades de zonas fronterizas, en general, proporcionaban combatientes o mantenían una guarnición.

El tributo se acumulaba en centros regionales desde donde lo transportaban, por lo menos en parte, hasta el valle de México. Garantizaba el abastecimiento de los gobernantes, la recompensa de los valientes, el pago del personal, la manutención de aquellos que prestaban los servicios forzados, la supervivencia de los menesterosos, el socorro en caso de desastre... Por lo menos, así era en el centro del imperio. Ahí sí es válido hablar de redistribución. Las provincias alejadas sólo recibían a cambio de sus contribuciones la eventual protección de los ejércitos aliados.

El imperio, pues, era un tejido de vínculos de dependencia de los "merecidos" respecto de sus "merecedores", y de lazos de parentesco entre soberanos. Fuera de eso, poco era lo que lo mantenía unido. Cada uno quería las ventajas del poder y las menores cargas posibles. A manera de divisiones administrativas, había por un lado las múltiples ciudades-Estado jerarquizadas y por el otro las provincias tributarias, encabezadas por un recaudador imperial (*calpixqui*) asistido en las ciudades segundarias por *calpixque* menores. Para garantizar la cohesión del conjunto, no existía un verdadero ejército permanente ni una amplia red de carreteras que permitiera intervenciones rápidas. Algunos puntos estratégicos especialmente importantes tenían guarniciones militares, como Oztoman al oeste, Oaxaca al sur, Tochtépec al este y tal vez Xiuhcóac al norte.

Aparte de eso, para mantener el orden y la paz el imperio contaba con los (escasos) beneficios otorgados a los sumisos: la protección de la Alianza; la prohibición, por lo demás no sistemática, de las guerras con los vecinos, y a veces la protección de los ciudadanos contra señores abusivos. Pero contaba, sobre todo, con el miedo a las terribles represalias que castigaban toda rebelión.

En definitiva, el imperio era una gran red de extorsión. Tres pandillas aliadas, cada una con su territorio privilegiado, intimidaban a propios y extraños para obtener pagos regulares a cambio de su "protección".

Al que se negaba a pagar, lo convencían a golpes. Al que se rebelaba, le mandaban expediciones punitivas capaces de producir un sano terror en todo el que se sintiera tentado de seguir su ejemplo.

Por otra parte, ¿se proponían los Aliados unificar el imperio en lo cultural? Sabemos, por lo menos, que el náhuatl se difundió ampliamente y se convirtió en la lengua franca del imperio. Además, a veces, imponían a los vencidos el culto a Huitzilopochtli a la vez que tomaban prisioneros a sus dioses tutelares.

En ese imperio poco estructurado, el mayor peligro provenía de los enclaves libres. Era necesario, pues, ocuparse de ellos, y el emperador Ahuítzotl lo había entendido así. Resultó que los últimos acontecimientos ofrecían nuevas posibilidades en ese sentido. Después del desastre de Atlixco y de las luchas intestinas de Huexotzinco, las relaciones de estas ciudades con la Triple Alianza habían cambiado. Huexotzinco tenía ahora prioridades más urgentes que participar en batallas floridas, en las cuales por lo demás ya no podía alincar a todas sus tropas. La Triple Alianza, por su parte, no podía sino alegrarse del debilitamiento de una ciudad que era el candado verdadero del valle de Puebla. Sus justas caballerescas ya se habían transmutado en ataques sorpresivos; pero en adelante podía intervenir a pedido de una de las facciones, y sin necesidad de flores.

· II ·

La educación de un príncipe azteca

LOS AÑOS DE FORMACIÓN

Según varios testimonios indígenas convergentes, Moctezuma habría nacido en 1467.[1] Pero los conquistadores le calculaban unos cuarenta años a lo sumo en 1519.[2] No hay que deducir de eso que simplemente representaba menos edad que la real. Del lado español, estamos frente a una observación descriptiva, realista, desinteresada. Del lado mexicano, la cosa es muy distinta. Una fecha de nacimiento no es algo indiferente, menos tratándose de un personaje tan importante, marcado por el destino. Debe ser significativa, y lo mismo la edad que tenía a la llegada de los españoles. Nacido en 1467, Moctezuma habría tenido cincuenta y dos años en 1519, exactamente un "siglo" indígena.[3] Al final de un "siglo", según los mexicas, el sol se ponía como al final de un día, pero con el riesgo de que no volviera a salir nunca más. Además, ya que todo ciclo de vida y todo reinado se comparaban con la carrera del astro y su fin con el ocaso de éste, 1519 era a la vez el final del "siglo" del emperador, el final de su reino efectivo y, al mismo tiempo, el final del imperio y del Sol aztecas.

Otro dato importante. En el México central, 1467 y 1519 fueron años 1-Caña, la fecha de nacimiento de Quetzalcóatl, cuyo retorno Moctezuma temía por excelentes razones... Así pues, todo sugiere que la edad de Moctezuma señalada por los documentos aztecas es, no su edad real,

[1] Alvarado Tezozómoc (*Crónica mexicana...*, cap. 82, p. 572) afirma que Moctezuma tiene treinta y cuatro años cuando accede al poder; según el *Códice Mendoza* (f. 17) y Mendieta (vol. 1, p. 280), tenía treinta y cinco años en 1502 y murió con cincuenta y tres años de edad. Según Torquemada (vol. 1, p. 187) es menor de edad a la muerte de Ahuítzotl.

[2] Díaz del Castillo, cap. 91.

[3] Sobre los mecanismos del calendario mexicano, ver el capítulo IV, "Los años de reforma".

73

sino la que según las ideas cosmológicas vigentes habría debido tener. La real, probablemente, rondaba los cuarenta años.

Moctezuma habría nacido y se habría criado en el barrio de Atícpac, en Tenochtitlan –y no, como solía pasar con los hijos de la realeza, en el palacio real y el *calmécac* de Tlillan. La información, por lo tanto, es igualmente sospechosa. Quizás provenga de la época que siguió a la Conquista, cuando Moctezuma era presentado como el sol poniente del imperio. En efecto, Atícpac estaba asociado con las deidades femeninas de la tarde y con el sol en declive.[4] Por lo demás, el lugar y la fecha de nacimiento de un rey no solían registrarse en los códices. Hasta el momento de la elección que lo hacía soberano, no era más que un noble entre muchos y, por muy alto que fuera su rango, poco importaba el individuo: sólo contaba la función.

Moctezuma era hijo del emperador Axayácatl y de una prima suya, hija del rey de Iztapalapan, tal vez llamada Xochicuéyetl.[5] Sus antecesores Tízoc y Ahuítzotl eran sus tíos, aunque también los llamen a veces sus hermanos.[6] Un texto sostiene, incluso, que entre su abuelo (bisabuelo, en realidad) Moctezuma I y él medió un solo reinado, ¡el de su madre![7] Finalmente, según un testimonio único en su género, habría sido el nieto de una virgen milagrosamente fecundada por Huitzilopochtli. De esa unión habría nacido Guatezuma, que habría perecido en la guerra contra Tlaxcala, y del cual habría sido nombrado sucesor.[8] Todo eso muestra cuán cuestionables son nuestros datos.

Moctezuma tenía numerosos hermanos, varios mayores que él, entre otros, Tlacahuepan e Ixtlilcuecháhuac, hijos ambos de una princesa de Tula. Ixtlilcuecháhuac se volvió rey de dicha ciudad; Macuilmalinalli fue hecho rey de Xochimilco. Moctezuma era, al parecer, el sexto o el octavo hijo. Había por lo menos un hermano más joven, Cuitláhuac, que fue nombrado rey de Iztapalapan y que reinará durante unos meses en Tenochtitlan, en 1520. Cuatro de sus hermanos habrían muerto en el

---

[4] Alvarado Tezozómoc, *Crónica mexicana...*, cap. 103, p. 670. Estas diosas son las "mujeres divinas" muertas en el parto, así como Chicomecóatl y Aticpaccalquicíhuatl. Ver Sahagún, *Historia general...*, libro 2, cap. 23, pp. 105ss, y cap. 30, pp. 131ss; y libro 2, cap. 2, pp. 159-161, y cap. 4, pp. 168ss.

[5] Chimalpáhin, *Relaciones...*, p. 215, y Alvarado Tezozómoc, *Crónica mexicáyotl*, pp. 126-127. Sobre Xochicuéyetl, ver Sotomayor, p. 25; desconozco el origen de esa aserción.

[6] Según el *Códice Mendoza* (f. 12-15), Tízoc y Ahuítzotl son hermanos de Moctezuma. Ver también *Historia de los mexicanos...*, p. 75.

[7] Benavente o Motolinía, *Memoriales...*, p. 196.

[8] Fernández de Oviedo, vol. 4, pp. 245-247.

campo de batalla, en la guerra florida contra las ciudades del valle de Puebla: Tlacahuepan e Ixtlilcuecháhuac, muertos en Huexotzinco; Macuilmalinalli y Tecepátic o Zezepátic, muertos en Atlixco.[9]

Los primeros quince años de la vida de Moctezuma fueron probablemente los de cualquier niño noble de alto rango. Con escasos seis o siete años de edad, sus padres lo ponen bajo el cuidado de unos pajes que son sus compañeros de juego, pero también vigilan la corrección de su porte y de su comportamiento en toda circunstancia. Aprende a hablar bien y cortésmente, a respetar a la gente importante y a los ancianos. Hacia los once años de edad, los jóvenes nobles entran a una especie de convento, el *calmécac*, en el cual también se educan los sacerdotes. Los niños de la familia real, por su parte, frecuentan el *calmécac* de Tlillan, instalado como todos los colegios en el perímetro del Templo Mayor. El Tlillan ("negrura") está asociado con el templo de la diosa telúrica y guerrera Cihuacóatl, la patrona del territorio de Tenochtitlan, la misma que encarna el segundo personaje de la jerarquía mexica, considerado "virrey" de los aztecas por los españoles.

La educación es estricta. Los niños visten de la manera más sencilla y duermen sobre petates bastos. Su espartana comida consiste en tortillas de maíz que los sacerdotes les tiran, como si fueran perros. Aprenden el manejo de las armas y asumen tareas básicas: juntar leña, prender el fuego, barrer el templo. Al mismo tiempo, se ejercitan en la penitencia, el canto y el baile en honor de los dioses. Deben levantarse en plena noche y bañarse en agua helada; cuando crecen un poco, pasan noches enteras en vela. También se les enseñan la religión y el culto, la buena administración del reino y de la justicia, la historia y los relatos que hay que memorizar con la ayuda de los códices figurativos, soportes de la memoria.

Toda falta de disciplina se castiga con vigor. Para los jóvenes del común, los castigos más usuales son los latigazos con cañas o con ortigas y las punzadas con espinas de maguey. Pero tampoco es excepcional que se suspenda a un niño por los pies, encima de un fuego rociado con chiles o, si es un mentiroso empedernido, que se le corte un pedazo de labio. Un alumno sorprendido en estado de ebriedad es ejecutado. Puede ser que se trate con más clemencia a los hijos de los reyes, aunque abundan los cuentitos edificantes que demuestran que la justicia es la misma para todos...[10]

[9] Alvarado Tezozómoc, *Crónica mexicáyotl*, pp. 125-127; Alvarado Tezozómoc, *Crónica mexicana...*, p. 572, y Alva Ixtlilxóchitl, vol. 2, pp. 146-147.

[10] Cortés, *Cartas de relación*, p. 79; Sahagún, *Historia general...*, libro 8, cap. 20, y libro 3, cap. 8; Las Casas, *Los indios...*, pp. 154-157; Pomar, *Relación...*, pp. 27-30, y Zurita, pp. 56-63. Sobre el *Tlillan calmécac*, ver Durán, *Historia...*, vol. 2, p.

Sepan, dice el rey a sus hijos, que los que lloran y se afligen y suspiran, y oran y contemplan, y los que de su voluntad y con todo corazón velan de noche y madrugan de mañana, a barrer las calles y caminos y limpiar las casas, y componer los petates e *ycpales*, y aderezar los lugares donde dios es servido con sacrificios y ofrendas; y aquellos que tienen cuidado luego de mañana de ofrecer incienso a dios [...], los que hacen esto se entran a la presencia de dios y se hacen sus amigos y reciben de él mercedes, y les abre sus entrañas para darlos riquezas y dignidades y prosperidades, como es que sean varones esforzados por la guerra.

Porque es importante tener buen cuidado de no buscar los honores. Toda la educación tiende a infundir modestia, humildad, parquedad, mesura. Los mitos ilustran esa idea de la manera más clara: la arrogancia, la vanidad, la ostentación, el orgullo siempre son castigados. Cuando la creación del sol en Teotihuacan, el elegido no fue el pretencioso y opulento Luna, sino Quetzalcóatl-Nanáhuatl, pobre, humilde y enfermo. Así pues, el rey exhorta a su hijo a no ser orgulloso, soberbio ni presuntuoso. Si tal primo alcanzó la más alta dignidad, es porque era humilde y respetuoso, se desvelaba y se prosternaba a la medianoche, agarraba la escoba antes del alba y barría y limpiaba los templos. Y desde entonces, a pesar de los honores, no ha cambiado.

No ves ahora que jamás dice "Yo soy señor, yo soy rey". Así vela de noche ahora, y así barre y así ofrece incienso como de antes. [...] Nota, hijo, que la humildad y el abajamiento de cuerpo y de alma, y el lloro y las lágrimas y el suspirar, ésta es la nobleza y el valer y la honra; mira, hijo que ningún soberbio, ni erguido ni presuntuoso ni bullicioso, ha sido electo por señor. [...] No tengo esta dignidad [ser rey] de mío, agrega el padre, ni por mis merecimientos y por mi querer; nunca yo dije quiero ser esto, quiero tener esta dignidad sino que lo quiso así nuestro señor y ésta es misericordia que se ha hecho conmigo [...] porque ninguno escoge la dignidad que quiere; [...] Oíd otra tristeza y angustia mía, que me aflige, a la medianoche, cuando me levanto a orar y hacer penitencia [...], que ninguno de vosotros me dais contento, ninguno de vosotros me satisface [...].

317. La mayor parte de las fuentes sobre la educación están reunidas en López Austin, *Educación mexica...* y *La educación de los antiguos...*; ver también Orozco y Berra, pp. 176-206; Soustelle, *La vida cotidiana...*, pp. 172-175; León-Portilla, *Los antiguos mexicanos...*, pp. 64-68, y Escalante, pp. 189-191.

Tened cuidado del *areyto* [la danza], y del atabal [el tambor], y de las sonajas, y de cantar; con eso despertaréis a la gente popular y daréis placer a nuestro señor dios, que está en todo lugar; con esto lo solicitaréis para que os haga mercedes.

Como nada está ganado de antemano, hay que prepararse para enfrentar cualquier posibilidad: "y procurad de saber algún oficio honroso, como es el de hacer obras de plumas y otros oficios mecánicos, también porque estas cosas son para ganar de comer en tiempo de necesidad, mayormente que tengáis cuidado de las cosas de la agricultura".[11]

En el *calmécac*, la castidad era de rigor. El que se acostara con una mujer debía ser quemado vivo, ahorcado o flechado: el adolescente debe vivir "limpiamente". Al que "se acordaba de cosa carnal y la deseaba", le aconsejaban: hiérete, castígate y humíllate, pues "los que andan flacos y se les parecen los huesos, no desean su cuerpo y sus huesos las cosas de la carne". Un ejercicio tan apreciado como revelador consistía en pasarse por el sexo, entre carne y piel, una cuerda del ancho de la muñeca; sólo aquellos que eran vírgenes podían hacerlo sin desmayarse.[12]

A esos jóvenes nobles del *calmécac* están dirigidos los siguientes consejos, extraídos de varios "discursos de un padre a su hijo" que llegaron hasta nosotros. El joven debe esperar la edad fijada y a la mujer que le tiene reservada el destino, para que le sea permitido tener relaciones sexuales. Es su obligación mantenerse puro como la turquesa o el jade, a semejanza del sacerdote o del guerrero, pues es "en la niñez, en el tiempo de la pureza, cuando uno merece una muerte buena", y con ella un destino feliz en el más allá. Por supuesto, hay que poblar la tierra, por lo que el sexo es indispensable; pero no hay que lanzarse sobre las mujeres con impetuosidad, como un perro, y sobre todo no demasiado temprano, pues uno corre el riesgo de agotarse, de volverse impotente y no poder satisfacer a su esposa.

El abuso del sexo seca y consume sangre, color, grasa y semen. "Aunque tengas apetito de mujer, recomienda el padre, resiste a tu corazón hasta que ya seas hombre perfecto y recio; mira que el maguey si lo abren de pequeño para quitarle la miel, ni tiene sustancia ni da miel, sino piérdese."[13]

---

[11] Sahagún, *Historia general...*, libro 6, cap. 17, pp. 343-344, y cap. 20, p. 354.

[12] Sahagún, *Historia general...*, libro 6, cap. 40, p. 404; Las Casas, *Los indios...*, pp. 93 y 140; López Austin, *Educación mexica...*, vol. 2, p. 65, y Garibay, *Historia de los mexicanos...*, en *Teogonía*, pp. 75-76.

[13] Sahagún, *Historia general...*, libro 6, cap. 21, p. 358, y Clavijero, p. 246.

Incluso una vez casado, hay que ser moderado en los apetitos sexuales, como en todo, por lo demás. En la calle, se camina con calma, grave y honestamente, sin mirar para todos lados. Hay que hablar y vestir con el mismo decoro. Así también comer y beber, para evitar, por ejemplo, un envenenamiento. Las mujeres sobre todo son temibles al respecto, pues no dudan en acudir a los afrodisíacos y "se desaína el que lo bebe, o lo come, frecuentando el acto carnal hasta que muere". "Nota bien, hijo, que si alguno te diere algo de comer o de beber, de quien tienes sospechas, no lo comas, ni lo bebas hasta que primero coma y beba de ello quien te lo da."[14] Los reyes aztecas todavía no habían llegado a emplear personas que probaran sus alimentos antes que ellos. Ya tocaba, como lo sugiere el triste final de Tízoc.

El rigor de la educación en el *calmécac* no excluía los juegos. Cierta anécdota sobre Moctezuma lo muestra desde la infancia tal como aparecerá después: un gran guerrero y un jefe implacable. Cuando juega a la guerra con sus compañeritos, siempre reserva para sí el papel de general. Al ver a un niño que llora porque le dieron un golpe, manda que lo vistan con una blusa de mujer y prohíbe que siga participando en las batallas.[15] Iba a llegar un día, sin embargo, en que a él mismo le dirían "cobarde" y "mujer"...

EL VALIENTE QUE NUNCA RETROCEDE

Adolescente de quince años, el futuro rey empieza a prepararse en el oficio de las armas y, cinco años después, se estrena en el campo de batalla. Su padre lo pone bajo el cuidado de guerreros veteranos, elegidos con esmero y a los que invita a cenar y homenajea con suntuosos regalos. Ellos tendrán que cuidarlo durante la batalla, lo formarán y le enseñarán a capturar enemigos.[16]

Muy pronto, prueba que es un guerrero temible. Cuando Ahuítzotl somete Cuauhtla, el joven Moctezuma destaca por su valor y logra apresar enemigos por sí mismo. Por esas hazañas, es presentado a Ahuítzotl como un valiente y recibe capas y bragueros de brillantes colores, con el derecho de usarlos. Lo pintan del color del fuego: el cuerpo de ama-

[14] Sahagún, *Historia general...*, libro 6, cap. 22, p. 360.
[15] Suárez de Peralta, *Tratado del descubrimiento de las Indias*, citado en Vázquez Chamorro, *Moctezuma*, p. 8.
[16] Según Sahagún (*Historia general...*, libro 8, cap. 20, p. 477) y Fernández de Oviedo (vol. 4, p. 246), que cita una carta de Antonio de Mendoza, Moctezuma fue hecho capitán a la edad de doce años.

rillo y la cabeza de rojo, con amarillo en las sienes. Sus cautivos son sacrificados y el joven príncipe adquiere así inmenso mérito frente a los dioses.

Moctezuma participa en varias campañas más. Tanto se distingue en las batallas que lo hacen *cuáchic*, un título de alto rango reservado al valiente que ha realizado numerosas hazañas y que nunca retrocede. El *cuáchic* o "cabeza rapada" –su cabellera forma una especie de cresta que va de la frente a la nuca, con el resto de la cabeza rasurado– debe haber capturado soldados de diversas regiones, entre ellas, de Huexotzinco, de donde provienen los guerreros más renombrados y más apreciados.[17]

La educación del joven ya está completa. A juzgar por los resultados, fue perfecta: Moctezuma posee todas las virtudes que se esperan de un príncipe mexica. Y realmente las posee, pues su carácter nos es conocido independientemente de los estereotipos indígenas, algunos de los cuales le atribuyen todas las cualidades del rey bueno y otros, todos los defectos del rey malo. Disponemos, en efecto, de los testimonios de los españoles que lo vieron actuar y que coinciden con las opiniones favorables de los cronistas indígenas.

Un punto importante, en relación con los acontecimientos del final de su reino, es que Moctezuma es un guerrero intrépido, lleno de experiencia, sabio y belicoso a la vez. Habría obtenido, en persona, dieciocho victorias en el campo de batalla.[18] Sabio y mesurado, por lo demás, lo es para todo. Trata bien a sus esposas y las honra como es debido. Su gran piedad es notoria y tiene frecuentes coloquios con la estatua de Huitzilopochtli en el templo del dios.[19]

Virtuoso, discreto y grave, hace cumplir las leyes con rigor. Un día, mientras anda cazando aves, cede al impulso de cortar unas mazorcas de maíz particularmente bellas. Luego busca al dueño del huerto para pedirle su permiso. Pero éste lo ha visto, y lo reconviene: "Señor tan alto y tan poderoso, ¿cómo te atreves a llevar esas dos mazorcas que me hurtaste? ¿No fuiste tú, señor, quien nos diste por ley que el que hurtara una mazorca o su valor podía ser castigado de muerte?" El emperador quiere devolverle la mazorca, pero el hombre se lo impide: "Señor,

[17] Clavijero, p. 223; *Códice Mendoza*, f. 65 p. 135; Durán, *Historia...*, vol. 2, pp. 167 y 183, y Piho, "La jerarquía militar azteca", pp. 280-281.

[18] Fernández de Oviedo, vol. 4, p. 246; Mendieta, vol. 1, p. 151, y Torquemada, vol. 1, p. 499. Díaz del Castillo (cap. 126, p. 253) apunta: "Por su persona había vencido tres desafíos que tuvo sobre las tierras que sojuzgó".

[19] Torquemada, vol. 1, p. 499, y Alvarado Tezozómoc, *Crónica mexicana...*, p. 573.

no era tal mi intención, pues la huerta, y yo, mi esposa y mis hijos te pertenecemos; sólo quería decirte una gracia..." Entonces, a cambio de la mazorca, Moctezuma le da su valioso manto imperial.

Al día siguiente, convocan al bromista a Palacio. Presa de terror, quiere huir, pero le prometen que no le va a pasar nada. Al verlo llegar, el emperador dice a los nobles que lo rodean: "Ése es el hombre que me robó mi manto". Indignación y bullicio... Moctezuma tranquiliza enseguida a los presentes y, satisfecho de haberle podido devolver su broma al gracioso, prosigue: "Este pobre hombre tiene más valor y firmeza que todos nosotros. Tuvo la audacia de decirme que yo había quebrantado mi propia ley, y dijo la verdad. Quiero yo que me digan la verdad y no palabras halagadoras". Y, concluye el cuento, al hombre lo hacen señor de Xochimilco y desde entonces Moctezuma lo considera como pariente suyo.[20]

Estricto pero justo, es duro consigo mismo y con los demás al punto de que nunca perdona e incluso lo tachan de cruel.[21] Un español que ha perdido a dos sirvientes indígenas pide ayuda al emperador para encontrarlos. El emperador cautivo promete su apoyo. Dos días después, como no han vuelto los fugitivos, el hombre insiste y se pone insolente. Cortés lo condena al látigo. Las súplicas al emperador para que interceda son vanas. Cortés, dice Moctezuma, actúa como buen capitán y el individuo merece la muerte...[22]

Los conquistadores que tuvieron contacto con el emperador lo encontraron bueno, amable, generoso, cosa fácil de imaginar puesto que Moctezuma era su prisionero y los colmaba de regalos.[23] Un tal Ojeda "traía una bolsa nueva, de las plegadas y de bolsicos, labrada con seda". El emperador, maravillado, se la pidió y la obtuvo; entonces, sacó un silbato para llamar a sus cortesanos y les ordenó que en el acto obsequiaran a Ojeda dos hermosas mujeres, telas valiosas, una carga (55.5 litros) de cacao y varias joyas.[24] Algunos vieron en ese gesto más astucia que franca generosidad.[25] De cualquier manera, un soberano mesoamericano

[20] Alvarado Tezozómoc, *Crónica mexicana*..., pp. 579-580.
[21] *Códice Mendoza*, lám. 15, p. 34; Alvarado Tezozómoc, *Crónica mexicana*..., p. 579; López de Gómara, vol. 2. p. 134; Torquemada, vol. 1, p. 499, y Sahagún, *Historia general*..., libro 8, prólogo, p. 448.
[22] Torquemada, vol. 1, pp. 461-462.
[23] López de Gómara, vol. 2, p. 134; Díaz del Castillo, cap. 97, pp. 189, 126, 248 y 253, y Torquemada, vol. 1, p. 499.
[24] Torquemada, vol. 1, p. 461.
[25] Torquemada, vol. 1, p. 499, y Mendieta, vol. 1, p. 167.

no podía menos que ser pródigo: ¿acaso no era su función y privilegio redistribuir todas las riquezas que confluían en la ciudad? También lo tachan de ambicioso y orgulloso. Sin embargo nada indica que lo fuera, excepto su preocupación por garantizar la grandeza y la cohesión del imperio. Es verdad que, como pronto lo veremos, se malentendieron y juzgaron mal sus esfuerzos en ese sentido. Finalmente, el cronista Herrera lo llama inconstante, pero ese juicio se lo inspira, seguramente, su propia interpretación del comportamiento del rey durante la Conquista. Como sea, no hay quien elogie su firmeza.

Aunque reservado, Moctezuma es un orador nato, y "a todos atraía y enamoraba con sus profundas razones", la elegancia, hondura y sagacidad de sus palabras.[26] Su cultura es amplia, es hábil en todas las artes, conoce los días y las influencias divinas que los rigen.[27] Su austeridad no le impide amar las fiestas, el baile, los placeres, los juegos y especialmente el juego de pelota.

Físicamente, es vigoroso, excelente nadador, arquero hábil y maestro en el manejo de las armas.[28] Bernal Díaz del Castillo lo describe como

de buena estatura y bien proporcionado, y cenceño, y pocas carnes, y el color no muy moreno sino propio color y matiz de indio, y traía los cabellos no muy largos, sino cuanto le cubrían las orejas, y pocas barbas, prietas y bien puestas y ralas, y el rostro algo largo y alegre, y los ojos de buena manera, y mostraba en su persona, en el mirar, por un cabo amor y cuando era menester, gravedad; era muy pulido y limpio; bañábase cada día una vez a la tarde.

López de Gómara, a cuyo libro acude el viejo conquistador Bernal Díaz para refrescar sus recuerdos, dice por el contrario que era muy moreno y precisa que le adornaban la barbilla seis pelos largos como la distancia entre las puntas del pulgar y el índice abiertos.[29]

Pronto, el emperador Ahuítzotl juzgó que el muchacho era digno de volverse *tlacochcálcatl*, "el de la casa de los dardos", alto funcionario a la vez civil y militar que formaba parte del consejo supremo. Nada debía hacerse sin consultar a ese "consejo de los cuatro", en el cual se elegía al

[26] Durán, *Historia...*, vol. 2, p. 414.

[27] *Códice Mendoza*, lám. 15, p. 34, y Mendieta, vol. 1, p. 167.

[28] Sahagún, *Historia general...*, libro 8, cap. 10, pp. 459-460, y López de Gómara, vol. 2, pp. 136-141 y 163.

[29] Díaz del Castillo, cap. 91, p. 166; López de Gómara, vol. 2, p. 134; Fernández de Oviedo, vol. 4, p. 220, y Sahagún, *Historia general...*, libro 12, cap. 9, p. 768.

nuevo rey.[30] El nombramiento lo designaba, hasta cierto punto, como heredero al trono.

LA CAMPAÑA DE AYOTLAN

Mientras tanto, una caravana de comerciantes (*pochtecas*) de Tenochtitlan que se había aventurado en la región de Ayotlan, en la actual frontera entre México y Guatemala, había sido atacada por tropas provenientes de Tehuantépec y varias ciudades más.

Las expediciones comerciales, a veces extremadamente importantes, podían movilizar a millares de hombres y poner en juego considerables riquezas. Inevitablemente, despertaban codicia y hasta odio pues también actuaban como avanzadas que reconocían y espiaban en beneficio de la Triple Alianza. Los negociantes ubicaban áreas donde obtener provecho y evaluaban sus recursos económicos y militares. Luego, rendían informes y, si el negocio parecía apetitoso, el imperio mandaba tropas para conquistar la región. Así pues, cuando una caravana mexicana recorría una región, la población local desconfiaba.

Atacada por fuerzas numerosas, la caravana de Ayotlan, sin embargo, fue capaz de defenderse. Los *pochtecas* lograron llegar a la ciudad de Cuauhtenanco y ahí se atrincheraron. Los sitiaron en vano durante cuatro años. Hubo varias batallas. Los comerciantes y sus hombres, por lo visto muy aguerridos, resistieron y hasta tomaron un buen número de cautivos, algunos de alto rango.

Cuando la noticia del sitio llegó a Tenochtitlan, Ahuítzotl mandó una expedición de rescate bajo las órdenes del *tlacochcálcatl* Moctezuma. No fue necesaria. Iba en camino la expedición, cuando llegaron mensajeros a anunciar al general que el enemigo estaba huyendo y conquistada la ciudad de Ayotlan. "Señor *tlacochcálcatl*, le dijeron, sea bienvenido; no es necesario que vaya más adelante, porque ya la tierra está pacífica y no tenemos necesidad de socorro, nuestro señor Huitzilopochtli la tiene en su poder; ya los mercaderes mexicanos han hecho su deber."[31]

[30] Sahagún, *Historia general...*, libro 8, cap. 20, p. 478; Alvarado Tezozómoc, *Crónica mexicana...*, pp. 572-573, y Torquemada, vol. 1, pp. 187 y 194. Pero, según el *Códice Mendoza* (lám. 14, p. 33), Moctezuma fue *tlacatecuhtli*; según Chimalpáhin (*Annales...*, p. 168) y Mendieta (vol. 1, p. 279), habría sido *tlacatécatl*. Sobre el *tlacochcálcatl*, ver *Códice Mendoza*, lám. 66, p. 137, y lám. 68, p. 141; Brundage, *A Rain of Darts...*, p. 115; Piho, "La jerarquía militar azteca", pp. 281-282; Davies, *The Aztec Empire...*, pp. 113 y 160-166, y Hassig, *Aztec Warfare...*, pp. 40-48 y 278.

[31] Sahagún, *Historia general...*, libro 9, cap. 2, p. 492.

Extraño deber, cuyo cumplimiento no habrá agradado mucho a Moctezuma, frustrada la gloria de una victoria. No sólo hubiera podido salvar a la caravana, sino que habría abierto definitivamente el camino hacia las valiosas plumas de quetzal de Guatemala. Ya estaba hecho, pero sin él. Ocultó su molestia, pero no olvidó. Escuchemos al respecto a los informantes aztecas del fraile Bernardino de Sahagún:

El rey de México quería mucho a los comerciantes y a los tratantes de esclavos, como si fueran sus propios hijos. [En efecto, eran indispensables.] Así que, cuando los veía ensoberbecerse y embriagarse con los favores de la suerte, se ponía triste, dejaba de quererlos y buscaba algún pretexto, con apariencia de buenas razones, para humillarlos y hacerles morir sin motivo verdadero, muchas veces sin más razón que la aversión que le producía el orgullo de ellos. Daba sus bienes a los viejos soldados de su corte, llamados *cuacuachictin* [plural de *cuáchic* –Moctezuma mismo había sido *cuáchic*–], y a otros que contribuían en aumentar el esplendor de su corte.

Les convenía, pues, a los mercaderes ser modestos, contentarse con su posición y disimular su opulencia, poco apreciada en general por los guerreros, que consideraban que no les había costado mucho. El rencor de Moctezuma coincidía oportunamente con su interés político.

Fue por esa época que Moctezuma, probablemente de veinticinco años de edad, se unió con la hija del rey de Ecatepec y sucedió a su suegro como *tlatoani* de esa ciudad, ubicada al norte de Tenochtitlan.

LA ELECCIÓN DEL REY DESIGNADO

Poco después, en el año 10-Conejo según la mayor parte de las fuentes, y mientras Moctezuma guerreaba en el valle de Toluca,[32] Ahuítzotl murió.[33] Según la fuente más confiable, se había enfermado de gravedad al regresar de la campaña de Xoconochco (no lejos de Ayotlan), donde quizás había sido envenenado. Se habría resecado a tal punto que la piel se le pegaba a los huesos.[34] Una versión más tardía, de la cual ya

[32] Torquemada, vol. 1, p. 194. El *Códice Vaticano A* (p. 304) lo representa vestido con una piel de desollado.
[33] En 11-Caña, 1503, según los *Anales antiguos de México y sus contornos*, vol. 5, n. 17, los *Anales de Cuauhtitlan (Códice Chimalpopoca)*, p. 203, y Alva Ixtlilxóchitl, vol. 2, p. 177.
[34] Durán, *Historia...*, cap. 51, vol. 2, p. 391.

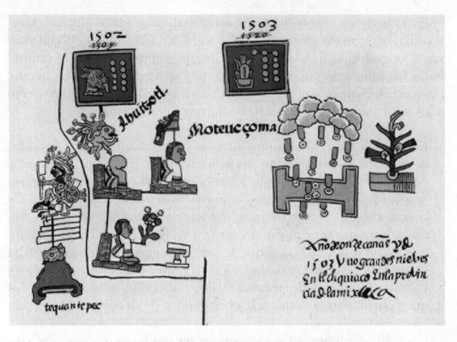

Principio del reino de Moctezuma II.
Según el *Codex Telleriano-Remensis*. Año 10-Conejo: muerte de Ahuítzotl
y elección de Moctezuma II (con su glifo, la diadema señorial).

se habló, afirma que murió a consecuencia del golpe recibido al dar
con la cabeza en una viga de su palacio, cuando huía de la inundación
de 1498.[35]

La fecha tiene su importancia, pues una vez más nos muestra cuánto
hay que desconfiar de los relatos "históricos" aztecas. En ese mismo
año, en efecto, murió en Francia el rey Carlos VIII, que también se
había golpeado la cabeza en una viga de su castillo de Amboise. Salvo
inaudita coincidencia, lo más probable es que los cronistas indígenas
de la colonia tomaran prestado este acontecimiento para explicar la
muerte (retrasada) de Ahuítzotl. Tendremos oportunidad de descubrir
otro ejemplo en el cual la historia de Francia sirvió de fuente de inspiración para historiadores aztecas necesitados de anécdotas.

Ahuítzotl, pues, había bajado al inframundo, al "lugar de los descar-
nados" o Ximoayan, a la casa del señor del país de los muertos, Mictlantecuhtli. Como era rey y había adquirido considerable mérito en esta
vida terrenal, no estaba condenado a permanecer en ese triste lugar

[35] Alva Ixtlilxóchitl, vol. 2, pp. 167, 177, y Torquemada, vol. 1, p. 193.

hasta su disolución total. Por el contrario, una vez descarnado y liberado de su envoltura material, iría a juntarse con sus antepasados en la luz del sol de la mañana, acompañaría al Colibrí Zurdo y, en la tarde, se transformaría en pájaro para libar en las flores del paraíso.[36]

En el momento en que eran quemados los restos mortales del soberano y sus cenizas enterradas en el santuario de Huitzilopochtli, al pie de la estatua del protector de esta nación de la que, a semejanza del dios,[37] Ahuítzotl había sido el corazón, el sol se puso. Muerto el rey, el mundo quedaba en tinieblas, entregado a la anarquía y al caos. Las ciudades sometidas se rebelaban, los pretendientes al trono intrigaban. Había que asegurar cuanto antes la continuidad del poder y repeler las fuerzas infernales desencadenadas. El sol tenía que levantarse de nuevo, había que elegir a un nuevo rey.[38]

"Elegir" sólo es un decir. Antaño, toda la población, o por lo menos sus representantes, elegía dentro del linaje real al hermano o al hijo que parecía más adecuado. Huitzilíhuitl, se supone, había sido escogido por los jefes de los cuatro grandes barrios de Tenochtitlan pero, para confirmar la elección, se había consultado a todos los ciudadanos, hombres, mujeres y niños, pues "nada se hacía sin su acuerdo".[39] Chimalpopoca también fue elegido por "consenso de la comunidad mexica entera", Itzcóatl por la "asamblea de los mexicanos" y Moctezuma I por "los señores y la gente común".

Con Axayácatl, las cosas habían cambiado. Al morir Moctezuma I, el *cihuacóatl* de la ciudad era el famoso Tlacaélel, hermano gemelo del difunto soberano, quien convocó entonces a "los principales y señores de México" y ellos, en nombre del pueblo, lo nombraron a él. Declinó y propuso que se consultara a los reyes aliados de Texcoco y Tlacopan. Se aprobó hacerlo así, y los electores encargaron al *cihuacóatl* y a los dos reyes la tarea de designar al nuevo soberano.

La introducción de los dos reyes aliados entre los electores respondía a una realidad política. El área de dominación de la Triple Alianza

[36] Alvarado Tezozómoc, *Crónica mexicana...*, pp. 451, 454 y 568, y Durán, *Historia...*, vol. 2, pp. 296 y 394. Sobre las creencias aztecas relativas a la vida después de la muerte, ver Graulich, "L'Au-delà cyclique..." y "Afterlife..."

[37] Durán, *Historia...*, cap. 39, vol. 2, p. 300, y Alvarado Tezozómoc, *Crónica mexicana...*, p. 456.

[38] Alvarado Tezozómoc, *Crónica mexicana...*, pp. 457 y 569-570; Durán, *Historia...*, vol. 2, pp. 73, 316, 393 y 400, y *Anales de Cuauhtitlan*, p. 35.

[39] Durán, *Historia...* (vol. 2, p. 62): "porque sin vuestro parecer no se hará nada". Alvarado Tezozómoc (*Crónica mexicana...*, p. 233) sólo menciona como electores a los jefes, los ancianos y los sacerdotes de los cuatro barrios.

había crecido desmedidamente, mientras se iba afianzando la preponderancia de Tenochtitlan de manera cada vez más clara. Ya no se trataba sólo de nombrar al rey de la ciudad, sino al verdadero jefe del imperio, y por lo menos consultar a los principales aliados era obviamente indispensable. Un documento asienta de manera explícita que la elección de un rey de la Triple Alianza tenía que ser confirmada por sus dos colegas.[40]

Sin embargo, en el caso de los siguientes dos reyes, Tízoc y Ahuítzotl, el dominico Durán sólo habla de "los señores y todo el pueblo" o, con más precisión, de "todos los señores y grandes y de todos los principales y caballeros de la corte y, con ellos, todos los mandoncillos de los barrios y personas constituidas en cualquier género de oficio".[41] En otra fuente importante, redactada en náhuatl pero más tardía, los informantes de Sahagún insisten en la importancia del papel de los guerreros y de los sacerdotes, y enumeran: los jefes y los guerreros confirmados, los valientes, los jóvenes bravos, los jefes de los jóvenes, los gobernantes y los sacerdotes.[42] ¿Debemos concluir que ya no tenían voz ni voto los reyes de Texcoco y de Tlacopan? Es probable que no. Durán y Sahagún aquí enumeran sólo a los electores de Tenochtitlan, pero es obvio que ya no era posible ignorar a los grandes aliados.

La elección, entonces, era más bien teórica. Se sabe que el sucesor tenía que pertenecer al linaje real, el cual se reducía a los hermanos del rey y sus hijos, preferiblemente los de la esposa principal, una mujer mexica.[43] En una época difícil de determinar, se redujo todavía más el grupo de elegibles, para limitarlo a los miembros nobles del consejo de los cuatro, consejo formado por tres nobles –hermanos del rey o parientes cercanos– y un plebeyo. Los datos sobre sus títulos no coinciden. Por ejemplo, se cita, en este orden, al *tlacochcálcatl*, el *tlacatécatl*, el *ezhuahuácatl* y el *tlillancalqui*.[44] En principio, se nombraba a esos cuatro altos

---

[40] Zurita, p. 13.

[41] Durán, *Historia...*, vol. 2, pp. 69, 72, 125, 249-250, 295 y 313; ver también Davies (*The Aztec Empire...*, p. 108), que difiere un poco.

[42] Sahagún, *Historia general...*, libro 8, cap. 18, p. 473, y *Florentine Codex*, libro 8, cap. 18, p. 61.

[43] El orden de sucesión ha variado según las épocas y los lugares. Ver Davies, *The Aztec Empire...*, p. 107, y Offner, pp. 205-207.

[44] Durán, *Historia...*, vol. 2, pp. 103 y 125, y Sahagún: *tlacochcálcatl, huitznahuatlailótlac, pochtecatlailótlac* y *tizociahuácatl*, en *Códice Florentino*, libro VIII, cap. 18, f. 43v (http://www.wdl.org/en/item/10619/view/1/89/). Ver Piho, "La jerarquía militar azteca", y Davies, *The Aztec Empire...*, p. 107. Cuando el *tlacochcálcatl* era noble, el *tlacatécatl* no lo era, y viceversa. Sahagún, *Historia general...*, libro 6, cap. 14, p. 337, y libro 3, apéndice, p. 210.

dignatarios al mismo tiempo que al rey pero, apenas se ofrecía una oportunidad, éste metía en el consejo al pariente que consideraba como su sucesor. El margen de maniobra dejado a los electores se limitaba desde entonces a elegir, si acaso, entre tres personas...[45]

Al día siguiente de los funerales de Ahuítzotl, los grandes señores de Tenochtitlan, los reyes de Texcoco y Tlacopan y los de las ciudades sometidas al imperio se reunieron para deliberar sobre la elección del sucesor. El *cihuacóatl* presidía la reunión. Puede suponerse que una asamblea de las puras instancias mexicas ya se había reunido y que había "escogido" al *tlacochcálcatl*. Ahora, les correspondía a los grandes y al imperio pronunciarse.

El rey de Texcoco, Nezahualpilli, "principal elector" según la *Crónica X*, tomó la palabra primero:

> Valeroso rey de Tacuba (Tlacopan) y grandes señores de México y de las demás provincias de Chalco, Xochimilco y tierra caliente que presentes estáis, con todos los demás señores con cuyo voto y parecer se ha de escoger una lumbrera que como rayo de sol nos alumbre, y un espejo donde todos nos miremos, una madre que nos recoja en su regazo y un padre que nos traiga sobre sus hombros, y un señor que rija y gobierne el señorío mexicano y que sea amparo y refugio de los pobres, de los huérfanos y viudas y se compadezca de aquellos que con grandísimo trabajo andan de noche y de día a buscar, por montes y quebradas, el sustento de sus casas.[46]

> Si no hubiera más luz en nuestro imperio, podría ser que los nuevamente entrados a la corona se rebelasen, sustrayéndose, allende que estamos cercados de muchos enemigos nuestros, como son los tlaxcaltecas, tliliuhquitepecas, Mechoacán y otras muchas y muy grandes provincias de enemigos y pueden atreverse a venirse sobre nosotros.[47]

> Y pues vosotros (o poderosos señores) lo habéis de elegir, extended los ojos, que bien tenéis hacia donde poderlos extender, pues tenéis presente toda la nobleza mexicana que se compone de plumas riquísimas caídas de las alas y colas de aquellos excelentes pavos, de aque-

---

[45] Al respecto, ver Moreno; López Austin, *La constitución real...*; Rounds, "Dynastic succession...", y Davies, *The Aztec Empire...*, pp. 107-109.

[46] Durán, *Historia...*, vol. 2, p. 410.

[47] Alvarado Tezozómoc, *Crónica mexicana...*, pp. 571-572.

llos reyes pasados joyas y piedras preciosas, desatadas de sus cuellos y de las gargantas de sus manos; aquí están aquellas cejas y pestañas caídas de los ojos de aquellos valerosos príncipes de México con que esta corte está ennoblecida; extended la mano al que más gusto os diere. Hijos dejó Axayácatl, rey valeroso; hijos dejó su hermano *Tízozic*, todos príncipes de mucha estima y señalados en valor y grandeza de su ánimo; y si éstos no os agradan, allegaos a los grandes, que entre ellos hallaréis nietos y bisnietos, sobrinos y primos de aquellos reyes antiguos fundadores de esta ciudad.[48]

Algunos se han hecho cantores, otros *cuachicmees*, otros otomíes [guerreros particularmente temidos, como el pueblo del mismo nombre y como los *cuachicme* de cabeza rapada], y los demás van tomando vuestros nombres y renombres de *tlaacatéccatl, tlacochcálcatl, tiçociahuácatl, acolnahuácatl, hezhuahuácatl*, otros muchos, y otros menores que están y residen en la casa principal del rey en Calmécac.[49]

Mirad que no tenéis necesidad de salir de este aposento donde estamos: extended la mano, apuntad entre todos el que más gusto os diere, que de ninguno echaréis mano que no sea muralla muy fuerte contra nuestros enemigos.[50]

Así exactamente no habrá sido pronunciado este discurso, pero nos da una buena idea del tono de ese tipo de deliberaciones y contiene una serie de metáforas auténticamente aztecas. Además, echa luz sobre la educación de los príncipes y muestra que se conservaba, al menos, la ficción de una elección y selección reales.

El *cihuacóatl* agradeció al rey de Texcoco, pero pidió que no se eligiera a alguien demasiado joven, al que habría que "envolver y desenvolver" cuando al rey le tocaría hacerlo, ni a uno demasiado viejo, "que mañana sea menester elegir otro".[51] Luego examina brevemente a los principales candidatos, seis o nueve hijos de Axayácatl, siete de Tízoc y tres de Ahuítzotl.

48 Durán, *Historia...*, vol. 2, p. 410.
49 Alvarado Tezozómoc, *Crónica mexicana...*, p. 572.
50 Durán, *Historia...*, vol. 2, p. 410.
51 Durán, *Historia...*, vol. 2, p. 410. Cuando tuvo lugar la elección de Axayácatl, en cambio, Tlacaélel dijo que un rey tenía que ser joven y valiente. Cuando murió Tízoc, los principales y el pueblo juzgaron que la grandeza de México, su autoridad y su gravedad requerían de una persona vieja y venerable; ver Durán, *Historia...*, vol. 2, pp. 255 y 324.

Hay discusión. Por unanimidad, se elige a Moctezuma, por ser

de muy buena edad y muy recogido y virtuoso y muy generoso, de ánimo invencible y adornado de todas las virtudes que en un buen príncipe se podían hallar; cuyo consejo y parecer era siempre muy acertado, especialmente en las cosas de la guerra, en las cuales le habían visto ordenar y acometer algunas cosas que eran de ánimo invencible.[52]

El cronista Alva Ixtlilxóchitl da a entender que, normalmente, el elegido tendría que haber sido el hijo mayor de Axayácatl, Macuilmalinalli (5-Hierba) y que Moctezuma ganó gracias a la intervención desinteresada del rey de Texcoco, Nezahualpilli, suegro de Macuilmalinalli. Más tarde, Nezahualpilli tuvo amplia oportunidad de arrepentirse de sus palabras, según Alva Ixtlilxóchitl: en 1508, cuenta, Moctezuma arregló en secreto con los de Atlixco que matasen a Macuilmalinalli durante una batalla contra esa ciudad. El estorboso heredero murió, en efecto, así como otro gran señor mexica y 2 800 hombres.

Tales datos no merecen mayor crédito. En realidad, el autor, que desciende de la familia real de Texcoco, quiere sugerir que Moctezuma debía su trono a su antepasado Nezahualpilli. Suponer que la sucesión debe recaer en el hijo primogénito no sólo es contrario al principio de la elección, mencionado sin embargo por Alva Ixtlilxóchitl, sino que es una idea proveniente de Texcoco... o de Europa, según. En Tenochtitlan, se podía elegir a un hermano del rey o a cualquiera de sus hijos. Así que Moctezuma no tenía más motivo para suprimir al desdichado 5-Hierba que a cualquier otro, y mucho menos tantos años después de su entronización. Que haya juzgado conveniente, cuando accedió al poder, la eliminación de algunos hermanos y primos es muy posible –y lo acusaron de haberlo hecho.[53] Pero en 1508 ya no había peligro. El mismo cronista, por cierto, tampoco cree mucho en su oscura conspiración. En otro texto da una versión distinta: Axayácatl tenía dos hijos legítimos, Tlacahuepan y Macuilmalinalli, quienes, desesperados por-

<hr>

[52] Durán, *Historia...*, y Tezozómoc, *Crónica mexicana...* Motolinía (*Memoriales...*, p. 151) también insiste en el papel de los soberanos aliados en la elección del emperador, aunque no precisa si participaban en el voto. Según Torquemada (vol. 1, p. 194) los reyes de Texcoco y de Tlacopan fueron informados una vez decidida la elección.

[53] Según Fernández de Oviedo (vol. 4, p. 223), el padre de Moctezuma tuvo 150 hijos y el emperador mandó matar a la mayor parte de ellos.

que no los habían escogido, fueron ambos a morir en la guerra contra Tlaxcala...[54]

LA ENTRONIZACIÓN DE UN SOBERANO

Elegido el rey, sin más demora se organizó su entronización. En los orígenes de la historia de Tenochtitlan los rituales eran relativamente sobrios. El candidato se instalaba en el trono, un asiento de respaldo alto, hecho con fibras tejidas y cubierto de ricas pieles. Lo coronaban con una diadema azul turquesa, dotada en la frente de una placa triangular, el *xiuhuitzolli* del señor (*tecuhtli*, jefe de linaje o de casa noble), y procedían a la unción divina. Se teñía su cuerpo entero de negro con un ungüento que, se suponía, lo volvía incansable e intrépido. Los sacerdotes lo preparaban con cenizas de arañas, de alacranes, de ciempiés, de iguanas, de víboras, etcétera, mezcladas con tabaco, escorpiones, arañas, sabandijas y semillas alucinógenas, todo ello molido en metate.[55] En la mano derecha, le ponían una espada de madera con filos de obsidiana y en la izquierda un escudo, antes de revestirlo con el atuendo de la divinidad que quería representar en la tierra. Ese atavío del rey era "señal de que prometía la defensa de su ciudad y el morir por ella".[56]

Al pasar el tiempo y crecer el imperio, las ceremonias se fueron haciendo cada vez más complejas y grandiosas. Poseemos varias descripciones, cuyos detalles son, lamentablemente, imposibles de conciliar.[57] La estructura del ceremonial parece inspirada en los ritos de investidura de un *tecuhtli* (señor): primero, se le confieren algunas insignias de su rango, luego viene un periodo de ayuno y penitencia, y finalmente la investidura definitiva.

---

[54] Alva Ixtlilxóchitl, vol. 2, p. 177, y vol. 1, p. 410.
[55] Durán, *Historia...*, vol. 1, cap. 5, pp. 51-52.
[56] Durán, *Historia...*, vol. 2, p. 69.
[57] Ver la *Crónica X*; Benavente o Motolinía, seguido por López de Gómara, Las Casas, Mendieta y Torquemada, y Sahagún, *Historia general...*; Pomar y Alva Ixtlilxóchitl para Texcoco; el *Codex Magliabechiano* respecto a la investidura ordinaria de un soberano. Sobre la investidura del *tecuhtli*, ver también Benavente o Motolinía. Estudios: Broda, "Los estamentos..." y "Consideraciones sobre historiografía..."; Townsend, "Coronation..." (reconstitución hipotética a partir de algunas fuentes), y Hartau, pp. 5-7 y 11-13. ¿Por qué esas versiones irreconciliables? Hay que tomar en cuenta, entre otros hechos, que los informantes no eran sacerdotes sino, en el mejor de los casos, nobles que sólo habían visto una parte de los ritos y que a veces dan su testimonio cincuenta años después. Además, nuestras fuentes son de orígenes diversos.

La versión más completa nos llega, una vez más, de la *Crónica X*.[58] Terminada la elección, según esta crónica, buscaron en vano al nuevo emperador. Al ver que todos se inclinaban por él, se había retirado al edificio de las águilas, cerca del Templo Mayor, donde acostumbraba rezar y hacer penitencia. Ahí lo encontraron, finalmente. Mientras tanto en la sala de la elección habían prendido un fuego y puesto alrededor del brasero las vestiduras y las insignias reales, un sahumador con copal, huesos de jaguar, de águila y de "león", así como una jícara con tabaco.

El papel del fuego, o más precisamente del dios del fuego, el Señor de Turquesa, era esencial. En efecto, el fuego es el origen y el final de todo. Al principio de una era, Venus, la primera luz del mundo, es una bola de fuego asimilada al fuego culinario. El sol nace de un sacrificio por el fuego. Al final del Sol tolteca, Quetzalcóatl, el astro de aquella edad, el sol poniente, también se inmola en una hoguera. Para asegurar el regreso del sol, cada cincuenta y dos años, había que encender el fuego nuevo. Los hombres están hechos a partir de chispas producidas en el cielo más alto por la suprema pareja. Cuando nacen, hay que purificarlos con agua y fuego, cerca de una hoguera encendida.[59] Los matrimonios se celebran en presencia del fuego también. Y cuando alguien muere, se quema su cuerpo. Principio y final una vez más, el dios del fuego es el que inicia y concluye el ciclo de fiestas del año solar.

La presencia del fuego al principio de un reinado no tiene, por lo tanto, nada de sorprendente. Se decía que los reyes elegidos un día 1-Perro, día dedicado al fuego, Xiuhtecuhtli, el Señor de Turquesa, tendrían un reinado feliz. En tal caso, las festividades se celebraban tres días después, en 4-Caña, efeméride y nombre calendárico del dios del fuego.[60] La solidaridad entre el fuego y el rey también se desprende del

[58] Durán, *Historia...*, vol. 1, pp. 317 y 399-402, y Alvarado Tezozómoc, *Crónica mexicana...*, pp. 573-576; también Torquemada, vol. 1, p. 194.

[59] Ponce de León, pp. 123-124, y Ruiz de Alarcón, p. 131.

[60] Sahagún, *Historia general...*, libro 4, caps. 25-26, pp. 244-245. La versión náhuatl dice que la elección de un rey *se realizaba* en 1-Perro. Pero la fecha no era imperativa. Según el *Códice en cruz* (p. 35), se habría efectuado la elección de Moctezuma en el mes de *Tlacaxipehualiztli*, pero los días 1-Perro y 4-Caña no caen en ese mes, ni en 1502 ni en 1504. Por lo demás, los datos relativos al día de la entronización son contradictorios. Para Durán (*Historia...*, vol. 2, p. 311), se coronaba a los reyes el día de Cipactli, pero la *Crónica mexicáyotl* (p. 142) menciona el día 10-Conejo para Ahuítzotl. Según Alva Ixtlilxóchitl (vol. 2, p. 177), la entronización de Moctezuma tuvo lugar el día 1-Cipactli del mes de *Tóxcatl* de 1503, año 11-Caña. Esa precisión es fruto de una laboriosa y vana reconstitución (Prem) que no es ni más ni menos segura que la que menciona

hecho que Xiuhtecuhtli era uno de los dioses llamados *tecuhtli*, señor, y lucía por lo tanto la diadema de turquesa. Por otra parte, el turquesa es el color real por definición.

Cuando el elegido entra en la sala, todos se prosternan profundamente y él también se inclina, con cara grave y serena. Lo instalan en un asiento cercano a la hoguera y su tío, el *cihuacóatl* Tlilpotonqui, toma la palabra.

Señor, oye lo que de parte de todos estos señores te quiero decir: bien sabes que todos los más que presentes estamos somos tus hermanos y deudos muy cercanos. Ellos y yo, en nombre del dios de lo criado, señor por quien vivimos y cuyas criaturas somos, aquel que por sólo su parecer y voluntad se mueve sin ser movido, bien así como verdadero lapidario, así como piedra muy preciosa te ha escogido entre ellos y te ha bruñido y adelgazado para joya de su brazo y joyel de su cuello.

"Lo mismo han hecho todos los señores aquí presentes", prosigue Tlilpotonqui.

Como verdaderos orfebres o lapidarios que conocen el valor del oro y de las piedras preciosas, descubrieron un vaso, una joya valiosa entre muchas en la tierra, y todos aquí, con una sola voz, te nombraron y designaron el parangón de las virtudes. Te hicieron digno de la primacía de México y de toda su grandeza. Y, ya que lo admiten, así debe ser. La suerte te designó, ahora siéntate, abandona lo que es ínfimo aquí en la tierra y goza de lo que el dios de lo criado te concede.

Según algunas ilustraciones de códices del siglo XVI, el futuro rey no llevaba más ropa que un simple taparrabos. Antes de adornarlo con el atuendo que lo convertirá en un hombre distinto, se le atribuía un

Chimalpáhin: 9-Mázatl, 14 de abril, séptimo día de *Tozozontli*. En realidad, parece poco probable que se corriera el riesgo de esperar hasta 250 días a que llegara el día propicio para la entronización: los interregnos despertaban mucho temor. Por otra parte, 4-Caña es el nombre de Xiuhtecuhtli y de Venus (Ruiz de Alarcón, pp. 158, 168, 191, etcétera). Una estatua parece asociar al soberano con el fuego (Heyden). Respecto a la asociácon del rey con el fuego, ver también Sahagún, *Historia general...*, libro 2, cap. 37, pp. 150ss. En *Izcalli*, la imagen del dios del fuego tiene los atavíos de Moctezuma (ver también *Códice Florentino*, libro IV, p. 88).

Bezote de oro (5.4 centímetros).
Museo Civico di Numismatica Etnografia e Arti Orientali, Turín, Italia.

nombre nuevo.[61] Moctezuma recibió el de su abuelo, Motecuhzoma, cuya grandeza seguramente iba a igualar o así lo descaban, nombre que significa "el que se irrita como señor". Está clara la alusión a su carácter susceptible y altivo. Para distinguirlo del primer Moctezuma, lo apodaron "el noble hijo menor", Xocoyotzin.

Los reyes de Texcoco y de Tlacopan toman entonces a Moctezuma del brazo y lo sientan en el "trono del águila" o del "jaguar" (*cuauhicpalli, oceloicpalli*). Le cortan el pelo como conviene al rey. Luego, con un hueso de jaguar afilado, le perforan el cartílago de la nariz, práctica aplicada a todo *tecuhtli*, e insertan en el hoyo un adorno tubular de jade o de oro. Sus orejas reciben pendientes en forma de discos y su labio inferior, perforado, un valioso bezote. Hasta hoy subsisten adornos de este tipo. Imagínese, por ejemplo, un tubo de piedra semipreciosa o de oro, de cinco centímetros de largo, que tiene, en un extremo, un tapón aplanado para sujetar la joya dentro de la boca y en la otra una maravillosa cabecita de águila cuyo plumaje está tallado con gran esmero y pasmoso realismo.

Después, los dos reyes visten a Moctezuma con una manta reticulada azul bordada de pedrería, un braguero, sandalias doradas y azules, y le cuelgan en la espalda una jícara llena de tabaco, uno de los atributos usuales de los sacerdotes. El tabaco, que supuestamente da fuerza y aguante, es considerado como la carne misma de la diosa Serpiente Mujer, Cihuacóatl. Llevar en la espalda a esta diosa de la tierra y del hogar es como cargar la propia energía divinizada. Finalmente, le ciñen la cabeza con la diadema *xiuhuitzolli*, de turquesas y oro, y ponen en sus

---

[61] *Codex Magliabechiano*, f. 70v y 71, y *Códice Tudela*, f. 54 y 54v.

Coronación de Moctezuma. Durán, *Historia*...

manos una rodela y una espada, o bien dardos, símbolos de su poder como juez.[62] Luego, lo inciensan y lo saludan como soberano. Desde entonces, es el *huey tlatoani*, el Gran Orador, y el señor de los colhuas (*Colhuatecuhtli*).

Moctezuma se pone de pie, toma el incensario, le pone copal y lo ofrenda a los dioses en general y en particular al dios del fuego. Tomando después los punzones, se sangra las orejas con el hueso de jaguar, las pantorrillas con el hueso de puma y la espinilla con el hueso de águila. La sangre se echa en el fuego, que también recibe codornices a las que descabezan primero. Luego, el nuevo rey toma asiento. Varios señores levantan su sitial, lo cargan en hombros y así llevan a Moctezuma hasta la cumbre de la pirámide principal. Ahí, repite las penitencias y los sacrificios que acaba de ofrecer, primero delante de Huitzilopochtli, después sobre la "piedra del águila", un gigantesco recipiente de piedra tallada en forma de cilindro bajo. Los relieves que la adornan represen-

[62] Durán, *Historia*..., vol. 2, pp. 317, 399-400. Son dardos en Alvarado Tezozómoc (*Crónica mexicana*..., pp. 438ss, 239 y 350).

tan en la cara externa las principales conquistas del imperio azteca y, en la cara superior, el disco solar. En el centro de ese disco había una cavidad destinada a recibir la sangre y los corazones de las víctimas humanas sacrificadas. Un canal lleva la sangre hasta la boca del monstruo de la tierra, abajo del friso de las conquistas, de tal manera que cuando se depositan ofrendas en el recipiente, se alimenta al mismo tiempo al sol y a la tierra.

Sobre ese monumento, a la vez muy funcional y altamente simbólico de la misión cósmica señalada a la realeza azteca, Moctezuma ofrece su sangre junto con la de cantidad de codornices, primicias para el sol y la tierra. Después, sahúma los cuatro horizontes y prosigue con más maceraciones y más sacrificios de codornices, primero en el santuario de la diosa Cihuacóatl, el Tlillan, y luego en el Yopico, templo de Xipe Tótec, el dios desollado.[63]

El universo entero, pues, recibe lo debido. Primero, los términos opuestos: el sol y la tierra, o la luz y las tinieblas, por un lado bajo el aspecto del disco y del monstruo telúrico (en el *cuauhxicalli*), por el otro bajo el de Huitzilopochtli y Cihuacóatl. Huitzilopochtli, el dios luminoso de los mexicas, el guerrero conquistador que guía a su pueblo hacia la tierra prometida y, de ahí, al imperio del mundo; Huitzilopochtli, al que el emperador representa aquí en la tierra. Luego, Cihuacóatl, la diosa telúrica que representa a las mujeres y a los autóctonos, diosa cuyo nombre lleva el "virrey" de la ciudad. Finalmente, Xipe, el dios que se endosa la piel del vencido, igual que el valiente en el campo de batalla, el dios de la purificación y de la unión de los contrarios, del sol lunar de la tarde, tercer término de lo que el cronista español Durán llama una auténtica "Trinidad", el dios cuyo atuendo Moctezuma gusta de ponerse cuando va a la guerra.[64]

Si hemos de creerle a la *Crónica X*, Moctezuma va entonces a su palacio a escuchar los discursos y recibir el homenaje de los reyes del imperio. No se menciona el periodo de ayuno que normalmente acompaña las ceremonias importantes. Pero sí se habla del ayuno en los demás textos que describen la investidura del *tecuhtli* o la entronización del rey y que lo ubican después de los ritos realizados en los templos.

[63] Ver Durán (*Historia...*, vol. 2, p. 301) sobre las ceremonias de entronización de Tízoc, para suplementar los datos, menos completos, que da el autor sobre la de Moctezuma. Alvarado Tezozómoc presenta un desarrollo ligeramente distinto de las ceremonias.

[64] Sobre Xipe Tótec, ver Durán, *Historia...*, vol. 1, cap. 9, pp. 95-103, y Graulich, "Tlacaxipehualiztli..." El escudo de Xipe está dividido en tres partes que figuran el sol, la noche y la unión de los contrarios.

El emperador se retira al "edificio de los dignatarios" (*tlacatecco*). Vestido con una túnica azul corta y sin mangas (*xicolli*), con su jícara de tabaco en la espalda y en la mano su bolsa de copal, la cara oculta tras una manta de ayuno decorada con huesos, permanece cuatro días encerrado, acompañado por los miembros del consejo de los cuatro que fueron elegidos al mismo tiempo que él. Durante todo ese tiempo, se queda sentado, meditando sobre su nuevo cargo. Al mediodía y a la medianoche, sube a lo alto de la pirámide para quemar incienso; a la medianoche, también ofrece su sangre y se baña. Un solo platillo se le concede, magro además, acompañado de agua. Cumplidos los cuatro días, lo bañan ritualmente para purificarlo. De nuevo ataviado con la vestimenta real, sale a bailar, solemne, en la gran plaza, con todos los personajes importantes. Al final de la tarde, va a su palacio para recibir a los reyes, altos dignatarios, jefes de barrios y demás responsables.[65]

Nezahualpilli de Texcoco se dirige al soberano, quien lo escucha, con rostro sereno y apacible:

Señor, poderoso sobre todos los de la tierra. Se han deshecho ya las nubes y se ha desterrado la oscuridad en que estábamos. Ya ha salido el sol, ya la luz del día nos es presente [...] Esa oscuridad fue provocada por la muerte del rey tu tío. Pero hoy se tornó a encender la

---

[65] Sahagún, *Historia general...*, libro 8, cap. 18, pp. 473-475; Pomar, *Relación...*, pp. 78-79; Alva Ixtlilxóchitl, vol. 2, p. 139; *Codex Magliabechiano*, f. 70v; *Códice Tudela*, f. 54, y Benavente o Motolinía, *Memoriales...*, pp. 151ss, seguido por López de Gómara, vol. 2, pp. 389-391; Las Casas, *Apologética...*, vol. 2, p. 406, y Torquemada, vol. 2, pp. 359-361. Ver también Durán, *Historia...*, vol. 2, pp. 302 y 400. Esto contradice el esquema de Townsend en "Coronation..." (pp. 390ss), que coloca al principio de todo la "muerte ritual" constituida por el ayuno de cuatro días, muerte sugerida en particular por el manto adornado con huesos cruzados que ocultaba el rostro del rey. Puede uno imaginar, en efecto, que la verdadera entronización, con la coronación y el ritual de vestir al rey, sólo se habría realizado después del ayuno. Éste habría significado la muerte ritual, aquélla su renacimiento a una existencia nueva. Compárese con los ritos cumplidos al nacer un niño. Una primera ceremonia que acompañaba la purificación tenía lugar el día mismo del nacimiento, en presencia del fuego que ardía durante cuatro días. Luego, unos días más tarde, se realizaba el "bautizo": se lavaba al recién nacido, dándole así una "vida nueva", y también se le daba su nombre, los instrumentos de sus deberes futuros –armas si era un niño noble– y ropa. Lamentablemente, los textos disponibles no son compatibles con la reconstitución que propone Townsend, o el paralelo con los rituales de entrada en la vida y del "renacer".

candela y la antorcha que ha de ser luz de México. Hoy se nos ha puesto delante un espejo, donde nos hemos de mirar.

El alto y poderoso señor te ha dado su reino y te ha enseñado con el dedo el lugar de su asiento. Va, pues, hijo mío, empieza a trabajar en esta labranza de los dioses [...]. Habrás de tener especial cuidado de pararte a la medianoche y observar las constelaciones de los cuatro rumbos del mundo: las estrellas de San Pedro (*Mamalhuaztli*), las del Juego de Pelota, al norte (*Citlaltlachtli*), las Pléyades (*Tianquiztli*) y el Escorpión (*Colotlixáyac*). Alimenta también a las cuatro deidades que nos guiaron hasta aquí y que cuidan, ahora, de los cuatro puntos cardinales. Y cuando nace el alba, no dejes de observar la estrella *Xonecuilli*, que es la cruz de Santiago, y el lucero de la mañana, *Tlahuizcalpantecuhtli*, de manera que, cuando se levanta, cumplas tú la ceremonia de bañarte y lavar tus manchas, luego untarte con el betún divino, sangrarte y tomar el incensario y ofrecer tus inciensos y sacrificios a los dioses, y después contemplar los lugares escondidos de los cielos. Al mismo tiempo, has de bajar a los nueve pliegues del abismo y al centro de la tierra, donde se hallan las tres casas del fuego.

Te incumbe proveer de alimentos y sustentar la máquina del mundo, de la que tu reino es la raíz, el ombligo, el corazón. Las cuatro partes del mundo tienen los ojos puestos en ti. Si te dan una espada y un escudo, es para que pongas tu vida al servicio de la república, y este día te hagas cargo de los montes, los cerros, las llanuras, las grutas, las cañadas, los ríos y los mares, los manantiales y las fuentes, las peñas y los árboles; todo, en suma, te es encargado y debes mirar por todo y cuidar que no se deshaga ni se aniquile.

Has de tener en cuenta los montes y los desiertos a los que se retiran los hijos de dios para hacer penitencia y vivir en la soledad de las cavernas. Has de preparar todo, tenerlo todo listo. Y eso es lo que te he de encargar muy encarecidamente, las cosas del culto divino y la veneración de los dioses y el honor de los sacerdotes y que su penitencia vaya hasta el fondo para lo que tienes que alentarlos y apoyarlos en todo lo necesario.

Después toma la palabra Totoquihuaztli de Tlacopan:

Hijo mío, has oído los consejos que te dio el rey de Texcoco. Pero considera que hay mucho más que depende de ti en la función que has asumido, en la carga que hoy te has echado a cuestas. Acuérdate de los viejos y viejas que pasaron el tiempo de su juventud al servicio de la república y que ahora, cuando se ha vuelto blanca su cabeza, ya no pueden trabajar y se mueren de hambre. No olvides a los pobres *macehuales* [la gente del común], pues son las alas y las plumas, los pies y las manos de las ciudades. Cuida que no sean oprimidos ni maltratados y que no perezca su justicia porque nadie hable por ellos [...]. Y por todo tienes que dar gracias al señor de lo creado. Tal es el oficio real, en que te han puesto. Ni la bebida, ni la comida te han de saber bien, por los cuidados en que siempre has de estar metido y ocupado, viendo que toda la redondez de este mundo pende de tu gobierno.[66]

Otros reyes y grandes, otros sacerdotes y mercaderes de alto rango vienen a ofrecer más consejos y recomendaciones. Conviene que el rey aumente la gloria de Huitzilopochtli y amplíe su templo. Hay que extender el imperio y defender la ciudad, evitando que pueda ser dividida o ridiculizada. Moctezuma debe mantener la paz civil y para eso hacer justicia, consolar a los afligidos y castigar a los malvados, gobernar, fortalecer y alegrar la ciudad de la que es protección, sombra y amparo. Le corresponde comandar a los señores y consolarlos, cuidar que los guerreros puedan guerrear, que se lave a los pobres, a los sucios, a los viciosos. Es a la vez padre y madre de su pueblo, su corazón, su esclavo y el esposo de la ciudad.[67]

Esos múltiples discursos dan una clara idea de lo que era la tarea del rey "aquí en la tierra". El rey es en primer lugar el que alumbra y un ejemplo para todos. Es, en efecto, luz en el cielo –el sol– y en la tierra –antorcha, "candela". Este último término, obviamente anacrónico, aparece aquí para remitir a un "binomio" azteca, es decir una descripción mediante dos términos equivalentes o dos aspectos complementarios. Después, los discursos se ocupan de su papel y, en primerísimo lugar, de su deber cósmico de mantener el orden en el universo. Para que en él todo esté perfecto, es preciso que el centro y los cuatro horizontes estén en su lugar. Así que el rey debe observar, a la medianoche, las estrellas de los puntos cardinales y "alimentar" a sus guardianes.

De esas cuatro deidades tenemos amplio conocimiento. El suntuoso códice precolombino *Borgia* las representa en el acto de soportar la bóveda celeste. Son Macuilxóchitl (5-Flor), que es representante de los

[66] Durán, *Historia...*, vol. 2, pp. 400-401, 317 y 343, y Alvarado Tezozómoc, *Crónica mexicana...*, pp. 459 y 574-575.

[67] Durán, *Historia...*, vol. 2, pp. 53, 74, 127 y 249; Alvarado Tezozómoc, *Crónica mexicana...*, pp. 239, 350, 440 y 459, y Benavente o Motolinía, *Memoriales...*, pp. 151-152.

guerreros heroicos, Tláloc, Tlazoltéotl, diosa de la tierra y de la inmundicia y, finalmente, Quetzalcóatl-Ehécatl. Ahora bien, lo notable es que cuando moría el rey de Tenochtitlan, se vestía su cuerpo con los atuendos de esas cuatro deidades.[68] Es probable que con eso se sugiriera que el rey se volvía, o quizás había sido en vida, uno de los portadores del cielo. Se decía, en efecto, que él impedía que se desplomara la bóveda celeste,[69] como había pasado al final de una era anterior. De esa manera, mantenía las cosas en su lugar, al igual que, por ejemplo, el faraón egipcio.

Pasemos del plano horizontal al eje vertical. El rey también tenía que vigilar los cielos, el centro de la tierra (donde se encuentran las tres piedras del hogar, corazón de toda morada y, en el presente caso, de la casa que es la tierra cubierta por la bóveda celeste) y los nueve parajes del mundo subterráneo, incluso si para eso había de bajar ahí. El orden tiene que reinar en el espacio, pero también en el tiempo: el astro de la mañana tiene que traer el día. Para que todo funcione bien, el soberano debe hacer méritos, haciendo penitencia y cuidando de los asuntos del culto. Debe "sustentar la máquina del mundo" o, como lo dice de manera más clara otro de los discursos de entronización,[70] alimentar con sangre al sol y a la tierra. Así que debe hacer la guerra, y para eso lo arman. Le incumbe también facilitar la labor de los sacerdotes, pues lo asisten en su tarea cósmica.

Siempre en el mismo orden de ideas, Moctezuma mantendrá el entorno físico tal cual está (montes, llanuras, mares, ríos) y particularmente los lugares como grutas, manantiales, peñas y árboles, donde lo sagrado se manifiesta con tanta frecuencia. Él es quien hace "caminar el sol, llover las nubes, correr los ríos y que la tierra produzca todas las subsistencias".[71] Pues Tlaltéotl no da frutos si no recibe el riego regular de la sangre, el alimento de los cuerpos de los sacrificados.

Al hacer la guerra para mantener andando la máquina del mundo, Moctezuma acrecienta el imperio y, por tanto, la gloria de la ciudad. Tam-

[68] *Codex Borgia*, f. 72. Excepto que el guerrero Xipe sustituía a Macuilxóchitl. Ver Durán, *Historia...*, vol. 2, p. 298, y Alvarado Tezozómoc, *Crónica mexicana...*, pp. 433-434 y 455. Citan a Huizilopochtli en lugar de Tlazoltéotl, pero los atributos que describen son claramente los de la diosa. En Durán, *Historia...*, vol. 1, lám. 32, Macuilxóchitl es asimilado a Xipe. En cuanto portadores, los dioses de los cuatro rumbos del mundo son asimilados a los personajes –tres hombres y una mujer– que guiaban a los mexicas durante su peregrinar y que cargaban por turnos la efigie de Huitzilopochtli.

[69] Garibay, *Poesía...*, vol. 2, pp. 37-38.

[70] Benavente o Motolinía, *Memoriales...*, pp. 151-152.

[71] También, Pomar, *Relación...*, p. 80, y Clavijero, p. 209.

bién la gloria del dios de la ciudad, Huitzilopochtli, al que el rey representa y al que los mexicas están ligados por una alianza. La señal más clara que puede dar el soberano, en testimonio de su devoción a Huitzilopochtli, es la ampliación de su pirámide. En efecto, en Mesoamérica se acostumbraba, para ampliar un templo o una edificación, agregarle una nueva fachada superpuesta o incluirlo dentro de una estructura análoga pero más grande. Las excavaciones empezadas en el recinto del Templo Mayor cerca de 1980 permitieron constatar que la pirámide principal había tenido nada menos que doce ampliaciones sucesivas.

Si el rey de Texcoco enumera las tareas cósmicas del emperador, el *tlatoani* de la ciudad más modesta de la Triple Alianza, Tlacopan, se encarga de recordarle al soberano que es responsable de la prosperidad y del bienestar de la ciudad. Debe hacer reinar la concordia y la justicia, asegurar que cada uno, en su lugar propio, pueda cumplir con su deber, proteger a los más débiles y limpiar a los manchados, sea con la purificación ritual o imponiéndoles el castigo merecido.

Moctezuma responde con humildad, protesta llorando su indignidad e invoca el favor de los dioses. Después, agradece a todos y se retira a sus aposentos. La primera fase de su entronización ha terminado. Le falta ahora emprender una guerra que le permita demostrar su capacidad de mando y su valentía. Una guerra que también sirva para devolver la paz a las provincias y manifestar cabalmente que Tenochtitlan tiene un nuevo emperador. Una guerra, finalmente, que le proporcione al elegido suficientes cautivos que sacrificar, para inaugurar dignamente su reino.

· III ·
La guerra del sol naciente

LA BATALLA DE ATLIXCO

Era costumbre, como vimos, que los reyes de Tenochtitlan hicieran una primera campaña militar antes de que el imperio confirmara su entronización. En esa guerra inaugural, se tomaban los prisioneros que se inmolarían durante las ceremonias finales de la coronación. Su sacrificio daba especial fausto a la solemnidad. Adornaba al rey con un halo sagrado y aumentaba el prestigio de Tenochtitlan; impresionaba a los aliados y atemorizaba a los enemigos.[1]

Pero esa campaña inicial, llamada "lavado de pies" reales, tenía también y quizás sobre todo un motivo mitológico. Era la actualización de la primera guerra de la era en curso, la que había ocurrido inmediatamente después de la primera aparición del sol. El principio de un reinado ¿acaso no era el principio de una pequeña era? Y la coronación de un rey ¿no era la salida del sol?

Se recordará que después de su inmolación en Teotihuacan, Quetzalcóatl-Nanáhuatl había resurgido como sol y había instaurado la guerra sagrada. Mixcóatl y sus tres hermanos habían recibido el encargo de hacer la guerra contra los cuatrocientos mimixcoa para alimentarlo a él y a la tierra, su madre. Desde entonces, todos los prisioneros de guerra sacrificados representaban a los Cuatrocientos, y como ellos se les vestía y ataviaba.

Las fuentes discrepan en cuanto al objetivo de la primera campaña de Moctezuma. La *Crónica X* habla de rebeliones que debían ser aplacadas en Icpatépec y Nopallan, mientras el fraile Juan de Torquemada habla de Atlixco.

Icpatépec y Nopallan parecen blancos improbables por dos razones. Primero, son objetivos muy distantes. Nopallan está a unos treinta kilómetros al norte de Puerto Escondido, es decir, a unos 760 kilómetros

[1] Ver, por ejemplo, Torquemada, vol. 1, pp. 172 y 195.

de Tenochtitlan. Icpatépec –ahora, San Francisco Ixpantepec– está a 30 kilómetros al norte de Nopallan.[2] Atacar esas ciudades implicaba, para el rey y su ejército, varios meses de ausencia. ¿Podía permitírselo, cuando ni siquiera se había completado su entronización, cuando su poder todavía mal asentado podía inspirar más sublevaciones, aunque sólo fuera para tantear la resistencia del nuevo monarca? Para su primera campaña, casi todos los antecesores de Moctezuma se habían limitado a objetivos cercanos: el vecino valle de Toluca, Metztitlan, Chalco. La segunda razón que hace poco verosímil la idea de Nopallan e Icpatépec es que otras fuentes, entre ellas manuscritos figurativos, coinciden en ubicar la conquista de esas dos ciudades cerca de 1511.[3]

Por otra parte, Atlixco también plantea varios problemas. Esa ciudad era uno de los enemigos de la guerra florida. Era la que proporcionaba más frecuentemente los campos de batalla. Pero si no era súbdita, ¿cómo podía rebelarse? Además, ¿cómo suponer que el nuevo emperador habría corrido el riesgo de ir a buscar a sus víctimas de coronación entre enemigos tan aguerridos y para colmo en batallas entre efectivos iguales, como lo estipulaban las reglas de la guerra sagrada?

Sin embargo, otro texto[4] confirma la guerra contra Atlixco, y sabemos que la actitud mexica hacia el valle de Puebla había cambiado. Moctezuma recordaba la cruel derrota sufrida en Atlixco bajo Ahuítzotl y la muerte de su hermano Tlacahuepan, y deseaba acabar con esos enclaves independientes. Una vez emperador, decidió poner manos a la obra. Hasta entonces, estos enemigos se habían conservado, como codornices enjauladas, para el entrenamiento de los guerreros y para los sacrificios. En adelante, Tenochtitlan pelearía para someterlos, "pues no convenía que en el gobierno del mundo hubiese más de una sola voluntad, un mando y un querer".[5] El momento era propicio, ya que el enemigo estaba dividido. La guerra civil en Huexotzinco permitía que Tenochtitlan interviniera a pedido de una de las dos facciones o, incluso, que intentara imponer su poder. Pero los enemigos tradicionales no tenían la menor intención de dejar a los mexicas el "gobierno del mundo".

Moctezuma tenía, pues, razones de sobra para elegir Atlixco como meta. La ciudad se ubica a 28 kilómetros al sur de Huexotzinco, a 20 kilómetros al suroeste de Cholula, a 50 kilómetros al suroeste de Tlaxcala.

---

[2] Ver Kelly y Palerm, pp. 277-279 y 311-317.

[3] Ver, entre otros, Chimalpáhin; los códices *Telleriano-Remensis, Aubin* y *En cruz*; los *Anales de Cuauhtitlan (Códice Chimalpopoca)* y Torquemada.

[4] Chimalpáhin, *Relaciones...*, p. 228, y Torquemada, vol. 1, p. 195.

[5] Muñoz Camargo, *Historia...*, p. 116.

Distante apenas unos días de camino desde Tenochtitlan, controla la entrada suroeste del valle de Puebla, por el sur del Popocatépetl. Atacar ahí era declarar claramente sus intenciones, proclamar un auténtico manifiesto de gobierno. Triunfar en Atlixco sería muy meritorio, dada la valentía del enemigo. También sería limpiar la afrenta y vengar la muerte de Tlacahuepan y de tantos valientes guerreros. Moctezuma, con este arranque, indicaba que uno de los principales objetivos de su reino sería reducir el enclave de Puebla. Si lo hubiera logrado, la conquista de México por los españoles hubiera sido más difícil.

La campaña fue breve. Podemos confiar que el emperador llevaba consigo hombres suficientes para no correr demasiados riesgos. Los habitantes de Atlixco y los guerreros del valle que acudieron a respaldarlos recibieron una dura lección. Moctezuma atacó con la flor de la juventud guerrera y multiplicó las hazañas. Sus hermanos Cuitláhuac, Matlatzíncatl, Pináhuitl y Cecepaticatzin lucharon a su lado, así como dos hijos del difunto tío de Moctezuma, el emperador Tízoc. Tomaron numerosos prisioneros, pero hubo pérdidas, en especial un gran capitán mexica llamado Huitzilihuitzin.

UNA ENTRADA TRIUNFAL

El regreso a Tenochtitlan se hizo con gran pompa. Primero, un mensajero fue enviado a la capital para anunciar la buena noticia de la victoria. Era un señor o un capitán. Llevaba el pelo trenzado y una tela blanca amarrada en la cabeza. Armado con una rodela y un *macuáhuitl*, sable de madera con filos de navajas de obsidiana, entró a la ciudad dando gritos y saltos, en una pantomima de combate, y cantando las proezas de los guerreros del pasado. El *cihuacóatl* salió a encontrarse con él en el palacio para recibir el mensaje. Según la costumbre, le regaló ropas y otros obsequios antes de mandarlo guardar bajo arresto hasta que llegara un segundo mensajero a confirmar la noticia.[6]

Cuando el ejército victorioso entró a Tenochtitlan, los prisioneros fueron formados en dos líneas. Los obligaron a silbar y cantar mientras, en lo alto de las pirámides, los viejos guerreros y los sacerdotes que se habían quedado en la ciudad hacían sonar caracolas y tambores. Luego, los guerreros ancianos, llamados "águilas viejas", y los maestros de armas se dispusieron en dos filas sobre la calzada que cruzaba la laguna, para recibir a los cautivos y a los guerreros. Todos lucían listones trenzados de pieles rojas, pendientes de piedras pardas y orejeras de conchas ma-

---

[6] Torquemada, vol. 2, p. 536.

rinas. Vestían armaduras de algodón acolchado y portaban rodelas y bordones a manera de sables. Los sacerdotes, viejos y jóvenes, se colocaron por orden de importancia. En la espalda llevaban su acostumbrada jícara de tabaco y de sus muñecas colgaban bolsitas de copal. Algunos de ellos, los *tlenamacaque* o vendedores de fuego, blandían sus incensarios de cerámica en forma de cucharones.

A medida que los cautivos entraban a la ciudad, viejos y sacerdotes los recibían tirándoles pedazos de tortillas de maíz, de las que se conservaban en el templo como "pan de oblación". Al mismo tiempo, los saludaban.

> Sean muy bienvenidos, hijos del sol. Helos aquí por fin en Mexico-Tenochtitlan, en el remanso del agua, donde cantó el águila y donde silbó la culebra; donde vuelan los peces; donde el agua azul brotó y se juntó con la bermeja, entre estas espadañas y carrizales; donde tiene su mando y jurisdicción Huitzilopochtli. No vayan a creer que hasta aquí los trajo por caso, ni tampoco a buscar su vida, sino a morir por él y a poner el pecho y la garganta al cuchillo. Por eso se les permite ver y gozar de esta insigne ciudad. Si no fuera para morir, nunca pues hubieran tenido posibilidad de entrar aquí. [...] Muy bienvenidos sean. Lo que ha de consolarlos es que no llegan por motivo de ningún acto mujeril ni infame, sino por hechos de hombres, para que aquí perezcan y quede memoria perpetua de ustedes.[7]

A los vencedores, les decían: "Muy bienvenidos seáis, hijos, en este reino de Moctezuma donde por vuestras fuerzas de brazos y cuerpos habéis muerto, vencido y desbaratado a vuestros enemigos y vengado la saña e injuria de nuestro dios Huitzilopochtli".

Después, se les dio de beber a los cautivos el pulque divino (*teooctli*). De esta manera, quedaban asimilados con aquellos mimixcoa que estaban borrachos cuando los masacraron, en la primera guerra para alimentar al cielo y a la tierra. Luego, los condujeron al templo, frente a la estatua de Huitzilopochtli, donde vinieron a recibirlos los sacerdotes, sonando sus caracolas. Uno tras otro, los prisioneros se arrodillaron ante el dios y con el dedo comieron un poco de tierra. De regreso abajo, tuvieron que dar la vuelta, primero, a la vasija del águila, el *cuauhxicalli*, que iba a recibir sus corazones y su sangre. Después, al *temalácatl*, la piedra del gladiador en la que se amarraba a los cautivos más valientes para que combatieran, con armas falsas, a caballeros águilas-jaguares bien

---

[7] Durán, *Historia...*, vol. 2, p. 160.

armados. Finalmente, al *tzompantli*, una amplia plataforma sembrada de mástiles unidos por palos en los que estaban ensartadas, por decenas de miles, cabezas de sacrificados. Era como un gran vergel artificial, donde las calaveras figuraban los frutos maduros.

Habitualmente, los prisioneros proseguían rindiendo al emperador el mismo homenaje que a Huitzilopochtli, pero no sabemos si así era también en las guerras de entronización. Posiblemente, sólo fueron a casa del *cihuacóatl*, quien les dijo que estaban en su casa y mandó que los vistieran y les dieran de comer. Se les entregó –por lo menos a los más eminentes– flores, tabaco y rodelas hechas con plumas, con todo lo cual tuvieron que bailar en la plaza del mercado al ritmo de los atabales. Al final, los encerraron en unas jaulas instaladas dentro de las salas llamadas *cuauhcalco*, "casa del águila". En principio, cada guerrero era responsable de su prisionero.[8]

Esas ceremonias de recibimiento de los cautivos tienen múltiples razones. Hay que honrar como es debido la futura ofrenda a los dioses. En un primer tiempo, los prisioneros son tratados como enemigos y puestos claramente en su lugar: están vencidos, su suerte es inevitable, pero gloriosa. Al mismo tiempo, se les da la bienvenida, pues pronto estarán "en casa" y su muerte los convertirá en mimixcoa y compañeros del sol. Los inciensan, como a entidades sagradas, quizás también para purificarlos. Después los presentan a todos los que tienen parte en su sacrificio. Primero, a la población entera y particularmente a los guerreros que por culpa de la edad o de sus deberes no pudieron participar en la cacería de hombres. Enseguida, a los propios lugares del suplicio y a los destinatarios principales: Huitzilopochtli, pero también la tierra, presente en varios lugares y bajo varias formas en la pirámide principal de Tenochtitlan. Finalmente, a los sacrificantes principales: el emperador o el *cihuacóatl*.

También importa, sin embargo, incorporar a los cautivos al grupo de los mexicas, procurar que se sientan "en casa", como dice el "Serpiente Hembra", el "ama de casa" de Tenochtitlan. Son presentados a las autoridades, les dan de beber y comer, los visten, los alojan. A veces, les envían prostitutas que alegran sus últimos días y que, por un tiempo, también son como esposas mexicas. Sabremos de un cautivo de alto rango que vivirá en libertad largo tiempo en la ciudad, antes de ser inmolado; caso mítico, quizás, pero que confirma la teoría: la víctima se

---

[8] Durán, *Historia...*, vol. 2, pp. 408-409 y 159-160. Respecto a los cautivos y los lugares, ver Alvarado Tezozómoc, *Crónica mexicana...*, pp. 317, 445 y 503; Benavente o Motolinía, *Memoriales...*, p. 160; Mendieta, vol. 1, p. 151; Sahagún, *Historia general...*, libro 8, cap. 14, p. 468, y Torquemada, vol. 2 p. 353.

vuelve miembro de la ciudad. Conviene, en efecto, oficializar un vínculo que se estableció desde el campo de batalla, cuando, al agarrar a su
adversario, el vencedor le dijo: "He aquí mi hijo bienamado", y le contestó el prisionero: "He aquí mi padre venerado".[9]

Esa forma de tomar víctimas fuera del grupo y hacerlas pasar por
nativas no es exclusiva de los mexicas. El ejemplo extremo, de seguro, es
el de los tupinambas de Brasil que guardaban vivos a sus prisioneros durante años y les permitían casarse y tener hijos, antes de inmolarlos.

¿Cómo explicar esa integración-asimilación? ¿Será porque *el otro* es
distinto, es decir, menos, y que sólo se vuelve una ofrenda digna en el
momento en que es aceptable, *integrado*? ¿O tenemos que evocar a René
Girard y su teoría del sacrificio-linchamiento? Según él, el sacrificio
humano o animal –éste, sustituto de aquél– no es sino la repetición ritualizada de un linchamiento primordial y tiene la función de alejar
del grupo la violencia interna. El ser humano, en efecto, se habría dado cuenta que en momentos de crisis, cuando se desatan las pasiones
extremas y los miembros del grupo están a punto de agarrarse a palos,
el linchamiento de un inocente tiene un extraordinario poder de pacificación. Se habría reproducido eso en el rito, como válvula de escape
o a manera de vacuna, inyectando un poco de violencia para evitar que
surja mucho más. La víctima no se puede elegir dentro del grupo, por
el riesgo de desencadenar la violencia de la venganza; pero por otra
parte, el efecto tranquilizador sólo se produce si la víctima pertenece al
grupo. Para conciliar esos imperativos, se elige a una víctima margi-
nal (miembro del grupo sin serlo del todo, un niño por ejemplo) o extranjera, pero entonces se la incorpora al grupo, haciendo como si
realmente le perteneciera.[10]

Que exista en el sacrificio azteca una voluntad inconsciente de cana-
lizar la violencia interna es probable pero, lamentablemente, es difícil
de demostrar. Lo seguro, en cambio, es que la teoría del sacrificio azteca volvía indispensable la integración de la víctima. En efecto, había
asimilación entre el sacrificante –el que ofrece la víctima directamente
(el guerrero que capturó a un enemigo) o indirectamente (el organi-
zador de la fiesta: el Estado, el rey)– y el sacrificado. Éste moría, pero
también el sacrificante, simbólicamente, a través de él. Durante los días
previos, se sometía a muertes parciales, con ayunos y penitencias; en el
momento de la inmolación, imitaba la agonía de la víctima, y se admi-

---

[9] *Códice Florentino*, libro II, cap. 21, y Sahagún, *Historia general...*, libro 2, cap.
21, pp. 101-102.
[10] Girard, *La violence...*

tía que fallecía igual que ella, por voluntad propia, como Quetzalcóatl-Nanáhuatl quien, al destruir voluntariamente su cuerpo en la hoguera de Teotihuacan, había ganado una nueva vida gloriosa como astro del día. Mediante el sacrificio que ofrecía, veía a la divinidad a la cara, adquiría mérito y derechos para una nueva vida en el paraíso de los guerreros, la casa del sol.

Después de los cautivos y de una parte del ejército, Moctezuma en persona hizo su entrada triunfal en la ciudad. Regresaba vencedor y, suprema gloria, había tomado prisioneros por propia mano. Quizá sus hazañas serían inmortalizadas en cantares épicos. Ahora sí, era plenamente rey.[11] Sus cautivos, sus "hijos", lo acompañaban, ricamente vestidos por él y cargados en andas. Se acudió a recibirlo, con discursos y regalos. Luego, se le condujo, incensándolo, hasta la gran plaza. Al llegar, sonaron trompas y caracolas. Moctezuma subió a lo alto del templo de Huitzilopochtli e hizo penitencia, sacándose sangre de las extremidades de las orejas, de las pantorrillas y la piel de las espinillas. Tomó copal e incensó a la divinidad. Después bajó y entró a su palacio y ahí, los reyes de Texcoco y de Tlacopan le dijeron:

> Señor, descansa tu cuerpo y tus piernas, pues cansado has regresado. Ahora, ya cumpliste tu obligación al servicio de Tlaltecuhtli, señor de la tierra, y del sol príncipe de la turquesa, del verano y de todo lo que es verde, águila que vuela encima de nuestras cabezas. Y puesto que el gran señor así ha sido servido, descansa, señor, y nosotros por nuestra parte vamos a descansar en nuestras casas; descansa, buen señor y nuestro rey.

Los compañeros de armas del rey vinieron a despedirse de él y Moctezuma repartió víveres y joyas a los capitanes principales. Los jefes de los cuatro barrios de la ciudad acudieron a obsequiarle mantas y flores, las cuales mandó entregar a los soldados que lo habían acompañado y a las ancianas pobres.[12]

LA CONFIRMACIÓN IMPERIAL

El *cihuacóatl* Tlilpotonqui decidió que ya era tiempo de celebrar la entronización de tal manera que todos los pueblos se enteraran. Había

---

[11] Torquemada, vol. 1, p. 192, y vol. 2, pp. 541-542.

[12] Durán, *Historia...*, vol. 2, pp. 409 y 159-160, y Alvarado Tezozómoc, *Crónica mexicana...*, pp. 587-588, 485 y 503.

que proclamar con fuerza que Mexico-Tenochtitlan era la cabeza, la madre y el padre de los demás pueblos. Al parecer, la primera ceremonia había sido principalmente para uso interno; ahora, se trataba de coronar a Moctezuma como verdadero jefe del imperio.[13]

Los preparativos de la fiesta no demoraron. Para honrar a los huéspedes distinguidos, se juntaron montones de flores, de cigarros, de ropas resplandecientes, de joyas y piedras preciosas. Había que pensar en los bastimentos. Se tomaron medidas para que, cada día que durara la fiesta, unos mil cargadores trajeran a la ciudad inmensas cantidades de venados, conejos, liebres, codornices, guajolotes y todo tipo de animales y aves comestibles, así como de chiles, cacao, pescado, frutas y de cuanto se podía encontrar a ciento cincuenta leguas a la redonda.

Catorce salas del palacio fueron remozadas completamente y provistas de esteras, asientos, hachones y tapices nuevos. Fueron adornadas con juncia y con flores que hacían las delicias de los nobles. En las paredes, se colgaron penachos de plumas y rodelas artísticamente decoradas con motivos elaborados en mosaicos de plumas, y los sillones de tule tejido fueron cubiertos con suntuosas pieles de jaguares. En una sala se pintaron murales que ilustraban la grandeza de Tenochtitlan y de las provincias invitadas. En medio del patio principal del palacio, se construyó una choza y delante de ella se instalaron grandes tambores verticales con membranas de piel y otros tambores horizontales de dos tonos, hechos de pura madera, los *teponaxtle*. Encima de la choza, pintadas sobre papel, se hallaban suspendidas las armas de Tenochtitlan. Un águila real con corona dorada desbarataba entre sus garras una víbora grande. Se erguía, majestuosa, sobre un nopal. En cada ángulo de la choza, había grandes aves de plumas rosas y negras.

Los primeros invitados fueron Nezahualpilli de Texcoco, el nuevo rey de Tlacopan, Tlaltecatzin, y los demás reyes de las provincias. Moctezuma insistió para que, como lo había hecho su antecesor, se invitara incluso a los enemigos tradicionales: los señores de Tlaxcala, de Tliliuhquitépec, de Huexotzinco, de Cholula, de Cuextlan, de Metztitlan, de Yopitzinco y de Michoacán.[14] ¿Acaso no eran todos hermanos y parientes? Había que hacer unos días de tregua en la guerra florida, que de todos

---

[13] Sobre esta segunda coronación, ver Alvarado Tezozómoc, *Crónica mexicana...*, pp. 589-597; Durán, *Historia...*, vol. 2, pp. 411-416 y 130-131; Sahagún, *Historia general...*, libro 6, cap. 10, pp. 322ss, y Benavente o Motolinía, *Memoriales...*, pp. 151-152.

[14] Alvarado Tezozómoc (*Crónica mexicana...*, p. 597) dice que es una innovación, pero ya lo había mencionado al describir la coronación de Ahuítzotl.

modos sólo era "ejercicio y recreo y placer de los dioses y alimento". Era preciso que el enemigo viera el poder del gran imperio mexica. Mandar mensajeros al valle de Puebla, vale decir al infierno,[15] tenía sus peligros. Se solía comisionar a los más valientes guerreros, acompañados por mercaderes aguerridos llamados *oztomecas*, que sabían varios idiomas y estaban acostumbrados a disfrazarse para cruzar regiones poco seguras. En caso de desgracia, el rey se comprometía a hacerse cargo de sus familias.

Disfrazados de cargadores de leña, los emisarios consiguieron cruzar sin percances los múltiples puestos de control a la entrada del valle de Puebla, a pesar de su fama de no dejar pasar ni a los pájaros. Pues los huexotzincas y los tlaxcaltecas, explica Durán, conocían de sobra las malas artes de la Triple Alianza. No querían ser sorprendidos...

Los mensajeros de Moctezuma llegaron sanos y salvos hasta Huexotzinco, para asombro del rey local. Le trasmitieron la invitación y lo convencieron de acudir. Después siguieron el viaje, siempre en secreto, a Cholula y Tlaxcala, tomando todas las precauciones para que no los reconociera la gente común. Ahí también fueron bienvenidos. Los otros reinos enemigos aceptaron asimismo la invitación.

Pronto empiezan a llegar los reyes invitados trayendo, cada uno según su posición, fastuosos regalos o tributo. Los que no tienen su propia morada en la capital son instalados en los aposentos preparados especialmente en el palacio. Las más hermosas habitaciones son para los representantes de los reyes del valle de Puebla, que han llegado en gran secreto, a espaldas de la gente común y también, al parecer, de los reyes de Texcoco y de Tlacopan. Está prohibido, bajo pena de muerte, revelar su presencia.

Todos estos invitados de nota pasan a saludar al emperador, quien manda obsequiarles espléndidos vestidos, penachos de plumería, adornos de oro y piedras preciosas. El *cihuacóatl* hace lo mismo, y declara:

> Señores, vistan estos atuendos, pues por fin miramos la muerte en la cara, tenemos a nuestros enemigos frente a nosotros. Mañana moriremos nosotros o morirán ellos. Así pues, ya que tan caro cuesta, tómenlos, disfrútenlos y recuerden lo que les digo. Ahora, que descansen sus cuerpos, que se derramen sus lágrimas y suspiros, ¡canten y bailen!

[15] Alvarado Tezozómoc, *Crónica mexicana...*, p. 590.

Cuando, en la noche, les toca a los enemigos pasar ante el emperador, se apagan todos los fuegos, excepto las grandes hogueras. Los tlaxcaltecas lo saludan muy humildemente, diciendo que su grandeza y magnificencia rebasan todo lo conocido. En nombre de sus reyes, le ofrecen un arco con unas tristes plumas y ropa de fibra de henequén. El bloqueo del valle de Puebla no les permite mayor generosidad. Moctezuma contesta en el mismo tono humilde y cortés, rogando a sus huéspedes que lleven sus respetuosos saludos a sus reyes, a quienes desea que crezcan sus riquezas, con cierta ironía posiblemente involuntaria. Los demás enemigos tradicionales también expresan su agradecimiento y presentan sus regalos. El rey de Michoacán ha enviado de regalo, entre otras cosas, arcos y aljabas que traen cada una más de cien dardos dorados, así como pescados asados. Los yopis traen piedras preciosas de diversos colores, cañas y plumas llenas de polvo de oro, pieles de jaguares, de pumas y de lobos. Cuando Moctezuma termina de agradecerles a todos, van a cenar, después de lo cual reciben un sinfín de mantas, armas e insignias.

Mientras tanto, los otros reyes y señores ya han empezado a bailar en el gran patio. Se apagan las luminarias para dar a los insumisos la posibilidad de unirse al baile, tocados con pelucas para que no los reconozcan. Son más de dos mil los que cantan y bailan juntos, en la embriaguez de los hongos alucinógenos. Cuando se sienten cansados, se meten a sus aposentos a descansar, y la siguiente noche vuelven a bailar, y así durante cuatro días. En cierto momento, el mismo Moctezuma aparece y se une al baile, deslumbrante de luces y de colores, con su corona y adornos de oro, sus joyas, su gran capa bordada y entretejida con plumas. Antes de bailar, inciensa los tambores y al dios de la danza y degüella codornices en su honor. El baile, en realidad, no sólo es festejo y alegría. Más que nada, es una manera de adquirir méritos frente los dioses, una manera de acercarse a ellos al aligerarse gracias a un movimiento ascendente repetido. Se llama *macehualiztli*, o "acción de hacer penitencia, de merecer".

El cuarto día es el de la unción y coronación del emperador. Los ritos son iguales a los de la primera ceremonia, la cual confirman. En lo alto de la pirámide de Huitzilopochtli, los reyes de Texcoco y de Tlacopan, junto con el gran sacerdote, untan de negro el cuerpo del elegido. Cuatro veces le rociaban agua consagrada por medio de un hisopo hecho con ramas de cedro y de sauce; después, lo visten solemnemente con sus ropas e insignias reales y ciñen su frente con la diadema real. Moctezuma promete favorecer el culto, defender a los dioses y las leyes de la ciudad, sostener las guerras y defender la república, si es preciso a costa de su vida.

Finalmente, viene la inmolación de los varios miles de prisioneros capturados durante la guerra de entronización o tomados de las reservas. La noche anterior velaron, acompañado cada uno por aquel o aquellos que lo tomaron preso. A la medianoche, su "amo" les cortó el cabello de la coronilla, adueñándose así de su "gloria" y permitiendo que el alma abandone el cuerpo. Llegado el día, los visten de mimixcoa: cubren sus cabezas con plumón y sus miembros con rayas blancas de gis. En torno a los ojos, les pintan una especie de antifaz negro, mientras la zona que rodea la boca se pinta de rojo. Vestidos con un maxtate y una estola de papel, con una banderita blanca en la mano, van a formarse en fila al pie del gran *tzompantli*, la plataforma donde se exponen las cabezas cortadas.

Desde ahí, los cautivos se dirigen hacia el templo de Huitzilopochtli al que suben, uno tras otro. A medida que llegan a la cumbre, les quitan su bandera y sus adornos de papel. Cuatro sacerdotes ataviados como el dios de la muerte agarran las cuatro extremidades de la víctima y la acuestan sobre una piedra de sacrificio de forma cónica. Jalan hacia abajo brazos y piernas, para que se abra bien el torso. Entonces surge el sacrificador, armado con un gran cuchillo de pedernal. Hunde el arma en el pecho, entre las costillas, introduce la mano en la hendidura y arranca el corazón palpitante, que ofrece al sol elevándolo hacia él. Inmediatamente después, pero ahora como ofrenda a la tierra, corta la cabeza con un cuchillo de obsidiana negra, provocando un nuevo aflujo de sangre para alimentar y fertilizar a la diosa.

Como para mejor precisar esa segunda dedicatoria, el sacrificador empuja hacia abajo el cuerpo de la víctima que rueda hasta el pie de la escalera de la pirámide y cae en un altar que figura una diosa telúrica desmembrada, Coyolxauhqui. Ahí, destazan a la víctima y su "amo", es decir, quien la capturó, se lleva los miembros para darlos de comer a su familia. Moctezuma en persona procede a los primeros sacrificios, pues se trata de su entronización. Al poco tiempo, toman el relevo primero los dos reyes aliados, después los grandes sacerdotes. Verdaderos arroyos de sangre refrescan el color rojo de la escalinata del edificio y despiden un olor a carnicería. Los señores del valle de Puebla, que lo ven todo sin ser vistos, contemplan el atroz espectáculo de la masacre de sus súbditos con sentimientos mezclados de fervor, fascinación, espanto y admiración.

La inmolación de esos cautivos reactualiza, sin duda, la masacre de los cuatrocientos mimixcoa en el albor de la era presente. Pero reproduce al mismo tiempo otra matanza muy parecida: la de los cuatrocientos huitznahuas y su hermana mayor, Coyolxauhqui, cuando el nacimiento

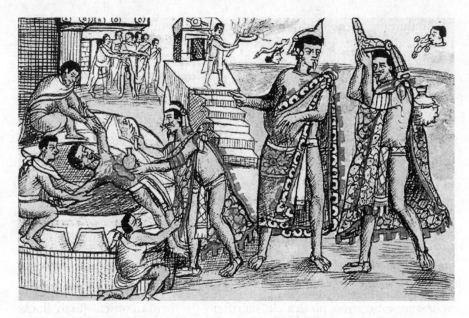

Escena de sacrificio humano.

Durán, *Historia*... A la derecha, Axayácatl ("agua-rostro", como indica su glifo) y el "virrey", el *cihuacóatl* ("serpiente hembra"; su glifo se compone de un rostro de mujer y encima una serpiente). A la izquierda, Axayácatl recorta el corazón de una víctima extendida sobre la gigantesca "vasija del águila", adornada con un sol, que él mandó hacer y que fue encontrada hace poco.

milagroso de Huitzilopochtli en Coatépec, nacimiento que también significa, en suma, la aparición del sol. Varios elementos del rito remiten a ese episodio central del peregrinar de los mexicas. Primero, el que se despliegue en la pirámide principal de la ciudad. Este edificio, en lo alto del cual moran Huitzilopochtli y Tláloc, está asimilado con el Monte de las Serpientes, el Coatépetl, y puesto que es el lugar de la victoria del dios, su hermana vencida está representada en su base, desmembrada. Luego, el recorrido de las víctimas, especialmente a lo largo del *tzompantli*, es exactamente el de Coyolxauhqui y los huitznahuas cuando escalan el Coatépetl para matar a Coatlicue.

No sólo mueren los prisioneros de guerra, sino también, simbólicamente, los sacrificantes, los guerreros que los capturaron. Las víctimas mimixcoa, hervidas en un guiso de maíz, se convierten en comida, o por lo menos sus miembros. En teoría, la mejor pieza, el muslo derecho, se reserva para el emperador. El "amo" del cautivo no toma parte en el consumo de su víctima semidivinizada, ya que no puede comer su propia carne. Sólo tienen derecho a ella sus parientes y sólo, según algunas fuentes, si son nobles. "Esta carne de todos los sacrificados, escribe Durán, la consideraban realmente como consagrada y bendita y la comían con tanta reverencia y ceremonias y zalamerías como si se tratara de cosa celeste."[16]

El guerrero capturado por el emperador en persona tiene derecho a un trato especial. Ataviado como el dios del fuego solar Ixcozauhqui, es inmolado por el gran sacerdote. Éste le arranca el corazón para rociar con su sangre las cuatro partes del mundo. El resto de la sangre se recoge en una vasija que se entrega al *tlatoani*, quien manda regar con ella todas las estatuas del Templo Mayor. La cabeza se expone en una vara alta y la piel, una vez rellenada con algodón, va a decorar la fachada del palacio.[17]

Acabados los sacrificios humanos, Moctezuma, la ciudad, el imperio y los guerreros han adquirido inmensos méritos. Los reyes y los señores empiezan entonces a comer hongos alucinógenos crudos que les producen visiones y revelaciones y, tanto como las muertes simbólicas que se infligieron, los ponen en contacto con lo divino. Están como ebrios y algunos no vacilan en darse muerte realmente.

Poco después, los enemigos tradicionales se despiden del emperador. Reciben regalos para sus reyes: mitras de oro, moscaderos, muy apreciados especialmente por tlaxcaltecas y huexotzincas pues, por el bloqueo imperial, carecen de acceso a casi todos los productos de lujo. Algunos nobles mexicas los encaminan hasta el límite de su propio territorio. En Tenochtitlan, mientras tanto, los guerreros valientes reciben honras y regalos. Por su lado, a los sacerdotes, mayordomos y jefes de barrios (o *calpulli*) y de centurias, y en general a todos los funcionarios, el rey manda regalar ropa nueva, mientras importantes obsequios se entregan también a los viejos, los huérfanos y los pobres.[18]

La *Relación de Cholula* afirma que todos los reyes acudían a esa ciudad sagrada de Quetzalcóatl para dar obediencia al dios y ver ahí confirmado su poder. Textos mayas hablan de reyes que tenían que viajar a donde

[16] Sahagún, *Historia general...*, libro 2, cap. 21, pp. 100-101; Sahagún, *Einige kapitel...*, p. 320; Durán, *Historia...*, vol. 2, p. 443, y vol. 1, p. 108; pero (p. 115) apunta que un guerrero valiente de nacimiento plebeyo tiene acceso a la carne humana. *Códice Magliabechiano*, f. 72v.

[17] Torquemada, vol. 2, pp. 541-542.

[18] Durán (*Historia...*, vol. 2, p. 416) afirma que desde entonces Moctezuma invitaba a los señores enemigos tres veces al año, en *Tecuílhuitl, Panquetzaliztli*, y cuando la "Fiesta de las Revelaciones". Tlaxcala también lo invitaba, y él acudía o mandaba representantes.

se hallaba la Serpiente Emplumada para recibir sus insignias de autoridad.[19] No era el caso de los soberanos mexicas. Ignoraban a Cholula con perfecta calma. Y nada más normal, por cierto, puesto que su Huitzilopochtli había ocupado sistemáticamente el lugar de Quetzalcóatl.

[19] *Relación de Cholula*, en Acuña, *Relaciones geográficas...*, vol. 5, pp. 130-131; *Título de Totonicapán*, fol. 14, y *Popol Vuh: The Sacred Book...*, pp. 72 y 207-208.

· IV ·
Los años de reforma

LAS PURGAS INICIALES

Desde antes de su guerra de entronización, el señor de los colhuas emprendió una serie de reformas sin precedente en los anales del México antiguo. Fueron mal recibidas y todavía hoy son criticadas con severidad. Sin embargo, esas reformas son la mejor prueba de la notable perspicacia del emperador.

Apenas se acabaron las ceremonias de coronación, apenas terminó Moctezuma de proclamarse indigno del cargo, pareció que de repente lo poseía una locura de grandeza. Convocó al *cihuacóatl* Tlilpotonqui y le explicó que había que sustituir a los dignatarios y funcionarios, tanto dentro del palacio como en cada provincia del imperio. Sobre todo, era preciso deshacerse de las personas nombradas por su antecesor: esa gente, sin duda, iba a oponerse a toda innovación, y él se proponía reinar como mejor le gustara y no sólo al modo de Ahuítzotl. Además, muchas de las personas mencionadas eran "gente baja". ¿No era acaso humillante y vil para un rey que lo sirviera gente sin nobleza? Mezclados con piedras comunes, los jades más puros lucen poco. Perdidas entre plumas ordinarias, las que son brillantes y de ricos colores se ven apagadas. ¿Acaso no era más honroso rodearse de una corte brillante, con pura gente educada en los buenos modales y las cosas del gobierno? Tampoco era aceptable que unos guerreros valientes de nacimiento común prevalecieran sobre señores e hijos de reyes.

Además, las palabras reales no debían perderse en oídos bajos y serviles. Los "rústicos" solían entender mal y, con su defectuosa pronunciación, deformaban los mensajes que les tocaba entregar. El rey quería gente en la que pudiera confiar, capaces, en caso de necesidad, de transmitir sus mensajes correctamente a sus destinatarios.

Así pues, pidió Moctezuma que los hijos de los grandes señores de Tenochtitlan y de las otras ciudades fueran arrancados de sus colegios, o *calmécac*, y traídos al palacio. Tenían que ser hijos legítimos y todavía

115

muy jóvenes, para que los pudiera "criar y hacer a [sus] mañas y costumbres". Desde ese día, pajes, camareros, maestresalas, mayordomos y porteros, barrenderos, encargados de la limpieza, responsables de tener encendidos los fuegos –en pocas palabras, cualquiera, en el personal de palacio, que pudiera encontrarse en presencia del emperador– pertenecerían a una de las grandes familias del imperio.

Así se hizo. Todo el personal de Ahuítzotl fue despedido –cuando no ejecutado. "Y no me maravillaría", escribe el dominico Durán, "que hubiese usado de esta crueldad, porque fue desde que empezó a reinar el mayor carnicero que haya habido, sólo por ser temido y reverenciado." Las purgas duraron todo el año siguiente. Cuentan que al inicio mismo de la campaña contra Xaltepec y Cuatzontlan, el *cihuacóatl*, o "virrey", Tlilpotonqui fue mandado de regreso a Tenochtitlan para gobernar el reino y para cortar la cabeza de los preceptores de los hijos del emperador y de las damas de honor de sus esposas y concubinas. El *cihuacóatl*, parece que a su pesar, renunció a la batalla, regresó a Tenochtitlan y ejecutó puntualmente la misión encargada. Más le valía, ya que Moctezuma había mandado espías para comprobarlo.

En todas partes se puso gente nueva, incluso para encabezar los *calpulli* y las centenas. Después, el *cihuacóatl* convocó a los niños de grandes familias que tenían entre diez y doce años y les explicó el honor que les tocaba.

> Hijos míos: teneos por dichosos y bienaventurados, pues el rey nuestro señor os quiere para su servicio y dice que os quiere para pies y manos de su persona, y para que asistáis en su presencia y para hacer lo que él por su persona no puede ni le será lícito, y para que aprendáis el modo y manera de regir y gobernar y el modo de recibir y de despedir que los grandes tienen.

Con una vara, se midió a los niños, que debían tener todos la misma altura. Después, les informaron de las tareas que se les iba a encargar. Unos tendrían que cuidar de la limpieza del vestido del rey, otros del servicio de su mesa, otros más tendrían que barrer, regar y sacudir las salas y el trono reales antes del amanecer. En todo momento, las cerbatanas del rey tenían que estar listas para la caza, las señoras debidamente atendidas y, sin retraso ni demora, tenían que traer al rey su chocolate, sus ramos de flores, sus cigarros...

El emperador se ocupó personalmente de su educación y los trataba como un padre. Cada día los reunía y les enseñaba cómo hablar con mesura, exactitud, facilidad y elocuencia, cómo portarse... Les enseñaba la modestia, el amor a la verdad, el respeto y la virtud, encareciéndoles el servicio de Huitzilopochtli y de él mismo. Debían orar de noche y antes del alba, acostumbrarse al autosacrificio, barrer el templo y el palacio. Todo mal paso se castigaba con la muerte; el culpable debía ser ejecutado, flechado y enterrado en un rincón del palacio. Si la culpa involucraba a alguna mujer del palacio, también serían ejecutados los padres del culpable, y sus casas, arrasadas. Cuando Moctezuma pasaba, todos debían prosternarse. No se le debía mirar a la cara, bajo ningún pretexto: hacerlo se pagaba con la vida, como cuando uno veía a la divinidad. ¿No ocupaba Moctezuma el lugar de un dios? "Y así le adoraban como a Dios, [...] y llamaban a su casa, casa de Dios."[1]

Los diversos documentos que derivan de la *Crónica X* concuerdan en su descripción de esos acontecimientos, excepto en que según Alvarado Tezozómoc, menos hostil al emperador, éste habría manejado las cosas de manera menos brutal. Según él, la jubilación forzada de los funcionarios del emperador Ahuítzotl se les presentó como un merecido descanso. Los preceptores y damas de compañía fueron sustituidos, no ejecutados.

Una sola fuente distinta menciona la reforma: Alva Ixtlilxóchitl, de Texcoco,[2] menciona los hechos pero los ubica en 1508, después de la batalla contra Atlixco en la cual habría muerto Macuilmalinalli, aquel hermano mayor de Moctezuma que, en opinión del cronista, debía haber heredado la corona. En ese año, dice, Moctezuma habría "empezado a manifestar su soberbia". Para volverse soberano absoluto, habría sustituido con hombres de su confianza a todos los miembros de sus consejos, que ocupaban esos cargos desde tiempos de su padre, y lo mismo habría hecho en los ejércitos y las provincias. Desde entonces también, por puro orgullo, habría dejado de dirigir la palabra a los hombres del común, cuya sola valentía había llevado a ser capitanes. Algunos fueron ejecutados, otros corridos de la corte.

Finalmente, tenemos los datos de Fernández de Oviedo,[3] que son de los más antiguos y también de los más aberrantes. Es verdad que él no habla de reformas pero sus informaciones parecen indicar, por lo menos, que el advenimiento de Moctezuma no fue exactamente apacible. Menciona que hubo matanzas; éstas no habrían alcanzado a funcionarios y oficiales, pero sí, en primer lugar, a la mayor parte de los hermanos

[1] Durán, *Historia...*, vol. 2, pp. 403-407 y 417ss; Alvarado Tezozómoc, *Crónica mexicana...*, pp. 577-580 y 597ss, y Tovar, *Manuscrito...*, fol. 44.

[2] Alva Ixtlilxóchitl, vol. 2, pp. 179-180.

[3] Fernández de Oviedo, vol. 4, pp. 222-223 y 247.

de Moctezuma, cuyo padre habría tenido unos ciento cincuenta hijos, y en segunda línea, a la nobleza de Tlatelolco. Moctezuma habría sido elegido, según él, por haber librado a Mexico-Tenochtitlan de la amenaza constante de su estorbosa vecina. Después de dar a su hija en matrimonio a "Samalce", el rey de Tlatelolco, lo habría invitado a un banquete con sus parientes y la élite de la ciudad. Ahí los habría emborrachado, capturado y sacrificado a todos, es decir a más de mil hombres. Sus bienes, confiscados, habrían sido regalados a personas fieles, junto con los de cuatro mil tlatelolcas enviados al exilio.

Parece que Fernández de Oviedo o su informante hubiera confundido los acontecimientos que anteriormente habían sucedido en Tlatelolco con los del principio del reinado de Moctezuma y que hubiera hecho una amalgama entre éstos y las purgas realizadas por Moctezuma cuando accedió al trono. Se recordará que la ciudad de Tlatelolco fue sometida por el emperador Axayácatl, pero sin el banquete asesino: éste tiene antecedentes míticos que seguramente inspiraron al informante de Fernández de Oviedo. Se contaba, en efecto, que antaño los gigantes que poblaban el valle de Puebla habían sido eliminados de ese modo.[4] En los primeros años de su reinado, Moctezuma tuvo, por otra parte, nuevas desavenencias con la ciudad hermana.

EL PECADO DE ORGULLO

¿Existieron realmente esas purgas y esas reformas? Razones para dudarlo no faltan. Véase por ejemplo la versión de Alva Ixtlilxóchitl. De creerla, el emperador de repente abandonó su máscara de fingida humildad para revelar su verdadero rostro, el del orgullo. En la mentalidad azteca, ése era el defecto definitorio del rey malo. En las oraciones a Tezcatlipoca para que ayudara al rey recién elegido a cumplir con su cargo, se decía:

Hazlo, señor, como tu verdadera imagen y no permitas que en tu trono y en tu estrado se vuelva soberbio ni altivo; [...] no permitas, señor, que agravie ni veje a sus súbditos ni, sin razón y sin justicia, haga morir a nadie; [...] [ni] que estos atavíos e insignias y ornamentos le sean causa de altivez y presunción; pero antes, señor, haz que te sirva con humildad y llaneza.[5]

[4] Torquemada, vol. 1, pp. 35-36, y Alva Ixtlilxóchitl, vol. 2, p. 8.
[5] Sahagún, *Historia general*..., libro 6, cap. 4, pp. 307-308.

Cuando en cambio se invocaba al dios para que quitara a un rey malo de su cargo, lo primero que se denunciaba, una vez más, era el pecado de orgullo:

Ves y sabes lo que hace, y las causas de su altivez y ambición, y que tiene un corazón cruel y duro [...]. Es que la riqueza, la dignidad y abundancia que le has dado por un tiempo tan breve que pasa como el sueño, tu señorío y trono que posee, todo esto lo trastorna, lo hace soberbio y agitado, y termina en locura.[6]

El orgullo era el pecado primordial. Por su causa, en los tiempos del origen, los hijos mayores de la suprema pareja creadora maya habían sido echados a los infiernos: habían querido crear, vale decir, igualarse con sus padres, sin su permiso; habían usurpado, pues, sus privilegios. Sus hermanos menores, por su parte, se habían humillado y desde entonces habían recibido permiso para crear.[7]

Existe un relato comparable en la mitología mixteca. Los hijos de la pareja divina originaria, 1-Venado Serpiente de León y 1-Venado Serpiente de Tigre tuvieron el buen gusto de siempre manifestar su inferioridad, rendir homenaje a sus padres e incensarlos. Cuando les suplicaron que hicieran emerger la tierra, a manera de penitencia se atravesaron la lengua y las orejas con espinas.[8] De tal manera, instauraron los ritos de sangrienta mortificación que iban a efectuar regularmente los reyes mayas o mexicas para reconocer su deuda y hacer méritos ante los dioses que los habían hecho reyes. Incontables monumentos dan testimonio de tales prácticas reales: entre los mayas, estelas y dinteles adornados con relieves que se remontan hasta el principio de nuestra era; entre los aztecas, relieves varios, cajas de piedra y frisos.

El orgullo también fue causa, en último análisis, de la pérdida del paraíso originario y del final de la edad de la inmortalidad.

Ahora bien, con el último Moctezuma estamos también en los albores de una edad nueva. Pronto se pondrá el Sol azteca y el Sol español surgirá en el horizonte. Para los aztecas, era necesario explicar este derrumbe, esta pérdida del paraíso; había que encontrar a un responsable, alguien cuyo comportamiento culpable, cuya transgresión, hubiera provocado, como en los mitos, el final de una era. El desdichado emperador era el personaje adecuado, y lo pintaron como un orgulloso que

---

[6] Sahagún, *Historia general...*, libro 6, cap. 6, pp. 310-311.
[7] Las Casas, *Apologética...*, vol. 2, pp. 505-506.
[8] García, *Origen de los indios...* [1729], pp. 327-329.

había pretendido igualarse con los dioses. Había exaltado a los nobles: pero ¿acaso el responsable de la expulsión del paraíso originario no llevaba entre otros nombres el de *Piltzintecuhtli,* "señor venerable noble", precisamente porque era el dios de la nobleza?

La leyenda echó raíces. Todavía en el siglo pasado los indígenas contaban la historia del glorioso Moctezuma, el rey que con su orgullo terminó enojando a Dios: para castigarlo, Dios mandó a los españoles, que lo despojaron; ahora Moctezuma está haciendo penitencia en el oeste, pero regresará para correr a los blancos y restaurar su imperio.[9]

Así que tenemos derecho a poner en duda la autenticidad de las "reformas" de Moctezuma. Y más si recordamos que el último emperador inca en sentido estricto, Huayna Cápac, también habría procedido a divinizarse en vida.[10] ¿Sucedieron realmente esas reformas o sólo están ahí, al principio mismo del reinado de Moctezuma, para caracterizarlo y mostrar que iba a provocar ineluctablemente la pérdida del imperio? La pregunta se vuelve aún más pertinente al constatar que sólo hay dos fuentes independientes que cuentan las reformas: la *Crónica X* perdida (de la cual son tributarios Durán, Alvarado Tezozómoc y el padre Tovar) y Alva Ixtlilxóchitl. No parece haber la menor alusión a tales reformas en ninguno de los códices figurativos que retoman elementos prehispánicos. Es más, la *Crónica X* es donde con más claridad, con más vehemencia incluso, se atribuye la caída del imperio al orgullo del rey. Lo veremos en varios episodios del final de su reinado, episodios que son como un eco de las reformas iniciales.

Como caso excepcional, tenemos la posibilidad de cotejar las versiones de los cronistas de la época colonial por lo menos en dos aspectos, gracias a una carta dirigida por Cortés a Carlos V y fechada el 30 de octubre de 1520, es decir, antes de la derrota de los aztecas. El conquistador rinde su informe sobre lo que ha sucedido hasta entonces. En su descripción del imperio, escribe: "Todos los más de los señores de estas tierras y provincias, en especial los comarcanos, residían, como ya he dicho, mucho tiempo del año en aquella gran ciudad, y todos o los más tenían sus hijos primogénitos en el servicio del dicho Moctezuma". Después y sobre todo, cuenta su primer encuentro con Moctezuma, el 9 de noviembre de 1519. El emperador le dice:

Muy bien sé todos los que se te han ofrecido de Puntunchán para acá, y bien sé que los de Cempoala y Tlaxcala te han dicho mucho

[9] Bancroft, vol. 3, pp. 76-77.
[10] Jerez, p. 334, y Acosta, p. 329.

mal de mí. No creas sino lo que ves por tus propios ojos, en especial de aquellos que son mis enemigos: algunos de ellos eran mis vasallos y aprovecharon la llegada de ustedes para rebelarse; hablan así para quedar bien contigo. Sé que los mismos también te contaron que yo tenía casas con paredes de oro, que las esteras de mis estrados y otras cosas de mi servicio también eran de oro y que yo era y me hacía dios y otras muchas cosas. Las casas, ya las ves, son de piedra, cal y tierra.

Luego, cuenta Cortés, alza su ropa y le enseña su cuerpo, diciendo: "Ya ves que soy de carne y hueso como tú y como todos", y, palpándose el cuerpo y los brazos con sus manos: "Ves que soy mortal y palpable, [...] y cuánto te han mentido".[11]

Así pues, el propio emperador afirma que sus enemigos lo acusan de igualarse con un dios, y eso *in tempore non suspecto*. La *Crónica X* sólo retoma antiguas críticas que se habrán generalizado después de la Con quista. Esas acusaciones pudieron ser fruto del clima de angustia de los últimos años del imperio. Por todas partes se hablaba de presagios ominosos, de señales en el cielo, de espantosos rumores sobre seres extraños que habían sido vistos en el lejano oriente... La gente temía que se acabara el mundo y buscaba un culpable idóneo, alguien que representara a la nación, puesto que la nación entera sería castigada: sólo el rey podía ocupar ese lugar. ¿No es acaso uno de los papeles principales de los soberanos, siempre y en todas partes, ser el responsable último y, si hace falta, el supremo chivo expiatorio?

LA REFORMA DEL IMPERIO

Pero quizás los rumores sólo hayan amplificado hechos reales, y ahí es donde volvemos al tema de las reformas administrativas. En realidad, no tienen nada de improbable, si bien los cronistas exageraron algunas de sus facetas. La mayor parte de los autores modernos admiten su realidad, incluso para criticarlas fuertemente, siguiendo a los propios aztecas –pero desde su postura de demócratas del siglo XX. Tomemos por ejemplo a Jacques Soustelle. Su interpretación da el tono de entrada: habla de "reacción aristocrática", obvia referencia a lo que ocurrió en Francia en vísperas de la Revolución. "Puede ser", su-

---

[11] Cortés, *Cartas y documentos*, p. 59; Cortés, *Cartas de relación*, pp. 82 y 64, y Díaz del Castillo, cap. 90, p. 165.

giere, "que esta evolución hubiera proseguido hasta hacer que cristalizara una nobleza puramente hereditaria."[12]

El historiador inglés Nigel Davies también ve en dichas reformas una especie de "contrarrevolución" en detrimento de la gente de baja extracción que había ascendido por sus méritos y a la que el emperador "progresista" Ahuítzotl había favorecido. Este último, alega Davies, se había acostumbrado a la tosca camaradería de los campamentos militares. Para encontrar dignatarios capaces, buscó el talento donde acostumbraba encontrarlo, y privilegió a personas de cuna plebeya. Su popularidad, supone, molestaba a Moctezuma, quien decidió entonces desplazar a todos los funcionarios y dignatarios que pudieran comparar desfavorablemente su manera de reinar con la de su antecesor. Por lo demás, Moctezuma habría creído "en forma casi obsesiva" en el derecho divino de los nobles a dirigir los asuntos del Estado. Paradójicamente, Davies agrega que el emperador, sin embargo, estaba tendiendo hacia la monarquía absoluta... ¿Por qué esa "locura" de las reformas? Para evitar que la jerarquía se diluyera y se desintegrara la nobleza por el crecimiento del imperio. Davies también sugiere que, a lo mejor, Moctezuma trataba de cerrar el paso a las clases en ascenso porque quería favorecer a los conservadores, a quienes tal vez debía su elección.

El estadounidense Brundage va todavía más lejos, al calificar de "acción inaudita y chocante", de verdadera "catástrofe" esta "guerra contra los bastardos y los plebeyos". Pero esa "purificación del Estado", en realidad, sólo enaltecía valores antiguos y generalmente aceptados.

Para Emily Umberger, Moctezuma era simplemente "un elitista que se consideraba a la par de los dioses". Finalmente, Rojas considera que, si bien defendía los intereses de los nobles, era para poder actuar como un verdadero déspota oriental. El emperador habría perdido así la simpatía de las masas, como lo mostró la Conquista.[13]

Todo esto prueba que nosotros también tenemos modelos míticos que estructuran nuestras interpretaciones. Prueba asimismo lo difícil que resulta poner las cosas en perspectiva y no aplicarles los criterios propios de nuestra época. Uno percibe vagas analogías con situaciones conoci-

---

[12] Soustelle, *La vida cotidiana...*, p. 70.

[13] Davies, *The Aztecs...*, pp. 215-216; Davies, *The Aztec Empire...*, p. 128; Brundage, *The Phoenix...*, pp. 232-233; Umberger, *Aztec Sculptures...*, p. 236, y Rojas, *México Tenochtitlan...*, p. 94. Otras interpretaciones negativas, en Bussière, pp. 120-121; Orozco y Berra, vol. 3, p. 371; Thompson, p. 32, y Conrad y Demarest, p. 65-66. Nótese que nada en la Conquista indica que Moctezuma se hubiera enajenado a las masas trabajadoras.

das y por ahí se sigue hasta el fondo, a riesgo de olvidar las diferencias y de perder de vista elementos esenciales. Eso no vale para Soustelle, quien debía saber perfectamente que no se trataba en realidad de una "reacción nobiliaria" –sobre todo si recordamos que, según su forma de ver, la nobleza azteca sólo era hereditaria en parte. En su notable *La vida cotidiana...*, se propone más que nada ilustrar la grandeza de la civilización azteca, "una de esas culturas cuya creación es un orgullo para la humanidad" y, si multiplica los paralelos con Europa, es para demostrar que dicha civilización está a la altura de las del Viejo Mundo. Pero los demás autores a veces dan la sensación de que les cuesta concebir, en la época y la civilización que sea, una política válida fuera de los principios democráticos e igualitarios en boga hoy en día. Debe ser un efecto de nuestro "cronocentrismo", que nos lleva a juzgar siempre superior lo que nos es contemporáneo.

Porque al final, con no ser un demócrata, Moctezuma era lo opuesto de un monarca de política retrógrada. Ahora bien, ¿de qué lo culpan? ¿Del posible asesinato de sus hermanos? No. Curiosamente, eso no parece plantear mayor problema. Pero se juzga imperdonable que haya emprendido una reacción –peor aún, una reacción retrógrada. Le reprochan su inclinación hacia la monarquía absoluta, su preferencia por los nobles, su indiferencia hacia el talento de la gente ordinaria; lo culpan de haber agredido al pueblo y a los bastardos (nobles), de haber desplazado al personal de su antecesor Ahuítzotl.

Veamos para empezar este último punto, radicalmente diferente de los demás, pues en ese caso también los nobles están en la mira. En ningún lado se dice, en efecto, que Moctezuma sólo liquida a los servidores plebeyos de Ahuítzotl; por el contrario, se deshace de todos, incluso de "todos los miembros de sus consejos, que ahí estaban desde tiempos de su padre", afirma Alva Ixtlilxóchitl. Dicho sea de paso, este solo dato llevaría a matizar la interpretación según la cual el emperador estaba obsesionado con una nobleza a la que quería favorecer a cualquier precio.

¿Sólo lo movía la envidia hacia su antecesor? La hipótesis de Davies se apoya en un pasaje según el cual el *cihuacóatl* hizo notar a Moctezuma que la medida podía malentenderse y que el pueblo podía ver en ella una voluntad de denigrar la obra de los reyes anteriores. Sin embargo, esa prudente –y legítima– advertencia de ninguna manera demuestra que tal era la intención del emperador; sólo prueba que podían existir en la opinión pública voces desconfiadas y malévolas. ¡Y no se podía contar con los funcionarios despedidos para acallarlas!

Las razones expresadas por el propio emperador, bien consideradas, resultan perfectamente sensatas. Quiere una administración que le obedezca sin reparos y no lo compare con Ahuítzotl en cada ocasión. ¿No es eso, acaso, lo que buscan los presidentes actuales –especialmente en México o en Estado Unidos– cuando, al llegar al poder, cambian a los funcionarios, embajadores, etcétera? ¿No es éste el sueño de tantos ministros en Europa, que se quejan de que sus administraciones actúan por la libre y no les hacen caso? Moctezuma tenía grandes proyectos. Quería que lo apoyaran sin discutir, nada más.

Pasemos a la "reacción nobiliaria", expresión inspirada como vimos en lo que sucedió en Francia en el siglo XVIII. Pero son totalmente distintas las situaciones: aquí se trata de un imperio arcaico que busca su equilibrio, allá de un reino milenario y de una nobleza cansada que se aferra a sus privilegios. Si alguien quiere comparar, que se atenga a la Francia medieval, cuando el reino estaba por construir.

Tampoco se puede hablar de "contrarrevolución". ¿Cuál contrarrevolución, si nunca hubo revolución? Desde el principio del siglo XV, toda la evolución de la sociedad azteca tendía hacia una creciente estratificación y jerarquización. Se promulgaron leyes destinadas a subrayar las diferencias de estatus social desde el principio del imperio, durante el reinado de Itzcóatl. Éste otorgó tierras de los vencidos y títulos a los valientes que más se habían distinguido en la guerra contra los tepanecas. Además, tuvieron sus estatuas y se perpetuó su memoria en los libros. Ahora bien: esos valientes eran todos grandes señores.

Moctezuma I desarrolló el sistema de títulos de Itzcóatl y promulgó leyes suntuarias: sólo el soberano tenía derecho a usar una corona de oro en la ciudad; sólo él y el *cihuacóatl* podían caminar calzados en el palacio, y en general sólo podían usar sandalias los grandes y los valientes. La gente común no podía vestir ropa de algodón y sus mantas no debían llegar debajo de la rodilla –excepto para ocultar heridas de guerra. Huelga decir que se les prohibía adornarlas. Los tejidos multicolores suntuosos, de complejos dibujos, cuyos modelos figuran en varios códices antiguos, eran privilegio exclusivo de las personas de calidad, así como los bezotes de oro y de cuarzo, los pectorales, los cascabeles, los collares de oro y las pulseras de jade o de otras piedras semipreciosas, las enseñas y los penachos de plumas. Los valientes de origen plebeyo debían conformarse con guirnaldas comunes, adornos de plumas corrientes, collares de huesos, conchas marinas o piedras sencillas. En el palacio real, se asignaban salas específicas a las diversas clases. Bajo pena de muerte, la gente común tenía prohibido mezclarse con los grandes. En realidad, parece que sólo podía entrar al palacio para prestar servicios tributarios.

Se procuraba ampliar la brecha entre la gente común, los valientes y los nobles, pero también entre éstos y el rey. El noble sorprendido en el palacio con las sandalias puestas también se exponía a la pena de muerte.[14] Hasta el mediocre emperador Tízoc contribuyó a acentuar la estratificación y nada hizo Ahuítzotl para reducirla.[15] El cambio, entonces, fue mucho menos radical de lo que sugiere la *Crónica X*. Agreguemos que desde tiempos inmemoriales una distinción tajante entre gente común y nobleza hereditaria era la regla en Mesoamérica, incluso fuera de los territorios dominados por la Triple Alianza. Y de mucho tiempo atrás, la administración del reino era asunto principalmente reservado a los señores de alto linaje. ¿Podemos afirmar entonces que Moctezuma cerró toda posibilidad de ascenso social, a riesgo de enajenarse a la gente común? No. Todos los testimonios en donde consta que algunos plebeyos tenían la posibilidad de acceder a la clase superior fueron recogidos durante el siglo XVI y describen situaciones posteriores a las reformas. El efecto principal de éstas fue frenar el acceso a los cargos de gran responsabilidad desde la primera generación.[16]

Entonces, nada de "contrarrevolución". Nada, tampoco, de favorecer a los nobles. Pues, ¿de dónde podía proceder la principal amenaza contra la "monarquía absoluta" supuestamente ambicionada por Moctezuma, sino de los nobles, en especial los de las ciudades recientemente o mal sometidas? ¿No se insinuaba que ellos mismos habían suprimido al emperador Tízoc, por parecerles muy blando?[17] Lo que hacía falta era conciliarlos y, al mismo tiempo, controlarlos estrechamente, y es lo que se propuso hacer Moctezuma. En efecto, les da casi la exclusividad sobre los cargos más altos; pero a la vez los pone en orden y los humilla. Toma a sus hijos, los pone a todos en un mismo nivel –deben tener la misma altura– y los convierte en sus sirvientes y barrenderos; los cría y moldea para que se conviertan en instrumentos incondicionales de su política. Si es preciso comparar con lo que sucedió en Francia, habría que voltear hacia Luis XIV quien, recordando la Fronda, atrae a los nobles a Versalles para controlarlos mejor.

Pero Moctezuma va más lejos. Los príncipes de las provincias son verdaderos rehenes. Cada rey tenía la obligación de mantener una morada en Tenochtitlan y de vivir ahí cierto tiempo cada año. Cuando regresaba a su casa, un hermano o un hijo venía a relevarlo...[18] Por lo demás,

[14] Durán, *Historia...*, vol. 1, pp. 97-99, 195 y 211-214.

[15] Torquemada, vol. 1, p. 183, y Hassig, *Aztec Warfare...*, p. 197.

[16] Sobre la nobleza, ver, por ejemplo, Carrasco, Broda et al., *Estratificación...*; Olivera; Hicks, "Los calpixque...", p. 144; Rounds, "Lineage..."; Smith, y Zantwijk, *The Aztec Arrangement...*, p. 83.

[17] Durán, *Historia...*, vol. 2, cap. 40, p. 311.

[18] Fernández de Oviedo, vol. 4, p. 220, y Cortés, *Cartas de relación*.

imponer tales obligaciones a los nobles y señores tenía una ventaja adicional: menoscababa su potencia económica.[19]

Moctezuma, reprochan también, habría decidido prescindir de los talentos de origen popular, tan apreciados por su tío. Primero, ya vimos que el ascenso social seguía siendo posible. Luego, esos talentos que Ahuítzotl descubría en los campamentos militares, ¿cuáles podían ser sino precisamente el valor en el campo de batalla? Ahora bien, los aztecas empiezan a darse cuenta de que no basta con ser fuerte y valiente para edificar un imperio y para administrarlo. Lo que hace falta ahora es consolidar y organizar. Las relaciones con las ciudades sometidas descansan cada vez menos en la fuerza bruta y la diplomacia tiene un papel creciente en este imperio desmedido donde hay que evitar una revuelta general.

Moctezuma necesita personas mejor educadas, que hayan recibido una formación más amplia. Necesita, en particular, un cuerpo de diplomáticos sutiles que dominen todos los matices del idioma. A esos especialistas los toma donde los encuentra, es decir, en el *calmécac*, el colegio que frecuentan los nobles. Por esa razón, con ellos va a remplazar a los funcionarios de Ahuítzotl en todo el imperio. También por esta razón, entre otras, Moctezuma atrae a su casa a los jóvenes de la nobleza, a quienes logra inculcar un sentido profundo del deber y del imperio, niños que lo considerarán como su padre y se volverán sus auxiliares competentes, confiables y leales.

Hay más todavía. Es necesario fortalecer y unificar el imperio. Muy naturalmente, el emperador empieza por arriba, por esos nobles que, cualquiera sea su origen, están más cerca unos de otros que los ciudadanos ordinarios de ciudades cuyas lenguas y costumbres suelen ser muy variadas. Forman una especie de "Internacional" que el trono debe cooptar, por las buenas o por las malas, en el entendido de que los súbditos de los nobles seguirán dependiendo de ellos; una "Internacional" cuya existencia expresan a la perfección las invitaciones a las grandes fiestas que los dirigentes de Estados enemigos se dirigen unos a otros.[20]

Tomar rehenes, honrarlos introduciéndolos en la corte y dándoles una educación refinada que los prepara para las más altas responsabilidades; ganarse a las élites de las provincias, colmándolas de favores y beneficios y procurando aculturarlas: ese método siempre funciona. Fue, por ejemplo, el de los misioneros cristianos y de los imperios colo-

[19] Vázquez Chamorro, *Moctezuma*, p. 17.

[20] Smith también subraya que la nobleza era un importante factor de cohesión.

niales y sigue siendo el de las democracias y las empresas occidentales en el tercer mundo.

Eso no impide, objetarán, el hecho de que Moctezuma dejaba a montones de talentos plebeyos sin empleo. Así es, en efecto. Pero, en la sociedad que le tocó vivir, la clase de los nobles bastaba para proveer el grueso de las competencias necesarias para la administración y la ilustración del imperio. Sólo cuando se vuelven más complejos los engranajes del Estado, cuando las funciones se diversifican, cuando las ramas del saber se especializan y cuando la producción requiere de menos brazos, sólo entonces hace falta extender progresivamente la educación a un número creciente de individuos.

Se trataba, por tanto, de mejorar la administración de la ciudad y la cohesión del imperio, de controlar a los nobles, de granjeárselos y emplearlos como fuerza unificadora, y de fortalecer la autoridad y el prestigio del poder central. Era preciso dotar al imperio de cimientos y murallas indestructibles.[21] Toda la acción de Moctezuma se concentrará en estas metas: consolidar y reforzar. En lugar de acometer conquistas cada vez más lejanas, al costo de dificultades cada vez mayores y para un provecho económico cada vez más escaso, intentará consolidar las conquistas anteriores y reducir los enclaves.[22] La misma política se aplica en lo religioso: lo veremos crear una morada para todos los dioses del imperio, reunidos en torno a Huitzilopochtli como los nobles de las provincias en torno al emperador.

Con todo eso, ¿se proponía ejercer la monarquía absoluta? Eso es un anacronismo más, por lo menos si tomamos la fórmula en su acepción usual. Pues, finalmente, ¿qué era el imperio azteca? Un mosaico de reinos más o menos jerarquizados, más o menos sometidos, que no pasaban de entregar un tributo de importancia variable o, cuando hacía falta, tropas; cierto número de provincias directamente administradas por gobernadores; algunas ciudades repobladas y colonizadas por poblaciones leales y, en la cumbre, una alianza de tres ciudades y de tres reyes. Antes de convertirse en monarca absoluto, ¡le quedaba a Moctezuma un larguísimo camino por recorrer! Fortalecer su posición en Tenochtitlan, especialmente respecto al *cihuacóatl*, cuya importancia en efecto parece reducirse; confirmar su preeminencia sobre Texcoco; crear condiciones para poder intervenir directamente en el manejo interno de los demás reinos: en conjunto, significaba una inmensa

[21] Benavente o Motolinía, *Memoriales...*, p. 84.
[22] Davies, *The Aztecs...*, pp. 218-219; López Austin, *Tarascos y mexicas*, p. 90; Conrad y Demarest, pp. 62-64, y Vázquez Chamorro, *Moctezuma*, p. 20.

tarea y a duras penas el emperador tenía recursos para siquiera empezarla.

Al final, los adversarios en la guerra sagrada, los no del todo sometidos y los humillados de todo tipo denunciaron el hecho de que Moctezuma se hubiera proclamado monarca universal, prueba para ellos de su desmedido orgullo.[23] Sin embargo, varios de sus antecesores desde Itzcóatl ya habían usado ese título, que para nada fue invento del gran *tlatoani.*

LA REALEZA SAGRADA

Ese fortalecimiento del poder imperial fue muy del agrado de Durán, para quien era la prueba de la perfecta capacidad de los indígenas para gobernarse solos. El cronista español no apreciaba, en cambio, lo que llamaba la deificación de Moctezuma. También respecto a eso, varios autores modernos adoptan el punto de vista de los enemigos del emperador.[24]

¿En qué descansa la acusación? En que no se podía mirar al rey a la cara, que había que prosternarse a su paso, que llamaba a su casa "casa de dios"... En suma, concluye Durán, lo adoraban como a un dios. Sin embargo, cuando recibe a Cortés, el mismo Moctezuma niega su divinidad y lo hace en público. Habla al respecto de calumnia y, como todos, considera semejante orgullo como un mal. Veremos que cuando le ofrecen bizcocho traído por los españoles, el emperador no se atreve a probarlo porque –¡afirma Durán!– lo ve como "cosa de los dioses" y no quiere cometer una irreverencia. Y cuando sostiene una larga conversación con un hombre que encarna a una divinidad, ninguna de sus palabras sugiere que la realeza fuera divina.

Así que podemos con toda seguridad tomar por una exageración el proceso de divinización atribuido al emperador. Ya vimos que, desde Moctezuma I Ilhuicamina, cualquiera, noble o plebeyo, que entrara calzado al palacio imperial se exponía a la pena de muerte. De acuerdo con las leyes que él mismo promulgó, ese soberano no aparecía en público si no era estrictamente indispensable y, siempre según Durán a quien no le importa contradecirse una vez más, era visto como más divino que humano o como un dios.

Es cierto que Moctezuma I conservó un extraordinario prestigio en las memorias. ¿No había sido milagrosa su concepción, igual que la de

---

[23] Muñoz Camargo, "Descripción...", pp. 178ss.
[24] Ver Graulich, *L'Art et l'architecture...*

Quetzalcóatl, la de los gemelos heroicos del *Popol Vuh*, la de Huitzilopoch-tli? Su padre Huitzilíhuitl se había enamorado perdidamente de Miahua-xíhuitl, la muy cortejada hija del rey de Cuauhnáhuac. Pero el padre de la bella era un *nahualli*, es decir, que tenía el poder de convertirse en animal. Como encima era muy receloso, le ponía a su hija una guardia de arañas, ciempiés, serpientes, murciélagos y alacranes. Huitzilíhuitl sólo pudo tener con Miahuaxíhuitl prudentes relaciones por vía aérea. Le tiró una hermosa flecha que contenía una piedra de jade. La mucha-cha descubrió la piedra, la llevó a sus labios y la tragó. Al poco tiempo, estaba embarazada de Moctezuma I. Las leyes que él promulgó fueron comparadas a "unas chispas salidas del fuego divino y sembradas en el pecho del gran Moctezuma". También consiguió reanudar el contacto con la tierra de los orígenes, Aztlan, mediante el envío de mensajeros.

Moctezuma I Ilhuicamina, "el que dispara flechas hacia el cielo", era, pues, un caso singular. Visto después de la Conquista, era en efecto el quinto rey de una serie de nueve, es decir, el de en medio, el del apo-geo, el del sol al mediodía –el lugar más cercano a los dioses. Los otros soberanos, incluido el primero, tuvieron una vida más ordinaria y, a di-ferencia de los incas, por ejemplo, nunca se proclamaron hijos del sol, ni siquiera presumieron de una ascendencia divina. Cuando Huitzilo-pochtli llama "su hijo" a uno de ellos, lo dice como metáfora o porque todos los hombres, metafóricamente, son hijos de los dioses.

En los discursos pronunciados en su entronización, se compara a Moc-tezuma II con el sol que trae de vuelta la luz, pero, una vez más, se trata de una metáfora que se aplica a cualquier reinado. De la misma mane-ra, lo designan como candela, antorcha, espejo del pueblo o corazón del pueblo al que representa o encarna, como también lo hace Huitzilopo-chtli o cualquier dios tutelar. Quien elige al rey es la divinidad, y el rey es como la imagen de ésta, su lugarteniente, su sustituto o su envoltura. Por un tiempo.

Se cree que esos temas datan de los primeros reyes, y regresan con frecuencia. Desde Acamapichtli, se dice que el rey es la "figura" o la "semejanza" de Colibrí Zurdo. A veces, es incluso literalmente la ima-gen de la deidad, cuyos atuendo y atributos reviste. Pero, pese a todo, no es el dios: prueba de ello es que las divinidades a las cuales represen-ta varían según las circunstancias.

Imagen, semejanza, lugarteniente del dios, el rey entra en la amplia categoría de *ixiptla*. El término puede traducirse como "su piel", "su envoltura". Se usa para designar a los sustitutos, remplazantes o perso-nificadores de todo tipo. Así pues, el rey es el *ixiptla* de sus antecesores. En el terreno religioso, los *ixiptla* representan a las deidades y las vuelven visibles aquí en la tierra, con grados variables de intensidad o de sacralidad. Pueden ser imágenes, estatuas o estatuillas domésticas, sacerdotes vestidos como el dios al que sirven, víctimas sacrificiales bañadas ritualmente, personificadores permanentes, reliquias. Un dios, incluso, puede ser sustituto de otro dios –así Paynal, "lugarteniente" de Huitzilopochtli– o de una cosa. Chalchiuhtlicue, "la de la falda de jades", diosa del agua, es el *ixpitla* del agua; Chicomecóatl, el del maíz; Huehuetéotl, el del fuego. El hecho de tener uno o varios *ixpitla* aquí en la tierra no le impide a la deidad, si hace falta, materializarse, encarnarse para intervenir físicamente en los asuntos humanos. Huitzilopochtli "nace" en Coatépec durante las peregrinaciones de los mexicas para exterminar a los huitznahuas rebeldes y, más tarde, para vencer a su sobrino Cópil; Tezcatlipoca aparece en la noche bajo formas variadas e inquietantes; Cihuacóatl, a veces, acude al tianguis para reclamar sacrificios sangrientos.

Sustituto e imagen del dios que "en él se esconde", el rey es "su asiento y su flauta", "sus ojos y sus oídos", "su boca, su mandíbula". Pero no deja de ser un hombre. "Ahora", le dicen al recién elegido, "te has vuelto un dios (*otiteut*); aunque seas un ser humano como nosotros, aunque seas nuestro hijo, nuestro hermano menor, nuestro hermano mayor, ya no eres humano como nosotros, ya no te consideramos como humano. Ya representas, remplazas a alguien." Imposible definir más claro lo que se ha llamado "los dos cuerpos del rey": el hombre es sólo un hombre, la función es divina. Una chispa de divinidad entra en él con su elección. Sin eso, ¿cómo podrían hacerlo responsable de mantener el orden cósmico? Y a esa chispa alimentan los sacrificios. El día 1-Lluvia, propicio para las transformaciones, se inmolaba a los condenados, y su sacrificio vivificaba a Moctezuma.

El soberano en tanto hombre es, pues, inferior al dios. Es el instrumento de Tezcatlipoca, su *macehualli*, su "merecido". Apenas elegido, se coloca por completo en manos del dios, prometiendo hacer todo lo que le pida. Pero no por eso pierde su libre albedrío. Puede desobedecer, mostrarse irreflexivo, impulsivo... a riesgo de ser arrojado a los excrementos y destruido por Tezcatlipoca.

Es verdad sin embargo que algunos reyes poseían poderes sobrenaturales que los convertían, por así decirlo, en "hombres-dioses". Era el caso de Tzompantecuhtli, al que Ahuítzotl mandó pasar a cuchillo, quizás también de Nezahualpilli. Pero no todos los reyes eran así y tampoco hacía falta ser rey para ser un hombre-dios. En cuanto a Moctezuma, se conformaba con estar "en constante relación con un dios que se le aparecía bajo un aspecto espantable". Algo es algo.

¿Qué se hacía el rey después de muerto? Si tenía suficientes méritos –y debía de tenerlos, habiéndose practicado muchas maceraciones y padecido frecuentes muertes simbólicas a través de víctimas sacrificadas–, se convertía en una deidad menor, uno de los compañeros del sol de la mañana. En la tarde, iba a holgar en un verde paraíso bajo la forma de una mariposa o un pájaro de plumas ricas. En la noche, era una estrella en el cielo, un fuego que mantenía a distancia a las fieras y a los fantasmas ansiosos de abalanzarse sobre la tierra. Como tal, era uno de los portadores de la bóveda del cielo, asimilado a los dioses de las cuatro esquinas del mundo cuyo atuendo vestía al morir. Su suerte, pues, correspondía en sustancia a la de los guerreros, aunque se puede suponer que él les era superior. A lo mejor los seguía guiando en las escaramuzas con las cuales se divertían y entretenían al sol. Diga lo que dijera el fraile Juan de Torquemada, los mexicas no los convertían en ídolos colocados al lado de los dioses, por lo menos no que sepamos.

En suma, la realeza azteca no era una realeza divina, y nada indica que Moctezuma haya intentado hacerse divinizar. ¿Cómo nació entonces esa acusación? Está muy claro que el emperador se ganó esa fama de orgulloso con sus reformas, su voluntad de fortalecer el imperio, de consolidar su papel de jefe indiscutido de la Triple Alianza y, desatendiendo los pactos establecidos, de reducir los principales enclaves insumisos que subsistían, como si quisiera dominar él solo el mundo entero. Y, a raíz de las angustias de los últimos años del imperio y de la búsqueda de un chivo expiatorio, la opinión transformó ese supuesto orgullo en voluntad de igualarse con los dioses.

LOS MERCADERES, LOS JUECES Y LOS CABALLEROS

Puesto que algunos ven en Moctezuma a un reaccionario que se empeñaba en frenar el progreso de las clases populares, también se llegó a afirmar que intentó oponerse al ascenso de las corporaciones de mercaderes o *pochtecas*.[25] Muy pocos hechos sustentan esta tesis. Se apoya en un solo pequeño pasaje ya citado,[26] en el cual se dice que Moctezuma castigaba severamente a los comerciantes que hacían ostentación insolente de su riqueza; pero eso no demuestra nada. La opulencia de los

---

[25] Wolf, *Peuples et civilisations...*, p. 128; López Austin, *Tarascos y mexicas*, pp. 88-89; López Austin, *Educación mexica...*, p. 221; Conrad y Demarest, p. 66; Vázquez Chamorro, "Las reformas...", p. 208, y Vázquez Chamorro, *Moctezuma*, p. 19.

[26] Ver el capítulo II, "La educación de un príncipe azteca".

mercaderes mortificaba a los guerreros, quienes arriesgaban su vida repetidamente para acumular prestigio y juzgaban que sus rivales obtenían más que ellos y sin correr riesgos. Toda la ética mexica, que glorificaba a los guerreros pobres frente a los ricos por herencia, les daba la razón. Moctezuma tenía que mediar, y evitar un conflicto que infaliblemente hubiera concluido en desventaja para los *pochtecas*, a los cuales necesitaba. De ahí su preocupación por evitar despliegues de orgullo por parte de ellos. El pasaje, por lo demás, subraya que Moctezuma los amaba –eso sí es una exageración–, los favorecía y los honraba. Otros textos elogian el gran aumento del comercio en esa época.[27]

En el mismo terreno económico, Moctezuma no dudó en aumentar los tributos. Otras reformas han sido mencionadas, por ejemplo, la abolición de una forma de esclavitud muy particular por ser hereditaria, contra la costumbre del México central. Lo único que sabemos al respecto es que Nezahualpilli de Texcoco la suprimió en 1505 y un historiador antiguo *supone* que lo mismo hizo Moctezuma. También se afirma que, durante su reinado, las desigualdades entre los ciudadanos se habrían acrecentado. Es probable, en efecto, pero por supuesto seguían siendo mínimas comparadas con aquellas, sin antecedentes en la historia de la humanidad, que caracterizan a nuestra sociedad.[28]

Otro ejemplo de reforma es el aumento del castigo infligido por varios delitos. Al ladrón agarrado con las manos en la masa se le imponía una pena que tenía por lo menos el mérito de ser original: le pegaban con cañas puntiagudas rellenas de arena antes de embarcarlo en una canoa y dispararle multitud de flechas. El emperador, siempre minucioso, vigilaba personalmente el cumplimiento de las leyes y de sus órdenes y llegaba al punto de disfrazarse para ir en persona a comprobar que todo se ejecutara correctamente. Algunos dicen, incluso, que les tendía trampas a los jueces tratando de corromperlos.[29] Por otro lado, parecería que instituyó una jerarquía en las órdenes guerreras más renombradas y fundó en Colhuacan un lugar de descanso para los guerreros viejos o inválidos.[30]

[27] Sahagún, *Historia general...*, libro 9, caps. 5 y 6, pp. 498ss. Ver también Chimalpáhin, *Relaciones...*, p. 228; Chimalpáhin, *Annales...*, p. 174; *Códice Aubin*, p. 66, y Soustelle, *La vida cotidiana...*, pp. 72 y 74.

[28] Benavente o Motolinía, seguido y deformado por Torquemada, vol. 2, p. 565. Ver también Thomas, *The Conquest...*, p. 35.

[29] Alvarado Tezozómoc, *Crónica mexicana...*, cap. 103, p. 669, y Acosta, libro 7, cap. 22. Veremos más ejemplos de la desconfianza de Moctezuma.

[30] Tovar, *Manuscrito...*, fol. 45b, y Herrera y Tordesillas, vol. 4, p. 132.

Para crear un verdadero imperio, no era suficiente suplantar a los otros dos reyes de la Triple Alianza, reforzar el poder imperial o crear una administración competente. También había que justificar las pretensiones de dominio universal y darles una dimensión espiritual. Para eso, tocaba adaptar la ideología, reinterpretar la historia, imponer de manera más clara a Huitzilopochtli y Tezcatlipoca, acentuar la especificidad de la era de los mexicas y por lo tanto la ruptura con el pasado. Ya antes Itzcóatl había mandado quemar los libros para reescribir la historia, ya se había introducido un nuevo Sol, el quinto, sucesor del Sol tolteca, ya entonces Huitzilopochtli sustituía en todas partes a Quetzalcóatl. A su vez y sin perder tiempo, Moctezuma se dedicó a acentuar la ruptura con el pasado.

Las reformas religiosas se refieren sobre todo al cómputo del tiempo y de los calendarios. *Los* calendarios, en plural, pues los mesoamericanos usaban tres ciclos distintos que embonaban uno con otro: el ciclo adivinatorio de 260 días, el año solar de 365 días y el ciclo venusiano de 584 días. En la base de cada uno estaba una serie de veinte días con nombres principalmente de animales pero también de vegetales, artefactos, fenómenos meteorológicos, elementos: Lagarto, Viento, Casa, Lagartija, Serpiente, Muerte, Venado, Conejo, Agua, Perro, Mono, Hierba, Caña, Ocelote, Águila, Zopilote, Movimiento, Pedernal, Lluvia, Flor. Cada nombre venía acompañado de un número del 1 al 13, en este orden. Nombres y números se sucedían al infinito, de tal manera que eran necesarias trece veces veinte días, es decir 260 días, para que regresara el mismo nombre asociado con el mismo número. Esa serie de 260 días formaba el ciclo adivinatorio y estos ciclos también se sucedían al infinito sin ninguna interrupción.

El año solar se componía de 365 días, divididos en dieciocho "meses" de veinte días a los cuales se sumaban cinco días considerados como nefastos. Cada uno de esos meses era ocasión de grandes fiestas espectaculares que culminaban con sacrificios humanos. Hacían falta cincuenta y dos años solares para que el ciclo solar y el ciclo adivinatorio volvieran a empezar juntos con el mismo día ($52 \times 365 = 72 \times 260$). Un año tomaba el nombre del día que lo "portaba". Sólo cuatro días podían cumplir ese papel: los días Conejo, Caña, Pedernal y Casa, acompañados a su vez por números del 1 al 13:

Tabla de la cuenta de los días (tonalpohualli)

Cipactli (Lagarto)	1	8	2	9	3	10	4	11	5	12	6	13	7
Ehécatl (Viento)	2	9	3	10	4	11	5	12	6	13	7	1	8
Calli (Casa)	3	10	4	11	5	12	6	13	7	1	8	2	9
Cuetzpalin (Lagartija)	4	11	5	12	6	13	7	1	8	2	9	3	10
Cóatl (Serpiente)	5	12	6	13	7	1	8	2	9	3	10	4	11
Miquiztli (Muerte)	6	13	7	1	8	2	9	3	10	4	11	5	12
Mázatl (Venado)	7	1	8	2	9	3	10	4	11	5	12	6	13
Tochtli (Conejo)	8	2	9	3	10	4	11	5	12	6	13	7	1
Atl (Agua)	9	3	10	4	11	5	12	6	13	7	1	8	2
Itzcuintli (Perro)	10	4	11	5	12	6	13	7	1	8	2	9	3
Ozomatli (Mono)	11	5	12	6	13	7	1	8	2	9	3	10	4
Malinalli (Hierba)	12	6	13	7	1	8	2	9	3	10	4	11	5
Ácatl (Caña)	13	7	1	8	2	9	3	10	4	11	5	12	6
Océlotl (Ocelote)	1	8	2	9	3	10	4	11	5	12	6	13	7
Cuauhtli (Águila)	2	9	3	10	4	11	5	12	6	13	7	1	8
Cozcacuauhtli (Zopilote)	3	10	4	11	5	12	6	13	7	1	8	2	9
Ollin (Movimiento)	4	11	5	12	6	13	7	1	8	2	9	3	10
Técpatl (Pedernal)	5	12	6	13	7	1	8	2	9	3	10	4	11
Quiáhuitl (Lluvia)	6	13	7	1	8	2	9	3	10	4	11	5	12
Xóchitl (Flor)	7	1	8	2	9	3	10	4	11	5	12	6	13

1-Conejo	1-Caña	1-Pedernal	1-Casa
2-Caña	2-Pedernal	2-Casa	2-Conejo
3-Pedernal	3-Casa	3-Conejo	3-Caña
4-Casa	4-Conejo	4-Caña	4-Pedernal
5-Conejo	5-Caña	5-Pedernal	5-Casa
6-Caña	6-Pedernal	6-Casa	6-Conejo
7-Pedernal	7-Casa	7-Conejo	7-Caña
8-Casa	8-Conejo	8-Caña	8-Pedernal
9-Conejo	9-Caña	9-Pedernal	9-Casa
10-Caña	10-Pedernal	10-Casa	10-Conejo
11-Pedernal	11-Casa	11-Conejo	11-Caña
12-Casa	12-Conejo	12-Caña	12-Pedernal
13-Conejo	13-Caña	13-Pedernal	13-Casa

Así nombrados, los años se sucedían siempre en el mismo orden y de nuevo hacían falta 52 años (4 × 13) para que regresara un año que llevara tanto el mismo nombre como el mismo número. El periodo de cincuenta y dos años era el equivalente mesoamericano de nuestro siglo. El ciclo de 584 días, finalmente, corresponde más o menos a la revolución sinódica de Venus (entre dos salidas helíacas del planeta Venus pasan aproximadamente 583.92 días en promedio). Tenía la particularidad de coincidir con los dos ciclos anteriores cada ciento cuatro años, es decir cada dos "siglos" (65 × 584 = 104 × 365 = 144 × 260).

CONJURAR LAS HAMBRUNAS SECULARES

El reino de Moctezuma empezó mal. Apenas coronado el nuevo emperador, en 10-Conejo, se instaló una sequía que iba a durar varios años.[31] Ahora bien, el año 10-Conejo evocaba recuerdos infaustos: cincuenta y dos años antes exactamente había empezado la tristemente famosa hambruna que estuvo en el origen de la guerra florida. Sólo se acabó cuatro años después, en 1-Conejo (1454). Desde hacía doscientos años, todos los años 1-Conejo habían sido años de hambruna. ¿Iba a producirse lo mismo una vez más? El año 1-Conejo era el principio de un nuevo ciclo de cincuenta y dos años. ¿Comenzaría en 1506 bajo un cielo tan poco propicio?

El paso de un siglo a otro estaba marcado por ritos muy importantes que aseguraban la supervivencia del mundo. Se "volvía a crear" simbólicamente la estrella de la mañana, nacida en el año 1-Conejo. Venus, en efecto, fue la primera luz del mundo y la promesa del nacimiento del día; gracias a su aparición, la tierra emergió de las aguas primordiales. A la medianoche en punto, apagados todos los fuegos y con la oscuridad reinando en todas partes, los sacerdotes encendían solemnemente un fuego nuevo, al horadar un palo horizontal agujereado con una barrena de madera vertical a la que se imprimía un rápido movimiento de vaivén entre las dos palmas. Si el fuego prendía, la salida de la estrella de la mañana estaba asegurada y el mundo estaba salvado por un nuevo periodo de cincuenta y dos años. La "atadura de años" estaba hecha.

Pues bien, Moctezuma, aprovechando la necesidad de conjurar las desgracias de los años 1-Conejo y sus posibles consecuencias para el

---

[31] *Anales de Cuauhtitlan (Códice Chimalpopoca)*; el "bloque del Metro" confirma esta fecha (ver el capítulo VII, "La época del Fuego Nuevo"). Sahagún, *Historia general...*, libro 7, cap. 9, p. 438, y libro 8, cap. 1, p. 450.

"siglo" entero, decidió que en adelante la fiesta del Fuego Nuevo y con ella la renovada creación del mundo ya no se celebrarían en 1-Conejo, sino en el año siguiente, 2-Caña.[32]

La información, capital, proviene de una única fuente, la parte de "anales" del *Codex Telleriano-Remensis*, manuscrito que combina dibujos de tradición prehispánica con comentarios en español. Cabe en una sola frase: "En ese año [1-Conejo, 1506], se solían atar los años según su cuenta y porque siempre les era año trabajoso la mudó Moctezuma a 2-Caña".

Algunos historiadores llegaron a preguntarse si el Moctezuma de marras era realmente el segundo o más bien su tío, Moctezuma I Ilhuicamina.[33] Pero si esa reforma se hubiera realizado cincuenta y dos años antes, el códice la habría mencionado en aquel momento. Además, a juzgar por su estilo, todas las esculturas que conmemoran la "atadura de años" del año 2-Caña parecen pertenecer al reinado de Moctezuma II.[34] Esos monumentos son sumamente significativos, puesto que no existe ninguno de época azteca que se pueda interpretar con certeza como conmemoración de una atadura de años anterior a 1507. Hay que remontarse hasta el periodo Clásico para encontrar en Xochicalco un relieve que representa la ceremonia del Fuego Nuevo en un año 1-Conejo. Claramente, Moctezuma II quiso proclamar su reforma calendárica de la manera más solemne y procuró que fuera recordada.

A primera vista, pues, el emperador sólo quería asegurarse de que el "siglo" nuevo empezara desde entonces de manera propicia y no con un desastre. En realidad, su "reforma" aparentemente insustancial vino acompañada por una auténtica revolución, una de cuyas metas fue garantizar aún mejor la preponderancia de Huitzilopochtli-Tezcatlipoca y del sol.

En efecto, la "atadura de años" no sólo fue movida del año 1-Conejo al año 2-Caña, sino que también pasó del "mes" llamado "del Barrido", *Ochpaniztli*, al de *Panquetzaliztli*, "Levantamiento de Banderas". *Ochpaniztli* era cuando se representaba ritualmente la creación de la tierra y el nacimiento de Cintéotl-Estrella de la Mañana, también asimilado a

---

[32] *Codex Telleriano-Remensis*, fol. 24, p. 307 (http://www.famsi.org/spanish/research/loubat/Telleriano-Remensis/page_41v.jpg). Al respecto, ver Ramírez, "Descripción de cuatro lápidas...", pp. 107-115; Umberger, *Aztec Sculptures...*, pp. 220-221, y Umberger, "El trono...", pp. 442-444.

[33] Sáenz, p. 16, y Brundage, *A Rain of Darts...*, p. 134.

[34] Ver el capítulo VII, "La época del Fuego Nuevo". Inventario de esas piezas en Umberger, *Aztec Sculptures...*, pp. 263 y 122-125. Para Xochicalco, ver Sáenz.

Quetzalcóatl, mientras que en *Panquetzaliztli* se celebraba el nacimiento de Huitzilopochtli-Sol...[35] De ahí en adelante, entonces, al encender el Fuego Nuevo ya no se trataba de la creación de Venus, sino de la del astro del día. La elección misma del año 2-Caña no carece de significado. Se trata, igual que 1-Muerte, de uno de los nombres calendáricos de Tezcatlipoca, el amo del Sol azteca, de quien Huitzilopochtli sólo era un avatar. En la cuenta de los días, 2-Caña se situaba casi a mitad de camino entre 1-Muerte y 1-Pedernal, signos separados exactamente por cincuenta y dos días. Ahora bien, 1-Muerte también era el día de la muerte de Colibrí Zurdo y 1-Pedernal, el de su nacimiento. Finalmente y sobre todo, en un año 2-Caña de las peregrinaciones mexicas nació Huitzilopochtli en el Coatépec, donde venció a las tinieblas: su hermana Coyolxauhqui y sus hermanos los cuatrocientos huitznahuas.

Como la mayor parte de los ritos mexicas se apoyan en prototipos míticos o recurren a ellos para legitimarse, se creó un mito para justificar el desplazamiento del Fuego Nuevo de 1-Conejo a 2-Caña.

La *Leyenda de los soles* relata que una pareja humana, Tata y Nene, sobrevive al diluvio que pone fin a la era anterior, refugiándose en el tronco hueco de un gran ahuehuete. Se les permite comer una sola mazorca de maíz cada uno, y nada más. Cuando las aguas empiezan a retirarse, en el año 1-Conejo, salen y encienden un fuego para asar unos pescados. El humo sube al cielo, donde molesta a los creadores. Tezcatlipoca baja a reprender a los culpables. Les corta el cuello y les pone la cabeza en las nalgas, convirtiéndolos en perros.

El fuego encendido por Tata y Nene provoca el reflujo de las aguas y vuelve habitable la tierra. Pero es declarado ilícito y Tezcatlipoca enciende otro fuego, fuego bueno esta vez, al año siguiente, en 2-Caña. En un documento cercano a la *Leyenda*, ya ni siquiera se menciona el fuego de 1-Conejo. Aquel año, los dioses vuelven a levantar la bóveda celeste que se había derrumbado y resucitan a la tierra. En 2-Caña, Tezcatlipoca festeja a los dioses encendiendo un fuego.[36] En ambos casos, el que da principio al nuevo ciclo es Tezcatlipoca, y para ello renueva el principio mismo de la vida, el fuego. La era que empieza es la suya. Los mitos lo dan a entender y se llega al extremo de reescribir la historia

---

[35] Del Paso y Troncoso, *Descripción...*, p. 213; Graulich, *Mythes et rites...*; Graulich, "L'Au-delà cyclique..."; Graulich, "La Structure du calendrier...", y Graulich, "Tlacaxipehualiztli..."

[36] *Leyenda de los soles*, p. 177; *Codex Telleriano-Remensis*, p. 28, fol. 233; Garibay, *Historia de los mexicanos...*, en *Teogonía*, pp. 32-33, y Graulich, *Mythes et rituels...*, pp. 100-108.

de los orígenes del mundo para que quede claro. Porque resulta obvio que los dos textos, que cuentan la historia del mundo y sobre todo la de los mexicas desde sus orígenes, fueron compuestos después de la reforma de Moctezuma y con toda probabilidad por orden de él.

Ese caso de reescritura no fue el único. Hemos hablado de una verdadera revolución. No es exagerada la palabra, considerando que las fuentes escritas que llegaron hasta nosotros y que son copias y comentarios de códices precolombinos ubican *todas* las "ataduras de años" ocurridas desde los orígenes de los aztecas en años ¡2-Caña! ¡Como si desde siempre se hubiera hecho así! En otras palabras, Moctezuma tuvo que mandar corregir por lo menos una buena parte de los libros del México central. Ya hemos hablado del auto de fe de Itzcóatl, que quería presentar una versión nueva de la historia. He aquí, con Moctezuma II, un nuevo y grandioso ejemplo de ese tipo de manipulaciones.

EL REAJUSTE DE LAS FIESTAS DEL AÑO SOLAR

Transferir la fiesta del cambio de siglo de un año a otro no modificaba la estructura misma del calendario de 365 días. Éste cobra una importancia vital para unas poblaciones principalmente agrícolas: sirve para regular los trabajos de cultivo y, por tanto, la vida entera de la comunidad. Era fundamental, por ejemplo, saber cuándo iba a empezar la temporada de lluvia. Los mesoamericanos no tenían la suerte de los antiguos egipcios en cuyas tierras la salida de Sirio, sin error posible, anunciaba las fertilizadoras crecidas del Nilo; tenían que llevar cómputos y prever. Desde antes de las primeras lluvias, todo tenía que estar listo para sembrar, pero las siembras tampoco debían adelantarse, pues las últimas heladas nocturnas podían destruir los brotes tiernos del maíz.

Las primeras lluvias caían unos cuarenta días después del equinoccio de primavera, o unos quince días antes del primer paso del sol por el cenit sobre Tenochtitlan. Había, pues, que determinar esos momentos. Se lograba con métodos sencillos. Para los solsticios y los equinoccios, bastaba con registrar sistemáticamente las sombras más cortas, las más largas y las medianas que proyectaba al mediodía tal edificio, tal columna o tal poste clavado en la tierra. Para observar la posición cenital del sol, una solución era la instalación de salitas subterráneas comunicadas con el aire libre mediante un conducto vertical. Los rayos del sol sólo llegaban al suelo de la pieza cuando el sol se encontraba en el eje del conducto al mediodía.

Moctezuma sabía de la importancia de todo lo relacionado con el calendario. Su reforma de la "atadura de años" lo muestra. La ceremonia del Fuego Nuevo fue asociada con la fiesta "de las Banderas", *Panquetzaliztli.* Pero también lo fue a un hecho astronómico preciso: la culminación de las Pléyades a la medianoche. Ése era el preciso momento en que debía encenderse el fuego sobre el pecho abierto de un guerrero sacrificado.

Otra información da testimonio del interés que mostraba el emperador en esos asuntos y de su voluntad de relacionar las fiestas de los meses con el año astronómico. Nos dicen, en efecto, que quiso mandar derribar la pirámide principal de Tenochtitlan y hacerla reconstruir de tal modo que en la fiesta del "Desollamiento de Hombres", *Tlacaxipehualiztli*, en el equinoccio de primavera, el sol saliera exactamente en su eje.[37]

El calendario solar tenía esa notable característica de irse corriendo respecto a las estaciones, al ritmo de un día cada cuatro años aproximadamente: el año, en esta cuenta, tenía 365 días, cuando en la realidad tiene 365.2422. En Occidente, hubo que esperar hasta Julio César y la introducción del año bisiesto, con un día añadido cada cuatro años en febrero, para que el problema del corrimiento se resolviera con una aproximación aceptable. Pero los indios de México y Guatemala nunca intercalaron días suplementarios. No porque hayan ignorado la verdadera duración del año trópico, sino porque intercalar cualquier día hubiera echado a perder la maravillosa armonía que regía sus distintos ciclos de 365, 260 y 584 días.

Imposible, entonces, introducir días extras, que desordenarían el concierto de los tres ciclos. El año se iba corriendo, y con él las fiestas que puntuaban cada uno de los dieciocho "meses" del año. Para convencerse de ello, basta con reconstituir un año ideal en que fiestas y estaciones naturales coincidan exactamente.

Es posible la operación, gracias a que algunos nombres de meses llevan claras alusiones a fenómenos estacionales. En el siglo XVI, *Atlcahualo* o "Cesan las Aguas", por ejemplo, una fiesta de los dioses de la lluvia, caía al final de la temporada seca. Pero basta con devolver "Cesan las Aguas" a su lugar normal, el final de la temporada de lluvias, para que automáticamente regresen a su lugar inicial las otras dos veintenas cuyos nombres connotan fenómenos estacionales, "Baja el Agua" (*Atemoztli*) y "Sequía" (*Tóxcatl*):

---

[37] Benavente o Motolinía, *Memoriales...*, p. 24.

Situación de los meses en 1519 y antes del deslizamiento

1519		SITUACIÓN ORIGINAL
Atlcahualo	13/2-4/3	Huey Tecuílhuitl
Tlacaxipehualiztli	5/3-24/3	Tlaxochimaco
Tozoztontli	25/3-13/4	Xócotl Huezi
Huey Tozoztli	14/4-3/5	Ochpaniztli
Tóxcatl	4/5-23/5	Teotleco
Etzalcualiztli	24/5-12/6	Tepeílhuitl
Tecuilhuitontli	13/6-2/7	Quecholli
Huey Tecuílhuitl	3/7-22/7	Panquetzaliztli
Tlaxochimaco	23/7-11/8	Atemoztli
Xócotl Huezi	12/8-31/8	Títitl
Ochpaniztli	1/9-20/9	Izcalli
Teotleco	21/9-10/10	Atlcahualo
Tepeílhuitl	11/10-30/10	Tlacaxipehualiztli
Quecholli	31/10-19/11	Tozoztontli
Panquetzaliztli	20/11-9/12	Huey Tozoztli
Atemoztli	10/12-29/12	Tóxcatl
Títitl	30/12-18/1	Etzalcualiztli
Izcalli	19/1-7/2	Tecuilhuitontli
(Nemontemi)	8/2-12/2	

Es fácil calcular la diferencia de días entre la situación original de las fiestas antes de cualquier deslizamiento y la que ocupan en el siglo XVI, en el año de la llegada de los españoles (1519). Esta diferencia es de 209 días. A razón de un día de diferencia cada cuatro años, hicieron falta entonces 836 años (4 x 209), para que las fiestas terminaran ubicándose en el momento del año en el cual se encontraban en la época de la Conquista.

En 1519, esas fiestas caían, pues, 209 días antes del acontecimiento estacional que celebraban. La fiesta de las siembras había aterrizado poco antes de la cosecha, la de la cosecha, justo antes de las siembras, el solsticio de verano en pleno invierno, y así sucesivamente. Los rituales, sin embargo, habían conservado en esencia su significado inicial a pesar de algunos cambios religiosos importantes, entre los cuales el más drástico fue el remplazo sistemático del dios solar Quetzalcóatl por Huitzilopochtli en todo el ciclo de las fiestas.

El corrimiento de las fiestas no sólo tenía inconvenientes. Los sacerdotes, seguramente, se dieron cuenta muy pronto de que ese misterio que sólo ellos entendían fortalecía su prestigio y su poder. Al deslizarse por un día cada cuatro años, el ciclo de las veintenas dibujaba un año ritual esotérico, imagen perfecta pero siempre adelantada del año real, un año ritual que parecía suscitar mágicamente los acontecimientos estacionales mediante el rito. Además, las fiestas se volvían cada vez menos comprensibles para la gente común, que debía dirigirse constantemente a los sacerdotes para averiguar el momento propicio para sembrar, escardar, abrir los magueyes, empezar las cosechas, etcétera. Para el clero, en cambio, bastaba con llevar la cuenta de los días omitidos desde el principio del deslizamiento para saber exactamente dónde se ubicaban las fiestas respecto al año real.

Ahora bien, ¿qué hace Moctezuma? Mueve la fiesta del Fuego Nuevo a *Panquetzaliztli*, lo cual sólo tiene consecuencias en términos rituales y simbólicos. Pero además ¡vincula esa fiesta con la culminación de las Pléyades a medianoche! Con eso, la veintena de las Banderas se encuentra ligada a un acontecimiento astronómico preciso, ¡como si ya no fuera a deslizarse más! En el mismo orden de ideas, el emperador parece desear que la fiesta de *Tlacaxipehualiztli* coincida con el equinoccio. Y que coincida de manera permanente, puesto que habría contemplado el proyecto de reconstruir el Templo Mayor de Tenochtitlan para que su eje indicara exactamente el lugar de la salida del sol en el equinoccio de primavera.

¿Hemos de creer por tanto que el emperador quería "fijar" el ciclo de las veintenas y vincularlo con el año trópico? O bien, y eso parece menos probable, ¿ignoraba que los meses se habían corrido ampliamente? Una cosa es segura: los mexicas intentaron atribuir nuevos significados a algunas fiestas y, además, significados ligados a la situación temporal de esas fiestas en el siglo XVI.

La primera fiesta así transformada es, precisamente, *Panquetzaliztli*, "Levantamiento de Banderas". Reactualizaba el salto de Quetzalcóatl-Nanáhuatl en la hoguera que iba a convertirlo en sol, así como su victoria en el infierno sobre las fuerzas de las tinieblas. En el origen, la fiesta empezaba en el solsticio de verano, en pleno corazón de la temporada de aguas, es decir en el pensamiento mesoamericano a mitad de la noche, y en efecto dicho salto había tenido lugar a medianoche. La *emergencia* del sol, su salida, sólo se producía cien días después, al principio de la temporada seca y por lo tanto del día, en *Tlacaxipehualiztli*.

En un primer tiempo, los mexicas transformaron esta fiesta, convirtiéndola en la reactualización del mito del advenimiento de su propio

Sol, Huitzilopochtli. Ese mito nos lleva de vuelta al meollo de las peregrinaciones mexicas, que se supone transcurrieron en la noche, vale decir en la estación húmeda y en el inframundo. En la mera mitad de ese periplo, a medianoche, Huitzilopochtli se materializa –sin que se precise cómo– y triunfa sobre una rebelión de las fuerzas de la oscuridad, de la inercia y de la muerte, representadas por su media hermana mayor Coyolxauhqui y sus medios hermanos, los cuatrocientos huitznahuas. Al día siguiente de la batalla, los mexicas los encuentran muertos a todos y levantan campamento.

Huitzilopochtli vence a mitad de la noche-temporada de aguas. Por tanto, la actualización de ese mito tiene su lugar perfecto en medio de la temporada de lluvias, sobre todo porque el mismo relato mítico subraya que la cosa sucede en el corazón de esa estación: al llegar, los migrantes transforman la región árida en un paraíso verde. Luego vienen la noche y la victoria. Al día siguiente, cuando amanece, todo se seca y hay que volver a partir.

En la época de Moctezuma, ya no es esta variante del mito la que se representa en *Panquetzaliztli* sino otra, la que resumí en el primer capítulo. Huitzilopochtli, esta vez, se materializa al entrar en el seno de Coatlicue, de donde sale armado y en pie de guerra. Dado que Coatlicue es la tierra, él es entonces el sol que, al salir en la mañana, derrota a la luna y las estrellas, y ya no el que triunfa a la medianoche.

Así que tenemos un trastocamiento de primera importancia: de fiesta de la victoria *nocturna* del sol, *Panquetzaliztli* se convierte en la de su victoria al alba. Ahora bien, en el siglo XVI, la fiesta de *Panquetzaliztli* caía exactamente en el solsticio de invierno, cuando los días empiezan a alargarse, momento que suele considerarse como el del renacer del sol y del principio del día. Nuestra fiesta de Navidad es muestra de ello: no es casual que en ese momento se celebre el nacimiento del Cristo, que por fin sale del mundo de las tinieblas donde estaba sumido desde la caída de Adán y Eva. Parece entonces que los mexicas quisieron reinterpretar la fiesta en función de su ubicación real y, probablemente, fijarla de manera definitiva.

Otra fiesta, *Atlcahualo*, parece confirmar ese deseo de reordenar y reinterpretar el ciclo de las fiestas de un modo radicalmente nuevo respecto al que existía desde hacía más de un milenio por lo menos. "Cesan las Aguas" inicialmente caía al final de la temporada de lluvias, en septiembre. Los ritos consistían principalmente en acciones de gracias a Tláloc por los favores prodigados durante la temporada que se acababa. En 1519, la veintena había terminado cayendo en febrero-marzo, más bien cerca del principio de la temporada húmeda. Los mexicas la celebraban entonces con excepcional boato y las fuentes dicen que Moctezuma y Nezahualpilli participaban muy activamente. Sin embargo, los ritos en los cuales los soberanos tomaban parte ya no eran rituales de final sino, por el contrario, de *inicio* de la temporada húmeda.

Lo que ahí se actualizaba era un episodio de las peregrinaciones en el cual presenciamos una auténtica transmisión de poder de los toltecas a los mexicas. El asunto está narrado en la *Leyenda de los soles*, ese texto fabricado a la medida en la época de Moctezuma II.

Estamos en los últimos días de Tollan. Huémac juega a la pelota contra los dioses de la lluvia, los tlaloques. El premio es lo más precioso que hay: jade y largas plumas verdes de quetzal. Gana Huémac y los tlaloques deben pagar. Pero resulta que en lugar de traer lo acordado, le dan mazorcas de maíz con sus hojas verdes. Furor de Huémac que exige el jade y las plumas de quetzal. Los tlaloques cumplen pero, para castigar a Huémac por haber despreciado la verdadera riqueza, el maíz, se lo niegan de ahí en adelante. Una hambruna atroz devasta el país durante cuatro años.

Al final de este plazo, los tlaloques advierten a Huémac que exigen en sacrificio a la hija del rey de los mexicas, Tozcuécuex, pues, profetizan, ya llegó el final de los toltecas y el poder tiene que pasar a los mexicas. Tozcuécuex lleva a su hija Quetzálxoch al lugar del sacrificio, Pantitlan, un remolino en la laguna de México. La inmola y le arranca el corazón. Los tlaloques depositan el corazón de la niña en el morral del rey junto con las subsistencias, al tiempo que repiten que el destino de los toltecas ya está sellado. De inmediato, la lluvia regresa y con ella la abundancia, pero para los mexicas: los toltecas, por su parte, perecen.

En *Atlcahualo*, se reproducía el sacrificio de Quetzálxoch en Pantitlan. Excepcionalmente, la víctima tenía que ser una "hija de los mexicas" y, puesto que en el mito era de sangre real, Moctezuma, Nezahualpilli de Texcoco y otros soberanos, incluso los de Estados enemigos, participaban en las ceremonias.

Pues bien, queda claro que la inmolación de Quetzálxoch y los otros sacrificios y ofrendas que la acompañaban tenían por objeto poner fin a la sequía y traer la temporada de lluvias, como en el mito: la fiesta se reinterpretaba en función de su situación real en tiempos de Moctezuma, poco antes de la temporada de aguas. Aquí, también, como en el caso de *Panquetzaliztli*, parece que se trata de una adaptación a las circunstancias temporales efectivas que prevalecían en el siglo XVI.

Es muy posible, entonces, que Moctezuma emprendiera un reordenamiento y una reinterpretación completos de las fiestas, pero en algún momento tuvo que interrumpirlos puesto que, hasta donde sabemos, no intervino en las otras veintenas. ¿Llevó su reforma de las fiestas hasta su consecuencia lógica, la intercalación de los días bisiestos? No lo podemos afirmar a ciencia cierta.[38] Pero hubiera traído ventajas importantes: un calendario reordenado, fiestas de nuevo comprensibles para el común de los mortales, un ascendiente menor del clero conservador. Además, habría permitido otra ruptura más con el pasado, a la vez que la presencia de los mexicas y de su dios en los mitos y los ritos se hubiera fortalecido singularmente.

[38] Si tal fuera el caso, la intercalación de bisiestos debió de producirse hacia el final del reinado del emperador, como quizás podría indicarlo la inexplicable diferencia de un día que presentan las fuentes mexicas respecto a las demás en la determinación de la fecha de entrada de los españoles a México. Sobre todo esto, ver Graulich, *Mythes et rites...*

· V ·
Primeras campañas

La actividad militar fue constante durante todo el reinado de Moctezuma. Las campañas fueron numerosas y breves, considerando los inmensos problemas de logística que planteaban en un país donde los
desplazamientos se hacían a pie y el transporte a lomo de hombre, en
senderos o caminos inciertos.

Las fuentes enumeran listas impresionantes de ciudades conquistadas. Es imposible que todas esas conquistas se hayan seguido una
tras otra. Sólo se guerreaba en la temporada de secas, es decir la mitad
del año, y un ejército difícilmente podía emprender más de una gran
campaña al año. Sin embargo, bastaban a veces una o dos batallas para
que las ciudades vecinas de las vencidas fueran a rendir pleitesía a los
vencedores. Además, la Triple Alianza sin duda tenía sobrada capacidad para mandar varios ejércitos simultáneamente en distintas direcciones.

Esas guerras están mal documentadas.[1] Sólo de algunas tenemos relatos más o menos detallados. En cuanto a las otras, la mayoría, sólo podemos constatar su mención. Ni siquiera podemos determinar las fechas
con alguna certeza. ¿Por qué, si esos acontecimientos se consignaban
en los anales año por año? ¿Si incluso, por orden de las autoridades del
imperio, todos los documentos históricos habían sido reescritos después de 1507? La primera razón proviene de la diversidad de la cuenta
de los años. Por otro lado, a veces era necesario volver a conquistar una
ciudad para aplastar una rebelión. Finalmente, según su lugar de origen y los intereses de los patrocinadores, las fuentes se interesan más
por los acontecimientos de una región o de otra. Un cronista al servicio

---

[1] Las fuentes principales son la *Crónica X* y las listas que figuran en los *Anales de Cuauhtitlan*, en Nazareo y en el *Códice Mendocino*. La mayoría de los otros
documentos y especialmente las *Relaciones geográficas* refieren conquistas no
mencionadas en ninguna otra parte. Entre los estudios, ver las obras de Barlow,
Kelly, Davies, Litvak King y Hassig.

de Texcoco, por ejemplo, enfatiza las conquistas en las cuales su ciudad tuvo mayor participación.

La guerra, en teoría, se emprendía por motivos religiosos: porque había que alimentar al cielo y a la tierra, porque los mexicas habían recibido de Huitzilopochtli la misión de conquistar el mundo, porque sólo la muerte heroica en el campo de batalla o en la piedra de sacrificios permitía la gloriosa supervivencia en la casa del sol. Estaba, por lo tanto, impregnada de ritual. Los sacerdotes precedían por un día a los ejércitos, cargando en la espalda las imágenes de las deidades; antes de la batalla, se ocupaban de encender fuego, girando velozmente entre las palmas una vara vertical en el hueco de una tablilla horizontal y, apenas prendía el fuego, gritaban para dar la señal del ataque; de inmediato sacrificaban ante las imágenes divinas a los primeros enemigos capturados.[2] La señal más clara de la victoria total era el incendio del templo del dios tutelar del adversario y, a veces, su captura: así despojaban a los vencidos de todo apoyo sobrenatural, destruían su templo, testimonio de su gloria y fruto del esfuerzo de generaciones, quemaban los libros conservados en el santuario y con ellos se borraba la memoria del vencido. Finalmente, los guerreros enemigos, traídos a las ciudades de la Triple Alianza, servían de alimento a los dioses y a los vencedores.

A tales razones religiosas se añadía, sobre todo en tiempos de Moctezuma, la pretensión de establecer un imperio universal. Pero en la práctica ni la religión ni la ideología parecían un motivo suficiente, convincente, a ojos de los mexicas ni de los otros pueblos del México antiguo para justificar una agresión. Se alegaban motivos más concretos, pretextos muchas veces: la negativa de comerciar libremente, un ataque contra una caravana de mercaderes, el asesinato de embajadores, el rechazo de un reparto "justo" de las riquezas del mundo al querer conservar el monopolio de uno u otro producto... Como los españoles un poco después, o como cierta superpotencia hoy en día, los mexicas guerreaban invocando a Dios y el derecho internacional, y cuidaban de poner de su lado toda suerte de buenas razones. Pero éstas apenas ocultaban otras motivaciones como el miedo, el interés económico, el prestigio del Estado, la gloria personal, el deber de proteger a los vasallos, el mantenimiento del orden en el imperio...

[2] Sahagún, *Historia general...*, libro 8, cap. 17, pp. 469-470.

El año mismo de la guerra de su entronización, en 1503, Moctezuma emprendió una primera campaña contra Xaltépec y Achiotlan, en la región mixteca.[3] Xaltépec (actualmente Magdalena Xaltépec) está a 25 kilómetros al este de Achiotlan y a 65 kilómetros, a vuelo de pájaro, al noroeste de Oaxaca. Achiotlan, en aquel tiempo, era "como el gran templo y como la sinagoga" de la Mixteca, es decir su capital religiosa. Tiempo atrás, cuando reinaba Dzahuindanda, la ciudad había sido temible. Dicho rey poseía una gran bolsa mágica. En caso de necesidad, escalaba la montaña que dominaba la ciudad y rezaba a su dios para que le diera guerreros. Luego, le bastaba con sacudir la bolsa para que de ella surgieran ejércitos incontables.[4] Más tarde, pese a la desaparición del valioso recipiente, la ciudad todavía se sintió lo bastante poderosa como para planear la destrucción de los ejércitos de Ahuitzotl que cruzaban el istmo de Tehuantepec en su camino al Xoconochco (¿1496?), y para poner en jaque al emperador en Guiengola. Desde entonces, Achiotlan había declinado.

La *Crónica X* nombra Xaltépec y Cuatzontlan como los objetivos principales de esa campaña.[5] Al saber que Tenochtitlan tenía un nuevo rey, a lo mejor tímido, los reyes de Xaltépec y de Cuatzontlan, grandes reinos ambos y muy poblados, decidieron unilateralmente ponerlo a prueba. Mandaron matar a todos los mexicas y sus partidarios instalados en sus territorios. Según otra versión, su acto de terrorismo internacional consistió en matar a los mercaderes de Azcapotzalco, de Cuauhtitlan y de

---

[3] *Códice en cruz*, vol. 1, p. 35; *Crónica X*; Spores, p. 101; *Anales de Tlatelolco*, p. 99, y Burgoa. Torquemada (vol. 1, libro 2, cap. 69, pp. 196-197) menciona también para el año 1503 la sumisión de Tlaxiaco, pero es el único; las otras fuentes la ubican casi diez años más tarde. En el *Codex Telleriano-Remensis* (fol. 23, p. 305), Tlachquiauhco figura bajo el año 1503, con el comentario que aquel año hubo ahí mucha nieve. El glifo de Tlachquiauhco, un terreno de juego de pelota, *tlach-*, con lluvia, *quiauh-*, más el locativo, *-co*, está coronado de nubes. Es posible que Torquemada haya entendido mal el glifo y creído que se trataba de la conquista del lugar. Otra posibilidad es que, a la inversa, un glifo de conquista haya sido leído equivocadamente como señal de nieve por el comentador del códice. Para la ubicación de Xaltépec, ver Kelly y Palerm.

[4] Burgoa, pp. 318-320.

[5] Durán, *Historia...*, vol. 2, pp. 417ss, y Alvarado Tezozómoc, *Crónica mexicana...*, pp. 597ss. Cuatzontlan es un lugar desconocido, pero debe quedar por la zona.

Las conquistas de Moctezuma en Oaxaca

Golfo
de
México

Izúcar

Zapotitlan

Coixtlahuaca

Apoala

Yanhuitlan

Achiotlan

Tlaxiaco

Xaltépec   Zozollan

Río   Papaloapan

Tochtépec

Oaxaca

Monte Albán

Zaachila

Quetzaltépec

Totontépec

Mitla

Río Atoyac

Río Verde

Icpatépec   Miahuatlan   Amatlan

Tototépec

Teuctépec   Nopallan

Coatlan

Ejutla

Tehuantépec

OCÉANO
PACÍFICO

Puerto
Escondido

Tenochtitlan

Tochtépec

N

Km
0   50

Chalco que se encontraban en los alrededores. Luego, aprestaron su defensa. Los caminos y las veredas fueron inhabilitados, los accesos bloqueados, las ciudades cercadas con grandes fosos y albarradas de troncos.

Moctezuma recibió la noticia de la rebelión con cierta satisfacción. Convocó a los reyes de Texcoco y de Tlacopan así como a los de las provincias para informarles. "Porque", comenta Durán con descarada exageración, "sin la ayuda y favor de todos estos señores y reinos, Moctezuma ni su gente no valían nada."[6] Acabado el consejo, donde por supuesto se decidió la guerra, pusieron manos a la obra. Los reyes re-

[6] Durán, *Historia...*, libro 1, cap. 55.

gresaron a sus ciudades a movilizar a sus tropas. El emperador mandó espías a reconocer la región y el camino. Convocó a los intendentes de las provincias y les dijo que mandaran mantas, plumas, armas y provisiones tomadas de las reservas. Las armas se les distribuyeron a los guerreros más encumbrados, mientras en todas partes se fabricaban más. Algunas debían entregarlas en el camino las ciudades tributarias.[7]

También se echó mano de los arsenales reales, aquellos que más tarde visitarían los españoles. Dejemos la palabra a un especialista del tema, el conquistador Bernal Díaz del Castillo, quien tuvo oportunidad de constatar la eficacia de las armas aztecas:

> tenía Moctezuma dos casas llenas de todo género de armas, y muchas de ellas ricas, con oro y pedrería, donde eran rodelas grandes y chicas, y unas como macanas, y otras a manera de espadas de a dos manos, engastadas en ellas unas navajas de pedernal, que cortan muy mejor que nuestras espadas; y otras lanzas más largas que no las nuestras, con una braza de cuchilla, engastadas en ellas muchas navajas, que aunque den con ella en un broquel o rodela no saltan, y cortan, en fin, como navajas, que se rapan con ellas las cabezas; y tenían muy buenos arcos y flechas, y varas [o, más bien, dardos] de a dos gajos y otras de a uno, con sus tiraderas; y muchas hondas y piedras rollizas hechas a mano; y unos como paveses que son de arte que los pueden arrollar arriba cuando no pelean, porque no les estorben, y al tiempo del pelear, cuando son menester, los dejan caer y quedan cubiertos sus cuerpos de arriba abajo. También tenía muchas armas de algodón colchadas y ricamente labradas por de fuera de plumas de muchos colores, a manera de divisas e invenciones; y tenían otros como capacetes y cascos de madera y de hueso, también muy labrados de plumas por de fuera.[8]

El lanzadardos o propulsor (*átlatl*) era un palo de unos sesenta centímetros de largo, terminado con un gancho sobre el cual se apoyaba el dardo. Al prolongar el brazo, permitía lanzar proyectiles de un kilo y medio a una distancia de unos sesenta metros –suficiente para parar en seco a un agresor.[9] En cuanto a las "espadas" (*macuáhuitl*), eran de madera y tenían incrustados filos de obsidiana, una piedra volcánica negra con la cual se hacían hojas muy afiladas que servían, entre otras

---

[7] Acuña, *Relaciones geográficas...*, vol. 5, y vol. 2, pp. 48 y 57.
[8] Díaz del Castillo, cap. 91, p. 168.
[9] Howard, p. 104, y Hottois.

cosas, para afeitarse. Semejante arma podía cercenar una cabeza o cortar un cuerpo en dos de un solo tajo.

El emperador dio órdenes para que los guerreros se prepararan y para que se fueran juntando los grandes volúmenes de provisiones indispensables para una expedición tan lejana. Por supuesto, por donde pasaran los ejércitos las ciudades del imperio tenían que abastecerlos, pero no era suficiente. Por lo demás, los indios no hacían nada si no llevaban con ellos su comida. Durante la batalla, mientras unos guerreros combatían, los que no estaban en la lid se alimentaban; luego intercambiaban sus lugares... En cada *calpulli*, los "águilas viejas" tuvieron cuidado de mandar preparar grandes cantidades de cierta masa molida y secada al sol, de frijoles machacados, de harina de maíz y de chía, y de tostadas desmenuzadas. Todos los días, mientras esperaban la orden de marcha, los viejos y los guerreros veteranos entrenaban a los jóvenes en el manejo de las armas en las escuelas o en las casas de jóvenes.

Un incidente ocurrió cuando Tlatelolco tardó en proporcionar los alimentos, las pieles de venado que se usaban como colchas, las divisas y armas requeridas. Moctezuma convocó a los señores de la ciudad gemela y les preguntó por qué no entregaban el tributo que su padre les había impuesto en tiempos de su rebelión. Se disculparon, alegando que los emperadores anteriores no lo habían reclamado. Moctezuma replicó que, desde ese día, las cosas iban a ser distintas y que él exigía lo que le debían. Los tlatelolcas se plegaron.[10] Costosos víveres, sandalias, mantos de fibras de maguey y armas fueron entregados con tal profusión que el *huey tlatoani* dio permiso a los señores tlatelolcas de acampar a su lado, se hizo cargo de que no les faltara nada y les devolvió sus títulos. Hasta les autorizó a reconstruir su templo, convertido, desde la derrota infligida por Axayácatl, en "muladar y estercolero", manera de castigar a los dioses que supuestamente habían inspirado la rebelión. En fin, los tlatelolcas habían recobrado, temporalmente al menos, el amor de su soberano: volvían a ser sus "deudos, parientes y amigos". Mientras pagaran el tributo.

El llamado a las armas fue un éxito. De todas partes, los hombres se juntaban por miles. A tal punto, dicen, que hubo que moderar tanto

---

[10] Alvarado Tezozómoc ubica el incidente más tarde, en la campaña contra Teuctépec. Aquí sólo dice que los tlatelolcas proporcionan bastimentos abundantes, al punto que Moctezuma les agradece con tanta emoción y tan hermosos regalos que los tlatelolcas lloran de felicidad ante tamaño amor. Evocan, incrédulos, la locura de su rey Moquíhuix que, unos decenios antes, creyó conveniente rebelarse.

celo porque amenazaba con despoblar las ciudades. Hasta se unieron a las tropas imperiales unos aventureros de Cholula, Tlaxcala y Huexo-tzinco. Los guerreros venían buscando el ejercicio, el placer, el botín, la gloria, incluso la muerte florida que garantizaba la dicha de ultra-tumba. Pero, escribe Durán,

jamás la historia [la *Crónica X*, que está consultando] pone el núme-ro cierto de los que iban a las guerras y así debajo de una generali-dad dice siempre que iba gente sin número, comparándolos a veces al hormiguero y otras a la arena de mar, y así por maravilla [muy rara vez] pongo el número de combatientes.

En eso, llegaron los espías con noticias y mapas de las regiones ex-ploradas. Así informado, el emperador definió el plan de campaña con sus generales, el *tlacochcálcatl* y el *tlacatécatl*; fijó la ruta que se tomaría y las etapas que se recorrerían. A vuelo de pájaro, Xaltépec está a unos trescientos kilómetros de México.[11]

El día señalado, partieron muy alegres. Más bien, iban alegres los gue-rreros, pues los que se quedaban, los parientes, tenían el deber de hacer penitencia, ayunar, sangrarse y dejar de bañarse hasta el regreso de los suyos. Moctezuma y el rey de Tlacopan recién electo acompañaron a los ejércitos, así como el *cihuacóatl* Tlilpotonqui y todos los grandes seño-res. Pero apenas al segundo día, el emperador mandó al *cihuacóatl* de re-greso a Tenochtitlan, para que gobernara el reino y, de paso, eliminara a los ayos de sus hijos y a las damas de honor de sus esposas y concubinas.

Por los caminos que seguían los ejércitos iban mensajeros adelanta-dos, llevando aviso a las ciudades y aldeas que preparasen los bastimentos necesarios y los obsequios usuales para el emperador y los principales señores. En la primera ciudad que atravesaron, les regalaron flores de todo tipo, tabaco, guirnaldas, ropa y calzado. Moctezuma, sin embargo, instruyó a su mayordomo (*petlecálcatl*) para que ya no le sirviera plati-llos refinados. Quería pasar penurias. La guerra era una misión sagra-da, no un viaje de placer.

El orden de marcha era el acostumbrado. Los sacerdotes se adelanta-ron un día al ejército, es de suponer que con una fuerte escolta. Después partieron los más aguerridos entre los valientes (*tiacahuan, tequihuaque*),

---

[11] Sahagún, *Historia general...*, libro 8, cap. 17, p. 469. Hassig (*Aztec Warfare...*, p. 225) calcula que los cerca de mil kilómetros de ida y vuelta representan 53 días de marcha, sin contar los tiempos de combate, de descanso y de reagru-pamiento.

al día siguiente los mexicas, un día después los de Texcoco, luego los tepanecas y finalmente las otras provincias.[12] Semejante dispositivo, sin duda, los dejaba muy expuestos a las emboscadas. Pero era inevitable, y más cuando los diversos ejércitos confederados tenían que seguir el mismo camino. Supongamos, en efecto, que el ejército de Mexico-Tenochtitlan haya sumado veinte escuadrones de cuatrocientos soldados, es decir, ocho mil hombres. De entrada, habría que añadir igual número de cargadores. Si el ejército caminaba de a dos en fondo, formaba una fila de ocho mil hombres, la cual, contando 2.5 metros por hombre, ocuparía veinte kilómetros. Pero los caminos eran disparejos, reducidos a angostas sendas en las sierras, y hay que tomar en cuenta el efecto de acordeón; así que un cálculo más prudente indica que los dieciséis mil hombres se estiraban a lo largo de unos treinta kilómetros, es decir, un día completo de marcha (sin contar que los últimos echaban a andar cuando los primeros casi iban llegando a la etapa siguiente, y había que darles tiempo de llegar).

¿Por qué incluir a tantos cargadores como combatientes? Es de suponer que los guerreros cargaban sus propias armas y vestimenta de combate, así como los víveres y el agua del día. Pero los demás pertrechos –armas de repuesto, municiones, víveres– los cargaban a lomo otros hombres que también tenían que comer. Un cargador que llevara una carga de veinticuatro kilos, por ejemplo, mitad comida y agua, mitad pertrechos varios (armas y municiones, útiles para acampar, regalos para repartir en el camino, etcétera) podía alimentar a un guerrero y alimentarse a sí mismo durante seis días, al cabo de los cuales había que reabastecerlo para que continuara otros seis días más. Mientras el ejército cruzaba territorio amigo o pacificado, no había problema. Pero una vez llegado a territorio enemigo, había que darse prisa y maña para arrebatar las provisiones necesarias durante las operaciones y el regreso.

Esos problemas de logística sugieren que las expediciones de larga distancia contaban probablemente con efectivos bastante reducidos. Ocho mil mexicas, ocho mil texcocanos, otros tantos tepanecas y ocho mil aliados, originarios principalmente del sur del valle de México, país de las chinampas, representan con sus respectivos cargadores unos sesenta y cuatro mil hombres. Sesenta y cuatro mil hombres que en el camino tenían que encontrar víveres en depósitos y graneros. Era un ejército cuya vanguardia llegaba a la vista de su objetivo ocho días antes que la retaguardia, a menos que los distintos cuerpos hubieran podido seguir rutas diferentes, cosa muchas veces imposible. Imaginemos a esta van-

---

[12] Sahagún, *Historia general...*, libro 8, cap. 17, p. 470.

152

guardia, forzada a esperar varios días antes de pasar al ataque. ¿Cómo vivía, de qué comía? ¿Y cómo podía cuidarse del riesgo permanente de un ataque sorpresivo? Es probable que los efectivos fueran menos numerosos sobre todo cuando se trataba de ir a reducir ciudades-Estado poco pobladas que, aun convocando a sus aliados y tributarios, difícilmente lograrían juntar a diez mil hombres armados.[13]

Llegados a Xaltépec sin percances, los soldados imperiales acampan frente a las empalizadas enemigas. Moctezuma divide su ejército en tres cuerpos de batalla, de manera que Tenochtitlan, Texcoco y Tlacopan combaten cada uno por su lado: de este modo, cerca la ciudad y, al mismo tiempo, fomenta la emulación y puede observar quién se porta mejor. Unos exploradores logran infiltrarse de noche en la ciudad sitiada; como prueba de su hazaña, traen al emperador "piedras de moler, y platos y escudillas" y hasta a algunos niños que encontraron dormidos al lado de sus madres.

Viendo la ciudad tan mal defendida, Moctezuma decide atacar. Se pronuncian las arengas de rutina: el emperador recomienda masacrar a todos los mayores de cincuenta años, pues, declara, ésos son los que alientan traiciones y rebeliones. Empieza el asalto. El emperador, vestido con la piel de un vencido desollado, encabeza la marcha y hace sonar su tambor. Franquea las cercas. Con los capitanes a su lado, corre al templo principal, que pronto es tomado e incendiado.

Los xaltepecas empiezan a resistir en serio, pero sus armas de combate cuerpo a cuerpo, hachas, mazos y grandes puñales, no pueden imponerse frente a los terribles *macuáhuitl*. La población es diezmada, la ciudad, saqueada. Durante varios días, los guerreros recorren los alrededores, en busca de víveres y de botín. También le ajustan cuentas, finalmente, a Achiotlan. Varias ciudades aprovechan la presencia del emperador en la región para ofrecer obediencia, sumisión y regalos. Probablemente llegan emisarios desde más lejos, a reconocer la autoridad y solicitar la amistad y la protección de la Triple Alianza.

[13] Durán, a propósito de la campaña contra Quetzaltépec y Totontépec, habla de cuatrocientos mil hombres! Incluso si suponemos que esa cifra incluye a los cargadores y la intendencia, y que el ejército pudo desplazarse por cuatro rutas distintas, sólo para reunirse habría necesitado un mínimo de doce días, y todo para atacar ciudades que, cuando mucho, tendrían unos diez mil habitantes (Spores, *The Mixtec Kings...*). Por lo demás, en un imperio reciente y poco organizado, ¿dónde estarían los almacenes para alimentar a semejantes multitudes durante el viaje? Hassig (*Aztec Warfare...*, pp. 59-60) calcula que los hombres susceptibles de portar las armas en el valle de México eran entre 258 mil y 569 750 (según si se evalúa la población total en 1.2 o 2 millones de habitantes).

Tal habría sido el caso de los tehuantepecas, de los miahuatecas y de los ixhuatecas. La *Crónica X* cuenta que los embajadores de esas ciudades acudieron a saludar a Moctezuma y ofrecerle tributo y obsequios. Además, pidieron y obtuvieron que el emperador le diera por esposa al rey de Tehuantépec, Cocijoeza, a una de sus hermanas o hijas. Si es exacta la información, los señores de estas ciudades se movieron rápido, pues Tehuantépec queda a unos siete días de camino de Xaltépec y sabemos que a las tropas de Moctezuma no les convenía detenerse mucho tiempo. También puede ser que los embajadores hayan llegado de Zaachila, donde Cocijoeza solía establecerse.[14]

Cuando el ejército de la Triple Alianza emprendió el camino de regreso, a su paso se juntaron los reyes y señores de los territorios que atravesaba, con sus súbditos, para rendirle humilde homenaje al emperador. Él viajaba en una litera o hamaca cargada por señores de alto rango. En todas las ciudades hubo grandes recepciones, abundante abastecimiento y muchos regalos; en Chalco, el recibimiento fue especialmente espléndido. Desde ahí, Moctezuma mandó avisar a Tepepulco que quería descansar unos días en la ciudad mientras esperaba la llegada de los cautivos. También mandó mensajeros a Tenochtitlan para decir al *cihuacóatl* que "hiciese salir a recibir a los señores y grandes, con el mismo aparato que a su persona".

Tepepulco era un islote situado en la parte meridional del lago de Texcoco, una docena de kilómetros al sureste de Tenochtitlan, donde Moctezuma tenía jardines y una casa de descanso. Cuando los pescadores de la laguna se enteraron de la presencia de su soberano, se presentaron a ofrecerle pescado, aves, fauna lacustre de toda clase; Moctezuma los recibió con gran amabilidad y mandó repartirles víveres y ropa: para los hombres cuatro mantas con maxtates y sandalias, para las mujeres cuatro pares de faldas y huipiles. Así cumplía su papel de garante del bienestar de todos; pero el episodio, para nada extraordinario –sobre todo en una época de escasez–, muestra que la distancia entre el pueblo y el emperador no siempre era tan grande como indican las fuentes.

Al anochecer, Moctezuma embarcó en secreto en una canoa con seis remeros y se fue a Tenochtitlan de incógnito. Quería ver si, en su ausencia, se recibía a los grandes como era debido. En efecto, el recibimiento fue el que se solía brindar a los ejércitos victoriosos. Los generales y los grandes señores fueron al templo a dar gracias, después de lo cual les avisaron de la llegada del emperador y se presentaron en el palacio para saludarlo. Había pobres y ancianos que acostumbraban presentar-

---

[14] *Codex Telleriano-Remensis*, p. 305, fol. 23.

se en casa de los grandes señores a darles la bienvenida y cantar su proezas. A cambio, recibían de comer y de beber, así como alguna ropa y migajas del botín.

El paseo militar había sido provechoso: las rebeliones estaban sofocadas y varias ciudades independientes que habían tenido la mala suerte de encontrarse en el camino de los ejércitos aztecas se habían visto obligadas a someterse o solicitar la protección del imperio. Encima, el poderoso reino de Tlaxiaco quedaba preso entre dos fuegos. Pronto llegaría su turno.[15]

También en 1503 se menciona la conquista del país de los yopis. Se entiende que se tomaron algunos centros, por ejemplo Malinaltépec,[16] ya que el Yopitzinco nunca fue totalmente pacificado. Los yopis o tlapanecos, poco civilizados, vivían bastante dispersos y eso hacía más difícil reducirlos. Además, su territorio, que bordeaba el Pacífico al oeste de Acapulco, era accidentado y selvático, de difícil acceso. Formaban parte de los "enemigos tradicionales" del imperio, y de los invitados a presenciar los grandes holocaustos de Tenochtitlan.

LA HAMBRUNA DE LOS AÑOS CONEJO

A pesar de esos éxitos, Moctezuma tenía motivos para preocuparse. Sabemos que los primeros años de su reinado estuvieron marcados por una gran sequía. El emperador abrió de par en par sus almacenes y repartió víveres. También hizo importar maíz de la costa del Golfo de México, pero no fue suficiente para contener la hambruna. Muchos habitantes del valle emigraron en busca de cielos más clementes, y muchos murieron en el camino. Otros se vieron forzados a vender a sus hijos para sobrevivir o para que ellos sobrevivieran. Moctezuma hizo lo posible por comprar a los niños de familias nobles, ya que no podía comprarlos a todos.

---

[15] Hassig (*Aztec Warfare...*, p. 225) da una larga lista de ciudades que tal vez fueron sometidas durante esta campaña. Torquemada (vol. 1, p. 204) señala que Cuauhnelhuatlan (Huautla de Jiménez, en el centro-norte del actual estado de Oaxaca) habría sido conquistada ese mismo año. Ahora bien, esta ciudad está algo apartada de la ruta más directa de México a Xaltépec o Achiotlan. Pero no olvidemos que los distintos ejércitos no siempre seguían la misma ruta y que un pequeño desvío podía resultar provechoso, sea para abastecerse o para convencer a alguna ciudad recalcitrante de acogerse a la paz azteca.

[16] Chimalpáhin, *Relaciones...*, p. 228; Torquemada, vol. 1, pp. 196-197 y 213, y *Códice Mendocino*.

En este mismo contexto se renovó el acueducto que alimentaba a la ciudad de agua potable. Pero apenas empezó a entrar el agua, cayó un rayo en un templo, que se quemó hasta los cimientos. A mil metros de distancia, al ver el incendio y escuchar el alboroto, los tlatelolcas pensaron que se trataba de un ataque contra Tenochtitlan y llegaron corriendo, armados y dando grandes gritos. Moctezuma se disgustó mucho. Creyó, o hizo como si creyera, que la ayuda intempestiva era una deliberada agresión y, para impedir cualquier traición, volvió a despojar a los tlatelolcas de las altas dignidades que tenían en el Estado. Poco tiempo después, se sosegó y les devolvió sus cargos.[17]

La hambruna alcanzó su apogeo en 1505. El Popocatépetl dejó de echar humo durante veinte días y eso se interpretó como promesa de buenas cosechas. El año siguiente, 1-Conejo, el propio Moctezuma llevó a cabo un sacrificio por flechamiento, para devolver a la tierra su fertilidad. La ceremonia debió de celebrarse durante la fiesta del "Desollamiento de Hombres", *Tlacaxipehualiztli*, una fiesta de las cosechas que se había deslizado hasta el mes de marzo. Una víctima fue adornada con los atributos del dios de *Tlacaxipehualiztli*, Xipe Tótec, el dios con piel de desollado que presidía los cambios de estación y el maíz maduro. La amarraron con los brazos y las piernas abiertos, como para concebir, a un caballete de madera, y el emperador le disparó con su *átlatl* una lluvia de dardos. Entonces, de su cuerpo manó la sangre: la vida que, al derramarse, regó y fecundó la tierra. Lamentablemente, ese mismo año los campos sembrados fueron devastados por miríadas de roedores que hubo que espantar con antorchas.[18]

En el cielo también aparecieron signos nefastos. El sol no sólo resecó todo, sino que tuvo a bien desaparecer parcialmente. El 16 de marzo de 1504, a las seis de la tarde –en un día 13-Muerte, según los *Anales de Cuauhtitlan*–, un eclipse de sol[19] sembró el pánico entre la gente del común; todos empezaron a dar terribles aullidos golpeándose la boca con la mano. En todas partes reinaban el tumulto y los gritos. Se temía, si el astro terminaba engullido del todo, que la noche cayera para siempre y que los monstruos nocturnos, los *tzitzimime* al acecho en la bóveda celeste, bajaran a devorar a los hombres. Entonces, los niños en el vien-

[17] Torquemada, vol. 1, p. 207.

[18] Sahagún, *Historia general...*, libro 8, cap. 1, p. 450, y cap. 14, p. 465; *Codex Aubin*, pp. 26 y 125; Torquemada, vol. 1, pp. 203-204; Chimalpáhin, *Relaciones...*, p. 228; *Anales de Tlatelolco*, p. 61; *Codex Telleriano-Remensis*, fol. 24, p. 307; *Historia de los mexicanos...*, p. 75, y *Anales de Cuauhtitlan*, p. 59.

[19] De magnitud 0.33, mencionado en los *Anales de Cuauhtitlan* (p. 59) y Torquemada (vol. 1, p. 196). Ver Weitzel.

Los primeros años del reinado de Moctezuma II.
Según el *Codex Telleriano-Remensis*. En el año 12-Pedernal, el códice
señala la inauguración del templo de Cintéotl y sucesiones en el
trono en Tepechpan y Colhuacan. En 13-Casa, registra escenas re-
lacionadas con la hambruna. En 1-Conejo, la ejecución con dardos
por Moctezuma de una víctima cuya sangre debe irrigar la tierra.
Debajo, se ve a un hombre armado con una antorcha espantando
a los ratones que invadieron los campos de cultivo.

tre de sus madres se transformarían en *tzitzimime*. Para impedirlo, las
mujeres embarazadas se ponían un fragmento de obsidiana sobre el
vientre o en la boca. En los templos, se entonaron los himnos apropiados y se sacrificó a los prisioneros de guerra y a los albinos guardados
en el palacio del emperador. Todo mundo se extraía sangre. Fortalecido por tantas penitencias e inmolaciones, el astro logró triunfar sobre
el monstruo que intentaba devorarlo.[20]

[20] Sahagún, *Códice Florentino*, libro VII, cap. 1; Mendieta, vol. 1, p. 110; Muñoz Camargo, *Historia...*, p. 132, y Alvarado Tezozómoc, *Crónica mexicana...*, pp.
517 y 563. Para representaciones de eclipses solares, ver el relieve rupestre del
cerro San Joaquín, Estado de México, que representa el sol devorado por un
monstruo; *Codex Borgia*, fol. 18, y *Codex Nuttall*, fol. 19. Respecto a los sacrificios
durante los eclipses, ver Seler, *Codex Vaticanus...*, p. 215, y Burland, p. 120.

El sol reapareció, pero el desastre que su eclipse presagiaba no se hizo esperar. Se produjo en el terreno tan sensible de la lucha contra el valle de Puebla. La ciudad de Huexotzinco seguía dividida por luchas intestinas y las facciones buscaban apoyos externos, unas en Tlaxcala y otras por el lado de la Triple Alianza. Ésta, desde luego, alentaba todo aquello que podía dividir al enemigo. Con ese apoyo, en 1504, una banda de huexotzincas lanzó una incursión en territorio tlaxcalteca. En Xiloxochitlan, cerca de Tlaxcala, saqueó la ciudad y cometió atrocidades contra los habitantes. Un importante *tecuhtli* tlaxcalteca de Ocotelulco, Tizatlacatzin, con un puñado de hombres, se interpuso con la esperanza de ocupar la ciudad mientras los refuerzos llegaban. No llegaron. Tizatlacatzin sucumbió, y su muerte provocó gran emoción en Tlaxcala. Esta ciudad no tardó en organizar un contraataque fulminante. Los huexotzincas acorralados pidieron ayuda a la Triple Alianza, que de inmediato mandó un gran ejército a socorrerlos. El encuentro se dio en Atlixco. Los tlaxcaltecas atacaron con furia, antes que los Aliados pudieran siquiera desplegar sus tropas. Hicieron terribles estragos y, al parecer, mataron a un miembro de la familia imperial. Los Aliados huyeron. Al poco tiempo, los tlaxcaltecas asolaron los cultivos de Huexotzinco y prendieron fuego a los palacios del rey Tecayehuatzin y de varios altos dignatarios. El año siguiente no hubo cosecha y los huexotzincas, para sobrevivir, debieron trabajar en campos mexicas.

Esta derrota enfureció a Moctezuma. Decidió cortar por lo sano y terminar de una vez con el enclave enemigo. Así quedarían en el mundo, en el Anáhuac, una sola voluntad, un solo mando, un poder absoluto y un señor universal. Para lograrlo, lo primero era aislar a Tlaxcala. El rey Tecayehuatzin consiguió ganarse el apoyo de los cholultecos, pero eran mercaderes que no contaban mucho. También trataron de granjearse con valiosos regalos a las poblaciones de las orillas del valle. Eran, entre otros, otomíes en gran número, así como gente de Chalco y de Xaltocan que había huido de los ejércitos y del terror de los Aliados. Habían encontrado asilo en el valle de Puebla, donde les habían otorgado tierras. A cambio, pagaban tributo, cumplían servicios forzados y, sobre todo, garantizaban una permanente vigilancia de las fronteras.

El ataque general contra el enclave debía darse por todos los costados a la vez, el día acordado. Las tropas de Tenochtitlan, Coatlinchan y Chalco atacarían por el suroeste y se reunirían con las fuerzas de Huexotzinco y Cholula. Las de Totomihuacan, Tepeyácac, Quechólac y

Tecamachalco partirían del sur y del sureste; las de Iztacmaxtitlan y de Tzacuhtlan, del este, y las de Zacatlan, Tetela y Tuzapan, del noreste. Si todos esos ejércitos se hubieran movido de manera realmente concertada, si se hubieran encontrado en dos o tres puntos, concentrando ahí el mayor número de hombres, a lo mejor la agresión habría tenido éxito, sobre todo si las guarniciones de las fronteras hubieran defeccionado. Pero esos refugiados políticos odiaban demasiado a los mexicas para dejarse comprar. Los regalos recibidos sólo habían servido para despertar sus sospechas y aumentar su vigilancia. Los ataques por el norte, el este y el sur fueron demasiado débiles y dispersos. En cuanto a los guerreros del valle de México, ni siquiera lograron cruzar la cortina de las tropas fronterizas, sea porque no venían en suficiente número o porque no les habían dado ocasión de desplegarse en orden de batalla. Los tlaxcaltecas no tuvieron tiempo de intervenir. Los temibles otomíes y sus amigos se bastaron para detener el ataque en todos los frentes, repeler al enemigo en desbandada y capturar a cantidad de prisioneros y un rico botín. Llevaron esas pruebas de sus hazañas a las cuatro cabeceras de Tlaxcala (Ocotelulco, Tizatlan, Quiahuiztlan y Tepetícpac), donde los colmaron de obsequios y favores. Los tlaxcaltecas les ofrecieron a sus hijas casaderas y a muchos otomíes les dieron títulos de nobleza. Luego, se celebró la victoria con grandes fiestas e impresionantes sacrificios. Por su parte, Moctezuma no asimiló las lecciones tácticas de su descalabro. Quizás se consoló pensando que todavía no maduraban los tiempos para la conquista del valle y que sólo se trataba de esperar.[21]

El año 1504 vio, sin embargo, algunos éxitos. El reino de Totollan (actualmente Piaxtla), una conquista de Ahuítzotl que se había sublevado, fue sometido por los ejércitos aliados, sin duda junto con varias ciudades circunvecinas. La reconquista de esa ciudad era importante pues Totollan, ubicada en la punta meridional de lo que ahora es el estado de Puebla, podía amenazar las comunicaciones con las provincias mixtecas del imperio.[22]

[21] Muñoz Camargo, "Descripción...", pp. 184-185; Torquemada, vol. 1, pp. 201-202, y Barlow, "Los mexicas y la triple alianza", pp. 155ss.

[22] Chimalpáhin, *Relaciones...*, p. 229, y *Codex Aubin*, p. 66. Walter Lehmann señala que Totollan fue conquistada por Ahuítzotl. Ver *Anales de Cuauhtitlan*, p. 318, §1386. Según Kelly y Palerm, se trata de San Jerónimo Sosola-Zozollan, pero parece más probable que se trate de Piaztlan. Ver Gerhard, p. 42.

El año siguiente hubo otra campaña contra la gente de Oaxaca. La primera se había decidido en respuesta a una rebelión. Ahora se trataba, en los planes de Moctezuma, de una acción más deliberada, tendente a consolidar una de las rutas comerciales importantes hacia el istmo de Tehuantepec y la región maya. Faltaba encontrar el pretexto.

Los lapidarios de Tenochtitlan, Tlatelolco y otras ciudades supieron que en la región de Totontépec y Quetzaltépec, en el noreste del Oaxaca oriental,[23] había una arena muy apropiada para trabajar la piedra, y también el esmeril para bruñirla. Pero las dos ciudades sólo intercambiaban esos productos a cuentagotas y a precios altísimos. Debidamente informado de esa circunstancia, Moctezuma se hizo el campeón del libre comercio y mandó mensajeros a pedir esos productos a título de trueque. La embajada incluía un centenar de dignatarios con la misión de ofrecer obsequios –joyas, plumas valiosas–, así como la eterna amistad de Tenochtitlan. Según otra versión, Moctezuma no hizo gala de tanto tacto: despachó mercaderes a Totontépec y Quetzaltépec para pedir que le regalaran unas esmeraldas y unos ópalos. En otras palabras, que le pagaran tributo, o por lo menos se reconocieran como sus vasallos.[24]

El rey de Totontépec recibió de buena gana a los enviados y sus regalos. Debía, sin embargo, ponerse de acuerdo con la gente de Quetzaltépec, adonde mandó mensajeros. La respuesta fue tajante:

¿Qué embajada es ésa? ¿Qué es lo que dice mi pariente y amigo de ser nosotros tributarios a Moctezuma? Eso no quiero yo hacer. ¡Decidle que no quiero conceder nada! Pero que haga una cosa, que me envíe la mitad de los mexicanos con su misma embajada, que acá los mataré yo a todos, que ninguno de ellos volverá, porque es gente belicosa, mala y de malas intenciones que se harán señores de noso-

[23] Gerhard, p. 367. Davies (*Los señoríos...*, pp. 198-200, y *The Aztecs...* p. 224) muestra de forma convincente que no se trata del poderoso reino costero mixteco de Tototépec –aunque Durán menciona un río que desemboca en el mar, pero lo mismo dice de Teuctépec (ver nota 32)–, sino de Totontépec, ochenta kilómetros al estenordeste de Oaxaca, donde efectivamente encontramos cerca (al sureste) un Quetzaltépec, más allá de Xaltianquizco.

[24] Sobre esta campaña, ver Alvarado Tezozómoc, *Crónica mexicana...*, pp. 602-610, y Durán, *Historia...*, vol. 2, pp. 425-432. Sus versiones no coinciden del todo, en particular respecto a la batalla de Quetzaltépec.

tros. A los que acá yo mataré, luego los echaré por el río abajo. Que haga él otro tanto con los que allá quedaren.[25]

El rey de Totontépec siguió el consejo de su pariente. La mitad de los enviados mexicas fueron a Quetzaltépec, donde comunicaron el pedido del emperador. El rey se indignó: "¿Qué decís vosotros? ¿Soy por dicha o por ventura yo vasallo de Moctezuma? ¿Me ha ganado, me ha conquistado en justa guerra? ¡O está borracho!" Luego, volteó a ver a sus hombres: "¿Qué gente es ésa, quetzaltepecas?" La frase actuó como señal. Una multitud armada con garrotes entró a la sala y masacró a los embajadores. Sus cuerpos fueron arrojados al río. Lo mismo sucedió en Totontépec.

Hecho eso, las dos ciudades prepararon su defensa. Las vías de acceso, entre ellas un importante "camino real", fueron cerradas con troncos, estacas, rocas y espinos. Unos veinte mil hombres levantaron gruesas cercas de tierra coronadas de empalizadas. En Totontépec, construyeron cinco de esas albarradas, con piedra y tierra bien apisonada y parapetos de ramas y troncos. La última tenía seis brazas (cerca de diez metros) de alto y cuatro de ancho, mientras las otras culminaban a las cuatro o cinco brazas. Juntaron ahí montones de piedras para arrojarlas contra los agresores.

Al poco tiempo, una caravana de mercaderes halló cerrada la entrada a las dos ciudades en armas. Los hombres bajaron a beber al río y ahí encontraron los cadáveres de los embajadores. Recogieron los pedazos de ropa podrida y desgarrada para enseñárselos al emperador. Cuando éste tuvo noticia de lo sucedido, convocó a los jefes de los barrios y a las esposas de las víctimas para que reconocieran los despojos. Después les ordenó guardar silencio y despachó mercaderes expertos en espionaje para verificar los hechos y reconocer las defensas de las dos ciudades.

Los espías regresaron sanos y salvos y dieron su informe: el crimen estaba comprobado. Al delito de rechazo del libre comercio, Totontépec y Quetzaltépec sumaban el desprecio al derecho internacional y el terrorismo. Los reyes aliados, pues, proclamaron la movilización en las tres ciudades. Se dice, pero es poco probable, que todos los varones fueron llamados a tomar las armas excepto los menores de dieciocho (¿o quince?) años y los ancianos. Durán habla de más de cuatrocientos mil hombres para los tres ejércitos. Es sumamente exagerada la cifra, sobre todo si recordamos, por un lado, el aparato de intendencia gigantesco que tendría que haber acompañado a semejante multitud y, por el otro, los

---

[25] Alvarado Tezozómoc, *Crónica mexicana...*, cap. LXXXIX, p. 602.

modestos efectivos del enemigo. La décima parte del número mencionado debía ser más que suficiente para reducir a los dos pequeños reinos. Pero, obviamente, el emperador pudo mandar a varios ejércitos, en un amplio abanico, para ajustar cuentas en el mismo viaje a otros Estados pequeños. Semejante medida hubiera tenido la ventaja de impedir que en Totontépec y Quetzaltépec se concentraran tropas de otras ciudades coaligadas para la ocasión.

Los tres ejércitos de la Triple Alianza –o, por lo menos, lo principal de esas fuerzas si suponemos que en realidad algunas columnas marcharon contra otros objetivos– se juntaron en Xaltianquizco, un poco al norte de Totontépec. Ahí se decidió que Moctezuma seguiría de frente, Nezahualpilli por la derecha y Tetlepanquetza de Tlacopan por la izquierda, para envolver Totontépec.

"Dijo el rey Moctezuma: yo tengo de tomar por la delantera como mexicano, ver y probar el arma que el contrario trae en la mano, a ver si es más fuerte y corta más su espadarte que el mío, a ver si es más fuerte el viejo que el mozo, si somos iguales o cómo me irá con ellos." Los exploradores encontraron un viejo camino tapado, y por ahí avanzó el ejército. Marchó de noche y una hora antes del amanecer llegó frente a un río "crecido y furioso". En la otra orilla, el enemigo vociferaba y hacía gestos provocadores. Moctezuma mandó hacer a toda prisa balsas de cañas, remos y hasta puentes colgantes de cuerdas y raíces. La noche siguiente, los mexicas cruzaron el río. Los enemigos se habían retirado a descansar en la ciudad. El ejército mexica corrió a las cercas y en un cuarto de hora las tiró abajo. La guarnición, que esperaba el choque en otra parte, quedó copada. Moctezuma llegó al templo y le prendió fuego. A media mañana, todos los guerreros habían muerto o estaban prisioneros. No quedaban en Totontépec más que mujeres y niños de menos de ocho años. Los mexicas habían tomado seiscientos prisioneros; los texcocanos, cuatrocientos; los tepanecas, trescientos cincuenta. Para que no se fugaran, los amarraban de brazos y piernas o les ataban los brazos a un fuerte palo puesto sobre los hombros.

Las tropas aliadas tomaron un descanso mientras una docena de guerreros veteranos se adelantaban a Quetzaltépec. Al no encontrar entrada, observaron con cuidado las seis altas albarradas y los efectivos de la ciudad, y regresaron a dar informe. Para penetrar las defensas, Moctezuma mandó preparar doscientas escalas y coas de madera para cavar brechas. Por su lado, los habitantes de Quetzaltépec amontonaban grandes cantidades de piedras, troncos y dardos encima de las murallas. Los guerreros velaron toda la noche, gritando y cantando. Al llegar el día, salieron en orden de batalla. Moctezuma sólo mandó avanzar a los mexicas, los chalcas y los tlahuicas. La batalla fue cruel y murieron muchos de ambos lados, también entre los Aliados bombardeados desde lo alto de las defensas. Al atardecer, tuvieron que replegarse. Al día siguiente, los de Quetzaltépec volvieron a salir y les tocó a los acolhuas enfrentarlos, pero tampoco lograron llegar a las murallas. El tercer día, los tepanecas combatieron a un enemigo ya cansado y que desde luego no tenía la misma posibilidad de emplear tropas frescas como por juego, una y otra vez. Los defensores retrocedieron. Entonces, Moctezuma lanzó a todos los ejércitos y, arremetiendo juntos, alcanzaron las murallas. Las escalas se irguieron y, cubiertos por los arqueros, los tiradores de dardos y los honderos, los asaltantes brincaron la primera cerca.

La segunda aguantó tres días. Una delegación de Quetzaltépec fue a pedir paz, diciendo que los defensores de la ciudad morirían todos antes de rendirse. Moctezuma respondió que si hubiera pensado siquiera posible regresar sin victoria, no habría salido de Tenochtitlan. Ese día cayó la segunda muralla. La progresión continuó en los días siguientes. La última muralla fue minada en varios puntos y los Aliados se precipitaron de noche por las brechas. Tomaron la ciudad y pronto el templo principal ardía.

Una parte de la población de la ciudad ya había huido a los cerros. Los guerreros querían deponer las armas pero los Aliados se negaban a detener el combate. Querían vengar la muerte de sus conciudadanos, los embajadores. Los ancianos y señores de Quetzaltépec, llorando, se acercaron a pedir misericordia. Traían grandes riquezas que ofrecieron como tributo: cacao, papel, mantas de algodón, plumas, pedrería, ópalos. Moctezuma aceptó su rendición. La matanza cesó y la gente volvió a la ciudad.

El camino de regreso, con el botín y los cautivos, fue por Izúcar y Chalco. En todas partes recibían a los reyes de la Triple Alianza con los más altos honores y, al llegar a Tenochtitlan, una fiesta grandiosa los esperaba. El camino del ejército vencedor, los palacios y los templos estaban adornados con flores y enramadas. Antes de hacer su entrada triunfal entre las vallas de sacerdotes y guerreros viejos, Moctezuma se untó el cuerpo con betún amarillo, se puso valiosas joyas y se echó a la espalda su jícara de tabaco. Después, las caracolas sonaron y sacerdotes y nobles saludaron al rey y a los grandes señores que lo acompañaban. En la gran plaza, el *cihuacóatl*, vestido como la diosa que representaba, esperaba a Moctezuma para guiarlo hasta la cumbre del templo principal. Acuclillado ante Huitzilopochtli, el rey dio gracias a su dios sangrándose las orejas, las pantorrillas y las espinillas con un hueso de jaguar afilado. Luego, con los soberanos de Texcoco y Tlacopan a su lado, siguió al *cihuacóatl* hasta el palacio para recibir el homenaje habitual de los ancianos.[26]

LAS REBELIONES DE YANHUITLAN Y ZOZOLLAN

Durante el invierno 1505-1506, fue necesaria una nueva incursión a Oaxaca, esa vez para sofocar la rebelión de Yanhuitlan y Zozollan cuyos reyes prohibieron el acceso a los mexicas.[27]

Zozollan (San Jerónimo Sosota) se encuentra a unos cuarenta kilómetros al noroeste de Oaxaca. Las tradiciones locales afirmaban que los primeros habitantes de la Mixteca habían aparecido en los campos cercanos a la ciudad. Ésta gozaba de extraordinarias defensas naturales, rodeada como estaba por los profundos cañones de dos ríos; además, los zozoltecas la fortificaron con una muralla de varios kilómetros de largo, visible todavía en el siglo XVII.[28] Finalmente, la región producía oro, como lo atestigua una carta de Cortés:[29] a los españoles que despachó para allá, escribe, "les mostraron tres ríos y de todos me trajeron muestras de oro, y muy buena, aunque sacada con poco aparejo". En cuanto a Yanhuitlan, a unos veinte kilómetros más al noroeste, era un centro prestigioso con medio milenio de historia por lo menos.

Moctezuma mandó una delegación al lugar para investigar lo que ocurría. En el camino, los emisarios encontraron mercaderes de Texcoco y Xochimilco a quienes los rebeldes habían robado y maltratado. Yanhuitlan estaba protegida por cuatro cercas bien guardadas, y no les permitieron pasar. Así que regresaron a Tenochtitlan, junto con los mercaderes, que los habían esperado. Moctezuma recibió a los heridos, los consoló prometiéndoles completa venganza y los mandó vestir de buena ropa y curar.

Se empezó a preparar una expedición punitiva. La campaña era bienvenida ya que se acercaba la fiesta del "Desollamiento de Hombres" y había escasez de prisioneros de guerra. No se sabe bien a bien si Moctezuma participó personalmente en esa guerra o si mandó al *cihuacóatl*

---

[26] Sobre otras posibles conquistas en esta campaña, ver Hassig, *Aztec Warfare...*, pp. 227-230.

[27] Durán, *Historia...*, vol. 2, pp. 436-437; Alvarado Tezozómoc, *Crónica mexicana...*, pp. 614-622; confirmado por los *Anales de Tlatelolco*, p. 61; los *Anales de Cuauhtitlan*, § 1239, y el *Codex Aubin*, p. 26; *Historia de los mexicanos...*, p. 75; *Codex Mexicanus*, y Chimalpáhin, *Annales*, p. 177. El *Codex Telleriano-Remensis* sitúa una rebelión de Zozollan en 1509.

[28] Burgoa, vol. 1, p. 275.

[29] Cortés, *Cartas de relación*, p. 69.

en su representación. Los contingentes de la Triple Alianza se juntaron con los de las provincias –unos doscientos mil guerreros, afirma Durán, a pesar de su promesa de moderarse en cuestión de números– en Zapotitlan, en la entrada noroeste del actual estado de Oaxaca y a trescientos kilómetros de Tenochtitlan.

El primer objetivo era Yanhuitlan. Una vez exploradas sus defensas, los mexicas fabricaron escalas con troncos de árboles cortados en la montaña. Los jefes pronunciaron los discursos usuales, animando a los hombres y encomendándolos a los dioses de la noche y del aire, de la tierra y del sol. Les prometieron la riqueza y el descanso después de la victoria o, si perecían, la suprema alegría en la casa del sol, al lado del astro. Al amanecer, se lanzaron al ataque, irresistibles. En el impulso de su primera carga, los guerreros aliados destruyeron todo a su paso, matando hasta a las mujeres y a los niños quienes, por ser yanhuitlecas, también eran culpables. Una vez calmado el primer furor, se empezó a trabajar más metódicamente: los sobrevivientes fueron tomados prisioneros, la ciudad fue incendiada y saqueada, y arrancados de raíz los árboles frutales y los magueyes con cuyo jugo se preparaba la bebida embriagante, el *octli* o pulque.

Semejantes hazañas merecían un poco de descanso. Fue sólo al tercer día cuando el ejército mexica marchó sobre Zozollan. Pero la lección de Yanhuitlan no había sido en vano. Cuando los exploradores imperiales llegaron a la ciudad, la encontraron muerta, casi del todo abandonada por sus habitantes, refugiados en el monte. Durante cuatro días los anduvieron buscando afanosamente, pero la cacería dio pocos resultados. Levantaron el campo y regresaron a Tenochtitlan.

Puede ser que la rebelión fuera más amplia. Según Torquemada,[30] quien parece utilizar fuentes mixtecas, abarcó buena parte de la Mixteca, así como la región de Tehuantepec. Los elementos más sediciosos eran los reyes 4-Flor de Zozollan y 1-Pedernal de Coixtlahuaca, quienes decidieron deshacerse de un solo golpe de todos los funcionarios y guerreros mexicas instalados en la región oaxaqueña. Los invitó 1-Pedernal, junto con sus familias, a un gran banquete en el cual los trataron a cuerpo de rey. Pero 4-Flor los esperaba emboscado en su camino de regreso, y los masacró a todos.

Los Aliados mandaron contra Zozollan a un ejército vengador. El enemigo resistió primero y luego se escabulló. Las fuentes mexicas no mencionan esa brillante defensa. Nunca sabremos si es jactancia de los

---

[30] Torquemada, vol. 1, pp. 207-209. Respecto a esos reyes, ver el *Códice de Yanhuitlan*, p. 10, y Caso, *Reyes y reinos...*, vol. 2, p. 395.

zozoltecas u omisión de los mexicas deseosos de olvidar un episodio menor o poco glorioso. Como sea, los Aliados tuvieron que regresar otra vez a pacificar la región, quizás en 1509. Como el camino de Zozollan estaba cortado, les tocó dar la vuelta por Huauhtlan, donde Cozcacuauhqui, hermano de 1-Pedernal, se alió con los mexicas dirigidos por Cuitláhuac, futuro emperador efímero. Libraron una primera batalla, al final de la cual el enemigo se replegó en un cerro donde había juntado provisiones. Llegó 4-Flor, con refuerzos venidos de Tehuantépec, del Yopitzinco y del Estado independiente de Tototépec, pero fue vencido. Entre los numerosos cautivos figuraba 1-Pedernal: a diferencia de los demás, no fue sacrificado en la fiesta, sino "reservado para otra ocasión". Su hermano heredó su reino. 4-Flor, por su parte, logró escapar pero finalmente también fue vencido y sacrificado.[31]

El regreso a Tenochtitlan fue triunfal. El ejército traía a un millar de yanhuitlecos y muchos zozoltecas, suficientes víctimas, en suma, para una digna celebración del *Tlacaxipehualiztli*. Originalmente, esa fiesta marcaba el principio de la temporada de secas y a la vez el despertar del día. Empezaba en ese mes la época de la cosecha del maíz; la primera salida del sol había visto los primeros sacrificios y la primera guerra para alimentar al astro. Así pues, la fiesta celebraba una doble cosecha: el alimento de los dioses y el de los hombres, asimilados el uno al otro. ¿No había sido el primer hombre modelado con masa de maíz?

En la guerra de la primera salida del sol, la guerra prototípica contra los cuatrocientos mimixcoa, Mixcóatl y sus tres hermanos se asimilaban a dos jaguares y dos águilas. Puesto que hubiera sido peligroso actualizar la batalla originaria de manera literal –¿cómo organizar un combate de cuatro guerreros, aun bien armados, contra cuatrocientos cautivos desarmados?–, se trataba a las víctimas una por una en lo que los españoles llamaron el sacrificio "de gladiadores". Se reservaba esta manera de morir para los más valientes o los más nobles. La víctima, luciendo la ropa rayada de blanco y rojo con puntas en cola de pato característica de Xipe Tótec, el dios con la piel de desollado, estaba amarrada a una piedra en forma de rueda de molino con una cuerda que le rodeaba la cintura. Primero le daban pulque, pues en el mito los mimixcoa siempre estaban borrachos. Con armas falsas, pedazos de madera o porras sin filos de obsidiana, la víctima tenía que defenderse contra un guerrero-águila bien armado. Si aguantaba, le mandaban un guerrero-jaguar, luego otra águila, otro jaguar y, finalmente, de ser necesario, los cuatro

---

[31] Sobre otras conquistas del mismo año, ver Torquemada, vol. 1, p. 210, y Hassig, *Aztec Warfare...*, p. 230.

Escena de "sacrificio de gladiadores".
Codex Nuttall, según Séjourné, *Antiguas culturas precolombinas.*

juntos o un guerrero zurdo. Apenas se derrumbaba el cautivo herido, lo agarraban, lo tendían boca arriba en la piedra y le arrancaban el corazón. A veces, afirman los textos, lograba todavía levantarse y dar tres o cuatro pasos.[32] Después, le cortaban la cabeza, lo desollaban y un representante de Xipe Tótec vestía su piel.

La piedra del sacrificio de gladiadores solía llevar en su cara superior una imagen del sol. Puesta directamente sobre el suelo, tenía en su centro un hoyo que figuraba una apertura de la tierra. Al inmolar a la víctima directamente sobre la piedra, se expresaba claramente la intención de alimentar a los dos destinatarios del sacrificio.

La víctima, por lo demás, era un hijo del sol y de la tierra. El mito lo decía explícitamente y el rito lo ilustraba. La soga en torno a su cintura era el cordón umbilical que unía a la víctima con su madre la tierra y con la imagen del astro del día.

Alimento, la víctima amarrada también era la mazorca del maíz en su tallo. Poco antes de la cosecha, los campesinos doblaban los tallos del maíz para que las mazorcas se secaran protegidas de la lluvia. Del

[32] Alvarado Tezozómoc (*Crónica mexicana...*, cap. 93, pp. 621-622) agrega que Cortés fue testigo de ello en Tepeaca y, colérico, mandó echar abajo la estatua de Quetzalcóatl. Los indios se sublevaron y Cortés les mató a más de diez mil hombres.

mismo modo, las "águilas" y los "jaguares" herían primero a la víctima para que se cayera antes de recibir la muerte. Una vez cosechada la espiga, se le quitaban las hojas externas y se la guardaba en un granero. A la víctima, la despojaban de su piel. Además, la cosecha se identificaba con una batalla y, antes de recoger el maíz, los agricultores fingían atacar el campo maduro como si estuviera cubierto de enemigos.

Durante la fiesta o inmediatamente después, cierto número de víctimas morían acribilladas con dardos para alimentar con su sangre a la tierra agotada. En marzo de 1507, les tocó a los zozoltecas el honor de perecer y "desposar a la tierra" de este modo. Como las inmolaciones iban a ser numerosas y espectaculares, se invitó a los enemigos tradicionales a admirarlas y celebrarlas. Para protegerlos de las miradas del público, los escondieron en unas casas hechas con hojas de chicozapote, pues éstas eran atributo de "nuestro señor portador de piel". Los sentaron en sitiales decorados con plumas de espátula rosa, como en el rito las lleva quien personifica a Xipe Tótec.

LA SEMIVICTORIA DE TEUCTÉPEC

Durante el invierno de 1506-1507, Moctezuma decidió penetrar aún más en Oaxaca e ir a someter Teuctépec (Santa Lucía Teotepec, Oaxaca, a unos cincuenta kilómetros al nornoreste de Puerto Escondido). La explicación que da Durán es sorprendente. Esta ciudad, escribe, se había rebelado y aliado con Coatlan. Ahora bien, hasta donde sabemos, Teuctépec nunca había sido sometida hasta entonces. Además, en el informe de la campaña, nunca se vuelve a mencionar a Coatlan. Es muy posible que Durán esté confundido o que, al ignorar la causa exacta de la guerra, eche mano de la explicación más usual.[33]

Según las informaciones provenientes del mismo Coatlan, ésta era tributaria del poderoso reino costero de Tototépec. En un momento dado se rebeló y pidió la protección de Moctezuma, quien se la otorgó a cambio de un tributo. Es difícil, pues, imaginar que Teuctépec se haya aliado con Coatlan durante una rebelión contra Tenochtitlan. Más verosímil sería que, cuando Coatlan quiso desprenderse de Tototépec, Teuctépec haya recibido el encargo de impedírselo hasta la llegada de las tropas de la ciudad cabecera. Moctezuma aprovechó el pedido de ayuda de Coatlan para intervenir en esa región y mantener a raya a To-

[33] Durán, *Historia...*, vol. 2, pp. 439-443, y Alvarado Tezozómoc, *Crónica mexicana...*, pp. 625ss. Otra versión, en *Relación de Coatlan*. Ver también Chimalpáhin y el *Codex Aubin*.

totépec. La intervención en favor de Coatlan también pudo tener justificaciones religiosas. El emperador necesitaba víctimas para inaugurar un templo nuevo que había mandado construir, un templo que justamente se llamaba Coatlan. ¿Qué mejor que dedicarle los adversarios de un centro amigo del mismo nombre?

El ejército cuenta con contingentes de las principales ciudades del imperio. Al llegar a la frontera de Teuctépec, acampa cerca de un río caudaloso que resulta imposible pasar vadeando.[34] Es necesario construir seis amplias balsas, que se amarran a los árboles de las dos orillas. A pesar de los esfuerzos enemigos, los mexicas logran hacer cruzar a cuatro mil hombres. Una primera escaramuza desemboca en una salida general de los teuctepecas, que esperan acabar fácilmente con esta vanguardia. Viendo el peligro, los Aliados echan mano de un artificio: simulan un repliegue que degenera en huida y vuelven a cruzar el río. Creyendo segura la victoria, el enemigo los persigue y se embarca a su vez en las balsas (que no se entiende muy bien cómo regresaron a su lado del río). Los Aliados los dejan desembarcar hasta que, considerando suficiente el número de cautivos a mano, cortan las amarras de las balsas, aislando a los teuctepecas de sus bases y haciéndoles imposible la retirada. Algunos, entonces, se tiran al agua y los mexicas estupefactos los ven transformarse en caimanes y otros temibles animales acuáticos. ¿Debemos entender que fueron devorados por caimanes? Es más probable que se trate de una interpretación errónea de un códice en el cual estaban pintados unos saurios en medio del río.

La propia ciudad de Teuctépec parece inexpugnable, con sus cuatro cercas altísimas y sus defensores "muy belicosos y valientes". Se dispone, pues, regresar sin más demora a Tenochtitlan, con unos dos mil trescientos cautivos –suficientes para desanimar toda veleidad de intervención contra Coatlan.

Al regreso de la expedición, el triunfo transcurrió como de costumbre, aunque Moctezuma, que no había participado en la campaña, hubiera preferido que se tomara la ciudad. Las ciudades aliadas y los enemigos favoritos fueron invitados a la inauguración solemne del nuevo templo, el Coatlan o *coateocalli*, donde estaban concentradas, por no decir encerradas, todas las deidades del imperio. Para empezar, los tres reyes juntos entregaron insignias, regalos y títulos de *tecuhtli* a los valientes que más se habían distinguido en el curso de las últimas campañas. A partir de ese día, explica Durán, estos hombres tenían permiso de vestir algo-

---

[34] Durán habla de un gran río inverosímil que se precipita al mar con estrépito, pero ya había escrito lo mismo a propósito de Totontépec.

dón, ponerse sandalias, entrar al palacio, lucir ramos de flores y fumar tabaco, tener todas las mujeres que pudiesen mantener y quedar exentos de tributo y servicios personales. Podían participar en todos los bailes reales y comer carne humana, beber "vino" y dar su voto en los asuntos militares, edificar casas de dos pisos y juntarse con los caballeros del sol. Tanto como sus antecesores, pues, Moctezuma recompensaba los méritos adquiridos en el campo de batalla.

Luego empezó la inauguración propiamente dicha. El emperador del mundo (*cem anáhuac tlatoani*) acudió al templo, donde fue recibido por los sacerdotes que hacían sonar las caracolas, las flautas y los tambores mientras sahumaban con incienso. Vistió atuendo de sacerdote, se pintó el cuerpo de betún "divino" en señal de penitencia y se cubrió la cabeza con una mitra de oro. Lo mismo hizo el *cihuacóatl*. Llevando en una mano un incensario de oro en forma de cucharón, Moctezuma fue a rendir homenaje a las deidades del santuario. Al mediodía empezaron los sacrificios. Mientras resonaban las trompas, el emperador y el *cihuacóatl* inmolaron a unos cuantos teuctepecas arrancándoles el corazón para elevarlo hacia el sol y tirarlo después al interior del santuario. Los sacerdotes tomaron el relevo, hasta que cayó la noche. Los ríos de sangre de las dos mil trescientas víctimas, brotando de las heridas abiertas de pechos y cuellos cortados, tiñó de rojo toda la fachada del edificio, así inaugurado del modo más brillante.[35]

LOS COMBATES EN EL VALLE DE PUEBLA

El año 1507 vio un brutal recrudecimiento de los combates con los habitantes del valle de Puebla. Después del fracaso del ataque general, tres años antes, Huexotzinco se había vuelto a acercar, poco a poco, a Tlaxcala. Moctezuma, por su parte, se había atenido sólo a las batallas floridas, vale decir, la táctica habitual de estrangulación y agotamiento progresivos del adversario. Pero ahora se estaban abriendo nuevas oportunidades de intervenir directamente en el vecino valle.

La primera es un conflicto entre Huexotzinco y Cholula. Un día, por razones desconocidas, los huexotzincas prenden fuego a unas casas de Cholula y matan a varios ciudadanos. Como saben que Tenochtitlan va a entrometerse, mandan de inmediato a dos embajadores para dar su versión de los hechos, pero resulta que en lugar de disminuir la importancia de lo sucedido, los dos individuos la exageran notablemente y ha-

---

[35] Según Alvarado Tezozómoc, ese día matan a doscientos veinte hombres y las inmolaciones duran cuatro días, pues las víctimas son ochocientas.

blan de una verdadera derrota infligida a Cholula y de una devastación de la ciudad. ¿Fue torpeza de parte de ellos? Tal vez en Huexotzinco los emisarios no son, como en Tenochtitlan desde que reina Moctezuma, gente formada en el *calmécac* y ducha en todas las sutilezas del idioma. También puede ser que los embajadores pertenecieran al partido contrario a los mexicas y al linaje en el poder en su ciudad, y que buscaran provocar un conflicto. Tenochtitlan, en efecto, no puede mantenerse pasivo. Cholula es la ciudad santa de Quetzalcóatl y una sede esencial de las grandes corporaciones de comerciantes. Atacarla es tanto como, hoy en día, agredir al mismo tiempo al Vaticano y a Wall Street.

El señor de los colhuas mantiene detenidos a los enviados hasta averiguar más. Los cholultecas explican lo que pasó. Escandalizados por el intento de engañarlos, los Aliados marchan sobre Huexotzinco y llevan consigo a los dos embajadores. Los huexotzincas, por su parte, mandan a sus guerreros a recibirlos; pero, antes de trabar combate, los Aliados piden explicaciones y descubren que los embajadores no dieron el mensaje que se les había encargado. Entregan a los dos emisarios a los huexotzincas, quienes les cortan la nariz y las orejas, castigo usual de los traidores. No queda, entonces, motivo alguno para una guerra justa y no les queda a los Aliados más que regresar a casa.[36]

Poco después, los habitantes de Cuauhquechollan y de Atzitzihuacan vienen a quejarse de los huexotzincas y los atlixcas, que devastan sus campos de maíz, de algodón y de legumbres.[37] Moctezuma promete vengarlos y moviliza a los guerreros. Sin embargo, el rey de Tula (Tollan), Ixtlilcuecháhuac, solicita a Moctezuma el favor de combatir al enemigo, o tal vez participa en la campaña y en el camino se ofrece para lanzar el primer ataque. El hecho, en todo caso, es que pronto se encuentra frente a los huexotzincas en el valle de Atlixco, de siniestra memoria.

Los toltecas empiezan disparando a sus adversarios cigarros y flores que golpean sus escudos. Luego, pasan a proyectiles más contundentes: piedras, flechas y lanzas. El rey de Tula luce en la espalda una hermosa divisa que figura, de manera realista, un águila que golpea con sus alas a un adversario. Combate valerosamente durante dos días. Las pérdidas de ambos bandos son mínimas. Pero el tercer día, deseoso de acabar y ansioso de distinguirse, Ixtlilcuecháhuac se adelanta a sus tropas y carga contra los huexotzincas con tanta temeridad que, a pesar de sus hazañas, es capturado y hecho pedazos. Los anales de Tula confirman

[36] Torquemada, vol. 1, pp. 209-210.

[37] Durán, *Historia...*, vol. 2, cap. 58, pp. 444-445. Alvarado Tezozómoc (*Crónica mexicana...*, cap. 94, pp. 623-624) da una versión distinta de la batalla.

su muerte en el año 1507. Sus hombres, desmoralizados, retroceden. Los texcocanos corren al rescate pero el enemigo, desatado, los repele y sigue adelante. Toca entonces a los tepanecas entrar en liza. La Triple Alianza logra mantenerse, aunque con severas bajas.

El día siguiente, los Aliados quieren zanjar el asunto. Los colhuas y los tepanecas van en primera línea, pero empiezan a flaquear; los mexicas y los chalcas acuden a apoyarlos y logran mantener su posición, pero ahí mueren tres –¡fatídico número!– primos hermanos de Moctezuma, muy bravos y esforzados.[38] Viendo lo cual, los chalcas atacan con tal furor que los huexotzincas y los atlixcas suplican que cese el combate: "Hermanos mexicas, sobrinos, por ahora que cese esta batalla. Hemos dado un rato de solaz al sol y al dios de las batallas. Dejémoslo así, si les parece". Los Aliados están más que dispuestos a dejarlo así. Han perdido, se dice, diez mil hombres. El enemigo también tuvo muy numerosas bajas.

Inmediatamente después de estos acontecimientos,[39] Alvarado Tezozómoc narra otra batalla que parece repetir la anterior, aunque difiera en algunos puntos. Quechollan y Atzitzihuacan mandan mensajeros para avisar a Moctezuma que los de Atlixco y de Acapetlahuacan desean ir a "jugar y holgar con ellos" de ahí a tres días. (Atzitzihuacan y Cuauhquechollan son las dos ciudades cuyas milpas destrozadas habían sido causa de la precedente batalla.) Los huexotzincas y hasta los cholultecas participarán en la fiesta. El emperador no puede negarse y manda aviso a sus dos aliados y a los chalcas, a los xochimilcas, a los guerreros de la región de los jardines flotantes y a los del valle de Morelos. El día señalado, los ejércitos acampan en Cuauhquechollan y Atzitzihuacan.

Un primer batallón formado con los guerreros más valientes entra en combate, seguido al poco tiempo por el resto de los ejércitos. La encarnizada batalla dura todo el día pero las fuerzas son demasiado desiguales: al parecer el enemigo cuenta con seis veces más hombres que los Aliados. Una vez más, éstos sufren grandes bajas. Unos ocho mil doscientos hombres, afirma Alvarado Tezozómoc, y eso sin contar a los inevitables parientes cercanos del emperador, ¡tres de ellos como siempre! Llegada la noche, los mexicas sugieren que se detenga "la batalla civil y gloriosa, rociada con flores, preciada plumería, de muerte gloriosa, con alegría, en el campo florido". El enemigo, que también ha sufrido

[38] Torquemada (vol. 1, p. 624) nombra una vez más a Tlacahuepan, con Mactlacuia y Tzitzicuacua y para el día anterior a otros príncipes, "Zezepátic" (sic) y Tezcatlipoca.

[39] Durán, *Historia...*, vol. 2, cap. 59, p. 447.

mucho, admite que en efecto ha sido todo muy divertido, pero que por ahora fue suficiente. De vuelta en su campamento, los mexicas reflexionan conmovidos: "Está el campo florido de cuerpos muertos, parecen rosas coloradas envueltas en preciada plumería, y muertos con tanta alegría que ya están gozando de nuestros antecesores y reyes pasados en compañía de Mictlantecuhtli, el señor del infierno".

En Tenochtitlan, Moctezuma llora amargamente, preguntándose qué les habrá hecho a los dioses para que estén tan molestos con él. La recepción es fúnebre, no hay incienso, ni ruidos de bocinas ni caracoles, ni flores ni festejos. Por el contrario, todo mundo llora, las mujeres de los muertos y de los heridos sueltan sus cabelleras, se golpean y lanzan grandes alaridos. Apostados en la entrada del Templo Mayor, Moctezuma y el *cihuacóatl* presencian el retorno de las tropas. Visten mantos de plumas de águila e, impávidos, se apoyan en sus grandes espadas. Los guerreros desfilan sin saludarlos y se dirigen al templo para las acostumbradas ceremonias de acción de gracias. Luego, los jefes van al palacio a dar su informe. ¿No es éste el oficio del guerrero: ir a vencer o morir?, les dice Moctezuma. Un día vence el enemigo; otro día, vencemos nosotros. La muerte de mis hermanos me pesa "por perder hombres tan valientes, pero por morir en honra y defensa de la patria van matizados y esmaltados con el matiz y esmalte de su alta sangre y valor, adornados de piedras preciosas y de preciosos plumajes de sus grandezas y hechos valerosos". Es la muerte que todos han de desear, "pues no murieron como mujeres tras los tizones y fogones, sino con la espada en la mano [...]. Pintaron con su sangre, del color del rocío del alba, y con la sangre enemiga, las hierbas de los campos así como los rayos del sol, y lo tengo a gloria".

Después de los funerales solemnes, el emperador expresa su asombro: los tlatelolcas no parecen estar celebrando exequias. La explicación es sencilla: no tuvieron muertos; son como venados y en el campo de batalla se escondieron. "¿Cómo es eso?", se indigna Moctezuma. ¿Vamos a tolerar que estos individuos se rían de nosotros,

holgándose de nuestro mal y daño? ¿No saben esos traidores que son mis vasallos? ¿Sólo se han de contentar en darme un tributo? [...] Pues yo mando que de hoy en adelante me tributen esclavos, como me tributan las demás provincias, y que cuando vamos a la guerra no vayan en nuestra compañía sino que vayan por sí y peleen por sí y que de nadie sean ayudados.

Los tlatelolcas, cuando les notifican esta sentencia, se aterran, "mostrando mucha humildad y conocimiento de su culpa". Algunos ciertamente piensan en reconquistar su libertad, pero las fuerzas son demasiado desiguales y finalmente se impone la razón y deciden que lo mejor será aplacar al emperador con sus próximas hazañas. Pero, durante un año entero, "no entraron en la corte ni vieron la cara del rey".[40]

Este problema con Tlatelolco era el tercero desde el principio del reinado. La primera vez, el emperador había exigido el pago del tributo, sistemáticamente omitido, aunque desde su derrota de 1473 Tlatelolco estaba dirigido por dos gobernadores militares al igual que otras plazas de dudosa lealtad. El segundo incidente se produjo cuando el incendio del templo de Tzonmolco provocó una falsa alarma y Moctezuma temió que fuera un ataque.

Esos conflictos repetidos se originan en el afán de centralización del emperador. Desde 1488, uno de los gobernadores militares de Tlatelolco, el *tlacatécatl* Cihuapopocatzin, pertenecía al linaje real de Tlatelolco. Fue sustituido en 1506 por Yollocuanitzin, quien probablemente no pertenecía al linaje real.[41] Al mismo tiempo, Moctezuma impuso un nuevo *tlacochcálcatl*, Itzcuauhtzin, un "noble y valiente mexicano".[42] Esos cambios traducen una voluntad de controlar e integrar mejor a la ciudad hermana. Por lo demás, todo en la actitud del emperador parece ir en el mismo sentido. Por un lado siembra el terror; por el otro, halaga y atrae, como lo hizo con su reforma nobiliaria. El garrote y la zanahoria. Enfatiza la culpa y, después, se granjea al culpable con su perdón generoso.

Así pues, se trata de una voluntad de centralización que algunos en Tlatelolco soportaron mal; ahí está la explicación de esos conatos de rebeldía, rápidamente aplacados por el sentido común.

Tales fueron las primeras campañas de Moctezuma, muy características del conjunto de su reinado. Los objetivos principales son y seguirán siendo, por un lado, el valle de Puebla y, por el otro, Oaxaca.

El valle de Puebla, porque semejante enclave independiente, y tan cercano, es intolerable en un imperio que se precie de serlo. Oaxaca, porque se halla relativamente cerca y dispone de inmensas riquezas:

---

[40] Alvarado Tezozómoc, *Crónica mexicana...*, caps. 95-96, pp. 630-634, y Durán, *Historia...*, vol. 2, cap. 59, p. 447.

[41] Como podría indicarlo el hecho de que, en 1520, fue Cuauhtémoc de México quien se volvió *tlacatécatl*. Ver Barlow, "Tlatelolco: rival de Tenochtitlan".

[42] García Granados, vol. 1, p. 347.

materias primas –el oro de Zozollan, por ejemplo– y productos elaborados, labrados por los artesanos, alfareros, pintores, orfebres tan afamados de la región mixteca. El tributo pagado por la provincia de Coyolapan (valle de Oaxaca), por ejemplo, da una idea de lo atractiva que resultaba la región. Consistía en unas 800 cargas –1 600 unidades– de capas o mantas artísticamente decoradas, 1 600 cargas de mantas grandes, 20 discos de oro del grueso de un dedo y del ancho de un plato, 20 bolsas de cochinilla, dos "graneros" de maíz, uno de frijoles y uno de semillas de chía. Sabiendo que un granero equivalía a unos 186 043 kilogramos,[43] ¡el total de los víveres sumaba unos 744 172 kilogramos!

En principio, para transportar a Tenochtitlan esa cantidad de riquezas se necesitaban veinticinco días y 32 355 hombres. Pero los cargadores también debían llevar lo necesario para alimentarse en el camino de ida y de vuelta, por lo menos treinta kilos por persona. Es decir que el transporte de tal cantidad de víveres sólo era posible mediante un sistema de relevos-tributo, en el cual los cargadores asumían la carga sólo por unos días, y se mantenían con sus propios recursos. Pero lo más probable es que los víveres se almacenaran localmente y sirvieran para abastecer a los ejércitos en campaña o a las caravanas de paso. También cabe la posibilidad de que una parte quedara guardada en el lugar de origen, en las bodegas imperiales, y el resto fuera acarreado hasta Tenochtitlan o hasta depósitos dispuestos para recibir la visita de ejércitos o de caravanas de comerciantes. Parece ser que la carga de transportar los productos era parte del tributo. Además, cada ciudad tenía que entregar su propio tributo, aparte del de la provincia.

La región de Oaxaca tenía también otros atractivos: era una de las vías hacia el istmo de Tehuantepec y el territorio maya, o por lo menos hasta el gran centro de confluencia del comercio a larga distancia que era Xoconochco, en la entrada de Guatemala. De ahí provenían cacao, plumas preciosas, pieles de jaguar, ámbar, jadeíta... Esa ruta de las tierras altas era más cómoda para los aztecas, acostumbrados a vivir en el Altiplano, que la de la costa del Golfo de México. Por otra parte, la conquista de Oaxaca protegía el flanco sur de la ruta costera y contribuía al cerco del valle de Puebla. Finalmente, la actividad guerrera de Moctezuma en Oaxaca se proponía eliminar los enclaves existentes, aplastar las rebeliones y, por lo tanto, aumentar la cohesión del imperio.[44]

Así pues, las campañas no se desarrollaban al azar. Las conquistas de los anteriores emperadores en la región oaxaqueña formaban una es-

[43] Parsons, p. 251.
[44] Davies, *The Aztec Empire...*, pp. 90 y 96.

pecie de garra o tridente, del cual dos puntas avanzaban hasta Coyola-pan y Teopuctlan y envolvían buena parte de la Mixteca. La primera campaña contra Xaltépec y Achiotlan había desembocado en el cierre de esta bolsa y su considerable disminución.[45] La segunda, hacia Toton-tépec y Quetzaltépec, tendía a comunicar las conquistas de la Mixteca oriental y del valle de Oaxaca con las del istmo de Tehuantepec. La ter-cera era resultado de las rebeliones y consolidaba la ruta hacia el valle de Oaxaca. La cuarta protegía Coatlan y ponía el reino de Tototépec a la defensiva, cubriendo así la retaguardia de las nuevas conquistas.

Todas estas campañas tenían pues su coherencia. Moctezuma conso-lidaba e intentaba transformar un Estado saqueador, depredador, en un todo coherente y estructurado, un verdadero imperio, capaz de lle-var a cabo su rapiña de manera más civilizada, poniendo la ley y el orden de su lado. Lo hacía de manera tan sistemática como las circunstan-cias y las necesarias expediciones punitivas lo permitían. Sus guerras confirmaban lo que ya indicaban sus reformas políticas, administrati-vas y religiosas iniciales, pero las seguía manejando como expediciones de pillaje y de cacería de hombres, con una aplastante superioridad nu-mérica y siguiendo siempre la línea de menor resistencia. Excepto con el vecino valle de Puebla, densamente poblado: ahí, para limitar las ba-jas, conducía una guerra ritual de desgaste, una guerra regulada que de vez en cuando transformaba en guerra verdadera para tantear la resis-tencia del adversario.

[45] Barlow, "Conquistas...", p. 221.

·VI·
La vida cotidiana de un soberano mexica

EL PALACIO DEL EMPERADOR

Con el tiempo, Moctezuma fue perdiendo el interés por participar en las campañas militares lejanas. El señor de los colhuas prefería dedicarse a la puesta en práctica de sus grandes reformas, especialmente al acercarse la fiesta secular del Fuego Nuevo.

En su mayor parte, su existencia se desarrollaba dentro del nuevo palacio que había mandado construir al lado de la plaza principal y del muro que cerraba el lado sur del recinto del Templo Mayor. Ese palacio, dicen, era una maravilla. Los conquistadores, que tuvieron muchas ocasiones de recorrerlo, dejaron descripciones entusiastas. Escuchemos por ejemplo a Cortés, quien sabía mirar y escribe poco después de salir de la ciudad:

Tenía dentro de la ciudad sus casas de aposentamientos, tales y tan maravillosas que me parecería casi imposible decir la bondad y grandeza de ellas, y por tanto sólo diré que en España no hay nada semejante. Tenía una casa poco menos buena que ésta, donde tenía un muy hermoso jardín con ciertos miradores que salían sobre él y los mármoles y losas de ellos eran de jaspe muy bien obradas. Había en esta casa aposentamientos para se aposentar dos muy grandes príncipes con todo su servicio.[1]

Cuando Cortés afirma que nada comparable existía en España, está exagerando un poco. ¿Pero acaso no le convenía presentar su conquista al rey bajo la luz más halagadora? La arquitectura doméstica azteca era, en realidad, relativamente sencilla. Para las residencias de cierta importancia, consistía en piezas aproximadamente rectangulares, con techo plano, alineadas en torno a patios abiertos. En los grandes palacios,

[1] Cortés, *Cartas de relación*, p. 83.

las habitaciones y los patios podían ser extremadamente numerosos y algunas partes tenían un piso superpuesto. Los muros eran de piedra; los techos, de vigas gruesas cubiertas con piedras y mortero. Arcos, bóvedas y cúpulas eran desconocidos, así como los pórticos, y no eran comunes los pilares. En cuanto a los pisos superiores, no sabemos si la audacia de los arquitectos llegaba al punto de superponerlos directamente, o si los niveles altos se apoyaban en terraplenes. No había ventanas y las puertas se cerraban con tapices de fibra de henequén, de algodón o incluso de plumas.[2] Pese a todo, el palacio debía ser inmenso y suntuoso: un conquistador declara que lo recorrió cuatro veces, y que cada vez caminó hasta cansarse sin lograr terminar de verlo completo ¡y vaya que esos hombres eran incansables! En una de las salas, cabían con holgura tres mil hombres.[3]

El conjunto de los edificios se alzaba sobre un zócalo. Según Francisco López de Gómara, quien mucho después de la Conquista fue el capellán de Cortés y tuvo muchas oportunidades de escuchar sus recuerdos, había cinco entradas –quizás cinco por lado, guardadas cada una por veinte porteros– y tres grandes patios, uno de los cuales lucía una hermosa fuente. Podía haber, en todo el palacio, unos cien estanques de adorno. Las jambas y los dinteles de las puertas, así como los techos, eran de diversas maderas: cedro, palmera, ciprés, pino. Los muros estaban cubiertos en muchas partes con piedras de colores: ónix, jaspe, pórfido, piedra negra con venas como rubí, piedra blanca o traslúcida. Los más estaban pintados, a veces con motivos decorativos, o cubiertos con tapices de algodón, pelo de conejo o plumas.

Los muebles eran escasos. Los grandes señores tenían derecho a un asiento con respaldo hecho con juncos, cañas o cestería y pintado o cubierto de pieles de jaguar, puma o venado. También había muchas banquetas de piedra adosadas a los muros y adornadas con frisos en relieve. Los que no tenían sitial ni lugar en las banquetas se sentaban en el suelo, que siempre estaba cubierto de petates.

El palacio contenía objetos de extraordinaria belleza, tan maravillosos, exclama Cortés, que por su novedad y rareza no tienen precio y no hay príncipe en el mundo que tenga nada tan rico ni tan magnífico.

---

[2] La arqueología aporta poca documentación respecto a los palacios mexicas. Sobre el tema, ver Lombardo de Ruiz, p. 152, lám. 31-39. Hay otro plano de palacio en Vaillant, *The Aztecs of Mexico...*, lám. 42.

[3] Conquistador anónimo, p. 23-24; la obra es apócrifa, pero se basa en testimonios auténticos. Cortés no menciona esta sala, que debería haberlo impresionado.

Porque, como ya he dicho, ¿qué más grandeza puede ser que un señor bárbaro como éste tuviera contrahechas de oro y plata y piedras y plumas, todas las cosas que debajo del cielo hay en su señorío, tan al natural lo de oro y plata, que no hay platero en el mundo que mejor lo hiciese [...]?[4]

Las camas consistían en mantas de algodón echadas encima de petates o de heno. Algunas estaban tejidas con tanta finura que parecían más hermosas que si hubieran sido de seda. Había otras "tejidas con plumas y algodón de todos los colores y las más maravillosas que puedan verse". Eran obras de las jóvenes enclaustradas cerca del templo de Huitzilopochtli o de las esposas y concubinas del monarca, que dedicaban la mayor parte de su tiempo a estas labores. Esas mujeres ocupaban hermosas habitaciones severamente vigiladas.

El *coacalli* estaba reservado para los señores extranjeros invitados. Podemos imaginarlo más bien sobrio, como lo eran los aposentos donde alojaron a los españoles en el palacio de Axayácatl. Sólo Cortés tuvo el privilegio de salas tapizadas con vistosas telas; los demás estaban hospedados en simples habitaciones encaladas y adornadas con ramas y juncia. Algunas partes del palacio eran más espartanas, como las que se destinaban al abundante personal de servicio, a los danzantes, juglares y bufones y a los artesanos –pedreros, albañiles, carpinteros, escultores, lapidarios, plumarios (en náhuatl, *amanteca*)– siempre atareados. El palacio abarcaba también numerosos almacenes de víveres y de tributo, así como arsenales.

Centro económico, el palacio de Moctezuma también era el principal centro administrativo del imperio. Había salas de tribunal, otras donde se reunían el consejo de guerra, los verdugos, los recolectores del tributo, los maestros de los jóvenes... En la "casa del canto", los muchachos se juntaban en la noche para cantar y bailar. En el *mixcoacalli*, todos los cantantes de Tenochtitlan y Tlatelolco esperaban el capricho del gran *tlatoani*. Algunas habitaciones que contenían jaulas de madera hacían las veces de cárceles para los criminales, otras eran para los prisioneros de guerra.

Un acueducto abastecía los numerosos estanques y a los miles de habitantes del palacio: llegaba de Chapultepec, a unos cinco kilómetros, y penetraba hasta el corazón del edificio. Además, varios canales de la ciudad lacustre lo atravesaban de lado a lado y permitían transportar fácilmente, por canoa, la leña y los víveres.[5]

[4] Cortés, *Cartas de relación...*, p. 82.
[5] Zurita, p. 63; López de Gómara, vol. 2, p. 140; Fernández de Oviedo, vol. 4, p. 223; Sahagún, *Códice Florentino*, libro VIII, caps. 9, 11 y 14-21; Cortés, *Cartas de relación...*, pp. 77-83, y Díaz del Castillo, caps. 88 y 91.

Danza de guerra al son de los tambores. Durán, *Historia...*

Los jardines del emperador contaban con varios estanques, muy admirados por los cronistas, tanto más cuanto que estaban en medio de un jardín zoológico y botánico, un refinamiento que los españoles no habían tenido ocasión de ver en su país. Se habían plantado árboles de todas las especies, algunos aromáticos, pero no había frutales, pues Moctezuma los consideraba impropios en un jardín de placer. En cambio, había una gran variedad de plantas medicinales.[6] Una vez más, escuchemos a Cortés:

En esta casa tenía diez estanques de agua, donde tenía todos los linajes de aves de agua que en estas partes se hallan, que son muchos y diversos, todas domésticas; y para las aves que se crían en el mar, eran los estanques de agua salada, y para los de ríos, lagunas de agua dulce, la cual agua vaciaban de cierto a cierto tiempo, por la limpieza, y la tornaban a henchir por sus caños, y a cada género de aves se daba aquel mantenimiento que era propio a su natural y con que ellas en el campo se mantenían. De forma que a las que comían pescado, se lo daban; y las que gusanos, gusanos; y las que maíz, maíz; y las que otras semillas más menudas, por el consiguiente se las daban. Y certifico a vuestra alteza que a las aves que solamente comían pescado se les daba cada día diez arrobas de él, que se toma en la

6 López de Gómara, vol. 2, p. 144, y Díaz del Castillo, cap. 91, pp. 166ss.

laguna salada. Había para tener cargo de estas aves trescientos hombres, que en ninguna otra cosa entendían. Había otros hombres que solamente entendían en curar las aves que adolecían. Sobre cada alberca o estanques de estas aves había sus corredores y miradores muy gentilmente labrados, donde el dicho Mutezuma se venía a recrear y a las ver. Tenía en su casa un cuarto en que tenía hombres y mujeres y niños blancos de su nacimiento en el rostro y cuerpo y cabellos y cejas y pestañas. Tenía otra casa muy hermosa donde tenía un gran patio losado de muy gentiles losas, todo él hecho a manera de un juego de ajedrez, y las casas eran hondas cuanto estadio y medio, y tan grandes como seis pasos en cuadra; y la mitad de cada una de estas casas era cubierta el soterrado de losas, y la mitad que quedaba por cubrir tenía encima una red de palo muy bien hecha; y en cada una de estas casas había un ave de rapiña; comenzando de cernícalo hasta águila, todas cuantas se hallan en España, y muchas más raleas que allá no se han visto. Y de cada una de estas raleas había mucha cantidad, y en lo cubierto de cada una de estas casas había un palo como alcandra y otro fuera debajo de la red, que en el uno estaban de noche y cuando llovía, y en el otro se podían salir al sol y al aire a curarse. Y a todas estas aves daban todos los días de comer gallinas, y no otro mantenimiento. Había en esta casa ciertas salas grandes bajas, todas llenas de jaulas grandes de muy gruesos maderos muy bien labrados y encajados, y en todas o en las más había leones, tigres, lobos, zorras y gatos de diversas maneras, y de todos en cantidad, a los cuales daban de comer gallinas cuantas les bastaban. Y para estos animales y aves había otros trescientos hombres que tenían cargo de ellos.[7]

Bernal Díaz afirma haber oído decir que alimentaban a los "tigres" y "leones" –es decir, los jaguares y pumas– con carne humana. Tras un sacrificio, precisa, el corazón iba a los ídolos, los muslos y los brazos a los familiares de los que habían capturado a la víctima, la cabeza al *tzompantli* y el torso a las fieras. También recibían su parte las serpientes de cascabel alojadas en tinajas y cántaros acolchados con plumas. Todas esas bestias tuvieron ocasión de saborear a unos centenares de españoles, inmolados después de la huida de los conquistadores en 1520.

Esas descripciones son la razón por la cual se suele hablar del "jardín zoológico" del emperador, pero el término es impropio: estos anima-

---

[7] Cortés, *Cartas de relación...*, pp. 83-84. El jardín debía de estar en el recinto anexo al palacio propiamente dicho.

les no estaban ahí sólo para el solaz del rey o la instrucción del visitante. Lo mismo vale para el arte: los escultores aztecas eran extraordinarios para representar animales: podían reproducir la actitud del coyote al acecho, de la rana a punto de brincar, de la serpiente enroscada, y las muchas obras que nos han llegado podrían hacernos creer que se trata de arte profano, de una suerte de zoológico de piedra. Sabemos que Moctezuma había hecho reproducir en su palacio todo lo que tenía vida. Ahora bien, los descubrimientos arqueológicos han demostrado que las esculturas de este tipo tenían cabida en los grandes recintos sagrados, alrededor de las pirámides, en los santuarios: debían de cumplir algún papel religioso. Tal era también el caso de los animales del jardín de Moctezuma. Bernal Díaz lo dice explícitamente: las fieras y las serpientes estaban alojadas en torno a un edificio en el cual se encontraban varios ídolos que representaban, al parecer, a las deidades feroces. El techo de ese santuario estaba cubierto con hojas de oro y plata donde brillaban, artísticamente engastadas, piedras diversas: ágatas, cornalinas, topacios, calcedonias y esmeraldas. Moctezuma acudía a ese santuario para consultar al dios terrible por antonomasia, Tezcatlipoca.[8] Al parecer, cada dios, igual que los hombres, tenía un *nahual*, un doble animal que nacía al mismo tiempo que él y cuyo destino compartía.[9] En este contexto, se entiende mejor por qué esos animales estaban alimentados con carne humana, como dioses.

En otra casa, recuerda Cortés, Moctezuma "tenía muchos hombres y mujeres monstruos, en que había enanos, corcovados y contrahechos, y otros con otras disformidades, y cada una manera de monstruos en su cuarto por sí; y también había para éstos personas dedicadas para tener cargo de ellos".[10] Los españoles los consideraban como "manera de pasatiempo" y creían que el emperador los coleccionaba como algunos aficionados del Renacimiento juntaban curiosidades. Es verdad que los enanos y los jorobados también fungían de bufones en la corte y, al morir el rey, se solían inmolar para que lo acompañaran en su viaje al más allá. Pero esos seres fuera de la norma también se encontraban ahí por motivos religiosos, aunque no siempre sabemos especificar cuáles. Una cosa que sí sabemos es que en caso de hambruna, se sacrificaba a albinos y a niños bicéfalos en un remolino de la laguna.[11]

[8] Díaz del Castillo, cap. 91, p. 169, y Fernández de Oviedo, vol. 4, p. 222.

[9] Ver al respecto Castillo, "Fragmentos...", p. 91.

[10] Cortés, *Cartas de relación*..., p. 84.

[11] Sobre la hambruna, ver Alvarado Tezozómoc, *Crónica mexicana*..., cap. 70, p. 517, y cap. 80, p. 563. También sacrificaban a albinos y enanos en caso de

El palacio que describimos, con sus jardines y sus dependencias, sólo era una de las moradas del emperador. Tenía otras más en la ciudad y varias en el campo.

ROPA, ATAVÍOS Y ADORNOS

Moctezuma se bañaba dos veces al día, en la mañana y al atardecer. Un señor de su corte traía jarrones de agua y los vertía sobre su cuerpo. Luego, el rey tomaba agua en la boca y se frotaba los dientes vigorosamente con los dedos. Otro señor le depositaba en los brazos finas toallas con las cuales se secaba. Nadie podía tocar su ropa, que llegaba envuelta en telas y cargada con gran veneración. Se cambiaba cuatro veces al día y nunca se volvía a poner lo que una vez había usado, así como nunca comía dos veces en la misma vajilla.[12]

El vestuario imperial era impresionante. Cortés, cuyo entusiasmo está siempre potenciado por la necesidad de asombrar a Carlos V, dice que tenía ropa "que era tal, que considerada ser toda de algodón y sin seda, en todo el mundo no se podía hacer ni tejer otra tal ni de tantas ni tan diversos y naturales colores ni labores". Había ropas de hombres y de mujeres "muy maravillosas".[13] A veces, las telas estaban entretejidas con plumas o cubiertas con mosaicos multicolores de minúsculos fragmentos de plumas con realces de oro y pedrería. La ropa representaba un elemento esencial de la riqueza mobiliaria del emperador, pues se usaba como moneda y podía servir para recompensar a los súbditos que lo merecieran. Como las colchas, parte de la ropa la tejían las mujeres y las jóvenes enclaustradas; lo demás provenía de regalos o de tributos, y se redistribuía o se daba en pago de servicios.

El vestuario masculino consistía en un braguero o maxtate (*máxtlatl*) y una capa o manto (*tilmatli*). El maxtate era una larga tira de tela que pasaba entre las piernas y se anudaba en torno a la cintura de tal forma que las extremidades caían por delante y por atrás. El manto era una

eclipse de sol. Ver Sahagún, *Códice Florentino*, libro VII, cap. 1, p. 431; Mendieta, vol. 1, p. 215; Muñoz Camargo, *Historia...*, p. 132; Córdova, p. 215; Seler, *Codex Vaticanus No. 3773*, p. 183, y Burland, p. 120. Respecto al sacrificio de enanos y albinos a la muerte del rey, ver Durán, *Historia...*, vol. 1, pp. 56 *passim*.

[12] Aguilar, p. 180; Tapia, *Relación...*, p. 105; Cortés, *Cartas de relación...*, p. 85, y Anglería, vol. 2, p. 484. López de Gómara (vol. 2, p. 134) dice que la ropa se regalaba a los parientes o a guerreros destacados. Díaz del Castillo (cap. 91) indica que Moctezuma esperaba cuatro días antes de volver a usar una misma prenda.

[13] Cortés, *Cartas de relación...*, p. 76.

tela rectangular amarrada en el hombro o debajo del cuello. Las mujeres vestían una larga pieza de tela enrollada en torno a las caderas que cubría el cuerpo de la cintura abajo (*cuéitl*) y una blusa (*huipilli*) o una tela en forma de rombo con una abertura en el centro para pasar la cabeza (*quechquémitl*).

Conocemos el decorado bordado o tejido de algunas mantas por las representaciones que aparecen en varios códices (el *Magliabechiano*, el *Ixtlilxóchitl* o el *Mendoza*) y por descripciones recabadas por los europeos. Los *papaloyo tilmatli tenixio*, por ejemplo,

> tienen el campo leonado (rojizo), y en él sembradas unas mariposas tejidas de pluma blanca, con un ojo de persona en medio de cada una; estaban ordenadas en rencle, de esquina en esquina; tiene esta manta una flocadura de ojos por todo el rededor, en campo negro, y después una franja colorada almenada.

Otra manta representa una piel de jaguar, con bandas rojas en las orillas y un borde tejido de plumas blancas. Había maxtates bordados con mariposas, garras de águila o motivos geométricos iguales a los de la manta con la cual se usaban...[14]

Ese atuendo se complementaba con toda clase de adornos y joyas: sandalias incrustadas con oro y piedras semipreciosas, collares, pulseras y orejeras de oro o de pedrería, pulseras de "correa gruesa negra sobada con bálsamo y en ella una cuenta gruesa de *chalchíhuitl* u otra piedra preciosa", penachos de plumas ricas... Los mexicas de alto rango tenían agujereadas las alas de la nariz y el labio inferior, "y en los agujeros metidos unas turquesas muy finas u otras piedras preciosas" o bezotes. Éstos podían tener la forma de un tubo de jade, de cristal de roca o de ámbar hasta de cinco centímetros de largo. Ensartados en el labio inferior, tenían unos tapones de oro. Una de las extremidades, aplanada, se colocaba entre el labio y los dientes y mantenía el objeto en su lugar; la otra, la que se veía, podía tener forma de pelícano, de águila, de serpiente de fuego, etcétera.

Otras joyas usuales eran las orejeras; algunas, que se conservaron hasta hoy, eran de oro con incrustaciones y pendientes escalonados terminados por cascabeles. El disco mismo tenía en su parte posterior un tubo que atravesaba el lóbulo de la oreja y podía estar adornado con un relieve en forma de cabeza de animal. Otras orejeras estaban labradas en

[14] Sahagún, *Códice Florentino*, libro VIII, caps. 8-10, pp. 456-460, y también para lo que sigue.

fina obsidiana transparente, bruñida con increíble virtuosismo. Algunos anillos de oro llevaban cabezas de animales o de Xipe, dios de los orfebres, elaboradas con la técnica llamada "de la cera perdida", como todos los demás adornos de oro. Las sandalias del rey eran de piel de jaguar con suelas de piel de venado, y a veces estaban incrustadas con pedrería. Había también collares de oro, de jade, de conchas marinas; medallas o pectorales con personajes y relieves variados; la diadema real de turquesa, los variados aderezos de plumas...

El momento en que el emperador solía desplegar toda su gloria era cuando participaba en una danza solemne. Su tocado, primero. Podía ser sencillo, por ejemplo, una simple banda en la frente que detenía dos manojos de plumas de quetzal; o más vistoso, con una corona de plumas de espátula rosa rodeada por otra más alta de plumas de quetzal; o extravagante, en forma de pájaro multicolor hecho todo de plumas, con la cabeza erguida, las alas desplegadas, la larga cola cayéndole sobre el cuello. Uno de estos espléndidos tocados se conserva en el museo etnográfico de Viena: tenía, originalmente, unas quinientas plumas largas de la cola del quetzal –pájaro que sólo tiene tres o cuatro–, dispuestas en abanico alrededor de la cabeza a partir de una media corona de pequeñas plumas rojas y azules alternadas con teselas de oro. En la espalda, Moctezuma cargaba un pequeño tambor exquisitamente decorado que servía para dar órdenes, así como una alta insignia en plumas de espátula rosa. En las manos llevaba, para completar el atuendo, un matamoscas de bandas de oro, o un ramillete de flores y un cigarro.

Igual de resplandeciente se veía el emperador en el campo de batalla. Según las circunstancias, los agüeros o el humor del rey, a los adornos ya descritos añadía una divisa dorsal destinada a asustar, como el "señor jaguar" en piel de jaguar rodeada de rayos de oro, o la "mariposa de obsidiana", el espectro Tzitzímitl, el huasteco bicolor...; además, "un corselete de pluma bermeja que le llegaba hasta los medios muslos, todo sembrado de caracolitos de oro", un faldellín de plumas y una rondalla. Sus armas personales representaban un águila con las garras clavadas en el lomo de un jaguar.[15] La luz triunfando de las tinieblas, escudo del rey que vería caer la noche sobre su imperio...

Cortés recibió de Moctezuma "una docena de cerbatanas" para cazar aves, de las que declara:

Tampoco no sabré decir a vuestra alteza su perfección, porque eran todas pintadas de muy excelentes pinturas y perfectos matices, en

<hr>

[15] López de Gómara, vol. 2, p. 140.

que había figuradas muchas maneras de avecicas y animales y árboles y flores y otras diversas cosas y tenían los brocales y puntería tan grandes como un geme de oro y en el medio otro tanto muy labrado. Dióme para con ellas un garniel de red de oro para los bodoques, que también me dijo que me había de dar de oro.[16]

LA MESA IMPERIAL

Moctezuma comía solo, con solemnidad, en una gran sala decorada con pinturas murales y con el suelo cubierto de petates nuevos. Si hacía frío, se quemaban ascuas de cortezas aromáticas que no producían humo. A veces, antes de cenar, iba a ver a los cocineros que le indicaban las mejores piezas y cómo estaban preparadas. Luego regresaba a la gran sala y se instalaba en una almohada de cuero o en un asiento con respaldo tejido, frente a una mesa baja cubierta con manteles blancos y pequeñas servilletas alargadas.[17] Varios centenares de jóvenes nobles de su servicio traían los trescientos platillos que disponían en la sala sobre pequeños braseros de barro.

"Cotidianamente", cuenta Bernal Díaz del Castillo, "le guisaban gallinas, gallos de papada, faisanes, perdices de la tierra, codornices, patos mansos y bravos, venado, puerco de la tierra [quién sabe qué animal designa con este nombre], pajaritos de caña y palomas y liebres y conejos, y muchas maneras de aves". Los informantes indígenas de Sahagún, más precisos y más prolijos, enumeran varios tipos de tortillas de maíz, servidas en un canasto cubierto con una servilleta blanca como se sigue practicando hasta hoy; aves asadas o cocidas, codornices asadas, "cazuela de gallina hecha a su modo con chile bermejo y con tomate y pepitas de calabaza molidas, que se llama ahora este manjar pipián", pescados de todo tipo, preparados con chile rojo o amarillo o con "ciruelas no maduras", cazuela de ranas con chile verde, ajolotes, hormigas aladas, chapulines, acamayas, atoles de maíz de varios tipos y sabores, además de frutas diversas que Moctezuma casi no probaba.[18]

Algunos afirman, dice López de Gómara, que también le servían carne de niños pero, matiza él, sólo comía sacrificados, lo cual por su-

[16] Cortés, *Cartas de relación...*, p. 76.

[17] Fernández de Oviedo, vol. 4, pp. 219-220; López de Gómara, vol. 2, pp. 134-136; Díaz del Castillo, cap. 91, pp. 166-167; Cortés, *Cartas de relación...*, p. 84; Sahagún, *Códice Florentino*, libro VIII, cap. 13, pp. 463-465, y Aguilar, p. 181.

[18] Díaz del Castillo, cap. 91, p. 167, y Sahagún, *Códice Florentino*.

puesto no excluye a los niños. Según Durán,[19] cada día Moctezuma mandaba matar a un esclavo para comer él, sus invitados y sus favoritos. Pero esta información, no confirmada, participa probablemente de la campaña de calumnias enderezadas contra Moctezuma por la *Crónica X*, y especialmente por Durán. No cabe duda de que el soberano debía recibir muy a menudo carne de sacrificado: ¿no se le reservaba, por lo menos en teoría, un muslo de cada víctima?[20]

Todo eso estaba servido en una hermosa vajilla pintada en cerámica de Cholula, pero también había platones de oro o de plata, adornados por ejemplo con hojas repujadas. El cacao se servía en tazas de oro.

Antes y después de comer, el emperador se lavaba las manos: una veintena de sus mujeres le traían agua y cuatro de ellas se acercaban, unas con aguamaniles para mojar sus manos, otras con grandes bandejas para recoger el agua. Luego le pasaban servilletas para secarse. Las servilletas, la vajilla y los braseros se usaban una sola vez.

Cuando el emperador se sentaba a la mesa, un mayordomo disponía un biombo de madera realzado con oro y escenas pintadas, para protegerlo de las miradas. Sus mujeres venían a ofrecerle diversos tipos de tortillas de maíz, pero sólo el mayordomo se encargaba de pasar y retirar los platillos. Cuatro o seis de los parientes cercanos del rey, altos dignatarios, permanecían de pie a su lado. A veces les dirigía la palabra y les ofrecía algún platillo. Todo mundo callaba, pero de vez en cuando una orquesta tocaba varios instrumentos de viento: flautas, siringas, caracoles y tambores... A veces, los enanos y jorobados de la corte "decían gracias, le cantaban y bailaban, porque Moctezuma era aficionado a placeres y cantares". Para agradecerles, les hacía dar restos de comida y tazas de cacao.

Según Cortés, en el momento en que se le servía a Moctezuma, también les traían de comer a los cortesanos y a todo el personal del palacio, e incluso a cualquiera que lo pidiera. Los informantes de Sahagún, en cambio, dicen que los invitados, los embajadores, los cortesanos y la gente del palacio, es decir, varios miles de personas, comían después del rey. Cuando él terminaba, se lavaba las manos y sus mujeres le traían tazas de oro rebosantes de cacao espumoso, con miel o vainilla, al que atribuían virtudes afrodisíacas. Después, le presentaban unos canutos pintados y dorados, llenos de una mezcla de liquidámbar con tabaco: aspiraba unas bocanadas de humo y se dormía.

---

[19] Durán, *Historia...*, vol. 2, p. 483.
[20] Sahagún, *Códice Florentino*, libro II, cap. 21, p. 101.

El inmenso palacio siempre hervía de gente, excepto en la noche, cuando relativamente pocos hombres permanecían ahí, pero sí entre mil y tres mil mujeres, concubinas, sirvientas, esclavas.[21] En la mañana temprano, unos centenares de notables o grandes señores acudían a hacerse ver o a esperar las órdenes de su soberano. Entre ellos, seguramente, esos señores de las provincias obligados a permanecer parte del año en Mexico-Tenochtitlan. Hasta la noche, sentados, caminando, platicando entre ellos, pasaban el tiempo sin salir de allí como en tantas otras cortes antiguas. Cada uno de ellos venía con unos cuantos servidores. En la época en que los españoles conocieron el palacio, esos servidores estaban armados, pero eso bien pudo ser excepcional y deberse sólo a la presencia del enemigo en la ciudad.

Nadie, excepto los reyes aliados, podía conservar sus sandalias puestas dentro del palacio. Cualquiera que entrara a ver al emperador, para darle informes por ejemplo, tenía que cambiar sus ricos atavíos por mantas en fibra de henequén. Debía mantener siempre "los ojos bajos, puestos en tierra" en señal de respeto. Al acercarse al rey, hacía tres profundas reverencias, diciendo: "Señor, mi señor, mi gran señor". Después, se acuclillaba a cuatro metros por lo menos de Moctezuma. Éste "con pocas palabras les despachaba". Terminada la audiencia, había que retirarse sin darle la espalda y de nuevo sin mirarle a la cara. Los señores de provincia no podían entrar derecho al palacio y tenían que dar primero una vuelta "por un lado de la puerta". Cortés, el mejor testigo de la vida en el palacio, concluye:

> Eran tantas y tan diversas las maneras y ceremonias que este señor tenía en su servicio, que era necesario más espacio del que yo al presente tengo para las relatar y aún mejor memoria para las retener, porque ninguno de los sultanes ni otro ningún señor infiel de los que hasta ahora se tiene noticia no creo que tantas ni tales ceremonias en su servicio tengan.[22]

En sus escasas salidas, el monarca utilizaba un espléndido palanquín, cerrado casi siempre y cargado por hombres de alto rango. Cuando caminaba, se apoyaba en dos grandes señores y avanzaba bajo un "palio

---

[21] López de Gómara, vol. 2, p. 140.

[22] Cortés, *Cartas de relación...*, p. 85; López de Gómara, vol. 2, p. 145; Díaz del Castillo, cap. 91, pp. 166ss, y Fernández de Oviedo, vol. 4, p. 220.

muy riquísimo a maravilla, y el color de plumas verdes con grandes labores de oro, con mucha argentería y perlas y piedras *chalchiuis*, que colgaban de unas como bordaduras, que hubo mucho que mirar en ello". Grandes señores lo acompañaban y el emperador les hablaba, puntuando su discurso con una "varita medio de oro y medio de palo". Delante de él iba un dignatario que llevaba dos o tres largos "bastones como cetros alzados en alto" como señal del paso del emperador, y otros que abrían camino apartando a la multitud. Si se trataba de una ocasión solemne, otros nobles barrían el suelo que iba a pisar y extendían alfombras a su paso. La gente se prosternaba, o bajaba la cabeza y miraba para otra parte, de suerte que los mexicanos pudieron declararles a los españoles que jamás habían visto a Moctezuma.[23]

No es fácil reconstruir un día de la vida del emperador. Por supuesto, tenemos la información que proviene de los españoles, pero se refiere a la temporada particular en que Moctezuma fue prisionero de sus invitados en el palacio de Axayácatl. En teoría, seguía reinando como antes, pero nada garantiza que el ritmo de sus actividades haya permanecido igual.

En la mañana, el emperador primero que nada se dirigía a sus dioses y les brindaba ofrendas o sacrificios. Debía, entre otras cosas, saludar al sol saliente con estas palabras: "¡Dígnate hacer tu oficio y cumplir con tu misión, señor nuestro!", incensarlo y degollar codornices en su honor. De esta manera, contribuía a mantener el movimiento del astro.[24]

Después, comía un poco de chile antes de acudir a una sala de tribunal para atender los litigios de los señores de provincia. Siempre lo acompañaban unos veinte consejeros y jefes de guerra. Los litigantes explicaban su caso a dos jueces viejos de alto rango y, si era preciso, exhibían documentos pictográficos relativos a sus tierras y "con unas varitas muy delgadas y pulidas" señalaban la causa del pleito. Los jueces resumían el caso para el *tlatoani* y expresaban su opinión. Moctezuma decidía. Con otros jueces, también debía ocuparse de los juicios criminales y, de manera general, velar por la buena y expedita impartición de la justicia. Más tarde, recibía tributos y despachaba los asuntos importantes del Estado.

Al mediodía, comía y dormía una siesta. Después, volvía a dar audiencia o consultaba con sus consejeros. Luego iba a bañarse, antes de descansar escuchando música o mirando a sus payasos y juglares, algunos

[23] Díaz del Castillo, caps. 88 y 92; Cortés, *Cartas de relación...*, p. 85; Sahagún, *Códice Florentino*, libro VIII, cap. 10, pp. 459-460, y Aguilar, *Relación breve...*, p. 178.
[24] Sahagún, *Ritos, sacerdotes...*, pp. 72-73, y Las Casas, *Los indios...*, p. 160.

de los cuales más tarde se hicieron famosos en Europa por su virtuosismo en lanzar troncos de árboles con los pies y recogerlos al vuelo.[25] A veces, jugaba *patolli* o se quedaba mirando partidos de este juego, en el que se lanzaban habas marcadas sobre las casillas dibujadas en un petate, a manera de tres en raya. Su juego favorito era el *totoloque*, que se parece un poco a los dados; también disfrutaba mucho el juego de pelota, en el cual dos equipos se oponían en un terreno en forma de I en cuyo centro había dos anillos de piedra colocados verticalmente. Una de las maneras de ganar consistía en hacer pasar por uno de estos anillos la pesada pelota de hule, que sólo se podía impulsar con la cadera o con las nalgas. Moctezuma veía a los jugadores expertos o tomaba parte personalmente en el juego. En todos esos juegos se apostaba muy fuerte, y cambiaban de manos collares, mantas, jade, campos de maíz, esclavos, casas, etcétera.

Otros de los placeres y diversiones de Moctezuma eran el canto y el baile, y también coleccionaba arbustos florales con los cuales hacía macizos y arriates: pronto conoceremos a una víctima de esa manía tan inocente a primera vista... Era vigoroso, excelente nadador, y se ejercitaba con regularidad en el manejo de las armas. Sus enanos, jorobados y contrahechos lo acompañaban en todas sus diversiones.[26]

A los reyes les gusta cazar: el soberano universal sobresalía en el tiro al arco, en la cacería de fieras y en el manejo de la cerbatana para cazar pájaros. Una gran cacería podía movilizar a tres mil hombres; Moctezuma iba en su litera mientras los monteros levantaban venados, zorros y coyotes que luego eran cazados a flechazos. En las batidas, se juntaba una compañía todavía mayor y mataban a las piezas a mano limpia, a garrotazos, con redes o con arcos y flechas. Conseguían atrapar cualquier ave: un día que los españoles se maravillaban al ver pasar un halcón, Moctezuma dijo a sus hombres que lo atraparan y, tras perseguirlo largamente, lo lograron. Finalmente, se practicaba la cetrería y se cazaban garzas, gavilanes, urracas, grajos... con ayuda de águilas, zopilotes y otras aves de rapiña.[27]

---

[25] Díaz del Castillo, caps. 91 y 95; Sahagún, *Historia general...*, libro 8, caps. 14-21, pp. 465ss, y López de Gómara, vol. 2, p. 136.

[26] Sahagún, *Historia general...*, libro 8, cap. 10, y Torquemada, vol. 1, p. 499.

[27] López de Gómara, vol. 2, p. 162.

El cronista Gonzalo Fernández de Oviedo afirma que el padre de Moctezuma, Axayácatl, tuvo unos ciento cincuenta hijos, pero que casi todos los varones fueron asesinados por orden de su hermano, el emperador. Puede ser que exagere, pero sabemos con certeza que cada sucesión provocaba rivalidades y luchas: por ejemplo, después de la muerte de Moctezuma, su sucesor Cuitláhuac mandó matar a seis de sus hijos.[28] Como el trono podía pasar de un hermano a otro, es probable que algunos no pudieran contener la impaciencia.

Fernández de Oviedo también dice que Moctezuma casaba a sus hermanas con quién él juzgaba conveniente; eso sí es perfectamente verosímil. Sus hermanas como sus hijas eran instrumentos políticos esenciales para la cohesión y la supervivencia del Estado, y así era en toda Mesoamérica desde los tiempos más antiguos, especialmente entre los mayas. Dar a una hija o una hermana en matrimonio a un rey extranjero significaba aplacar a un enemigo, ganar un aliado, fortalecer una amistad o recompensar una lealtad; también podía servir para señalar un rango superior o inferior, para expresar poder o sumisión, para extender la propia influencia; hasta podía ser un instrumento para entrometerse en los asuntos de otro. Finalmente, también implicaba recibir a otras mujeres a cambio, y como, además, una esposa de alto rango traía en su dote extensiones más o menos grandes de tierras, todo ello redondeaba una red de vínculos inextricables que se iban fortaleciendo continuamente.

Lo usual entre los aztecas era casarse entre los veinte y los veinticinco años de edad. Tal fue probablemente el caso de Moctezuma. La poligamia era la regla, por lo menos entre los ricos y los poderosos, que tenían un gran número de esposas cuyo rango variaba según el estatuto anterior de cada una y el carácter más o menos formal del matrimonio. Como el soberano de Mexico-Tenochtitlan no podía encontrar a una princesa de rango equivalente al suyo en otra ciudad, escogía a su esposa principal dentro de la familia real, por ejemplo una prima. Los hijos de esa esposa eran los que accedían al trono, uno tras otro, y luego entraba la siguiente generación. El emperador también se casaba con mujeres de los linajes reales de Texcoco y Tlacopan, pero los hijos nacidos de esas uniones no heredaban la corona mexica.

---

[28] Fernández de Oviedo, vol. 2, p. 223, y Zantwijk, "Iquehuacátzin..." Ver también en *Crónica mexicáyotl* (pp. 163-164), los seis hijos de Moctezuma que Cuitláhuac mandó matar.

Era distinto en Texcoco, donde la esposa principal del rey era una señora mexica. Como ella provenía de una dinastía más poderosa, sus hijos heredaban el poder local, fortaleciendo cada vez la posición de Mexico-Tenochtitlan. Así como el rey de Texcoco tomaba esposa en la ciudad de la cual dependía, los señores de las catorce ciudades acolhuas tributarias de Texcoco debían casarse con mujeres del linaje real de Texcoco.[29]

Fernández de Oviedo también menciona la cifra de cuatro mil esposas secundarias o concubinas, otra fuente propone seiscientas;[30] por otra parte, le atribuyen más de dos mil a Nezahualpilli –dos veces más que el rey Salomón–, pero Moctezuma era mucho más poderoso que el rey de Texcoco. Las cifras más altas se podrían explicar, entre otras razones, porque a veces el rey tomaba como propias a las esposas de su antecesor o porque algunas esposas de alto rango llegaban con un numeroso séquito de acompañantes y sirvientas, incluso con hermanas suyas, todas las cuales podían terminar sumándose al harén del rey. Por otra parte, entre las mujeres que eran hijas de reyes o de grandes señores, algunas eran más bien rehenes o prendas de lealtad, sin olvidar que otras podían ser regaladas por el emperador a personas que deseaba honrar. Finalmente, también había esclavas.

De cualquier modo, la cifra de cuatro mil es claramente exagerada y, si bien traían propiedades como dote, las muchas mujeres significaban una pesada carga. En muchos sentidos, por cierto, pues un buen marido trataba igualmente bien a todas sus esposas.[31] Esa igualdad de trato explica cómo, a veces, hasta cincuenta esposas estaban embarazadas al mismo tiempo. López de Gómara incluso habla de ciento cincuenta, y dice que todas abortaron. Por orden del diablo, con quien todas tenían trato, afirma Fernández de Oviedo. Resulta poco creíble. Quizás, se pregunta López de Gómara al copiar y amplificar a Fernández de Oviedo, lo hicieron porque sabían que sus hijos no heredarían. Cabe señalar que los hijos de esposas secundarias no se exponían a ningún desprecio; incluso los que tenían madres plebeyas eran nobles y podían heredar de su padre y, en el caso de los hijos de reyes, hasta subir al trono, aunque esto era excepcional. Dicho todo eso, el aborto se castigaba con la muerte, pero podemos imaginar que se trató en este caso de restringir el número de candidatos a la sucesión y con ello las fuentes de conflicto.[32]

[29] Soustelle, *La vida cotidiana...*, pp. 181-184, y Carrasco.
[30] Fernández de Oviedo, vol. 2, p. 223, y *Códice Tudela*, fol. 76v.
[31] Soustelle, *La vida cotidiana...*, p. 213.
[32] Fernández de Oviedo, vol. 4, p. 223; López de Gómara, vol. 2, p. 140; Díaz del Castillo, caps. 97 y 91, y Graulich, "L'Arbre interdit..."

De la vida íntima de Moctezuma, sabemos muy poco, excepto –y eso explica en parte nuestra ignorancia– que cuando tenía comercio con sus esposas era con mucha discreción, y que se limitaba a las mujeres. Así lo señala Bernal Díaz del Castillo: "cuando usaba con ellas era tan secretamente que no lo alcanzaban a saber sino alguno de los que lo servían. Era muy limpio de sodomía" (lo que su traductor francés del siglo XIX expresa a su manera: "no tenía vicios crapulosos"). Dicen que trataba bien a sus esposas y que las "honraba grandemente", pero no sabemos qué sentido exacto darle a esa afirmación: se trata del testimonio de los españoles, que habrán intentado saber o ver cuando tenían a Moctezuma como huésped forzado. Por otra parte, las madres amamantaban a sus hijos durante cuatro años y, en lo posible, procuraban evitar las relaciones sexuales durante ese periodo.[33]

Aparte del tiempo necesariamente muy reducido que esas incontables esposas dedicaban a su marido, ocupaban sus días hilando, tejiendo, bordando y preparando manjares delicados o bebidas como el cacao; para servirlas y entretenerlas, tenían mujeres cojas, enanas o jorobadas que cantaban y tocaban atabales. Lo mismo pasaba, por cierto, a varios miles de kilómetros de distancia entre los incas, con quienes los mesoamericanos nunca tuvieron intercambios. Las mujeres del *tlatoani* tenían la obligación de portarse bien y ser piadosas, no salían, ni siquiera podían mirar a otro hombre y vivían bajo la constante vigilancia de mujeres mayores. Practicaban sacrificios y maceraciones frecuentes y se sangraban hasta las partes más íntimas de sus personas.[34]

La mayoría de los documentos establecen que una sola de esas esposas se consideraba la principal. Bernal Díaz afirma,[35] sin embargo, que el emperador tenía dos "legítimas mujeres". Otras fuentes citan, en efecto, varios nombres de esposas principales, pero podrían ser esposas sucesivas, pues las muertes de parto eran frecuentes.

Uno de esos nombres es el de Tayhualcan, hija de Totoquihuatzin, rey de Tlacopan, y el historiador Alva Ixtlilxóchitl dice explícitamente que era la esposa principal de Moctezuma, a quien dio varias hijas. Pero la verdadera esposa principal, cuyos hijos debían sucederle en el trono (después de sus hermanos) era una hija de Ahuítzotl. Su hijo

[33] Díaz del Castillo, cap. 91, pp. 166ss, y Torquemada, vol. 1, pp. 434-435 y 499. Según Zurita (p. 62), porque "son tan amigas de sus hijos y los crían con tanto amor".

[34] Sahagún, *Historia general...*, libro 10, cap. 13; López de Gómara, vol. 2, p. 140, y Fernández de Oviedo, vol. 2, p. 223.

[35] Díaz del Castillo, cap. 91, p. 166.

Axayácatl fue generalmente reconocido como "legítimo", lo mismo que su hermana Tecuichpo. Otras esposas destacadas fueron Miahua-xóchitl, hija del rey de Tula Ixtlilcuecháhuac, un medio hermano de Moctezuma que encontró una muerte gloriosa en el campo de batalla de Atlixco, así como las hijas del rey de Ecatépec y del *cihuacóatl* Tlil-potonqui.[36]

La unión con la hija del rey de Tlacopan reforzaba la alianza entre las dos ciudades. Con Ecatépec y Tula, más al norte y al nornoroeste, los ca-samientos eran frecuentes. En esas ciudades se habían instalado tiem-po antes reyes mexicas que se casaron con princesas autóctonas. Para evitar que esas dinastías fueran desarrollándose después de manera de-masiado autónoma, los emperadores renovaban constantemente la alian-za con ellas y de esos matrimonios provenían los futuros reyes de dichas ciudades. Cada unión, además, traía su lote de tierras dotales y fortalecía la implantación mexica en esos reinos.

Por otro lado, siempre era útil casarse con una princesa de Tula: para muchos de los pueblos de Mesoamérica, Quetzalcóatl seguía siendo la fuente misma del poder legítimo. ¿Acaso no se decía que Tenochtitlan había sido edificada en el lugar del trono de la Serpiente Emplumada?[37] Significativamente, los mexicas se aliaron con la familia real de Tula apenas fundado el imperio. Respecto a Ecatépec, formaba parte del en-torno inmediato de Tenochtitlan y ocupaba una posición clave en los linderos de las tierras de Texcoco y Tlacopan.[38] Finalmente, otro tipo de alianza, hacia dentro esta vez, era el matrimonio con la hija del *ci-huacóatl*, es decir el representante de la ciudad propiamente dicha y, en particular, de sus habitantes autóctonos. El hecho de que siguiera siendo indispensable tenerlos contentos confirma que el tejido étnico de Mexico-Tenochtitlan no era completamente homogéneo.

Las pocas esposas conocidas no plantean mayor problema. Sus hijos y los de las concubinas, en cambio, forman un verdadero rompecabe-zas, que se complica aún más porque no hay noticia alguna de la mayor parte de ellos hasta la muerte de su padre. Hay quien afirma que el emperador tuvo cincuenta hijos o más, pero la lista más larga sólo enu-mera a diecinueve, entre los cuales es del todo imposible distinguir a los

[36] Alva Ixtlilxóchitl, vol. 2, pp. 177-178, y Alvarado Tezozómoc, *Crónica mexi-cáyotl*, p. 144, 125 y 152. Axayácatl quizás era hijo de Tayhualcan. Ver "Origen de los mexicanos", p. 276; Clavijero, p. 363, y Chimalpáhin, *Relaciones...*, p. 225.

[37] Alvarado Tezozómoc, *Crónica mexicáyotl*, p. 43.

[38] Hicks, "Subject States and Tribute..."

"legítimos"... Según Bernal Díaz, el propio emperador dijo que tenía "un hijo y dos hijas legítimos" cuando ofreció a Cortés dárselos como rehenes en su lugar. Pero se habla también de una hija y un hijo, o de dos hijos.[39]

En 1509, Moctezuma dio a una de sus hijas en matrimonio a Nequámetl, rey de Opochhuacan Chalco. Este rey había sido entronizado por Moctezuma en persona, quien le adjuntó dos nobles cogobernantes. Dos años más tarde, otra de sus hijas se casó con el rey de Colhuacan. El año siguiente, una hija, quizás llamada Ilancuéitl, se unió con el rey de Cuauhtitlan. En cuanto a sus hijos, cuando se acercaban los españoles, Moctezuma puso a varios a la cabeza de diversas ciudades: Huánitl en Ecatépec, ciudad de su madre; Omácatl, posiblemente un sobrino, en Xochimilco, y Acamápich en Tenayuca.[40]

EL CULTO Y LAS GRANDES FIESTAS RELIGIOSAS

El emperador dedicaba a los dioses una parte considerable de su tiempo. Temprano en la mañana, ya lo vimos, dirigía sus oraciones al sol, pero sin duda también se levantaba en la noche para hacer penitencia. A veces, por ejemplo en caso de guerra, sus ayunos y maceraciones podían prolongarse. Antes de decidir una guerra, consultaba largamente a los adivinos sobre su éxito, pero también interrogaba a los dioses y, para ganar sus favores, hacía sacrificios y se mortificaba.

Cuando los ejércitos andaban en campaña –y no hace falta repetir que era cosa frecuente–, los padres de los guerreros hacían una sola comida al día y dejaban de peinarse y lavarse la cara. El soberano daba el ejemplo de tales austeridades y prohibía los cantos, bailes, juegos y festejos de cualquier tipo, excepto en ocasión de las fiestas sagradas. Iba al templo a poner ofrendas, descabezar codornices y "hacer grandes rogativas", sentado en cuclillas o de pie, con los brazos cruzados o alzados al cielo. Unos sacerdotes viejos tenían que consumir bebidas y hongos alucinógenos para tener visiones que les indicaran si todo estaba bien. Si se callaban, se equivocaban o reportaban malos agüeros, los

---

[39] Fernández de Oviedo, vol. 4, p. 22; Alvarado Tezozómoc, *Crónica mexicáyotl*, pp. 150-159; Díaz del Castillo, cap. 95; Chimalpáhin, *Relaciones...*, p. 275; *Anales de Tlatelolco*, p. 105; "Origen de los mexicanos", p. 276; Alva Ixtlilxóchitl, vol. 2, pp. 177-178, y también Archivo General de la Nación, Vínculos 11.

[40] *Anales de Cuauhtitlan*, pp. 209-211; Alvarado Tezozómoc, *Crónica mexicáyotl*, p. 153, y *Crónica mexicana...*, cap. 109, pp. 696-697.

ejecutaban. Tras el regreso de los ejércitos, el emperador se hacía cargo de la curación y manutención de los heridos y mutilados.[41] Cuando acudía al templo, Moctezuma tenía buen cuidado de apearse de sus andas y despojarse de todo lujo antes de penetrar en el recinto sagrado, pues era necesario subrayar su inferioridad y sumisión respecto de los dioses.[42]

A las devociones personales del emperador se añadían sus devociones oficiales y, ante todo, su participación en las fiestas cíclicas: las dieciocho que ritmaban el año solar y las del ciclo de 260 días. Se nos informa que iba cada veinte días a ofrecer sacrificios con los sacerdotes al templo de la Luna en Teotihuacan.[43] Antes de las grandes fiestas, hacía penitencia y ofrecía copal durante varios días, cuatro probablemente, en la casa del caracol,[44] pero su participación en las ceremonias variaba de una fiesta a otra.[45]

Para la fiesta del "mes" de veinte días llamado "Desollamiento de Hombres", Moctezuma invitaba en secreto a los jefes enemigos a presenciar los sacrificios gladiatorios y los colmaba de regalos. Después, junto con los reyes de Texcoco y de Tlacopan, tomaba parte en una gran danza en la cual mexicas tenochcas y tlatelolcas se hacían frente y bailaban una danza lenta, solemne. Todos estaban ricamente adornados y, como era la fiesta de la cosecha, unos y otros sostenían en la mano tortillas de maíz e imitaciones de espigas de amaranto hechas de plumas o cañas de maíz. En lugar de collares, llevaban guirnaldas de granos de elote tostados.

Sesenta días después, la fiesta de *Tóxcatl*, "Sequía", celebraba el final de las cosechas y su símbolo, el maíz tostado. Era la mitad del día, el momento en que el sol ambiguo y falaz de la tarde tomaba el relevo del sol matutino. En ese mes se inmolaban personificadores de Tezcatlipoca, el Espejo Brillante, y de Huitzilopochtli-Sol. También era la fiesta de la realeza, cuyo principal protector era Tezcatlipoca. Por ello, Moctezuma en persona vestía y adornaba con suntuoso atuendo al prisionero de guerra que encarnaba al dios. Lo consideraba como a su "dios queri-

[41] Pomar, *Relación...*, pp. 68-69 y 97. Durán (*Historia...*, vol. 2, cap. 65, p. 484) dice que la ansiedad de Moctezuma respecto al éxito de las guerras empezó con el anuncio de la caída del imperio.

[42] Díaz del Castillo, cap. 92, p. 171, y Pomar, *Relación...*, p. 69.

[43] *Relación de Teotihuacan*, en Acuña, *Relaciones geográficas...*, vol. 7, pp. 235-236.

[44] Sahagún, *Florentine Codex*, libro 2, pp. 180-181 y 214.

[45] Respecto a las fiestas, ver principalmente Sahagún, *Florentine Codex*, libro 2; Durán, *Historia...*, libro 1, y los códices *Tudela, Magliabechiano, Telleriano-Remensis, Borbónico* y los estudios de Broda, Brundage y Graulich.

do": se entiende que él era su sacrificante, es decir, que él lo ofrecía y por tanto era quien moría simbólicamente, como Tezcatlipoca, cuando el prisionero era sacrificado. El cautivo encarnaba a Tezcatlipoca durante un año. Se le elegía con sumo cuidado, pues debía ser un joven sin ningún defecto; llevaba una vida principesca y recorría las calles fumando y tocando la flauta, para incitar a hacer penitencia. Recibía los homenajes debidos a una divinidad. Al principio de la veintena de *Tóxcatl*, lo casaban con cuatro esclavas que encarnaban a cuatro diosas: la hermosa Xochiquétzal, diosa del amor y de la tierra, la virgen Xilonen, la diosa del agua Atlantonan y la diosa de la sal Huixtocíhuatl. Cinco días antes de su sacrificio, Moctezuma se encerraba para hacer penitencia y prepararse para compartir simbólicamente la muerte de Tezcatlipoca y su resurrección. En el resto de la ciudad, la gente bailaba y cantaba.

El día de la fiesta propiamente dicha, vigésimo día de *Tóxcatl*, quien encarnaba al dios era llevado en una canoa al lugar del sacrificio, un pequeño templo en la ribera norte del lago de Chalco. Ahí, escalaba lentamente las gradas del edificio, mientras rompía las flautas que había tocado "en tiempos de su prosperidad". Se la inmolaba arrancándole el corazón, que se ofrecía al sol. Su cabeza cortada se exponía en un estrado.

Mientras tanto, en México, muchachos y guerreros bailaban, culebreando en torno a las muchachas quienes, ceñida la frente de guirnaldas de granos tostados, ejecutaban la danza del maíz tostado. Se decía que "abrazaban a Huitzilopochtli" y la danza estaba dirigida por una víctima que personificaba a un avatar de Huitzilopochtli. El día anterior, se había elaborado una estatua del dios con masa de semillas amaranto. Al amanecer, Moctezuma sacrificaba cuatro codornices solemnemente en su honor; luego un sacerdote tomaba el relevo y toda la población lo seguía: tiraban las codornices hacia la estatua o las comían. El personificador era ultimado en el momento que él mismo elegía.

A los sesenta días, llegaba *Huey Tecuílhuitl*, la "Gran Fiesta de los Señores" y del sol de la tarde. Uno de los momentos cumbre de la ceremonia consistía en una gran danza de los jóvenes durante la cual, como en el "Desollamiento de Hombres", los tenochcas y los tlatelolcas bailaban enfrentados. A veces, Moctezuma iba a sumarse al festejo; obsequiaba el atuendo de una esclava que representaba a la diosa del maíz y convidaba a todas las mujeres de los alrededores de la laguna a una gran danza. Como la "Gran Fiesta de los Señores" caía en julio, periodo difícil en que las reservas de granos se iban agotando mientras que las nuevas cosechas todavía no se levantaban, el emperador procedía a grandes distribuciones de víveres a todos los menesterosos.

Danza alrededor del mástil de la fiesta de "Cae el Fruto".
Códice Borbónico. En lo alto del mástil, un paquete funerario
que representa el "fruto", un difunto.

Poco después, *Xócotl Huetzi*, "Cae el Fruto", era la fiesta de la puesta del sol y de los astros –que como frutos penetraban en la tierra y la fecundaban– y del dios del fuego. En honor de este último y para alimentarlo, unos cautivos amarrados y anestesiados eran arrojados al fuego y, apenas se asaban, los sacerdotes los sacaban de las llamas y los remataban arrancándoles el corazón. Así se reactualizaba el salto de Quetzalcóatl-Nanáhuatl a la hoguera o su inmolación en una pira al final de su vida. En ambos casos, había ocurrido una metamorfosis: se había convertido en sol primero y después en Venus, y se suponía que los cautivos sacrificados también se transformaban en astros. La participación del emperador consistía en comer el corazón de uno de los guerreros ofrendados al fuego.

En el mes siguiente se realizaba la fiesta "del Barrido", *Ochpaniztli*. Situada medio año después de la fiesta de *Tlacaxipehualiztli, Ochpaniztli* era su contraparte: en aquélla, eran desollados hombres, en ésta, mujeres. *Tlacaxipehualiztli* era el principio del día y de la parte masculina del año, *Ochpaniztli*, el principio de la noche y de la parte femenina. Aquella fiesta celebraba la cosecha, ésta la siembra (ya simbólicamente empezada durante el mes anterior, "Cae el Fruto"). Durante el "Desollamiento de Hombres", se reactualizaba la primera aparición del sol; en la fiesta "del Barrido", lo que se repetía era la creación de la tierra y el nacimiento del maíz.

Ochpaniztli (fiesta "del Barrido")	*Tlacaxipehualiztli* ("Desollamiento de Hombres")
Principio de la noche	Principio del día
Creación de la tierra	Aparición del sol
Desollamiento de mujeres	Desollamiento de hombres
Siembras	Cosechas

Visiblemente, la fiesta "del Barrido" tenía que ser anterior a la del "Desollamiento de Hombres". Así era, en efecto, mucho antes de la entrada en escena de los mexicas y originalmente ese mes debía de ser el primero del año. Su nombre y algunos de sus ritos así lo indican, pues todo se renovaba, se encalaban los muros, todo se barría, todo se purificaba como para empezar de nuevo, así como se hacía en la fiesta de la "atadura de años" que también señalaba un inicio, el de un siglo. Durante las ceremonias, todos los fuegos se apagaban y se observaba el más completo silencio, como si hubiera muerto la tierra. Después, había que volver a encender solemnemente el fuego, reproduciendo así el nacimiento de Venus-Fuego al principio de la era. Con sus rituales particularmente impresionantes y su gran colorido, esa fiesta capital que regeneraba a la tierra aseguraba mágicamente la llegada de la temporada de aguas y el nacimiento de las plantas...

Llegaba, pues, el tiempo de sembrar. Tres diosas recibían homenaje, personificadas por esclavas que eran bañadas ritualmente: la tierra, Toci, "nuestra abuela"; el agua, y 7-Serpiente, diosa de la germinación: todo lo necesario para permitir el nacimiento del maíz. A la encarnación de Toci, una mujer madura, se le decía que la llevaban a unirse con Moctezuma y, a la medianoche, en el mayor silencio, la conducían al templo donde un sacerdote "tomábala a cuestas, espaldas con espaldas" como a una recién casada, y le cortaban la cabeza. Enseguida, la desollaban, y un sacerdote joven y robusto revestía su pellejo junto con sus insignias, y pasaba a representar a la tierra rejuvenecida y vigorizada. El nuevo Toci emprendía entonces una loca carrera hacia el templo de Huitzilopochtli para actuar ahí la conclusión de esa boda trágica. Abría brazos y piernas como para concebir, y después se acuclillaba y mimaba un parto. Entonces, a su lado aparecía un personificador de Cintéotl: el maíz joven, asimilado al fuego de Venus, había nacido. El rito, en una síntesis sumamente poderosa, reproducía los mitos de origen y los acontecimientos cósmicos. En él se mezclaban y se fundían en un solo conjunto los mitos de la tierra desgarrada y partida en dos que había dado vida a las plantas útiles, de Xochiquétzal que había pecado en el paraíso y muerto dando a luz al dios maíz, y del sol que se ponía al final del día-temporada seca y penetraba la tierra para fecundarla.

Otros muchos rituales simbolizaban la sembradura de la tierra. Por ejemplo, unos cautivos tenían que escalar altos mástiles en cuya cima los esperaban sacerdotes para, apenas llegaban arriba, precipitarlos al vacío; las víctimas caían y se estrellaban en la tierra como frutos maduros. Se recogía su sangre en una vajilla, y Toci hundía un dedo en esa sangre, lo chupaba, y fingía un parto... En otro momento, amarraban a las víctimas a un caballete con las piernas y los brazos abiertos y los atravesaban con dardos, regando así la tierra con su sangre fertilizadora. Finalmente, otro rito en el cual podía participar la población entera transcurría en las calles: cuando el personificador de Toci pasaba cerca de la gente, todos escupían sobre unas flores y se las arrojaban; si uno recuerda que las flores simbolizan el sexo femenino, el sentido del ritual salta a la vista.

Cuando la tierra fue partida en dos, en el origen de los tiempos, exigió corazones y sangre a cambio de las plantas útiles. En su primera salida, el sol a su vez exigió sacrificios. Así pues, para alimentar a la tierra y al cielo se hacía la guerra y se inmolaban guerreros, y por eso, al final de la fiesta, se rendía honores a los guerreros. Desfilaban frente a Moctezuma, instalado en un sitial cubierto con los despojos de un águila y un jaguar, y terminado el desfile cada uno se acercaba a recibir el obsequio que le estaba destinado, una insignia, un arma, una manta. Después, Moctezuma encabezaba una danza muy peculiar, sin música, en la que sólo caminaba moviendo las manos. A esto seguía una distribución de semillas consagradas, regadas con la sangre de la víctima que había encarnado a la diosa del agua, y entonces tenía lugar el rito durante el cual le arrojaban flores a Toci, quien contestaba cargando contra sus agresores, que huían en desorden. Entre ellos, por un breve momento, estaba el emperador.

Tres meses o sesenta días después venía la fiesta de *Quecholli*, durante la cual se reactualizaban las peregrinaciones de los toltecas por el desierto, antes de la salida del sol. La corte se iba al campo, en el sur del valle,

La fiesta "del Barrido". *Códice Borbónico.*
De pie sobre una plataforma, un personificador de la diosa
del maíz asiste a la escena que se desarrolla a sus pies. La diosa de la tierra recibe al cortejo que acude a fecundarla: un
tlaloque, un sacerdote del maíz, que blande en su dirección
un rayo-falo serpentiforme, y los representantes de los mimixcoa falóforos. A la derecha, tres animales simbolizan la fecun-
didad y la fertilidad: de arriba hacia abajo, un murciélago, un
tlacuache y un coyote. En lo alto, una procesión ahuyenta la
escarcha, nefasta para los brotes de maíz.

donde se instalaban campamentos y se imitaba la vida nómada. Ahí estaba el emperador, vestido como Mixcóatl-Camaxtli y haciendo penitencia. Se organizaba una gran cacería y los que traían presas valiosas, venados o coyotes, recibían trato de guerreros valientes y el soberano les entregaba capas con franjas de plumas y víveres.

El siguiente mes se llamaba *Panquetzaliztli*, "Levantamiento de Banderas". Los rituales proseguían en torno al mismo tema, las peregrinaciones míticas, pero ahora las de los mexicas. Una larga procesión en torno a las lagunas las reproducía, pero lo que más importaba era el suceso central de las peregrinaciones: el nacimiento de Huitzilopochtli y su victoria en el Coatépec. Esclavos bañados y ataviados como Huitzilopochtli, combatían contra guerreros-huitznahuas. El emperador en persona los armaba con palos de pino, chalecos acolchados y rodelas decoradas con ojos de "lobo" (*cuetlachtli*). Después, se les daba muerte a los prisioneros de guerra. Los cientos de cautivos que subían en fila hacia la piedra de sacrificio, en lo alto de la pirámide, representaban a los cuatrocientos huitznahuas subiendo al asalto del Coatépec: tal era, por lo demás, el nombre del edificio.

Durante esta fiesta, se sacrificaba y comía una estatua de Huitzilopochtli hecha de semillas de amaranto. En presencia del rey, un sacerdote llamado Quetzalcóatl la atravesaba con un dardo. Después, la estatua despedazada se repartía entre los ciudadanos de Tenochtitlan y Tlatelolco. Moctezuma comía el corazón.

Izcalli, dos meses después, era la fiesta dedicada a los dioses del fuego. Cada cuatro años, la inmolación de las encarnaciones de los dioses del fuego de los cuatro rumbos daba paso a una danza solemne de los señores, vestidos de azul como Xiuhtecuhtli, el Señor de Turquesa. A la cabeza, Moctezuma bailaba, tocado con la diadema real, el *xiuhuitzolli*.

Por fin, la última fiesta en la que participaba Moctezuma era la de *Atlcahualo*, en la cual se agradecían a los dioses de la lluvia las bendiciones concedidas durante la temporada anterior. De esta fiesta se habló, al igual que de *Panquetzaliztli*, a propósito de las reformas del emperador.

Atlcahualo, "Cesan las Aguas", se llamaba por otro nombre *Cuahuitlehua*, "Se Levanta el Árbol". Unos días antes de la fiesta, se cortaba en el cerro de Colhuacan el árbol más alto, más recto y más tupido que se pudiera encontrar, y se transportaba a Tenochtitlan con mucho cuidado para no maltratar ni una ramita. Una vez plantado en la tierra frente al templo doble de Huitzilopochtli y Tláloc, se instalaban cuatro árboles más pequeños alrededor del grande, al que llamaban "nuestro padre". Se tendían cuerdas entre los árboles y el espacio así definido se arreglaba como un jardín artificial.

El día anterior a la fiesta, los reyes de Tenochtitlan, Texcoco y Tlaco-pan, junto con los soberanos enemigos de Tlaxcala y Huexotzinco, se desplazaban con un numeroso séquito hasta el pie del Monte Tláloc que domina el valle desde el este. Al amanecer, en procesión, llevaban hasta la cumbre de la montaña en una litera cerrada por los cuatro costados a un niño varón espléndidamente vestido y de noble ascendencia que encarnaba a uno de los tlaloques. Llegados al santuario de los dioses de la lluvia, inmolaban al niño dentro de la litera y untaban con su sangre las estatuas de los tlaloques. Después, uno tras otro, los reyes iban a adornar las estatuas con riquísimos atuendos y a ofrendarles plumas de quetzal, jade y alimentos. Hecho lo cual, todo mundo regresaba a Tenoch-titlan, excepto unos cien guerreros que hacían guardia en torno a las ofrendas que quedaban a pudrirse ahí.

Mientras tanto, en la ciudad, los sacerdotes habían transportado hasta el jardincito artificial a una niña vestida de azul que representaba a Que-tzálxoch o tal vez a Chalchiuhtlicue, diosa de las aguas, las fuentes, los lagos y los ríos. La instalaban al pie del gran árbol y cantaban al ritmo de un tambor. Cuando llegaba la noticia de que los señores habían bajado del Tlalocan y se disponían a embarcar para cruzar el lago, llevaban a la niña a la orilla del agua. El árbol, derribado, era cargado en una balsa; todo mundo se embarcaba y el ruidoso cortejo navegaba hasta el remoli-no de Pantitlan. Ahí, la flotilla de los señores se reunía con la de los sa-cerdotes que acompañaban a la víctima. El árbol era precipitado al agua y clavado firmemente en el cieno del fondo. Entonces, se le cortaba el cuello a la diosa en su litera con un arpón, se alimentaba al agua con su sangre y se tiraba su cuerpo al remolino junto con gran cantidad de plu-mas y piedras preciosas. Finalmente, todos regresaban a casa en silencio.

La participación del emperador era más necesaria en esta fiesta que en ninguna otra. El rito claramente reactualizaba el episodio del paso de los mexicas por Tollan y el final de los toltecas, tal como lo narraba la *Leyenda de los soles*, un relato cocinado bajo el reinado que nos ocupa. En pocas palabras recordemos que, a raíz de la torpeza de Huémac quien reclama jade y plumas en lugar del maíz que los dioses de la llu-via le ofrecen, ésos retienen las lluvias y los toltecas se mueren de ham-bre. Después de unos años, un mensajero de los tlaloques aparece y les ofrece a los mexicas el maíz, la prosperidad y la herencia de los toltecas a cambio de la hija de su rey. Quetzálxoch es sacrificada en Pantitlan y la lluvia vuelve.

Estamos en un año 2-Caña, el que Moctezuma eligió para reubicar la "atadura de años". Así que la fiesta concierne al emperador por partida doble: por la hambruna y la reforma del principio de su reinado y por-

203

que, como en el mito, se supone que la víctima es hija de rey. Además, este sacrificio era fundamental para la realeza, pues reproducía el mito mismo que legitimaba al poder mexica. También demostraba cuán opuesto a Huémac era Moctezuma: aquél había perdido su poder por aferrarse a los bienes materiales; el emperador mexica, por el contrario, conservaba su imperio demostrando su desapego: jades, plumas preciosas, todo lo arrojaba al lago en profusión, como ofrenda a Tláloc. Suprema ironía, pronto llegará a sentirse tan cercano a Huémac que pensará en calcar su actitud.

Las fiestas móviles del calendario de 260 días, los aniversarios de los dioses, están infinitamente menos documentadas que las del año solar. Sabemos, sin embargo, que Moctezuma tenía gran veneración por el día 4-Movimiento, día en que el sol se empezó a mover, y que lo celebraba ayunando y ofreciendo sacrificios. En el día 1-Flor, fecha del nacimiento de Cintéotl-Venus y del género humano, se celebraba la fiesta de los nobles y del sol de la tarde. Había entonces una danza de la cual, se decía, "sólo Moctezuma sabía cuántos días debía durar, tal vez cuarenta". Le tocaba a él elegir los cantos que tocaba entonar. Después de la danza, repartía divisas a los valientes y regalos diversos a los cantantes, a los músicos, a los compositores y a los guías de los danzantes. El día 1-Lluvia eran ejecutados los condenados, los pecadores y los cautivos para vivificar al emperador y acrecentar su gloria. Finalmente, en 1-Pedernal, aniversario de Huitzilopochtli, él mismo ofrecía flores de todo tipo a la imagen del dios.

Las fiestas en que Moctezuma participa no son elegidas al azar. Primero están los dos inicios de temporada: la fiesta "del Barrido" y el "Desollamiento de Hombres", fiestas esenciales, la primera de la tierra y de Venus-Maíz, la otra del sol. Celebraciones del sol son también *Panquetzaliztli*, por supuesto, y las del astro vespertino, *Tóxcatl, Huey Tecuílhuitl* y *Xócotl Huetzi*; era impensable que el soberano faltara al *Huey Tecuílhuitl*, fiesta grande de los señores, o al *Xócotl Huetzi*, fiesta del fuego, principal protector de los reyes. *Izcalli* es otra fiesta del fuego y *Quecholli* es la de Mixcóatl, que interesa muy especialmente al emperador. Falta Tláloc: para esa deidad hay una sola fiesta, *Atlcahualo*, pero el emperador participa largamente en ella. Las fiestas móviles confirman esas líneas directrices, ya que una vez más atañen al sol, a la realeza, a los señores y a Venus.

En *Panquetzaliztli* y en *Tlacaxipehualiztli*, el número de víctimas, producto de las guerras del emperador, podía ser considerable. En tales ocasiones, Moctezuma actuaba personalmente como sacrificador, asistido a veces por sus aliados. Por su función sagrada, porque él más que nadie representaba a la divinidad, podía cuando quería ocupar el lugar de los sacerdotes supremos. A veces incluso llamaban así al soberano: *tlamacazqui*, sacerdote, o *teopixqui*, guardián del dios, título que le convenía a la perfección. Varios reyes, por lo demás, habían sido primero sumos sacerdotes.

Algunos dioses intrigaban o interesaban especialmente al emperador: Yacatecuhtli, por ejemplo, dios de los comerciantes, misterioso personaje de orígenes oscuros sobre el cual el emperador mandó hacer una investigación, que no obtuvo resultados.[46] Hoy en día, se cree que Yacatecuhtli era un aspecto de Quetzalcóatl. A lo mejor, Moctezuma lo sospechaba y quería saber si debía eliminar a ese dios de los ritos de la ciudad, como lo había hecho con la Serpiente Emplumada. Por otra parte, en varias ocasiones intentó apoderarse de imágenes de Mixcóatl, el padre de Quetzalcóatl. Uno y otro eran deidades principales de las ciudades de Tlaxcala, Huexotzinco y Cholula.

Parece verosímil que Moctezuma hiciera explorar el Popocatépetl, la Montaña Humeante, tanto por motivos religiosos cuanto para satisfacer su curiosidad. Mandó a varios hombres a averiguar de dónde provenía el humo. Nada impide suponer que también debían buscar si había en ese lugar una vía de contacto privilegiado con el dios del fuego y el mundo subterráneo, o quizás intentar traer una reliquia de Tezcatlipoca, patrón y protector de Texcoco. Se decía que el dios había penetrado en el volcán y que, desde dentro, había arrojado su fémur, conservado desde entonces por los texcocanos en su templo.

Dos exploradores murieron durante la escalada del volcán. Los demás alcanzaron la cumbre, pero cuatro de ellos fallecieron poco después de su regreso. Moctezuma encargó la salvación de los dos sobrevivientes a los mejores médicos. Se restablecieron y explicaron que la cumbre del volcán no era una gran chimenea, sino una superficie cubierta de peñas y llena de fisuras por donde se escapaba el humo. Desde arriba, se veía el mar como si se extendiera al pie de la sierra...[47] Moctezuma habrá encontrado el informe muy interesante, pero sin duda le hubiera gustado mucho más si le hubiesen traído el otro fémur o el cráneo de Tezcatlipoca, aunque sólo fuera para bajarles un poco los humos a sus asociados texcocanos...

[46] Benavente o Motolinía, *Memoriales...*, pp. 25 y 42, y Durán, *Historia...*, vol. 2, pp. 163-164. Sobre Tezcatlipoca, ver Las Casas, *Apologética historia..*, vol. 1, pp. 643-644.

[47] Durán, *Ritos y fiestas...*, cap. 18, pp. 163-164.

· VII ·
La época del Fuego Nuevo

LA FIESTA DEL FUEGO NUEVO

En el mes de *Panquetzaliztli* del año 2-Caña (diciembre de 1507), por fin se celebró la gran fiesta de la "atadura de años". El emperador se ocupó de hacerla particularmente grandiosa, primero porque llegaba después de una hambruna y tenía que inaugurar una nueva era, y además porque era un elemento central de sus reformas.

El éxito de la fiesta alcanzaba una importancia cósmica, pues en ella se jugaba nada menos que la sobrevivencia del mundo. Un ciclo de años se había agotado y era necesario procurar que recomenzara un ciclo nuevo, que los astros prosiguieran su carrera, que el sol volviera a salir. Si no, vendría la noche eterna. Los demonios de las tinieblas –fieras, jaguares, espectros, *tzitzimime*– bajarían del cielo, donde el astro del día los había mantenido a raya hasta entonces, y devorarían toda vida. Los ayudarían, aquí mismo en la tierra, las mujeres embarazadas y sus pequeños hijos, que se transformarían en devoradores de hombres. Las montañas se quebrarían y toda el agua que contienen anegaría la tierra. Y, para completar, la bóveda celeste se desplomaría. El riesgo que se corría en esa ocasión era mayor que nunca, puesto que se había alargado a cincuenta y tres años el ciclo que se estaba acabando.[1]

Llegó el día: en todo el país se apagan los fuegos, tanto las hogueras domésticas como los inmensos braseros que siempre están ardiendo en el Templo Mayor: sólo en el santuario de Huitzilopochtli se consumen 2 800

---

[1] Sahagún, *Historia general...*, libro 11, cap. 12, p. 700. Sobre la trama de la fiesta, ver *Historia general...*, libro 7, caps. 10-12, pp. 438ss, seguido por Torquemada, vol. 2, pp. 292-295 y 301; Benavente o Motolinía, *Memoriales...*, p. 23; Gómez de Orozco, p. 62; Mendieta, vol. 1, p. 215, y *Códice Borbónico*, p. 34. Para una representación gráfica, ver Alvarado Tezozómoc, *Crónica mexicana...*, cap. 97, pp. 637-638 (ed. 1878).

leños cada día para protegerlo de los *tzitzimime*.[2] Hay que apagar también esos fuegos, aunque eso signifique dejar al dios expuesto a los ataques de los monstruos hasta que se encienda el fuego nuevo. En las casas, se rompe la vajilla, se descartan las tres piedras del hogar y los metates de piedra, así como las imágenes de las deidades, sean de piedra o de madera. Todo se arroja al agua, y las casas se barren enérgicamente para purificarlo todo. Sólo limpios y completamente "renovados" podrán los aztecas empezar un nuevo ciclo.

Lo principal de la ceremonia se desarrolla en el Cerro o Monte de los Huizaches, el Huixachtépetl, Huixachtlan o Huixachtécatl, un volcán apagado ubicado a unos diez kilómetros al sur de Tenochtitlan, entre Colhuacan e Iztapalapan. Este monte, hoy el Cerro de la Estrella, también se conocía entonces bajo el nombre de Montaña de Mixcóatl, Mixcoatépec.[3] El lugar está bien elegido: ahí, según la leyenda, Quetzalcóatl enterró a su padre Mixcóatl, asesinado por sus hermanos los mimixcoa. Ahí, asimismo, encendió un fuego en la cumbre del cerro, fue atacado por los mimixcoa y los masacró. El mito, prototipo del nacimiento y la victoria de Huitzilopochtli-Sol en el Coatépetl, es una variante del mito de la creación del sol en Teotihuacan. Significa el nacimiento del sol y el advenimiento de una nueva era.

La víspera de la fiesta, todo mundo ayuna y se abstiene de beber. Al atardecer, sacerdotes especializados, "vendedores de fuego" (*tlenamacaque*) y "sahumadores", empiezan a caminar hacia el Huixachtécatl. Forman un cortejo muy espectacular, pues cada uno va vestido con el atuendo de la deidad a la cual sirve. El sacerdote de Quetzalcóatl luce el gran pectoral en forma de caracol recortado y las orejeras de interrogación al revés. Su tocado forma una compleja arquitectura: en la frente, un rollo de tela doblado en zigzags verticales y adornado con un gran glifo de jade; encima, dos pares de elementos que evocan alas de puntas redondeadas, coronados por un gorro puntiagudo en piel de jaguar. En este gorro está clavado un hueso sacrificial del que cae un listón rojo el cual sostiene un pájaro que cuelga a cierta distancia de la cara. El listón simboliza el flujo de la sangre que chorrea desde el hueso y el pájaro es el colibrí que viene a chuparla. En la parte trasera, del tocado está fijado un adorno que figura un segmento de sol nocturno.

[2] Sahagún, *Historia general*..., libro 3, cap. 1, p. 194, y Alvarado Tezozómoc, *Crónica mexicana*...

[3] Ver "Himno a Macuilxóchitl", en Sahagún, *Historia general*..., libro 2; *Códice Chimalpopoca*, p. 366, nota 3; Durán, *Book of the Gods*..., p. 161, nota 1, y Zantwijk, *The Aztec Arrangement*..., p. 136.

1507   1508   1509

inexpani tli

V. D.

Los años del Fuego Nuevo. Según el *Codex Telleriano-Remensis*. Bajo el glifo del año 2-Caña (1507), figura la montaña Huixachtécatl con su templo y, al pie del monte, los instrumentos para encender el fuego. También están señalados un eclipse parcial de sol y un temblor de tierra (un campo de cultivo rectangular marcado con el glifo "movimiento"). Más abajo, dos mil guerreros arrastrados por el río Tózac. Bajo el glifo 4-Casa (1509) aparece la pirámide de luz anunciadora del final del imperio. A la izquierda, la campaña contra Zozollan.

En el cortejo están también el personificador de Tezcatlipoca, pintada la cara de rayas negras y amarillas, con el espejo humeante en la sien y una cabeza de "serpiente de fuego" atada a la nuca; Xipe, cubierto con una piel de sacrificado, ropa rojiblanca y una tiara de plumas rosadas coronada por un penacho verde; Cintéotl, que lleva en la espalda una cesta de espigas de maíz; Tlazoltéotl, todo de blanco, con un rollo frontal, orejeras de algodón sin hilar y, en la espalda, grandes banderas rojinegras estampadas con cuernos de luna. Hay muchos más representantes de dioses y, por supuesto, Huitzilopochtli: azul todo el cuerpo con un colibrí en la nuca, una diadema de oro en la cabeza y suntuosos penachos de plumas de quetzal. El sacerdote de Copolco, territorio donde se encuentra el *calpulli* del dios del fuego y donde están enterradas las cenizas de los reyes fallecidos,[4] lleva los instrumentos para pren-

---

[4] Zantwijk, *The Aztec Arrangement...*, pp. 136-138, y Veytia, vol. 2, p. 321.

der el fuego –un pedazo de madera con muescas y otro que parece flecha– y practica mientras camina.

La procesión se dirige hacia el cerro en completo silencio y con majestuosa lentitud, con el propósito de llegar poco antes de medianoche. La sigue una gran multitud mientras, en todo el valle, los habitantes suben a los techos de sus casas o escalan las laderas de los cerros para tratar de ver lo que va a suceder en el Cerro de los Huizaches. Con todos los fuegos apagados, la oscuridad se hace cada vez más opaca, la angustia crece. Para prevenir posibles metamorfosis de las mujeres embarazadas y de los niños, éstos se cubren la cara con máscaras de hojas de agave.[5] Para más seguridad, las mujeres embarazadas ya están encerradas en los graneros de maíz, ante los cuales montan guardia guerreros armados de espadas con filos de obsidiana. Los niños pequeños deben permanecer despiertos porque si se durmieran se convertirían en ratones, y los padres los zarandean y les gritan en los oídos.

Llegados al santuario en la cumbre del Huixachtécatl, los sacerdotes que encarnan a los dioses empiezan a observar el cielo, en el cual las Pléyades culminarán a medianoche. Un cautivo de guerra elegido con esmero está echado bocarriba sobre la piedra de sacrificios. Debe ser ilustre y noble y tener en su nombre, a imitación de Xiuhtecuhtli, la palabra *xiuitl, xiuh-,* que significa "año", "turquesa" y "fuego". En 1507, el elegido es un tal Xiuhtlamin de Huexotzinco, capturado por el señor Perro de Tlatelolco, un valiente que desde entonces puede presumir el epíteto de *xiuhtlaminmani,* "el que capturó a Xiuhtlamin".

En el momento en que las Pléyades alcanzan la mitad del cielo, el sacerdote de Cocolpa enciende el fuego sobre el pecho de Xiuhtlamin: hace girar entre sus palmas la barrena en una muesca del palo horizontal, hasta sacarle una chispa. Cuando el fuego prende, el sacrificador abre el pecho de la víctima con el cuchillo de pedernal y le arranca el corazón. Este órgano del ardor, de la vida, alimentará al fuego, mientras el fuego viene a tomar su lugar en el cuerpo inmolado: con la madera incandescente se prende un puñado de estopa que es depositado en la herida abierta del sacrificado, donde transmite su llama a hojas y ramitas secas. Luego el fuego es trasladado a una gran pira de ramas y leños. Mientras tanto, los sacerdotes no han dejado de observar el movimien-

[5] En la mitología griega, la ménade Agavé, embriagada y en trance, despedazó a su hijo Penteo. Un humanista del siglo XVI dio su nombre al maguey, la planta que da el pulque, *octli,* porque el mito del nacimiento de la planta se parece al mito griego: en efecto, Mayáhuel, diosa del pulque, fue despedazada por sus abuelas y de sus huesos nació el agave, o maguey.

to de las Pléyades. Pronto ven que éstas han rebasado la mitad del cielo y empiezan a declinar. Eso significa que, debajo de la tierra, el sol ha dejado atrás el nadir y ha emprendido su camino ascendente. Se ha regenerado en la llama de la medianoche. El fuego nuevo recién encendido ha surtido el efecto esperado...

En todas partes estallan el alivio y el júbilo. Desde lejos, en los techos y en las laderas de los cerros, los habitantes del valle ven surgir la llama de la hoguera y lanzan gritos de alegría, se sangran las orejas con pequeñas hojas de obsidiana y alimentan la luz que acaba de renacer arrojando sangre en dirección al fuego. Los sacerdotes de cada uno de los dioses encienden grandes antorchas o haces de leña en el brasero y los entregan a los mensajeros, que los van a llevar a toda prisa hacia sus templos. En Tenochtitlan, las primeras teas son para el templo de Huitzilopochtli, donde se enciende un gran fuego en un brasero que está preparado ante la estatua del dios. Enseguida se le echa copal blanco. Desde ahí, se lleva el fuego al palacio de Moctezuma, o tal vez al *mexicocalmécac*, la gran morada de los sacerdotes –las fuentes divergen al respecto. A partir de uno de esos dos centros, el fuego se va dispersando hacia los demás colegios, los templos de los barrios, las casas de jóvenes y, finalmente, las casas particulares. Lo mismo ocurre en todas las ciudades y todos los pueblos.

En la mañana, los habitantes renuevan su ropa, los petates que les sirven de asientos y de camas, sus enseres domésticos y las imágenes de sus dioses. Se quema copal, se degüellan codornices en medio del alivio universal. "La enfermedad y el hambre nos han dejado", proclaman. En 1507, es la estricta verdad. A mediodía se rompe el ayuno y todos comen pastelillos de semillas de amaranto bañados de miel. En ese momento, en el santuario de Huitzilopochtli en el Templo Mayor,[6] empieza el sacrificio de miles de prisioneros que provienen de las campañas de la Mixteca.[7] Moctezuma y Nezahualpilli en persona han ofrendado veinte cada uno. Estamos, ya se dijo, en el mes de *Panquetzaliztli*, fiesta del nacimiento de Huitzilopochtli y de su victoria en el Coatépec. Además, es un año 2-Caña, el del nacimiento y el de la muerte del dios. Las víctimas que en larga fila ascienden por la pirámide representan a sus hermanos enemigos, los cuatrocientos huitznahuas. Los sacerdotes les arrancan el

[6] Según Alvarado Tezozómoc (*Crónica mexicana...*, p. 637), los sacrificios se celebraron en el mismo Huixachtécatl, desde la medianoche hasta la salida de Venus.

[7] Doscientos cautivos de Zozollan y muchos de Tecozauhtépec y Teuctépec. Ver Chimalpáhin, *Annales...*, p. 117, y Chimalpáhin, *Relaciones...*, p. 229. Durán (*Historia...*, vol. 2, p. 453-454) habla de dos mil víctimas de Teuctépec.

corazón, les cortan la cabeza; sus cuerpos, arrojados desde lo alto, ruedan hasta el pie de la pirámide y caen sobre la gran piedra redonda que representa a la hermana enemiga de Huitzilopochtli, Coyolxauhqui, desmembrada. En esta piedra, las víctimas son desolladas y los parientes de sus captores se llevan los cuerpos para guisarlos y comerlos. A Xiuhtlamin se le reserva un destino aparte: su corazón y su cuerpo han alimentado la primera hoguera, como los de Nanáhuatl en los albores del presente Sol, pero se ha elaborado una efigie suya en masa de amaranto, y esa estatua es la que se va a comer.

EL APOGEO DEL ARTE AZTECA

La fiesta de la "atadura de años" fue la ocasión de remozar el templo del Fuego Nuevo en el Monte de los Huizaches.[8] Responsables del culto, los soberanos aztecas no sólo debían alimentar a los dioses sino también darles viviendas decentes y dotar sus templos de imágenes, altares, vasijas y demás instrumentos necesarios para el culto.

A medida que se expandía el imperio y afluían las riquezas, los templos se volvían más amplios y fastuosos, los monumentos más imponentes: había que honrar a los dioses dedicándoles obras en proporción con los crecientes recursos disponibles. De paso, se embellecía la ciudad y con ella iba creciendo el prestigio de la realeza y de la nación. Moctezuma más que nadie tenía el deber de fomentar el florecimiento de las artes. Reinaba sobre un imperio en su apogeo, podía inspirarse en todo lo que sus antecesores habían creado. Tenía su función en muy alto concepto y nada le importaba más que glorificarla. Finalmente, tenía todas las razones que su programa de reformas religiosas y políticas le podía sugerir. Y es un hecho que el arte azteca le debe muchísimo.

Como todos les reyes mexicas, fue antes que nada un gran constructor. Basta con recordar las decenas de edificios reunidos en el recinto del Templo Mayor, todos los cuales se ensanchaban, renovaban o remplazaban periódicamente. Una de las tareas esenciales del rey era ampliar el templo de Huitzilopochtli, el Monte de las Serpientes. Las excavaciones del Templo Mayor han permitido demostrar que, por ejemplo, la pirámide conoció una docena de ampliaciones, algunas de las cuales sólo consistieron en agregar una nueva fachada y otras, en enterrar el edificio entero bajo una construcción nueva.

Sin embargo, parece que Moctezuma no tuvo tiempo de emprender esa tarea primordial, o por lo menos las fuentes no le dan crédito al res-

---

[8] *Codex Telleriano-Remensis*, lám. 25, p. 308, y Torquemada, vol. 1, p. 210.

pecto. Tal vez la concebía en una escala tan grande que vaciló y perdió tiempo: tenemos dos informaciones que sustentan esa idea. De una ya se habló: afirma que el emperador hubiera querido destruir la pirámide y reconstruirla entera, con el pretexto de que su eje no estaba exactamente alineado con la salida del sol en el equinoccio de primavera. La otra proviene de los *Anales de Cuauhtitlan*, donde leemos que Moctezuma quería reconstruir todo el santuario en oro y decorarlo por dentro con piedras verdes y plumas de quetzal.[9]

En otras construcciones más modestas, Moctezuma sí logró lo que se proponía. En 1504 hizo construir un templo muy grande dedicado a Cintéotl, dios del maíz, y otro a Quetzalcóatl en su advocación de dios del viento. Muy probablemente, los dos edificios estaban destinados a ganar el favor de los dioses de las cosechas en esos años de hambruna. En el caso de Cintéotl, no cabe duda. Quetzalcóatl-Ehécatl también se relacionaba muy de cerca con la agricultura, en primer lugar porque era el soplo vital que favorecía la eclosión de la vida y además porque era "el que barre el camino de la lluvia", el que trae los vientos alisios fertilizadores. En casos de extrema sequía, se invocaba a su gemelo Xólotl; antes de labrar la tierra, se propiciaba a uno y otro. Finalmente, Quetzalcóatl era el dios patrón del cóatl, la coa, palo puntiagudo con el cual se trabajaba la tierra.[10] Moctezuma mandó reconstruir también el Tzonmolco, un santuario con techo de tule que había sido fulminado por un rayo.[11]

Aparte de estas obras ligadas a las circunstancias –hambruna, incendio, fiesta de fin de siglo–, Moctezuma hizo construir otros edificios que tenían más relación con sus preocupaciones personales. Es el caso del *coateocalli* o *coacalli*, un santuario en el cual se concentraron todas las deidades del imperio o, más precisamente, las imágenes de las deidades enemigas capturadas. Obviamente, esto no se debió sólo a la piedad del rey, como dice Durán. El verdadero objetivo era hospedar a estos dioses en Tenochtitlan y, de cierto modo, conservarlos ahí como rehenes, exactamente como se hacía con los hijos de los reyes sometidos. Hecho significativo, esta "casa de todos" (*coacalli*) parece haber dependido del templo de Huitzilopochtli y fue inaugurada con el sacri-

---

[9] *Anales de Cuauhtitlan*, p. 211.

[10] *Historia de los mexicanos...*, p. 75; *Codex Telleriano-Remensis*, pp. 24 y 306; *Codex Azcatitlan*, lám. 22; *Codex Magliabechiano*, fol. 33v; Muñoz Camargo, *Historia...*, p. 167, y Ponce de León, p. 126.

[11] Sahagún, *Historia general...*, libro 12, cap. 1, p. 759, y Torquemada, vol. 1, p. 211.

ficio de ochocientos cautivos que personificaban a los huitznahuas. Moctezuma y el *cihuacóatl* empezaron las inmolaciones personalmente.[12]

Entre las realizaciones de Moctezuma figuran también el templo de Tlamatzíncatl, un dios de la caza, de la guerra y del pulque estrechamente asociado con Mixcóatl; una amplia plataforma para exponer las calaveras de los sacrificados, el *tzompantli*, que en 1519 exhibía 136 mil cabezas, y la renovación del acueducto de Chapultepec.[13] Se continuó la construcción del asombroso complejo de templos excavados en la roca en Malinalco, que había empezado Ahuítzotl. Y, por supuesto, Moctezuma hizo edificar también su fabuloso palacio.[14]

EL MENSAJE DE LOS ESCULTORES

El emperador impulsó asimismo la escultura, que le permitía comunicarse con los dioses y con sus súbditos para dar a conocer sus reformas, exponer nuevas síntesis ideológicas, proclamar la gloria de Tenochtitlan, de sus dioses y de sus reyes, y garantizar su perennidad. Varios monumentos que se cuentan entre los más famosos del arte azteca pueden atribuírsele.

La hambruna del principio del reinado y los sacrificios realizados para enfrentarla están conmemorados en el "bloque del Metro", una piedra decorada con relieves que representan a un personaje importante sacándose sangre de la oreja y a víctimas de sacrificios ofrendados a los tlaloques. Del cuerpo inmolado de un personificador del dios de la lluvia nace el maíz, representado por largas plumas y jades –desde el partido de pelota entre Huémac y los tlaloques, sabemos que plumas y jades son símbolos del maíz.[15]

Más tarde, durante el reinado de Moctezuma, la fiesta de la "atadura de años" y sobre todo el cambio de su fecha del año 1-Conejo al año 2-Caña dieron ocasión para un numeroso grupo de esculturas; es probable que el motivo principal fuera el cambio de fecha, puesto que las "ataduras" anteriores no han dejado huellas materiales. Encontramos, pues, numerosas representaciones en piedra de grupos de 52 cañas que indican un "siglo", acompañadas del glifo 2-Caña, así como algunas esculturas de serpientes que simbolizan el fuego y el transcurrir del tiempo.

[12] Durán, *Historia...*, vol. 2, p. 439, y Alvarado Tezozómoc, *Crónica mexicana...*, pp. 627-630.
[13] Torquemada, vol. 1, pp. 207-210 y 215, y Tapia, "Relación...", pp. 108-109.
[14] Según el *Códice Aubin* (fol. 40r y 41r), en 1515.
[15] Klein, pp. 324-331.

Pero el monumento más notable del grupo, sin la menor duda, es el Teocalli de la Guerra Sagrada.[16] En una síntesis genial, esa pieza expone el alcance de la reforma de la fiesta de fin de siglo y la doctrina de la guerra sagrada. Se trata de una escultura en alto relieve que representa una pirámide coronada por un santuario (*teocalli*, "casa de dios"): el templo es el lugar de contacto entre los hombres y los dioses, el sitio preciso donde se inmolan las víctimas de la guerra sagrada. En la fachada del santuario se ve el disco solar; en el suelo, al pie de la escalinata, Tlaltéotl, el monstruo de la tierra: los dos beneficiarios, pues, de la guerra sagrada. El sol está flanqueado por dos personajes que sostienen punzones sacrificiales: Huitzilopochtli, el sol naciente, y el propio Moctezuma quien –curioso presentimiento– personifica al sol poniente. Como lo indica el glifo que sale de sus bocas, están pronunciando la palabra "agua-fuego" que designa la guerra florida. La misma palabra está en boca de todos los protagonistas del monumento: cuatro dioses representados en los flancos de la pirámide y, por atrás, el águila posada sobre un nopal, símbolo de la ciudad que tiene a su cargo la guerra sagrada, Mexico-Tenochtitlan.

Sobre el zoclo piramidal se observan dos fechas: la primera, 1-Conejo, es el nombre de la tierra; la otra, 2-Caña, el nombre del sol. Esta segunda fecha está rodeada por una cuerda que indica la "atadura de años" de 1507. Las dos fechas remiten a los dos beneficiarios de la guerra, pero también a la reforma de 1506-1507.

¿Cuál es la relación entre la reforma y la guerra sagrada? La hambruna de los años 13-Conejo a 1-Conejo, al inicio del reinado de Moctezuma II, reproducía exactamente la que se había padecido cincuenta y dos años antes, cuando reinaba Moctezuma I. Esa primera hambruna había sido el origen de la guerra florida; la segunda fue la ocasión de retomar esa guerra; proclamar ese reinicio es una de las funciones del monumento.

Las esculturas que se acaban de mencionar pertenecen al principio del reinado de Moctezuma y al año 1507. En cambio, hay otras obras de primera importancia de las cuales no se sabe en qué momento del reinado fueron realizadas. Es el caso de otra obra maestra de la escultura azteca, la famosa "Piedra del Sol", llamada también "Calendario azteca". Imagínese un inmenso disco de piedra de 356 centímetros de diáme-

---

[16] Respecto al Teocalli, ver Caso, *El* Teocalli *de la Guerra Sagrada*; Palacios; Townsend, "State and Cosmos...", pp. 49-63; Umberger, *Aztec Sculptures...*, pp. 173-193; Umberger, "El trono..."; Pasztory, pp. 165-169, y Graulich, "La piedra del sol".

El Teocalli de la Guerra Sagrada, visto de frente y desde arriba.
Palacios, *La piedra del escudo...*

Teocalli de la Guerra Sagrada, el águila sobre el nopal.
Palacios, *La piedra del escudo*...

tro, cubierto con relieves en toda su cara principal y toda la superficie lateral, de unos quince centímetros de alto.

El disco representa al sol disparando sus rayos que rompen las tinieblas, simbolizadas por las dos serpientes de fuego que rodean el astro y por la faja de estrellas que adorna el canto del cilindro. Pero, para los antiguos mexicas, el sol, Tonatiuh, el que calienta, también era el astro ávido de sangre y corazones humanos, el que define los puntos cardinales y los días, las veintenas, los años, los siglos y las eras, el astro doble: espejo y reflejo de sí mismo en la tarde y, además, el que acoge a los muertos meritorios en el más allá. Esos aspectos diversos están inscritos en el monumento en una extraordinaria síntesis cosmológica y cosmogónica, única en su género en las artes arcaicas. Todo ello, además, con suprema seguridad, sin forzar nada, de manera clara, armoniosa, equilibrada, eminentemente legible –y mucho más, por supuesto, cuando el monumento conservaba todos los colores que lo realzaban, como a la mayor parte de las esculturas mesoamericanas. El relieve es suave y los artistas hicieron gala de una precisión y una maestría prodigiosas.

La Piedra del Sol o Calendario azteca.

Otras obras excepcionales son las dos estatuas colosales de la diosa tierra, Tlaltéotl, representada como una fiera erguida sobre sus patas posteriores, con las garras en posición de ataque. Está decapitada y los chorros de sangre que escapan de su cuello se transforman en dos serpientes cuyas cabezas se enfrentan. Una de las estatuas lleva una falda de serpientes entrelazadas, la otra una falda de corazones humanos. Ambas tienen un collar hecho de corazones y manos cortadas, del cual, como adorno central, cuelga una calavera. Así, horrendas, aterradoras, representan a la tierra que devora a los hombres sepultados en su seno, la tierra que, muriendo, da la vida simbolizada por las serpientes y los corazones: las serpientes son la sangre, salen del cuello y de entre las piernas de la diosa, forman su falda, en un repulsivo hormigueo de vida; los corazones son los órganos mismos del movimiento, los que, al alimentar al sol, le permiten avanzar en el cielo. Son dos monstruos y también dos mujeres, con la carga que eso supone de misterio y temor, mujeres porque se las percibe como más cercanas a la naturaleza, más salvajes que los hombres. Por ello las estatuas tienen formas regidas por una estricta geometría, como comprimidas en prismas y pirámides, pues es necesario contener ese caótico estallido de vida y muerte dentro de las formas de la cultura.

Asimismo, al reinado de Moctezuma se pueden asignar dos gigantescos y magníficos recipientes del tipo *cuauhxicalli*, "vasija del águila", destinados a recibir los corazones y la sangre de los sacrificados. Uno adopta la forma de un jaguar y el otro, recientemente descubierto, la de un águila.[17] Sin embargo, las grandes obras de síntesis, el Teocalli o la Piedra del Sol, son las más características y muestran lo importante que era para Moctezuma proclamar y pregonar sus reformas y sus nuevas concepciones. Tan es así que mandó dibujar códices que relataban toda la historia –esencialmente mítica– del universo desde los orígenes, tal cual quería que se entendiera. Esos libros se perdieron, pero dos obras de la época colonial son directamente tributarias de ellos, la *Leyenda de los soles*, redactada en náhuatl, y la *Historia de los mexicanos por sus pinturas*, en español.

NUEVAS CAMPAÑAS EN OAXACA

Para Moctezuma, la celebración de la "atadura de años" fue el punto culminante de su reinado. Hasta ese momento, pudo albergar esperanzas sin límites. Pero el nuevo siglo empezó mal: unos días después de su recreación, hubo un eclipse de sol y al poco tiempo un terremoto.[18] Luego, en los siguientes años, el emperador vio acumularse los motivos para temer un catastrófico final de su imperio.

Después de 1507, Moctezuma casi no modifica los grandes ejes de su política. La región oaxaqueña y el valle de Puebla siguen siendo sus preocupaciones centrales, aunque eso no le impide mandar ejércitos hacia otros rumbos para aplastar rebeliones, cerrar huecos o abrir nuevas brechas. A todo eso se agregarán graves dificultades en Texcoco, la segunda ciudad del imperio.

[17] Sobre el águila, ver Hernández Pon. Sobre los demás monumentos, se encontrará una bibliografía completa y un estudio en Graulich, "La piedra del sol", y Graulich, *L'Art et l'architecture...*

[18] *Codex Telleriano-Remensis*, lám. 25, p. 309, y *Anales de Cuauhtitlan*, p. 207. El eclipse se dio el 2 de enero de 1508. Ver Weitzel, p. 8.

La actividad militar hacia la región de Oaxaca y el valle de Puebla parece haber sido prácticamente ininterrumpida. En primer lugar, Moctezuma volvió a interesarse en Teuctépec, vencida parcialmente pero insumisa. La ciudad no sólo seguía maltratando a los comerciantes y viajeros del imperio sino que se había fortificado, con una nueva muralla edificada más allá del río.

Un ejército impresionante fue puesto en pie de guerra. Los tlatelolcas, que seguían en cuarentena por su pasada cobardía, aportaron grandes cantidades de bastimentos de todo tipo y se presentaron ante el rey. Moctezuma, enojado todavía, los mandó echar de la ciudad y se negó a recibir su contribución. Heridos en su honor, los tlatelolcas decidieron reconquistar con su heroísmo lo que no podían conseguir con su liberalidad. Formaron un fuerte contingente, marcharon día y noche y llegaron primeros a Teuctépec. El resto del ejército parece haber encontrado serios problemas, ya que dos mil soldados se ahogaron en el río Túzac, más allá de Itzyocan (Izúcar).

Divididos en escuadrones, los tlatelolcas atacaron y se adueñaron de la primera muralla, obligando al enemigo a replegarse al otro lado del río. Entonces, cruzaron la corriente con la ayuda de los Aliados, y todos juntos avanzaron sobre el poblado, poniéndole sitio; una tras otra, destruyeron las albarradas, hasta que entraron en la ciudad y la incendiaron. La masacre fue espantosa. Los que escaparon fueron hechos prisioneros y la ciudad quedó poco menos que desierta. Los cautivos sumaron 2 800, sin contar a los quinientos guerreros capturados por los tlatelolcas.[19] Cuando se enteró de sus hazañas, Moctezuma los perdonó y pudieron regresar a la corte y volver a asumir sus cargos.[20]

En 1509, el emperador emprende una campaña contra Amatlan, en el sur del actual estado de Oaxaca, al este de Miahuatlan. Si Miahuatlan era un importante centro de comercio, Amatlan por su parte no tenía mucho que ofrecer. El único tributo que los zapotecos de esa pequeña ciudad de montaña pagaban a su señor era el tiempo que tenían que dedicar al cultivo de sus campos y a la construcción o al arreglo de sus moradas. Así que los mexicas no se fijaban en ellos por motivos económicos, sino sólo porque hostigaban a las tropas de la Triple Alianza

[19] Alvarado Tezozómoc (*Crónica mexicana*, pp. 635-637) difiere respecto a las relaciones con Tlatelolco. Sobre el cruce del río Túzac, ver *Codex Telleriano-Remensis*, lám. 25, p. 309, y *Códice en cruz*.

[20] Durán, *Historia...*, vol. 2, cap. 59, pp. 451-452; Alvarado Tezozómoc, *Crónica mexicana*, cap. 96, p. 635; *Anales de Cuauhtitlan*, p. 207; *Anales de Tlatelolco*, p. 99, y Torquemada, vol. 1, p. 210.

presentes en el valle de Oaxaca.[21] Además, su rendición permitiría apretar la tenaza en torno al Estado de Tototépec.

No parece que la campaña haya sido un éxito, o no en el primer intento. Las tropas aliadas iban cruzando las montañas cuando se levantó una ventisca helada que causó grandes pérdidas. Algunos guerreros murieron de frío, otros quedaron atrapados bajo avalanchas de rocas o árboles arrancados por la tormenta. Algunos sobrevivientes lograron seguir hasta Amatlan, donde fueron masacrados. Pero, al cabo, la ciudad fue conquistada.[22]

LA CONSPIRACIÓN DE CHALCO

Ese mismo año, en Chalco, en el sureste del valle, surgieron conflictos intestinos que le permitieron al emperador consolidar su autoridad en esa provincia y, de paso, granjearse el odio de sus habitantes. Cuatro chalcas llegaron a Tenochtitlan a denunciar a un señor Itzcahua y a su hijo Nequámetl, los dirigentes de la cabecera local de Tlalmanalco, uno de los cuatro Estados de Chalco. Los acusaron de regalar armas y ocupar casas demasiado lujosas para simples vasallos. Moctezuma reaccionó según su acostumbrado método de la zanahoria y el garrote. Por un lado, confiscó parte de las tierras de los acusados y les mandó el siguiente mensaje:

> Su soberano, el terrible Huitzilopochtli, nos ha enviado; su voz que está en los tules, en las cañas, acaba de hacerse oír así: díganle a mi abuelo Itzcahua y a Nequámetl que tomo otros pocos bienes para los mexicas-tenochcas, pero que tengan por seguro que la guerra se acabó, se terminó del todo.

Los "pocos bienes" eran las tierras, seguramente muy extensas, de Malinaltépec, Tenanyocan y Tlacuillocan. La zanahoria, por otro lado, era la declaración de paz y amistad: la guerra se acabó del todo, y además, una oferta matrimonial. Una vez que los príncipes de Tlalmanalco hu-

---

[21] *Relación de Amatlan*, en Del Paso y Troncoso, *Papeles de Nueva España*, vol. 4, pp. 120-121.

[22] Torquemada, vol. 1, p. 211; *Anales de Tlatelolco*, p. 99, y *Relación de Miahuatlan*, en Del Paso y Troncoso, *Papeles de Nueva España*, vol. 4, pp. 123ss. Alva Ixtlilxóchitl (vol. 2, p. 184) difiere en la fecha; aunque en la misma página cita y elogia a Torquemada, ubica en el año 1514 la tormenta de nieve y la destrucción del ejército de la Triple Alianza que marchaba contra Amatlan. El *Codex Telleriano-Remensis* sitúa las grandes nevadas en 1511.

bieron dado suficientes muestras de humildad, clamando que ellos y todo lo suyo pertenecían a Huitzilopochtli-Moctezuma, el emperador le ofreció a Nequámetl a una de sus hijas, y ella fue a instalarse en Tlalmanalco con su escolta, un grupo de temibles otomíes, verdadera guarnición al servicio de Moctezuma, en número suficiente para ocupar dos barrios de la ciudad.[23]

Quizá fue esta "guarnición" lo que colmó la paciencia de los chalcas. Cuando Cortés, en ruta hacia Tenochtitlan, pasó por Tlalmanalco, los chalcas se acercaron a ofrecerle su amistad y, sobre todo, a quejarse de los atropellos que sufrían. Los recaudadores de Moctezuma les robaban todo lo que tenían, violaban a sus esposas e hijas delante de ellos por poco que les gustaran, los obligaban a trabajar como esclavos y les confiscaban sus tierras para dárselas a los ídolos de Tenochtitlan.[24]

EL VALLE DE PUEBLA INVENCIBLE

En el valle de Puebla, las cosas no iban exactamente como el emperador hubiera deseado. Sus grandes proyectos, lamentablemente, seguían siendo proyectos y nada más. La lucha no cesaba, a veces florida, a veces más seria, pero pocas veces alentadora. En 1508, durante una sangrienta batalla en los valles de Atlixco, murieron 2 800 aliados, entre ellos, Macuilmalinalli (5-Hierba), hermano mayor de Moctezuma, así como otro gran señor mexica. En 1509, un combate contra los huexotzincas no reditúo más que sesenta míseros cautivos.[25] Y las cosas parecían ir a peor.

Nezahualpilli, el rey de Texcoco, tenía fama de ser muy versado en hechicerías y predicciones. Tenía extraordinarios poderes, como el de enviar su alma a los cielos o al inframundo a su antojo, a la manera de los chamanes.[26] Gracias a ello, conocía ciertos secretos de los dioses, amén de que mantenía constante comunicación con una deidad personal.

Un día, de repente, Nezahualpilli acudió a ver a Moctezuma para comentarle asuntos gravísimos.

[23] Chimalpáhin, *Annales...*, pp. 179-181; Chimalpáhin, *Relaciones...*, p. 230; Chimalpáhin, *Troisième relation...*, vol. 1, p. 214, y *Anales de Cuauhtitlan*, pp. 207-209. Sobre incidentes anteriores, ver *Anales de Cuauhtitlan*, pp. 197-199.

[24] Díaz del Castillo, cap. 86, pp. 155-156.

[25] Torquemada, vol. 2, p. 211.

[26] Alvarado Tezozómoc, *Crónica mexicana*, cap. 80, p. 564.

Poderoso y gran señor –empezó– mucho quisiera no inquietar tu ánimo poderoso, quieto y reposado, pero fuérzame la obligación que tengo de servirte y darte cuenta de una cosa extraña y maravillosa que, por permiso y voluntad del señor de los cielos, de la noche y el día y del aire, ha de acontecer en tu tiempo. Por lo cual, debes de estar avisado y advertido [...] que de aquí a muy pocos años nuestras ciudades serán destruidas y asoladas; nosotros y nuestros hijos, muertos, y nuestros vasallos, apocados y destruidos. Y de esto no tengas duda.

Y para más verificar lo que te digo, y para que conozcas ser verdad, sé muy cierto que jamás que quisieres hacer guerra a los huexotzincas, tlaxcaltecas o cholultecas alcanzarás victoria; antes los tuyos serán siempre vencidos, con pérdida de tus gentes y señores.

Y más te digo: que antes de muchos días verás en el cielo señales que serán pronóstico de lo que te digo. Y por eso no te desasosiegues ni inquietes, que lo que ha de suceder, es imposible huirle el rostro. Pero de una cosa me siento muy consolado, que ya yo no veré estas calamidades y aflicciones, porque mis días son ya muy breves. Y a esta causa quise, antes que muera, dejarte este aviso como a hijo mío muy querido.[27]

El discurso, seguramente apócrifo, se inscribe en el contexto de las señales anunciadoras de la Conquista española, señales de las cuales pronto se hablará. En la época en que viene a informar a Moctezuma, cerca de 1510, es perfectamente posible que Nezahualpilli ya haya recibido noticias sobre los seres extraños desembarcados o caídos del cielo en los mares del oriente e incluso de los cataclismos que provocaban a su paso, y podría haber intuido que por ello la era azteca se acercaba a su fin. En cualquier caso, al parecer, después de este discurso los dos reyes lloraron y clamaron a los dioses, implorando la muerte. Ido Nezahualpilli, Moctezuma pensó que disponía de un método seguro para verificar su dicho: bastaba con librar batalla con uno de sus enemigos del valle de Puebla.

De inmediato empezaron los preparativos y, en breve tiempo, un ejército mexica estaba acampando en la llanura de Ahuayucan. Pronto, trabaron "brava contienda y reñida batalla" contra los guerreros de Tlaxcala. Los guerreros imperiales fueron vencidos y sufrieron severas bajas. Todos los señores y generales fueron capturados. Los mexicas sólo trajeron cuarenta cautivos, ni uno más; los de Texcoco veinte, los tepanecas quince y los tlatelolcas cinco. Moctezuma, furibundo, llamó

[27] Durán, *Historia...*, cap. 61, p. 459.

a sus guerreros "mujercillas flacas" y "afeminados", y prohibió que se les hiciera recibimiento alguno a su regreso. Cuando los vencidos volvieron a la ciudad, no había alma en la calle para esperarlos, estaba como muerta. En el palacio, adonde fueron como siempre a saludar al rey, les cerraron las puertas y los echaron "con mucho oprobio". Poco después, el emperador juntó todos sus consejos para comunicarles el ejemplar castigo que había decidido imponer a los capitanes y guerreros distinguidos o experimentados: a todos se les debía rapar la cabeza y quitar sus insignias de caballeros valientes, así como las armas y divisas que él les había dado. Además, por un año entero, se les prohibiría entrar al palacio y usar ropa de algodón o sandalias.

Es fácil imaginar el dolor y la angustia de los castigados. Pero muy pronto tuvieron la posibilidad de reivindicarse: al año siguiente, hubo una nueva batalla contra Tlaxcala y, si bien nadie les avisó ni convocó, los guerreros degradados se alistaron y se esforzaron por reconquistar lo perdido con sus proezas. Tanto hicieron y tan bien que las pérdidas fueron iguales de ambos lados. Moctezuma, aliviado y contento, les restituyó sus privilegios y recibió a sus tropas con ceremonias triunfales.[28]

Poco después llegó la fiesta "del Barrido" (*Ochpaniztli*), homenaje a Toci, nuestra abuela, la tierra. Esa vez, las víctimas fueron los prisioneros tlaxcaltecas capturados en Ahuayucan. Algunos fueron inmolados por el procedimiento acostumbrado de arrancarles el corazón antes de cortarles la cabeza, para satisfacer tanto al sol como a la tierra. Otros fueron arrojados a una hoguera, convirtiéndose así en las primeras estrellas-maíz de la nueva era. Un tercer grupo fue flechado en el santuario de Toci, el Tocititlan, para fecundar a la diosa. Ese templo estaba en la entrada de la ciudad y su rasgo distintivo era que frente a él estaban plantados en la tierra cuatro mástiles de más de veinticinco brazas de altura, formando un cuadrado; cada uno culminaba con una plataforma coronada por una pequeña choza. Los tlaxcaltecas, amarrados a esos mástiles, fueron acribillados con flechas y dardos. Esos dignos sacrificios dieron gran satisfacción a Moctezuma, pero podemos suponer que los tlaxcaltecas –probablemente invitados a las fiestas, aunque las fuentes no lo especifican– quizá los disfrutaron menos.

Poco después, los huexotzincas, que querían congraciarse con los tlaxcaltecas, montaron un operativo de represalias contra Tenochtitlan. Una noche, un comando se insinuó hasta la periferia de la ciudad y prendió fuego al Tocititlan.

---

[28] Durán, *Historia...*, cap. 61, pp. 460-462, y Alvarado Tezozómoc, *Crónica mexicana*, cap. 100.

Toci, la Tierra, en su aspecto de regente de la trecena de días 1-Movimiento, en el calendario adivinatorio del *Códice Borbónico*. La diosa, revestida de una piel de sacrificado y con atributos de algodón sin hilar, pare a Cintéotl-Maíz-Venus. Éste también está representado arriba, dirigiéndose hacia Toci para penetrar en su cuerpo: es la estrella de la tarde que desaparece en el horizonte antes de reaparecer como estrella de la mañana. A la derecha, el seductor de la diosa en el paraíso originario, Tezcatlipoca, disfrazado de buitre y con espinas ensangrentadas en la mano. Abajo, un *tzompantli* y una piedra de sacrificios.

El Templo Mayor de México. Durán, *Historia*...
Los santuarios acogen las estatuas de Tláloc (a la izquierda)
y Huitzilopochtli. A la derecha, un gran *tzompantli*.

Hubo furor en Tenochtitlan, agravado por el mal agüero que el incendio significaba. El emperador mandó meter a la cárcel –es decir, a jaulas de madera– a los sacerdotes de Toci que no se habían dado cuenta de nada. Para enseñarles a velar en lugar de dormir, hizo cubrir el suelo de las jaulas con navajitas y fragmentos de hojas de obsidiana, con el fin de que se cortaran hasta desangrarse del todo y perecer y, mientras tanto, acudía regularmente a recordarles su deber de velar día y noche sobre los templos y los dioses. Luego, como también había que atender asuntos más serios, ordenó buscar y apresar a los culpables del sacrilegio.

Un tlaxcalteca hecho prisionero por la gente de Tlatelolco informó que los huexotzincas habían ido a Tlaxcala a presumir de su hazaña. Enseguida, Moctezuma inició los preparativos para castigar a Huexotzinco. En lo que llegaba el momento oportuno, mandó reconstruir espléndidamente el Tocititlan, con mástiles aún más altos que los anteriores, y lo llenó de sacerdotes y guardias mercenarios, hecho lo cual, envió a los ejércitos de Mexico-Tenochtitlan y de las ciudades aliadas a combatir a los temibles huexotzincas en los valles de Atlixco. La batalla duró varios días. Los tlatelolcas se distinguieron muy especialmente, y tuvieron muchos muertos; apenas se juntó un número satisfactorio de cautivos que sacrificar, los Aliados regresaron a casa, donde los recibieron con gloriosos festejos. Moctezuma tuvo víctimas a placer: sólo los tlatelolcas ofrendaron a ciento veinte.

Los huexotzincas capturados merecían una suerte digna de los tlaxcaltecas en cuya defensa habían actuado. Unos cuantos fueron desollados, al parecer en la fiesta de *Tlacaxipehualiztli* ("Desollamiento de Hombres"), y sus pieles vistieron a los *xipeme*, penitentes que recorrían la ciudad durante cuarenta días pidiendo limosna. A medida que pasaba el tiempo, las pieles se secaban, se ponían negras y apestaban cada vez más; eran la más elocuente y sensible manifestación de la mancha de la cual los penitentes se querían limpiar. Al cabo de los cuarenta días, en solemne ceremonia, los *xipeme* se deshacían de las pieles viejas y se bañaban. Aparecían entonces rejuvenecidos con su nueva piel, regenerados, purificados.

Otros huexotzincas fueron muertos medio año después, en las fiestas de "Cae el Fruto" y "del Barrido", que coincidieron con la inauguración del nuevo santuario de Toci. Algunos fueron quemados vivos, a otros los mataron a flechazos o con dardos, otros más –como fruta que cae– fueron arrojados desde lo alto del santuario y un último grupo fue encerrado en unas casas cuyos techos fueron derribados sobre ellos.[29]

Tanta consideración exigía cortesías recíprocas y el *potlach* sangriento prosiguió. Los huexotzincas invitaron a Moctezuma a la fiesta de su dios Camaxtli. Impedido como siempre de aceptar ese tipo de invitaciones, el emperador se hizo representar por altos dignatarios, que a su vez vieron a muchos de sus conciudadanos o hasta a sus hermanos sacrificados por ablación del corazón, quemados o acribillados. "¿Qué les parece?", comentó el emperador cuando le dieron informe de los festejos, "para eso hemos nacido y para eso vamos a la guerra. Ésa es la muerte bienaventurada y tan codiciable que nos enseñaron nuestros antepasados." No se le olvidó abrumar a los de Tlatelolco con obsequios y honores, para mantenerlos en el buen camino y consolidar su lealtad.[30]

---

[29] Sobre el prototipo mítico de esta forma de sacrificio, ver el episodio de los cuatrocientos jóvenes en el *Popol Vuh*. Respecto a su relación con las fiestas mencionadas, ver Graulich, *Mythes et rites...*

[30] Durán, *Historia...*, vol. 2, cap. 62, p. 463-466, y Alvarado Tezozómoc, *Crónica mexicana*, cap. 99, pp. 648-651.

Entonces empezaron a aparecer los prodigios y señales funestos anunciados por Nezahualpilli. Después de eso, el soberano de Texcoco habría ordenado a sus tropas dejar de participar en las incesantes guerras contra Puebla y por lo demás mantenerse sobre todo a la defensiva. Esa pasividad habría sido el origen de numerosas rebeliones.[31] Debió de despertar en Moctezuma una mezcla de indignación y secreto júbilo ver que su antiguo rival se debilitaba aún más. Nezahualpilli, por su parte, si bien se dirigía a Moctezuma llamándolo "hijo mío muy querido", no podía dejar de sentir cierta delectación al anunciarle el final de un imperio en el cual la influencia de Texcoco se iba reduciendo año tras año. ¡Qué lejos estaban los buenos tiempos de la lucha común contra Azcapotzalco y de la creación de la Triple Alianza!

Desde aquella remota época, por cierto, las fricciones entre las dos ciudades tienen que haber sido frecuentes. Las informaciones divergen en cuanto a las partes respectivas de los Aliados en el reparto del fruto de las campañas, a los límites de sus territorios y a las jerarquías admitidas. Se dice que tras las campañas comunes, Tenochtitlan y Texcoco recibían cada una dos quintas partes del botín, y Tlacopan una; o que Tenochtitlan se arrogaba ocho de quince partes, Texcoco cuatro y Tlacopan tres. Por supuesto, la versión de Tlacopan es distinta: según ella, la ciudad tenía derecho a una tercera parte, igual que sus aliadas...

Teóricamente, cada ciudad conservaba sus posesiones y tenía su propia área de expansión. La de Texcoco correspondía al cuadrante situado entre el norte y el este, es decir que también abarcaba la costa del Golfo de México, pero en realidad muchas de las ciudades huastecas y totonacas de la costa se decían tributarias de Tenochtitlan.

Lo que sabemos de seguro es que las cosas eran lo bastante confusas en la Alianza como para que surgieran y crecieran rivalidades. ¿Habrán degenerado alguna vez en un conflicto abierto entre los dos principales actores, Tenochtitlan y Texcoco? Podemos dudarlo, aunque las dos partes afirman que sí. El historiador de Texcoco, Alva Ixtlilxóchitl, pretende que el gran Nezahualcóyotl invadió Tenochtitlan en los años 1430 para darle un escarmiento a Itzcóatl, que no lo reconocía como señor supremo del imperio y de los chichimecas (*chichimecatecuhtli*). Asustado, Itzcóatl habría ofrecido disculpas y, para que se las aceptaran de mejor grado, las habría acompañado con el regalo de veinte hermosas jóvenes princesas. Ni así se apaciguaron los texcocanos. Durante siete

---

[31] Alva Ixtlilxóchitl, vol. 2, pp. 180-183.

días, Nezahualcóyotl trató en vano de penetrar en la isla de Mexico-Tenochtitlan. Finalmente, las defensas flaquearon, la ciudad fue tomada, los principales templos incendiados y los palacios saqueados. Itzcóatl pidió la paz y, desde ese día, Tenochtitlan, Tlacopan y las ciudades súbditas tuvieron que pagar tributo a Texcoco.[32]

Radicalmente distinta es la versión de la *Crónica X*, de origen mexica, donde vemos a un Nezahualcóyotl mucho menos presuntuoso. La escena transcurre después de la muerte de Itzcóatl, en el momento de la elección de Moctezuma I Ilhuicamina. Antes de viajar a Tenochtitlan, Nezahualcóyotl recomienda encarecidamente a los grandes señores de su reino que siempre procuren la amistad de la gran ciudad de la laguna:

Si los topáis en el camino y os piden de lo que lleváis, partid con ellos. Acariciadlos, porque de hacerlo no perdemos nada y del contrario, ninguna cosa se gana, si no es guerra e inquietudes, muertes, robos y derramamiento de nuestra sangre y desolación de nuestra provincia. Por tanto, estad en paz y sosiego; y encomendad lo mismo en todos los pueblo y ciudades de mi reino, en particular a los caminantes y mercaderes, porque éstos son los que siguen y andan los caminos y corren las provincias a buscar su vida.[33]

Una vez en Tenochtitlan, el rey-poeta pide al nuevo soberano una audiencia privada para ofrecerle la sumisión de Texcoco.

Has de saber, señor, que todos aquellos tus vasallos, así principales como gente común, se someten debajo de tu sombra, pues estás puesto como árbol de gran sombra, como la sabina debajo de la cual se quieren meter y amparar para gozar del frescor de tu amistad y de tu amor, especialmente los viejos y las viejas, el huérfano y la viuda, y el pobre, y el mendigo. Los cuales son como plumas de tus alas y de plumajes de tu cabeza. [...] Éstos, y yo en su nombre, te venimos a suplicar e implorar tu suma clemencia, que tengas por bien de conservarnos en tu paz y concordia, y que no permitas que en ningún tiempo nos sea hecha guerra de México, porque si yo sin propósito ni fin ninguno me rebelase contra México y le hiciese guerra, conozco que la furia de los mexicanos es sin medida ni término; saca la gente de debajo de la tierra, es vengativo e insaciable en herir y matar. Y por tanto te ruego que los recibas por hijos y por siervos sin

---

[32] Alva Ixtlilxóchitl, vol. 2, pp. 86-88.
[33] Durán, *Historia...*, vol. 2, cap. 15, p. 125.

guerra ni contienda, porque ellos te quieren a ti por padre y madre, para su consuelo, y a toda la nación mexicana por amigos.[34]

Moctezuma I recibe su pedido favorablemente y consulta a su consejo. El consejo tiene a bien aceptar, pero pone una condición que tiende a salvaguardar la imagen de Tenochtitlan como ciudad conquistadora e intransigente: se decide fingir una batalla y una persecución hasta el corazón mismo de Texcoco. La batalla fingida se hace, los texcocanos huyen y Nezahualcóyotl hace incendiar un templo. Entonces pide la paz, se somete, acepta las condiciones acostumbradas y ofrece tierras. No hay muertos ni saqueos, y los guerreros mexicas regresan a casa, "no muy contentos de guerras fingidas".[35]

Las versiones de Texcoco y Tenochtitlan son a la vez irreconciliables y complementarias. Cada ciudad sostiene que venció a la otra. En la versión texcocana, la iniciativa parte de Itzcóatl que se niega a reconocer la soberanía de Texcoco: hace falta una batalla verdadera para que entienda razones. En cambio, en la versión mexica, Nezahualcóyotl se adelanta y reconoce espontáneamente la superioridad de Tenochtitlan, gracias a lo cual Moctezuma se da por satisfecho con un simulacro de batalla. Si Texcoco exagera más en su presentación de los hechos, obviamente se debe a la mayor dificultad que enfrenta para convencer. Puede ser que en la primera mitad del siglo XV las dos ciudades hayan tenido fuerzas equivalentes, aunque parece dudoso: las relaciones matrimoniales entre ellas dan clarísimas muestras de la superioridad adquirida por Tenochtitlan desde tiempo atrás. Pero en el siglo XVI, Tenochtitlan, cinco veces más poblada que Texcoco, es mucho más poderosa: de ahí las exageraciones de Alva Ixtlilxóchitl.

Sin embargo, no se puede descartar que esté exagerando a partir de un hecho real. La alianza inicial entre las dos ciudades puede haberse sellado con guerras simuladas, rituales, durante las cuales cada ciudad sometía a la otra. Pensemos en esos mitos indoeuropeos analizados por Dumézil, en los cuales ciudades o Estados complementarios pero enemigos –los romanos y los sabinos, los ases y los vanes– se combaten, con alternancia de éxitos y fracasos de ambas partes, hasta que terminan aliándose de manera permanente.

Comoquiera que sea, Texcoco quedaba cada vez más relegada y los rencores se habían acumulado. La ciudad acolhua sufría al sentirse hu-

[34] Durán, *Historia...*, vol. 2, cap. 15, pp. 126-127.
[35] Durán, *Historia...*, vol. 2, cap. 15, pp. 128-131. Sobre todo eso, ver Offner, pp. 88-95.

millada e inferior al papel que pretendía, y Tenochtitlan consideraba excesiva la parte que Texcoco conservaba en la alianza y las consideraciones que había que tributarle. A todo ello se añadió, en el siglo XVI, un contencioso familiar entre Nezahualpilli y Moctezuma II.

Los informes que tenemos al respecto provienen de Alva Ixtlilxóchitl y parecen –el primero de ellos por lo menos– un tanto novelados. Una de las hermanas del emperador, hija de Axayácatl, fue enviada a la corte de Nezahualpilli con otras princesas para que él escogiera de entre ellas a una esposa legítima y varias concubinas. La princesita respondía al dulce nombre de Chalchiuhnenetzin, "muñeca (o vulva) de jade". Como era todavía una niña, Nezahualpilli la hizo criar con gran lujo en su palacio. No podía hacer otra cosa, pues dicen que Chalchiuhnenetzin había llegado con más de dos mil sirvientes: entendamos que había en total dos mil personas para hacerse cargo de su manutención, su educación, su servicio, etcétera.

Niña seria y juiciosa en apariencia, en realidad la princesita de Tenochtitlan era una Mesalina. Una vez convertida en esposa principal del rey, no tardó en revelar su verdadera naturaleza. Cuando le gustaba algún hombre joven y apuesto, la reina lo convocaba para gozar de sus favores; después, lo hacía asesinar y, para conservar su recuerdo, hacía esculpir una hermosa estatua, ricamente adornada, de cada uno. Así pues, al poco tiempo, una sala completa del palacio se vio transformada en galería de retratos.

Interrogada por el rey, Chalchiuhnenetzin contestó que las estatuas representaban a sus dioses. Sin embargo, cometió la imprudencia de dejar con vida a tres de sus amantes y darles regalos. Un día, el rey reconoció, en el atuendo de uno de los nobles de su corte, una joya muy hermosa que había obsequiado él a su esposa. Para salir de dudas, fue a visitarla una noche de improviso y, por más que las damas de compañía le repitieran que estaba dormida, él insistió y, contra su costumbre, entró a la recámara. En lugar de Chalchiuhnenetzin, sólo encontró un maniquí con peluca cuya cara reproducía fielmente los rasgos de la reina. En el colmo de la indignación, el rey ordenó buscarla y detener a todos los del palacio. Descubrieron a la reina ocupada en festejar en compañía de sus amantes.

El rey sometió el caso a la justicia. Todos los cómplices, desde las damas de la corte hasta los escultores y los ejecutores, fueron acusados. Cuando fue pronunciada la sentencia, el rey hizo saber a sus colegas de Tenochtitlan y Tlacopan el día de la ejecución y convocó a los nobles de todo el imperio, con sus esposas e hijas, para su edificación. Chalchiuhnenetzin fue ejecutada a garrote ante los ojos de todos, con sus amantes y los dos mil cómplices. Todo mundo felicitó al rey por tan severo e instructivo ejemplo pero, concluye Alva Ixtlilxóchitl, los parientes mexicas de la princesa, que hubieran apreciado un procedimiento más discreto, disimulaban su rencor y su deseo de venganza. Entre ellos estaba Moctezuma, niño todavía en aquel tiempo.[36]

El adulterio de la reina hija de Axayácatl y el castigo que sufrió junto con todos sus cómplices aparecen en la obra de otro historiador de Texcoco, Pomar,[37] pero es obvio que Alva Ixtlilxóchitl se da cuerda alegremente al contar los detalles. La cabeza del maniquí modelada a semejanza de Chalchiuhnenetzin y las estatuas de sus amantes son completos absurdos: arcaico como era, el arte azteca no había llegado a la búsqueda del parecido individual y los retratos propiamente dichos, en los cuales se puede reconocer a los modelos, eran desconocidos. Por lo demás, las aventuras de la joven reina recuerdan demasiado exactamente las desdichas de otra reina, Margarita de Borgoña, y el caso de la Torre de Nesle, para que la casualidad baste a dar cuenta de ello.[38]

Las desventuras conyugales de Nezahualpilli no pararon allí, pero también es cierto que con más de dos mil concubinas, entre ellas unas cuarenta favoritas, había muchas ocasiones para que se dieran deslices. Su preferida era la llamada "dama de Tula". Hija de un comerciante, era hermosa, por supuesto, pero también culta, sabia y versada en la poesía.[39] Pues bien, fue cortejada por el valiente Huexotzincatzin, que debía su nombre a sus hazañas frente a Huexotzinco y que no sólo era el hijo favorito del rey y heredero al trono, sino además sobrino de Moctezuma. No se sabe bien a bien si se acostó con la favorita, pero el caso es que lo sorprendieron dirigiéndole palabras poco apropiadas aunque, según Alva Ixtlilxóchitl, que siempre adorna, no pasaron de intercambiar poemas. De cualquier manera, ambos fueron condenados a muerte y ejecutados.[40]

La severidad mostrada por Nezahualpilli hacia sus familiares no lo incitaba a mostrarse indulgente con los demás. En 1509, Tezozómoc de Azcapotzalco, un suegro de Moctezuma, cometió un adulterio. Los tribunales de las tres ciudades tuvieron que conocer de su caso. Para com-

[36] Alva Ixtlilxóchitl, vol. 2, pp. 164-165 y 181.
[37] Pomar, *Relación...*, pp. 25 y 31.
[38] Sobre este episodio, ver Barlow, "Chalchiuhnenetzin". No repara en el evidente parecido con la Torre de Nesle.
[39] Alva Ixtlilxóchitl, vol. 2, p. 152.
[40] Pomar, *Relación...*, pp. 25 y 31-32; Torquemada, vol. 1, p. 184, y Alva Ixtlilxóchitl, vol. 1, pp. 449-450, y vol. 2, pp. 168-169 y 181.

placer a Moctezuma, los jueces mexicas sólo lo condenaron al exilio y a la destrucción de su palacio. Los tepanecas propusieron un castigo más, inédito, cortarle la punta de la nariz. Pero los jueces de Texcoco, inflexibles, exigieron que se respetara la ley acostumbrada. Así pues, Tezozómoc fue muerto a garrote y su cuerpo quemado, para gran disgusto del emperador.

Siempre en el terreno familiar, Nezahualpilli por su parte tenía algunos reproches que hacerle a Moctezuma. Los texcocanos sostenían que él había encargado a los atlixcas, en la batalla de 1508, que mataran a su hermano Macuilmalinalli, 5-Hierba, yerno de Nezahualpilli. Esto a pesar de que años antes, en la elección del emperador, Nezahualpilli había apoyado a Moctezuma contra 5-Hierba, ya entonces esposo de su hija mayor. Más tarde, decían, se habría arrepentido amargamente de esa decisión..

Los dos soberanos, pues, tenían pocas razones para quererse. Dicen también que en varias ocasiones Moctezuma la emprendió directamente contra Nezahualpilli, con la ayuda de sus magos y hechiceros, pero que los de Texcoco supieron proteger a su rey. En 1514 le reclamó la inactividad de sus tropas, las cuales, como ya se dijo, habían dejado de participar en las campañas desde que en la década de 1510 empezaron a aparecer fenómenos celestes y señales infaustas. Con el pretexto de ponerles remedio y aplacar a los dioses, Moctezuma propuso un ataque conjunto contra Tlaxcala que él mismo dirigiría, obligando así a Nezahualpilli a hacer lo mismo. Si hemos de creer a los historiadores texcocanos, lo que el emperador realmente se proponía era deshacerse de su viejo colega y de las mejores tropas de éste, asegurando así de una vez por todas la supremacía completa de Tenochtitlan.

Con este fin, Moctezuma estableció un contacto secreto con los tlaxcaltecas y les mandó avisar del ataque, precisando que Nezahualpilli no iba a la batalla para entrenar a sus tropas y tomar cautivos sino para destruir el país y conquistarlo. Afirmaba cínicamente que no podía asociarse a semejante felonía y prometía a Tlaxcala que, en caso necesario, la socorrería y golpearía a los texcocanos por la espalda. Los tlaxcaltecas, indignados, se prepararon para emboscar a los texcocanos.

Texcoco mandó contra Tlaxcala a la flor y nata de su ejército. Sin embargo, Nezahualpilli, que tenía más de cincuenta años de edad y sobre todo deseaba evitar ocasiones de roces con Moctezuma, permaneció en Texcoco. Mandó a dos de sus hijos, Acatlemacotzin y Tequanehuatzin, para representarlo y guiar a sus tropas. Camino a Tlaxcala, los texcocanos acamparon en el cañón de Tlaltepéxic, unos diez kilómetros al norte de la ciudad, donde pronto estuvieron completamente cercados sin que se dieran cuenta. Presagios siniestros marcaron la noche previa a la batalla: nubes de aves carroñeras volaban encima del campamento texcocano, algunos entre los más valientes soñaron que volvían a ser niños chiquitos que llorando buscaban amparo entre los brazos de sus madres. Al amanecer, cuando se disponían a salir lo antes posible del cañón, los atacaron por todos los costados y los masacraron sin piedad. Moctezuma presenció la escena sin inmutarse, con todo su ejército, desde las faldas del Xacayoltépetl. De regreso en Tenochtitlan, les ordenó a las ciudades de las chinampas, en los lagos del sur del Valle, que dejaran de pagar tributo a Texcoco o de reconocer su autoridad de la manera que fuera. Cuando Nezahualpilli protestó, Moctezuma le respondió que los tiempos habían cambiado, que ahora había una sola cabeza en lugar de tres y que los que metían la nariz en sus asuntos serían castigados. Nezahualpilli, consciente de su impotencia, no insistió y no volvió a salir de su palacio.[41]

[41] Sobre todo lo anterior, ver Alva Ixtlilxóchitl, vol. 2, pp. 179-180 y 185-187. Pomar ("Relación...", p. 36) sólo relata que un rey de México intentó que los huexotzincas mataran a Nezahualpilli indicándoles cuáles eran sus armas y sus divisas.

· VIII ·
Las señales precursoras de la caída del imperio

La aparición de gran cantidad de fenómenos extraños de todo tipo que presagiaban el final del imperio se suele ubicar alrededor de 1510.[1] La fecha no es indiferente: 1510 marca la mitad del reinado de Moctezuma. Puesto que un reinado se compara con un día, 1510 es el mediodía, el momento en que el sol empieza a declinar y la noche nace. Veremos que algunas de las señales aluden a eso de la manera más explícita.

EL REGRESO A AZTLAN

Si hemos de creerles a las crónicas y los anales, pocos acontecimientos extraordinarios han sido tan esperados como la caída del imperio azteca. El primer aviso data del lejano reinado de Moctezuma I Ilhuicamina. Cuando ese soberano se vio en el apogeo de su gloria, le vino el capricho de mandar parte de los tesoros que había reunido a los habitantes de la tierra de origen de los mexicas. A lo mejor, conjeturaba, todavía estaba viva la madre de Huitzilopochtli y, si así fuera, podría gozar de lo que su hijo había logrado conquistar. Así que despachó a magos y hechiceros hacia Aztlan.

Los emisarios caminaron hasta el Coatépec, cerca de Tula. Ahí, como no sabían por dónde seguir, echaron mano de invocaciones y sortilegios y, convertidos en aves unos, otros en jaguares, pumas y animales varios, fueron llevados hasta Aztlan por un espíritu.

Como Tenochtitlan, Aztlan era una isla en medio de un lago, pero paradisíaca. En su centro se erguía el monte curvo llamado Colhuacan. Los enviados fueron recibidos por un viejo mayordomo de Coatlicue, quien les pidió noticias de los mexicas que hacía tantos años habían

---

[1] Sobre las señales, ver Orozco y Berra (en su edición de la *Crónica mexicana* de Alvarado Tezozómoc); Baudot y Tódorov, pp. 461-464; Tomicki, y Thomas, *La conquista...*, pp. 40-44.

salido de Aztlan. Los enviados de Moctezuma contestaron que habían muerto hacía mucho. Estupor de su interlocutor: en Aztlan, nadie moría, ¿qué les podía haber pasado a los desdichados? Invitó a los viajeros a seguirlo, con sus regalos a cuestas y, ágil y ligero, escaló la montaña curva cuya mitad superior estaba cubierta de arena muy fina. Los mexicas no pudieron seguirlo, se hundían en la arena hasta la cintura. El anciano se asombró:

–¿Qué habéis habido, mexicas? ¿Qué os ha hecho tan pesados? ¿Qué coméis, allá en vuestras tierras?

–Señor, comemos los viandas que allá se crían y bebemos cacao.

–Esas comidas y bebidas os tienen, hijos, graves y pesados y no os dejan llegar a ver el lugar donde estuvieron vuestros padres, y eso les ha acarreado la muerte. Y esas riquezas que traéis, no usamos acá de ellas, sino de pobreza y llaneza.[2]

El viejo tomó una de las cargas y se fue a buscar a Coatlicue. La madre de Huitzilopochtli no se hizo esperar. Era vieja y "la más fea y sucia que se puede pensar ni imaginar". Desde la partida de su hijo, lo esperaba, triste y llorosa, sin lavarse ni peinarse ni cambiar de ropa, como cualquier mujer cuyo esposo o hijo se fue a la guerra. Los enviados entregaron su mensaje.

Grande y poderosa señora, [...] el que nos envía acá es tu siervo el rey Moctezuma y su coadjutor, Tlacaélel Cihuacóatl, para que te viésemos y buscásemos el lugar donde habitaron sus antepasados [...]. Que seas sabedora cómo él reina ahora y rige a la gran ciudad de México, y que sepas que él no es el primer rey, que él es el quinto y que el primero que reinó fue llamado Acamapichtli y el segundo Huitzilíhuitl, y el tercero, Chimalpopoca, y el cuarto, Itzcóatl, y que [sepas que] yo su indigno siervo soy el quinto y me llamo Huehue Moctezuma [¡sic!], y quedo muy a su servicio. Y que sepas que los cuatro reyes pasados pasaron mucha hambre y pobreza y trabajo y que fueron tributarios de otras provincias pero que ahora ya está la ciudad próspera y libre, y se han abierto ya y asegurado los caminos de la costa y de la mar y de toda la tierra. Y que México es señora y princesa, cabeza y reina de todas las ciudades, pues todos están a su mandar. Y que ya se han descubierto las minas de oro y de plata y de piedras preciosas y que ya se ha hallado la casa de las ricas plumas. Y

[2] Durán, *Historia...*, vol. 1, cap. 27, p. 219.

para que lo veas, te envía estas cosas y presente, que son los bienes y riquezas de tu hijo maravilloso Huitzilopochtli [que] con su brazo y pecho, cabeza y corazón ha adquirido, lo cual nos concedió el Señor de lo criado, del día y de la noche.

Ya un poco consolada, Coatlicue les agradeció. Pidió entonces noticias de los que habían salido de Aztlan y la sorprendió su muerte. Luego les dijo:

Está muy bien, hijos; mi corazón queda quieto, pero decidle [a mi hijo] que tenga lástima de mí y del gran trabajo que sin él paso. Miradme cual estoy, en ayuno y penitencia, por su causa. Ya sabe que me dijo cuando se partía: "Madre mía, no me detendré mucho en dar la vuelta, no más de cuanto llevo a esos siete barrios [los siete grupos originarios de los mexicas] y los aposento en donde han de habitar y poblar aquella tierra que les es prometida. Y habiéndolos asentado y poblado y consolado, luego volveré y daré la vuelta. Y esto será en cumpliéndose los años de mi peregrinación y el tiempo que me está señalado, en el cual tiempo tengo de hacer guerra a todas las provincias y ciudades, villas y lugares, y traerlos y sujetarlos a mi servicio. Pero por la misma orden que yo los ganare, por esa misma orden me los han de quitar y tornar a ganar gentes extrañas y me han de echar de aquella tierra. Entonces me vendré acá y me volveré a este lugar porque aquellos que yo sujetaré con mi espada y rodela, esos mismos se han de volver contra mí y han de empezar desde mis pies a echarme cabeza abajo, y yo y mis armas iremos rodando por el suelo. Entonces, madre mía, es cumplido mi tiempo y me volveré huyendo a vuestro regazo, y hasta entonces, no hay que tener pena. Pero lo que os suplico es que me deis dos pares de zapatos, los unos para ir, y los otros para volver, y dadme cuatro pares, dos para ir y dos para volver". Y yo le dije: "Hijo mío, id norabuena, y mirad que no os detengáis, sino que en cumpliendo ese tiempo que decís, os vengáis luego".

Paréceme, hijos míos, que él se debe de hallar bien allá y hasta se quedó y no se acuerda de la triste de su madre, ni la busca, ni hace caso de ella. Por tanto, yo os mando que le digáis que ya es cumplido el tiempo, que se venga luego; y para que se acuerde que le deseo ver y que soy su madre, dadle esta manta de nequén [henequén] y este braguero o ceñidor de lo mismo para que se ponga.

Coatlicue agregó unos regalos para Moctezuma y Tlacaélel antes de denunciar, a su vez, tanta opulencia. En Aztlan, para rejuvenecer, basta con escalar el monte curvo. Pero los mexicas se han vuelto demasiado pesados: "Mirad: todo ese daño os ha venido y se os ha causado de ese cacao que bebéis y de esas comidas que coméis: ésas os han estragado y corrompido y vuelto en otra naturaleza. Y esas mantas y plumas y riquezas que trajisteis y de que usáis, eso os ha echado a perder". Los magos agradecieron, y regresaron a Tenochtitlan, donde dieron su informe al rey.[3]

Así van los momentos cumbres de este hermosísimo mito. Moctezuma cree bueno y piadoso mostrarles a sus antepasados, en su tierra de origen, el éxito de los mexicas. Pero, lejos de aplaudirlo, aquéllos le dan una severa lección: la abundancia de bienes y el refinamiento corrompen, hacen pesados a los hombres y los llevan a la muerte. Si los mexicas hubieran conservado las austeras costumbres de su país de origen, si hubieran guardado contacto con el monte curvo, vivirían para siempre. Ahora, están empezando a declinar.

Pues es ésta la palabra clave de esa extraordinaria creación de los "historiadores" mexicas: *declinar*. El relato es claramente posterior a la Conquista, puesto que el mismo Huitzilopochtli anuncia la llegada victoriosa de los españoles ("gente extraña que me han de echar de aquella tierra"). Entonces, las provincias se rebelarán ("aquellos que yo sujeté con mi espada y rodela, esos mismos se han de volver contra mí") y la estatua del dios será lanzada desde lo alto de su templo ("y han de empezar desde mis pies a echarme cabeza abajo"). Señalemos al pasar que los extraños van a "tornar a ganar" a los vasallos de Huitzilopochtli. En otras palabras, ya han sido amos de México en tiempos pasados. ¿Cuándo? Cuando reinaba Quetzalcóatl, el dios al cual, después de la Conquista, tanto indios como españoles consideraron útil y bueno presentar como un hombre blanco y de barbas, un misionero católico extraviado...

Es un mito posterior a la Conquista también porque obviamente no es casual que atribuya a Moctezuma I esta suerte de viaje hacia atrás que es la embajada a Aztlan. En la serie de los nueve soberanos que reinaron en Tenochtitlan, desde Acamapichtli hasta el que enfrentó a Cortés, Moctezuma I es el quinto: el de en medio, es decir el del mediodía. Está presentado como el apogeo del imperio. Él es un rey invicto, en cambio, sus sucesores sufrieron derrotas o perecieron sin gloria. La vida de un imperio, ya lo sabemos, es como la del sol o como un día. Después del cenit viene el descenso. Un descenso cuyas causas son conocidas: a mediodía, el sol emprende su regreso hacia su punto de partida mientras su resplandor sigue su camino hacia el poniente, captado y reflejado por un espejo negro. Éste simboliza la noche y por tanto la tie-

---

[3] Durán, *Historia...*, vol. 1, cap. 27, pp. 215-224.

rra, las mujeres, los autóctonos prósperos, los sometidos, mientras que el sol es el guerrero viril, austero, nómada, siempre en movimiento, conquistador. El sol de la tarde, pues, es la unión de los contrarios, el astro de fuego que se empantana en la materia y, pesado, va cayendo.

Asimismo, el imperio que sube es el sol ascendente, el astro verdadero. Pero los austeros guerreros fundadores del imperio poco a poco se dejan conquistar por las fáciles costumbres de los sedentarios refinados. Se ac(cid:9)turan, adquieren el gusto por el lujo, pierden su ardor y su movimiento. Son absorbidos y van decayendo.

Moctezuma I representa ese momento-bisagra, el momento de contacto con el espejo. Regresa al punto de partida como el mismo Huitzilopochtli pues, para el dios, "el tiempo se cumplió, que regrese ya". Debe dar la media vuelta mientras su imagen especular seguirá hacia el oeste, presa del espejo negro. Para quien se desdobla así, ¡no sobran cuatro pares de sandalias!

El mediodía, encuentro con el espejo-noche-tierra, prefigura otro momento de contacto entre el sol y la tierra: el momento decisivo, el de la puesta del sol. Y Moctezuma I prefigura en varios aspectos a Moctezuma II. Es en el reinado de Moctezuma II cuando el lujo corrompe, pero ya se anunciaba esto desde los tiempos de su antepasado. En el mito, Moctezuma I dice que "ya se han descubierto las minas de oro y de plata y de piedras preciosas, ya se ha hallado la casa de las ricas plumas". Pero quien quiere construir un templo de oro, jade y plumas verdes para Huitzilopochtli es Moctezuma II, son sus palacios los que tienen fama de estar tapizados de oro, él es quien imita las augustas moradas de Quetzalcóatl... Según los *Anales de Cuauhtitlan*, el cacao fue introducido en 1458, cuando reinaba Moctezuma I, pero, contra toda verosimilitud, también se dice que eso no sucedió hasta 1504.[4]

LAS SEÑALES DE INSPIRACIÓN ESPAÑOLA

Por apócrifas que sean las profecías que acabamos de relatar, se integran en un mito y en estructuras de pensamiento auténticamente indígenas. No es el caso de otras profecías referidas por el inolvidable adaptador del episodio de la Torre de Nesle, Alva Ixtlilxóchitl, quien habla de un lejano pariente de sus antepasados, un hijo de Nezahualpilli también llamado Ixtlilxóchitl que fue el intrépido aliado de Cortés.

Este personaje nace en 1500, más o menos al mismo tiempo que Carlos V. La Providencia tiene casualidades de ésas... Pues "ambos fue-

---

[4] *Anales de Cuauhtitlan*, p. 183, y *Codex Aubin*, p. 26.

ron instrumentos principales para ampliar y dilatar la santa fe católica". Cuando nace, se consulta, como es debido, a los adivinos. Y ¿qué cosa ven en sus *tonalámatl*? ¿Qué prometen las deidades que rigen el día, la novena de días, la trecena, la veintena y –para abreviar– el año del nacimiento? ¡Pues sí! Ven que un día, este *infante* (sic) de Texcoco adoptará una nueva ley y nuevas costumbres; que será amigo de naciones extranjeras y se alzará contra su país y su propia sangre. Más aún, ven que vengará la sangre de tantos inocentes cautivos inmolados y será encarnizado enemigo de su religión y de sus dioses.

Es comprensible que, ante semejantes revelaciones, unas mentes reaccionarias sugirieran a Nezahualpilli deshacerse de su hijo, pero el rey objetó que sería oponerse a las decisiones del dios creador de todas las cosas pues, explicó, no era casualidad si le llegaba un hijo así en el momento en que debían cumplirse las antiguas profecías de Quetzalcóatl.[5]

El relato, está claro, adopta deliberadamente un punto de vista europeo y deforma en consecuencia los datos aztecas. Nezahualpilli es un rey que conoce al Dios verdadero y entiende que su hijo es instrumento de él. Gracias a Ixtlilxóchitl, la labor de Cortés se verá considerablemente agilizada...

Esas supuestas primeras profecías dan el tono: en las que siguen y en todas las señales anunciadoras podemos distinguir dos grupos: las que tienen la marca española, edificantes o destinadas a justificar la Conquista, y las de origen mexica, simplemente anunciadoras o que tratan de explicar la derrota. Pero unas y otras tienden a recusar lo totalmente nuevo, a presentarlo como previsto y esperado en la concepción cíclica de la historia. A ellas se agrega por lo menos un "presagio" mixto que es el más conocido: el del "regreso" de Quetzalcóatl, al cual ya aludimos.

Pasemos ahora a las otras predicciones en que predomina la influencia española. Cervantes de Salazar, sacerdote y profesor de retórica en la Universidad de México, recibió del Ayuntamiento de la ciudad el encargo de escribir una historia de la Conquista. Se trata de una obra de propaganda para glorificar a los conquistadores, y las profecías que refiere lo reflejan. Según él, "un indio muy viejo" sacerdote de Huitzilopochtli anunció a la hora de su muerte la llegada, *desde el occidente* (sic), de hombres con largas barbas "que uno valdrá más que cien de vosotros". Vencerían y, desde entonces, no habría más que un solo Dios y los indios vivirían "libres del poder de los caciques que tanto os oprimen". Apenas terminó de hablar cuando se escuchó la voz del demo-

[5] Alva Ixtlilxóchitl, vol. 2, p. 174.

nio, que decía: "Ya no más: vete, que también me voy". El sacerdote expiró y el demonio se preparó a abandonar, por su parte, esta tierra en la que había reinado como dueño absoluto y a huir ante los soldados de Cristo.[6]

Una notable manifestación de la "opresión de los caciques" era la exigencia reiterada de víctimas humanas para sacrificar. Ahora bien, poco antes de la Conquista un prisionero retenido en Tlatelolco para ser inmolado vio que se le acercaba "un pájaro del cielo" –más tarde se supo que era un ángel– que le dijo: "Ten valor y confianza; no temas, pues el Dios del cielo tendrá piedad de ti; y diles a los que ahora sacrifican y derraman sangre que muy pronto los sacrificios y los derramamientos de sangre terminarán y que ya están llegando los que habrán de mandar y señorear en estas tierras". El indio, concluye el relato, murió invocando al Dios del cielo.[7]

Los indios eran invitados directamente a convertirse, empezando por lo más alto de la jerarquía según métodos bien probados. Papantzin, una hermana de Moctezuma, se había casado con el gobernador de Tlatelolco. Cuando al poco tiempo quedó viuda, permaneció en su palacio de Tlatelolco hasta 1509, año en el que murió a consecuencia de una enfermedad. Fue enterrada en una cueva subterránea en el jardín de su palacio, pero al día siguiente de sus funerales, a los que había asistido toda la nobleza del país, resucitó, apartó la pesada piedra que cerraba su tumba y se instaló en las gradas de un estanque, a la espera de que la reconocieran.

Estupor, idas y venidas múltiples... Papantzin pidió que acudiera el emperador pero, sabiendo lo irritable que era cuando se trataba de presagios, nadie se atrevía a llevarle el aviso, hasta que finalmente ella pidió ayuda a su tío Nezahualpilli, quien fue a avisar a Moctezuma. Cuando por fin acudió, incrédulo, su imperial hermano, Papantzin le contó cómo después de su muerte se había hallado en "un valle muy espacioso y ancho" atravesado por un río. Estaba por cruzar el agua a nado cuando la detuvo un hermoso joven, alto y rubio, alado, vestido de blanco, resplandeciente como el sol y con una cruz marcada en la frente. Le anunció que no había llegado para ella el tiempo de cruzar el río y que un Dios, al cual ella no conocía, la quería mucho. Entonces fue conducida más adelante, a un lugar donde vio "muchas cabezas y huesos de hombres muertos" que se quejaban "con gemidos muy dolorosos". Había también una multitud de personajes negros, con cuernos en la cabe-

---

[6] Cervantes de Salazar, vol. 1, p. 147.
[7] Benavente o Motolinía, *Memoriales...*, p. 83.

za y pies de venado, que se daban prisa en terminar la construcción de una casa. Pero, más extraño aún, en el río surgían del oriente grandes navíos llenos de hombres de piel rosada, de ojos gris claro, de barbas largas. Llevaban ropas insólitas y cascos y decían ser hijos del sol. El joven explicó que los huesos gimientes eran los de los indios muertos sin tener "lumbre de fe" y que la casa en construcción serviría de morada a los que iban a morir en las batallas venideras. Pues los inquietantes personajes de los barcos se apoderarían de este reino por la fuerza de las armas y le traerían el conocimiento del Dios verdadero. Papantzin debía sobrevivir para ser la primera en recibir el bautizo y dar el ejemplo.

Moctezuma, profundamente turbado por las revelaciones de su hermana, se fue sin decir palabra y no la volvió a ver. La princesa se repuso y vivió de manera ejemplar, comiendo una sola vez al día. Tras la Conquista, fue la primera bautizada, por lo menos en Tlatelolco.

Esta historia nos la transmite el tardío Torquemada, quien dice conocerla mediante antiguas pinturas y testimonios de ancianos que la tenían por muy cierta. El relato, agrega el piadoso misionero, fue puesto por escrito y mandado a España. Para más prueba, "es de creer que así sucediera, pues así se platicaba"; además, añade, doña Papantzin era muy conocida en Tlatelolco.[8] Puede ser, pero no se sabe nada más de la princesa, y una hermana de Moctezuma no podía pasar tan desapercibida. En cambio, conocemos la fuente real de la historia. Informantes indios le contaron al fraile Bernardino de Sahagún que, bajo el reinado de Moctezuma, una mujer noble murió de enfermedad y fue enterrada en el patio de su casa. Se cubrió su tumba con piedras. Cuatro días después, resucitó durante la noche y fue a decirle a Moctezuma lo que sabía: "La causa por la que he resucitado es para decirte que en tu tiempo se acabará el señorío de México, y tú eres el último señor, porque vienen otras gentes y ellas tomarán el señorío de la tierra y poblarán en México". La mujer "vivió otros veintiún años y parió otro hijo".[9]

Ésa es, pues, la sobria versión en torno a la cual fueron bordados los adornos cristianos del mito de Papantzin, elevada al efecto al rango de hermana del rey. En el relato de Torquemada, la cueva abovedada, cerrada por una piedra al estilo de Lázaro, el ángel rubio, los pequeños demonios con pies de venado –ya que en América no se conocían los chivos– son obviamente detalles tomados del Evangelio y sólo la descrip-

[8] Torquemada, pp. 236-239. Clavijero (p. 197, nota 13) observa que Boturini atribuye una historia parecida a la hermana del rey de Michoacán.

[9] Sahagún, *Historia general...*, libro 8, cap. 1, p. 450.

ción del más allá como una llanura infinita cruzada por un río parece auténticamente indígena. Por cierto, si bien los diablos son los que construyen la casa, parece que los infieles muertos en la lucha contra los españoles no van al infierno, sino a un lugar parecido a un siniestro limbo. Como aún no han tenido oportunidad de tomar conocimiento de la fe, tienen el beneficio de la duda.

Las profecías de inspiración española anuncian las bendiciones que les llegarán a los indios: conversión a la fe verdadera y salvación de las almas, liberación del régimen tiránico de los soberanos aztecas y extirpación de los abominables sacrificios humanos. Son los temas constantes que permiten a los españoles convencerse de la legitimidad de su empresa y tratar de persuadir a los indios, aliados o vencidos. Sería tanto más ingrato por parte de los mexicas negar el mejoramiento de su condición cuanto se lo anuncian sus propios conciudadanos y, además, representantes de todas las capas de la población: un cautivo a punto de ser sacrificado, un sacerdote y los adivinos consultados en el nacimiento de Ixtlilxóchitl, una princesa y, lo vamos a ver ahora, el pueblo llano, representado por los padres de familia.

La mejoría se traduce también en un aumento del nivel de vida y la paz generalizada. Muy significativo al respecto es un texto de fray Gerónimo de Mendieta,[10] texto que por lo demás ilustra claramente ciertas esperanzas que animaban a muchos misioneros. Desde hacía cuatro generaciones, los indios se transmitían de padre a hijo una profecía que anunciaba la llegada de individuos con barbas y cascos:

> Y cuando éstos vinieren cesarán todas las guerras y en toda parte del mundo habrá paz y amistades [...]. Y todo el mundo se abrirá, y hacerse han caminos en toda parte para que unos con otros se comuniquen, y todo se ande [...] Entonces se venderá en los mercados cacao [...] y se venderán plumas ricas, algodón y mantas, y otras cosas de que entonces en muchas partes carecían [...] Y entonces, perecerán nuestros dioses y no habrá más que uno en el mundo, y no nos quedará más que una mujer a cada uno.

Para un mexica rico, la visión era bastante inquietante. "¡Oh! ¿qué ha de ser de nosotros? ¿Cómo hemos de poder vivir?", se pregunta el narrador indígena angustiado, a manera de conclusión. En cambio, para un monje cristiano era una visión idílica. Por supuesto sólo en parte corresponde a la realidad colonial, pero deja traslucir nítidamente la

[10] Mendieta, vol. 1, pp. 311-312.

esperanza milenarista que abrigaba Mendieta. En efecto, si habla de paz universal, de bienestar y de monoteísmo general, es porque, como muchos franciscanos, esperaba crear con los indios una especie de paraíso en la tierra, preludio, tal vez, del advenimiento del Reino de los Mil Años anunciado en el Apocalipsis. Esperanza que más tarde será también la de los jesuitas de Paraguay.[11]

LAS SEÑALES AUTÉNTICAMENTE INDÍGENAS

Del lado de los indios, las señales de todo tipo abundan en las fuentes: avisos, premoniciones, cometas, piedras que caen del cielo, guerreros que combaten en el aire, luces insólitas en la noche, incendios, inundaciones, apariciones de monstruos... Tales señales no tienen nada de específicamente mesoamericano. La *Vida de Antonino Pío*, por ejemplo, enumera como presagios infaustos algunos incendios e inundaciones, la aparición de un cometa y el nacimiento de un niño con dos cabezas, así como de quintillizos; en Arabia, una gran serpiente con cresta se comió la mitad de su propio cuerpo, etcétera. El reinado de Cómodo también presenció el paso de un cometa, y se vieron las huellas de los dioses que abandonaban el Foro. Una súbita neblina y tinieblas envolvieron el circo, las puertas del templo de Jano se abrieron solas, una estatua de bronce de Hércules sudó por varios días. El día que precedió a la muerte del emperador romano Pértinax, en pleno día aparecieron estrellas alrededor del sol. Antes de la toma de Jerusalén por los romanos, un cometa en forma de espada cruzó el cielo y, a mitad de la noche, surgió una gran luz en torno al templo, cuya pesada puerta se abrió sola poco después. Una noche, en todo el país, se vieron en el aire carruajes llenos de guerreros que parecían cercar las ciudades. Una voz salida del templo gritó: "¡Vámonos de aquí!", y, desde cuatro años antes del hecho y hasta la caída de la ciudad, un iluminado recorrió las calles clamando: "¡Ay, ay de Jerusalén!"[12]

Así pues, a primera vista, los presagios del final del imperio azteca, tan parecidos a los que circunstancias semejantes han suscitado en otras regiones del mundo, son menos transparentes que los que acabamos de examinar. Sin embargo, a pesar de su aparente trivialidad, están mucho más estructurados y más íntimamente ligados con las concepciones mexicas del mundo y de la historia.

---

[11] Phelan, y Baudot, *Utopía e historia...*
[12] *Historia Augusta*, y Flavio Josefo, *La guerra de los judíos*, libro VI.

Es imposible enumerarlos todos, pero podemos empezar con la pequeña, muy ilustrativa y casi canónica lista de ocho presagios proporcionada al fraile Bernardino de Sahagún después de 1550, en náhuatl.[13]

1] Lo primero, en 1509 o 1510, fue la aparición de una especie de pirámide de llamas en el oriente, "como una aurora", que alumbraba tanto que parecía de día. Su punta iba "hasta el medio del cielo, hasta el corazón del cielo". Nacía a medianoche y se borraba al amanecer.[14]

2] El templo de Huitzilopochtli se incendió espontáneamente sin que fuera posible apagar las llamas.[15]

3] El templo del dios del fuego fue "herido por un rayo", sin trueno, cuando sólo llovía "una mollina de agua".

4] En pleno día, un cometa muy largo dividido en tres partes cruzó el cielo de poniente a oriente.

5] El agua de la laguna de México "comenzó a hervir y espumar" aunque no hacía viento, y subió tanto que inundó la ciudad.[16]

6] De noche, se oía la voz de una mujer "que a grandes gritos lloraba [...]: –¡Oh, hijos míos, del todo nos vamos ya! [...] ¿a dónde os llevaré?"

7] Unos pescadores capturaron en su red una extraña grulla cenicienta que tenía en la cabeza un espejo en el cual se veía la noche estrellada. Se la llevaron a Moctezuma. Al mediodía en punto, vio en el espejo las estrellas y, un poco después, a un grupo de gente de guerra que venía de prisa, "y los traían a cuestas unos como venados".[17]

[13] Sahagún, *Códice Florentino*, libro XII, cap. 1; retomado, por ejemplo, a fines del siglo XVI, por Muñoz Camargo (*Historia...*, pp. 167-172); también en Mendieta (vol. 1, pp. 309-313), que no se sabe a quién copia, pues dice "según la relación y pinturas de los viejos".

[14] Ver también Alvarado Tezozómoc, *Crónica mexicana*, p. 653, y Torquemada, vol. 1, p. 233. El fenómeno está señalado ya desde el principio de la década de 1530 en la *Historia de los mexicanos por sus pinturas* (p. 75); también en Mendieta (vol. 1, p. 309), Benavente o Motolinía (*Memoriales...*, p. 83), *Anales de Cuauhtitlan* (pp. 207-209) y en varios códices figurativos, algunos de los cuales son probablemente copias de originales precolombinos perdidos (*Códice Aubin*; *Codex Mexicanus*, pp. 23-24, y *Codex Telleriano-Remensis*). Según Soustelle (*La vida cotidiana...*, p. 122), puede tratarse de la luz zodiacal.

[15] Torquemada, vol. 1, p. 233. Según la *Historia de los mexicanos...* (p. 75), en 1504 cayó un rayo sobre el templo de Quetzalcóatl y lo incendió, pero no se interpreta el incidente como señal anunciadora.

[16] Mendieta (vol. 1, p. 309), seguido por Torquemada, ubica el hecho en 1499; es decir que lo asimila a la famosa inundación provocada por el nuevo acueducto del emperador Ahuítzotl.

[17] Según Torquemada (vol. 1, pp. 233ss), estaba atardeciendo cuando le enseñaron la grulla a Moctezuma. El autor copia a Mendieta (vol. 1, p. 311).

8] Finalmente, aparecían con frecuencia monstruos, hermanos siameses: los traían para que los viera el emperador y, cuando los había visto, desaparecían.

Esta serie de presagios no está construida al azar. Se articula con el sistema dualista característico del pensamiento mexica que opone lo que es masculino, celeste, ígneo, activo, ligero, solar, luminoso, a lo femenino, terrestre, acuoso y material, pesado, lunar, oscuro.

En efecto, los primeros cuatro presagios son de origen celeste, excepto posiblemente la combustión espontánea del templo de Huitzilopochtli, aunque el fuego sea por antonomasia lo que es ligero y pertenece al cielo. El primero y el cuarto son menos precisos y concretos que el segundo y el tercero, ya que éstos aluden directamente a una derrota militar: cuando se tomaba una ciudad, se incendiaba su templo principal; incluso el edificio en llamas se había convertido en la señal misma –y el glifo– de toda conquista. Por otra parte, la aparición de un cometa anunciaba la muerte del rey, una guerra o una hambruna.[18]

Las últimas cuatro señales son de origen terrestre, salvo posiblemente la grulla, aunque fue capturada en la laguna. Como la tierra se asociaba con lo femenino y el elemento líquido, aquí intervienen una mujer y el lago. La mujer que se lamenta en la noche nos hace pensar en la diosa Cihuacóatl: con justa razón, como lo muestra otra versión de Sahagún[19] en la cual el monje escribe francamente que "el diablo que se nombraba Cihuacóatl de noche andaba llorando por las calles de México y lo oían todos diciendo: '"¡Oh, hijos míos, guay de mí, que ya os dejo a vosotros!'" Cihuacóatl, "Serpiente Hembra", también era llamada "la Guerrera". Los indios la describían como "una fiera, un mal presagio", "quien paseaba en la noche llorando y gimiendo; era también presagio de guerra". Parece que sólo engendraba gemelos (*cocoa*, serpientes en náhuatl).[20] Éstos eran considerados de muy mal agüero y siempre había que matar a uno de los dos para evitar que devoraran a sus padres. Como el nombre de Quetzalcóatl también podía tener el sentido de "gemelo precioso", los monstruos de dos cabezas que aparecen en la octava señal pueden ser una alusión a Quetzalcóatl que, por así decir, volverá para devorar a los suyos. Señalemos que, lo mismo que en el otro grupo, el primero y el cuarto presagios son menos explícitos que los otros dos.

[18] Sahagún, *Historia general*..., libro 7, cap. 4, p. 435.
[19] Sahagún, *Historia general*..., libro 8, cap. 1, p. 450.
[20] Sahagún, *Historia general*..., libro 1, cap. 6, pp. 32-33, y Torquemada, vol. 2, p. 61.

Señales celestes y señales terrestres, señales ígneas y señales acuáti-cas: señales, pues, de los contrarios, y más precisamente de la guerra y la unión de los contrarios, cuyo símbolo era el glifo *atl-tlachinolli*, "agua-incendio", formado por una corriente de agua y una corriente de fuego entrelazadas. Aquí está clarísima la alusión a la guerra que va a devastar el imperio mexica. Tomemos en efecto los presagios que afectan direc-tamente a la ciudad: se quemarán sus templos (primera serie), el agua destruirá sus casas (segunda serie). Que así es como debemos entender esas señales lo demuestran otras crónicas, en las cuales Moctezuma ha-ce interrogar a sus súbditos sobre posibles sueños premonitorios. Sólo le refieren dos: un anciano –por lo tanto, un varón, en el lado ígneo, celeste, de las cosas, y un varón en su ocaso– ha visto arder el templo de Huitzilopochtli; una anciana, por su parte, ha visto el palacio del empe-rador arrastrado por las aguas.[21]

La complementariedad entre la primera y la segunda serie de presa-gios la volvemos a encontrar entre el primer presagio y el séptimo. Pero guardemos en mente que una era, un ciclo, es como un día, y que día y noche se engendran mutuamente; el día nace en la hoguera de la me-dianoche, la noche nace al mediodía bajo la forma del espejo negro.

Ahora bien, ¿qué ven los mexicas? Empecemos con lo más obvio, es decir, en la serie "terrestre", la aparición de la grulla con el espejo en la cabeza. Es altamente significativo que se le presente el ave a Moctezu-ma al mediodía, vale decir, a la hora precisa en que nace en el cielo el espejo negro, la noche. ¿Acaso no resulta obvio, por tanto, que lo que ve es la noche que va a caer sobre su imperio? Más claro aún: ¡las estre-llas pronto son remplazadas por guerreros montados, que no pueden ser sino los españoles! Puesto que no se conocía el caballo en la antigua América, con toda naturalidad se habla de venados.[22]

Si bien la serie terrestre muestra la noche que acabará con el Sol mexica, la serie celeste, en cambio, muestra el nuevo día, es decir la era nueva que empieza para los españoles desembarcados por el lado de la salida del sol. El día nace a la medianoche: es el momento en que apa-rece, en el oriente, esa luz igual a la del día, ese cono resplandeciente

[21] Alvarado Tezozómoc, *Crónica mexicana*, cap. 106, p. 682, y Durán, *Histo-ria...*, vol. 2, cap. 68, p. 500.

[22] Hay que comparar esta señal con la que menciona el *Códice Tudela* (fol. 84 r): cada mañana, al salir el sol, un espeso humo negro salía de la tierra y oscurecía al sol. Un manuscrito figurativo precortesiano (el *Códice Fejérváry-Mayer*, fol. 1) representa una escena parecida; el humo sale de la boca del dios de la muerte.

cuya punta, la raíz, se hunde en el corazón de la noche, equivalente del nadir. En suma, el oscuro espejo del mediodía y la luz de la medianoche se corresponden, y expresan sin ambigüedad la transición que se está preparando, de una era a la otra.

Cuando un Sol se acaba y se pone el astro que le daba nombre, éste ya no sólo es lo que era al alba: también se ha vuelto igual al dios viejo del fuego. Los mitos sobre el final de la era tolteca lo dejan traslucir con claridad y, en la famosa Piedra del Sol, el sol poniente y el viejo dios del fuego están representados como dos aspectos de una misma realidad. Eso debe explicar por qué son precisamente los templos de Huitzilopochtli –el sol mexica– y el del dios del fuego los templos que son destruidos por incendios. Finalmente, hay que observar que las señales se van precisando entre la primera y la segunda serie. Y se precisarán cada vez más a medida que se vaya acercando el año fatal, el de la llegada de los españoles.

La "luz nocturna" suscitaba un temor muy especial. Al verla, los indios lanzaban gritos modulados por el golpeteo de la mano en la boca, como durante un eclipse, como en el campo de batalla: un gesto al cual nos acostumbraron las películas del Oeste, y que está representado en la famosa escena de batalla de Cacaxtla. Esa luz seguirá apareciendo hasta el final de la Conquista, pero "cristianizada", por así decir. El historiador de Tlaxcala[23] cuenta que la primera cruz erigida por los españoles en la provincia de Tlaxcala lo fue en el palacio de Xicoténcatl, en Tizatlan. Cuando los españoles la levantaron, durante la noche, una claridad bajó del cielo sobre ella, algo como una neblina blanca. Ahí se quedó por tres o cuatro años, hasta que estuvo pacificado todo el país. Así lo establece el testimonio de muchos antiguos principales. En este palacio y probablemente al pie de esta cruz, se celebró la primera misa dicha en presencia de los tlaxcaltecas, y ahí fueron bautizados sus cuatro reyes y declararon su sumisión a la Iglesia y a Carlos V.

Fueron muchos más los presagios siniestros. Como el de 1511, el año mismo, hasta donde sabemos, en que los españoles pusieron pie por primera vez en suelo mesoamericano: se vieron en el cielo hombres armados que se entremataban, fenómeno que recuerda uno de los que anunciaron la caída de Jerusalén. Más tarde, en la casa del canto y la danza (*cuicalli*), una viga empezó a cantar: "¡Guay de ti, mi anca, baila bien que estarás echada en el agua!" Una columna de piedra cayó del cielo muy cerca del templo de Huitzilopochtli. En Tecualoyan ("lugar donde uno es devorado [por una fiera]"), el bien nombrado, fue atrapado un

---

[23] Muñoz Camargo, *Descripción...*, p. 60.

animal horrible y aterrador. En otro lugar apareció un gran pájaro, como paloma torcaz, con cabeza humana, y su velocidad fue percibida como indicación de la del avance de los enemigos desconocidos. Dos años más tarde, hubo tantos pájaros que ocultaban el sol desde el amanecer hasta el ocaso. En lugar de entrañas, no tenían más que basura y pedacitos de madera. Al relatar eso, los aztecas pensaban probablemente en el cadáver sin entrañas y putrefacto que apareció al final del imperio tolteca de Quetzalcóatl, sembrando la desolación. Un cadáver que simbolizaba la mancilla de los toltecas...

Siempre en 1511, pero ahora en Texcoco, una liebre entró a la ciudad y penetró hasta el palacio del rey. Cuando su gente la quiso matar, Nezahualpilli se interpuso: esa liebre, dijo, anunciaba la llegada de otra gente que iba a entrar por las puertas sin encontrar resistencia por parte de los pobladores.[24] Preocupado, Moctezuma llamó a consulta al rey de Texcoco, pues ¡Nezahualpilli era toda una autoridad al respecto! ¿Acaso no había recibido los pronósticos ligados al nacimiento de su hijo Ixtlilxóchitl? Él le confirmó a Moctezuma lo que decían claramente las visiones y los anuncios: se acercaban extranjeros que se adueñarían del imperio. Luego, para mostrar cuán poco le importaba el poder, le ofreció a Moctezuma apostar su reino acolhua al juego de pelota.

Entonces Moctezuma olvida todas sus angustias. Juega un primer partido y gana; un segundo, y vuelve a ganar. ¡Sólo un partido más y Texcoco es suyo! Ya se cree victorioso y se alegra sin recato: "Paréceme, señor Nezahualpilli, que me veo ya señor de los acolhuas como lo soy de los mexicanos". Pero su adversario, que según la leyenda lo había dejado ganar a propósito, enseguida enfría su entusiasmo: esa manía de Moctezuma de creerse amo y dueño del universo se le va a acabar pronto y entonces verá cuán cambiantes son las cosas. Y prosigue: "Yo, señor, os veo sin señorío, y que acaba en vos el reino mexicano, porque me da al corazón que han de venir otros que a Vos y a mí y a todos nos quiten nuestros señoríos; y porque lo creáis así como os lo tengo dicho, pasemos adelante con el juego y lo veréis". Es el partido fatídico, el que en los mitos señala todas las transiciones. Nezahualpilli gana uno tras otro los siguientes tres juegos y salva su reino. Provisionalmente. Luego lo lamentará: mejor hubiera sido perder su reino a manos de él, le declara a Moctezuma, o pone en su boca el fraile español que refiere el mito, y no de esos extranjeros que ni siquiera se lo agradecerán.[25]

[24] Mendieta, vol. 1, p. 310; Sahagún, *Historia general...*, libro 8, cap. 1, p. 450; Torquemada, vol. 2, p. 214, y *Codex Telleriano-Remensis*, lám. 27, p. 313.
[25] Alva Ixtlilxóchitl, vol. 2, pp. 181-182, y Torquemada, vol. 2, pp. 211-213.

La *Crónica X* refiere otra leyenda que tiene una estructura parecida, la de la primera profecía de Nezahualpilli, evocada en el capítulo anterior. También en ese caso Nezahualpilli anuncia la inminente destrucción del imperio. Y, como prueba, propone ya no un partido de pelota sino un juego mucho más sangriento que Moctezuma ha de perder: el de las guerras floridas.

Aún hubo otro rey que avisó a Moctezuma: Tzompantecuhtli de Cuitláhuac tenía fama de dominar seiscientas diez ciencias y de conocer el futuro. En 1517, el emperador lo consultó respecto al nuevo templo que se proponía construir: "Me ha parecido bien que sea de oro macizo la casa de Huitzilopochtli", le dijo en sustancia, "y que su interior sea de chalchihuites y de plumas de quetzal. Quizá será preciso el tributo de todo el Anáhuac, pues lo está requiriendo nuestro dios. ¿Qué te parece?" Tzompantecuhtli no aprobó la idea. Si llevara a cabo su proyecto, el emperador precipitaría la ruina de su ciudad y ofendería al cielo. El tiempo de Huitzilopochtli se acababa y estaba por llegar el creador y dueño de todas las cosas. "Vete y espera mi respuesta", cortó el emperador enfurecido. Y lo mandó matar con todos sus hijos, por manos de los mismos cuitlahuacas.[26]

El incidente habría sucedido en 1517. Probablemente fue reelaborado de modo que pudiera servir para denunciar el orgullo de Moctezuma. En aquella época, efectivamente, éste ya cavilaba sobre un posible regreso de Quetzalcóatl y el final de su imperio. Sin duda tenía presente lo que había acontecido al final del gran imperio de los toltecas; probablemente se acordaba de Tollan, donde Quetzalcóatl había vivido en el lujo de un palacio cuyas paredes estaban cubiertas de plumas ricas, jade, concha nácar y oro, antes de verse obligado a abandonarlo todo. ¿Se propuso entonces acentuar por su propia voluntad el paralelismo entre el fin de Tollan y el fin de Tenochtitlan o de eso se hizo cargo la historiografía posterior? ¿Realmente desplegó un lujo insolente, para subrayar la distancia que lo separaba de los mexicas del origen, esos pobres errantes que sólo poseían su entusiasmo y su valor guerrero? Estas acusaciones empezaron desde antes de la caída del imperio, pero el emperador las rechazó. Volvemos una vez más a la valiosa carta de Cortés del 30 de octubre de 1520, en la cual cita las palabras de Moctezuma: "También os han dicho que yo tenía las casas con las paredes de oro y que las esteras de mis estrados y otras cosas de mi servicio eran asimismo de oro [...]. Las casas ya las véis que son de piedra y cal y tierra".

[26] *Anales de Cuauhtitlan*, pp. 211-213; Alvarado Tezozómoc, *Crónica mexicana*, cap. 102, p. 667, y cap. 104, p. 674, y Durán, *Historia...*, vol. 1, pp. 385, 490 y 493.

Sus palacios no eran de oro, pero sí eran espléndidos. No cabe duda que Moctezuma se proponía reconstruir el templo de manera grandiosa, porque era parte de su política de prestigio y de centralización. Quizá también porque era tiempo de congraciarse con Huitzilopochtli-Tezcatlipoca, en víspera de las pruebas que se acercaban. Pero Moctezuma empezó tarde: en 1518 sus embajadores se encontraban ya con los primeros españoles.

Otras señales que se interpretaron como de mal agüero fueron la hambruna del principio del reinado y varios flagelos más, como un año de nubes de langostas, algunos terremotos, inundaciones y ahogamientos, y ciertos eclipses parciales de sol, entre otros, el del 1° de noviembre de 1510.[27] Esos fenómenos no eran excepcionales en sí pero, dado el contexto, abonaron a la desmoralización que se estaba apoderando del reino. Más tarde se dijo que habían dejado a Moctezuma con los nervios de punta. En los últimos años de su reinado, al regreso de una campaña victoriosa, le dijo al rey de Coyoacan: "Ahora que hemos sometido la provincia de Xocomulco [Xoconochco] y vencido tales y tales provincias y poblaciones [...], bien puedo decir que México ya tiene cimientos y muralla de hierro". El rey replicó: "Señor mío, un hierro con otro se quebranta y vence". Mucho se turbó Moctezuma con esa insolencia que más le pareció una profecía que la respuesta de un vasallo.[28]

Profecías, señales y anuncios, pues, habrían proliferado –por lo menos después del hecho, ya que la inmensa mayoría de nuestras fuentes son posteriores a 1530, más de diez años después de la llegada de los españoles. Sin embargo, eso no implica que haya que rechazar en bloque la autenticidad de todos los presagios. Entre el descubrimiento de América y el de México trascurrieron unos veinticinco años: en este intervalo, las ocasiones de contacto directo o indirecto no faltaron. Nunca existió, es cierto, el supuesto viaje de Américo Vespucio a lo largo de las costas mexicanas en 1497. Pero unos años más tarde, en 1502, Colón realiza su cuarto viaje; cerca de la costa septentrional de Honduras, el almirante topa con una gran embarcación de mercaderes mesoamericanos que, entre otras mercancías, transportan mazas con filos de obsidiana al estilo mexica. Poco después, desembarca en tierra firme y toma posesión de ella. En 1509, es probable que una expedición dirigida por Juan Díaz de Solís, el futuro descubridor del río de la Plata, y Vicente Yáñez Pinzón, que fue capitán de la *Niña* en la flota de Cristóbal Colón, bordeara parte de las costas de la península de Yucatán. En 1511, un

[27] *Codex Telleriano-Remensis*, lám. 26, p. 311.
[28] Benavente o Motolinía, *Memoriales...*, p. 84.

barco naufragó a la vista de las costas yucatecas y varios sobrevivientes españoles fueron capturados por los mayas. Algunos fueron sacrificados y comidos inmediatamente; otros sobrevivieron durante años. Por otra parte, desde los primeros contactos con los europeos, los indígenas del Caribe fueron víctimas de indecibles catástrofes, y a veces tenían relaciones ocasionales con los mexicas.[29]

Los ecos de esas apariciones de personajes insólitos y de los cataclismos asociados deben de haber llegado al México central. Hay testimonios al respecto según los cuales hubo sacerdotes mexicas y ancianos que sabían que las islas del este (las Grandes Antillas) habían sido conquistadas y pobladas por gente llegada de muy lejos, y suponían que esa gente pronto llegaría a tierra firme. Por otra parte, Moctezuma recibía información de lo que sucedía en tierras mayas, especialmente por medio de los comerciantes. Los rumores, que llegaban a Tenochtitlan deformados y tal vez amplificados por los enemigos del emperador, muy bien pudieron provocar sentimientos de angustia que llevaron a interpretar fenómenos naturales y visiones de espanto como anuncios de catástrofes.[30] No olvidemos que para los mexicas el derrumbe de su imperio era algo normal, esperado. ¿Acaso no habían acabado también los Soles y los imperios del pasado, en particular el de los toltecas?, ¿acaso la historia no se repetía ciclo tras ciclo? Sólo que, hasta alrededor de los años 1500 o 1510, este final se imaginaba todavía lejano.

[29] Las Casas, *Historia...*; Ezquerra; Morales Padrón, p. 165; Cortés, *Cartas de relación*, pp. 14-16, y Díaz del Castillo, cap. 8.

[30] Cervantes de Salazar, vol. 1, libro 1, cap. 32, y Alva Ixtlilxóchitl, vol. 1, p. 450. Orozco y Berra (vol. 3, pp. 363 y 378) cree que la profecía proviene de rumores de la llegada de los blancos que habrían llegado a México a través de sucesivos intermediarios. Al respecto, véase también Tomicki. Algunos autores –por ejemplo Vázquez Chamorro– parecen creer que las señales y profecías eran provocaciones montadas por la oposición a Moctezuma. Olvidan que, en cualquier época y bajo cualquier latitud, las crónicas hacen anunciar los acontecimientos catastróficos o excepcionales por señales y profecías, por cierto muy parecidas a las que aquí hemos reseñado.

El imperio en su apogeo

En 1510, el año de los presagios, al parecer se dio una clara disminución de las guerras, como si los Aliados estuvieran conteniendo el aliento.[1] Incluso la autoridad del imperio se habría tambaleado: en Cuetlaxtlan (actualmente Cotaxtla, al suroeste de Veracruz), los hechiceros vislumbraron, en el fondo de un hoyo oscuro que utilizaban como observatorio, unos hombres blancos y barbados montados a caballo, seguidos por mexicas que cargaban el equipaje de los extranjeros. Dedujeron de ello que el imperio estaba por acabarse y masacraron a los recaudadores de tributos. Moctezuma, dicen, no reaccionó y su actitud habría alentado más rebeliones,[2] una exageración evidente, ya que cuando llegaron los españoles la autoridad de los mexicas en Cuetlaxtlan seguía incólume.

LA REBELIÓN DE NOPALLAN E ICPATÉPEC

El año siguiente, parecía que las piedras fumaban, de tantos vapores que se elevaban hacia el cielo.[3] Eso no impidió que se reanudaran las grandes campañas mexicas –si es que se habían interrumpido en algún momento–, incluso con la participación de Texcoco, pues la supuesta tregua declarada por el rey Nezahualpilli también parece más legendaria que real.

Las ciudades-Estado de Nopallan e Icpatépec, que ya habían recibido en dos ocasiones la orden de pagar tributo, se negaban a obedecer. Ubicadas en el sur del actual estado de Oaxaca, respectivamente a unos treinta y sesenta kilómetros al norte de Puerto Escondido, contaban para mantenerse impunes con la distancia y con sus fuertes albarradas de altos y anchos muros de tierra apisonada y contenida por cercas de palos y piedras. Pero Nopallan estaba cerca de Teuctépec y pertenecía al reino

---

[1] Alva Ixtlilxóchitl, vol. 2, p. 181.
[2] Torquemada, vol. 1, p. 214.
[3] *Codex Telleriano-Remensis*, lám. 26, p. 311.

Los años 1510 a 1512 según el *Codex Telleriano-Remensis*.
Bajo el glifo de 1510, un eclipse y la muerte del rey de Chietlan. Bajo
1511, guerra contra Tlachquiauhco, "juego de pelota-lluvia", cuyo
glifo está coronado por un guerrero ataviado como víctima sacrificial. El mismo año, ataque de Icpatépec, con ayuda de escalas. Bajo
1512, lluvias y piedras humeantes; más abajo, toma de Nopallan
("lugar del nopal") y de Quimichintépec ("monte de los ratones").
Una línea une Nopallan con una indicación de triple terremoto.

independiente de Tototépec, circunstancias más que suficientes para justificar su sometimiento: lo curioso, en realidad, es que no haya ocurrido durante una de las anteriores expediciones contra Teuctépec.[4] Una vez decidida la guerra, Tenochtitlan despachó importantes mensajeros para convocar a cada uno de los Aliados. Según se lee en la *Crónica X*, la movilización fue general y quien no se presentara corría el riesgo de ser denunciado en público y desterrado; la versión es bastante asombrosa, ya que una movilización realmente general habría resultado en un número muy excesivo de reclutas.

Los preparativos fueron más largos que de costumbre pues fue necesario fabricar escalas de palos y cuerdas, además de picos y coas para derribar las murallas; todo ese equipo, que se iba a transportar en vez de fabricarlo en el lugar, sobrecargaba mucho el equipaje en detrimento de los efectivos combatientes. Finalmente, los ejércitos de la Triple Alianza, Chalco, Xochimilco y las demás provincias pudieron emprender la marcha, bajo el mando personal de Moctezuma.[5]

Los Aliados llegaron ante las murallas de Nopallan e instalaron sus campamentos. De noche, intrépidos exploradores penetraron en la ciudad, donde encontraron a los centinelas dormidos y les cortaron la cabeza para llevársela al emperador. Otros se colaron hasta dentro del palacio real y del templo y se llevaron metates y hasta niñitos dormidos al lado de sus madres. Los trajeron de regreso al campamento, envueltos en mantas para que no lloraran... Los nopaltecas no se percataron de nada.

Hazañas parecidas se mencionan también en el ataque a Xaltépec, por ejemplo. Probablemente sean lugares comunes, de los que los narradores introducían regularmente en sus descripciones de campañas militares.

---

[4] Icpatépec es San Francisco Ixpantepec. Kelly y Palerm, p. 311. En su edición de la *Crónica mexicana* (Alvarado Tezozómoc, p. 585), Orozco y Berra ubica Nopallan e Icpatépec entre las ciudades otomíes del valle de Toluca; contra esa opinión, ver la descripción del regreso de los ejércitos vía Chalco, y el hecho de que el tributo incluía algodón y chile. Por otra parte, hay que señalar que la *Crónica X* considera esta campaña como la de la coronación. Sin embargo, la conquista de Icpatépec, Nopallan, Tlaxiaco y Xochitépec está fechada en 1511 en Chimalpáhin, en los códices *Telleriano-Remensis* (en el cual aparece el uso de las escalas para tomar las murallas), *Aubin* y *En Cruz*, y en los *Anales de Cuauhtitlan*.

[5] La presencia de Moctezuma en esta expedición es todo menos segura: está mencionada en la *Crónica X*, pero no podría ser de otra manera ya que el documento presenta esa campaña como la guerra de coronación. En 1511, sin embargo, la participación de Moctezuma en campañas militares, sobre todo lejanas, se había vuelto muy excepcional.

De manera general, esas descripciones parecen bastante estereotipadas, como si las guerras hubieran sido siempre operaciones punitivas relámpago o paseos militares. Pero es difícil admitir que las campañas transcurrieran siempre como lo dicen las fuentes. ¿Cómo creer que los sacerdotes que precedían a los ejércitos no hayan sido jamás emboscados, ni tampoco destacamento militar alguno, que los "rebeldes" nunca hayan sido avisados de la llegada de los soldados imperiales, que nunca hayan notado su presencia cuando acampaban bajo sus murallas, que nunca hayan intentado salidas imprevistas? Ritualizados o no, los conflictos no excluían los ataques por sorpresa.

Se acordó iniciar el asalto a Nopallan al salir la estrella de la mañana.[6] Cuando los sacerdotes que observaban la vieron aparecer, dieron la señal del combate. Los escuadrones de las diversas ciudades se pusieron en marcha, con los reclutas encuadrados por los guerreros veteranos. Pronto se levantaron las escalas para apoyarlas en las albarradas, mientras los zapadores se empeñaban en perforar los muros con sus coas endurecidas al fuego. En menos de media hora, abrieron inmensas brechas y miles de soldados –sesenta mil, dice Durán– se abalanzaron sobre la ciudad para matar y saquear. Gritando y vociferando, pegaron fuego a las casas y al templo, y masacraron a hombres, mujeres y niños que cargaban con la inexpiable culpa de ser nopaltecas.

A las siete de la mañana, ya un poco más calmados, los soldados empezaron a ponerles el collar de los cautivos a los que caían en sus manos. Otros se desparramaron por los alrededores y devastaron campos y vergeles, cortaron los cacaos, "talándolo todo por el suelo y robando todo lo que podían robar". Los vencidos se lamentaban a gritos y ofrecían pagar lo que les pidieran. Después de amenazarlos, Moctezuma se ablandó: ordenó que su gente "se recogiese a sus reales" y recibió las primicias del tributo de manos de los señores vencidos.

La noticia de la derrota de Nopallan corrió por toda la región y pronto acudieron al campamento delegaciones de los pueblos y ciudades que venían a someterse, humildes y con las manos cruzadas. El vencedor advirtió a sus anfitriones forzados que otra rebelión terminaría con la destrucción de su ciudad hasta los cimientos, les dejó un gobernador y se fue a atacar la ciudad de Icapatépec. Tomada ésta, empezó el regreso hacia Tenochtitlan, con un copioso botín y muchos cautivos, 5 100 de Nopallan y 3 860 de Icpatépec.[7]

[6] Sobre la relación entre guerras y posición de la estrella de la mañana, ver Schele y Freidel, p. 294, nota 47.

[7] Durán, *Historia...*, cap. 53, p. 407; Alvarado Tezozómoc, *Crónica mexicana*, cap. 84, y Torquemada, vol. 1, p. 213.

Quizá durante esa misma campaña, los Aliados aprovecharon para someter a otros centros como Quimichintépec e Izquixochitépec, donde tomaron otros cuatrocientos prisioneros.[8]

EL ÁRBOL FLORIDO DE TLAXIACO

El siguiente año, 1512, hubo una nueva campaña en Oaxaca. Tlaxiaco (antes Tlachquiauhco), en el corazón de las montañas de la Alta Mixteca, era una ciudad importante que había sido vencida por Moctezuma Ilhuicamina. Su rey, Malinal, poseía un árbol llamado *tlapalizquixóchitl* (*Bourreria* sp.) cuyas flores olorosas se parecen al maíz blanco reventado –como también el *izquixóchitl* (*Bourreria formosa*)– pero con motas rojas. Las hojas y las flores del *izquixóchitl* servían, entre otras cosas, para perfumar el agua y el chocolate. Trenzadas en guirnaldas, adornaban el cuerpo de la víctima que durante un año personificaba a Tezcatlipoca antes de ser sacrificada durante la fiesta del maíz reventado, en el mes de *Tóxcatl*.[9] Moctezuma tuvo noticia de este árbol y quiso tener uno para su famosa colección de arbustos florales. Mandó una embajada a Tlaxiaco con la esperanza de convencer al rey de que se lo vendiera al precio que fuese. Los deseos de Moctezuma eran órdenes. Malinal lo tomó a mal y, furioso, desafió a los emisarios:

Qué decís vosotros, que parece que traéis perdido el seso? Quién es este Moctezuma que decís [...] ¿Por ventura Moctezuma Ilhuicamina ya no es muerto muchos años ha, al cual han sucedido en el reino mexicano otros muchos reyes? ¿Quién es este Moctezuma que nombráis? Y si es así, que hay alguno ahora y es rey de México, id y decidle que le tengo por enemigo y que no quiero darle mis flores y que advierta que el volcán que humea tengo por mis linderos y términos.[10]

---

[8] *Codex Telleriano-Remensis*, lám. 26, p. 311; *Anales de Cuauhtitlan*, p. 209; *Códice Aubin*, p. 26; Chimalpáhin, *Relaciones...*, pp. 120 y 232, y Torquemada. Quimichitépec podría ser San Gabriel Mixtépec, muy cerca de Nopallan. Kelly ubica a Izquixochitépec al sur de Miahuatlán. Entre otras posibles conquistas figuran Chichihualtatacallan, quizá el actual Santa Marta Chichihualtepec, al noreste de Texotlan (Ejotla), es decir, en la ruta de regreso. Ver también Hassig, *Aztec Warfare...*, pp. 231-232.

[9] Sahagún, *Historia general...*, libro 2, cap. 24, p. 107, y Sahagún, *General History...*, libro 2, p. 202, y lám. 685a.

[10] Torquemada, vol. 1, pp. 186 y 215. Esa guerra figura también en el *Codex Aubin*, p. 27; *Anales de Cuauhtitlan*, p. 209; Chimalpáhin, *Relaciones...*, p. 232;

Malinal rechazaba el pedido y, encima, multiplicaba las ofensas. Al fingir que no conocía al emperador y reivindicar un territorio que llegaba hasta el Popocatépetl, a la orilla del valle de México, hacía inevitable la guerra. Inevitable y con final conocido de antemano: Tlaxiaco no podía tener mucho más de diez mil habitantes. Incluso con la ayuda de sus tributarios y de posibles aliados –¿Yucuañe?–no podía dar el ancho. Hay muchos motivos para creer que Malinal sabía que estaba condenado. Quizá el pedido de Moctezuma haya sido más enérgico de lo que sugiere Torquemada.

Existe, por cierto, una versión mixteca en la cual Moctezuma es bastante más arrogante. El texto habla de Yucuañe, cerca de Achiotlan, en lugar de Tlaxiaco, pero debe de tratarse del mismo conflicto. Hay, pues, en Yucuañe, un arbolito que viene de muy lejos y tiene flores tan hermosas y olorosas que Moctezuma lo codicia y le resulta insoportable que otro pueda poseerlo. El rey local se niega a dárselo, el emperador manda a un gran ejército que mata a mucha gente, el rey es tomado prisionero y Moctezuma se lleva el árbol, pero éste se seca y muere.[11]

En la *Crónica X* se menciona un *casus belli* del todo distinto, sea porque un motivo tan frívolo como la posesión de un arbolito no constituía un motivo aceptable para una guerra o porque hubo una confusión entre Tlaxiaco y Yucuañe. En efecto, es dable suponer que el objetivo principal, Tlaxiaco, opulento centro de comercio, haya sido atacado por los motivos expuestos por la *Crónica X*, y que la suerte de Yucuañe, cuyo rey se negaba a ceder el árbol, se haya resuelto en el mismo viaje.

Según esta crónica, pues, el tributo entregado a Tenochtitlan por Coixtlahuaca y por Oaxaca cruzaba por el territorio de Tlaxiaco. Dicho territorio debía ser extensísimo, ya que Coixtlahuaca se encuentra unos ochenta kilómetros al nornoreste de Tlaxiaco. Sea como sea, unos guerreros de Tlaxiaco interceptan la caravana, muy posiblemente en una ruta hacia Tenochtitlan que pasa a unos sesenta kilómetros al norte de

Alva Ixtlilxóchitl, vol. 2, p. 183; Durán, *Historia...*, vol. 2, cap. 65, pp. 479-483, y Alvarado Tezozómoc, *Crónica mexicana*, p. 660. Torquemada la sitúa en 1503, quizás por interpretar mal unos datos relativos a nevadas en Tlaxiaco: en 1503, el rey de Tlaxiaco todavía podía pretender que no conocía a Moctezuma, pero ya no en 1512. Si la guerra realmente fue en ese año, Torquemada –o su informante– inventó esos detalles y adaptó el relato a su error. Durán puede haber hecho lo mismo cuando describe la participación de Moctezuma en la campaña de Nopallan. Nótese que Torquemada vuelve a mencionar la guerra en 1511, pero es la misma que la de 1503, puesto que en ella muere de nuevo el mismo rey Malinal.

[11] Burgoa, vol. 1, p. 352.

su ciudad. En vano intentan convencer a los de Coixtlahuaca de rebelarse y ponerse de su lado. Los coixtlahuacas, que caminan acompañados por recaudadores de Tenochtitlan, no tienen la menor gana de llamar la atención y reprenden enérgicamente a sus vecinos revoltosos. La reprimenda irrita a los de Tlaxiaco, que confiscan el tributo y maltratan a los recaudadores al punto que algunos de ellos pasan a mejor vida.

Moctezuma toma la cosa con calma, "consolándolos, los manda aposentar y curar de sus heridas", llama a consulta a sus colegas y empieza a movilizar. Si los enemigos resisten, las tropas tienen orden de matar a la mitad de los hombres y mujeres de la provincia y capturar a los demás; pero si se rinden sin combate la orden es traer sólo algunos cautivos para sacrificar en la fiesta de *Tlacaxipehualiztli*.

El ejército alcanza Tlaxiaco y asienta sus reales frente a la ciudad. Los habitantes no parecen preocuparse mayormente. Cada noche, "grandes cantos y bailes y sonidos de atambores [...] y muchos clamores y alaridos" llegan hasta el campamento de los Aliados. Convencidos de que el enemigo procura con eso mantenerse despierto, los mexicas mandan espías a la ciudad: para su sorpresa, encuentran a los sacerdotes, los ancianos y los nobles cantando y bailando para implorar la victoria. Están todos cubiertos de sangre, "haciendo en sí mismos temerarios sacrificios y crueles", para complacer a sus dioses tutelares. Los demás habitantes de la ciudad duermen, perdidos de borrachos.

Apenas amanece, los Aliados pasan al ataque. Un grupo corre al templo, otro al palacio, sin encontrar un alma en el camino. En el palacio, hallan a los señores "bailando con mucho placer y contento" y los prenden a todos. El templo y el palacio son incendiados, la ciudad saqueada y algunos habitantes masacrados, hasta que los mixtecos salen a suplicar que les perdonen la vida. Los agresores, que no han perdido a un solo hombre, exigen en primer lugar la devolución de los bienes interceptados; después, empieza la discusión sobre el tributo y los servicios forzados: los vencidos prometen abastecer a los ejércitos en campaña en su región y entregar regularmente productos de sus artesanos, como rodelas de diversos tipos y mazas con filos de obsidiana. Además, tienen que comprometerse a dar alojamiento a las caravanas que llevan el tributo de Oaxaca y Tehuantépec, y se les imponen un gobernador y recaudadores mexicas.

Las tropas regresan con muchos prisioneros y un rico botín. El *Códice Mendoza* indica que sólo la provincia de Tlaxiaco debía entregar cada año veinte jícaras de polvo de oro, cinco costales de cochinilla, cuatro manojos de plumas de quetzal, dieciséis mil mantas y un rico atavío de guerrero con su rodela.

En Tenochtitlan el triunfo se vio seguido por los preparativos de la fiesta de *Tlacaxipehualiztli*. Los valientes entrenaban para el combate "de gladiadores" mientras otros participantes ensayaban el papel que les tocaría representar en las ceremonias. Llegado el día, mil mixtecos fueron sacrificados en presencia de los enemigos tradicionales. Luego, el emperador les regaló capas lujosamente adornadas, joyas y plumas a los soldados que se habían distinguido trayendo cautivos, según el rango de cada uno. Moctezuma también nombró algunos nuevos señores y les dio enseñas y divisas, dejándoles claro que no era para que "con ellas se ensoberbeciesen ni engrandeciesen", sino para que siempre estuvieran listos. Según Torquemada, en cambio, los prisioneros de esta campaña, 12 210 en total, fueron sacrificados para inaugurar el templo de Tlamatzíncatl y una nueva plataforma que soportaba un gran recipiente para corazones y sangre. El elevado número de sacrificados bien podría ser simple jactancia de los mexicas.

Ese mismo año, también fue necesario mandar otra expedición punitiva a lo que ahora es el estado de Guerrero para sacar de apuros a la guarnición de Tlacotépec, amenazada por yopis sublevados, doscientos de los cuales fueron hechos prisioneros.[12]

Sobre las conquistas de los siguientes años, sólo disponemos de datos fragmentarios. La región oaxaqueña sigue siendo el principal objetivo de los Aliados. En 1513, registran una victoria contra Alotépec, pequeña ciudad situada tal vez al oeste de Tehuantépec, cerca de Ecatépec y Tlacolula, o más probablemente, al noreste de Quetzaltépec. Logran también una victoria pasajera contra el reino independiente de Tototépec, en la costa del mar del sur.[13] Siempre en 1513, habrían hecho una breve incursión contra Quetzalapan, de donde habrían traído 1 332 cautivos. Se sabe de una ciudad así llamada en el actual estado de Veracruz, a la orilla del lago de Catemaco, y de varias en Oaxaca, pero el documento que relata la expedición ubica la ciudad en el país huasteco.[14]

El año siguiente (1514), de nuevo en Oaxaca, Cihuapohualoyan es ocupada mientras los habitantes de Cuezcomaixtlahuacan se dan a la fuga y se refugian en Quetzaltépec, ciudad que pronto cae también, así como Iztactlalocan. En esta campaña, que por la cercanía de las dos ciu-

[12] Torquemada, vol. 1, p. 215. La existencia de una guarnición mexica en esta ciudad de los confines del reino tarasco está confirmada por la *Relación geográfica de Tlacotépec*. Ver Davies, *Los señoríos...*, p. 176.
[13] Chimalpáhin, *Relaciones...*, p. 233; Gerhard, pp. 125-127; *Codex Telleriano-Remensis*, lám. 27, p. 313, y *Códice en cruz*.
[14] Kelly y Palerm; Gerhard, y Torquemada, vol. 1, p. 215.

dades podría ser la misma en la que cayó Alotépec, se distingue el joven Cuauhtémoc.[15]

En 1515, Centzontépec (Santa Cruz Centzontepec), al norte de Tototépec, es destruido y los mexicas se apoderan de Texocuauhtli (¿cerca de Nopallan?) y de la estatua de su dios Xipe Tótec. Las últimas conquistas señaladas en las fuentes ocurren el año siguiente: Xaltianquizco (Santa María Jaltianguis, en el norte de Oaxaca) y Mitla, donde subsisten hasta hoy espléndidos palacios con muros decorados con mosaicos de piedra.[16]

Muchas conquistas más se han atribuido al reinado de Moctezuma, a juzgar por las listas de ciudades sometidas que citan los diversos anales.[17] Buena parte de ellas están en la región oaxaqueña, y pueden haber sido tomadas en el camino, durante una u otra campaña, a menos que hayan enviado embajadores para ofrecer vasallaje o pedir protección a los ejércitos que se acercaban. Nuestras fuentes también mencionan conquistas en los actuales estados de Guerrero, Puebla, Hidalgo, Chiapas y Veracruz, donde se produjeron numerosas rebeliones durante los últimos años.[18] Si además tomamos en cuenta las informaciones contenidas en las *Relaciones geográficas*, redactadas en los años 1580 por orden de Felipe II, hay que agregar una veintena de ciudades de Veracruz, como Papantla, Misantla, Xalapa, Hueytlalpan y Matlatlan... Algunas batallas, al parecer, fueron particularmente sangrientas: Chiltóyac, cerca de Xalapa, atribuye su baja población a que "fue destruida por guerra de Moctezuma" y por varias epidemias.[19]

Veremos que en los últimos años de su reinado, Moctezuma mandó ejércitos a conquistar la región maya alrededor de Xicalanco, quizá pa-

---

[15] Torquemada, vol. 1, pp. 215 y 217; Chimalpáhin, *Relaciones...*, p. 233; *Anales de Tlatelolco*, p. 99; *Codex Telleriano-Remensis*, año 1515, y *Anales de Cuauhtitlan*, p. 209. Cihuapohualoyan es Cihua, en el extremo norte del estado de Oaxaca (Kelly y Palerm). Cuezcomaixtlahuacan es San Andrés, San Pedro o Santiago Ixtlahuaca, Oaxaca. Para Gerhard (p. 275), Iztactlalocan podría ser Iztayutla, al oeste de Centzontépec, en los confines del estado de Tototépec; es poco probable.

[16] *Anales de Cuauhtitlan*, p. 211, y Alva Ixtlilxóchitl, vol. 2, p. 192.

[17] *Códice Mendocino; Anales de Cuauhtitlan; Leyenda de los soles*; Nazareo, y otros. Ver el repertorio de Kelly y Palerm, pp. 311ss.

[18] Alva Ixtlilxóchitl, vol. 2, p. 192. En Puebla: Piaxtla (Piaztlan), Xicotépec (Villa Juárez), Caltépec, Pancóac, Chiapa y Tlatlauhquitépec; en Hidalgo: Molango; en Chiapas: Huixtla, Zinacantan y Xoconochco; en Veracruz: Mequetla, Pipiyoltépec, Cuauhtochco, Pantépec y Tlayehualancingo, y en Guerrero: Tlalcozotitlan, Malinaltépec, Tlachinollan y Oztoman.

[19] *Relaciones de Xalapa*, en Acuña, *Relaciones geográficas...*, vol. 5, p. 366.

ra vigilar la llegada de los españoles. También dicen algunos que Moctezuma penetró hasta Guatemala y Nicaragua,[20] pero nada corrobora esa aserción que muy posiblemente proviene de la presencia en esas regiones, entonces y hasta hoy, de muchos topónimos nahuas; en realidad, éstos se remontan a migraciones muy anteriores. Moctezuma no se proponía extender más un imperio ya desmedido; lo que quería era conservarlo y consolidarlo, por eso sus campañas en todas direcciones y sobre todo hacia el sureste, la Mixteca, porque esa región cercana era rica y estaba densamente poblada, porque ahí había artesanos incomparables, porque era una región de paso y porque permitía rodear el valle de Puebla y amenazarlo.

LA SUCESIÓN EN TEXCOCO

El rey Nezahualpilli murió en el año 1515, después de reinar cuarenta y cuatro años. Tenía, dicen, cincuenta y dos años de edad, exactamente un "siglo", en otras palabras, salvo que sea coincidencia, no se conoce su edad real. Sus funerales fueron grandiosos. Moctezuma y todos los altos dignatarios de Tenochtitlan acudieron con fastuosas ofrendas y veinte esclavos. De todas partes afluyeron las embajadas. Unos doscientos esclavos varones y cien mujeres fueron sacrificados para servir al rey en el más allá y para que no muriera solo, que su deceso fuera el de un microcosmo, el fin de una pequeña era.

Dejaba ciento cuarenta y cinco hijos. Sus esposa principal, la princesa adúltera Chalchiuhnenetzin, no había tenido hijos, pero otra esposa principal le había dado once, entre los cuales cuatro, o siete, varones –aunque el cronista Pomar afirma que no tuvo ningún hijo legítimo. Por cierto, no sabemos exactamente quién era esa esposa principal: el historiador de Texcoco, Alva Ixtlilxóchitl, menciona a la "dama de Azcapotzalco", Tlacayehuatzin, hija de Atocatzin y descendiente de Moctezuma I, pero en otros documentos propone otros tres nombres y dos padres distintos. Finalmente, otra esposa, una hermana mayor de Moctezuma, la "dama de la casa de Xilomenco", no podía sino ser también esposa legítima y no una concubina como afirma Alva Ixtlilxóchitl. Torquemada la nombra como primera esposa principal.[21]

---

[20] Alva Ixtlilxóchitl (vol. 2, p. 184) sigue a Torquemada (vol. 1, pp. 218-219), quien a su vez sigue a Muñoz Camargo ("Descripción...", p. 119).

[21] Alva Ixtlilxóchitl, vol. 1, pp. 449-450, y vol. 2, pp. 188-192 y 152; Torquemada, vol. 1, pp. 221-227, y Offner, pp. 238-239.

Así pues, Alva Ixtlilxóchitl escribe que Nezahualpilli tuvo cuatro hijos legítimos y, treinta páginas más adelante, que tuvo siete: en primer lugar, Huexotzincatzin, el mayor, ejecutado por la oscura historia con la dama de Tula; luego, el tercer hijo y segundo varón, Cuauhtliiztactzin, seguido por Tetlahuehuetzquititzin. El octavo fue Coanacochtzin, el noveno Ixtlilxóchitl, homónimo del cronista, luego Nonoalcatzin y finalmente Yoyontzin. Los últimos tres eran menores de edad a la muerte de su padre.

Es inútil intentar conciliar esta información con lo que escribe Durán,[22] quien cita cinco nombres de hijos adultos de los cuales sólo dos coinciden con los que enlista Alva Ixtlilxóchitl. La Conquista se acerca: muchos actores y testigos todavía vivían cuando estos hechos fueron registrados por escrito y, a pesar de ello, los relatos difieren tanto que lo más que podemos hacer es reconstruir en líneas generales lo sucedido. Al parecer, Nezahualpilli habría cometido la imprudencia de no designar sucesor. En Texcoco, el trono recaía habitualmente en el hijo mayor, pero Tetlahuehuezquititzin era poco capaz. Moctezuma insistió en la necesidad de respetar la costumbre según la cual el sucesor tenía que ser hijo de una mujer mexica. Intentó imponer a Cacama, un sobrino suyo al que quería mucho y que era valiente; su madre era hermana mayor del emperador, aunque una fuente azteca afirma que era hija del antiguo *cihuacóatl* de Tenochtitlan, Tlacaélel.[23] En cualquier caso, lo seguro es que Cacama llegó a ser rey quizá sólo un año después, y es posible que sólo lo fuera nominalmente durante un tiempo.[24] También es seguro que Ixtlilxóchitl se rebeló y que hubo un periodo de gran incertidumbre en Texcoco. Pero los detalles de los hechos se nos escapan.

Moctezuma, pues, manda a sus embajadores a Texcoco para defender la candidatura de Cacama y votar por él. Algunos hermanos, como Coanacochtzin, no presentan objeciones o incluso aceptan, pero Ixtlilxóchitl se enfurece. Empieza por negar la muerte de su padre. Prueba de que no ha muerto, alega, es que no ha sido nombrado ningún sucesor. Después se desborda en acusaciones contra Moctezuma, al que acusa de querer reinar solo, como monarca absoluto. ¿No escuchó él cómo le decía a su padre Nezahualpilli que "ya era otro tiempo que el pasado" y que "él era el rey de los reyes"? Si el emperador busca imponer a su

[22] Durán, *Historia...*, vol. 2, pp. 474-476.
[23] Alvarado Tezozómoc, *Crónica mexicáyotl*, p. 304.
[24] *Mapa Tlotzin*; *Anales de Cuauhtitlan*, p. 209; Sahagún, *Historia general...*, libro 8, cap. 3, p. 453; "Origen de los mexicanos"; Pomar, *Relación...*, p. 50, e *Historia de los mexicanos...*, p. 75, donde se dice: "estuvo un año sin señor Tetzcoco".

favorito, Cacama, es porque éste está "hecho de cera para imprimir en él su figura"... Pero los electores dudan e Ixtlilxóchitl, furioso, se retira a la sierra de Meztitlan, de donde son originarios sus preceptores. Allí tiene partidarios y se da a la tarea de reunir un ejército. Cacama rey es lo mismo que Moctezuma rey, proclama, y ¡Moctezuma rey significa el fin del reino acolhua de Texcoco! Los mexicas deben conformarse con Mexico-Tenochtitlan, e incluso ¡devolver territorios arrebatados a Texcoco! Semejantes argumentos pueden convencer a muchos y pronto Ixtlilxóchitl tiene fuerzas suficientes para pasar a la ofensiva.

El rebelde no era un adversario menor. A los tres años de edad, ajustició a una de sus nodrizas que tuvo la debilidad de ir a traer agua para darle gusto a un señor: la empujó al pozo y la apedreó. Luego le explicó a su padre, él mismo experto en justicia expeditiva, que las leyes prohibían so pena de muerte cortejar a una dama de palacio o dar ocasión para ello. A los siete años, el pequeño prodigio juega al general con sus compañeros. No faltaron consejeros que le recomendaran a su padre deshacerse de un individuo tan alborotado y orgulloso, pero Nezahualpilli se negó; y en ello se equivocó, a no ser que ya supiera, gracias a sus dotes sobrenaturales, cuánto iba a contribuir este hijo a la caída de Moctezuma. En cualquier caso, Ixtlilxóchitl, que tendría entonces escasos doce años, se hace cargo con algunos compañeritos de ir por los malos consejeros y ahorcarlos. Dos años más tarde causa maravilla en los campos de batalla de Tlaxcala y Atlixco. A la muerte de su padre sólo tiene dieciséis años, pero ya se ha ganado sus insignias de valiente capitán...

Frente a este loco furioso y sus numerosas tropas, en las cuales hay hasta totonacas de la sierra, Cacama juzga más sensato batirse en retirada. Se repliega a Tenochtitlan, donde solicita la ayuda de su tío. Moctezuma, por supuesto, se la concede y promete reconciliarlo con su hermano, por la fuerza si es preciso. Cacama regresa a Texcoco con su tío Cuitláhuac, hermano de Moctezuma. Lo eligen rey pero debe huir de nuevo cuando Ixtlilxóchitl marcha contra él con un inmenso ejército y se adueña de todo el norte del imperio acolhua. El rey de Otumba (Otompan), que resiste, tiene que presentar batalla y perece. Entonces, en lugar de avanzar sobre Texcoco, Ixtlilxóchitl se queda en Otumba. Finalmente, concluye un acuerdo con sus dos hermanos, Cacama y Coanacochtzin. Este último recibe un tercio de los ingresos del reino mientras a Cacama se le otorgan Texcoco y los alrededores, y a Ixtlilxóchitl las provincias septentrionales así como el cargo de general en jefe del reino. Cacama es entronizado en 1517. Moctezuma le ordena a un tal Xóchitl, mexica de Iztapalapan, que persiga a Ixtlilxóchitl, pero éste lo captura "en una escaramuza que tuvieron", "le pega fuego y lo quema allí vivo".

El emperador decide entonces esperar tiempos mejores. Éstos ya no llegarán.[25]

Ésa es, pues, la versión de Texcoco, abiertamente favorable a Ixtlilxóchitl por dos razones. Primero, porque el cronista homónimo pertenecía a su familia. Luego, porque en la época colonial lo sensato es tomar su partido, puesto que Ixtlilxóchitl fue un valioso colaborador de los españoles, antes y después de la Conquista. En cambio, conviene denigrar a Cacama presentándolo como instrumento del emperador, "hecho de cera". Es muy posible que Moctezuma esperara mucho de su apoyo a Cacama pero, finalmente, la jugada le salió mal: como lo mostrarán los acontecimientos en puertas, Cacama tenía carácter y no dudaba en asumir sus responsabilidades. Tanto así que, al final, Moctezuma lo hará detener para entregarlo a Cortés.

Muy distinta es la versión de los hechos relatada en la *Crónica X*, que refleja las cosas vistas desde Tenochtitlan. Según Durán, Nezahualpilli tuvo cinco hijos adultos: Tocpaxochiuh, Coanacochtzin, Tlahuitoltzin, Ixtlilxóchitl y Quetzalacxóyatl. A petición de los señores grandes electores de Texcoco, Moctezuma sugirió que como sucesor de Nezahualpilli se elijiera a Quetzalacxóyatl, quien fue efectivamente coronado, pero murió poco después. Lo curioso es que, según Durán, esa información proviene no sólo de la *Crónica* que está siguiendo sino también de una "historia de Texcoco". A Quetzalacxóyatl le sucede su hermano Tlahuitoltzin, el cual también se da prisa en pasar a mejor vida. Luego le toca el turno a Coanacochtzin, que estaba reinando cuando llegaron los españoles.[26]

Se pueden admitir, si acaso, los dos brevísimos reinados de esos dos hermanos por otra parte totalmente desconocidos. Quizá ejercieron el poder sólo en la ciudad de Texcoco durante el periodo confuso que siguió inmediatamente a la muerte de Nezahualpilli.[27] Pero decir que Coanacochtzin ocupaba el trono a la llegada de Cortés es inaceptable: por el contrario, Coanacochtzin sucedió a Cuicuitzcatzin, un hermano menor de Cacama, después de la muerte de éste en 1520. Y lo realmente alucinante es el escamoteo de Cacama.

No se sabe muy bien cómo explicarlo. Es cierto que Cacama demostrará ser menos dócil que lo previsto por los mexicas, pero no es razón suficiente para ignorarlo. Lo mismo se puede decir de su hostilidad

[25] Alva Ixtlilxóchitl, vol. 2, pp. 174-175 y 190-192, y Torquemada, vol. 1, pp. 124 y 221-227.

[26] Durán, *Historia...*, vol. 2, p. 474-476.

[27] Offner, p. 239.

hacia los españoles, aunque otro autor, Pomar, la invoca para negarse a hablar de él: "Y porque este [Cacama] no reinó más que tres años y por haber sido muy vicioso, no se tratará de él en esta relación, sino de Nezahualpilli, su padre y Nezahualcóyotl su abuelo".[28] ¿O será que "vicioso", rejego, se refiere a algo más que la "rebelión" de Cacama contra el emperador y los españoles? Queda, finalmente, la hipótesis más verosímil: la historia que Durán utiliza en este caso proviene del grupo más cercano al candidato fallido al trono de Texcoco, Ixtlilxóchitl, que odiaba a Cacama y nunca lo reconoció realmente como rey.

EL EXILIO DE LOS HUEXOTZINCAS

A pesar de todo, Moctezuma había alcanzado uno de sus principales objetivos: el debilitamiento de su rival Texcoco, desgarrado por la lucha de facciones. En el valle de Puebla también estaban ocurriendo novedades favorables al imperio universal de los mexicas. Hasta la muerte de Nezahualpilli las batallas continuaron a ritmo regular. Leemos, por ejemplo, que en 1513, la gente de Cuitláhuac fue a morir a Huexotzinco, pero ni esta ciudad ni Tlaxcala fueron vencidas. Después de los fracasos profetizados por Nezahualpilli, Moctezuma había regresado a la rutina de batallas floridas menos temerarias. Más adelante, les dirá a los españoles que hubiera sido fácil para él someter a los habitantes del vecino valle, pero que había preferido dejarlos en pie para el ejercicio de sus guerreros y el abastecimiento de víctimas frescas para los sacrificios.[29]

En realidad, el emperador creía que no disponía de fuerzas suficientes. Le era difícil imaginar tácticas más eficaces y esfuerzos más sostenidos que los que los mexicas acostumbraban. Tlaxcala, más todavía que Huexotzinco, parecía una auténtica fortaleza: sus guerreros estaban superiormente entrenados, se habían unido a ellos muchos refugiados y les beneficiaba el cerco protector de los terribles otomíes. Antes que arriesgarse una vez más a sufrir graves pérdidas, lo más conveniente era prolongar la guerra "florida" de desgaste, por un lado, y por el otro maniobrar para dividir al valle enemigo.[30]

[28] Pomar, *Relación...*, p. 50.
[29] *Anales de Cuauhtitlan*, p. 209; Durán, *Historia...*, vol. 1, p. 33; Tapia, *Relación...*, pp. 51-52, y Pomar, *Relación...*
[30] Muñoz Camargo, "Descripción...", p. 185. Davies (*The Aztec Empire...*, p. 235), junto con Isaacs y Hicks, cree que Moctezuma realmente quería someter a Tlaxcala. Davies, en *Los señoríos...* (pp. 145-148), enumera sus razones. Ver el capítulo I, "El ascenso de los mexicas".

En ese providencial año de 1515 en que falleció el rey de Texcoco, los esfuerzos de Moctezuma –y, sin duda alguna, de sus servicios secretos– por fin se vieron recompensados: estalló la guerra entre Tlaxcala y Huexotzinco. No conocemos las razones precisas, pero el hecho está bien documentado. Al parecer hubo una hambruna en el valle de Puebla, y la agravaron las incursiones de la Triple Alianza. Quizá los tlaxcaltecas, para sobrevivir, fueron a saquear los cultivos de sus vecinos. Lo cierto es que hubo batallas que causaron una escasez aun peor en Huexotzinco. Finalmente esa ciudad despachó a dos príncipes a Tenochtitlan para pedirle a Moctezuma ayuda militar contra Tlaxcala y víveres. Hacía tiempo, le explicaron, que deseaban confederarse con Tenochtitlan y pagarle tributo a Huitzilopochtli, y ésta era la razón del hostigamiento de los tlaxcaltecas.

Huelga decir que los dos embajadores fueron recibidos con los brazos abiertos. La Triple Alianza decidió socorrerlos, y se mandaron mensajeros a Huexotzinco para invitar a toda la población a instalarse en Tenochtitlan. Lo bonito de la maniobra era que comprometía totalmente a los huexotzincas con el bando de los Aliados y los convertía en rehenes de los mexicas. La situación de los huexotzincas tiene que haber sido realmente desesperada, pues aceptaron el ofrecimiento. Hay que recordar que hacía veinte años que no les daba respiro la incesante serie de guerras intestinas y exteriores.[31] Numerosos refugiados afluyeron a Tenochtitlan, "gran multitud de mujeres, niños, viejos y viejas y gente necesitada" y otros más buscaron refugio en Chalco, Texcoco y Tlacopan.

Moctezuma en persona salió de la ciudad para recibir al rey de Huexotzinco y lo alojó en su palacio; los nobles huexotzincas fueron instalados en las casas de sus homólogos mexicas, y se repartió a la gente del pueblo en los barrios. Se dio orden de procurar que no les faltara nada. Por su parte, los guerreros se quedaron en Huexotzinco, donde se les unieron los hombres de la Triple Alianza.[32]

[31] Pomar (*Relación*..., pp. 90-91) precisa que apenas quedaba un hombre por cada tres mujeres.

[32] Durán, *Historia*..., vol. 2, p. 454-458 (él ubica estos hechos después del Fuego Nuevo de 1507); Alvarado Tezozómoc, *Crónica mexicana*, p. 638; *Historia de los mexicanos*..., p. 75; *Codex Mexicanus*, pp. 23-24, lám. 76; *Códice Aubin*, p. 27; *Codex Telleriano-Remensis*, lám. 27, p. 313; Chimalpáhin, *Relaciones*..., p. 233, y *Anales de Tlatelolco*, p. 99. Pomar (*Relación*..., pp. 90-91) ubica los hechos durante el reinado de Nezahualpilli y atribuye el exilio al agotamiento de los huexotzincas debido a las guerras floridas. Los Aliados los habrían obligado a seguir peleando y habrían instalado en su territorio tropas mexicas, acolhuas y tepanecas que todavía ocupaban varios barrios de Huexotzinco en la época en que Pomar escribe.

Fue encarnizada la guerra que emprendió la triple Alianza contra Tlaxcala, pero lo que más impresionó a los historiadores mexicas fue el episodio de la captura y el destino de un general tlaxcalteca, Tlahuicole.

Al principio, los mexicas se lanzaron a la guerra solos, rechazando incluso la ayuda de los huexotzincas. Reconozcamos que tal decisión es
más que asombrosa: el valle de Puebla está dividido como nunca antes;
los huexotzincas, poderosos todavía a pesar de todo, están totalmente
comprometidos con los Aliados: parecería ser el momento ideal para
tratar de concentrar todas las fuerzas y terminar de una vez con los tlaxcaltecas. Pero no, Moctezuma ataca solo. ¿Quería tantear primero las
fuerzas del adversario, antes de lanzar un asalto general? ¿O esperaba
que Tenochtitlan iba a lograr por fin resolver el asunto Tlaxcala sin ayuda de nadie, y así reinar sola sobre esos nuevos territorios? Puede ser.
Lanzarse al ataque sin ayuda alguna también significaba asumir el papel de defensor privilegiado de Huexotzinco, que así sólo dependería
de Mexico-Tenochtitlan.

Pero Tlaxcala no cejó. Los mexicas tuvieron que llamar a sus aliados
en su auxilio. No hubo ataque general y la guerra se empantanó. En
lugar de lanzarse con todo y aprovechar la situación extraordinaria-
mente propicia, quizá Moctezuma consideró una vez más que Tlaxcala
no estaba madura todavía y que una victoria saldría demasiado cara:
hubiera tenido que inventar la guerra total. Pero en aquel momento,
tenía suficientes preocupaciones en otras partes, por el lado de los tarascos y tal vez incluso por el extremo oriente del mundo conocido,
donde ya se hablaba cada vez más de seres blancos y barbados. Mandó
ejércitos hacia esos dos rumbos opuestos y Tlaxcala sobrevivió. Para su
desdicha.

Sin embargo, a falta de victoria total, Moctezuma se apuntó una victoria moral.

Veamos: hace marchar al ejército mexica solo y les encomienda a sus
hombres, con gran insistencia, capturar al valientísimo y glorioso Tlahuicole. Este otomí avanza con sus tropas hacia Huexotzinco y empieza
el combate, que durante veinte días permanece indeciso. Como los tlaxcaltecas cada día reciben refuerzos de las ciudades aledañas, los mexicas
se van agotando y le piden a Moctezuma que mande relevos; el emperador llama entonces a los de Texcoco y Tlacopan. Unos días después,
los Aliados prevalecen y capturan a Tlahuicole con muchos más guerreros ilustres. Los tlaxcaltecas se ven obligados a salir del territorio de
Huexotzinco; nadie los persigue.

Tras el regreso triunfal del ejército a Tenochtitlan, Moctezuma convoca a Tlahuicole: quiere ver qué clase de hombre es el tan famoso guerrero. Pero el otomí "de quien temblaba toda la tierra" ha perdido su soberbia: besa humildemente las manos del emperador y le pide perdón por las ofensas cometidas. Agreguemos que, según una versión de la *Crónica X*, el prisionero muestra más dignidad y se declara orgulloso y feliz de haber visto la presencia del rey y a tan generoso *tlatoani*. Sea lo que fuere, Moctezuma le dirige las palabras de consuelo acostumbradas: son las cosas de la guerra, ser capturado es el destino de todo guerrero; lo aloja y provee de todo lo necesario y, para que todos sepan lo mucho que lo aprecia, le regala "ropas reales y armas e insignias de caballero".

Pero pasa el tiempo y Tlahuicole se va poniendo cada día más sombrío; se acuerda de sus mujeres e hijos y diario lo encuentran "llorando y muy desconsolado". El llanto de un prisionero es de mal agüero y se le avisa a Moctezuma. "Con gran pena y enojo", éste le manda decir al otomí que pensaba que un hombre de su valor no temería a la muerte, pero que si "tanta era su pusilanimidad y cobardía", él le devuelve la libertad: que Tlahuicole regrese con sus mujeres. Sus guardias reciben orden de ya no darle de comer y dejarlo ir y venir a su gusto.

Al oír eso, Tlahuicole se hunde en una profunda depresión: volver a casa significa la deshonra y la muerte, pues no se tolera que un guerrero eluda su destino. Durante un tiempo anda de casa en casa pidiendo limosna hasta que, desesperado, se va a Tlatelolco, sube a lo más alto del templo y "se deja caer por las gradas abajo, sacrificándose a sí mismo a los dioses". Los mexicas, sin desconcertarse, le arrancan el corazón y le cortan la cabeza según el ritual ordinario. Cuando se enteran del lamentable episodio, los tlaxcaltecas dejan de invadir las tierras huexotzincas.[33]

He aquí un perfecto ejemplo de propaganda mexica. Los tlaxcaltecas parecen terribles, pero en el fondo son cobardes, la prueba es que su más brillante general no puede vivir sin mujeres y termina suicidándose, como un ser lunar –por ejemplo, Huémac al final de Tollan.

Por suerte disponemos de una versión tlaxcalteca de estos hechos, desde luego hagiográfica. Proviene de la *Historia de Tlaxcala*, de Diego

[33] Durán, *Historia...*, cap. 60, y Alvarado Tezozómoc, *Crónica mexicana*, cap. 98, p. 643. En el *Codex Telleriano-Remensis* (lám. 23, p. 315), Tlahuicole está representado en armas en el año 1517 y, en 1518, desarmado y asociado con el glifo de Tenochtitlan.

Muñoz Camargo.[34] Tlahuicole, bajito y fornido, tiene una fuerza colosal. Su *macuáhuitl,* el garrote con filos de obsidiana, es tan pesado que sólo él puede levantarlo. En el campo de batalla parece invencible y su solo nombre siembra el terror. Finalmente, los huexotzincas logran neutralizarlo porque lo agarran medio hundido en un pantano. Lo encierran en una jaula de madera y se lo llevan de regalo a Moctezuma, al que le encanta poder demostrar su aprecio por un héroe de este calibre. El emperador lo libera, lo cubre de dones y, cosa inaudita, lo deja en libertad de volver a su casa. Tlacuihole se niega y reclama su derecho a ser inmolado como lo fueron sus antepasados.

En ese tiempo, Moctezuma está planeando una expedición contra los tarascos de Michoacán para exigirles plata y cobre, que poseen en abundancia. Entonces, le propone a Tlahuicole darle el mando del ejército que llevará a cabo el operativo. Tlahuicole acepta, ataca a los tarascos y los enfrenta en una sangrienta batalla que causa muchas bajas de ambos lados. Es tanta su valentía que arrebata a un sinnúmero de enemigos sus adornos y armas de metal. Moctezuma le agradece y le propone, una vez más, devolverle su libertad. Tlahuicole vuelve a rechazarla. El emperador lo conserva en su corte y le permite traer a su esposa favorita.

Como la muerte sacrificial se hace esperar, Tlahuicole exige ser inmolado, como los más valientes, en un combate de gladiadores. Moctezuma no puede negárselo. Durante ocho días, el otomí participa en banquetes y bailes dados en su honor. Durante una de esas fiestas, le sirven en un guiso el sexo de su esposa sacrificada. Luego viene el combate, en presencia del emperador y de todos los personajes distinguidos de la corte. Tlahuicole está ataviado con un traje de papel rojiblanco con extremidades en cola de pato, y lleva un gorro puntiagudo del mismo color. Una cuerda lo ata a la muela de piedra. Se defiende como diablo, mata a ocho adversarios disfrazados de águilas o de jaguares, hiere a más de veinte; pero finalmente es derribado y sacrificado sobre la piedra redonda.

Por el lado tlaxcalteca, pues, nos presentan a un personaje heroico de principio a fin, que acepta con dignidad caballeresca los homenajes de Moctezuma e incluso acepta dirigir sus ejércitos en una guerra lejana. No hay en él la menor debilidad. En el campo de batalla, no lo vencen las armas sino la tierra. A las mujeres las domina e incorpora su energía. Cuando finalmente exige lo que se le debe, el sacrifi-

[34] Muñoz Camargo, "Descripción...", p. 189-190, seguido por Torquemada, vol. 1, pp. 219-220.

cio, sucumbe de la manera más viril y más gloriosa. Relato edificante sobre la aceptación del sacrificio, como muchos otros relatos del lado mexica. Recuérdese la guerra de Chalco y a Tlacahuepan echándose al vacío desde lo alto de un mástil. No ha de ser casual que los mexicas pinten a Tlahuicole suicidándose desde la cumbre de una pirámide.

Es difícil decir cuál de los dos relatos es el correcto. En principio, los mexicas conocían mejor que los tlaxcaltecas la suerte reservada al héroe. Por añadidura, la versión tlaxcalteca presenta inverosimilitudes: conocemos el rigor y la intransigencia de Moctezuma, muy particularmente en asuntos religiosos, y su voluntad de sustraer a Tlahuicole al sacrificio parece incongruente. Además, sabía de sobra que si el héroe aceptaba se deshonraba tanto en el imperio como en el valle de Puebla. Pero si la versión tlaxcalteca es errónea, no por eso hay que deducir que la otra es exacta. Aquí, como siempre, los mexicas seguramente se empeñaron en presentar un relato etnocéntrico –y por lo tanto en detrimento del infierno, del enemigo– y útil.

HUEXOTZINCO VUELVE A LAS ARMAS

Los huexotzincas permanecieron tres años en Mexico-Tenochtitlan. Se instalaron al punto de casarse con mujeres mexicas y Moctezuma incluso tomó por concubina a una de sus mujeres. Pero todo se echó a perder cuando el emperador les reclamó la entrega de su dios Camaxtli. Los huexotzincas se negaron y, mientras Moctezuma se preparaba sin duda para capturarlo sin su permiso, mataron a sus esposas mexicas y a los hijos que ellas les habían dado y abandonaron la ciudad. Algunos de ellos fueron interceptados en Chalco y sacrificados.[35]

No era la primera vez que los mexicas intentaban adueñarse del dios Mixcóatl-Camaxtli. Les importaba sobremanera tener en Tenochtitlan una imagen auténtica del que era la principal deidad del enemigo y el padre de la Serpiente Emplumada. Bajo Moctezuma Ilhuicamina, ya habían logrado capturar una imagen de un dios parecido a Mixcóatl, Teúhcatl (Teócatl). Y pocos años antes de los acontecimientos que estamos contando, un comando mexica se emboscó en el palacio de Huexotzinco, quizá aprovechando una embajada, para tomar por asalto el templo y llevarse la estatua o el "bulto sagrado" que contenía las reliquias del dios; pero éste avisó a los suyos, que corrieron a las armas y los mexicas

---

[35] *Anales de Cuauhtitlan*, pp. 215-217, e *Historia de los mexicanos...*, p. 75.

apenas tuvieron tiempo de huir por los techados y desaparecer en la noche.[36]

Inmediatamente arrecian las guerras por todos los rumbos. Los huexotzincas vuelven a sumarse al bando tlaxcalteca, y mil doscientos tenochcas sucumben durante un ataque contra ellos. La Triple Alianza combate contra Tlaxcala, y Chalco contra Cholula. Mientras llega el adversario decisivo, que se está acercando peligrosamente...[37]

---

[36] *Anales de Cuauhtitlan*, p. 179; Durán, *Ritos...*, cap. 7, vol. 1, p. 72, e *Historia de los mexicanos...*, p. 75.

[37] Chimalpáhin, *Relaciones...*, pp. 233-234, y *Anales de Tlatelolco*, p. 99. Nótese que la *Crónica X* difiere por necesidad, puesto que ubica el episodio poco después del año 1507 y durante el reinado del rey-poeta de Huexotzinco, Tecayéhuatl. Éste se habría ido de Mexico-Tenochtitlan colmado de regalos, con el acuerdo del emperador, y desde entonces los tlaxcaltecas se habrían abstenido de atacar Huexotzinco. Más tarde, azuzados por Cholula, los huexotzincas habrían regresado a su hostilidad contra México, a pesar de la oposición de su rey. Alvarado Tezozómoc, *Crónica mexicana*, p. 648, y Durán, *Historia...*, cap. 60, pp. 453-458.

· X ·
Los seres que salen del agua celeste

La actitud de Moctezuma hacia Texcoco y el valle de Puebla no hizo sino fortalecer una oposición escandalizada ante sus esfuerzos por centralizar y consolidar el poder imperial. Cada vez más se decía que la ambición y el orgullo del emperador no tenían límite, y se le acusaba de creerse un dios. Algunos personajes cercanos a él, como su hermano Cuitláhuac, tal vez estaban empezando a pensar que las cosas irían mucho mejor si ellos estuvieran al mando. Justo entonces los inquietantes rumores que llegaban del este se concretizaron: los extraños personajes surgidos del mar, del "agua celeste", estaban llegando...

Ya vimos que Moctezuma sabía desde hacía mucho lo que en Yucatán era público y notorio: unos seres asombrosos, blancos y barbados, habían aparecido en las islas de los mares orientales y en la península. La información procedía de dos fuentes. Ante todo, los propios caribeños, que sufrían terriblemente desde la llegada de los invasores y que tenían contactos ocasionales con el continente, como lo demuestra la presencia de una jamaiquina náufraga en las costas de Cozumel en 1516.[1] Y, en segundo lugar, los sobrevivientes españoles del naufragio de un navío ocurrido en 1511 en las costas yucatecas. La mayor parte había muerto a manos de los mayas y otros de agotamiento, pero dos sobrevivieron: Jerónimo de Aguilar y Gonzalo Guerrero. Este último se había convertido en un importante jefe de guerra en Chetumal, mientras que Aguilar, aunque esclavizado, había tenido oportunidad de dar pruebas de su notable talento guerrero. En varias ocasiones habría sido el artífice de la victoria de su amo, el rey de Xamanzana. Gracias a una maniobra hábil, habría incluso logrado desbaratar una coalición de ciudades vecinas dirigida en su contra: siguiendo su consejo, los guerreros de Xamanzana fingen huir; el enemigo los persigue; Aguilar, emboscado con un grupito en la alta maleza, lo ataca por la espalda, y entonces los

---

[1] Díaz del Castillo, cap. 8, p. 17.

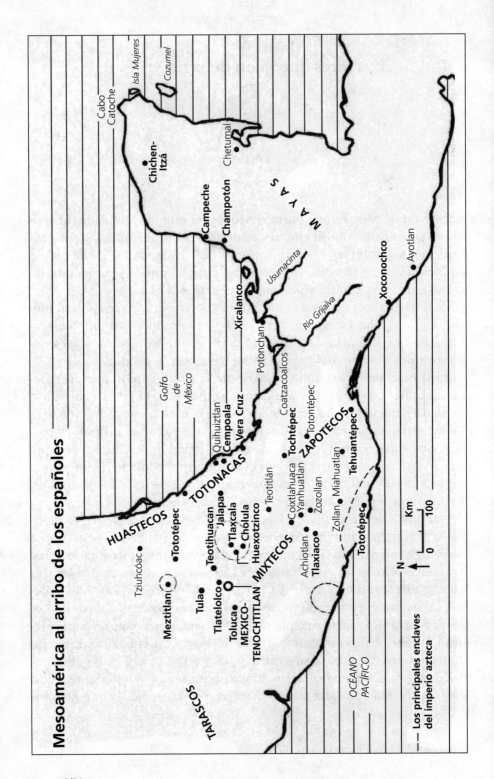

Mesoamérica al arribo de los españoles

Isla Mujeres
Cozumel
Cabo Catoche
Chichen-Itzá
Chetumal
Campeche
Champotón
M A Y A S
Usumacinta
Xicalanco
Río Grijalva
Xoconochco
Ayotlan
Potonchan
Golfo de México
Coatzacoalcos
Quihuiztlan
Cempoala
Vera Cruz
Tochtépec
Totontépec
ZAPOTECOS
Tehuantépec
TOTONACAS
Teotitlán
Coixtlahuaca
Yanhuatlan
Miahuatlan
HUASTECOS
Tototépec
Jalapa
Tlaxcala
Chólula
Huexotzinco
Teotihuacan
Zozollan
Zollan
Tototépec
Tziuhcóac
MIXTECOS
Achiotlan
Tlaxiaco
Meztitlan
Tula
Tlatelolco
Toluca
MEXICO-TENOCHTITLAN
TARASCOS
OCÉANO PACÍFICO

Km
0   100
N

— Los principales enclaves del imperio azteca

que huían dan la media vuelta y logran una victoria aplastante, cuya fama recorre todo la región maya.[2]

Todavía en la década de 1510, le trajeron a Moctezuma un arcón que provenía de algún barco español perdido y que contenía ropa, una espada, anillos y demás joyas. El gran *tlatoani* los regaló a los reyes de Texcoco y Tlacopan. Para tranquilizarlos, les aseguró que esos tesoros pertenecían a sus antepasados.[3]

LA EXPEDICIÓN DE HERNÁNDEZ DE CÓRDOBA

El navío que zozobró contra los arrecifes en 1511 venía del Darién (Panamá). Sin embargo, la verdadera invasión blanca llegará de Cuba, es decir del este, del lado del sol naciente. La isla había sido descubierta y explorada en parte por Colón desde sus primeros dos viajes, pero fue hasta 1511 cuando una expedición dirigida por Diego Velázquez de Cuéllar se dio a la tarea de conquistarla y colonizarla. Entre los miembros de la expedición, había nombres hoy ilustres: Hernández de Córdoba, Juan Grijalva, Hernán Cortés, Pedro de Alvarado, Bernal Díaz del Castillo, Pánfilo de Narváez... Unos años después, la isla estaba completamente explorada y pacificada. Pronto iba a ser la base de las operaciones hacia el oeste.

En 1517, Francisco Hernández de Córdoba y dos socios suyos arman tres navíos en Santiago de Cuba, por su propia cuenta, para ir a "navegar y rescatar" (hacer trueque). O, mejor dicho, para ir a la caza de esclavos en las islas de Guanaja, frente a Honduras: escaseaba la mano de obra en las minas y las explotaciones agrícolas. El gobernador de la isla, Diego Velázquez, había invertido dinero propio en la expedición y le dio instrucciones. Los barcos zarparon el 8 de febrero.[4]

Los españoles pusieron rumbo al oeste. Después de sufrir una tormenta y andar perdidos por tres semanas, columbraron una tierra y un importante poblado. Más aún: por primera vez en América, los europeos se encontraron frente a testimonios de una gran civilización, en este caso, construcciones de piedra, pirámides y gente ricamente vestida. El lugar, cerca del cabo Catoche en la punta norte de Yucatán, recibió el nombre de Gran Cairo: una comparación notablemente acertada; en

---

[2] Cervantes de Salazar, y Herrera y Tordesillas, Década II, libro 4, cap. 8.

[3] Benavente o Motolinía, *Memoriales...*, p. 83.

[4] Sobre la expedición, ver Cortés, *Cartas y documentos*, pp. 7-8; Anglería, vol. 1, pp. 399-402; Fernández de Oviedo, vol. 2, pp. 113-115; López de Gómara, vol. 1, pp. 85-87; Díaz del Castillo, caps. 1-5; Las Casas, *Historia...*, vol. 2, pp. 402-407, y Landa (ed. Garibay), cap. 3, pp. 7-8.

efecto, las civilizaciones de Mesoamérica habían alcanzado un nivel muy parecido al del Egipto del Imperio Antiguo.

Mayas en canoas acudieron al encuentro de las grandes naves y recibieron víveres y cuentas de vidrio. Uno de los miembros de la expedición, un joven llamado Bernal Díaz, cuenta que un personaje principal invitó a los españoles a bajar a tierra. Así lo hicieron al día siguiente. Los ciento diez hombres de Hernández de Córdoba desembarcaron en perfecto orden, armados y provistos de quince ballestas y diez escopetas; pero los indios que los habían invitado los condujeron derecho a una emboscada. De la selva surgieron batallones de guerreros que dispararon una lluvia de flechas y jabalinas, hirieron a varios hombres y luego se lanzaron al asalto. Los españoles respondieron con todos los recursos a la mano, matando a quince hombres. Espantados por las espadas que atravesaban sin dificultad sus armaduras de algodón acolchado, provocaban heridas nunca antes vistas y cortaban troncos, brazos y piernas, los asaltantes se replegaron. Los españoles capturaron a dos de ellos, a los que más tarde bautizaron con los nombres de Melchor y Julián y que sirvieron de intérpretes.[5]

Sólo Bernal Díaz, que escribe cuarenta años después, menciona esa batalla. Informes escritos mucho más cerca de los hechos –Cortés en 1519, Pedro Mártir en 1520 y Fernández de Oviedo poco después– no dicen una palabra sobre ella. Es que Bernal Díaz, pese a ser considerado una fuente de primer nivel, se equivoca a menudo y a veces inventa. Veremos más ejemplos de ello, que incitan a mantener hacia lo que escribe una prudente reserva.

La expedición retoma su curso, va costeando la parte septentrional de la península de Yucatán, le da la vuelta y, dos semanas más tarde, el domingo de Lázaro (esto es, el anterior al domingo de Ramos), ancla en Campeche, ciudad de tres mil casas. Los españoles establecen relaciones amistosas con las autoridades locales y empieza el trueque. Los indios, al parecer, les decían "Castilan, Castilan", mostrando el este con el dedo, como para preguntar si venían de allá. Invitaron a los forasteros a la ciudad, y éstos bajaron a tierra. Salían guerreros por todos lados y una decena de sacerdotes se les acercó, los sahumó y enseguida les conminó a partir antes de que terminaran de consumirse unos carrizos que ahí mismo les enseñaron. Hernández de Córdoba no insistió.

La siguiente etapa fue Champotón, donde era urgente bajar a tierra por agua. Los hombres desembarcan en una pequeña bahía y piden permiso para llenar sus barricas. Los autóctonos les hacen señas hacia

[5] Díaz del Castillo, cap. 2, p. 6.

tierra adentro y les muestran un mal sendero, muy sospechoso, pero los españoles no se animan a seguirlo. Entonces los mayas en pie de guerra, que se han ido juntando en número cada vez mayor, les disparan flechas. Hernández de Córdoba echa mano de la artillería de los barcos, pero sin mayor efecto. En lugar de huir, los mayas se lanzan al asalto y, a pesar de sus severas pérdidas, vuelven a la carga una y otra vez. Por el lado español, varios hombres mueren, algunos son capturados, ninguno sale ileso. La retirada es la única salida. En la playa, los aventureros todavía pierden tiempo al tratar de embarcarse. Finalmente, llegan a la seguridad de sus barcos, pero la pequeña tropa ha perdido la cuarta parte o la mitad de sus efectivos. El mismo Hernández de Córdoba ha recibido treinta y tres heridas, de las que no se recuperará. Su expedición emprende el regreso.

La hostilidad y la belicosidad de los mayas no dejan de sorprender, sobre todo comparadas con la hospitalidad que brindan frecuentemente los indios en otras partes. ¿Se puede explicar por la presencia entre ellos de Gonzalo Guerrero? Éste se había integrado perfectamente a su nuevo entorno. Entre los españoles no era más que un marinero, en otras palabras, se encontraba en el peldaño más bajo de la escala social. Entre los mayas, gozaba de poder y consideración. Era jefe de guerra, se había casado con una mujer maya y tenía hijos con ella. Si regresaba con los suyos, lo perdería todo y, además, lo verían como ridículo o inquietante. ¿No había sido tatuado, no le habían horadado la nariz y el labio inferior para que se pusiera los adornos mayas? Así las cosas, se entregó de lleno a la causa de su país de adopción. Sabía mejor que nadie lo que significaría la llegada de los europeos e hizo todo lo posible por advertir a los mayas, por convencerlos de que se opusieran firmemente a los invasores, por enseñarles, tal vez, a no asustarse frente a las armas de fuego... Se dice que él fue quien provocó el ataque contra Hernández de Córdoba, lo cual es muy poco verosímil si realmente vivía en Chetumal, que queda muy lejos de Cabo Catoche y de Champotón. Pero, sin duda, había preparado a los mayas para la llegada de sus compatriotas. En todo caso, muchos años más tarde, en 1536, habría organizado una gran expedición naval para socorrer a unos mayas rebeldes de Honduras, donde lo habrían matado de un tiro de arcabuz.[6]

[6] Landa (ed. Tozzer), nota de Tozzer, pp. 7-12; Cervantes de Salazar, caps. 25-29, y Herrera y Tordesillas, Década II, libro 2, caps. 17-18; libro 3, caps. 1-2, y libro 4, caps. 7-8. Sobre la ayuda del renegado a los mayas, ver Herrera y Tordesillas, Década 4, libro 3; Vázquez de Tapia, pp. 71-73; Taladoire, p. 55, y Clendinnen, *Ambivalent Conquests...* No sabemos si realmente Guerrero estaba en Chetumal; Bernal Díaz dice que vivía mucho más cerca.

Moctezuma no podía ignorar la llegada de la expedición de Hernández de Córdoba. Sabemos que él mismo le dijo más tarde a Cortés que sabía todo lo que le había sucedido desde Champotón. Debía de recibir información por medio de sus tropas de Xicalanco y de los comerciantes de Tenochtitlan y Tlatelolco, de Azcapotzalco, Huitzilopochco y Cuauhtitlan, que iban regularmente a esa ciudad. Era un muy antiguo e importante puerto de comercio ubicado en la orilla del Golfo de México y de la actual laguna de Términos, un centenar de kilómetros al suroeste de Champotón. Desde Xicalanco, los negociantes traían al emperador piedras verdes de diversas formas, jade y jadeíta, rodelas adornadas con mosaicos de turquesa, grandes caracoles marinos rojos o amarillos, plumas de espátula roja y de papagayo, pieles de animales salvajes[7] –y también noticias. Noticias de espanto, amplificadas por los rumores y contradictorias. Quizá le hayan dicho que en las islas orientales los hombres de Levante, los "hijos del sol",[8] hacían terribles estragos, en particular al provocar misteriosas enfermedades en todos aquellos que los malquerían.[9]

El emperador debió de escuchar también descripciones horrorizadas de los que cayeron cautivos en Yucatán: altos, blancos y muy barbados, reducidos a la esclavitud pero aun así temibles guerreros que varios pueblos habían intentado vencer en vano. Luego supo cómo esos seres, cada vez más numerosos, llegaban montados en casas coronadas de nubes y que flotaban sobre el agua. Parecía que les obedecía el relámpago y sus armas sembraban el terror. Era difícil matarlos, pero eran mortales, y la gente de Champotón los había puesto en fuga. ¿A menos que esto no fuera sino vanagloria de esos mayas, como siempre? ¿Acaso no tenía otras informaciones que decían que la ciudad de Champotón había sufrido bajas fuera de toda proporción?

Cuando vio que la amenaza se acercaba, Moctezuma empezó a temer por su imperio. Y a cuestionarse. Al imponer sus reformas, al fortalecer el prestigio del imperio y del emperador, ¿no habría abusado de su cargo? ¿No habría algo cierto en las acusaciones de sus enemigos? ¿Había actuado realmente para el bien común o por orgullo? Si se rodeaba de objetos grandiosos y lujosos, ¿lo hacía para resaltar la dignidad imperial y volverla definitivamente incuestionable, inalcanzable, o por delirio de grandezas? Y, si sus enemigos tenían razón, entonces, ¿no sería que llegaban esos extranjeros para castigar su culpa y la del pueblo cu-

[7] Berdan, "Ports of Trade...", p. 194.
[8] Cervantes de Salazar, vol. 1, p. 246, y Alva Ixtlilxóchitl, vol. 1 p. 451.
[9] Harriot, pp. 38-39.

yo corazón era él? La culpa de los mexicas también, sí, porque poco a poco habían abandonado su antiguad sobriedad, su rigor y su ardor inquieto, al convivir con la opulencia y los placeres de los pueblos conquistados... Además, esos blancos llegaban como el sol naciente, como un pueblo en ascenso o un imperio en formación...

Tal vez desde ese momento Moctezuma decidió hacer vigilar la costas, para poder intervenir de inmediato en caso de necesidad. De esta forma, si esos seres sobrehumanos regresaban no lo agarrarían desprevenido.

ÚLTIMAS ADVERTENCIAS

Las noticias que venían del este preocuparon a Moctezuma y sumieron en la incertidumbre, si no es que en la angustia, a los medios informados. Los malevolentes y los enemigos del exterior veían en ellas la confirmación de lo que clamaban desde hacía tiempo: este emperador que se creía el amo del universo llevaba al imperio a su ruina. Los mitos provocados por esos miedos y rumores, así como por los dramáticos acontecimientos ulteriores, se expresaron tiempo después en la *Crónica X*.

Por ejemplo, el dominico Durán afirma que el *tlatoani* juzgaba mezquino y mínimo todo cuanto habían realizado los otros soberanos. Quería superarlos en todo. Cuando se propuso encargar la escultura de un monumento historiado para proclamar su grandeza y las hazañas de su reinado, un monumento comparable a la piedra de Axayácatl o la de Tízoc, ambas decoradas con las conquistas mexicas, lo quiso gigantesco. Su piedra sería más ancha por una brazada (168 centímetros) y más alta por dos codos reales que el más grande de los monumentos rituales existentes. (La piedra de Tízoc tiene 260 centímetros de diámetro y 88 de altura.) Sería, como aquéllas, un *temalácatl*, una piedra redonda destinada al sacrificio "gladiatorio". Estos monumentos tenían la forma de una sección de cilindro y su superficie superior estaba adornada con una imagen del sol. También hacían las veces de *cuauhxicalli* ("vasija del águila"), pues la oquedad excavada en su centro servía para depositar los corazones y la sangre de las víctimas.

Los canteros buscaron una piedra de grandes proporciones y encontraron una en Acolco, en la provincia de Chalco. Para desprenderla, hicieron falta diez mil hombres, dice sin reír Alvarado Tezozómoc. Después, treinta artesanos la tallaron con cinceles de obsidiana.[10] Terminado

[10] Es bastante inverosímil que se esculpieran los relieves en el lugar de extracción antes del transporte (ver ¡la ilustración de Durán!), o que para ello se utilizaran cinceles de obsidiana.

el delicado trabajo, empezaron los preparativos para arrastrarla hasta Tenochtitlan. De todas partes llegaron grupos de trabajadores tributarios trayendo largas cuerdas. Los sacerdotes sahumaron la piedra, la cubrieron con papel y le sacrificaron codornices, mientras cantantes del templo, bufones y actores bailaban y hacían maromas para abrirle camino. Diez o doce mil hombres empezaron a jalar de las cuerdas. La piedra no se movió. Moctezuma mandó refuerzos; durante días, se multiplicaron los intentos. La piedra avanzó algo antes de inmovilizarse durante dos días. Las cuerdas se rompían a cada rato, sin ningún resultado. Finalmente, una voz salió de la piedra y proclamó:

Miserable gente y pobre desventurada: ¿para qué porfiáis en quererme llevar a la ciudad de México? Mirad que vuestro trabajo es en vano y yo no he de llegar, no es mi voluntad; pero pues que tanto porfiáis, estirad, que yo iré hasta donde a mí me pareciere, por vuestro mal.

Cuando al señor de los colhuas le fueron a contar la historia, "mandó echar a la cárcel a los mensajeros, teniéndola por cosa de risa". Después se pudo mover el bloque de piedra sin esfuerzo hasta Tlapitzahuayan pero, llegado ahí, se inmovilizó de nuevo y apostrofó al cortejo:

Pobres desventurados: ¿para qué trabajáis en vano? ¿No os he dicho que no he de llegar a México? Andad, id y decidle a Moctezuma que ya no es tiempo; que acordó tarde, que más temprano había de acordarse de traerme; que ya no soy menester allá porque ya está determinada otra cosa, la cual es voluntad divina y determinación. Que no quiera él hacer contra ella, que ¿para qué me lleva?, para que mañana esté caída y menospreciada por ahí; y avisadle que ya se le acaba su mando y oficio: que presto lo verá y experimentará lo que ha de venir sobre él, a causa de que se ha querido hacer más que el mismo Dios, que tiene determinadas estas cosas; y así dejadme, porque si paso adelante será para vuestro mal.

Moctezuma ignoró la advertencia. De nuevo se consiguió arrastrar la piedra sin dificultad y finalmente llegó a la ciudad, en cuya entrada se la recibió con gran ceremonia y espléndidos festejos, como para aplacarla. Pero al llegar al puente de Xoloco, que cruzaba uno de los múltiples canales de la Venecia mexica, quebró todas las vigas y, llevando en su caída a numerosos indios, desapareció en el agua. Los buzos de la ciudad trataron de ubicarla, sin éxito: lo único que alcanzaron a ver en el fondo del agua fue un hoyo profundo que se hundía en las entrañas de la tierra. Poco después, la piedra perdida fue encontrada en el lugar mismo de donde había sido extraída.[11]

Las piedras o las estatuas que se niegan a moverse o se ponen a hablar son un tema frecuente de lo maravilloso universal y abundan en la Antigüedad clásica. Por ejemplo, cuando Tarquino construyó el templo de Júpiter en la Roca Tarpeya, la estatua del dios Término se negó a dejar el lugar. Los romanos lo interpretaron como un presagio de la firmeza y estabilidad del Estado.[12] En México mismo, pronto se contará que los mexicas no pudieron quitar una imagen de la Virgen que Cortés había instalado en el Templo Mayor:[13] probablemente era una señal de la sólida implantación de la nueva fe. Pero la explicación de la inmovilidad de la piedra de Moctezuma debe de ser muy diferente. Se niega a avanzar porque efectivamente, tal como dice, ya es tarde. El fin del imperio se acerca. Los extraños invasores, respecto a los cuales los rumores se van haciendo más y más precisos e insistentes, se encuentran en los umbrales mismos de Mesoamérica y dan sus primeras batallas contra los mayas. Y esos recién llegados no tendrán necesidad alguna de los altares y recipientes para sacrificios humanos: los humillarán, los echarán por tierra. El tiempo de los antiguos dioses ha concluido. La voz en la piedra gigantesca lo sabe, y habla en nombre de una nueva deidad cuyas decisiones son soberanas.

El objeto rebelde tenía un destacado antecesor en un contexto comparable, al final de otra era, la que precedió al Sol azteca. En la Tollan de Quetzalcóatl, miles de toltecas habían intentado inútilmente remover un cadáver pestilente: las sogas se rompían, la gente se atropellaba en el tumulto y moría aplastada. Ese cadáver representaba la mancilla de los toltecas, como lo indican su extraordinario peso –mientras más pesado, más lejos del cielo– y su olor, porque para decir "pecado" se decía "nuestra hediondez, nuestra podredumbre".[14] Volviendo a la piedra de Moctezuma, su gigantesco tamaño, obviamente, traduce de maravilla el culpable orgullo del emperador, y su peso corresponde a la inmensidad de la culpa. Culpa que por lo demás les incumbe a los mexi-

[11] Durán, *Historia...*, cap. 66, y Alvarado Tezozómoc, *Crónica mexicana*, cap. 102, pp. 662-665. El episodio se menciona también en el *Códice Tudela* (fol. 84r), donde la piedra se conforma con gritar "se acabó".

[12] Livio, p. 89-90.

[13] Ver por ejemplo Cisneros.

[14] Sahagún, *Historia general...*, libro 1, cap. 12, p. 37. Sobre el cadáver inmóvil de Tollan, ver libro 3, cap. 9, pp. 200-201.

cas en conjunto, guerreros reblandecidos que viven en un lujo escandaloso. También desde el punto de vista cristiano la piedra era pecaminosa, y no olvidemos que esos textos míticos fueron redactados en un contexto cristiano: ¿no se trata acaso del sangriento instrumento de un culto abolido, el símbolo mismo de los crímenes y de la ceguera de los aztecas?

Los nombres de los lugares de partida y llegada de la piedra confirman que el episodio es apócrifo. Acolco, "lugar del hombro", es decir del recodo de un río, remite directamente al inframundo, donde corre un río que da nueve vueltas. Uno de los epítetos del señor del inframundo era "El que está cerca del hombro" (Acolnahuácatl).[15] Ese significado está corroborado por un hecho que las fuentes no dejan de señalar: Acolco se ubica en la provincia de Chalco cuyo nombre, "al borde de la sima", también remite al inframundo. La pesadísima piedra es, digamos, de origen infernal: tan es así que para regresar a su punto de partida tomará la vía subterránea.

La piedra emprende el regreso cuando llega a Xoloco, "el lugar de Xólotl". No es casual: Xólotl, dios con advocaciones múltiples, estaba asociado en primer lugar con ciertos movimientos de vaivén como los de la mano en el metate o los de la bola de hule en el juego de pelota. Además era el patrono de los accesos a las regiones infernales. Muchas veces se le representaba como un perro –el animal que acompañaba a los difuntos en el más allá– y estaba asimilado a la estrella vespertina, la que le abre paso al sol hacia el inframundo.[16] La piedra, en suma, se parece al astro del día, al que por otra parte tiene que representar, puesto que lleva su imagen. Sale del inframundo y, al final de su recorrido, vuelve a sumirse en él: para ella, como para el imperio azteca, el fin ha llegado. No sólo la piedra significa que todo se acabó, sino que además lo expresa en voz alta y en términos inequívocos, y responsabiliza a Moctezuma: lo que le ha de suceder es por su propia culpa.

La historia de la piedra, añade la leyenda, dejó en Moctezuma la más profunda impresión. Con todos los grandes y señores de su corte, fue en persona al lugar al que la piedra había regresado y ahí ofreció grandes sacrificios, en particular de esclavos, y largas oraciones. De vuelta a Tenochtitlan, se lamentó: "Verdaderamente, hermanos míos, que ahora creo que nuestros trabajos y aflicciones han de ser muchos y que

[15] Sahagún, *Historia general...*, libro 3, apéndice, cap. 1, p. 205.

[16] *Codex Magliabecchiano*, fol. 33v; *Codex Borgia*, pp. 65 y 37-38; *Codex Telleriano-Remensis*, lám. 24, p. 225; Sahagún, *Einige kapitel...*, p. 298, y Molina, segunda parte, p. 3, y primera parte, p. 91.

nuestra vida es ya poca; y así yo determino dejarme morir, de mí, como mis antepasados, y haga el Señor de lo creado lo que fuere servido".

Otros episodios imaginarios narrados en las mismas fuentes después del de la piedra rebelde confirman, precisan y "mitifican" las acusaciones que los malintencionados hacían circular y los temores que muchos tenían. Un día, en Coatépec, en la región de Texcoco, un águila poderosísima agarró a un campesino de los cabellos y se lo llevó por los aires hasta depositarlo en una cueva oscura en lo más alto de un monte; llegada ahí, pronunció las siguientes palabras: "Poderoso señor, yo he cumplido tu mandato y aquí está el labrador que me mandaste traer." "Seáis bienvenidos; metedlo acá", contestó una voz. El hombre fue llevado a una sala espléndida donde un gran señor le ofreció flores y un cigarro. Luego, le mostró a Moctezuma "como dormido" y le dijo: "Mira ese miserable de Moctezuma como está sin sentido, embriagado con su soberbia e hinchazón, que a todo el mundo no tiene en nada; y si quieres ver cuán fuera de sí lo tiene esta su soberbia, dale con ese humazo [cigarro] ardiendo en el muslo y verás cómo no siente". El campesino dudó un momento, pero obedeció, "le tocó y el Moctezuma fingido no se meneó ni sintió el fuego". Luego, la voz le recomendó ir a contarle al *tlatoani* lo que había sucedido. Para que lo creyera, debía hacerle ver la quemadura en su muslo. "Y dile que tiene enojado al Dios de lo creado y que él mismo se ha buscado el mal que sobre él ha de venir y que ya se le acaba su mando y soberbia; que goce bien de este poquito que le queda y que tenga paciencia pues él mismo se ha buscado el mal."

El águila llevó de vuelta al desdichado mensajero, quien fue a contarle todo a Moctezuma. Éste recordó haber "soñado que un vil hombre lo hería con un humazo en el muslo". Encontró la marca dolorosa y ordenó echar al campesino a la cárcel y dejarlo morir de hambre...

Moctezuma dormía en una cueva en lo alto de un monte: pronto tendremos ocasión de descubrir que, según suponen algunos autores, habría querido huir a una cueva, y volveremos a encontrar la voz acusadora que se vuelve vocera de un dios creador de inspiración claramente cristiana. El episodio sucede en Coatépec, pues se trata de mostrar que Moctezuma está en las antípodas del dios mexica que ahí triunfó sobre Coyolxauhqui y sobre los cuatrocientos huitznahuas. Huitzilopochtli salió armado del seno de su madre la tierra para atacar. Moctezuma, a su vez, se encuentra en el seno de la tierra –una cueva, símbolo de la luna y de la matriz–, pero yace inerte, insensible. Es un astro en su ocaso.

Fue en ese mismo año de 1517 que se produjo el oscuro caso de Tzompantehcutli, el señor de Cuitláhuac que trató de disuadir al emperador de adornar lujosamente la morada de Huitzilopochtli. Cada vez más, consciente o inconscientemente, el emperador se portaba como un sol al final de una era.[17]

EL RETRATO DEL REY

Después del incidente de la piedra rebelde, Moctezuma hubiera podido recelar de las esculturas al menos por un tiempo, pero no: inmediatamente después, siempre según la *Crónica X*,[18] hizo tallar su retrato en la mejor piedra de la roca de Chapultepec, como antes de él lo habían hecho algunos de sus predecesores. Los artistas fueron retribuidos espléndidamente. Antes de empezar, cada uno recibió hermosas mantas en cantidad, sal, diez cargas de habas y otras diez de frijoles (una carga pesaba de veintitrés a treinta kilos), "dos fardos de chile y una canoa de maíz y dos cargas de cacao y algodón" –es decir, lo suficiente para vivir holgadamente, ellos y sus familias, todo el tiempo que durara el trabajo. Más tarde, Moctezuma les hizo dar entero el tributo que acababa de recibir de Cuetlaxtlan.[19] El *tlatoani*, dice Alvarado Tezozómoc, fue representado

como él era, de cuerpo bajo, bien hecho, buen rostro, con una cabellera trenzada de pluma de *tlauhquechol*, y en la nariz le pintaron un cañuto de oro muy sutil y orejeras de esmeraldas que llamaban *xiuhtezcanacochtli*, bezolera [bezote] de oro muy sublimemente labrada; en las muñecas del brazo derecho y pie derecho, collarejos de cuero de tigre [jaguar], con su rodela y una sonaja que llamaban *omichicahuaz*, asentado en un estrado tigreado el asiento y silla, y los grandes espaldares de cuero de tigre, mirando con mucha gravedad.[20]

Al verse así representado

[17] Ver el capítulo VIII, "Las señales precursoras de la caída del imperio".

[18] Durán, *Historia...*, cap. 66, pp. 489-490, y Alvarado Tezozómoc, *Crónica mexicana*, caps. 102-103, pp. 666-668.

[19] Lo cual sería enorme (ver *Códice Mendoza*, pp. 51-52); si uno admite, como Molins Fábrega y Schmid (pp. 149-150), que los dibujos de ropa señalan cargas de veinte unidades, como efectivamente parece ser el caso, ¡una entrega del tributo de Cuetlaxtlan representaría 67 200 prendas para hombres y mujeres, además de los manojos de ricas plumas, las joyas, 4 600 kilogramos de cacao y suntuosos atavíos militares!

[20] Alvarado Tezozómoc, *Crónica mexicana*, cap. 102, p. 667.

Moctezuma se hace retratar en Chapultepec. Durán, *Historia*...

empezó a llorar y decir: "si nuestros cuerpos fueran tan durables en esta vida y tan perpetuos como lo será esta efigie pintada en esta peña, la cual ha de durar para siempre, ¡quién temiera la muerte! Pero bien veo que me he de morir y sólo esta memoria ha de quedar de mí".[21]

Aquí, la historia se junta con la leyenda: es cierto que Moctezuma hizo tallar su retrato en la roca de Chapultepec, donde todavía se ven vestigios de la escultura. La base oriental de la roca conserva relieves regios, que originalmente estaban pintados, y que nos proporcionan una buena ocasión de confrontar a Alvarado Tezozómoc con el testimonio de la arqueología.[22]

El soberano no está sentado en un trono cubierto de pieles de felinos, sino de pie y de frente. Imposible juzgar la expresión de la cara (suponiendo que tenía alguna, lo cual sería sorprendente) pues ésta, como la mayor parte del cuerpo, fue deliberadamente borrada a martillazos. Así pues, tampoco se puede apreciar la precisión del cronista-compilador respecto a los diversos adornos. Lo que debe de ser exacto, en

[21] Durán, *Historia*..., cap. 66.
[22] Sobre el relieve de Chapultepec, ver Krickeberg, *Felsplastik und Felsbilder*..., t. 2, pp. 15-30; Nicholson, y Umberger, *Aztec Sculptures*..., pp. 147-151.

todo caso, es la descripción del tocado de plumas de espátula rosa, la rodela y el *omichicahuaztli* –o más bien el *chicahuaztli*, el palo de sonajas, típico del dios con piel de desollado, Xipe Tótec. Ese palo tenía un vago parecido con una lanza y estaba decorado con listones. En la base de la punta se encontraba una pequeña esfera hueca llena de guijarros que hacía un ruido de cascabel cuando se golpeaba el suelo con el bastón. Ahora bien, el bastón es reconocible en el relieve y su presencia indica que se representa al rey vestido de Xipe; la rodela y el tocado de plumas de espátula son otras características del dios.

Este atavío era el que el *tlatoani* vestía con más frecuencia cuando iba a la guerra,[23] y ello por varias razones: primero, en el campo de batalla, el primer prisionero era desollado de inmediato y con su piel se vestía a un valiente;[24] además, Xipe era una de las divinidades patronas de las cosechas, y la guerra era la cosecha de los dioses.[25]

Al lado del personaje, observamos varios glifos. El principal remite a la reforma de la fiesta del Fuego Nuevo: la fecha 2-Caña, provista de una cuerda en torno a la planta, alude a la "atadura de años", por lo que se trata sin duda del reinado del emperador. Viene luego el glifo señorial que en ocasiones designa a Moctezuma, "el que se enoja como señor". Sigue una fecha, 1-Cipactli (1-Lagarto), quizá el día, real o teórico, de su entronización. Del otro lado del rey todavía se distingue el glifo 1-Caña. Esta fecha admite diversas interpretaciones: es el nombre calendárico de Quetzalcóatl y también es el año que corresponde a 1519, el de la llegada de Cortés; por otra parte, se supone que Moctezuma habría nacido en un año 1-Cana y habría tenido exactamente un "siglo" de edad en ese mismo año de 1519; finalmente, en la mitología, 1-Caña es la fecha de la primera guerra sagrada, según la *Historia de los mexicanos por sus pinturas*,[26] que se basa en un documento elaborado en el reinado de Moctezuma.

De esas cuatro posibles interpretaciones, ¿cuál es la correcta? Es poco probable que el glifo indique el año de nacimiento de Moctezuma. Si el emperador hubiera tenido el mismo nombre calendárico que Quetzal-

[23] Sahagún, *Historia general...*, libro 8, cap. 12, pp. 460ss; *Códice Cozcatzin*, p. 14 (Axayácatl), y *Codex Vaticanus A*, lám. 126, p. 273, para la campaña de Moctezuma II contra Tolocan. Ver también Alvarado Tezozómoc, *Crónica mexicana...*, p. 584.

[24] Muñoz Camargo, "Descripción...", p. 160. Ver también Férnandez de Oviedo, vol. 4, p. 420.

[25] Graulich, "Tlacaxipehualiztli..."

[26] *Historia de los mexicanos...*, pp. 37-38.

cóatl, los cronistas lo hubieran señalado y subrayado, por lo menos aquellos que insisten en la confusión entre Cortés y la Serpiente Emplumada. Además, los mexicas no acostumbraban inscribir el nombre calendárico de los personajes históricos. El glifo remite otra vez a la cuestión de la edad de Moctezuma. Ya resulta extraordinario que Cortés haya llegado en el año del nacimiento de Quetzalcóatl. La probabilidad sólo era de uno sobre cincuenta y dos. Poco verosímil sería que, además, Moctezuma haya nacido en un año de ese mismo nombre y haya cumplido exactamente un siglo en 1519. Definitivamente, ¡serían demasiadas coincidencias!

¿El glifo indicaría quizá el año de la consagración del monumento? Es probable. En 1519, Moctezuma seguía paso a paso la progresión de los intrusos. La fecha podría aludir al mismo tiempo al "renacimiento" de Quetzalcóatl. La yuxtaposición de una imagen del rey-Xipe y de la fecha no carece de significado en este sentido, ya que algunas versiones afirman que Xipe habría sido el compañero de Quetzalcóatl en Tollan. Sin embargo, la elección de Xipe Tótec puede haber estado dictada por consideraciones ajenas a Quetzalcóatl, ya que por lo menos uno de los reyes anteriores se había hecho representar de la misma manera.

Incluso si 1-Caña remitiera al año de consagración y a Quetzalcóatl, no bastaría para descartar la hipótesis de una referencia a la primera guerra sagrada mítica. No olvidemos que la fecha 1-Caña hace pareja con el glifo 2-Caña, grabado del otro lado de la imagen del rey. Sabemos en efecto que el cambio de fecha de la fiesta del Fuego Nuevo después de la larga hambruna de los años anteriores había sido ocasión para que el emperador hiciera una suerte de recreación de la guerra florida, recreación que el *Teocalli* de la guerra sagrada pregona en piedra. Ahora bien, la principal guerra sagrada, la que se hacía contra el valle de Puebla, ¿no había surgido exactamente un siglo antes, al cabo de otra hambruna catastrófica?

Si es cierto que el relieve que representa a Moctezuma data de 1519, ¿debemos entenderlo como prueba de la angustia del emperador? ¿Habrá mandado esculpir el monumento porque sentía cercano su fin? Como sea, la *Crónica X* afirma que todos los soberanos que se hicieron representar en Chapultepec –Moctezuma Ilhuicamina, Axayácatl, Ahuítzotl– lo hicieron cuando, viejos o enfermos, creyeron estar cerca de la muerte. Al ver que se concretaba la amenaza llegada del este, Moctezuma se preocupaba en efecto cada vez más por la suerte de su imperio. Y por la suya propia...

Tanto mayor había de ser su temor cuando en 1518 una segunda expedición alcanzó los límites de su imperio y entró en contacto con él: apenas el gobernador de Cuba se enteró de que las nuevas tierras exploradas por Hernández de Córdoba ocultaban grandes riquezas, mandó cuatro carabelas y doscientos hombres, bajo el mando de su sobrino Juan de Grijalva, para hacer trueque y explorar.

Conocemos sus aventuras por medio de dos textos principales: el informe oficial del capellán de la expedición, Juan Díaz, que fue publicado en 1520, y las memorias de Bernal Díaz del Castillo, quien afirma haber acompañado a Grijalva. Pero Bernal Díaz escribe más de treinta años después de los hechos. Sin duda ha leído a Juan Díaz y con frecuencia abrevia en la obra de Francisco López de Gómara, que por un tiempo fue capellán de Cortés y tuvo acceso a muchos testimonios.

La flotilla zarpa de Cuba el 18 de abril de 1518 y navega hacia Yucatán. Cuando avista la tierra, costea rumbo al sur y descubre la isla de Cozumel. Poco después, regresa hacia el norte y da la vuelta a la península como lo había hecho Hernández de Córdoba. En Campeche, los indios dejan que los españoles bajen a tomar agua y les ofrecen algunos víveres y un poco de oro, en particular una máscara de madera dorada, pero mucho insisten en que los extranjeros se vayan. Al otro día se presentan en gran número y armados. Grijalva les da a entender que se irá a la mañana siguiente. Desde el alba, los mayas vuelven, colocan en el piso un incensario y comunican a los españoles la orden terminante de retirarse antes de que se termine de consumir el incienso. Al vencerse el plazo, sueltan una lluvia de flechas. Grijalva hace disparar su artillería, que mata a tres indios. Los asaltantes mayas se repliegan, con varios muertos más, alcanzados por los ballesteros. Los españoles los persiguen pero, arrastrados por su propio impulso, se dividen; algunos siguen a la bandera y otros al capitán. Enseguida, los mayas reaccionan; consiguen matar a un español y herir a cuarenta, pero, gracias a la artillería, los españoles pueden zafarse y regresar a su campamento. Al atardecer, los indios vienen a ofrecer paz, pero los extranjeros embarcan y se van.

Cuando la expedición se acerca a Champotón, surge una nube de canoas agresivas. Dos cañonazos bastan para inspirarles más prudencia y la flotilla española sigue hasta Champotón mismo, donde no sabemos bien a bien qué sucede. Según el informe oficial, los españoles, instruidos por la experiencia de Hernández de Córdoba, no se detienen. López de Gómara, en cambio,[27] habla de una escala forzada para recoger agua que desemboca en una batalla en la cual muere un tal Juan de Guetaria y cincuenta españoles son heridos, además de que Grijalva pierde diente y medio. Bernal Díaz sigue a López de Gómara y agrega de su propia cosecha: aparte de Guetaria (o Quiteria) caen dos españoles anónimos, los heridos son sesenta, Grijalva pierde dos dientes y sucumben doscientos indios.[28] El hecho es que en Champotón se dio una pequeña escaramuza que probablemente no causó mayor estrago ni de un lado ni del otro. Pero eso fue al regreso de la expedición,[29] López de Gómara se confundió y tras él Bernal Díaz que, sin embargo, como testigo ocular que es, ¡se propone rectificar los errores del capellán de Cortés!

EN LOS CONFINES DEL IMPERIO

Sigue el cabotaje hacia el suroeste, con una escala de unos doce días en la boca oriental de la laguna de Términos para hacer reparaciones. El lugar recibe el nombre de Puerto Deseado. La flotilla sigue adelante –sin sospechar la existencia del importante puerto de Xicalanco– y alcanza poco después el estuario de un río caudaloso, al cual bautizan río Grijalva.

Allí los indios son hostiles; una lluvia de flechas recibe a la expedición. Al día siguiente, gente de la otra ribera a bordo de un centenar de canoas se dirige hacia los exploradores y les preguntan qué buscan. Los españoles responden por medio de sus intérpretes, los mayas Julián y Melchor: quieren hacer trueque para obtener oro. En prenda de su buena voluntad, ofrecen algunos regalos. Al otro día, reciben la visita de un señor que invita a Grijalva a bajar a su canoa. Se produce entonces una escena asombrosa. El indio hace vestir a Grijalva con un coselete o coraza ligera de oro, brazaletes de oro, cotaras hasta media pierna con ornamentos de oro y, en la cabeza, una corona "muy sutilmente labrada con hojas de oro". Grijalva, a su vez, hace que vistan al visitante.[30]

[27] López de Gómara, vol. 2, p. 81.

[28] Díaz del Castillo, cap. 9, p. 18, y Herrera y Tordesillas, que utiliza a Bernal Díaz.

[29] Díaz et al., p. 56.

[30] Díaz et al., p. 47. Las Casas (*Historia...*, vol. 2, pp. 440-441) describe a Grijalva cubierto de pies a cabeza con piezas de oro o de madera cubierta de oro. El episodio no aparece en Bernal Díaz, que escribe que los indios inciensan a los españoles, les ofrecen comida y les dan oro, que según ellos abunda más adelante en "Colúa Mexico" (Díaz del Castillo, cap. 11, p. 21).

Podría creerse que el atuendo de oro sólo era respuesta a la demanda formulada por los españoles. Pero aun así, ¿tenía el señor maya que *vestir* al capitán? ¿Y acudir a verlo con este único fin? Su actitud contrasta singularmente con la de los mayas de la otra ribera del río. Él busca conocer las intenciones de los extranjeros y viene a establecer contacto con ellos. Se comporta como lo harán más tarde los dignatarios al servicio de Moctezuma. Los recursos que despliega, por otro lado, parecen rebasar con mucho los de un reyezuelo local. El atuendo con coselete de oro (¿o de madera dorada?) –y, confirma otra fuente,[31] muchos otros elementos de oro– parece ser una prenda de excepcional calidad. Hay más: los indígenas locales, que son chontales, reconocen entre los exploradores a un indio capturado durante la escala de los españoles en la laguna de Términos. El señor maya desea rescatarlo y para ello no duda en proponer que al día siguiente traerá ¡*su peso en oro*! "Pero Grijalva no quiere esperar..." El oro, sin embargo, es muy escaso en la región. Más tarde, cuando Cortés obtenga aquí mismo una importante victoria, los indios sólo podrán darle para apaciguarlo "hasta ciento y cuarenta pesos de oro entre todas piezas, y tan delgadas, y tenidas de ellos en tanto, que bien parece su tierra muy pobre de oro, porque de muy cierto se pensó que aquello poco que tenían era traído de otras partes por rescate".[32]

Para liberar a un individuo de otra región pagar su peso en oro cuando el metal escasea parece sumamente extraño. Por supuesto, podemos ignorar el episodio y considerar que los intérpretes, todavía novatos, tradujeron mal, y que los españoles o por lo menos algunos de ellos entendieron lo que querían oír. Grijalva, por lo demás, no parece haber creído mucho en la oferta, y se hizo a la vela. ¿Porque temía una trampa? ¿O simplemente, como dice Bernal Díaz, porque los navíos más grandes estaban en riesgo por los vientos del norte y noreste? Pero supongamos que realmente, como lo afirma Juan Díaz, se haya ofrecido el peso del indio en oro: la cosa sólo se explica si el individuo presenta un interés muy especial y si los que lo quieren rescatar disponen de grandes reservas. Ahora bien, el indio era al parecer un hombre cualquiera. De haber sido un personaje importante, Juan Díaz lo habría apuntado. Entonces, ¿por qué tanto interés en recuperarlo? Parece haber una sola razón posible: había vivido entre los extranjeros y,

---

[31] López de Gómara, vol. 1, p. 81.
[32] Cortés, *Cartas y documentos*, p. 20. Díaz del Castillo (p. 24) confirma: "vista cosa es que en la provincia del río de Grijalva ni todos sus rededores no hay oro, sino muy pocas joyas de sus antepasados".

por lo tanto, podía dar informaciones sobre ellos. Quien estaba dispuesto a pagar tan caro sin duda debía de tener muchísimas ganas de saber y, por supuesto, quien viene a la mente es Moctezuma. Pero el emperador ¿tenía alguna autoridad en esa región? La mayoría de los historiadores modernos contesta por la negativa.[33] El obispo de Yucatán, Diego de Landa afirma sin embargo que había guarniciones mexicas en Tabasco –muy cerca del lugar del encuentro con Grijalva– y en Xicalanco.[34] Por otra parte, un tal Giraldo Díaz de Alpache, esposo de una sobrina de Moctezuma, relata que el emperador había mandado a su hermano para conquistar la región de Xicalanco, y que ése había instalado en esa ciudad su base de operaciones. La *Relación de la Villa de Santa María de la Victoria*, es decir, Potonchan, la ciudad frente a la cual se dio el encuentro entre Grijalva y el señor misterioso, lo confirma: habla de Xicalanco como "frontera de Moctezuma" y el autor precisa que había guarniciones en Cimatlan y Xicalanco. Una parte de la provincia hablaba náhuatl.[35] "Frontera de Moctezuma": es exactamente lo que afirma Juan Díaz en su informe.

Después de salir de Puerto Deseado, la expedición emprende la exploración de "otra tierra que se llama Mulúa", entendamos Culúa, tierra de los colhuas, nombre con el cual se designa a los mexicas. Estamos a 8 de junio de 1518 y, justo después, los españoles descubren el río Tabasco o Grijalva... y cuando interrogan a los mayas del río Tabasco o Grijalva sobre el oro, éstos contestan con el clamor "Culúa, Culúa, Mexico, Mexico".[36]

Parece claro, pues, que por lo menos parte de la región se encontraba bajo control mexica, cosa que explica la importancia de Xicalanco. En la ciudad misma, había comerciantes aztecas, probablemente agrupados en un barrio propio, y a lo mejor también guerreros mexicas instalados poco antes. Es verosímil que de ahí haya venido el misterioso señor y muy probable que los ricos atuendos ofrecidos a Grijalva provi-

[33] Orozco y Berra; Kelly y Palerm; Barlow, *The Extent of the Empire...*, y Davies, *The Aztec Empire...* Sin embargo, Hassig (*Aztec warfare...*, p. 235) admite una "presencia azteca" en Xicalanco y Cimatlan, quizá como preludio a una invasión de Yucatán. Se basa en las *Relaciones geográficas*. Ver también Scholes y Roys, pp. 34-35.

[34] Landa (ed. Tozzer), p. 32; el franciscano escribe alrededor de 1560.

[35] Garza, vol. 2, pp. 91, 417, 420-422 y 427. Según la "Relación de Dzonot" (en Garza, vol. 2, pp. 83-92), la conquista mexica de la región fue interrumpida por la ocupación de México en 1519-1520.

[36] Díaz del Castillo, cap. 11, p. 21.

nieran de los almacenes de Xicalanco y que de ahí también iba a llegar, al día siguiente, la gran cantidad de oro prometida.

Si una parte de la región pertenecía a Moctezuma, todo se vuelve claro. Por lo menos desde el paso de Hernández de Córdoba, Moctezuma vigilaba muy de cerca lo que sucedía en el este. Quizá incluso cuando mandó a su hermano a Xicalanco lo hizo para monitorear mejor las cosas. Cuando aparece Grijalva, el misterioso señor maya cumple con sus instrucciones y trata a toda costa de obtener toda la información posible. El episodio es extremadamente revelador de la preocupación del *tlatoani* y de la importancia que otorgaba a aquellos acontecimientos.

Otro hecho significativo es que a Grijalva lo tratan prácticamente como a un dios. Durante ciertas ceremonias, en efecto, los reyes y señores aztecas tenían la costumbre de vestir personalmente a la deidad celebrada o por lo menos a su imagen.[37] Veremos que a Cortés también lo vestirán con atuendos de los cuales los informantes indígenas dicen claramente que eran divinos.

Falta saber a qué dios pertenecía el atuendo que le pusieron al capitán Grijalva. Como los españoles estaban ávidos de oro, "excremento de los dioses" para los aztecas, y venían del lado del sol naciente, quizá con vestir de oro a su jefe querían subrayar su parentesco con el astro. Pero el traje, especialmente el coselete de oro (o dorado), parece más bien recordar a Xipe Tótec que era, entre otros dioses, patrono de los orfebres y al que, en el himno que le está dedicado, le ruegan que se ponga su "ropaje de oro".[38] La piel que lo cubría formaba una especie de coselete amarillo –ya vimos que al emperador le gustaba ponerse ese traje. ¿Será por eso que Moctezuma manda que lo ofrezcan al extranjero, como si se tratara de un igual? ¿O porque Xipe, según su himno, es el guerrero que marcha a la cabeza de todos? O, mejor aún, ¿porque Xipe bajo el aspecto de Huémac fue compañero de Quetzalcóatl en Tollan, al final del imperio tolteca? ¿O por todas estas razones juntas?

Como sea, Grijalva no sólo recibió el atuendo de Xipe. Fernández de Oviedo y López de Gómara dan la lista completa de los regalos, quizá copiada de un anexo hoy perdido del informe de Juan Díaz.[39] Ambos mencionan cuatro máscaras de mosaico de turquesa, cuatro medallones

[37] Ver por ejemplo Durán, *Historia...*, vol. 1, pp. 83-84. También se hubiera podido interpretar la acción como declaración de guerra. Ver Soustelle, *La vida cotidiana...*, pp. 205-207, y Alvarado Tezozómoc, *Crónica mexicana*, cap. 8, p. 246.

[38] Sahagún, *Historia general...*, libro 2, apéndice 6, pp. 180 y 901.

[39] Fernández de Oviedo, vol. 2, p. 133, y López de Gómara, vol. 1, p. 81.

de placas doradas, cuatro rodelas con placa de oro y adornos de plumas, numerosas joyas de oro, penachos, dos rodilleras de madera con plaquetas de oro, un chaleco de plumas y varias prendas de algodón. Da la impresión de que había cuatro atavíos completos, para cuatro deidades distintas. También Cortés recibirá el atuendo de cuatro dioses.

LAS PRIMERAS EMBAJADAS

Sin esperar a cambiar al indio capturado por su peso en oro, Grijalva se hace pues a la mar. La expedición sigue hacia el oeste, bordeando siempre la costa: pasa el río Dos Bocas y sigue su cabotaje hasta una región donde los navegantes ven surgir, una tras otra, numerosas fumaradas que parecen otras tantas señales. Los indígenas observan de cerca el movimiento de las naves, muy inquietos. Más adelante, cerca de una ciudad, se amontonan en la playa los hombres armados y vestidos de gala, las mujeres suntuosamente arregladas, y siguen al barco que más se acerca a la costa. Los españoles alcanzan la punta de un islote y desembarcan (18 de junio); lo llamarán Isla de Sacrificios, a causa de las víctimas inmoladas que encuentran en un templo abandonado. El edificio es circular; en la terraza que lo corona, hallan una escultura en forma de jaguar que sirve de incensario y un recipiente de piedra que contiene sangre humana; del otro lado, la estatua de una divinidad y, ante ella, cerca de dos banderas, los cuerpos sacrificados de cuatro indios. Dos de ellos son muy jóvenes y parecen haber muerto unos veinte días antes; los otros dos, hace sólo tres días. Muy cerca, hay una plataforma donde se exponen calaveras y altares de sacrificio.

¿Tienen relación esas muertes con la llegada de los españoles? La pregunta parece inevitable, sobre todo considerando que, por lo general, los templos redondos estaban dedicados a Quetzalcóatl-Ehécatl; pero Díaz del Castillo precisa que las muertes no eran recientes. La escena, por lo demás, es sumamente extraña. No es costumbre de los aztecas abandonar así los cuerpos de las víctimas, y ciertamente no los dejan pudrirse allí donde murieron: los comen o los entierran en lugares previstos para ello. Tras ciertos ritos particulares, sin embargo, sí se dejaban a pudrirse en el templo las ofrendas y los alimentos destinados al dios.[40] Puede ser que aquí estemos frente a una variante local. Los españoles llegaron el 18 de junio. El 12 era la fiesta de *Etzalcualiztli,* consagrada al dios de la tierra y de la lluvia, Tláloc.[41] Las víctimas más recientes fueron

[40] Durán, *Historia...,* vol. 1, p. 85.
[41] Para la divinidad de la tierra también se construían templos circulares.

probablemente inmoladas en esa ocasión y las otras, veinte días antes, es decir, durante la fiesta de *Tóxcatl,* dedicada a Tezcatlipoca.

Al otro día, los españoles ven a muchos indígenas que agitan banderas blancas en la costa de tierra firme. Grijalva manda a Francisco de Montejo –el futuro conquistador de Yucatán– para tratar de saber qué quieren. Montejo desembarca con un indio "de esta provincia" como intérprete (quién sabe de dónde salió y cómo lograba darse a entender a los españoles o a sus supuestos intérpretes mayas). Le ofrecen hermosas mantas de colores y él, por supuesto, pide oro. Se lo prometen para la tarde, y regresa a la isla. Poco después, tres indios vienen en canoa con más mantas y la promesa de traer oro a la mañana siguiente.

Ese día los indios vuelven a aparecer con banderas blancas y llaman al capitán. Grijalva baja a tierra, y aprovecha para bautizarla "Sanct Joan" (San Juan) y tomar posesión de ella. Los totonacas cubren el suelo con ramas para que los españoles se puedan sentar y les ofrecen puros, tortillas, elotes y guisos de guajolote que se ven muy apetitosos, pero como es viernes los españoles no los tocan, cosa que, seguramente, no deja de preocupar a sus anfitriones.

Todos estos detalles son muy significativos. Desde el momento en que los españoles avistan territorios que de antiguo pertenecen al imperio, están siendo anunciados, observados, seguidos, esperados. Los habitantes de la costa han de haber recibido orden de Moctezuma de estar al acecho, igual que los de las riberas del río Grijalva; también es probable que ellos avisaran a Tenochtitlan y a las ciudades cercanas al Golfo.[42]

Muy pronto, por cierto, se presentan personajes importantes que dan grandes muestras de amistad. Son el *huey calpixqui* (gran intendente, gobernador) Pínotl de Cuetlaxtlan, el *calpixqui* Yaotzin de Mictlancuauhtla, un señor de Teocinyocan, así como dos capitanes del séquito de Pínotl, Cuitlalpítoc y Tentlilli. Los que más llaman la atención de los exploradores son dos señores que parecen padre e hijo, los más asiduos en las visitas –probablemente Tentlilli y Cuitlalpítoc.[43]

Los españoles reciben regalos en profusión: mantas policromas, esculturas de madera cubiertas de mosaicos, estatuas de piedra o de oro, joyas de piedras semipreciosas o de oro, cinco máscaras de piedra cu-

---

[42] Díaz del Castillo (cap. 13, p. 24) dice que Moctezuma, informado de todo –de las batallas de Cotoche y Champotón– por las pinturas sobre mantas que le llevaban, ordenó a sus gobernadores hacer trueque con los intrusos para conocer sus modos y sus intenciones.

[43] Sahagún, *Historia general...,* libro 12, cap. 2, p. 760. Ver también Díaz del Castillo y Fernández de Oviedo.

biertas de oro... A cambio ofrecen ropas europeas, espejos, cuentas de vidrio, cuchillos, peines, agujas, etcétera. "Pero todo cuanto se les dio no valía en Castilla más de cuatro o cinco ducados, y lo que ellos dieron valía más de mil."[44] Cuando los visitantes piden oro en barra, se lo traen. Tentlilli y Cuitlalpítoc les demuestran mucho amor –Juan Díaz *dixit*– y cuidan que cada mañana se les preparen a todos cobertizos para protegerlos del sol y de la lluvia.[45]

El trueque y las excelentes relaciones duran varios días, al cabo de los cuales Grijalva, que se niega a fundar una población –sus órdenes no se lo permiten–, decide reanudar el viaje. Estamos a 24 de junio. Abrazos generales y emotivos. El capitán recibe, como regalo de despedida, a una joven india muy ricamente vestida. Finalmente, levan anclas y se van. Pedro de Alvarado es enviado a Cuba con parte de la tropa, los enfermos, el oro, la muchacha y un informe destinado a Velázquez, el gobernador. Grijalva, por su parte, sigue hacia el norte. Más adelante, de nuevo se le acercan canoas que lo invitan a bajar a tierra. La expedición retoma su navegación por unos días, hasta que, probablemente frente a Tochpan, en la Huasteca, es atacada por otra flotilla indígena. Un cañonazo hunde una canoa, mata a dos indios y dispersa a los demás. Una fuerte corriente impide seguir adelante y Grijalva da la media vuelta. El regreso es tranquilo, salvo por una escaramuza en Champotón, y cada vez que pueden los españoles hacen trueque y "rescatan" oro.[46]

"PENSARON QUE ERA ÉL, NUESTRO VENERADO PRÍNCIPE
QUETZALCÓATL, QUE HABÍA LLEGADO..."

Sobre los primeros contactos entre indios y europeos, nos apoyamos principalmente en las versiones españolas, pero falta saber qué sucedía

[44] Fernández de Oviedo, libro 17, cap. 15.
[45] Los títulos de los dignatarios mexicas varían con las fuentes. Cuitlalpítoc, por ejemplo, está designado como guía-sirviente o como capitán –la palabra náhuatl es ambigua– en el *Códice Florentino* y como esclavo en Durán, mientras que Bernal Díaz dice que es "principal" y gobernador, con Tentlilli, de provincias llamadas Cutustan, Tustepeque, Guazpaltepeque y Tatalteco. Alva Ixtlilxóchitl dice que es capitán. Tentlilli, por su parte, es guía (*Códice Florentino*) o gobernador de Cotastla (López de Gómara; Díaz del Castillo; Acuña, *Relaciones geográficas...*, "Tlaxcala", vol. 2 p. 295, y Alvarado Tezozómoc, *Historia mexicana*, p. 697). Finalmente, Pínotl a veces es rey, a veces *calpixqui*.
[46] Díaz et al.; Fernández de Oviedo, vol. 1, libro 17, caps. 9-18, vol. 2, pp. 120-148; López de Gómara, vol. 1, pp. 80-83, y Díaz del Castillo, caps. 8-16, pp. 15-28.

en Mexico-Tenochtitlan. Lamentablemente, las fuentes indígenas son tan vagas y tan poco confiables que prácticamente resultan inutilizables, aunque sí permiten echar luz sobre la leyenda que se formó en contra de Moctezuma y la interpretación que después se dio de los acontecimientos en términos de un final del Sol azteca.

La *Crónica X*, especialmente, debe tomarse con mucha precaución. Pretende relatar los hechos a detalle, pero revuelve todo y adorna con entusiasmo. Dos ejemplos principales permiten constatarlo. Primero, el autor o los autores confunden las llegadas de Grijalva y de Cortés. Los veremos hablar de la intérprete india del capitán, es decir, de Marina, cuando ella sólo aparece en escena al año siguiente. Grijalva no tenía manera segura de comunicarse con los indios. Luego, la *Crónica* multiplica las idas y venidas entre Tenochtitlan y la costa. Un habitante de la costa va a Tenochtitlan a avisar de la llegada de los blancos; unos observadores bajan al mar, enviados por Moctezuma, y regresan a dar informes; Moctezuma los manda de vuelta a la costa, desde donde ven partir a los navíos españoles. En total, pues, cuatro viajes de cuatrocientos cincuenta kilómetros cada uno. Como se trata de personas que van y vienen, y no de mensajes llevados por relevos, no pueden recorrer más de cincuenta kilómetros por día. Sólo los cuatro viajes, entonces, habrían requerido un mínimo de treinta y seis días. Pero los españoles se quedaron poco tiempo: diez días, según Juan Díaz, o menos, del 18 al 24 de junio, según Fernández de Oviedo. Lo que sigue, por tanto, es materialmente imposible.

Según cuenta la leyenda,[47] un indio sin orejas ni pulgares ni dedos gordos en los pies pide ver al emperador. Dice que viene de Mictlancuauhtla, un centro ubicado en la costa del Golfo de México, no lejos de la actual Veracruz.[48] Eso, en la versión de Alvarado Tezozómoc, ya que por su parte Durán escribe que el hombre viene de las regiones infernales, porque no entiende que Mictlancuauhtla es el nombre de un pueblo real y traduce una parte de la palabra, *mictlan*, ¡lugar de los muertos! ¡Suena ciertamente mucho más evocador, explica la inquietante apariencia del individuo y huele a azufre como todas esas historias sobrenaturales en las cuales sin duda el diablo tiene metida la mano!

---

[47] Durán, *Historia*..., cap. 69, y Alvarado Tezozómoc, *Crónica mexicana*, cap. 106.

[48] Alvarado Tezozómoc, *Historia mexicana*, cap. 106. En una nota, Orozco y Berra explica que Mictlancuauhtla existía todavía en 1580, puesto que aparece en un mapa de la costa veracruzana de ese año, bajo el nombre de Metlangutla.

Así pues, el hombre viene a relatar lo que vio al pasearse por la orilla del mar. Algo admirable y aterrador: "un gran cerro moviéndose de una parte a otra"... ¡Es indispensable y urgente que informe al *tlatoani*! Éste, ingrato, manda encerrar al pobre hombre mientras espera una confirmación. Manda al señor-sacerdote (*teuctlamacazqui*) Tlillancalqui, acompañado por un sirviente llamado Cuitlalpítoc, para que verifique los hechos y reprenda a las autoridades de Cuetlaxtlan y de la costa por su gran negligencia. Llegados a Cuetlaxtlan, los enviados informan al *huey calpixqui* Pínotl, y éste enseguida manda observadores al lugar de los hechos, los cuales confirman las noticias. Tlillancalqui y Cuitlalpítoc, que quieren salir de dudas para establecer un informe detallado, acuden a averiguar en persona. Trepados a un árbol, observan y hacen representar toda la escena en pintura. Hecho lo cual, regresan a toda prisa a Tenochtitlan. Al emperador aterrado le describen lo que han visto: "hombres blancos, blancos de rostros y manos, y tienen las barbas muy largas y pobladas, y sus vestidos son de todos colores blancos, amarillo y colorado, verde y azul y morado, finalmente de todos colores, y traen en sus cabezas unas coberturas redondas".[49]

Moctezuma está como fulminado. Ordena que se suelte al indio de Mictlancuauhtla, pero el hombre, seguro un nigromántico como toda esa gente de la costa, ha desaparecido sin dejar huellas. Manda convocar entonces a maestros artesanos: dos orfebres, dos "oficiales de obras de pluma" y dos lapidarios, a los que encarga que ahí mismo en el palacio y en perfecto secreto elaboren cierto número de atavíos espléndidos y de joyas para regalar a los hombres blancos y barbados. El señor-sacerdote recibe la misión de ir a entregarlos y, sobre todo, a recoger información sobre su jefe. Importa saber

si él es el que nuestros abuelos llamaban Topiltzin y, por su otro nombre, Quetzalcóatl, del cual dicen nuestras historias que se fue de esta tierra después de anunciar que él o su hijo volvería a reinar y poseer el oro y la plata y las joyas que dejó encerrados en los montes, y todas las riquezas que ahora poseemos.

Si realmente se trata de él, es que regresó "para gozar lo que le pertenece: pues esa silla y trono en que estoy es suyo, y sólo lo tengo en tenencia y posesión".

¿Cómo saber si el jefe de los forasteros es realmente la Serpiente Emplumada? Ofreciéndole comida. Si la acepta y le gusta, será que la

---

[49] Durán, *Historia...*, cap. 69.

Cuitlalpítoc observa a los españoles. Durán, *Historia...*

reconoce por comida de su tierra y, por lo tanto, es el dios. En tal caso, hay que vestirle los trajes y las joyas preparados y decirle que Moctezuma le ruega que lo deje morir y que sólo después vuelva a tomar posesión de su reino.

Los peligros de la misión no se le escapan al emperador, sobre todo si los desconocidos son dioses. Procura tranquilizar a sus embajadores: si los blancos prefieren la carne humana, que se dejen comer sin escrúpulos; el emperador se hará cargo de sus familias y las colmará de bienes y honores.

De nuevo, siempre en secreto, se van el *teuctlamacazqui* Tlillancalqui y su séquito y llegando a la costa depositan las ofrendas en las playas del Golfo. Después, trepan a su árbol para observar lo que habrá de seguir. Pero no pasa nada; los españoles sólo bajan a la playa a pescar. El día siguiente, al alba, los embajadores colocan los víveres ahí donde los extranjeros se sentaron a pescar el día anterior. Cuando los ven llegar, les indican que se lleven todo y los acompañan a bordo. Una vez repuestos del asombro que les causan tantos objetos que parecen cosas más divinas que humanas, entran en contacto con el jefe por medio de una india que habla náhuatl y español.

Para empezar, Tlillancalqui y Cuitlalpítoc entregan los regalos a nombre de Moctezuma de Tenochtitlan. A la india que les pregunta qué quieren, el señor-sacerdote contesta: "Señora e hija nuestra, vengo a pedir a este señor el motivo de su buena visita, adónde va, cuáles son sus intenciones y qué cosa busca". La mujer contesta: "El señor de esa gente dice que viene a ver y saludar a tu señor Moctezuma y que su sola intención es ir a México a saludarlo y agradecerle esos regalos y el honor que le hacen". Entonces el embajador trasmite el mensaje del emperador e insiste para que Grijalva coma lo que le han traído. La intérprete lo tranquiliza: "Esos dioses dicen que le besan las manos y que comerán. Pero, como no están acostumbrados a esos alimentos, pruébenlos primero ustedes y después nosotros los comeremos". Los mexicas obedecen, seguidos pronto por los españoles que, con espléndido apetito, devoran los exquisitos pavos asados, las tortillas de maíz y el guiso, acompañándolos con bebida de cacao. A cambio, los mexicas reciben "sendas semitas algo añejas", o quizá "bizcocho, tocino y algunos pedazos de tasajo", y vino, que parece agradarles mucho.

Unos días más tarde, en Mexico-Tenochtitlan, los embajadores dan su informe y enseñan lo que recibieron, entre otras cosas un trozo de bizcocho. Moctezuma lo da a probar a sus corcovados. Él mismo come un pedazo y constata que no tiene un sabor infernal. Por orden suya, se coloca lo que quedó en una jícara azul que es llevada al templo de Huitzilopochtli. Los sacerdotes ponen el recipiente en el gran *cuauhxicalli*, el gigantesco vaso sacrificial de piedra, y lo inciensan. Después llevan la jícara a Tula, en solemne cortejo, y ahí, en el templo de Quetzalcóatl, la sahúman nuevamente y le sacrifican codornices. Envuelto en ricas mantas, el recipiente es colocado en una caja de piedra que se sepulta en la pirámide. Los collares de cuentas de vidrio son enterrados en Mexico, a los pies de la estatua de Huitzilopochtli. Por fin, Moctezuma tiene su respuesta:

Verdaderamente me ha hecho mucha merced el dios Quetzalcóatl, el que estaba y residió con nosotros en Tula. Y creo verdaderamente ser Ce-Ácatl y Nácxitl [otro nombre de Quetzalcóatl], el dios de la Una Caña, el cual hace más de trescientos años se fue al cielo y al infierno.

Colma de dones a los embajadores, al *teuctlamacazqui* le da todo el tributo de Tochpan, Tziuhcóac, Itzcuincuitlapilco, Tochtépec y Oztoman, y le dice que esas ciudades serán suyas para siempre.[50]

[50] Tovar, *Códice Ramírez*, fol. 49a; Durán, *Historia*..., cap. 69, y Alvarado Tezozómoc, *Crónica mexicana*, caps. 106-108. Orozco y Berra (en sus notas a la *Crónica mexicana*, p. 697) ya señala que el autor confunde las expediciones de Cortés y de Grijalva. La mujer intérprete de la cual se habla no puede sino ser Marina, que aparecerá durante el viaje de Cortés. Por cierto, Tezozómoc (*Crónica mexicana*, p. 688) precisa que en efecto se trata de Marina, y (p. 690, cap. 108) llama Cortés al capitán. Enseguida (p. 691), explica el regreso de la expedición (de Grijalva) diciendo que Cortés parte en busca de dos navíos que se perdieron desde que dejaron Cintla y Potonchan.

Para el emperador se trata ahora de evitar que cunda el pánico y de interpretar con exactitud los informes recibidos. Los que se han enterado de lo ocurrido en la costa deben callarse, bajo pena de muerte para ellos y todo su linaje y de destrucción de sus bienes. Después, siempre bajo condición del más absoluto secreto, Moctezuma hace interrogar a los habitantes más viejos de la ciudad, pero nadie sabe nada sobre los intrusos. Voltea entonces hacia los sabios.

Un especialista de la tinta roja y negra, esto es, de los códices figurativos, recibe la orden de representar a los españoles y sus barcos según las descripciones de Tlillancalqui. Sus dibujos son presentados a los sabios de varias partes del país. ¿Alguien ha visto alguna vez, en algún libro antiguo, seres o cosas comparables? Los malinalcas exhiben un manuscrito donde aparecen hombres que parecen cíclopes y otros que tienen "un pie solo, de una pata muy grande con que se hacen sombra, y las orejas les sirven de frazada, y tienen la cabeza en el pecho". Según dejaron dicho los antiguos sabios de Malinalco, esa gente vendría a adueñarse del país. Los escribas de la región de Cuauhnáhuac, por su parte, hablan de seres mitad hombres, mitad peces.

Los informes de Cuitláhuac y Mízquic son esperados con mucho más interés. Se cree que los habitantes de esas ciudades de las chinampas están emparentados con los toltecas. Según ellos, los hijos de Quetzalcóatl regresarán a dominar el país y recobrar todos sus bienes. Pero el aspecto que tienen esos hombres en los códices chinampanecos no corresponde al de los españoles.

Queda Xochimilco, donde Tlillancalqui conoce a un anciano particularmente erudito llamado Quilaztli. Éste se presenta con sus libros que contienen las revelaciones hechas por la diosa patrona de la ciudad a los portadores de su imagen, en tiempos de las peregrinaciones. Esa deidad de Xochimilco es sumamente interesante: lleva el mismo nombre que el viejo sabio, Quilaztli ("propiciadora de las verduras"), pero se la conoce mejor con el nombre de Cihuacóatl, "Serpiente Hembra".[51] Tiene múltiples aspectos. En primer lugar, es diosa telúrica: al principio de los tiempos, la tierra, al morir, hizo nacer las plantas y exigió a cambio sangre y corazones. Por eso, Cihuacóatl solía ir al tianguis y ahí dejar una cuna con un cuchillo de pedernal, señal de que necesitaba sacrificios humanos; otras veces, lloraba de noche por las calles, pidiendo que le dieran su alimento. Serpiente Hembra podía aparecer en el mercado como una hermosa joven que seducía a los muchachos y los mataba después de unirse con ellos. También era la madre del

---

[51] *Historia de los mexicanos...*, p. 47, y Durán, *Historia...*, vol. 1, p. 125.

género humano, la patrona de los partos y de las mujeres muertas al dar a luz y, por lo tanto, era también la guerrera heroica. Podía tomar formas animales, a veces de una fiera o una serpiente, otras de un inofensivo venado, y decían que era águila. Su morada era el Tlillan, la negrura, y eso nos remite al señor-sacerdote Tlillancalqui, "el de la casa negra".[52] Tierra, mujer y madre, simboliza a los autóctonos; también es guerrera en cuanto defensora de su territorio: en lo político, ya sabemos que el virrey o *cihuacóatl* es quien representa a los más antiguos habitantes de la ciudad.

Todavía hay otro aspecto de la diosa importante para lo que nos ocupa: sus vínculos de parentesco. Madre del género humano, ella molió los huesos traídos del inframundo por Quetzalcóatl. Incluso se dice que es esposa del señor del infierno. Fue ella quien crió al joven Quetzalcóatl después de la muerte de su madre. Y parece corresponder a la madre o la esposa de Mixcóatl, padre de Quetzalcóatl. Finalmente, los mexicas la consideran como madre o quizá hermana de Huitzilopochtli –el Tlillan estaba ubicado dentro del templo del dios solar.

Así, pues, esa Cihuacóatl tan cercana a Quetzalcóatl era la autora de las revelaciones contenidas en el libro del viejo Quilaztli. ¿No era éste entonces el consejero ideal para ilustrar al emperador sobre las relaciones entre los forasteros y Quetzalcóatl? Por otra parte, los dos principales informantes de Moctezuma están estrechamente vinculados a Cihuacóatl. El señor-sacerdote Tlillancalqui, el de la *casa* de la diosa, su lugar de anclaje en la tierra, relata lo que está ocurriendo en el presente. Quilaztli –la diosa misma– informa sobre el pasado y los mitos. Las encarnaciones de los autóctonos vigilan a los intrusos.

Los discursos del viejo sabio no dejan de asombrar. Se verá llegar del mar celeste oriental a gente con cabezas de serpientes o de grandes peces, y con "pies de gusanos". Otros tendrán un solo pie o llegarán montados en águilas o en grandes culebras sobre las cuales comerán y dormirán.[53] Luego llegarán los hombres que tienen la cabeza en el pecho ("los pechos cabeza, cara y boca"). Pero los primerísimos en llegar

<hr />

[52] Sahagún, *Historia general...*, libro 2, p. 179, "Himno a Cihuacóatl"; libro 1, cap. 11, y libro 6, caps. 27 y 34; Durán, *Historia...*, vol. 1, pp. 125-126 y 131; Mendieta, vol. 1, pp. 119 y 98; Garibay, *Teogonía...*, p. 52; Torquemada, vol. 2, pp. 61 y 83-84; Seler, *Gesammelte Abhandlungen...*, vol. 2, pp. 1051-1052; Brundage, *A Rain of Darts...*, pp. 94-100 y 161; Mönnich, pp. 102, 125 y 202; Graulich, *Mythes et rites...*, passim, y Broda, "Cosmovisión..."
[53] Aquí sigo a Tezozómoc. El texto paralelo de Durán permite suponer que Tezozómoc interpreta mal una descripción de los barcos españoles y, ya encarrerado, agrega adornos de su propia invención.

serán individuos blancos "y de muy largas barbas, los vestidos de muchas y diferentes maneras y de muchos colores" con "lebrillos pequeños" en la cabeza, y montados en grandes venados. Vendrán en grandes casas, como "cerros de palos"...

En prueba de lo que dice, Quilaztli exhibe un muy antiguo documento donde están representados esos hombres blancos, sus navíos y sus cabalgaduras, algunas de las cuales son águilas. Cuando lo ve, el emperador, desolado, rompe a llorar de angustia. Le explica al sabio xochimilca lo que sucedió en la costa y concluye: "Pero una cosa me consuela, que yo les envié un presente y les envié a suplicar que se fuesen norabuena, y ellos me obedecieron y se fueron y no sé si han de tornar a volver". Quilaztli le responde que en un año o dos, a más tardar tres o cuatro, los intrusos estarán de vuelta. Moctezuma decide entonces hacer vigilar las costas, y conservar a su lado, para poder consultarlo siempre, a ese Quilaztli tan bien informado. Desde entonces, la "autoctonía" será como su sombra...

Transcurren dos años y nada sucede. El emperador recupera su energía y su orgullo. Ya no teme ni a los dioses. Tiraniza a las ciudades, destituye a sus soberanos y en sus tronos pone parientes suyos: su sobrino Oquizqui en Azcapotzalco; otro sobrino, Huánitl, en Ecatépec; un tercero, Omácatl, en Xochimilco, y su hijo Acamapichtli en Tenayuca.[54]

Así pues, el relato de la *Crónica X* es, en lo esencial, leyenda. Las idas y venidas son imposibles; no hubo intérprete en la expedición de Grijalva –por supuesto no estaba doña Marina– y, por lo mismo, tampoco diálogos. Moctezuma no necesitaba al misterioso indio de Mictlancuauhtla para enterarse de lo que sucedía en la costa. No fueron sus embajadores los que establecieron contacto con los extranjeros, sino responsables locales: otra versión indígena de los acontecimientos, recogida por Sahagún, lo dice de manera explícita. Los nombres de Tlillancalqui y Quilaztli están cargados de sentido. Finalmente, el bestiario fantástico –cíclopes, sirenas, hombres con pie-sombrilla u orejas-frazadas, etcétera– recuerda más lo maravilloso occidental que los códices precolombinos. Plinio lo describe, San Agustín lo menciona en su *Ciudad de Dios* (16,8), la Edad Media lo heredó y lo encontramos en los mapas de África de esa época. Tan es así que el propio Alvarado Tezozómoc ubica a los hombres con pie-sombrilla en ¡los "desiertos de Arabia"![55]

[54] Alvarado Tezozómoc, *Crónica mexicana*, cap. 109, y Durán, *Historia...*, cap. 120.

[55] Nota de Orozco y Berra en Alvarado Tezozómoc, *Crónica mexicana*, pp. 692-694, y Magaña y Mason.

El texto es una fabricación que combina datos de dos llegadas sucesivas, la de Grijalva y la de Cortés. Su propósito es mostrar, una vez más, la angustia de Moctezuma, ese miedo paralizante que, según los cronistas, llevan a su perdición a él y al imperio. Además, es preciso mostrar que, una vez pasada la primera alarma, su orgullo resurge más fuerte aún. Y esa fabricación está inconscientemente estructurada por el mito, como lo muestra la asociación de Moctezuma con personajes que simbolizan la tierra de los autóctonos.

El relato contiene deformaciones deliberadas y elementos legendarios o míticos y junta episodios distintos en una sola secuencia. Pero también presenta elementos auténticos, que pertenecen más al viaje de Cortés que al de Grijalva. Los recelos del emperador, su temor, son reales. ¿No tiene vigilada la costa desde tiempo atrás? ¿Y no ha hecho esculpir su retrato en Chapultepec? Que intente entender y busque información por todos lados es completamente verosímil. Si escucháramos vagos rumores sobre peligrosos extraterrestres aparecidos en un lejano rincón del planeta, también temblaríamos –recuérdese el pánico desatado en Nueva York por la radionovela de Orson Welles, *La guerra de los mundos*– y consultaríamos por igual a los científicos y las novelas de ciencia-ficción para tratar de comprender y saber cómo reaccionar. En la misma óptica, la anécdota del pedazo de bizcocho es creíble, como lo es ofrendar alimentos para averiguar a quién se tiene enfrente. Tendremos confirmación de esto último. Queda por determinar la autenticidad de otro episodio del relato que es esencial: la espera del regreso de Quetzalcóatl. ¿Moctezuma y sus dignatarios en verdad creían, como lo afirman los informantes de Sahagún, "que el recién llegado era nuestro príncipe Quetzalcóatl"?[56]

[56] Sahagún, *Historia general...*, libro 12, cap. 3, p. 762.

·XI·
La Serpiente Emplumada

.

EL REGRESO DE QUETZALCÓATL

Según los informantes de Sahagún, al ver a Grijalva y sus hombres, Pínotl de Cuetlaxtlan, Yaotzin de Mictlancuauhtla, el intendente de Teocinyocan, Cuitlalpítoc y Tentlilli creyeron, pues, que Quetzalcóatl había regresado. La *Crónica X* dice por su parte que Moctezuma quiere saber si los extranjeros pertenecen a aquel Topiltzin-Quetzalcóatl que anunció cuando se fue que regresaría, o que volvería su hijo en su lugar, a tomar posesión del país y reinar de nuevo, aquel Quetzalcóatl cuyo trono él sólo ocupa de prestado. El anuncio del regreso de Quetzalcóatl estaría registrado también en los libros de los chinampanecos de Cuitláhuac, Mízquic y Xochimilco...

La creencia en ese retorno anunciado habría facilitado considerablemente la Conquista, al desmoralizar a los aztecas y en particular a Moctezuma, a quien algunos pintan como "una suerte de Hamlet exótico", "intoxicado por el veneno mortal de la desesperanza".[1] Sin embargo, ha sido cuestionada por varios autores revisionistas que vieron en el mito de Quetzalcóatl una "leyenda poscortesiana", si no es que un invento pergeñado por el propio Cortés, con el propósito de mostrar que la soberanía española sobre el territorio mexicano era muy anterior a su llegada.[2]

[1] Babelon, *Hernán Cortés*, p. 82. Ver por ejemplo Torquemada (vol. 1, libro 4, cap. 14, p. 381), quien explica que Dios permitió este engaño de la partida y la profecía de Quetzalcóatl para que los indios, sabiendo que otros iban a llegar a reinar sobre ellos, estuvieran dispuestos a recibir la Palabra. Robertson, *Histoire...*, vol. 1, p. 375; Prescott, *Historia...*, p. 30; Campe, pp. 227-228; Lebrun, p. 48; Collis; Pérez Martínez, *Cortés et Cuauhtémoc...*, pp. 63-77; Descola, pp. 170-171; Innes, pp. 116ss.; White, pp. 150-155; Morales Padrón, pp. 590-592; Parkes, pp. 54-55; Martínez, *Hernán Cortés*, pp. 39-40; Fuentes Mares, p. 56, y Davies, *The Aztecs...*, pp. 233ss y 283.

[2] Wagner; Frankl; Elliott; Sotomayor; Vázquez Chamorro, *Moctezuma*; Gillespie, pp. 180-183, y Stenzel.

Digamos de entrada que esas tesis no están demostradas, particularmente en lo que toca al papel de Cortés. Las fuentes españolas indican claramente que en toda su marcha hacia Tenochtitlan nunca invocó a Quetzalcóatl, aunque más de una vez le dieran pie para ello.

El mito de Quetzalcóatl se expuso en el prólogo. Tiene su lógica y forma parte esencial de la concepción del mundo y del pensamiento de los antiguos mesoamericanos. Encontramos variantes en otros pueblos, los mayas, por ejemplo. Sería, pues, un despropósito negar su carácter prehispánico. Pero es obvio que el mito ha sido objeto de reinterpretaciones en la época colonial, en especial porque Cortés fue confundido entonces con la Serpiente Emplumada. Para ello, se convirtió al dios en un hombre blanco –y barbado, pues algunas veces está representado así en ciertos códices antiguos. Más tarde, como se decía que Quetzalcóatl al final de su vida fue sacerdote y muy piadoso, y que fue víctima del siniestro Tezcatlipoca, algunos vieron en él a un cristiano y, por qué no, a un misionero –Durán, por ejemplo habla del apóstol Tomás, Santo Tomás de las Indias– o hasta a Cristo en persona. La ausencia de muerte y sacrificios humanos en la Tollan paradisíaca del ocaso fue interpretada como una oposición al dios de los sacrificios, y la huida del dios como ¡una victoria del partido de los sacrificadores, encabezado por Tezcatlipoca! También pareció oportuno poner en boca del reformador vencido el anuncio de su regreso.[3]

El manuscrito del jesuita Juan de Tovar es de lo más instructivo al respecto.[4] Explica que los aztecas, apenas supieron de la llegada de los españoles, coincidieron en ver en ella el regreso de Quetzalcóatl, "que había mucho tiempo que era ido por la mar adelante, hacia donde nació el sol, el cual dejó dicho que por tiempos había de volver, que lo fuesen a recibir y le llevasen presentes de toda la riqueza de esta tierra, pues era suya y su imperio".

Enseguida, Tovar resume la "historia" de Quetzalcóatl.

Y para que esto mejor se entienda, es de advertir que hubo en esta tierra, en tiempos pasados, un hombre que según la relación que hay de él [¿la de Durán?] fue un hombre santísimo, tanto que mu-

---

[3] Para relatos españoles sobre Quetzalcóatl, ver Durán, *Historia*..., vol. 1, pp. 9-15; Cervantes de Salazar, vol. 1, p. 137, y Graulich, *Quetzalcóatl*... Sobre la transformación del mito en la época colonial, ver la sólida obra de Lafaye, *Quetzalcóatl y Guadalupe*... Alva Ixtlilxóchitl es quien insinúa que Quetzalcóatl es Cristo.

[4] Tovar, *Códice Ramírez*, fol. 49-50.

chos testifican que fue algún santo que abordó en esta tierra a anunciar el Santo Evangelio, porque sus ayunos, penitencias, vigilias y amonestaciones contra todos los vicios reprendiéndoles gravemente, exhortando a la virtud, no era menos que de hombre evangélico, y más que se asegura que no fue idólatra, antes abominaba y contradecía los ídolos y malos ritos y ceremonias que tenían, por cuya causa dicen que lo persiguieron grandemente, hasta que le fue necesario partirse de la tierra por la mar, dejando dicho que volvería él con otros que tomasen venganza de las maldades que contra Dios en esta tierra hacían. [...] tenían a ese hombre en grandísima veneración, porque dicen que hizo milagros y su virtud era tanta que le tenían por más que humano. Y así decían que éste era el propio Señor e Emperador de toda esa tierra enviado por Dios.[5]

Sabemos ahora que Quetzalcóatl no fue un hombre blanco ni un reformador religioso, que no anunció su regreso, es más, que nunca existió más que en el imaginario mítico de los mesoamericanos. Los intereses de los españoles y los de los indios se conjugaron para darle ese aspecto más o menos pronunciado de misionero occidental. Por el lado español, servía tanto para reclamar su herencia y justificar el nuevo poder como, en la mente de los misioneros, para mostrar que los indios habían sido cristianos tanto tiempo como los propios españoles y, por lo tanto, merecían atención y clemencia. Por el lado indígena, actuaban los mismos motivos que para los misioneros, y la intención de hacer creer que también en México había desde hacía mucho tiempo quien levantara la voz para denunciar esos crímenes monstruosos, los sacrificios humanos.

Quetzalcóatl no anunció su regreso al final de su vida, es cierto. Pero no necesitaba hacerlo: ese regreso era obvio de por sí. Recordemos que para los indios, las edades del mundo o "Soles" estaban en el centro de una lucha constante entre Tezcatlipoca y Quetzalcóatl, que se alternaban en el poder. El cuarto Sol era la edad presente para los antecesores de los aztecas y pertenecía a Quetzalcóatl, que reinaba sobre los toltecas en Tollan. La Serpiente Emplumada fue destronada por Tezcatlipoca, flanqueado por Huitzilopochtli, el Sol azteca –el quinto Sol. Era, por tanto, evidente que Quetzalcóatl debía regresar y correr a Tezcatlipoca-Huitzilopochtli.

El quinto Sol era una fabricación reciente, y más todavía la sustitución de Quetzalcóatl por Huitzilopochtli. Durante todo el Sol azteca,

[5] Tovar, *Manuscrito..*, p. 81.

Quetzalcóatl y Tezcatlipoca.
Códice Borbónico.

Quetzalcóatl fue sistemáticamente relegado al segundo plano y remplazado por el Colibrí Zurdo en los rituales y las fiestas. ¿No parece lógico entonces que los mexicas, y sólo ellos, se hayan sentido culpables al oír hablar de su regreso?

Volvamos a Moctezuma. ¿Cómo interpreta la llegada de los forasteros? Sabemos que dispuso de informaciones divergentes. Se le habló de cataclismos en las islas, de guerreros invencibles aunque a veces vencidos, de desconocidos que llegaban en números cada vez más impresionantes, de armas fulminantes, de apariencias abominables o sublimes... No es imposible que Gonzalo Guerrero en persona, el náufrago español convertido en jefe de guerra maya, haya hecho correr por todos lados advertencias alarmistas: si llegaban sus compatriotas, sería el fin de los indios y de sus civilizaciones, los reducirían a todos a la esclavitud...

Una cosa por lo menos debió de quedarle clara a Moctezuma. Los recién llegados son *teteo* (plural de *téotl*), palabra que habitualmente se traduce como "dioses", pero cuyo significado es mucho más amplio. El mar se dice *teóatl,* "agua inmensa", o "imponente", "maravillosa". El *teocalco* es la habitación del palacio en la cual se almacenan los tesoros, lo que maravilla. Los *teo*chichimecas son los chichimecas verdaderos, auténticos. En otras palabras compuestas, *teo* también puede significar terrible, arduo, temible o peligroso, sol, sagrado, excepcional... Y los españoles son todo eso.

¿Son verdaderamente dioses, como Quetzalcóatl, como Huitzilopochtli? Es lo que trata de saber el gran *tlatoani.* Por eso hace vigilar las costas, por eso, en Potonchan, está dispuesto a pagar el rescate de un posible informador al precio de su peso en oro, por eso interroga a los sabios y los libros antiguos. Los extranjeros tienen una prestancia extraordinaria, como los dioses; parecen surgir y desplazarse a su antojo sobre el agua inmensa; mandan sobre el relámpago y son de temer. Es cierto, se les puede matar, aunque difícilmente. ¿Pero acaso los dioses no mueren también? Como Mixcóatl, seducido y muerto... Como Quetzalcóatl que al saberse vencido se inmoló en una hoguera... Como los dioses todos, que se sacrificaron tras la creación del sol... ¿No es acaso lo propio de los dioses estar muertos? Excepto por la pareja creadora, claro, pero en realidad ésta no cuenta: no se le dedica culto alguno.

Los intrusos blancos tienen un cuerpo. ¿Y los dioses? Se les representa como hombres. En el fondo, ¿quién sabe si son o no son materia? ¿Acaso los sabios y los sacerdotes tienen respuestas al respecto? ¿No es un hecho bien sabido que a veces los dioses aparecen como seres de carne y huesos? ¿Huitzilopochtli no se encarnó acaso en el seno de una mujer? Pero los dioses mandan sobre los elementos, hacen llover, crecer los cultivos, temblar la tierra... ¿Qué hay de los recién llegados? Pueden hacer tronar, sí. Pero ¿qué más? Sin duda, son *teteo,* pero ¿de qué tipo? O, quizá, pero es difícil imaginarlo, podrían ser respecto a los mexicas lo que ésos son respecto a los bárbaros, a los chichimecas: ¿más civilizados? Temible pensamiento, pues civilizado y tolteca son sinónimos, y eso querría decir que son más *toltecas* que los mexicas, ¡más cercanos, por tanto, a Quetzalcóatl! ¿Y si fueran hombres extraordinarios que habitan en el país donde reina Quetzalcóatl mientras espera la hora de regresar? Sus barcos mismos inclinan a pensarlo, pues parece que el propio dios los impulsa, bajo su aspecto de Ehécatl... "De las naos decían que venía el dios Quetzalcóatl con sus templos a cuestas; que era el dios del aire, que se había ido, y le esperaban."[6]

¡Hay que salir de dudas! El emperador manda observar a los blancos. No para obtener confirmación del hecho de que son *teteo* –eso está claro–, sino para saber a qué se parecen realmente unos *teteo*, unos seres sobrehumanos, y qué se puede hacer contra ellos. Y por supuesto, para saber de qué dioses se trata o qué dioses los enviaron.

Sobre este último punto, las indicaciones parecen convergentes. Esos rumores de catástrofe y de derrumbe del imperio que flotan en el aire, esas acusaciones levantadas contra Moctezuma y su delirio de grandeza o su orgullo, todo indica el advenimiento de una era nueva y, por lo tanto, el regreso de la Serpiente Emplumada...

LA TERCERA EXPEDICIÓN

La partida de Grijalva no es más que un respiro. El año siguiente, 1519 o 1-Caña –aniversario del nacimiento de Quetzalcóatl– será el del desembarco definitivo. Y siempre por el lado del sol naciente...

La tercera flota zarpó el 18 de febrero de 1519. Salió de la isla Fernandina, o Cuba, como las anteriores y se dirige hacia la isla de Cozumel. La encabeza Hernán Cortés.

Nacido en Medellín (Extremadura) en 1485, Cortés es hijo de hidalgos pobres. Frecuenta durante dos años (1499-1500) la Universidad de Salamanca y la abandona anticipadamente, con el título de bachiller en Leyes, conocimientos de latín y cierto gusto por las formas jurídicas. Después, aprende el oficio de notario en Valladolid. Tiene fama de parrandero, mujeriego y de endeble salud, lo cual no mengua su afición a las armas y la aventura.

A la edad de diecinueve años, se embarca para buscar fortuna en América. Participa en la pacificación de la isla de la Hispaniola y en recompensa recibe una pequeña encomienda de indios y el cargo de notario público del cabildo de Azúa.

Devorado por la ambición, Cortés espera una oportunidad mientras cultiva útiles relaciones. En 1509, participa en la conquista de Cuba bajo las órdenes del capitán Diego Velázquez, y logra hacerse indispensable por su eficacia. Se convierte en secretario de Velázquez, y se dedica a la ganadería y a la extracción de oro al tiempo que es alcalde o juez municipal de Santiago de Baracoa. Su amistad con Velázquez tiene momentos delicados, como cuando el capitán quiere ahorcarlo por haber conspi-

[6] López de Gómara, vol. 2, p. 56.

rado contra él, pero las desavenencias terminan siempre en reconciliaciones. Hacia 1515, Cortés se casa. El matrimonio tendrá mal final, pues se le acusará de haber estrangulado a su esposa, Catalina Suárez. Poco después parten las expediciones de Hernández de Córdoba y de Grijalva. Pedro de Alvarado, que Grijalva envía de regreso a Cuba antes que el resto de su flota, describe a Velázquez la riqueza de las tierras apenas descubiertas. Velázquez, que ya es "adelantado" (gobernador de provincia fronteriza), obtiene de los monjes jerónimos que gobiernan en Cuba el permiso para armar una nueva expedición. De inmediato emprende la búsqueda de un capitán general más audaz que Grijalva y, al final, no sin vacilaciones, elige a Cortés. ¿Su misión? Encontrar náufragos sobrevivientes, hacer trueque para traer oro y plata, explorar, recabar información respecto al "país de Culúa", tomar posesión de las tierras descubiertas y convertir a los indios, a los que debe tratar bien e invitarlos a someterse al rey de España.[7] Y, sobre todo, encontrar por fin entre las islas una ruta hacia el Oriente, China y Japón, que han de estar cerca.[8]

Cortés siente que ha llegado la hora de la verdad. Vende todos sus bienes, incluso contrae deudas, para proveerse de barcos, armas, víveres y hombres. Tanto celo y abnegación despiertan las sospechas de Diego Velázquez que se echa para atrás; informado, Cortés se hace a la mar con once navíos, alrededor de quinientos soldados y cerca de cien marineros, dieciséis caballos, catorce cañones, treinta y dos ballestas y trece arcabuces.[9] Entre los oficiales, hay hombres como Pedro de

[7] "Instrucciones de Diego Velázquez a Hernán Cortés", en Martínez, *Documentos...*, vol. 1, pp. 45-57. Sobre la vida de Cortés y la Conquista, ver la muy completa bibliografía de José Luis Martínez en su *Hernán Cortés*. Las principales fuentes sobre la Conquista son, primero, los conquistadores: *Cartas de relación* de Cortés, *Documentos cortesianos*, Andrés de Tapia, Francisco de Aguilar, Vázquez de Tapia y Díaz del Castillo y, luego, los cronistas: Pedro Mártir de Anglería (que sigue de cerca las cartas de Cortés), Fernández de Oviedo (incluye documentos antiguos interesantes), López de Gómara (muy confiable), Cervantes de Salazar, Herrera y Tordesillas (que sigue mucho a Díaz del Castillo) y Solís. Entre las obras más recientes, ver Robertson; Prescott, *Historia* (de 1843, interesante lectura todavía); Orozco y Berra; Helps; Babelon, *Hernán Cortés*; los n. 31 y 32 de la *Revista de Indias*; Pérez Martínez; Madariaga; Collis; Blond; Pereyra; White; Sotomayor, notablemente prejuiciado, lo mismo que Eulalia Guzmán; Fuentes Mares; Martínez, *Hernán Cortés*; Ramos Pérez, y Hugh Thomas.

[8] Ramos Pérez, pp. 52-53.

[9] Díaz del Castillo, cap. 28. Otros autores, como López de Gómara, Las Casas y Tapia, dan números un poco distintos. Ver Martínez, *Hernán Cortés*, pp. 132-134.

Alvarado, futuro conquistador de Guatemala y que más tarde ira a probar suerte en Ecuador; Francisco de Montejo, el hombre de Yucatán, y Cristóbal de Olid, que se rebelará contra Cortés en Honduras. Van también dos frailes: Juan Díaz, al que ya conocemos, y Bartolomé de Olmedo, así como cinco o seis mujeres españolas. Sin olvidar a cientos de cargadores cubanos.

La flotilla llega a la isla de Cozumel al final del mes de febrero de 1519. El navío a bordo del cual está Alvarado llega primero; los españoles desembarcan cerca de un pueblo abandonado por sus habitantes y Alvarado aprovecha para echar mano a unos guajolotes y a las joyas y adornos encontrados en el templo. Cuando llega don Hernán, "reprende gravemente" a su lugarteniente indisciplinado y procura que regresen los mayas refugiados en el monte. Un mensajero recibe el encargo de explicarles, en nombre de Cortés,

> que él no quería ni venía a hacerles mal alguno, sino a decirles que viniesen al conocimiento de nuestra santa fe y que supieran que teníamos por señores a los mayores príncipes del mundo, y que éstos obedecían a un mayor príncipe de él [el Papa] y que lo que quería de ellos no era otra cosa sino que los caciques e indios de aquella isla obedecieran también a vuestras altezas y que haciéndolo así, serían muy favorecidos, y no habría quien los enojase.[10]

Este pequeño discurso, del todo conforme a las instrucciones de Velázquez y a la política de la Corona española hacia los indios, produce el efecto deseado. Cortés lo volverá a usar, palabra más palabra menos, en cada nuevo contacto con los indígenas. Ordena también que se rompan las estatuas de los dioses y se diga misa en el templo purificado. Por otra parte, cuando le confirman que hay cautivos blancos en Yucatán, despacha a unos indios con cartas que invitan a los náufragos a reunirse con él, junto con unas cuentas de vidrio para comprar su libertad. Manda un pequeño destacamento a esperarlos en la costa yucateca. En vano: a los seis días cumplidos, el destacamento regresa sin ellos. Cortés entonces quiere ir en busca de los náufragos con toda la expedición, a lo que se oponen los pilotos, que dicen que la costa no ofrece ningún abrigo y es "mala y brava". Por suerte, se levantan vientos violentos, empieza a llover y los pilotos piden que se aplace la salida.

Ya en esta primerísima etapa de la conquista de México, Cortés revela sus grandes cualidades de jefe. "Aquí en esta isla", señala Bernal

---

[10] Cortés, *Cartas de relación*, p. 14.

Díaz, "comenzó Cortés a mandar muy de hecho, y Nuestro Señor le daba gracia que doquiera que ponía la mano se le hacía bien, especial en pacificar los pueblos y naturales de aquellas partes".[11] No se podría expresar mejor: Cortés ya ve lejos y en grande. Trata a los indios como súbditos –o futuros súbditos– de la Corona, por lo tanto como personas dignas de consideración. Hace reinar la disciplina, se muestra firme, político y humano a la vez. Prudente y sagaz, también es generoso y quizá utiliza esa generosidad. Tenemos testimonios de acciones suyas impulsivas que hubieran podido echar todo a perder, como en el presente caso querer salir a rescatar a los náufragos cautivos o, más tarde, en Tenochtitlan, cuando decidió derribar los ídolos al costo que fuera. Pero en general, tiene la suerte de que lo detengan a tiempo: lo detiene la tormenta, lo detienen sus hombres. Pero quién sabe si no cuenta precisamente con que sus hombres lo frenen...

Tiene suerte –también porque la prepara– y el arte de aprovecharla. Al día siguiente de la partida fallida de la flota, Jerónimo de Aguilar, uno de los sobrevivientes del naufragio de 1511, llega en canoa a Cozumel. "Señores, ¿son cristianos? ¿De quién vasallos?" Andrés de Tapia y otros españoles, que lo reciben en la orilla, contestan y dicen serlo del rey de Castilla. Aguilar llora de felicidad y cae de rodillas dando gracias a Dios. Tapia lo abraza y lo lleva con Cortés, quien lo confunde primero con un indio. Le dan ropa europea –manera de devolverle su identidad– y narra sus aventuras. Concluye contando que fue a ver al otro sobreviviente, el famoso Gonzalo Guerrero, y lo que éste le dijo:

Hermano Aguilar, yo soy casado y tengo tres hijos, y me tienen por cacique y capitán cuando hay guerras; idos con Dios, que yo tengo labrada la cara y horadadas las orejas. ¡Qué dirán de mí esos españoles cuando me vean ir de esta manera! Y ya veis estos mis hijitos cuán bonicos son. Por vida vuestra que me deis de esas cuentas verdes que traéis, para ellos, y diré que mis hermanos me las envían de mi tierra.

Guerrero se niega a acompañarlo. Y la señora de Guerrero, bravísima, corre al esclavo Aguilar...[12]

---

[11] Díaz del Castillo, cap. 23, p. 42.
[12] Tapia, *Relación*..., pp. 70-72; López de Gómara, vol. 2, pp. 30-31, y Díaz del Castillo, cap. 27, p. 44.

La expedición, ahora con el refuerzo de un intérprete español que domina el maya perfectamente, se hace a la vela una vez más. No sucede nada digno de mención hasta que llegan a la entrada del río Grijalva. Don Hernán, que quiere explorar ese río poco profundo, embarca a sus hombres en los dos bergantines y en los bateles y navega río arriba hasta Potonchan. Pero en las dos riberas aparece una multitud en armas, y canoas llenas de guerreros se acercan a los barcos. Los españoles, a través de Aguilar, piden permiso para desembarcar a tomar agua y comprar víveres, así como para hablarles de los reyes de España. Los mayas chontales les dan orden de irse de inmediato. Como ya atardece, los españoles pasan la noche en los bancos de arena frente a Potonchan.

Al siguiente día, llegan canoas con algo de víveres y la orden reiterada de largar amarras. Cortés contesta que tiene que reconocer el país, para poder informar a los reyes. Envía a doscientos soldados que deben rodear Potonchan y llegar por atrás; él mismo desembarcará directamente en la ciudad con ochenta hombres. En la orilla lo esperan los indios en armas. Cortés hace leer tres veces el *requerimiento*, como lo marca la ley. Se trata de un documento elaborado para limitar los conflictos armados con los indios dándoles la oportunidad de someterse. El texto los requiere a reconocer la soberanía de la Iglesia, del Papa y de los reyes de España, así como a escuchar la palabra de Dios.

Aguilar traduce; un notario toma acta; los indios no se conmueven. Cortés ataca y también, por atrás, el destacamento de doscientos hombre. Pronto, los potonchanecas se desbandan y los españoles se instalan a pasar la noche en la parte más fortificada de la ciudad.

Al amanecer, unos mensajeros traen regalos de poco valor, junto con la súplica de que los españoles se vayan y los dejen en paz. Cortés les pide someterse, cosa que aceptan, y traerle comida, cosa que prometen pero no cumplen. A los tres días, unos merodeadores españoles son atacados por una gran partida de indios cerca del pueblo de Cintla, y veinte resultan heridos. Al otro día, Cortés decide pasar a la ofensiva. Terminada la misa, hace bajar de los barcos diez de los caballos y manda primero a trescientos hombres y luego a cien más hacia el lugar de la escaramuza, bajo las órdenes de Diego de Ordaz. Él mismo protege los flancos con sus pocos jinetes –pero se consideraba entonces que un hombre a caballo valía lo que trescientos de a pie.

Pronto, el grupo más grande se encuentra cara a cara en la llanura de Cintla con un ejército maya de cuarenta mil hombres, según dicen fuentes españolas. Los indios han escogido bien el lugar: campos de cultivo que atraviesan múltiples canales de riego. Por más que los españoles protestan de sus intenciones pacíficas –¡qué otra cosa iban a hacer frente a semejante multitud!– los indios contestan con flechas, piedras y venablos. La batalla empieza mientras la retaguardia alcanza a los trescientos hombres que ya están combatiendo. Los indios pelean sin miedo. Las armas desconocidas, cañones y arcabuces que con cada descarga hacen grandes estragos, no los desaniman. Rápido se dan cuenta de las terribles heridas que las espadas de los dioses producen en el cuerpo a cuerpo y toman distancia de manera que pueden acribillar a flechazos al adversario, a sus anchas y sin riesgos excesivos; pero los españoles pronto entienden también y se esfuerzan por mantenerse pie con pie. Sin embargo, su situación se complica cuando los indios empiezan a cercarlos. La caballería, que ha tenido que rodear un pantano, no llega; el combate tiene dos horas de iniciado cuando por fin alcanza el campo de batalla y se lanza contra la multitud que envuelve a los españoles. Aunque los llenan de espanto esos monstruos desconocidos que a sus ojos forman un solo cuerpo con sus jinetes, los mayas resisten. Atacado por todos los lados, Cortés avanza con dificultad, pero cuando finalmente lo ve la infantería española, se reanima y carga con furor, dispersando a los guerreros indios. Por el lado cristiano hay un muerto y decenas de heridos.

En la noche, Cortés envía a dos prisioneros con un mensaje de paz. Los mayas, que han perdido a doscientos hombres, están de ánimo conciliador, pero la decisión no les pertenece: ocho ciudades-Estado se aliaron para la batalla y sus señores tienen derecho a decidir también. Éstos se presentan al día siguiente y ofrecen sumisión. Obsequian víveres, objetos de oro de poco valor, mantas y, sobre todo, a veinte mujeres esclavas, dicen que para moler el maíz de los españoles y prepararles la comida. Los indígenas han notado en efecto que hay pocas mujeres entre los invasores y casi nadie, por lo tanto, para preparar las indispensables tortillas de cada día.

Una de las mujeres es hermosa, vivaz y, lo mejor –aunque sólo se descubrirá más tarde–, es bilingüe. Se llama Malinalli y sabe náhuatl y maya. Sus padres eran señores de una ciudad de la región de Coatzacoalcos. Después de la muerte de su padre, su madre se casó con otro señor del cual tuvo un hijo. La niña fue entonces vendida como esclava a mercaderes de Xicalanco, quienes la revendieron en Potonchan.[13] Las veinte mujeres son bautizadas sin dilación y repartidas entre los oficiales prin-

[13] Sobre las diversas versiones relativas a Marina y su examen crítico, ver Martínez, *Hernán Cortés*, pp. 162-167.

cipales que, gracias a esta ceremonia, quedan en libertad de tener comercio con ellas sin mayor escrúpulo. Malinalli, convertida en Marina, le toca a Hernández Puertocarrero.

A pedido de Cortés, la población regresa muy pronto a Potonchan y reanuda su vida. Los sacrificios humanos son prohibidos, las estatuas de los dioses destruidas. En el templo se coloca un altar con una cruz y una imagen de la Virgen. No habrá sido gran sorpresa para los indígenas: los aztecas también imponían a los vencidos la instalación en sus templos de una imagen de Huitzilopochtli, en pie de igualdad con la deidad principal. Luego, el padre Olmedo celebra la misa en presencia de los señores chontales y nahuas, y Cortés en persona les expone los rudimentos de la fe. Llega a los pocos días el Domingo de Ramos, y los cristianos organizan una solemne procesión ante los nobles mayas, que observan con ramos en la mano. Estos indios se enorgullecen de verse así distinguidos, y la población impresionada se interroga frente a esos ritos tan nuevos, en los cuales sólo se come a la divinidad bajo la forma de un pedazo de pan y no de un personificador humano sacrificado. Finalmente, los españoles se embarcan y, al amanecer, levan anclas y se hacen a la vela hacia el oeste.

En Potonchan, Cortés no olvidó interrogar largamente al rey Tabasco y a sus aliados sobre los motivos de su hostilidad, siendo que a Grijalva lo habían recibido bien. Le contestaron que los mayas, y especialmente los de Champotón, les habían reclamado amargamente su pasividad y cobardía tras la llegada de la expedición anterior y que los solivianto Melchorejo, uno de los dos intérpretes mayas, que se había fugado la víspera de la batalla. Por otra parte, según López de Gómara, los vencidos explican que con Grijalva sólo se trataba de trocar oro, lo que aceptaban de buen grado. Pero cuando vieron que los barcos volvían en número mayor, creyeron que iban a despojarlos de todo y se sintieron engañados: por eso la coalición y la batalla.[14]

A primera vista, los mayas parecen actuar por decisión propia. Quisieron el enfrentamiento, como sus compatriotas de Champotón o de Campeche y, vencidos, se someten. No buscan ganar información; tampoco disponen de todo el oro que parecía tener el señor que vistió a Grijalva. Cuando los españoles les preguntan de dónde vienen sus riquezas, responden "del oeste" y agregan "Culúa" y "Mexico". Pero, precisa Bernal Díaz, "como no sabíamos qué cosa era *México* ni *Culúa*, lo dejábamos pasar por alto".[15]

[14] Díaz del Castillo, cap. 36, y López de Gómara, vol. 2, p. 48.
[15] Díaz del Castillo, cap. 36, p. 59.

El señor que había acudido cuando vino Grijalva esta vez no está. ¿No le avisaron a tiempo, sea porque estaba en campaña o porque los españoles de Cortés avanzaron demasiado rápido, sin detenerse largamente en la laguna de Términos? Es poco probable: entre la llegada a Cozumel y la batalla de Cintla trascurrió casi un mes, durante el cual los españoles mandaron mensajeros en busca de los náufragos por los caminos de la península. Los mexicas de Xicalanco necesariamente se enteraron, sin duda se transmitió enseguida la noticia a Moctezuma y podemos suponer que el emperador la recibió con gran pesar... ¿Decidió entonces probar a resistir? Quizá el responsable de las tropas del imperio en la región de Xicalanco recibió instrucciones de no dejarse ver, pero alentar a los mayas a unirse y pelear. Podemos imaginar que sus servicios secretos se burlaron de la excesiva prudencia de los chontales al tiempo que alababan el valor de los de Champotón, que habían logrado ahuyentar a Hernández de Córdoba. O que hicieron correr los rumores referidos por López de Gómara: ¡esta vez, los invasores se apoderarán de todo!, ¡nos engañaron! Esta última aserción es particularmente interesante, pues el argumento sólo tiene sentido en boca de Moctezuma y de su gente. ¿Qué engaño, en efecto, pueden reprocharle a Grijalva? Ninguno, excepto el de haberle dado al emperador esperanzas de que no regresaría...

Es muy posible, pues, que los mexicas contribuyeran a la formación de la alianza que combatió a los españoles, pero sin descubrirse. En ningún momento los aliados los mencionan, aunque a lo mejor citaron su nombre entre los de otros miembros de la coalición. Como sea, una cosa es segura: en lo sucesivo, cada vez que pueda, Moctezuma procurará que los demás combatan en su lugar.[16]

LOS DIOSES SE ESTABLECEN EN ANÁHUAC

El 20 de abril es Jueves Santo. Al anochecer, la flotilla ancla en la bahía de San Juan de Ulúa, y enseguida llegan dos grandes canoas que se dirigen a la nave capitana. Los indios suben a bordo, donde los recibe Cortés, pero hablan náhuatl, lengua que el intérprete Aguilar ignora, y no se entiende lo que quieren. Más tarde se sabrá que son enviados por el gobernador de la provincia de Cuetlaxtlan, Tentlilli, quien pregunta si los viajeros están de paso o si se proponen quedarse. Cortés les agradece la visita a sus huéspedes, les ofrece comida y bebida, les da unos

---

[16] Sobre estos hechos, ver Cortés, *Cartas de relación*, pp. 18-20; Díaz del Castillo, caps. 32-37; Tapia, *Relación...*, pp. 75-77, y López de Gómara, vol. 2, pp. 44-50.

regalos y trata de tranquilizarlos. Después, les anuncia su intención de ver a Tentlilli. Los enviados comen con recelo, pero el vino parece gustarles. Piden otro poco para llevarlo a su amo, así como alimentos, y se van. Al otro día, que es Viernes Santo, los españoles desembarcan. Construyen un campamento fortificado e instalan un altar y la artillería.[17]

Las versiones mexicas de los hechos, recogidas una o varias décadas después de boca de informantes que no fueron testigos, difieren todas entre sí, obviamente. Se contradicen y son, por lo demás, perfectamente inverosímiles. Informado de la llegada de los españoles, Moctezuma les manda a Tlillancalqui a preguntarles si piensan ir a Tenochtitlan, para que pueda prepararles el camino y recibirlos dignamente.[18] En otra versión, la de Sahagún, convoca a cinco embajadores y los envía a ofrecerle ropas divinas a Quetzalcóatl: "Id, no os demoréis. Haced acatamiento a nuestro señor el dios. Decidle: 'nos envía acá tu lugarteniente Moctezuma. He aquí lo que te da en agasajo al llegar a su morada de México'".[19] Serían esos embajadores los que fueron a ver a Cortés en su barco el día mismo de su llegada, el Jueves Santo. Si hemos de creer el relato de Juan de Tovar, lo visten y le dicen: "vístete señor de las ropas que antiguamente usabas, cuando andabas entre nosotros como Dios y Rey nuestro".[20] Luego le ofrecen otros atavíos, pero a Cortés el regalo le parece mediocre y manda que les pongan hierros en las manos y los pies. Para aterrorizarlos, hace tronar los cañones, "y en este momento los enviados perdieron el juicio, quedaron desmayados. Cayeron, se doblaron cada uno por su lado: ya no estuvieron en sí". Los españoles los levantan y los reaniman con vino y algo de comer. Una vez reconfortados, Cortés los desafía: hasta él ha llegado la fama de que los mexicanos son muy valientes, pueden pelear uno contra diez, hasta contra veinte. "Voy a ver yo, voy a experimentar qué tan fuertes sois, ¡qué tan machos!", lo citan los informantes de Sahagún. Pide que traigan armas y fija la contienda para el día siguiente, al alba. Los enviados se niegan, pretextan que se enojaría el emperador, quien sólo los mandó a saludar al recién llegado. Y, de prisa, abandonan el barco y huyen.[21]

[17] Cortés, *Cartas de relación*; López de Gómara, vol. 2, pp. 52-58, y Díaz del Castillo, cap. 38.
[18] Durán, *Historia...*, cap. 71.
[19] Sahagún, *Historia general...*, libro 12, cap. 4, p. 763. También lo que sigue.
[20] Tovar, *Códice Ramírez*, p. 82.
[21] Sahagún, *Historia general...*, libro 12, caps. 4-6, pp. 763-765. Tovar (*Códice Ramírez*, fol. 50v) agrega que los españoles proclamaban que irían a México y "les habían de destruir y matar y robar sus haciendas". Los indios habrían sa-

En la versión de la *Crónica X*, la recepción no es tan mala. Los españoles comen los guajolotes asados y demás víveres que les traen, y luego Tlillancalqui le dice a Cortés que a Moctezuma le encantará verlo, hacerle entrega del trono y adorarlo.

Pasaje interesante el de Sahagún, pues muestra cómo los temas de la leyenda se vienen a articular sobre un pequeño fondo de verdad.[22] Desde la llegada de los españoles, en efecto, dos indios subieron a bordo de su barco; la costa sin duda estaba permanentemente vigilada y los mexicas seguían paso a paso la progresión de los extranjeros. Aparte de eso, el retrato de Cortés que proponen los indios es tan poco realista como si hubiera sido pintado o esculpido por artistas mexicas.

En este relato, el capitán es cualquier cosa menos diplomático. Ahora bien, si hay una cualidad que poseía en su más alto grado, ¡era ésa! Pero a los narradores mexicas eso no les importa, lo que necesitan es contraste: por un lado, los intrusos, fuertes, brutales, terribles; unos conquistadores cuyo propósito es aterrorizar, como hace la Triple Alianza con sus enemigos. Es cierto que Cortés se ocupa de despertar un saludable temor, por ejemplo desplegando la eficacia de sus armas, pero lo hace de modo infinitamente más sutil que como aquí nos narran. El incidente de los grilletes puestos a los embajadores es, por supuesto, un invento: los grilletes de hierro, comparables con el dispositivo utilizado por los mesoamericanos para inmovilizar esclavos o cautivos –un palo que pasa por la espalda, bajo los brazos, y se fija con cuerdas– pero mucho más sólidos, impresionaron fuertemente a los indios, sobre todo cuando por miles y miles se vieron reducidos a la esclavitud después de su derrota. Por eso aparecen aquí, y los volveremos a ver en el primer encuentro entre Cortés y Moctezuma: a él también le habría puesto grilletes el capitán, ¡de buenas a primeras! Es falso, claro está, pero nada más elocuente y más significativo que esos hierros y cadenas. Proclaman claramente que desde los primeros contactos los mexicas están reducidos a la esclavitud.

Si los españoles aterrorizan, por el lado mexica en cambio lo que encontramos es temor abyecto, sumisión y cobardía, desde el rey hasta sus enviados. Estos soberbios, convencidos de que valían cada uno por

cado de ello la convicción de que "no era aquel señor que esperaban, sino algún cruel enemigo suyo, el cual ahí venía con esta gente tan feroz", ejemplo de las puntadas venenosas del jesuita contra los conquistadores. Pero hará escuela. Algunos autores de hoy retoman su idea de la llegada del *enemigo* de Quetzalcóatl, ¡o sea Tezcatlipoca!

[22] Respecto a su inverosimilitud, ver también Vázquez Chamorro, *Moctezuma*, pp. 28-29.

diez o veinte enemigos (pero que en general mejor se las arreglaban para luchar diez contra uno), ¡ahí están, temblando como hojas al solo ruido del cañón, a la sola vista de las espadas! En Cintla, en Champotón, ¡los indios han mostrado otra clase de valor!

Está claro que los informantes no son mexicas: Sahagún, en efecto, ha recogido sus versiones en Tlatelolco y, si bien los tlatelolcas combatieron contra los invasores hasta el final, no por eso olvidaron sus rencores contra sus estorbosos vecinos.

El relato también pinta con brocha muy gorda la actitud de Moctezuma. Veremos más adelante que el tono del emperador o de sus embajadores es mucho más digno y altivo. Es verdad que el *tlatoani* piensa en el regreso de Quetzalcóatl, pero, en primer lugar, no está dicho que el dios esté entre los que acaban de llegar: pueden ser enviados o vanguardias, como en el viaje anterior. Además, aun admitiendo que fuera Quetzalcóatl, ¿es eso una razón para no defenderse? ¿No conviene más ponerse del lado de los enemigos de la Serpiente Emplumada, es decir, del lado de Tezcatlipoca y Huitzilopochtli? Antes que nada, hay que averiguar con quién se está tratando: por ejemplo, ofreciendo varios atavíos divinos para ver cuál aceptará el *téotl*.

El Viernes Santo, entonces, Cortés ya dispone de una sólida cabeza de puente en territorio mexica. La población de las aldeas aledañas afluye y, muy pronto, indios y españoles se entregan a infinitas operaciones de trueque. Cortés prohíbe aceptar oro, para no evidenciar demasiada avidez.

El domingo de Pascua, Tentlilli y Cuitlalpítoc[23] llegan de Cuetlaxtlan, ubicado unos cuarenta kilómetros al sur. Con ellos vienen cuatro mil hombres y víveres en cantidad. Saludan a Cortés del modo acostumbrado, inclinándose para tocar la tierra, recoger un poco entre los dedos y llevársela a los labios. Además, lo sahúman y se sangran en su honor. Cortés los abraza. Después, le ofrecen víveres y joyas. Aquí es donde ha de ubicarse la escena en que visten a Cortés, pues éste a su vez manda que vistan a Tentlilli con "una camisa de Holanda, un sayón de terciopelo y una cinta de oro".[24]

---

[23] López de Gómara desfigura el nombre en "Quintalbor", también mencionado en Anglería. Díaz del Castillo nombra a Tendile y "Pitalpitoque", y atribuirá a un tercero el nombre de "Quintalbor", sin percatarse de que, como Pitalpitoque, se trata de una deformación de Cuitlalpítoc.

[24] Cortés, *Cartas de relación*, p. 21. Vázquez Chamorro (p. 28) agrega que es materialmente imposible que se trate de enviados de Moctezuma, puesto que el viaje de ida y vuelta requiere de seis días por lo menos. Eso es correcto. Aun

Según el relato de Sahagún, son cuatro los atuendos que Moctezuma confió a sus embajadores y pertenecen respectivamente a Quetzalcóatl en su aspecto de dios del final de Tollan, a Tezcatlipoca, a Tláloc y a Quetzalcóatl como dios del viento, Ehécatl. Dos dioses nocturnos-terrestres-lunares –Tezcatlipoca y Tláloc–[25] y dos dioses luminosos, diurnos: Quetzalcóatl como astro matinal y el Quetzalcóatl del ocaso de Tollan. Nótese que ese Quetzalcóatl declinante, "cercano a la tierra", es extremadamente parecido a Tláloc. Y, en tanto sol de la tarde reflejado en un espejo negro, también se asemeja a Tezcatlipoca, Espejo (negro) Humeante.[26]

Los indios visten a Cortés y él se deja. No elige la ropa y las insignias de Tezcatlipoca ni de Tláloc. Mala señal: el extraño no se pone del lado de los dioses que reinan en el centro de México, Huitzilopochtli-Tezcatlipoca y Tláloc. En cambio, viste el atuendo del Quetzalcóatl del ocaso de Tollan, el Quetzalcóatl del amplio penacho verde en abanico, quizá el mismo que ahora conserva el museo etnológico de Viena: el dios envejecido, inofensivo, inmóvil, fácil de engañar. Habrá sido un consuelo, quizá, para Moctezuma.[27]

Hasta ahora, todo ha sucedido sin que las partes se comprendan realmente. En ese punto, alguien se percata de que una de las esclavas

si la noticia le llega al emperador en un tiempo récord de veinticuatro horas gracias a un sistema de relevos –es lo que dice la primera carta enviada a Carlos V–, hay que agregar nueve días para que la embajada pueda llegar de México a la costa. Pero en este caso los interlocutores de Cortés llegan de Cuetlaxtlan, no de Tenochtitlan. Contemos entonces veinticuatro horas para avisar, otro tanto para que le lleguen instrucciones al sobreintendente-gobernador y un buen día de camino para la delegación; llegamos a un estricto mínimo de tres días. Y sabemos que la flota ancla el miércoles al anochecer y que la embajada llega el domingo. Por lo demás, hay que tomar en cuenta que Moctezuma sin duda había sido informado del paso de Cortés por Potonchan, y la victoria de éste, el 25 de marzo, le hizo saber que había llegado la hora esperada. Si es así, tuvo tiempo de sobra para enviar los trajes divinos a Cuetlaxtlan junto con sus instrucciones, en previsión de la llegada de los extranjeros a Ulúa.

[25] Sobre las relaciones entre Tláloc y la luna: en el *Codex Vaticanus A*, el paraíso de Tláloc está situado en la luna (ver también el siguiente capítulo, "El imperio se fisura"). Según la *Historia de los mexicanos por sus pinturas*, el dios que se convirtió en luna tras el sacrificio de Teotihuacan era el "hijo" de Tláloc.

[26] Seler (*Comentarios al Códice Borgia*, p. 70) habla de cuatro aspectos de una misma deidad.

[27] Seler, *Gesammelte Abhandlungen...*, vol. 2, pp. 412-416. Ahí señala la importancia de la p. 77 del *Codex Magliabechiano*, en la cual figuran cuatro dioses semejantes a los cuatro cuyos atuendos se le ofrecen a Cortés.

recibidas en tierra maya de manos de Tabasco, el rey de Potonchan, está platicando sin dificultad con los hombres del gobernador Tentlilli. Cortés entiende de inmediato. Convoca a la joven Malinalli-Marina, y le promete su libertad si lo sirve lealmente como intérprete y secretaria. Por supuesto, Marina acepta. Desde ese día, traduce del náhuatl al maya y Aguilar, del maya al español. Pero muy pronto ella aprenderá el español y cumplirá en la Conquista un papel considerable al lado del conquistador, al cual le dará un hijo, Martín Cortés.

Llega la hora de la misa, que los mexicas siguen con curiosidad; después, los embajadores son invitados a pasar a la tienda de campaña del capitán, a conferenciar y a comer. ¿Lleva Cortés todavía, encima de su propia ropa, el atavío de Quetzalcóatl? Parece poco probable y al menos tuvo que quitarse, para comer, la máscara ornada de mosaicos que representan una serpiente. Por su parte, Tentlilli tal vez ya habrá cambiado la incómoda camisa de tela y el vestido de terciopelo por su ropa habitual de algodón, un maxtate y una manta ligera, incomparablemente más adecuados para el bochorno húmedo de la costa del Golfo.

Cortés explica a sus huéspedes que es vasallo del emperador de los cristianos, Carlos de Austria, rey de España y señor de la mayor parte del mundo. Ha sido enviado al reino de los colhuas para visitar a su rey y transmitirle un mensaje del emperador. Tentlilli se alegra de saber cuán bueno y grande es este emperador, pero aclara que el soberano al cual él mismo sirve no lo es menos. Envalentonado por las revelaciones de Cortés, quien al cabo sólo resulta ser un enviado igual que él, habría agregado: "Aún ahora has llegado y ya le quieres hablar; recibe ahora este presente que te damos en nombre de nuestro señor, y después me dirás lo que te cumpliere [qué se te ofrece]".[28] Ofrece entonces joyas y cargas de telas de algodón, para recibir a cambio falsas perlas, un sillón de madera tallado y pintado, piedras de pirita y "una gorra de carmesí con una medalla de oro de San Jorge a caballo con su lanza, que mata un dragón". Cortés le pregunta si Moctezuma posee oro y, como Tentlilli contesta que sí, lo invita a traer en su próxima visita, pues, le explica, "tenemos yo y mis compañeros mal de corazón, enfermedad que sana con ello".[29] Mientras tanto, unos indios del sé-

[28] Díaz del Castillo, cap. 38, p. 64. Según la carta de la Vera Cruz (Cortés, *Cartas de relación*, p. 21), Cortés les pide que acepten decirse vasallos de Su Majestad y pagar tributo, y su interlocutor responde que estará encantado de servir a tan poderosos reyes. Los acontecimientos posteriores vuelven poco creíble esta versión.

[29] López de Gómara, vol. 2, p. 56.

quito del gobernador dibujan todo lo que ven: hombres, caballos, perros, armas, barcos...

Para don Hernán, llegó el momento de impresionar a sus interlocutores. Como si fuera para honrarlos y para que Moctezuma esté debidamente informado, hace desfilar a su tropa, con la música a la cabeza. También hay un simulacro de combate, la pequeña caballería carga, la artillería truena... los mexicas miran, espantados. Sin embargo, el estupor no le impide a Tentlilli observar, en la cabeza de un dios menor, un casco dorado parecido a los de los antepasados de los mexicas, y lo pide para enseñárselo a Moctezuma. Cortés se lo da, pero le ruega que se lo traiga de vuelta lleno de granos de oro, para ver si el oro mexica es parecido al que conocen los españoles.

La delegación mexica se despide, después de prometer víveres y más obsequios. Dos dignatarios, Cuitlalpítoc y otro, se quedan con unos mil hombres, que construyen chozas de ramas y se hacen cargo de abastecer a los huéspedes extranjeros de alimentos, agua y leña. Además, permanecen con ellos mujeres que muelen el maíz y cocinan.

De regreso en Cuetlaxtlan, el gobernador-intendente de la ciudad envía mensajeros al emperador para explicarle lo ocurrido y entregarle los dibujos, los regalos de los recién llegados, así como una muestra de su comida. Bernal Díaz cuenta que al ver todo eso Moctezuma "quedó admirado y recibió mucho contento", y que el casco dorado terminó de convencerlo de que los intrusos eran "de los que le habían dicho sus antepasados que vendrían a señorear aquella tierra".[30]

El contento descrito por el viejo conquistador es sin duda exagerado, como lo es la postración que las fuentes mexicas atribuyen a Moctezuma. Según éstas, mientras esperaba noticias todavía, no comía, no dormía y "casi cada momento suspiraba": "–¿Qué sucederá con nosotros? ¿Quién de veras quedará en pie? ¡Ah, en otro tiempo yo fui...! ¡Vulnerado de muerte está mi corazón! ¡Cual si estuviera sumergido en chile, mucho se angustia, mucho arde...! ¿A dónde, pues, nuestro señor?" Después, el emperador se queda mudo, como muerto. Cuando llegan por fin los mensajeros, los recibe en el Coacalco –el templo de todos los dioses, extranjeros incluidos–, hace sacrificar a dos cautivos en su honor y los salpica con la sangre. Han visto a los dioses y hablado con ellos en lugares llenos de espanto, ¿no son ellos mismos entonces un poco dioses? ¿No están de alguna manera muertos y glorificados, como

[30] Cortés, *Cartas de relación*, p. 21; López de Gómara, vol. 2, pp. 52-58; Díaz del Castillo, cap. 38, p. 65; Las Casas, *Historia...*, vol. 2, p. 465, y Alva Ixtlilxóchitl, vol. 2, pp. 198-199.

todos los que han mirado a los dioses a la cara? Los mensajeros presentan un informe detallado y Moctezuma "se llenó de grande temor".[31]

AUTÓCTONOS Y RECIÉN LLEGADOS

Quedó, en todo caso, muy turbado. Y, ya lo vimos, convencido de que pronto moriría, puesto que mandó tallar su estatua en Chapultepec. Finalmente, ¿de qué se ha enterado el emperador? De que los intrusos son enviados, cosa que a primera vista puede parecer tranquilizadora –cuando Tentlilli lo escuchó, se sintió más cómodo–, pero realmente no lo es. Probablemente son más humanos de lo que se creía, pero no dejan de ser *teteo*, seres extraordinarios, y representantes del poderoso soberano de un imperio lejano –tal vez un reino en el cielo, ¿quién sabe?[32]

Representan, entonces, a otras personas: eso significa que, tras el grupo que acaba de desembarcar, vendrán otros, cada vez más numerosos. Por otro lado, Cortés seguramente habló de Dios: ese dios y ese gran soberano ¿no podrían ser el Creador, Ometecuhtli, y Quetzalcóatl? Se dice que Serpiente Emplumada era afecto al lujo, y los extranjeros siempre quieren oro... Pero, lo que Moctezuma sabe ahora, sobre todo, es que los extranjeros quieren venir a verlo. No se van a ir como el anterior visitante. Quieren venir a Tenochtitlan y, probablemente, ¡quedarse!

¿Fue entonces cuando el emperador entendió, o fue en los siguientes días, mientras seguían afluyendo informes y noticias? ¿Fue entonces

---

[31] Sahagún, *Historia general...*, libro 12, cap. 6-7, pp. 765-766, y Durán, *Historia*, cap. 71, p. 571. Tovar (*Códice Ramírez*, fol. 51) afirma que ese tipo de sacrificios era costumbre cuando se recibía a embajadores importantes. Pero probablemente generaliza a partir de este caso pues, que yo sepa, no hay otro ejemplo de ese ritual entre los mexicas.

[32] Muñoz Camargo (*Descripción...*, p. 234) relata una discusión ficticia, inventada *a posteriori*, de las preguntas que Moctezuma plantea a sus hechiceros respecto a la divinidad de los españoles. Los hechiceros tienden a creer que éstos son humanos: comen, beben, aspiran a satisfacciones humanas. Además, "si fueran dioses [decían ellos] no derribaran ni maltrataran a nuestros dioses porque fueran sus hermanos y, pues que los maltratan y derriban no deben de ser dioses sino gentes bestiales y bárbaras. Y, pues que así ofenden a nuestros ídolos, ellos le darán pago". Está claro que se trata de un ataque contra los conquistadores, elaborado más tarde: para los mexicas, que saben de las luchas entre Quetzalcóatl y Tezcatlipoca, ese razonamiento sobre los dioses que no se maltratan unos a otros carece de sentido. Los españoles, pues, serían hombres, pero los hechiceros tampoco lo afirman categóricamente porque, primero, los blancos son inmunes a sus sortilegios; segundo, montan extraños animales, y tercero, con fuerzas humanas, ¿cómo podrían manejar espadas y ballestas?

cuando se percató? Ese pequeño grupo de guerreros pobres y desprovistos, sin casi nada que comer, ávidos de bienes y oro, siempre en movimiento y tan, tan temibles, él mejor que nadie debe reconocerlos. ¿Acaso no presentan un extraño, un ominoso parecido con los mexicas de los principios de las peregrinaciones, cuando también venían llegando procedentes de Aztlan? ¿Acaso no son ellos también nómadas pobres y desprovistos, conducidos por su Dios hacia una tierra prometida que van a conquistar y donde se harán dueños de todas las riquezas? Aparecieron en el extremo oriente. ¿No llegan, pues, como el sol naciente de una nueva era? ¿Igual que los antiguos mexicas? Pero los tiempos han cambiado... Los pobres errantes elegidos por Huitzilopochtli se han hecho sedentarios, se han hecho ricos: ahora ellos son los opulentos autóctonos refinados, ¡víctimas dispuestas para los jóvenes conquistadores!

Sí, ¡no faltan ejemplos en la historia! Los toltecas abandonaron su tierra de origen y llegaron al valle de México; guiados por Mixcóatl y Quetzalcóatl anduvieron largamente en busca de una tierra de abundancia y al llegar sometieron a los autóctonos. Después, conquistaron el mundo. Pero poco a poco, al contacto con los vencidos, se civilizaron y perdieron su ardor. El Sol de Quetzalcóatl se apagó, el dios fue vencido por su adversario de siempre, tuvo que huir. Esos acontecimientos se repitieron y conforman la historia misma de los mexicas, en la presente era dominada por Tezcatlipoca-Huitzilopochtli. Y he aquí que unos desconocidos desembarcan, del lado por donde se dice que se fue Quetzalcóatl: unos desconocidos determinados a seguir adelante y que parecen tan temibles como Quetzalcóatl o Huitzilopochtli, cada uno vencedor de cuatrocientos adversarios. ¡Cuatrocientos! Según algunos sabios, cuatrocientos eran los guerreros con los cuales antiguamente Huitzilopochtli, llegando de Aztlan, desembarcó en esa misma costa oriental, por el lado de Pánuco. Precisamente, los recién llegados no han de ser muchos más.[33] Las señales, los rumores, no mentían: ¡el fin se acerca!

Entonces, ¿qué hacer? ¿Qué decidir, en una situación tan espantosa, tan extraña y al mismo tiempo tan familiar? Moctezuma medita, rumia y consulta. Primero consulta a los dioses: Huitzilopochtli y Tezcatlipoca responden que no debe ver a Cortés ni recibir sus mensajes;[34] un céle

---

[33] Sobre Huitzilopochtli y sus cuatrocientos hombres, ver Fernández de Oviedo (vol. 4, p. 245), aunque es muy posible que, en realidad, esa versión esté inspirada por la llegada de Cortés.

[34] Díaz del Castillo, cap. 41, pp. 69-70, donde también escribe: "porque el Moctezuma tenía pensamiento que si no nos tornábamos a ir en los navíos, de nos haber todos a las manos para que hiciésemos generación [tenernos cautivos para que tuviéramos hijos], y también para tener qué sacrificar".

bre oráculo de Tilantongo, en la Mixteca, ha sido interrogado también sobre el propósito y los efectos de la llegada de los extraños, y la estatua, por lo visto, profetizó el fin del poder indio.[35] Luego, consulta a los hombres: si hemos de confiar en el historiador Alva Ixtlilxóchitl de Texcoco, más creíble esta vez, Moctezuma reunió en consejo a todos los grandes del imperio y les presentó la situación en forma de disyuntiva: o bien los recién llegados son Quetzalcóatl y sus hijos que vienen a desposeerlo, en cuyo caso hay que cerrarles el camino e impedirles entrar; o bien son emisarios de aquel gran soberano del Levante, allende el agua divina, y entonces hay que recibirlos. Se desata una vehemente discusión. Cuitláhuac, el enérgico hermano del emperador, habla claro y breve: "Mi parecer es, gran señor, que no metáis en vuestra casa quien os eche de ella, y no os digo ni aconsejo más". Cacama de Texcoco reacciona diciendo que toda embajada merece ser recibida, más aún cuando viene de un personaje tan considerable como este soberano de ultramar. Si sus enviados tienen malas intenciones, no faltan capitanes valerosos para proteger al emperador. Mejor recibirlos y saber pronto a qué atenerse, en vez de impedirles el paso y darles la impresión de que uno no sabe qué hacer y les teme. Todos los hombres audaces aprueban a Cacama, pero Moctezuma se inclina por Cuitláhuac y decide impedir la llegada de Cortés.[36]

Muñoz Camargo de Tlaxcala también menciona consultas varias, pero hechas por un Moctezuma tranquilo y relajado, pues los intrusos son pocos y su fuerza de escasa consideración, y si son dioses o mensajeros de los dioses, siempre habrá manera de aplacarlos con las oraciones y los sacrificios. El consejo decide dejarlos pasar pero Moctezuma prohíbe que avancen más allá de Cempoala hasta saber exactamente quiénes son.[37]

Si bien la versión de Muñoz todavía se puede conciliar con la de Alva Ixtlilxóchitl y con los hechos, no pasa lo mismo con la de Durán: según él, el consejo decide que los españoles pueden llegar a Tenochtitlan y deben ser bien recibidos en todas partes. El dominico aprovecha la ocasión para poner en boca del desdichado *tlatoani* algunos monólogos tan proféticos como apócrifos. Moctezuma sabe que los extranjeros lo van a matar y le encarga sus hijos a su amigo Tlillancalqui, que debe protegerlos y esconderlos para evitar que los mexicas, malvados y perversos, los exterminen. Tlillancalqui trata de consolarlo, explicándole

---

[35] Burgoa, vol. 1, p. 277.
[36] Alva Ixtlilxóchitl, vol. 2, p. 200.
[37] Muñoz Camargo, *Historia...*, pp. 234-235.

lo buenos y amables que son los dioses: hay que tratar de agradarles, y eso, en efecto, hará el emperador.[38]

Está en lo cierto Alva Ixtlilxóchitl. De acuerdo con su hermano Cuitláhuac, Moctezuma va a tratar de impedir la llegada de los invasores a la ciudad, pues eso es lo que le enseña la historia de su pueblo –los mitos, si así preferimos llamarlos–: siempre los ricos sedentarios autóctonos han intentado inmovilizar a los jóvenes conquistadores fogosos. En el presente caso, hay que eludir el enfrentamiento directo. La batalla de Cintla ha demostrado que ni aun con fuerzas cien veces superiores se puede derrotar a los recién llegados; si son aproximadamente cuatrocientos, hacen falta por lo menos cuatrocientas veces más hombres, como en Coatépec o en el Mixcoatépec. Pero mandar un ejército tan numeroso hacia la costa implicaría dejar indefensa a la Triple Alianza, quizás incluso empujar a los totonacos y a los tlaxcaltecas a los brazos de los españoles. De todos modos, tomaría tiempo.

Por ahora, pues, lo sensato es esperar y ver. Y, de ser posible, evitarse problemas desviando la amenaza. La expedición anterior llegó y se fue, ¿por qué no haría lo mismo ésta? ¿Y más con un empujoncito? Hasta ahora, cuando esos dioses desembarcaban en algún lado, era para conseguir agua, víveres y, más que nada, oro. ¡Démosles todo eso, y que se vayan! ¡Si se empecinan, que se les corte el abastecimiento y se les ataque por medios secretos! Se despachan a Cuetlaxtlan instrucciones precisas, junto con regalos espléndidos.

A los siete u ocho días de su partida, Tentlilli regresa a Ulúa-Chalchiuhcueyecan con unos cien cargadores y los obsequios. Treinta cargas, es decir, seiscientas mantas, de algodón, penachos de plumas, ropas variadas, rodelas dorsales, animales realizados en oro de manera muy realista, patos, perros, jaguares…, pieles de diversas fieras y, sobre todo, un disco de oro de cien marcos (unos veintitrés kilos) que representa el sol y un disco de plata de cincuenta y dos marcos que representa la lu-

---

[38] Alvarado Tezozómoc, *Crónica mexicana*, cap. 110, y Durán, *Historia...*, cap. 71. Moctezuma, hasta entonces descrito como un déspota orgulloso, pasa de repente al bando de los santos. En efecto, tiene todo lo que le puede gustar al fraile: es víctima de los mexicas y de los españoles, lo calumnian tanto sus compatriotas más antieuropeos como los conquistadores. Éstos lo acusan de duplicidad, aquéllos de traición. Pero, para Durán, es como si el monarca hubiera hecho don de su persona a su país para atenuar sus desgracias: "siempre, hasta que murió, deseó la paz y concordia y se sujetó así a las cosas de la fe como al servicio de Su Majestad, poniéndose en manos de los españoles con corazón sincero y afable, y sin doblez ninguno".

na.[39] Además, por supuesto, el casco dorado lleno de granos de oro. Todo eso se deposita a los pies de los principales dioses, después de sahumarlos. Luego viene la respuesta de Moctezuma: el gran *tlatoani* se alegra mucho "de saber y ser amigo de tan poderoso príncipe como le decían que era el rey de España" y de ver llegar a esos extranjeros. Que diga su jefe cuánto tiempo piensa quedarse y qué necesita, nada le faltará. Y si hay algo en el país que le agrade para llevarlo al gran emperador de los cristianos, Moctezuma se lo dará "de muy buena voluntad". En cuanto a verlo y hablar con él, eso lamentablemente no es posible y el emperador los libera de esa cortesía: está enfermo y no puede viajar a la costa; tampoco pueden los españoles ir hasta Tenochtitlan porque el viaje es muy peligroso y trabajosísimo, hay en el camino muchas sierras y muy altas, grandes despoblados desérticos donde pasarían hambre y sed y, más aún, algunas regiones están bajo el control de enemigos suyos, "gente cruel y mala que lo[s] matarían sabiendo que iba[n] como su amigo".[40]

La respuesta del soberano azteca y su generosidad no producen el efecto esperado. Lejos de saciar a los conquistadores, los metales preciosos sólo aumentan su avidez. En lugar de asustarlos, las advertencias de Moctezuma los llevan a pensar que él tiene miedo –lo cual es innegable. Por añadidura, descubren la existencia de enemigos de Moctezuma en el camino a Tenochtitlan –y toman nota. Todo se junta para incitar a los más atrevidos a seguir adelante.

Cortés, por su parte, no vacila. Agradece los regalos a Tentlilli, obsequia a su vez lo mejor que tiene a la mano y explica que no puede dejar de ir a ver a un rey tan bueno y poderoso: no cumplir con su embajada sería una grave falta a las leyes de la caballería y podría exponerlo a

---

[39] Esos discos, inicialmente, estaban destinados a Grijalva. Los cientos de mantas y los animales de oro no figuran en el inventario anexado a la carta del cabildo de la Vera Cruz a los reyes españoles. Al menos respecto a las mantas, es dable suponer que los españoles las conservaban para su propio uso, o como moneda de cambio para su abastecimiento.

[40] Cortés, *Cartas de relación*, p. 21; *Anales de Tlatelolco*, p. 101, y Tapia, *Relación...*, p. 80. López de Gómara (vol. 2, pp. 58-60) ofrece el relato más detallado, que siguen Díaz del Castillo (cap. 39), Muñoz Camargo (*Historia...*, libro 2, cap. 1), y Alva Ixtlilxóchitl (vol. 2, p. 202). Las Casas (*Historia...*, vol. 2, pp. 465-467) añade que vio los dos grandes discos en 1520 en Valladolid, el mismo día que el emperador, y que lo maravillaron su delicado trabajo y extremada belleza. De la respuesta negativa de Moctezuma dan testimonio, cada quien por su lado, tanto el autor de los *Anales de Tlatelolco*, de 1528, como López de Gómara.

perder el favor de su rey. Por lo demás, si ya ha recorrido dos mil leguas por el mar, bien puede andar otras setenta por tierra. Así que le ruega al gobernador que tenga a bien enviar nuevos emisarios a Mexico-Tenochtitlan para anunciar la determinación de los españoles... y que los mande sin demora, agrega con cierta imprudencia, porque los víveres podrían empezar a escasear. Tentlilli tranquiliza a Cortés: cada día se mandan mensajes a la capital y, respecto a los víveres, abundan en la costa. Mientras los extranjeros esperan, que descansen y se diviertan; si lo desean, podrían instalarse en un lugar mejor y más cómodo, a seis o siete leguas, cerca de Cuetlaxtlan. Cortés rechaza la propuesta.[41]

Entonces ocurre un desagradable incidente. Es difícil saber qué pasó exactamente porque los textos que lo mencionan, de origen mexica, dan versiones distintas. Como de costumbre, los indios quieren ofrecer una comida a sus huéspedes; ya que se trata de *teteo*, unas cuantas víctimas humanas mejorarán el menú dignamente. Antes que los españoles puedan entender lo que está pasando, se sacrifica a un hombre, se recoge su sangre en una "vasija del águila", y se les ofrece para que la beban. Sumamente indignado, Cortés se interpone con violencia; algunos dicen incluso –aunque no lo confirma ninguna fuente española– que saca su espada y mata al sacrificador. Por su lado, los informantes de Sahagún afirman que los indios habían rociado las tortillas con la sangre de las víctimas.

Pero cuando ellos vieron aquello, sintieron mucho asco, escupieron, se restregaron las pestañas; cerraban los ojos, movían la cabeza. Y la comida que estaba manchada de sangre, la desecharon con náusea; ensangrentada hedía fuertemente, causaba asco, como si fuera una sangre podrida. Y la razón de haber obrado así Moctezuma es que él tenía la creencia de que ellos eran dioses, por dioses los tenía y como a dioses los adoraba. Por esto fueron llamados, fueron designados con "Dioses venidos del cielo". Y en cuanto a los negros fueron dichos "Divinos sucios".[42]

Versiones indígenas, poco confiables por lo tanto. Los españoles no habrían olvidado señalar un hecho tan extraordinario como un sacrificio

[41] López de Gómara, pp. 52-58.
[42] *Anales de Tlatelolco*, p. 101. Durán (*Historia...*, vol. 2, p. 521) habla de diez víctimas listas para el sacrificio. Juzga poco probable la versión según la cual Cortés hizo matar a los sacrificadores. Sahagún, *Historia general...*, libro 12, cap. 8, pp. 766-767.

humano perpetrado ante sus ojos, en su propio campamento. Podemos suponer que sólo se les presentó a hombres todavía vivos o, posiblemente, comida rociada con sangre de víctimas inmoladas anteriormente.

Al dar la orden de ofrecer a los recién llegados hombres sacrificados, Moctezuma seguía buscando averiguar con más precisión con quién estaba tratando. Los tlaxcaltecas, más adelante, intentaron la misma prueba. El conquistador Andrés de Tapia cuenta cómo, unos días antes de alcanzar Tlaxcala, vieron llegar a unos indios con cinco cautivos. Y Cortés escucha estas alucinantes palabras: "Si eres dios de los que comen sangre y carne, cómete esos indios, y traerte hemos más; y si eres dios bueno, ves aquí incienso y plumas; y si eres hombre, ves aquí gallinas y pan y cerezas". En esos casos, añade Tapia, Cortés siempre les respondía que él y sus compañeros eran hombres como ellos.[43] Frasecita importante, corroborada por cantidad de textos más: confirma que el conquistador nunca se hizo pasar por Quetzalcóatl y mucho menos, desde luego, creó el mito del regreso del dios.

TÁCTICAS DE HOSTIGAMIENTO

Moctezuma quiere saber, porque está preparando la confrontación decisiva. Tentlilli no sólo regresó con cargadores, sacerdotes y víctimas para sacrificar sino que también trajo hechiceros, cuya misión era ver qué cosa eran estos invasores y si resultaba posible "procurarles algún maleficio": "pudiera ser que les soplaran algún aire o les echaran algunas llagas [...] o con alguna palabra de encantamiento les hablaran largamente y con ella tal vez los enfermaran, o se murieran, o acaso se regresaran a donde habían venido". Los intentos no dan resultado: los hechiceros se sienten "como unas nadas" frente a los forasteros.[44]

Otra arma secreta resulta igualmente inútil: se trata de un compañero del gobernador Tentlilli, un señor que tiene un asombroso parecido con Cortés, tanto que lo españoles así lo llaman. Ha sido elegido por Moctezuma en persona –con la ayuda, claro está, de los mensajeros que habían visto al capitán.[45]

¿Qué se propone el emperador con poner a Cortés en presencia de su sosias? Sólo se puede conjeturar... Hay quien ha sugerido que era una manera de darle la bienvenida al recién llegado o de darle a entender que no se le consideraba como un dios, puesto que un mortal se le

[43] Tapia, *Relación...*, p. 90.
[44] Sahagún, *Historia general...*, libro 12, cap. 8, p. 767.
[45] Díaz del Castillo, cap. 39, p. 66.

parecía.[46] ¡Pero era fácil conseguir este resultado sin tanto esfuerzo, con sólo decírselo, como más tarde lo hará Moctezuma! Otros han hablado de una especie de "magia por personificación", sin poder precisar más.[47]

Uno puede preguntarse si el sosias en cuestión no sería el equivalente de una imagen en espejo. Una de las tretas que Tezcatlipoca había utilizado para perder a Quetzalcóatl consistió en presentarle un espejo; cuando vio su cuerpo-materia y su rostro deformado, el dios se sintió desconcertado y avergonzado, y después de eso cometió un error tras otro. ¿Habrá contado Moctezuma con lograr el mismo efecto en el nuevo Quetzalcóatl o su enviado? ¿O quería hacerle saber al capitán que tenía un reflejo y era, por lo tanto, un astro en su ocaso y no el victorioso sol ascendiente? Algunas imágenes de espejo deformadas, en efecto, tenían fama de "provocar conflicto con uno mismo". Para ahuyentar a los brujos, había que procurar hacerles ver su propia imagen en un espejo improvisado, formado por "una navaja de piedra negra en una escudilla de agua".[48]

Así que lo más probable es que se tratara de una trampa, destinada a turbar al enemigo y hacerle cometer errores. Pues en la partida terrible, de dimensiones cósmicas, que está empezando, cualquier error es fatal para el primero que lo comete, o por lo menos, eso enseñan los mitos sobre la transición de una era a otra.

Cortés no se turba, puesto que no advierte nada. Sólo insiste en que Tentlilli mande otros mensajeros a Tenochtitlan lo antes posible; el embajador consiente, de mal grado, y se retira. Cuitlalpítoc se queda para supervisar el servicio de los españoles. Pero, a medida que pasan los días, los va descuidando más. Vienen menos indios a hacer trueque. El pequeño ejército de conquistadores espera, en el calor de las playas infestadas de mosquitos agresivos de los pantanos aledaños. Decenas de españoles mueren de enfermedades, de las heridas recibidas en Potonchan y, con el paso de los días, de desnutrición. Cuitlalpítoc observa.

A los diez días, Tentlilli regresa, trayendo ahora diez cargas de muy ricas telas, objetos de oro y sobre todo cuatro piedras verdes espléndidas destinadas a Carlos V: para los indios, esos jades son valiosísi-

[46] Vázquez Chamorro, *Moctezuma*, p. 40, y Orozco y Berra, vol. 4, p. 119.

[47] Davies, *The Aztecs...*, p. 242. Collis (p. 68): "La magia mexicana atribuía al doble de un dios poderes y papeles variados". Innes (p. 120) cree que se usaba al sosias al modo de una estatuilla para hechizar.

[48] Sahagún, *Historia general...*, libro 1, cap. 8, p. 33, y libro 5, apéndice, p. 284.

mos.[49] El embajador dice cuánto le agradaron al gran *tlatoani* los regalos de los españoles, pero agrega que no se debe hablar más de un encuentro, ni de mandar mensajeros a Tenochtitlan. Cortés responde que no se irá sin haber visto a Moctezuma. En eso, suena el ángelus y todos los soldados se arrodillan, volteando hacia una cruz erigida en lo alto de un cerro. Tentlilli y Cuitlalpítoc se sorprenden y Cortés aprovecha para que el padre mercedario les dé ahí mismo una plática sobre los fundamentos del cristianismo. Después, el capitán retoma la palabra para explicar que los españoles han sido mandados para impedir los sacrificios humanos, el robo y el culto a los ídolos, a los cuales pide remplazar con cruces e imágenes de la Virgen. Hábil político y avezado estadista, juega la carta que le servirá hasta el final, la del derecho, incluso el deber, de "injerencia humanitaria". Europa interviene en América por mandato de una instancia supranacional, el Papa. Quiere proponer a los indios una ideología más humana, la religión cristiana, que propugna la libertad del hombre. Quiere derrocar a los tiranos inicuos y poner fin a crímenes contra la humanidad como son las inmolaciones de hombres y el canibalismo. Y quiere, finalmente, completar esta lista de beneficios mejorando el nivel de vida de los indios. Si éstos rechazan las múltiples ventajas ofrecidas, habrá que imponérselas por la fuerza. Aunque el costo sea de miles y miles de muertos: ¿acaso la salvación eterna de los demás y de las futuras generaciones no justifica, por sí sola, ese sacrificio –si cabe utilizar esta palabra?

Tentlilli y Cuitlalpítoc se retiran, no muy persuadidos. Han fracasado en su misión, los invasores se aferran. Hay que pasar a la estrategia alternativa prevista por el emperador: si se quieren quedar, que se las arreglen solos. A la mañana siguiente, no queda alma viva cerca del campamento español. Los señores, su séquito, los cargadores y la multitud de sirvientes que habitaban las chozas de ramas se han desvanecido. Es casi una declaración de guerra. Cuando un destacamento, bajo las órdenes de Alvarado, sale a merodear hacia los rumbos de Cuetlaxtlan, encuentra la campiña desierta y frecuentes huellas de sacrificios humanos. Los españoles, temiendo un ataque inminente, organizan su defensa. Pero nada sucede.

Al otro día, los centinelas ven llegar a unos pocos indios que piden ver al capitán. Hablan totonaco, pero dos de ellos saben náhuatl. Cortés los recibe. Traen un mensaje de su señor, el rey de Cempoala, quien le da la bienvenida y se ofrece a servirlo –y quisiera saber, por otro lado,

---

[49] Orozco y Berra (vol. 4, p.123) dice que cada *chalchíhuitl* vale una carga de oro.

si los extranjeros son hombres o dioses. Habrían venido antes, dicen, de no ser por el miedo a los colhuas-mexicas, que sometieron a su pueblo por la fuerza. Cortés percibe al vuelo las ventajas que puede sacar de esta situación: manda unos regalos al rey y promete ir a Cempoala.[50] Según Fernando de Alva Ixtlilxóchitl, no se trata de enviados de Cempoala, sino de Ixtlilxóchitl de Texcoco, llegados para ofrecer a Cortés su amistad y su alianza contra el tirano. Huelga decir que esa información, o mejor dicho deformación, es un puro producto del chovinismo texcocano.[51]

LA VILLA RICA DE LA VERA CRUZ

Mientras tanto, Francisco de Montejo se ha ido con dos navíos en busca de un puerto más protegido. Regresa después de tres semanas, sin haber encontrada nada mejor que una pequeña rada, a unas doce leguas al norte, cerca de la ciudad de Quiahuiztlan. Cortés está pensando en la conveniencia de trasladar su campamento, cuando surge la enérgica protesta de los partidarios de Diego Velázquez, numerosos en su ejército. Ya han sido muchas pérdidas, aducen, y habrá más si sigue la incursión en un país tan densamente poblado. Más vale regresar, con todo el oro y los tesoros adquiridos hasta ahora, y rendir informe al gobernador de Cuba. Cortés contesta lo que ya le mandó decir a Moctezuma: no puede irse sin antes ver. Por lo demás, ¡hasta ahora todo ha andado de maravilla!

Pero los partidarios de Velázquez vuelven a la carga. Cortés reacciona en el acto. Sabe que muchos conquistadores sin fortuna vienen con la intención de establecerse en las nuevas tierras descubiertas y ahí prosperar. Finge aceptar el regreso a Cuba, ordena que se empiecen los preparativos; entonces, los hombres que quieren quedarse ponen el grito en el cielo. ¡Se les había prometido el oro y el moro! ¡Velázquez les ha-

---

[50] López de Gómara, vol. 2, pp. 58-60; Díaz del Castillo, caps. 40-41, pp. 67-70, y Las Casas, *Historia...*, vol. 2, pp. 465-466.

[51] Alva Ixtlilxóchitl, vol. 2, p. 198. Orozco y Berra (vol. 4, p. 121) y Vázquez Chamorro (pp. 40-43) admiten esa visita, así como la de los señores de Axapochco y Tepeyahualco, cerca de Otumba, que se supone vinieron a quejarse de la tiranía de Moctezuma y a ofrecer antiguos libros que contenían las profecías de Acamapichtli e informaciones sobre el imperio azteca, sus caminos, etcétera. Nada en las fuentes españolas corrobora la existencia de tales visitas, y la segunda, con la supuesta profecía, recuerda demasiado al Quetzalcóatl fabricado después de la Conquista. El texto es apócrifo.

bía dicho que podrían colonizar[52] y ahora, los jefes dejan todo y los traicionan! Ellos son hombres, no cobardes, y exigen seguir adelante. Además, ¿acaso no se deben anteponer los intereses de los reyes a los del gobernador de Cuba? Una buena parte de los indecisos se les suma. Cortés se hace el sorprendido, pide tiempo para pensarlo y, finalmente, cede. Se decide la fundación de una ciudad, que se llamará la Villa Rica de la Vera Cruz, en memoria del desembarco del Viernes Santo. Todo un programa en cuatro palabras...

Sin más tardanza, se elige e instala el ayuntamiento. Los alcaldes son Puertocarrero, un amigo de Cortés, y Montejo, del partido de Velázquez. Apenas instalada la autoridad civil, Cortés le entrega las instrucciones de Velázquez y renuncia a su cargo. El cabildo examina las instrucciones, las juzga rebasadas por los acontecimientos y delibera brevemente sobre la nueva situación. Después de mucho hacerse de rogar, Cortés acepta su nombramiento como "justicia y alcalde mayor" de la Vera Cruz y capitán general.[53]

Hasta entonces, Cortés había respetado escrupulosamente las instrucciones dadas por Velázquez. Ahora las transgrede y rompe con el gobernador, como era su secreta intención desde el principio; pero procura dar la impresión de que respeta las formas legales. Hace fundar un municipio que, según las leyes de Castilla, sólo depende del rey, y luego se hace nombrar por dicho municipio. Esta maniobra debe permitir a los juristas exculparlo en caso de éxito...

Legalmente revestido de los poderes civiles y militares, Cortés está amparado y listo para lo que siga. Trata de granjearse a los partidarios de Velázquez, pero los más decididos se niegan a obedecerlo: los manda encadenar y al poco tiempo los suelta y los aplaca con buenas palabras, muchas promesas y, por supuesto, oro. Hecho lo cual, puede poner manos a la obra en serio.

Primero, hay que instalarse en un lugar más saludable y más seguro. El pequeño ejército y la flota parten hacia Quiahuiztlan.

---

[52] Ver una carta de Velázquez que lo confirma, en Fernández de Oviedo, libro 17, cap. 18.

[53] Cortés, *Cartas de relación*, pp. 22-23; López de Gómara, vol. 2, pp. 59-66; Díaz del Castillo, caps. 41-43, pp. 69-74; Martínez, *Hernán Cortés*, pp. 179-201, y Ramos Pérez, pp. 95-127.

· XII ·
El imperio se fisura

LA HUIDA A CINCALCO

Mientras Cortés actúa, ¿qué hace Moctezuma? Nada, afirman la *Crónica X* y los informantes de Sahagún. O más bien sí: se muere de miedo y quisiera huir. Sobre todo cuando los españoles parecen buscarlo a él. En todas partes preguntan: "¿Cómo es? ¿Un muchacho, un hombre maduro, acaso un viejo? ¿Ya tiene la sabiduría de un anciano? ¿Ya es un hombre anciano, ya tiene cabeza blanca?" Y cuando Moctezuma oía

> que mucho se indagaba sobre él, que se escudriñaba su persona, que los "dioses" mucho deseaban verle la cara, como que se le apretaba el corazón, se le llenaba de grande angustia. Estaba para huir, tenía deseos de huir; anhelaba esconderse huyendo, estaba para huir. Intentaba esconderse, ansiaba esconderse. Se les quería esconder, se les quería escabullir a los "dioses' [...] Meditaba, andaba meditando en irse a meter al interior de alguna cueva.[1]

Una vez más, las fuentes que reflejan las versiones mexicas nos sumergen en pleno mito. Sugieren que reinaba el pánico: todos creían que había llegado el fin del mundo y los poderosos buscaban refugiarse en cuevas, asilos probados en las destrucciones de Soles anteriores, cuando habían amparado la sobrevivencia de una pareja. También dicen que Moctezuma andaba como borracho, que no estaba en sus cabales. Como los toltecas al final de Tollan, cuando catástrofes sin nombre se abatieron sobre ellos.[2]

---

[1] Sahagún, *Historia general...*, libro 12, cap. 9, p. 768.
[2] Sahagún, *Historia general...*, libro 12, cap. 9, p. 767; cap. 14, p. 773. Sobre las cuevas-refugios, ver *Codex Vaticanus A*, pp. 20-26, y Muñoz Camargo, *Descripción...*, p. 233.

¿Adónde quería huir el emperador? ¿Hacia el este? Pero sería hacer lo que hizo Quetzalcóatl al final de Tollan y él no era el dios; éste más bien venía sobre él desde dicho rumbo... ¿En la dirección opuesta, entonces, hacia el oeste? Por supuesto, ¡como el astro poniente que era! Hacia la cueva de Chapultepec, por donde se accedía al Cincalco, la enigmática casa del maíz... "Y si ahí entramos", dijo el emperador,

> jamás moriremos, sino vivir para siempre, adonde hay cuantos géneros de comida hay en el mundo, y bebidas y todo género de rosas y todo género de árboles frutales, porque todos los moradores están los más contentos del mundo, y el rey de ellos, que es Huémac, está el más ufano, contento del mundo.[3]

El Cincalco era, en efecto, una especie de más allá paradisíaco, una versión particular del Tlalocan. Su entrada era una cueva en la roca de Chapultepec. Le convenía a Moctezuma por varias razones: era un paraíso de agricultores, de sedentarios opulentos –como ahora los mexicas– y no había riesgo de encontrar ahí a jóvenes guerreros fogosos, asociados con el Sol ascendente. El Cincalco era la casa del astro en su ocaso.[4]

El señor de ese más allá no era sino Huémac, el mismo que al maíz había preferido las plumas verdes y el jade... Huémac, el adjunto y a veces aliado, a veces enemigo, de Quetzalcóatl en Tollan, el sembrador de discordia que se confundía con Tezcatlipoca. Contaban que había sido inmolado por los suyos o que se había suicidado en la cueva de Chapultepec.[5] ¿Puede imaginarse compañero más idóneo para el *tlatoani* acorralado? Huémac, ¡un avatar del eterno adversario de la Serpiente Emplumada! Moctezuma va a refugiarse en casa de Huémac durante la

[3] Alvarado Tezozómoc, *Crónica mexicana*, cap. 105. En el relato que sigue, las citas provienen de esa misma fuente o de Durán, *Historia*...

[4] Textos sobre el Cincalco: Sahagún, *Historia general*..., libro 12, cap. 9, pp. 767-768; Alvarado Tezozómoc, *Crónica mexicana*, caps. 103-104; Durán, *Historia*..., cap. 67, y Clavijero, p. 148. El sol de la tarde, bajo sus aspectos de Xochipilli, Cintéotl o Xipe, viajaba en una litera llamada "casa del maíz" (*cincalli*). Ver Robelo, y Graulich, *Mythes et rites*... Ver también Seler, "Die achtzehn Jahresfeste...", p. 88; Seler, *Gesammelte Abhandlungen*..., vol. 3, p. 228, y vol. 4, p. 108, y Alcina Franch, *Los aztecas*, p. 133.

[5] "Relación de la genealogía y linaje de los señores que han señoreado esta tierra de la Nueva España", en García Icazbalceta, p. 244; *Leyenda de los soles*, p. 197; *Anales de Cuauhtitlan*, p. 15; Chimalpáhin, *Memorial breve*..., pp. 16-17, y Kirchhoff et al., p. 135. Sobre Huémac, ver Dewey; Zantwijk, "Quetzalcóatl...", y Graulich, *Quetzalcóatl*...

nueva era de Quetzalcóatl que está por empezar. Pasa a la oposición, pero volverá al poder cuando otra vez le toque el turno a Tezcatlipoca. Todavía en el siglo XIX, los indios esperaban ese regreso de Moctezuma... Destinos más similares que los de Huémac y Moctezuma no se pueden imaginar: reyes, uno y otro, en una ciudad resplandeciente al final de una era; parientes ambos de mujeres insaciables (la hija de Huémac y Chalchiuhnenetzin); manzanas de la discordia también, e iniciadores de cataclismos, obligados a huir y suicidarse o, lo que casi es lo mismo, muertos por sus propios súbditos.

Antes de mandar mensajeros a casa de Huémac, Moctezuma se emborracha, como lo hizo Quetzalcóatl antes de abandonar Tollan. Después, en homenaje a Huitzilopochtli, hace sacrificar y despellejar a cuatro prisioneros de guerra. Esos "cueros de hombres" se habrán de obsequiar al señor del Cincalco, asimilado por algunos textos a Xipe Tótec, el dios con piel de desollado que rige la suciedad y la penitencia.[6] El dios, por cierto, cuyo atavío suelen revestir los reyes guerreros, por ejemplo en los retratos que mandan esculpir ¡en la roca de Chapultepec!

Los emisarios del emperador, pues, sirvientes y hechiceros, se dirigen a Chapultepec y penetran en la cueva. Es una entrada al inframundo, país de los muertos. Cuatro caminos se abren ante los visitantes.[7] Eligen el que baja y pronto se encuentran con un anciano negro de pies a cabeza, que tiene en la mano un palo de sonajas. Se llama Tótec Chicahua y, como lo indica su nombre, es un avatar de Xipe Tótec, cuyo bordón se llamaba *chicahuaztli*.

–¿Quién sois vosotros? –pregunta Tótec–. ¿De dónde sois?
–Señor –responden los enviados–, venimos a ver al rey de aquí, que le traemos embajada.
–¿A qué rey buscáis?
–Al señor de aquí, Huémac: nos envía Moctezuma.
–Seáis bienvenidos.
Tótec los lleva con Huémac y los presenta:
–Rey y señor, vinieron *macehuales* del mundo, que los envía Moctezuma.
–¿Qué es lo que dice Moctezuma?

---

[6] Ver el relato del final de Tollan en el *Codex Vaticanus A*. Durante la fiesta de *Hueytecuílhuitl*, Cintéotl-Xochipilli, cargado en la litera *cincalli*, viste una piel de desollado.

[7] Como en el Xibalbá, el inframundo de los maya-quichés. Ver, más adelante, el capítulo XIII, "Las trampas del valle de Puebla".

–Señor –dicen los mensajeros–, te envía esos cueros y te envía a besar los reales pies y manos; te ruega que lo quieras recibir en tu servicio, para que te sirva de barrendero y de todo lo demás que es a tu real servicio.

–¿Qué dice? ¿Qué quiere? [...] Decidle que pobre de él, que cuál es la pena que tiene, que me lo envíe a decir para remediarla. Andad, volveos y decidle lo que os tengo dicho.

El anciano les ofrece productos de su tierra de abundancia: chiles verdes, jitomates, cempasúchil, elotes y jilotes tiernos.

De regreso en Tenochtitlan con esa respuesta que no responde nada, los embajadores no son bien recibidos: Moctezuma, muy enojado, los manda "a las cárceles de tablones, que han de morir apedreados". Bajo promesa de guardar absoluto secreto, encarga entonces la misma misión a sus más fieles servidores. Éstos penetran a su vez en la cueva y ahí encuentran a Ixtepetla, un personaje que no puede ver, por la carne abotagada en torno a sus ojos. Es otro sustituto de Huémac o de Xipe Tótec: las carnes hinchadas y la ceguera, en efecto, son señales de impureza. Conducidos hasta Huémac, los mexicas le entregan un nuevo lote de pieles frescas de desollados y le explican la situación: Moctezuma está preocupado por su suerte y la del imperio, y quiere saber. Huémac, molesto, responde:

¿Qué es lo que dice Moctezuma? ¿Piensa que aquí es como allá en el mundo? No lo ha de poder sufrir una hora, cuánto más un día. No sabe que yo acá nunca como ni me visto jamás, ni todos los que aquí están. Porque ya no son como en el mundo estaban, sino de otra forma y manera: en el mundo tenían alegría, descanso y contento; ahora todo es trabajo y miseria; este lugar no es como allá el refrán dice, que es un deleitoso paraíso de contento, sino un continuo tormento: que a este lugar no venimos nosotros de nuestra voluntad, sino traídos por fuerza y estamos con la voluntad del muy alto. Que goce de lo que goza y se esté quedo, que lo que está determinado, no lo puede huir. Decidle eso a Moctezuma, que si viese este lugar, de puro temor huyera, hasta meterse en una dura piedra; que ahora se puede glorificar en gozo, alegría y placer y gozar de las piedras preciosas, oro, plumería rica, géneros de lindas mantas, y las preciosas comidas y bebidas; que no cure de saber más. ¡Id y contádselo![8]

[8] Alvarado Tezozómoc, *Crónica mexicana*, pp. 673-674, y Durán, *Historia...*, cap. 67, p. 494.

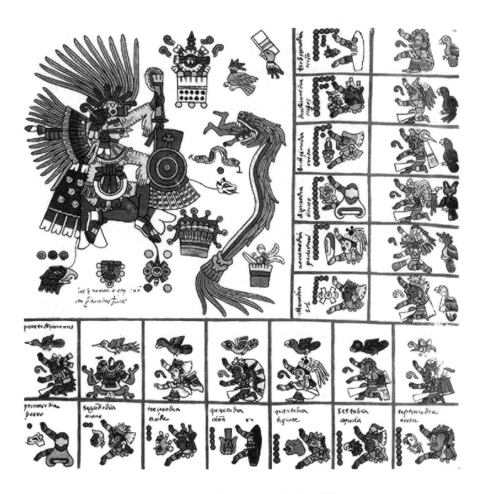

Xipe como regente de la trecena de días 1-Movimiento,
en el calendario adivinatorio del *Códice Borbónico*. El dios está vestido
con una piel de desollado y lleva en la sien el espejo humeante de
Tezcatlipoca. Ante él, una vasija del águila llena de corazones y sangre, y una serpiente emplumada tragando a un hombre.

Extraño pasaje éste, donde el Cincalco no se parece en nada a las creencias admitidas. La primera vez, Huémac había ofrecido productos de este lugar de delicias. Ahora, se dedica a disuadir a Moctezuma. ¿Hay que ver en este discurso una influencia cristiana? ¿Se trata de hacer entender a los que escuchan estas recitaciones que los reinos del más allá prehispánicos no son sino infiernos? ¿O que los suicidas, como Huémac, están condenados a un castigo eterno? Es muy posible. La influencia cristiana ciertamente aparece en la referencia a "la voluntad del muy alto" y a lo ineluctable de "lo que está determinado". Otros episodios míticos ya mostraron sin sombra de duda que ese "determinador" era el Dios de los cristianos,

Pero hay más. Ya vimos que, según creencias no tan antiguas, Moctezuma, obligado a huir al final del Sol azteca, hacía penitencia mientras esperaba retornar. La vida en un paraíso como el Cincalco no excluye, en efecto, austeridades y penitencias. En el origen de los tiempos, los hijos de la pareja creadora mixteca no vacilaban en sangrarse en el maravilloso jardín que habían recibido por morada. Y en Aztlan se vivía sobriamente. Podemos admitir entonces que, en la casa del maíz, Huémac y los suyos se entregan a una vida austera. La presencia de Tótec y de Ixtepetla en el mito lo confirman.

Es de imaginar que la segunda respuesta de Huémac alegra todavía menos al emperador que la primera. Los enviados sufren el mismo trato que sus antecesores y esta vez toca a dos nobles de Acolhuacan, o dos familiares de Moctezuma, ser despachados como mensajeros al más allá. En la cueva son recibidos por un misterioso Acuacuauh. Le explican a Huémac que Moctezuma desea venir a servirlo "porque no quiere ver lo que le sucederá en la vida, con tanta vergüenza, afrenta y deshonra". Huémac hace notar al emperador que merece con creces lo que le sucede: ¿acaso no fue soberbio y cruel con los suyos, al punto de hacerlos matar?

Díganle que empiece a hacer penitencia, que ayune y deje aquellas comidas reales y aquellas bebidas suaves que bebía, y que vaya abandonando el lujo, que no se siente en el asiento real, que no se ponga manta real ni otra riqueza alguna, sino todo ropa y traje de penitente; que sólo coma la semilla de los bledos deshecha con agua, y que el agua que beba sea caliente, ys que se aparte de sus mujeres, que no llegue a ellas. Acabada la penitencia, lo que se pronunció contra él cambiará. Y si no, yo estaré con él algunas veces. Díganle eso.

Los nobles embajadores le repiten esos consejos a Moctezuma, que por fin siente un poco de alivio. Y, agregan los enviados, si el emperador hace lo que se le recomienda, Huémac saldrá a recibirlo en lo alto de la roca de Chapultepec, o en Tlachtonco, una isla en medio del lago. El *tlatoani* los recompensa espléndidamente y emprende un ayuno de ochenta días, haciendo penitencia "con aspereza grandísima". Gradualmente, se desprende del mundo y pierde su soberbia. Cuando por fin está listo, los dos mensajeros regresan al Cincalco para avisar a Huémac, y éste promete salir a recibir al rey en unos días.

Ya en paz, Moctezuma pone a sus enanos y corcovados a vigilar el monte de Chapultepec. Después de cuatro días, descubren arriba del cerro una piedra blanca que brilla y corren a avisar a su amo. Éste manda preparar el lugar acordado en Tlachtonco: se extienden hojas de zapote en el suelo y se disponen varios asientos, uno adornado con plumas de espátula rosa, los otros cubiertos con esas mismas hojas de zapote asociadas con el culto de Xipe Tótec. Se traen también cuatro canastas completamente envueltas en mantas.

Cumplidos estos preparativos, Moctezuma les anuncia a sus enanos y jorobados que lo van a acompañar al Cincalco, y ellos se conmueven hasta las lágrimas. "No lloréis", los consuela el emperador, "que para siempre viviremos a placer contentos y no habrá memoria de muerte." Entrar a un más allá, en efecto, es morir. Lo que la leyenda se propone expresar es que Moctezuma pensó en suicidarse. Quiso "entrar al Cincalco" vía la cueva de Chapultepec, como Huémac, que ahí se ahorcó: Huémac, el patrono lunar de los suicidas.[9]

Se embarcan. Ya en Tlachtonco, Moctezuma reviste una piel humana y los demás atributos de Xipe y va a sentarse en el asiento adornado con plumas de espátula rosa. Pronto, arriba del cerro de Chapultepec se abre una gruta tan luminosa que dentro de ella se ve como al mediodía y aparece Huémac, resplandeciente, que se confunde con esa "gruta" *arriba* del cerro –gruta que no es sino la luna.

Al mismo tiempo, un muchacho dormido en un templo donde encarnaba a una deidad es despertado por una aparición que le dice:

Ven acá. Mira cual está Moctezuma. ¿Qué es su pretensión? Maldita la vergüenza que tiene. ¿Qué han de decir de él todos los pueblos que están a la redonda de este imperio? ¿Qué dirán ahora los enemi-

---

[9] Seler (*Gesammelte Abhandlungen...*, vol. 4, p. 355) lo había entendido; compárese con los mayas, donde los que se suicidan ahorcándose son transportados al paraíso por la diosa Ixtab. Landa (ed. Garibay), p. 60.

gos de nosotros y de Moctezuma, más en especial los de Huexotzinco, Cholula, Tlaxcala, Tliliuhquitépec y Metztitlan, Michoacán, Yopitzinco? Es muy grande afrenta y vergüenza. Pues ¿no ha de ver y suceder y venir sobre él lo que vendrá? Que presto será, que está prometido y se ha de cumplir, que no puede ser menos ni ser revocado. Y que allá donde quiere ir no es posible que vaya, que a esto me envía acá el señor de los aires, tierra, mar, ríos, montes, para darle este aviso. Por esto lo vine a atajar a Huémac, que acá no llegase porque viéndome se volvió, habiendo oído el mandato de Dios que sustenta el cielo y la tierra y todo el mundo. Dadle aviso de eso, que se vaya a su casa, que no cure de importunar a Huémac, que es imposible.

El muchacho personificador, apodado Tzoncoztli, "cabello rubio" –como las deidades estelares–, toma entonces una canoa y se va a Tlachtonco. Tlachtonco, lugar del *tlachtli*, el juego de pelota, ese juego pivote que hace que se vuelquen las eras y recomiencen los tiempos, el juego que marcó el fin de Tollan y de Xibalbá y al que ya hemos visto anunciar el fin de Mexico-Tenochtitlan.

–Señor mío Moctezuma –pregunta–, ¿qué es lo que hacéis aquí? ¿Sois quienquiera? ¿No sois vos cabeza del mundo? [...] Mirad, señor, yo soy el trasunto (*Tzoncoztli*), que soy enviado. [...] ¿No es muy grande la afrenta que vos, señor, queréis tomar y causarle a todo este imperio? Apartaos del camino que queréis tomar, que todo el mundo tiembla de vos y ¿queréis darle osadía a que vengan extraños a arruinar la monarquía de esta cabeza del mundo [...]? ¿Qué tenéis, señor? ¿Qué vano y bajo pensamiento queréis tomar, habiendo sido el primer pensamiento el de sojuzgar a fuerza de vuestro gran corazón hasta los límites del cielo, y ahora los habéis puesto en la mayor poquedad y bajeza del mundo? ¿Qué dirán los grandes señores de vuestro desaparecimiento? [...] No sólo de vuestra persona ni de vuestra descendencia de reyes es la afrenta y vergüenza del temor de lo que por vos ha de venir, y es fuerza que así sea porque está mandado que lo habéis de ver. Y ahora con eso, tomad valor y esfuerzo, dejad aparte vanos y cobardes pensamientos.

En eso, la voz que despertó a Tzoncoztli interpela a Huémac:

¡Vuélvete a donde saliste, que no es de tu poder llevarte lo ajeno! ¿Pretendías llevar a Moctezuma? Pues dice el muy alto dios y señor de los señores y señor de los montes, ríos, aires, aguas profundas:

"echo de junto a mi casa al Huémac" [...] y si no, al Huémac le pondrá en cadenas.

Encontramos otra vez la influencia cristiana. Huémac vuelve a ser el amo de ese lugar de tormento y una voz –¿un ángel?– se dirige a él como si fuera el demonio. El personificador, por su parte, reprende a su rey por última vez: "Viene ya amaneciendo. Vuélvete, señor, a tu estado y asiento y déjate de semejante liviandad".

Tomando la palabra por primera vez, Moctezuma suspira: "Vamos, muchacho". Le prohíbe decir palabra sobre lo ocurrido, y le promete que le encontrará un sustituto y que no será sacrificado.

Los siguientes días, la vergüenza mantiene a Moctezuma encerrado en su habitación. Tzoncoztli se entera, va a verlo en palacio y lo consuela:

Señor, nuestro hijo tan amado y querido del mundo, vamos acá afuera, que están los principales con gran pena entendiendo que estás enfermo. ¿De qué te fatigas, qué has? Ahora ten más alegría que nunca tuviste en la vida, ahora goza de tu noble juventud, florece. Deja aparte el pasado. No tengas pena alguna, que en mi pecho hasta el fin de mis días se ha de podrir antes que yo publicarlo.

Y el *ipixtla* Tzoncoztli siguió siendo, hasta su muerte, el favorito del emperador.[10]

Ésta, pues, es la leyenda de la "huida" de Moctezuma. Tiende a asimilar el fin de Tenochtitlan con el fin de Tollan; muestra a Moctezuma en una situación análoga a la de Quetzalcóatl en aquel tiempo y dispuesto a huir a la morada de un enemigo de la Serpiente Emplumada, pero detenido por un enviado del Altísimo. Una vez más se denuncia su pusilanimidad y se afirma lo ineluctable de su destino. La principal acusación es que el emperador intentó "huir", suicidarse. Según los informantes de Sahagún, la cosa era pública y notoria. Pero si, como dicen, Tzoncoztli fue discreto y fiel hasta su muerte, ¿cómo pudieron saberlo los mexicas? Los españoles, que vivieron durante meses en contacto directo con el emperador y su gente, ni por asomo mencionan su supuesta voluntad de suicidarse. Todo indica que aquí también se trata de una vertiente de la leyenda tardía de Moctezuma, el rey culpable y, por añadidura, débil y cobarde.

---

[10] Durán, *Historia...*, cap. 67, pp. 496-497; Alvarado Tezozómoc, *Crónica mexicana*, pp. 670-681, y Sahagún, *Historia general...*, libro 12, cap. 9, p. 768.

En realidad Moctezuma estaba a la expectativa. ¿Cuál sería el efecto de la medida que acababa de tomar? Había previsto dos posibilidades, las dos satisfactorias: por un lado, que los recién llegados, empujados por el hambre, decidieran volver a embarcarse y regresar a casa, lo que significaría ganar tiempo; o bien, por el otro, que empezaran a merodear y extorsionar víveres y oro, lo cual llevaría a las poblaciones de la región a hacerles la guerra.

En un primer momento, todo pintaba bastante bien. Según los espías de Moctezuma, la falta de víveres apretaba cada vez más, al punto que tenían que salir destacamentos a buscar comida por el campo, que sus habitantes habían abandonado. Luego, la tropa entera se puso en camino, por suerte hacia el norte, en la dirección de Quiahuiztlan. Pero de repente todo se fue a pique.

Y es que cerca del camino a Quiahuiztlan estaba Cempoala[11] y, apostada en el camino, una delegación de como veinte cempoaltecas que esperaban a Cortés para llevarlo a su ciudad. Los señores totonacos le ofrecieron víveres y regalos y le rogaron que disculpara la ausencia del rey, quien no se podía desplazar sino trabajosamente. En Cempoala, ciudad "toda de jardines y frescura", una alegre multitud recibió al grupo de extranjeros. El rey salió de su palacio al encuentro de sus huéspedes: caminaba apoyado en dos señores nobles, ya que era excesivamente gordo –y también porque ésa era usanza real. Después de sahumar a Cortés y saludarlo, le señaló sus aposentos, en el recinto almenado del Templo Mayor, cerca de la pirámide principal. En ese lugar, visible todavía hoy, el ejército español organizó de inmediato su defensa y dispuso sus cañones en los puestos apropiados.

Al día siguiente, el rey y los nobles vinieron a traer regalos y abundante comida. Cortés retribuyó sus atenciones al otro día ofreciendo ropa y cuentas de vidrio. Fue invitado al palacio real donde, sentado en una banqueta en una habitación de techo bajo, tuvo una larga conversación con el cacique gordo. Como de costumbre, empezó por explicarle que era el enviado de un gran soberano y que venía a difundir la verda-

---

[11] Una importante ciudad totonaca, al parecer sometida a la Triple Alianza desde los tiempos de Moctezuma I (Alvarado Tezozómoc, *Crónica mexicana*, pp. 325ss y 343) y también después bajo Axayácatl. Ver también Hassig, *Aztec Warfare...*, y Kelly y Palerm. Los totonacos dijeron a Cortés (Cortés, *Cartas de relación*, p. 38) que "eran súbditos de aquel señor Moctezuma, por fuerza y de poco tiempo acá".

dera fe, a deshacer agravios y abolir los sacrificios humanos. Alentado por este discurso, el rey se quejó amargamente de la tiranía de Tenochtitlan, de los guerreros sacrificados, los hombres y mujeres reducidos a la esclavitud, los agotadores trabajos exigidos y los tributos exorbitantes que a veces llevaban a su gente a morirse de hambre. ¿Quién no preferiría ser vasallo –¡cuánto más amigo!– de tan bueno y justo príncipe como le decía Cortés que era el emperador? Luego, el rey describió a Mexico-Tenochtitlan, sus riquezas y su poder, y enumeró a los enemigos de los Aliados, enemigos a los cuales sería factible unir en torno a hombres tan valientes como eran los vencedores de Cintla. Cortés estaba encantado: el rey le confirmaba la opulencia de Tenochtitlan, al tiempo que le indicaba el medio de adueñarse de ella. Tranquilizó enseguida a su interlocutor: los nuevos amigos serían protegidos, los agravios serían vengados, las iniquidades abolidas y derrocadas las tiranías.[12]

Desde luego, Moctezuma no había contemplado siquiera la posibilidad de que la chusma cempoalteca diera semejante recibimiento a los invasores, y sin su permiso. No necesitó esperar la llegada de nuevos mensajeros para entender que se estaba esbozando una alianza peligrosa. Tocaba llamarles la atención a esos casi rebeldes e inspirarles un saludable terror: se mandaron instrucciones a los recaudadores de la provincia para que intervinieran de inmediato.

LA REVUELTA DE QUIAHUIZTLAN

Sólo que el pequeño ejército de los desprovistos conquistadores, siempre inquieto, ya se había puesto en camino para llegar a Quiahuiztlan. Los poblados estaban vacíos y hasta la misma ciudad parecía desierta, la población se había escondido por miedo a los extranjeros. En la plaza central, unos quince nobles recibieron a Cortés y sus lugartenientes, los sahumaron y los guiaron hasta el rey, que apareció rodeado de mucha gente y que, prevenido por su colega cempoalteca, los esperaba y los sahumó a su vez. Después del intercambio de cortesías y de los inevitables regalos, empezaron las pláticas. A la primera oportunidad, el rey habló de Moctezuma con la misma amargura que el rey gordo de Cempoala.

Apareció entonces una veintena de importantes personajes. Blandían bastones de mando y olían ramos de flores; sus sirvientes los abanicaban con grandes mosqueadores de plumas. Al verlos, los quiahuiztecas

---

[12] López de Gómara, vol. 2, pp. 66-71; Díaz del Castillo, cap. 46, pp. 76-77, y Aguilar, p. 165.

palidecieron y empezaron a temblar. El brillante cortejo, en efecto, era el de cinco recaudadores de Moctezuma con su séquito. Pasaron frente a Cortés y su gente "con tanta continencia y presunción" que parecía que no los veían. Los totonacos se desvivían por atenderlos, les prepararon "una sala enramada" y les dieron de comer y beber. En recompensa, recibieron un severo regaño por haber hospedado a los extranjeros sin pedir permiso. El emperador, les dijeron, estaba muy molesto y pronto lo iban a sentir, sobre todo si no recapacitaban. El mismo mensaje ya se había transmitido al rey de Cempoala.[13]

Hubo un momento de desconcierto. Aterrorizados como estaban, los totonacos podían sentirse tentados de reivindicarse corriendo a los españoles, lo que habría tenido por resultado una batalla en plena ciudad, mucho más peligrosa para los invasores que en campo abierto –quizá eso era lo que esperaba Moctezuma: el enemigo sufriría graves pérdidas y huiría por mar, como había hecho Hernández de Córdoba en Champotón. Desgraciadamente, Cortés reaccionó de inmediato e hizo inclinarse la balanza a su favor: no tenían por qué preocuparse sus amigos, los tranquilizó, ahí estaba él y los protegería. Por el contrario, debían elegir claramente su bando y prender a los cinco *calpixque*.

Es fácil imaginar la conmoción que produjo tal propuesta. Detener a los recaudadores era tanto como declararle la guerra a la Triple Alianza. ¡Era *el* crimen inexpiable! Hizo falta todo el talento de persuasión de Cortés para convencer a los totonacos. ¿No venía él a restablecer la justicia y "castigar a los malhechores"? Se atrevió incluso a sermonear a los colhuas, fingiendo creer que los *calpixque* abusaban de sus poderes y anunciando ¡que él los delataría con Moctezuma! Al final, los quiahuiztecas cruzaron su Rubicón y se animaron a tomar prisioneros a los recaudadores. Como éstos no se dejaban, les dieron unos buenos palos y los amarraron con unas varas largas en la espalda, como se hacía con los esclavos o los cautivos de guerra. Para volver aún más definitiva la decisión de los totonacos, Cortés les aconsejó que dejaran de obedecer y de pagar tributo a los aztecas.

Empieza entonces entre el capitán y el emperador un juego sutil en el cual cada uno cree que engaña al otro. Para Cortés, se trata de ganar aliados, pero sin atraer de entrada contra él todo el poder de la Tri-

[13] El relato se apoya principalmente en Cortés y López de Gómara. Bernal Díaz sigue más o menos a López de Gómara, pero hace llegar al cacique gordo a Quiahuiztlan. Añade que los recaudadores exigieron veinte indios, entre hombres y mujeres, para sacrificar a Huitzilopochtli "por qué le dé victoria contra nosotros", "porque han dicho que dice Moctezuma que los quiere tomar para que sean sus esclavos".

ple Alianza. Para Moctezuma, lo importante es limitar el daño y evitar más revueltas y más alianzas –empezando por la de Tlaxcala. Le resulta imposible, en efecto, intervenir directamente con su fuerza militar: la movilización es demasiado lenta y los forasteros demasiado móviles. Para colmo, mandar tropas hacia la costa es correr el riesgo de que otras ciudades se sumen al campo enemigo y de prender fuego al país entero. Es preferible esperar a que los españoles se separen de los rebeldes. La táctica de la ruptura no ha dado resultados: hay que reanudar el contacto con el enemigo, reconquistar su confianza y guiarlo hasta un lugar donde se le pueda aplastar sobre seguro.

Cortés tiene la iniciativa. Entre los guardias que vigilan a los *calpixque* en sus jaulas de madera, hay unos españoles: durante la noche, el capitán les ordena liberar a dos de los cautivos con la mayor discreción y traérselos. Dicho y hecho. A los recaudadores, que ya no entienden nada, Cortés les pregunta quiénes son y qué ha sucedido. Contestan que vienen a percibir algunos tributos y que los totonacos se rebelaron por que se sintieron fuertes con la presencia de los dioses. El conquistador dice que él no sabía nada, que lo lamenta mucho y sólo quiere su bien. Les ofrece de comer y les encarga que vayan a contarle a Moctezuma cómo han sido liberados y cuánto valora él su amistad. Si tuvo que ir a Cempoala, fue contra su voluntad, porque el emperador ya no permitía que le dieran de comer. Los recaudadores son llevados en batel hasta un lugar seguro, desde donde podrán regresar a Tenochtitlan.

Cuando, a la mañana, los quiahuiztecas se dan cuenta de la desaparición de los dos funcionarios, se aterran y quieren sacrificar a los otros tres. Cortés interviene para salvarles la vida, aduce que, según el derecho natural, no tienen culpa por lo que hicieron en cumplimiento de órdenes de su rey, y se hace el enojado por el descuido de los indios que permitió la evasión: a partir de ahora, se hará cargo directamente de guardar a los presos. Los interesados son encadenados y llevados a uno de los navíos, fuera del alcance de los totonacos.

Para los rebeldes aterrorizados, ha llegado el momento de reunir a su consejo de guerra. En efecto, los evadidos pronto darán parte al gran *tlatoani* del maltrato recibido y éste, según su costumbre, preparará una tremenda venganza. Algunos opinan que hay que echarles a los españoles toda la culpa de lo ocurrido y pedir perdón a Moctezuma; otros piensan que ahora es cuando hay que librarse de una vez por todas del yugo de la Triple Alianza; finalmente, los partidarios de la libertad prevalecen. Cortés, invitado a encabezarlos, les pide que lo piensen bien antes de granjearse la ira de los colhuas; pero acepta: si así lo quieren, será su jefe y los protegerá, pues prefiere su amistad a la del emperador.

Los de Quiahuiztlan deben avisar a todos sus amigos, para que se alíen todos con ellos; eso, por supuesto, "no porque él tuviese necesidad de ellos ni de sus huestes, que él solo con los suyos bastaba para todos los de Colhua". Pero los insurrectos tienen que estar listos para enfrentar un eventual ataque del imperio.

Los totonacos afirman que pueden levantar a cien mil hombres. Juran obediencia al rey de España ante el notario de la expedición, que levanta acta cumplidamente. Salen mensajeros para todos los rumbos y las adhesiones se multiplican. Pronto no queda un solo funcionario imperial en la región. Según un conquistador, "no cabían de gozo de haber quitado aquel dominio".[14]

Tras esos sucesos, la posición de los españoles está singularmente fortalecida. Ahora pueden ocuparse de establecerse en tierra mexicana con mucha más serenidad. Así que se lanzan a la construcción de una nueva "Villa Rica de la Vera Cruz", con "la iglesia, la plaza, las casas de cabildo, cárcel, atarazanas, descargadero, carnicería", solares para los vecinos y lo principal: una fortaleza.

Moctezuma también está satisfecho. Las intrigas de Cortés le han dado ocasión de restablecer el contacto con los extranjeros salvando la cara; además, si Cortés anda con tanto cuidado, es que le teme. Decide mandarle una nueva embajada que dirigirán dos de sus jóvenes sobrinos, acompañados por cuatro consejeros de más edad y un numeroso séquito.[15] Los príncipes se encuentran con Cortés en Veracruz. Empiezan entregando los acostumbrados regalos: mantas muy finas, obras de plumería, joyas de oro y plata, así como una escudilla llena de oro en granos que Moctezuma manda a Cortés "para su dolencia, y que le hiciera saber de ella".[16]

Después de esa discreta ironía, los jóvenes enviados le dan las gracias por la liberación de los dos *calpixque*, y por impedir que mataran a los otros tres.

Lo mismo haría él en cosas suyas, y le ruega haga soltar a los que aún están presos; perdona el castigo de aquel desacato y atrevimiento, porque lo quiere bien, y por los servicios y buen acogimiento que [los totonacos] le han hecho [a Cortés] en su casa y pueblo. Pero ésos son tales que pronto harán otro exceso y delito, por lo cual pagarán todo junto.

[14] Díaz del Castillo, cap. 47, p. 81.
[15] Según Vázquez Chamorro (*Moctezuma*, p. 47), se trata de hijos de Cuitláhuac. Al parecer, la información proviene de Clavijero (lib. 8, cap. 13).
[16] López de Gómara, vol. 2, p. 77. También lo que sigue.

Por lo demás, como el emperador está enfermo "y ocupado en otras [¡sic!] guerras y negocios importantísimos", no puede decir ahora dónde o cómo se verán, "más que andando el tiempo no faltaría manera". Cortés contesta con amabilidad, no sin recordar la súbita desaparición de Cuitlalpítoc –y, huelga mencionarlo, del abastecimiento que garantizaba. Pero, añade que

cree y tiene por cierto que no se lo mandaría el señor Moctezuma que hiciese tal villanía; y que por esta causa nos venimos a aquellos pueblos donde estábamos y que hemos recibido de ellos honra; y que le pide por merced que les perdone el desacato que contra él han tenido, y que en cuanto al tributo que han negado, que no pueden servir a dos señores, que en aquellos días que hemos estado nos han servido en nombre de nuestro rey y señor; pero él, Cortés, y todos sus hermanos iríamos presto a verle y servirle y después que allá estemos se dará orden en todo lo que mandare.[17]

Después de regalar sus mejores baratijas, Cortés, a modo de entretenimiento, hace representar escaramuzas de caballeros para gran deleite de los señores mexicas, y les da el mejor alojamiento disponible. Apenas se retiran los embajadores, manda llamar al rey de Quiahuiztlan para anunciarle triunfalmente que Moctezuma no se atreve a reaccionar con las armas y que los rebeldes ya se pueden dar por liberados. Poco después, los embajadores, "muy contentos de Cortés y de todos nosotros, se fueron a su México".[18]

---

[17] Díaz del Castillo, cap. 48, pp. 81-82.
[18] López de Gómara, vol. 2, pp. 73-78, y Alva Ixtlilxóchitl, vol. 2, pp. 203-205. Díaz del Castillo (caps. 46-48) sigue a López de Gómara pero añade detalles que me parecen adornos suyos: primero, que al enterarse de la captura de sus recaudadores, Moctezuma, enojado, quiere lanzar a su ejército contra los rebeldes para exterminarlos a todos, mientras sus cuerpos de élite atacan a los españoles. Habría recapacitado al enterarse de la liberación de dos de los funcionarios, y habría decidido entonces mandar una embajada para sondear las intenciones de Cortés. Pero no veo de dónde saca Díaz del Castillo esa información que ningún dato confirma. No es creíble que Moctezuma y los suyos hayan presumido de ello después ante los españoles. En cuanto a los enemigos de Moctezuma, ya vimos que lo que les interesa subrayar es su cobardía y pasividad. Y, segundo, Moctezuma habría encargado a sus sobrinos repetir que consideraba a los españoles como "los que sus antepasados les han dicho que habían de venir a sus tierras".

Pocos días después, los cempoaltecas piden socorro a los españoles contra la ciudad de Tizapantzinco, que manda guerreros a sus tierras a destruir sus cultivos y masacrar a sus habitantes. La ciudad está "entre grandes riscos y peñascos", y bien fortificada. Cuidadoso de su imagen, Cortés finge primero mandar a un solo soldado, un arcabucero cojo, tuerto y feo de dar miedo, como si con él bastara, y se corre la voz de que uno de los *teteo* está marchando solo contra los colhuas; luego, logrado el efecto, Cortés lo manda a llamar de regreso y sale en persona con sus hombres, para mostrar, les dice a los caciques, "la buena voluntad que les tenía". Lo acompaña un numeroso ejército cempoalteca.

Las versiones disponibles difieren en cuanto a lo que sigue, pero puede ser que ni siquiera haya habido batalla. Según López de Gómara, el capellán de Cortés, la que incursionaba era una guarnición mexica que ejercía represalias contra los totonacos rebeldes. Al ver llegar a los de Cempoala, los mexicas salieron en armas a recibirlos, pero cuando vieron a los españoles que los acompañaban juzgaron más prudente correr a buscar refugio en la fortaleza. Cortés y unos de sus caballeros se les adelantaron y bloquearon la entrada. La guarnición capituló. Cortés dejó libres a sus integrantes, con tal de que entregaran sus armas y banderas, lo cual hicieron. Luego, regresó a la costa.

En cambio según Bernal Díaz los mexicas ya se habían ido de Tizapantzinco. Los gobernantes de la ciudad se presentaron en son de paz ante Cortés y le explicaron llorando que no tenían culpa de nada, que los de Cempoala eran sus enemigos de siempre y querían aprovechar el apoyo de los españoles para ajustar cuentas viejas. Y en efecto, ya habían empezado a saquear; Cortés, enojado, ordenó a sus aliados que cesaran de inmediato y restituyeran el botín, después de lo cual intercedió para restablecer la paz entre las dos ciudades.[19]

Resulta difícil juzgar cuál de las dos versiones es correcta. La presencia de mexicas está confirmada por testigos que hablan de muchos muertos entre los indios. Como sea, lo que importa para nuestro pro-

[19] Tapia, *Relación...*, pp. 85-86; Díaz del Castillo, cap. 51, pp. 85-86, y López de Gómara, vol. 2, pp. 78-79. Herrera y Tordesillas (Década 2, libro 4, cap. 12) sigue a Díaz del Castillo y a Alva Ixtlilxóchitl (vol. 2, p. 205). Cervantes de Salazar (vol. 1, pp. 232-233) escribe que sí hubo batalla contra los colhuas y que los de Cempoala se comieron a sus enemigos. Ver Vázquez de Tapia en Archivo General de Indias, México, leg. 205, p. 5, y Thomas, *La conquista...*, pp. 212-213.

pósito es entender cuál fue la actitud de la Triple Alianza. Que la guarnición de Tizapantzinco tomara represalias contra la provincia rebelde parece fuera de duda: convenía tratar de separarla de sus nuevos aliados. ¿Habrá levantado vuelo enseguida, sin esperar la reacción de los invasores? Es poco probable. Si la guarnición actuaba por orden del emperador, su misión debía ser evitar el conflicto abierto pero ver hasta dónde llegarían los españoles. ¿Realmente iban a apoyar la rebelión con sus armas, a riesgo de enfrentarse con las tropas imperiales? Posiblemente, la guarnición se retiró cuando sus exploradores entendieron que Cortés marchaba sobre Tizapantzinco. O tal vez quiso saber a qué atenerse y se quedó hasta que los españoles pasaron al ataque.

En todo caso, Moctezuma supo lo que quería saber: los invasores no dudaban en atacar a sus ejércitos. Y, como una mala nueva nunca viene sola, también supo que Cortés había recibido el refuerzo de varias decenas de hombres y de nueve caballos que acababan de desembarcar en la Vera Cruz. Poco después le anunciaron el paso cerca de la costa de cuatro navíos más que habían seguido hacia el norte. ¿Se encontraba entonces frente a una invasión en regla? También le llegó la noticia de que los españoles habían dado al través en la costa con casi todos sus navíos. Como si estuvieran resueltos a quedarse para siempre en Anáhuac...

De acuerdo con una parte de sus hombres, en efecto, Cortés había decidido cortarse toda posibilidad de retirada. Desde antes de la salida de Tizapantzinco, había tenido que enfrentar la renovada hostilidad de los partidarios de Velázquez. Siete de ellos se negaron a marchar, diciendo que era locura querer imponerse, siendo tan pocos, en un país tan densamente poblado. Pidieron que se les dejara regresar a Cuba. Cortés fingió aceptar, pero el ayuntamiento de la Vera Cruz, seguramente incitado por él, intervino y exigió que el capitán general detuviera a estos individuos que desertaban en un momento tan crítico.

Así que, al regreso de Tizapantzinco, hacia el 1° de julio, Cortés tuvo la feliz sorpresa de encontrar refuerzos, traídos por un tal Francisco de Salceda. Pero la carabela también traía noticias menos alentadoras. La Corona española había dado licencia a Diego Velázquez para conquistar y poblar las tierras de Yucatán y aledañas, y lo había nombrado "adelantado". Cortés, convertido ya no sólo en rebelde, sino en usurpador de las funciones de Velázquez, tenía que hacer algo. Decidió dirigirse al rey directamente y redactó su primera carta, por desgracia perdida, en la cual defiende su causa exponiendo todo lo sucedido hasta entonces. El ayuntamiento de la Vera Cruz escribió en el mismo sentido y suplicó al soberano que sustrajera a los nuevos vecinos a la autoridad del gobernador de Cuba. Como mensajeros y procuradores fueron nombrados dos regidores de la ciudad, Francisco de Montejo –un amigo de Velázquez al que convenía granjearse– y el fiel Alonso Hernández Puertocarrero, cuya designación tenía la ventaja adicional de poner a su hermosa amante india, doña Marina, a disposición de Cortés. Levaron anclas el 26 de julio, llevando con ellos a seis indios que habían salvado del sacrificio, varios códices pintados y el quinto real, esto es la quinta parte de todas las riquezas reunidas hasta ese momento.

Para los partidarios de Velázquez, que no habían parado de murmurar, había llegado el momento de jugársela. Algunos de ellos decidieron tomar posesión del bergantín y regresar a Cuba para enterar al gobernador de la salida de los procuradores y de la manera de interceptarlos. Cortés lo supo y los hizo detener. Dos fueron condenados a muerte y ahorcados, otros dos azotados, y los demás quedaron libres. Fue después de esos disgustos, y para quitarles toda esperanza de huir a los que la marcha hacia el interior del país no entusiasmaba, cuando Cortés hizo desarmar y encallar casi todos los barcos. Los marineros, unos cien hombres, se sumaron a las filas de su pequeño ejército.[20]

EL FIN DE LOS DIOSES DE CEMPOALA

El ejército invasor emprendió entonces la marcha, dejando una guarnición de unos ciento treinta hombres en la ciudad fortificada de la Vera Cruz. Una vez más, pasó por Cempoala. Ahí, los conquistadores supieron que frente a la costa habían sido vistos los cuatro barcos de la expedición de Francisco de Garay, la cual buscaba un estrecho que permitiera el paso hacia el Pacífico. Varios hombres de esos navíos se incorporarían después al ejército de Cortés.

Para sellar definitivamente su pacto con los españoles, los señores de Cempoala les ofrecieron ocho de sus hijas, fastuosamente vestidas y acompañadas por sus sirvientas. El rey obeso le ofreció a Cortés a su propia sobrina, la verdad no muy agraciada, pero el capitán general la recibió "con alegre semblante" y aceptó el regalo, en su nombre propio y el de sus oficiales, siempre que las señoritas se hicieran cristianas. Aprovechó para reprobar los sacrificios humanos y el canibalismo: si los indios realmente querían su amistad, tenían que acabar con esas prácticas y abandonar sus ídolos. Según López de Gómara y Cervantes de Salazar,

[20] Cortés, *Cartas de relación*, p. 39; Tapia, *Relación...*, pp. 81-85; López de Gómara, vol. 2, pp. 79-87, y Díaz del Castillo, caps. 53-59, pp. 90-93 y 97-99. Sobre el conflicto con Velázquez, ver Prescott, *Historia...*, pp. 161-167, y sobre todo Martínez, *Hernán Cortés*, pp. 178-201, y Ramos Pérez, pp. 124-127 y 165ss.

La pequeña tropa española en marcha. *Códice Azcatitlan.*

los totonacos aceptaron sin mucha resistencia. Bernal Díaz, en cambio, le da al asunto dimensiones épicas.

Los dignatarios y los sacerdotes, dice él, pusieron el grito en el cielo, clamando que sus dioses les daban todo lo que necesitaban. Entonces, Cortés se puso furioso. Habló con sus hombres, les recordó "buenas y muy santas doctrinas" y añadió

> que cómo podíamos hacer ninguna cosa buena si no volvíamos por la honra de Dios y en quitar los sacrificios que hacían a los ídolos; y que estuviésemos muy apercibidos para pelear si nos viniesen a defender que se los derrocásemos, y que aunque nos costase las vidas, en aquel día habían de venir al suelo. Y puesto que estamos todos muy a punto con nuestras armas, como lo teníamos de costumbre, para pelear, les dijo Cortés a los caciques que los habían de derrocar.

Cuando Cortés exhortó a los jefes cempoaltecas a destruir las imágenes de sus dioses con sus propias manos, el cacique gordo llamó a las armas. La cosa se puso todavía más tensa cuando un grupo de españoles empezó a escalar la pirámide principal. Los señores juraron morir masacrando a los españoles antes que permitir que deshonraran a sus dioses. Cortés no cedió, y les respondió muy enojado que otras veces les ha dicho que no sacrifiquen a aquellas malas figuras, porque no los traigan más engañados, y que a esta causa los veníamos a quitar de allí, y que luego a la hora los quitasen ellos, si no que los echaríamos a rodar por las gradas abajo; y les dijo que no los tendríamos por amigos sino por enemigos mortales, pues que les da buen consejo y no lo quieren creer; y porque ha visto que han venido sus capitanías puestas en armas de guerreros, que está enojado de ellos y que se lo pagarán con quitarles la vida.

Parece que Marina tradujo todo eso a los cempoaltecas de la manera más convincente y que les hizo ver, por añadidura, cuán crítica era su situación: si se negaban, recibirían una paliza de los *teteo*, si aceptaban, tendrían que sufrir las represalias de Moctezuma. En tan comprometida alternativa, los nobles y dignatarios totonacos encontraron una salida práctica: decidieron dejar que sus dioses se defendieran solos. Cosa que no hicieron. Unos cincuenta cristianos hicieron pedazos las estatuas y las arrojaron escalinatas abajo.

Los dignatarios totonacos empezaron a llorar y a gritar a sus dioses que ellos no tenían la culpa. Los guerreros avanzaron "a querer flechar" y los españoles, veloces como rayo, agarraron al rey y a otros sacerdotes y principales, amenazando con matarlos si alguien se movía. El cacique gordo aplacó a sus hombres y les pidió que se alejaran, y todo volvió al orden. Los pedazos de las estatuas fueron quemados; Cortés repitió sus promesas de amistad, expuso los rudimentos de su fe y regaló a los cempoaltecas una hermosa imagen de la Virgen. Se limpió el templo principal de toda salpicadura de sangre de los sacrificados, lo encalaron y adornaron con multitud de flores, se instaló un altar y la imagen, y al día siguiente el padre Bartolomé de Olmedo celebró misa y las ocho muchachas totonacas fueron velozmente instruidas y bautizadas, para que se pudieran usar cristianamente. El mantenimiento del templo quedó a cargo de varios sacerdotes locales y se decidió que un español viejo y cojo se quedaría ahí "de ermitaño" para vigilar que se cumpliera todo.[21]

Si estos acontecimientos se hubieran desarrollado como los describe Bernal Díaz, sin duda habrían aumentado los temores del gran señor de los colhuas ante la exaltación, la audacia y la inflexibilidad de los intrusos, dispuestos incluso a enfrentarse a sus nuevos aliados en nombre de

[21] Díaz del Castillo, caps. 51-52, pp. 85-89. Ver también López de Gómara, vol. 2, pp. 79-87; Cervantes de Salazar, libro 3, cap. 24, y Alva Ixtlilxóchitl, vol. 2, p. 203.

su dios, aun a riesgo de quedar solos contra todos. Le hubiera dado mucho que meditar respecto a eso y también a la forma en que el rey de Cempoala había sido tomado como rehén... Pero Moctezuma nunca recibió informes sobre el incidente por la mejor de las razones: a saber, que la versión de Bernal Díaz no es fidedigna. Él es el único que habla del hecho y es obvio que Cortés nunca hubiera guardado silencio sobre una acción tan heroica. En realidad, Díaz del Castillo proyecta en Cempoala hechos que sucedieron más tarde, en Tenochtitlan, cuando el emperador estaba preso.

LOS PELIGROS DE LAS PEREGRINACIONES

Entre tanto, Moctezuma había tomado medidas y esperaba resultados. Había juzgado bien: los españoles venían a instaurar un nuevo Sol. Era preciso, por tanto, detener la marcha de esos migrantes recién llegados, solares, hacia su tierra prometida. Y los métodos a adoptar eran los que ejemplificaban muchos relatos del pasado, los que los autóctonos habían utilizado para detener a los toltecas o a los mexicas en sus andanzas. Sol declinante, próximo a la tierra, el emperador debía defenderse con recursos propios de los autóctonos, de la luna, de la mujer, de la diosa tierra.

Los métodos de los autóctonos son oblicuos. En los mitos, intentan inmovilizar a los migrantes impidiéndoles el paso o haciéndoles creer que ya llegaron a su meta o, a veces, seduciéndolos e incitándolos a instalarse ahí donde están. Lo que importa es desarmarlos, despojarlos de ese ardor viril y divino que los vuelve terribles e invencibles, que los propulsa hacia el cenit, a semejanza del astro de la mañana.

De camino a las tierras altas de Guatemala donde iban a establecerse, los maya-quichés avanzaban, inexorables, destrozando a los autóctonos. ¿Qué dispusieron éstos para neutralizar al jefe de los invasores? "Acaso, pensaron, porque no conocen a otras mujeres son valientes y como llenos de un fuego divino. Escojamos y adornemos a tres hermosas jóvenes. Si se enamoran de ellas, sus nahuales los aborrecerán y faltos ya de este amparo, podremos matarlos." Pero los jefes no sucumbieron y los autóctonos fueron vencidos.[22] Los toltecas sufrieron pruebas comparables en el curso de sus peregrinaciones. Mientras andaban de cacería, dos de sus jefes, Xíuhnel y Mímich, vieron caer del cielo a dos venados bicéfalos a los que persiguieron mucho tiempo para flecharlos. Repentinamente, los venados se metamorfosearon en mujeres. Xíuhnel las

[22] "Título de los Señores de Totonicapán", en Recinos, pp. 220-222.

llamó, diciendo: "Ven acá, hermana mayor". Una de ellas lo invitó a beber sangre.[23] Xíuhnel aceptó y se acostó a su lado. Después de haber estado juntos, la mujer se arrojó sobre él y empezó a devorarlo, abriéndole un hueco en el pecho. Mímich, que no había caído en la trampa, fue perseguido por la otra mujer, Itzpapálotl, Mariposa de Obsidiana. Finalmente, después de varias peripecias, consiguió matarla con la ayuda de los dioses del fuego y la quemó. De Itzpapálotl saltaron chispas, de donde brotaron pedernales de diversos colores. Mixcóatl, el principal jefe de los toltecas en sus andanzas, tomó al pedernal blanco como deidad protectora.[24]

En un himno náhuatl muy antiguo, Itzpapálotl es asimilada a "nuestra madre, madre de los dioses", también llamada "diosa tierra". En efecto, ella es la "autoctonía" que intenta retener a los migrantes donde están. Otro texto, de estilo más histórico, lo demuestra ampliamente, pues dice de Xíuhnel, no que se dejó seducir y devorar, sino que *se estableció* en el "Monte del Venado", que ahí se sedentarizó, mientras que Mímich, poco después, mató a Itzpapálotl.[25]

Xíuhnel, pues, quedó inmovilizado porque fue seducido por la mujer-mantis. Lo mismo le sucedió más tarde a Mixcóatl. A la cabeza de los toltecas, iba de victoria en victoria hasta que se encontró con una mujer que se le ofreció completamente desnuda. Primero intentó flecharla, pero terminó acostándose con ella. Desde ese momento, perdió su energía y su vitalidad, y pronto fue vencido y muerto. La seductora le había arrebatado su fuego interior, su energía, lo que no habían conseguido las muchachas enviadas contra los quichés.[26]

En las narraciones de las peregrinaciones mexicas, las mujeres usan otros medios para detener a los errantes recién llegados. De nuevo se trata de Xíuhnel y Mixcóatl, ahora jefes de los mexicas: sabemos que los aztecas piratearon a placer la mitología de sus antecesores. La mujer que entra en escena ahí es Cihuacóatl-Quilaztli, hermana de Huitzilopochtli. Un día, Mixcóatl y Xíuhnel salen de cacería; se les aparece Quilaztli, bajo la forma de un águila posada sobre un nopal. A los cazadores que están a punto de flecharla les dice que es su hermana y que quería gastarles una broma. Mixcóatl y Xíuhnel replican que merece la muerte y pasan de largo.

[23] Ver los consejos de un padre a su hijo: nunca hay que aceptar la bebida que ofrece una prostituta: Sahagún, *Historia general...*, libro 6, cap. 22, p. 362.
[24] *Leyenda de los soles*, p. 189.
[25] Muñoz Camargo, *Historia...*, p. 40.
[26] *Leyenda de los soles*, p. 191.

El episodio es sumamente revelador. ¿Por qué merece la muerte Quilaztli? Porque trató de engañar a los mexicas, de engañarlos para que se quedaran donde estaban: trató de inducirlos a abandonar su búsqueda, haciéndoles creer que habían llegado a la tierra prometida. En efecto, más adelante, Huitzilopochtli les habrá de indicar a los mexicas que han alcanzado su meta posándose en un nopal, bajo la forma de un águila. Allí se fundará Tenochtitlan, cuyo símbolo hasta el día de hoy es el águila sobre el nopal.

Otro engaño: los acontecimientos de Coatépec. Coyolxauhqui y los cuatrocientos huitznahuas –la luna y las incontables estrellas, es decir la noche, asociada con la tierra– se rebelan contra Huitzilopochtli, negándose a seguir andando. Pretenden reconocer en Coatépec-Tollan la tierra prometida, porque el Monte de las Serpientes es una isla rodeada de agua, como más tarde Tenochtitlan, y en su centro está la pirámide principal, llamada el Coatépec.

Las aventuras de los mexicas al principio de su peregrinación ilustran otras tácticas utilizadas por los autóctonos. Poco después de su salida de Aztlan, los caminantes tuvieron graves disgustos con Malinalxóchitl, una bruja tanto más temible porque era la hermana de su dios. Se hacía temer, escribe el padre Tovar, "con muchos agravios y pesadumbres que daba con mil malas mañas que usaba para después hacerse adorar por dios". A uno de los sacerdotes que le transmitían las quejas del pueblo, Huitzilopochtli le contestó en sueños que abandonaran a su nefasta hermana donde estaba, y así se hizo. Malinalxóchitl y los suyos se establecieron en Malinalco, que se convirtió en una poderosa ciudad cuyos habitantes todavía conservaban en el siglo XVI su fama de brujos y hechiceros. Más tarde, cuando los mexicas se adentraron en el valle de México y se acercaron a la tierra prometida, tuvieron que vencer a una coalición de poblaciones locales azuzadas por el hijo de Malinalxóchitl, Cópil.

Vale la pena examinar el episodio en detalle, apoyándonos en el texto más confiable, el único redactado en náhuatl, la *Crónica mexicáyotl*.[27]

El autor se limita a describir la actividad maléfica de Malinalxóchitl, pero con términos muy bien escogidos: la "perversa" (*tlahueliloc*), la "no humana", es llamada *teyollocuani tecotzanani teixcuepani teotlaxiliani, tecochmamani tecohuaqualtian, tecoloqualtiani ca mochi quinotza in petlazolcohuatl in tocatl*.

[27] Alvarado Tezozómoc, *Crónica mexicáyotl*, pp. 28-31 y 39-45.

En el siglo XVI, Molina traduce *teyollocuani* por "bruja que chupa la sangre", *tecotzquani* y *teotlaxiliani* por "hechicero" y *teixcuepani* por "embaucador o engañador, burlador o hechicero".[28]

Así traducidos, esos nombres nos instruyen mucho menos respecto a Malinalxóchitl que si los tomamos en su sentido literal, pues entonces se da uno cuenta de que no fueron elegidos al azar y que son perfectamente apropiados a las circunstancias: Malinalxóchitl actúa entre hombres que caminan incansablemente, con valentía, enfrentando mil peligros, hombres que necesitan tener todos los sentidos alerta para reconocer e interpretar la menor señal anunciadora de la tierra prometida.

Ahora bien, la bruja es una *teyollocuani*, literalmente una "devoradora de los corazones de la gente". Al comer sus corazones, priva a los migrantes de lo que se considera como el órgano propio del movimiento. La palabra náhuatl para corazón, *yóllotl*, tiene la misma raíz que *ollin*, movimiento. Con corazones se alimenta al sol para que pueda proseguir su carrera en el cielo; sin este alimento, se mantendría inmóvil. El corazón también es el órgano que orienta y dirige la fuerza del *tonalli*, la chispa vital, el calor que anima al ser, la fuerza de la vida que es el blanco favorito de los manipuladores de fuerzas ocultas. Y finalmente, en él reside el fuego divino de los seres inspirados, las personalidades de excepción, los guías de los pueblos migrantes.[29]

En cuanto devoradora de corazones, Malinalxóchitl priva entonces a sus compañeros de viaje de su vitalidad, de su fuerza, de su valentía, de su voluntad. Quien no tiene corazón olvida[30] y así pierde de vista la tarea por cumplir. Por lo demás, ¿son capaces de caminar todavía los mexicas, si la hermana de su dios es una *tecotzanani*, "que quita las pantorrillas de la gente"? Más aún, incluso si tuvieran corazón y piernas, ya no encontrarían la tierra prometida, pues la hechicera también les "trastoca la cara" (*teiycuepa*), y la cara es la sede de las percepciones y sensaciones.[31] Alvarado Tezozómoc precisa en su *Crónica mexicana* que quien miraba una montaña o un río creía ver una fiera u otras cosas horrorosas.[32] Finalmente, Malinalxóchitl también es una *teotlaxiliani*, "que hace errar a la gente o los extravía de su camino".

[28] Molina, pp. 93, 95 y 101. Para más detalles, ver Graulich, "La piedra del sol".

[29] López Austin, *Cuerpo humano...*, vol. 1, pp. 236-243 y 256.

[30] López Austin, *Cuerpo humano...*, vol. 1, p. 240.

[31] López Austin, *Cuerpo humano...*, vol. 1, p. 214.

[32] Alvarado Tezozómoc, *Crónica mexicana*, p. 225.

Veamos ahora el resto del pasaje citado de la *Crónica mexicáyotl.* La bruja "adormece a la gente y se la lleva a cuestas". Es la que "les hace comer culebras y alacranes", ella "convoca todo lo que es ciempiés y araña". ¿Se trata aquí de técnicas de brujería, de figuras de lenguaje, o hay que tomarlo todo al pie de la letra? Probablemente las tres cosas a la vez, dado el gusto de los mexicas por el doble sentido y los juegos de palabras. Practicante de su arte, la bruja duerme a la gente y los "desencamina", les echa serpientes, llama a las arañas para dañarlos: por lo menos así es como Alvarado Tezozómoc parafrasea este fragmento. Mistificadora, les hace "tragar culebras". Literalmente, a los mexicas paralizados los sustrae a su dios. En lugar de su glorioso destino encontrarán la miseria, se verán obligados a comer culebras y alacranes, como en efecto les sucederá en las horas más oscuras de su historia. Se pudrirán donde están, entre las arañas que hinchan las carnes y los ciempiés que pululan entre la basura y cuyas picaduras hacen supurar.[33]

Malinalxóchitl manda sobre las arañas y los ciempiés, que están estrechamente ligados a las diosas de la tierra, del amor, de la inmundicia, y éstas a su vez a la muerte, a las tinieblas, a los espectros, a la luna, a los diosas ancianas, así como, por cierto, los alacranes y las serpientes.[34] Se ubica claramente, pues, del lado de la tierra, de la oscuridad y de la muerte, y más todavía por ser mujer y hechicera dañina. Su nombre, "flor de hierba seca", corrobora esas connotaciones. En el glifo de la hierba seca (*malinalli*) aparece una calavera y se la asocia con la luna, con la ebriedad y con la diosa Cihuacóatl-Quilaztli, de quien la bruja es una advocación.

Así pues, si la hermana de Huitzilopochtli hubiera prevalecido, los mexicas se habrían detenido, se habrían establecido y habrían vegetado miserablemente, adorándola a ella, la representante de la feminidad pasiva, de la tierra, de las tinieblas, de las artes mágicas insidiosas. La deidad tutelar de los mexicas tiene intenciones opuestas a las de Malinalxóchitl. Cuando su pueblo viene a quejarse, la respuesta de Huitzilopochtli es inequívoca: hay que abandonarla ahí, levantar campamento en el acto y reanudar la marcha. Pues su tarea propia es la guerra, la conquista del universo, la obtención de todas las riquezas. Sus herramientas no son los maleficios sino su brazo y su corazón. Lo que él dará de comer es el cacao y las preciadas mazorcas del maíz.[35]

[33] Sahagún, *Historia general...,* libro 11, cap. 5, pp. 654-656.
[34] Seler, *Gesammelte Abhandlungen...,* vol. 4, pp. 741 y 744.
[35] Alvarado Tezozómoc, *Crónica mexicana,* pp. 225-226, y Alvarado Tezozómoc, *Crónica mexicáyotl,* pp. 29-30.

Ahora, sin embargo, los papeles están invertidos: los recién llegados que buscan conquistar el universo y sus tesoros por la fuerza de su brazo y su valentía son los cristianos. Los mexicas, por su parte, se han vuelto sedentarios y autóctonos. Por lo tanto, echan mano de los maleficios. Su primer intento, el de las playas de Chalchiuhcueyecan, fracasó: no pudieron poner en fuga al enemigo ni enfermarlo o matarlo.

Cuando quedó claro que los *teteo* progresaban tierra adentro, Moctezuma le había contado su pesar a Tlillancalqui, el de la casa negra –la casa de la tierra. "No sé", le decía,

> cómo hacer de mi parte todo mi poder y lo que estoy obligado para que esos dioses no lleguen a esta ciudad ni me vean la cara; y el medio mejor que hallo es que luego se me busque todos los encantadores y hechiceros y a los que echan sueño y mandan a las culebras y alacranes y a las arañas.[36]

También se convocó a otros, los que se convertían en animales o se comían los corazones de la gente. Tlillancalqui había objetado que si los intrusos eran dioses todo eso sería inútil, pero no se perdía nada con probar. Se envió a Cempoala a todos los especialistas de los grandes centros de la magia y la hechicería que eran Oaxtépec, Malinalco, Tepoztlan, Yauhtépec, Huaxtépec, Acapichtlan, Xohuitoto, Ocuila y Tenantzinco.

El ataque duró cuatro noches. Algunos se convirtieron en animales y trataron de devorar los corazones, otros atacaron las pantorrillas, exactamente como en los relatos de las peregrinaciones aztecas. Émulos de Malinalxóchitl soltaron serpientes venenosas y alacranes, y algunos hechiceros trataron de dormir a los españoles para "llevárselos a despeñar".

Todo fracasó. Los cristianos parecían no tener corazón ni pantorrillas o en todo caso nadie los encontró, y su carne era demasiado dura. Los adormecedores no pudieron acercarse, por los centinelas. Fue imposible despojar a los recién llegados del ardor que los animaba o de sus pantorrillas, que les permitían avanzar. Nadie logró dormir a los centinelas y menos precipitar a los españoles hasta el fondo de la tierra. Cuando los hechiceros, magos y encantadores rindieron su informe al emperador, éste ni siquiera se enojó. Les dijo en sustancia que habían hecho todo cuanto estaba en su poder.

[36] Durán, *Historia...*, vol. 2, cap. 71.

Descansad, que quizás llegados acá tendrán más fuerza y efecto vuestros encantamientos y sueños ejercitándolos más a la continua. Dejadlos entrar a la ciudad que acá buscaremos modos y maneras para destruirlos. Acá no es posible que escapen de morir, a vuestras manos o a las nuestras. Vengan, entren a la ciudad, y se cumpla el deseo que tengo; para que no quede hombre en vida ni vaya nueva de ellos de donde salieron.

Luego, Moctezuma mandó al *huitznáhuatl* Motelchiuh de embajador a Cempoala para que guiara a los españoles, y cuidara de que no les faltase nada.

HACIA TENOCHTITLAN

El enemigo ya había salido de Cempoala. Motelchiuh lo alcanzó en los alrededores de Chichiquila (unos veinte kilómetros al sur de Ixhuacan). Le dio la bienvenida a Cortés y le dijo que caminara despacio, por pequeñas etapas, cuidando mucho su salud. Le explicó que Moctezuma había dado orden de que todas las ciudades de la región, so pena de muerte, recibieran a los dioses lo mejor posible y con alegría, y les abastecieran de todo lo necesario. Luego, se ofreció para guiarlo. Cortés contestó que ya tenía guías y le pidió al embajador que regresara a Tenochtitlan para agradecerle sus atenciones a Moctezuma. No le quedaba a Motelchiuh más que retirarse.[37]

Desde el 16 de agosto caminaba el pequeño ejército de los invasores. Iba rumbo a Tlaxcala, ya que la ciudad-Estado era amiga de los totonacos y enemiga de Tenochtitlan: cuatrocientos hombres –exactamente el número de los que Huitzilopochtli había guiado hacia Tenochtitlan unos siglos antes–, quince caballos, mil trescientos auxiliares indígenas, entre los cuales estaban los cargadores llegados de Cuba y muchos cempoaltecas, amigos y rehenes a la vez.[38] La lenta ascensión de la Sierra Madre los llevó primero por Xalapa a Xiccochimalli (o Xicochimalco), luego a Ixhuacan. Poco después de dejar atrás ese pueblo tuvo lugar el encuentro con Motelchiuh. Pasando por el sur del Cofre de Perote, montaña de

[37] Durán, *Historia...*, vol. 2, pp. 521-525; Alvarado Tezozómoc, *Crónica mexicana*, pp. 699-700, y Muñoz Camargo, *Descripción...*, p. 229-230. Se sabe por otros datos de la existencia de Motelchiuh. Más tarde, combatió valientemente contra los españoles. Ver *Anales de Tlatelolco*, p. 107, y Sahagún, *Historia general...*, libro 12.
[38] Cortés, *Cartas de relación*, p. 38, y López de Gómara, vol. 2, p. 89.

más de cuatro mil metros de altura, los españoles atravesaron una región difícil, rica en nitrato, donde padecieron hambre, sed y frío.

Después de otra subida más, llegaron a Zacatlan o Xocotlan, donde, como de costumbre, fueron bien recibidos. El señor del lugar, Ollintecuhtli (u Ollintetl) había recibido las instrucciones de su emperador. Hasta se dice que celebró el acontecimiento con el sacrificio de cincuenta hombres. Cuando Cortés le preguntó si era vasallo de Moctezuma, contestó, "casi admirado": "¿Quién no es vasallo de Moctezuma?" El conquistador replicó hablando del gran poder de Carlos V, después de lo cual pidió oro, en señal de sometimiento. "Me respondió", escribe Cortés,

> que oro, que él lo tenía, pero que no me lo quería dar si Moctezuma no se lo mandase, y que mandándolo él, que el oro y su persona y cuanto tuviese daría. Por no escandalizar ni dar algún desmán a mi propósito y camino, disimulé con él lo mejor que pude y le dije que muy presto le enviaría a mandar Moctezuma que diese el oro y lo demás que tuviese.[39]

Ollintecuhtli no quiso quedarse atrás: describió a su interlocutor el apabullante poderío de su amo. Señor del mundo, Moctezuma tenía treinta vasallos que disponían de cien mil guerreros cada uno. Cada año sacrificaba a veinte mil hombres. Su ciudad era la más hermosa y la más fuerte del mundo, su riqueza inimaginable... El discurso, obviamente, no desanimó a Cortés para nada. Pero, incluso admitiendo que el rey de Zacatlan exageraba, juzgó que no estarían de más algunas tropas amigas y despachó cuatro mensajeros cempoaltecas hacia Tlaxcala para anunciar la llegada de los conquistadores.

Bernal Díaz[40] sostiene que los españoles le preguntaron a Ollintecuhtli por el mejor itinerario para llegar a Tenochtitlan, y que éste insistió en aconsejarles pasar por Cholula. Es difícil apreciar qué tanta confianza merece esa aserción. Aquí como en muchas partes el conquistador sigue de cerca a López de Gómara. ¿Realmente podemos creer que completa su relato echando mano de sus propios recuerdos, a cuarenta años de distancia? ¿Es verosímil que haya presenciado casi todas las conversaciones importantes, cuando era un soldado raso al que Cortés nunca menciona? Algunos de sus testimonios son valiosos. No todos. ¿Qué decir del presente caso?

[39] Cortés, *Cartas de relación*, pp. 42-43. Ver también Tapia, *Relación...*, p. 86, y Díaz del Castillo, cap. 61, pp. 103-104.

[40] Díaz del Castillo, cap. 61, p. 105.

A primera vista, el consejo de Ollintecuhtli suena poco probable. En primer lugar, Cortés no habría esperado hasta llegar a Zacatlan para decidir qué camino tomar. Además, el territorio tlaxcalteca se extiende casi exactamente entre Zacatlan y Cholula. Para pasar por esa última ciudad prácticamente hay que regresar, cruzando regiones áridas y difíciles, y dar toda la vuelta al actual estado de Tlaxcala. Para alcanzar México, es mucho más fácil rodear Tlaxcala por el norte. Pero esa ruta pasaba por el reino acolhua e implicaba el riesgo de un contacto de Cortés con Ixtlilxóchitl y los descontentos de Texcoco. Así que, efectivamente, Moctezuma pudo tener motivos para sugerir ese rodeo. Por otra parte, Cholula es una etapa particularmente apropiada para los españoles, ya que es la ciudad santa de Quetzalcóatl... Ahí se les puede preparar un recibimiento muy especial. Al final, la información de Bernal Díaz resulta por lo menos plausible.

Aparecieron en Zacatlan dos señores de ciudades aledañas, trayendo cada uno, a manera de regalo o de ofrenda, unos collares de oro bajo y cuatro mujeres esclavas. Uno era el rey de Iztacmaxtitlan, una ciudad fortaleza de los alrededores. Después de descansar unos días, los españoles fueron a visitarlo y ahí esperaron inútilmente el regreso de los mensajeros cempoaltecas. El rey les retribuyó la cortesía acompañándolos hasta los límites de su territorio, que también eran la frontera con Tlaxcala.

Pronto, el pequeño ejército llegó ante una imponente muralla de piedra, provista de un parapeto. Cortaba todo el valle y servía para proteger a Iztacmaxtitlan de los ataques de los tlaxcaltecas. Tenía una sola abertura, en zigzag para que sólo se pudiera entrar "a vueltas y no a derechas". El ejército español se detuvo y miró, maravillado. El rey, creyendo que dudaban de si seguir o no, aconsejó a Cortés que evitara ese camino pues, como era amigo de Moctezuma, los tlaxcaltecas lo atacarían. Era mejor seguirlo a él. Los guiaría por dentro de los territorios de la Triple Alianza, de tal manera que en todo el camino serían bien recibidos y abastecidos.[41]

Los reyes de Zacatlan y de Iztacmaxtitlan actuaban sin duda por orden de Moctezuma. Su primera misión era asustar y desanimar a los españoles, siempre con la esperanza de verlos abandonar su proyecto, sobre todo después de las pruebas que ya habían sufrido. Por eso Ollintecuhtli encareció excesivamente el poder del *tlatoani*, mientras su colega se

[41] Cortés, *Cartas de relación*, p. 44; López de Gómara, vol. 2, pp. 89-93; Díaz del Castillo, cap. 62, pp. 106-107; Cervantes de Salazar, libro 3, cap. 32; Torquemada, vol. 1, p. 419, y Alva Ixtlilxóchitl, vol. 2, p. 207.

hacía cargo de mostrar cuán peligrosa era Tlaxcala. Pero, en la hipótesis verosímil de que los intrusos se obstinaran, ¿qué era lo que se proponía el señor de los colhuas? ¿Quería o no quería que pasaran por Tlaxcala? ¿Que sí lo intentaran, con la esperanza de que los tlaxcaltecas los exterminarían –pero también, con el riesgo de que establecieran una alianza? Es indudable que el emperador hacía lo posible por incitar a los tlaxcaltecas a atacar: especialmente haciendo correr la voz de que los españoles eran sus aliados y avisando caritativamente a sus enemigos predilectos –con los cuales se encontraba en algunas fiestas– que los invasores pensaban aniquilarlos. ¿Acaso no había conseguido, con rumores parecidos, que masacraran a un ejército de Texcoco? Pero los tlaxcaltecas no se terminaban de convencer. Algunos defendían la idea de una alianza con los recién llegados. Quizás fuera la razón de ese último intento del rey de Iztacmaxtitlan por evitar que los españoles pasaran por Tlaxcala.[42]

---

[42] Desgraciadamente, no sabemos casi nada respecto a esas posibles maniobras de Moctezuma. Excepto por un pasaje de Tovar (*Códice Ramírez*, p. 84) que dice que los mexicas dirigieron a los españoles hacia Tlaxcala para que los destruyeran los otomíes, las fuentes mexicanas detalladas no mencionan nada al respecto, puesto que se empecinan en hacer del emperador un cobarde y de los mexicas, inocentes víctimas. Los tlaxcaltecas también permanecen mudos, ya que ellos se proponen hacer creer que nunca se opusieron a los españoles... Eulalia Guzman (pp. 138-139) insiste con razón en los vínculos que unían a la Triple Alianza con el valle de Puebla.

· XIII ·
Las trampas del valle de Puebla

Dicen que mientras los cristianos se acercaban a Tlaxcala reinaba en la ciudad una intranquilidad comparable a la que asolaba a Tenochtitlan. "Los dioses, mudos, se caían de sus lugares: había temblores de tierra y cometas del cielo que corrían de una parte a otra por los aires: los grandes lloros y llantos de niños y mujeres, de gran temor y espanto, de que el mundo perecía y se acababa." En realidad, parece que los tlaxcaltecas enfrentaron los acontecimientos con mucha más serenidad que los Aliados.[1]

Los relatos que tenemos sobre lo que sucedió en Tlaxcala son tardíos y tienden a atenuar o incluso, como en el caso del tlaxcalteca Diego Muñoz Camargo,[2] a negar la responsabilidad de la ciudad en las desavenencias que siguieron.

Se cuenta por ejemplo que los mensajeros fueron bien recibidos y que los cuatro reyes de la federación tlaxcalteca, así como los señores principales, se reunieron inmediatamente para escuchar las propuestas de Cortés y debatirlas. Dos partidos se dibujaron. Uno, dominado por Maxixcatzin, prefería recibir en paz a los intrusos antes que verlos abrirse paso con sus armas para gran alegría de Moctezuma. ¿No eran acaso los hijos del sol anunciados por las profecías?

El otro partido, el de los guerreros, representado por Xicoténcatl el Joven, juzgaba que enfrentar a los españoles les daría magnífica ocasión de realizar hazañas guerreras y de ver si aquéllos eran inmortales, o acaso monstruos vomitados por la espuma del mar. En todo caso, se negaban a dejarlos pasar y a abastecerlos, cuando ellos mismos apenas contaban con lo estrictamente necesario. Los guerreros jóvenes, orgullosos,

---

[1] Muñoz Camargo, *Descripción...*, p. 239. Sobre la guerra con Tlaxcala, aparte de las obras sobre la Conquista en general, ver Gibson, *Tlaxcala...*, pp. 29-34, y Alcina Franch, "Hernán Cortés y los tlaxcaltecas".

[2] Según Muñoz Camargo (*Descripción...*, p. 239), Tlaxcala no tiene nada que ver con el violento ataque de los otomíes de Tecohuatzinco.

altivos y adeptos de la guerra florida, probablemente fueron a quienes los agentes secretos del emperador más incitaron a resistir.

Como no había consenso, prevaleció una tercera opción cuyo gran mérito era permitir el repliegue si surgía alguna mala sorpresa. Un tal Temilotécatl, en efecto, aconsejó permitir el paso a los españoles pero hacer que los atacaran los otomíes de las fronteras, bajo el mando de Xicoténcatl. Así se sabría con quién se estaba tratando. En caso de victoria, toda la gloria de haber derrotado a los dioses sería para Tlaxcala. Y si las cosas salían mal, bastaría echar la culpa a los otomíes, sus lentas entendederas y su consabida torpeza.[3] Buena y probada táctica cuyo mérito Moctezuma habría sabido apreciar, ya que él mismo, muy probablemente, había provocado el ataque de los mayas contra los españoles en Cintla, que ahora contaba con los otomíes y los tlaxcaltecas para acabar con ellos y que, al fallarle todo eso, ¡volvería a intentarlo con los cholultecas![4]

Según otra versión, los reyes de Tlaxcala contestaron a los mensajeros que "qué gente era aquella de los cristianos que los iban amenazando sin los conocer, y que mañana irían ellos a ver esos cristianos y les responderían como verían".[5]

También se dice que al inicio los tlaxcaltecas consideraban a los españoles como amigos de Moctezuma, puesto que marchaban contra ellos y venían acompañados por vasallos del emperador como los cempoaltecas. El papel de los mensajeros enviados por Cortés era, precisamente, aclarar el equívoco.[6]

Como esos mensajeros tardaban en regresar, la pequeña tropa española, con unos centenares de guerreros de Cempoala y trescientos de Iztacmaxtitlan, cruzó la muralla y penetró en territorio tlaxcalteca. Poco después, atravesó un espeso bosquecillo donde se veían, tendidos entre los árboles, hilos de donde colgaban pedazos de papel, como para cerrar el camino. Los tlaxcaltecas también recurrían a la magia en contra de los invasores... Sus brujos les habían asegurado que esos sortilegios detendrían a los españoles o les quitarían su fuerza.[7]

Tres leguas más adelante, en la región de Tecóac, dos jinetes enviados como exploradores topan con un grupo de unos quince guerreros,

[3] Cervantes de Salazar, vol. 1, pp. 246-249, seguido por Torquemada, vol. 1, pp. 414-416, y por otros.

[4] Tovar, *Manuscrito...*, p. 84.

[5] Fernández de Oviedo, vol. 4, p. 214

[6] Díaz del Castillo, cap. 62, p. 106, y Torquemada, vol. 1, p. 423.

[7] Torquemada (vol. 1, p. 419) aquí también sigue a Cervantes de Salazar (vol. 1, p. 253, vol. 1, libro 3, cap. 32).

los cuales huyen.[8] Aparece Cortés con otros jinetes y los persigue, lla-mándolos a gritos. Cuando les van a dar alcance, los indios se dan vuel-ta y atacan. De entrada hieren a tres hombres y matan dos caballos, a los que casi les cortan la cabeza con los filos de obsidiana de sus garrotes. Las cosas empiezan mal para los intrusos, pero sus adversarios no aprove-charán las lecciones del incidente, espléndida muestra, sin embargo, de los daños que hubieran podido infligir a los españoles hostigándolos. Pero la guerrilla no se compadecía con las costumbres de los relucien-tes ejércitos del México central...

Casi en seguida aparecen cuatro o cinco mil guerreros otomíes.[9] La reducida caballería trata de resistir y mata a cincuenta o sesenta; cuan-do por fin aparece la infantería española, los indios se repliegan orde-nadamente. Llegan entonces unos dignatarios acompañados por los dos enviados cempoaltecas. Ofrecen disculpas por el ataque: no sabían nada ni se explican qué puede haber pasado; proponen pagar por los caballos perdidos y ofrecen su amistad.

Los invasores acampan al lado de un riachuelo. Al día siguiente rea-nudan su marcha. En un pueblo encuentran a los otros dos emisarios, que llorando explican que los tlaxcaltecas habían querido matarlos y comérselos, pero ellos lograron escapar. Poco después, topan de frente con unos mil indios escondidos tras un cerro. Cortés ofrece su amistad, aunque en vano: los guerreros atacan, con una gritería espantosa. Con-tenidos, se repliegan sin dejar de combatir. Los españoles los persiguen hasta un terreno muy accidentado donde esperan, emboscados, dece-nas de miles de hombres que los atacan por todos los costados. Cortés

---

[8] La *Crónica X* reduce al mínimo el papel de Tlaxcala en las batallas que siguen, sea para minimizar la oposición de los indios a los españoles o por disminuir el mérito de la valentía tlaxcalteca, y eso al precio de graves incohe-rencias. Así, Durán (*Historia...*, vol. 2, cap. 72, p. 309) afirma que Tecóac tenía instrucciones de Moctezuma de recibir bien a los dioses, pero que los habitan-tes se negaron. "¿Somos aquí vasallos de los dioses que vienen, ni de Moctezu-ma, que nos han de mandar aquí como a sus criados?" Resulta poco creíble, tratándose de una ciudad de la cual se dijo unas líneas antes que estaba "junto a Tlaxcala o de su jurisdicción" y que, por lo tanto, no tenía por qué recibir órdenes de Moctezuma. Según esas mismas versiones, sólo los otomíes comba-ten a los españoles y no los tlaxcaltecas, que inmediatamente después de la batalla contra Tecóac acogen a los españoles en Tlaxcala. Guzmán (pp. 105-106) sostiene el mismo punto de vista, en contra de todos los testimonios serios.

[9] Sobre estos otomíes, ver Sahagún, *Historia general...*, libro 12, cap. 10, pp. 732 y 769; Durán, *Historia...*, vol. 2, pp. 529-533, y Alvarado Tezozómoc, *Crónica mexicana*, p. 701.

habla de cien mil hombres, López de Gómara de ochenta mil, Bernal Díaz de cuarenta mil y Torquemada de treinta mil. ¡A medida que pasa el tiempo, los efectivos se desvanecen! Como sea, españoles, cempoaltecas y guerreros imperiales de Iztacmaxtitlan pronto se ven completamente rodeados; después de horas de ardua batalla, logran abrirse paso hasta el campo raso, donde las maniobras de los jinetes y los tiros de los cañones disuaden a los agresores que, finalmente, se retiran y desaparecen.

En la noche los españoles y sus aliados se hacen fuertes en Tzompantépec, un pequeño poblado en torno a una pirámide. Se envían mensajes de paz a los tlaxcaltecas, pero sin resultado. Por su parte, Cortés sale con su caballería, cien infantes, cuatrocientos guerreros de Cempoala y trescientos de Iztacmaxtitlan para quemar pueblos y destrozar cultivos en todos los alrededores. Regresan con muchos prisioneros de ambos sexos.

Xicoténcatl, por su parte, ha aprovechado el día para juntar una impresionante fuerza de guerra. Al día siguiente se presenta frente al campamento español con otras decenas de miles de hombres (¡Cortés dice que 149 mil!). Primero, hace entregar cantidades de guajolotes y de tortillas al enemigo, no vaya a decirse que atacó a hombres hambrientos y agotados: el enemigo come y se relame. Luego viene el momento de atacar. "Vamos ya que habrán comido y atarlos hemos, y pagarnos han las gallinas y tortas y bollos que les enviamos, y sabremos quién les mandó entrar en nuestra tierra."[10]

Cercan el campo español y penetran sus defensas, pero las rivalidades entre generales impiden una buena coordinación de los movimientos tlaxcaltecas. Acostumbran atacar por escuadrones de unos veinte mil hombres, y su meta principal no es matar sino tomar prisioneros.[11] Los conquistadores y sus aliados cierran filas. En el cuerpo a cuerpo, sus armas se imponen y ellos son poco vulnerables, mientras que los indios están muy mal protegidos. Los chalecos de algodón y las rodelas de madera resultan inútiles frente a los golpes de las espadas, los tiros de ballesta o las balas. Además los españoles hacen buen uso de su pequeña caballería. Bernal Díaz expone muy bien su táctica de ruptura: explica cómo

habían de entrar y salir los de a caballo, a media rienda y las lanzas algo terciadas, y de tres en tres, porque se ayudasen; y que cuando

[10] Fernández de Oviedo, vol. 4, p. 214.
[11] Alva Ixtlilxóchitl, vol. 2, p. 206, pero ver López de Gómara, vol. 2, p. 100.

rompiésemos por los escuadrones, que llevasen las lanzas por las caras y no parasen a dar lanzadas, porque no les echasen mano de ella; y que si acaeciese que les echasen mano, que con toda fuerza la tuviesen y debajo del brazo se ayudasen y, poniendo espuelas, con la furia del caballo se la tornarían a sacar o llevarían al indio arrastrando.[12]

Así entraban y salían sin descanso entre las tropas enemigas para dislocarlas, hiriendo y aterrorizando más de lo que mataban y buscando sobre todo a los jefes, para desorganizarlas. Al final, logran despejar las entradas del campamento y hacerlo inexpugnable.

Al otro día, Cortés vuelve a salir a quemar los pueblos y pequeñas ciudades de los alrededores. Necesita víveres y quiere desanimar al enemigo golpeando donde no lo esperan. Esa táctica de guerrilla demuestra su eficacia, puesto que al día siguiente vienen mensajeros a ofrecerle la paz, disculpas, plumas y sobre todo alimentos –especialmente hombres, por si los españoles resultaran ser dioses caníbales.[13] En realidad los mensajeros vienen a espiar el campamento español. En la mañana llegan otros cincuenta indios que traen víveres, miran por todos lados y hacen mil preguntas a los hombres de Iztacmaxtitlan. Informado de esto, el capitán general manda prenderlos uno por uno y los interroga por separado. Son guerreros nobles y confiesan que han venido a reconocer el terreno para un ataque nocturno. Una táctica inhabitual, pero de día los invasores parecen invencibles y quizá sus caballos y sus armas no serán tan temibles en la noche... Cortés hace cortar las manos de los cincuenta espías y los envía de regreso con Xicoténcatl. Cerrada la noche, éste lanza a pesar de todo su ataque, pero el invasor está sobre aviso y le sale al encuentro. A los tlaxcaltecas no les queda más que retirarse con graves pérdidas, mientras que sus adversarios están casi indemnes.

Pero los españoles se encuentran agotados. Son muchos los que opinan que es una locura querer seguir peleando contra tales multitudes. Hace falta toda la fuerza de persuasión de su jefe para convencerlos de no retroceder. Y todo su sentido común: pues una retirada produciría una inmediata alianza de los ejércitos imperiales, los tlaxcaltecas y los totonacos, y todos juntos les caerían encima.[14]

[12] Díaz del Castillo, cap. 62, p. 106. Al respecto, ver Ramos Pérez, p. 138, y Denhardt.

[13] Tapia, *Relación*..., p. 90, y Díaz del Castillo, cap. 70.

[14] Cortés, *Cartas de relación*, pp. 43-48; Tapia, *Relación*..., pp. 86-91; Vázquez de Tapia, pp. 137-139; Fernández de Oviedo, vol. 4, pp. 16-19 y 214-215; López de Gómara, vol. 2, pp. 93-102; Cervantes de Salazar, pp. 246-271; Torquemada,

Para el señor de los colhuas, todo iba de mal en peor. Al principio tenía cierta esperanza: los tlaxcaltecas y sus aliados atacaban, y lo hacían en serio, con números ampliamente suficientes de guerreros. Pero le duró poco el gusto: lejos de quedar hechos trizas como cabía prever, los recién llegados triunfaban. Parecían realmente invencibles, por lo menos en campo abierto. Ni los más temibles guerreros, y en cantidades enormes, lograban prevalecer contra ellos. Matar a un solo español les costaba la vida a mil indios. Flaco consuelo: las fuerzas de Tlaxcala habían perdido muchos hombres –pero no los suficientes para dejar de ser peligrosas. Era absolutamente imprescindible evitar que terminaran aliándose con los invasores –en primer lugar, intentando una vez más mandar a éstos de regreso a su casa.

Por cuanto ellos mismos decían, los españoles venían a obtener la sumisión de los mexicas a su gran soberano de allende los mares. O del cielo, puesto que es prolongación del océano. Ahora bien, si se les ofrecía dicha sumisión, ya no tendrían razón alguna para seguir. Y el momento parecía propicio, en vista de las terribles pruebas que estaban sufriendo.

Se envió una nueva embajada ante Cortés: seis altos dignatarios, con un séquito de doscientos hombres. Inútil preguntar cómo habían logrado penetrar en territorio tlaxcalteca, tan cuidadosamente guardado en teoría... ¡los misterios abundan en la historia del México antiguo!

Los príncipes no llegaron –impensable sería– con las manos vacías. Mil piezas de tela, obras de plumas, oro por un valor de mil piastras o castellanos de oro... Pero esta vez, se trataba de primicias de un futuro tributo. Pues eso era lo que venían a ofrecer: pagar tributo y reconocer por soberano al rey de España. Como aquellos reyes de la Mixteca o de otras regiones quienes, cuando se enteraban de que se acercaban los ejércitos de la Triple Alianza, corrían a ofrecer vasallaje. "Me dijeron", relata Cortés,

> que venían de parte de dicho Mutezuma a decirme cómo él quería ser vasallo de Vuestra Alteza y mi amigo, y que viese yo qué era lo que quería que él diese por Vuestra Alteza en cada año de tributo, así de oro como de plata y piedras y esclavos y ropa de algodón y otras cosas de las que él tenía, y que todo lo daría con tanto que yo no fuese a su tierra, y lo hacía porque era muy estéril y falta de todos manteni-

vol. 1, p. 419, y Alva Ixtlilxóchitl, vol. 2, pp. 206-209. Ver asimismo "Origen de los mexicanos", pp. 275-276.

mientos, y que le pesaría de que yo padeciese necesidad, y los que conmigo venían.[15]

Más aún, el emperador hasta ofrecía ayuda militar contra Tlaxcala. Moctezuma trataba de enfrentar la emergencia inmediata. Tenochtitlan no era una tierra prometida paradisíaca. Que los extranjeros se fueran. Después ya se vería... Y en el peor de los casos, siempre se podría pagar tributo para preservar la autonomía del imperio. ¿No era ése el modo de hacer las cosas en el Anáhuac?

Al actuar así, Moctezuma revela al mismo tiempo por qué nunca la emprende directamente contra los españoles. Conoce su fantástica superioridad militar. Reconoce en ellos ese sol naciente que son los jóvenes migrantes, en marcha hacia su tierra prometida. Todo indica que no podrá vencerlos. Entonces, su deber es preservar la posibilidad de salvar lo que pueda salvarse. En Mesoamérica, cuando un reino conminado a someterse no se resiste, conserva a su rey y su autonomía...

Cortés dio las gracias a los embajadores y se amparó en las órdenes que decía haber recibido de su emperador. No tuvo dificultad en convencer a los embajadores de quedarse a su lado: su misión era observar la evolución de las cosas e intervenir si era necesario. Y eso hicieron. Escuchemos de nuevo a Cortés:

Y estuvieron conmigo en mucha parte de la guerra hasta el fin de ella, que vieron bien lo que los españoles podían, y las paces que con los de esta provincia se hicieron, y el ofrecimiento que al servicio de vuestra sacra majestad los señores y toda la tierra hicieron, de que según pareció y ellos mostraban, no hubieron mucho placer, porque trabajaron muchas formas y vías de me revolver con ellos, diciendo cómo no era cierto lo que me decían, ni verdadera la amistad que afirmaban, y que lo hacían para asegurarme para hacer a su salvo alguna traición.[16]

Mientras tanto, los tlaxcaltecas no eran adversarios deleznables y los ofrecimientos de Moctezuma merecían atención. Para saber a qué atenerse, Cortés decidió enviar a dos de sus hombres directamente a

---

[15] Cortés, *Cartas de relación*, p. 51.
[16] Cortés, *Cartas de relación*, p. 51; Anglería, vol. 2, p. 452; Fernández de Oviedo, vol. 4, p. 22; López de Gómara, vol. 2, pp. 103 y 110-111; Cervantes de Salazar, vol. 1, pp. 271-272; Díaz del Castillo, cap. 72, pp. 124-125, y Alva Ixtlilxóchitl, vol. 2, pp. 209-212.

Tenochtitlan; eligió a Pedro de Alvarado, su lugarteniente, y a Vázquez de Tapia.

Los dos embajadores emprenden el camino a pie –se puede correr el riesgo de perder a dos hombres, pero no a dos caballos–, con una escolta mexica. La primera etapa es Cholula. Pero los tlaxcaltecas se han enterado de la misión y están firmemente decididos a impedir que entre en contacto con su enemigo tradicional. Salen guerreros en su persecución para suprimirlos. Empieza entonces una loca carrera hacia Cholula. Por suerte para los españoles, una tropa armada sale de la ciudad y viene a rescatarlos. Después, rodeando por el sur el Popocatépetl, pasan por Cuauhquechollan, Tochimilco, Tenantépec, Ocuituco, Chimalhuacan, Sumiltépec y Amecameca, para llegar, finalmente a... ¡Texcoco!

Moctezuma por lo visto no tiene interés en recibir a los enviados de Cortés. ¿Ya para qué? Las pláticas quedaron sin objeto: la resistencia de Tlaxcala acaba de terminar. Pero despacha como representante a su hermano Cuitláhuac y a su hijo Chimalpopoca, junto con cinco señores. El emperador, informan, está enfermo (aunque Vázquez de Tapia sospecha que podría estar entre los enviados, de incognito, para ver por fin con sus propios ojos a esos enemigos tan temibles) y la ciudad lacustre es peligrosa. Los dos hombres no tienen más remedio que desandar el camino.[17]

EL PACTO CON TLAXCALA

Los tlaxcaltecas habían pedido la paz, en efecto, no sin intentar unas últimas escaramuzas, pues aunque el partido de la conciliación ya había prevalecido en Tlaxcala, el joven Xicoténcatl y sus partidarios seguían negándose a deponer las armas. Finalmente, tuvieron que resignarse y el belicoso general vino en persona a ofrecer la sumisión de una tierra que nunca, subrayó, había tenido amos.

Cuando el embajador Tolinpanécatl entró en los reales de los españoles, junto con Xicoténcatl y otros grandes señores, uno de los enviados de Moctezuma, furioso, lo interpeló con vehemencia. Casi un siglo después, Alva Ixtlilxóchitl reproduce o reconstruye el altercado. "¿A qué

---

[17] Vázquez de Tapia, pp. 139-143. Cervantes de Salazar (vol. 1, p. 282) también dice que los dos emisarios llegaron hasta la calzada de Iztapalapan. Según la *Historia de los mexicanos...* (p. 77), van hasta Chalco y regresan diciendo que el país y la gente son malos. Todo eso lleva a pensar que nunca supieron bien a bien adónde los llevaban, y que sus guías intentaron engañarlos e intoxicarlos.

vienes aquí? ¿Qué embajada es la que traes? Quiero saber de ella; y ¿sabes a quién se la traes?, ¿es tu igual, para que le recibas con las armas acostumbradas de la profanidad de la milicia?" Como no le respondían una palabra, prosiguió:

¿Quién tiene la culpa de las desvergüenzas y contiendas que ha habido en Huitzilhuacan, Tepatlaxco, Tetzmolocan, Teotlaltzinco, Tepetzinco, Ocotépec, Tlamacazquícac, Atlmoyahuacan, Zecalacoyocan [se trata, probablemente, de lugares donde hubo escaramuzas con los españoles] y en todo el contorno hasta Cholollan? Veamos lo que vas a tratar con Cortés, ¡que quiero verlo y oírlo!

Tolinpanécatl volteó entonces hacia la intérprete, Marina, y le dijo:

Quiero, en presencia de nuestro padre y señor el capitán Cortés, responder a mi deudo el embajador mexicano. [...] No tienes razón, sobrino, de tratar tan mal a tu patria y señoría de Tlaxcala y mira que nadie te echa en rostro las tiranías que has hecho en alzarte con los señoríos ajenos, comenzando desde Cuitláhuac y prosiguiendo por la provincia de Chalco, Xantetelco, Cuauhquechollan, Itzoncan, Cuauhtinchan, Tecamachalco, Tepeyácac y Cuextlan hasta llegar a la costa de Cempoala, haciendo mil agravios y vejaciones y desde un mar al otro, [...] y que por vuestra causa, por vuestras traiciones y dobleces, por ti haya aborrecido a mi sangre el huexotzinca, causado todo por el temor de vuestras tiranías y traiciones, sólo por gozar espléndidamente el vestido y la comida [...]. Y en lo que dices que recibí con las armas al capitán Cortés tu amigo, respondo que los que salieron de Zacaxochitlan, Teocalhueyacan, Cuahuacan y Mazahuacan huyendo de ti, vinieron a parar a mis tierras y fueron los que le hicieron la guerra al capitán Cortés y ahora los llevaré sobre mis espaldas y le serviré.[18]

El embajador, entonces, presentó al capitán la sumisión de la confederación tlaxcalteca.

Cortés la aceptó. Viendo lo cual, los enviados mexicas le dijeron que no les creyera, que seguramente era una artimaña para atraerlo a la ciudad y capturarlo. Uno de ellos se fue enseguida a informar al señor de los colhuas del nuevo giro que había tomado la situación. Regresó,

[18] Alva Ixtlilxóchitl (vol. 2, pp. 210-211) atribuye el ataque contra los españoles a grupos refugiados que habían huido de la opresión de la Triple Alianza.

como había prometido, a los seis días, con espléndidos regalos y sobre todo con el encarecido consejo de Moctezuma de no confiar en los tlaxcaltecas, que los matarían y robarían. No tuvo efecto. El 18 de septiembre los recién llegados solares hicieron su entrada triunfal en Tlaxcala. "Somos de Tlaxcala", les dijeron los que vinieron a su encuentro. "Os habéis fatigado; habéis llegado y habéis entrado a vuestra tierra: es vuestra casa Tlaxcala. Es vuestra casa la Ciudad del Águila, Tlaxcala."[19] Los alojaron en el palacio de Xicoténcatl el Viejo y les proveyeron abundancia de todo, por ejemplo, cientos de hermosas esclavas, mientras los señores principales ofrecían a sus hijas en matrimonio a los oficiales. Manera habitual de sellar una alianza –y desarmar la hostilidad de un enemigo temible.

Los españoles y sus amigos se quedaron veinte días en la ciudad: lo suficiente para recobrar fuerzas, transformar a los vencidos en sólidos aliados, recibir el sometimiento de Huexotzinco, enterarse de las relaciones entre Tlaxcala y Mexico-Tenochtitlan, así como del poderío de esta ciudad. También, desde luego, para predicar la fe cristiana, la destrucción de los ídolos y la abolición de los sacrificios humanos. A eso, las autoridades de Tlaxcala objetaron que les resultaba muy difícil abandonar tan de golpe las creencias que habían sido por siglos las de sus antepasados. Quizá, se disculparon, "andando el tiempo lo harían", cuando entendieran mejor qué cosa era esa nueva fe y vieran de qué modo la vivían los españoles. Sobre este último punto, ¡no tuvieron que esperar mucho para tenerlo claro! Como último argumento, agregaron que aunque ellos abandonaran todo para agradar a sus nuevos amigos, el pueblo no lo aceptaría y los masacraría.

Cortés tuvo el buen tino de no insistir. Se limitó a prometerles la pronta llegada de misioneros que les explicarían la fe. Se plantaron cruces y se instaló una capilla en la gran sala del palacio de Xicoténcatl. Después, fueron bautizadas las jóvenes nobles y las mujeres recibidas como regalo por los españoles.

Inevitablemente, pronto se empezó a pensar en marchar sobre Tenochtitlan. Los españoles sabían ya que la ciudad estaba edificada en una isla fácil de defender, con una numerosa población y recursos militares inagotables. Muchos, particularmente los que tenían bienes en Cuba, consideraban más prudente regresar a la costa y esperar refuerzos en la Vera Cruz. Los tlaxcaltecas, por su parte, multiplicaban las advertencias contra la perfidia de los mexicas. Un cempoalteca particularmente intrépido le dijo al conquistador:

[19] Sahagún, *Historia general...*, libro 12, cap. 10, p. 769.

Señor, no te fatigues en pensar pasar adelante de aquí, porque yo siendo mancebo fui a México, y soy experimentado en las guerras y conozco de vos y de vuestros compañeros que sois hombres y no dioses, y que tenéis hambre y sed y os cansáis como hombres; y hágote saber que pasado de esta provincia hay tanta gente, que pelearán contigo cien mil hombres ahora, y muertos o vencidos éstos, vendrán luego otros tantos, y así podrán remudarse o morir por mucho tiempo de cien mil en cien mil hombres, y tú y los tuyos, ya que seáis invencibles, moriréis de cansados de pelear, porque como te he dicho, conozco que sois hombres, y yo no tengo más que decir de que miréis en esto que he dicho, y si determináis de morir, yo iré con vos.[20]

Cortés agradeció sus palabras al valiente y le dijo que quería seguir porque sabía que podía contar con la ayuda de Dios. Y a los españoles les explicó firmemente que no había nada que discutir, que harían lo que desde un principio se había decidido y "que por demás eran ya otros consejos".[21]

TOLLAN CHOLOLLAN

En Tenochtitlan reinaba la consternación. Decididamente, todo terminaba volteándose en contra del imperio. ¡Los hijos del sol, los conquistadores recién llegados, ahora se aliaban –después de darles su buena paliza– con los peores enemigos de la Triple Alianza! Y sólo estaban ya a unos días de camino (ciento veinte kilómetros) de Mexico... Había que acabar con ellos ya. Si se empecinaban en seguir adelante, habría que exterminarlos de una buena vez. No se trataba de atacarlos de frente en campo abierto, la experiencia tlaxcalteca acababa de confirmar los aprendido en Cintla: en batalla campal, los *teteo* eran invencibles e infligían daños atroces. Era mejor echar mano de medios conformes con los mitos, de medios de autóctonos. La diosa de la tierra Itzpapálotl devoraba a los forasteros errantes, o los abrazaba y los vaciaba de su sustancia vital. Desde ya, los tlaxcaltecas habían ablandado notablemente

[20] Tapia, *Relación...*, p. 91.
[21] Cortés, *Cartas de relación*, pp. 50-53; Tapia, *Relación...*, pp. 91-94; López de Gómara, vol. 2, pp. 110-116; Díaz del Castillo, caps. 73-78, pp. 125-137; Durán, *Historia...*, vol. 2, p. 553; Sahagún, *Historia general...*, libro 12, caps. 10-11, pp. 768-770, y Muñoz Camargo, *Descripción...*, pp. 239ss. Alva Ixtlilxóchitl (vol. 2, pp. 209-215) dice que en este punto sigue la historia escrita en 1548 por Tadeo de Niza de Santa María, nativo de Tetícpac, una de las cuatro capitales de Tlaxcala.

a los extraños colmándolos de víveres y sobre todo de mujeres; ahora se trataba de atraerlos a una ciudad amiga, tomarlos ahí por sorpresa y masacrarlos. La ciudad tenía que engullirlos.

Pero no una ciudad de la Alianza: pues si ésta se veía directamente comprometida en el intento, en caso de fracaso, Cortés marcharía sobre Tenochtitlan como enemigo. Eso había que evitarlo. Lo mejor, una vez más, era procurar que otros hicieran el trabajo. Y si esa táctica no resultaba, quedaría recibir a los españoles en Mexico-Tenochtitlan, donde, si era preciso, siempre habría manera de deshacerse de ellos. También había que cuidar de liquidarlos a todos juntos de una vez, para que ninguno pudiera salir a buscar socorro y contar lo sucedido. Porque, y había que recordarlo, por muy temibles que fueran por sí solos los recién llegados, no eran más que la vanguardia de una inmensa potencia...

Sorprender a los invasores en una ciudad donde fuera posible separarlos, impedirles cerrar filas y maniobrar, estorbarles el uso de la caballería, dispararles desde los techos, fuera del alcance de los sables y las lanzas... Ahora bien, en la ruta hacia Tenochtitlan quedaba una sola ciudad grande. Pero era la ciudad más indicada para servir de tumba a los invasores: Cholula, o Tollan Chololan, la capital religiosa del México central, la ciudad de Quetzalcóatl, poblada por los adeptos toltecas del dios. Los libros contaban que, después de ser exilado de Tollan, Quetzalcóatl, perseguido por su enemigo Tezcatlipoca, había huido de una ciudad a otra hasta llegar a Cholula, donde se quedó varios años –veinte o más, e incluso, según algunos, ciento sesenta años.[22] Al final, Tezcatlipoca había marchado sobre Cholula al frente de un ejército inmenso y la Serpiente Emplumada tuvo que huir para siempre. Furioso por no haber podido capturar a su enemigo, Tezcatlipoca perpetró grandes masacres en la región.[23] Para los mexicas, Tezcatlipoca era el dios más poderoso. Bajo su aspecto de Huitzilopochtli, era el quinto Sol, el Sol azteca. Si quería sobrevivir, debía detener a su eterno rival. En el lugar de su última victoria: en Tollan Chololan.

Quetzalcóatl, cuando fue expulsado del paraíso de Tollan, emprendió peregrinaciones concebidas como un viaje por las tinieblas y un descenso al inframundo. Habría fundado, incluso, las casas del país de los muertos.[24] ¿Cuáles fueron las etapas principales de su periplo hacia la costa oriental? Después del valle de México, pasó por Cuauhquecho-

[22] Mendieta, vol. 1, pp. 88-89; *Historia de los mexicanos...*, p. 43; *Histoyre du Méchique*, p. 163, y Las Casas, *Apologética...*, vol. 1, pp. 645-646.

[23] Muñoz Camargo, *Descripción...*, p. 132, y Torquemada, vol. 1, p. 256.

[24] Graulich, *Quetzalcóatl...*, pp. 219-228.

llan, Cholula, Huexotzinco y Tlaxcala, Cempoala y Coatzacoalcos.[25] Esto es, en sentido contrario, ¡casi exactamente el trayecto seguido por los españoles! Veremos que Moctezuma intentará hacerlos pasar igualmente por Cuauhquechollan.

En sentido contrario, porque ahora los hijos de Quetzalcóatl eran recién llegados que caminaban de oriente a poniente. Eran errantes, como los mexicas o los toltecas unos siglos antes. Unos y otros habían tenido que librar una batalla decisiva cerca de su meta: los toltecas en Colhuacan-Mixcoatépec, los mexicas en Tollan-Coatépec. Los españoles también estaban ya cerca de la meta, en Tollan-Cholollan. ¿Triunfarían? ¿O, por el contrario, repetirían los mexicas la victoria de Tollan-Coatépec, victoria que les permitió recoger la herencia de Quetzalcóatl y de los toltecas?

Cholula también era la ciudad a la cual iban todos los nuevos soberanos mesoamericanos a recibir confirmación de su poder.[26] Todos excepto los de Tenochtitlan, que por supuesto mantenían frías relaciones con la Serpiente Emplumada. En Cholula se vería si el ascenso de los invasores y su búsqueda del poder recibirían confirmación, si los dioses lograrían emerger del inframundo o si serían engullidos para siempre en las entrañas de la tierra.

Los embajadores mexicas, pues, recibieron la orden de arrancar a Cortés, por todos los medios posibles, de la amistad tlaxcalteca y de invitarlo a pasar por Cholula. Ahí, le dijeron, iba a saber si Moctezuma podía o no recibirlo. Por lo demás, en esa ciudad no se carecía de nada, a diferencia de las cuatro cabeceras tlaxcaltecas donde se les daba a los dioses un trato muy inferior al que merecía su condición.

El capitán general prometió ir a Cholula, y Moctezuma ya había tomado previsiones en consecuencia. Sus emisarios habían contactado a los dos gobernantes de la ciudad, el *aquiach* y el *tlalchiach*, representantes el uno del cielo y el otro de la tierra. Les había regalado un tambor de oro, rogándoles que recibieran a los extranjeros en su ciudad, para después capturarlos y entregarlos a los mexicas. Un ejército imperial de treinta mil hombres esperaría cerca de la ciudad, para socorrerlos si era necesario.

Lamentablemente, la influencia del emperador en la gran ciudad religiosa y comerciante era fluctuante, por decir lo menos. De los seis barrios de la ciudad, tres le eran favorables –especialmente los que lle-

[25] Benavente o Motolinía, *Memoriales...*, p. 45, y notas anteriores.
[26] "Relación de Cholula", en Acuña, *Relaciones geográficas...*, vol. 5, pp. 130-131; "Anales de los cakchiqueles", en Recinos, *Memorial...*, pp. 67-68, y *Popol Vuh: The Sacred Book...*, pp. 207-208.

vaban nombres mexicas, como Mexico e Izquitlan– y tres no.[27] Así que los cholultecas vacilaban. No se atrevían a negarse, pero no les hacía la menor gracia que entraran en su ciudad tropas de la Triple Alianza, que a lo mejor no se irían tan fácilmente después. Al final, optaron por una solución intermedia: los cholultecas se harían cargo de capturar a los cristianos y los entregarían a los mexicas, pero éstos no entrarían a la ciudad, o sólo entraría un pequeño número de ellos.

Para recibir a los españoles, se emprendieron preparativos varios. Se juntaron montones de piedras en las azoteas de las casas, se cavaron fosos cuidadosamente ocultos, se levantaron barricadas.[28] Los cholultecas profesaban una confianza ciega en su dios Quetzalcóatl y esperaban que con rayos fulminaría a los intrusos o los anegaría con agua. Y se consideraban especialmente capacitados para afirmar que Cortés no era el dios...

Dejad llegar a estos advenedizos –proclamaban–, veamos qué poder es el suyo, porque nuestro dios Quetzalcoatl está aquí con nosotros, que en un improviso los acabará... Dejad llegar a los miserables: veamos y gocemos de sus devaneos y locuras. Y esos sométicos bardajes [los tlaxcaltecas], mujeres de esos barbudos, que se han rendido a ellos, dejadlos que lleguen y veréis en qué paran. Oh, putos tlaxcaltecas, cobardes, merecedores de gran castigo, ¿cómo os habéis trocado en tan breve tiempo y os habéis sometido a gente tan extrañas y no conocidas? ¿De dónde los habéis traídos alquilados para vuestra venganza? Oh, miserables de vosotros, que habéis perdido la fama inmortal que teníais de ilustres descendientes de la muy clara sangre de los antiguos chichimecas, pobladores de estas tierras inhabitables, ¿qué ha de ser de vosotros, gentes perdidas? Aguardad, que muy presto veréis sobre vosotros el castigo que hace nuestro dios Quetzalcóatl.[29]

Los tlaxcaltecas no podían ignorar los preparativos militares de Cholula ya que tenían partidarios allí, y no querían perder tan pronto a sus nuevos aliados. Se sintieron consternados cuando Cortés les comunicó

[27] Torquemada, vol. 1, p. 438. Sobre los barrios, ver Zantwijk ("Quetzalcoatl y Huemac...", p. 345), que también cita a Benavente o Motolinía (*Memoriales*..., p. 70-71), según el cual los nobles de la Triple Alianza tenían moradas en Cholula.
[28] Fernández de Oviedo, vol. 4, pp. 216-217, seguido por ejemplo por López de Gómara, vol. 2, p. 119, y Cortés, *Cartas de relación*, p. 52.
[29] Muñoz Camargo, *Descripción*..., p. 254. Vale la pena señalar que ese texto tardío sólo debe ser considerado como una posible reconstitución.

su decisión. ¡Si conocían de sobra la perfidia de esos mercaderes que eran los cholultecas! El camino principal estaba cortado, la ciudad se preparaba para la guerra, había tropas mexicas acampadas muy cerca. Por añadidura, aducían finalmente los tlaxcaltecas, había una prueba obvia de la hostilidad de los cholultecas: no habían mandado todavía ninguna delegación a presentar sus respetos y dar la bienvenida a los cristianos, como sí lo habían hecho los huexotzincas.

El comentario le pareció importante a Cortés. Mandó emisarios tlaxcaltecas a pedirles a los jefes de Cholula que acudieran a escuchar los motivos de su visita. Llegaron al poco tiempo unos personajes que se presentaron en nombre de sus amos enfermos. Los tlaxcaltecas advirtieron a Cortés que era gente de baja extracción y que le estaban tomando el pelo. Enojado, el capitán envió a los supuestos delegados de regreso, con un ultimátum que daba tres días a los señores de Cholula para declararse vasallos del rey de España.

Esta increíble audacia obtuvo resultados. Apenas al día siguiente, los señores cholultecas aparecieron en Tlaxcala y ofrecieron explicaciones: si no habían venido antes, era por temor a sus enemigos tlaxcaltecas, que sin duda los habían calumniado copiosamente. Hicieron acto de sumisión e invitaron a los españoles a su ciudad. Cortés aceptó, "así por no mostrar flaqueza, como porque desde allí pensaba hacer mis negocios con Moctezuma, porque confina con su tierra, como ya he dicho, y allí usaban venir, y los de allí ir allá".[30]

LAS CELADAS

El 11 de octubre de 1519, pues, el pequeño ejército de los hijos del sol echó a andar, seguido por decenas de miles de guerreros de Tlaxcala y por muchos mercaderes que querían aprovechar la inesperada ocasión para comprar sal y mantas de algodón. Poco antes de llegar a Cholula, Cortés logró persuadir a sus nuevos amigos de que regresaran a sus bases. Sólo unos miles se quedaron esperando ahí cerca, por si algo se ofrecía.[31]

Al día siguiente, los españoles entraron en triunfo a Cholula. Miles de ciudadanos se aglomeraban en el trayecto de los extracontinentales para contemplarlos y ofrecerles flores y víveres. Los tambores batían, las

[30] Cortés, *Cartas de relación*, pp. 52-53; López de Gómara, vol. 2, pp. 116-117; Torquemada, vol. 1, pp. 437-438, y Alva Ixtlilxóchitl, vol. 2, p. 215.

[31] Fernández de Oviedo, vol. 4, p. 216; Cortés, *Cartas de relación*, p. 53, y López de Gómara, vol. 2, pp. 117-118.

trompas sonaban, mientras los sacerdotes vestidos de gala –la ciudad era una auténtica teocracia– se acercaban a sus huéspedes para sahumarlos. Los tlaxcaltecas interpretaron mal este recibimiento y le dijeron a Cortés: "Sabed, señor, que esta manera de recibimiento es mala, y dan a entender que están de guerra, y os quieren sacrificar o matar".[32] En efecto, cuando los cautivos destinados al sacrificio entraban a Mexico, los sacerdotes los sahumaban.

Los españoles fueron alojados en un amplio palacio. El primer día los alimentaron bien. Los días siguiente bajó notablemente la calidad del servicio, mientras las autoridades locales practicaban la política de la ausencia. El capitán general se empezó a preocupar. Por supuesto, no se le habían escapado los preparativos de guerra, aunque en un principio tal vez quiso verlos como precauciones contra los tlaxcaltecas. Avisó a sus anfitriones que pronto tendría que irse. Le prometieron muchos hombres para acompañarlo, pero sólo aceptó a los indispensables cargadores.[33]

Moctezuma, por su parte, envió una nueva embajada, cuya misión, una vez más, era disuadir a los conquistadores de seguir avanzando –cuando, unos días antes, ¡los había invitado a seguir hasta Cholula! Alegaba argumentos absurdos y contradictorios... ¿Qué importaba? Se trataba de desviar la atención de lo que se estaba tramando y presentar al emperador como un ser del todo inofensivo. Los emisarios pretextaban primero que no había caminos buenos, luego, que no había en Tenochtitlan nada que comer, o que Moctezuma se moriría de miedo si los españoles lo veían, o incluso –en alusión a su zoológico– que estaba rodeado de jaguares, pumas y fieras de todo tipo, en suficiente número para devorar a todos los intrusos. Pero simultáneamente los enviados multiplicaban los conciliábulos con los cholultecas. Estos últimos –todo su comportamiento lo muestra y varios testimonios lo dicen explícitamente– pensaban atacar a los cristianos en el momento de su salida de la ciudad, salida que habían procurado acelerar. Pero su juego poco sutil hubiera despertado sospechas hasta en el más crédulo y confiado.[34]

Todo estaba listo y dispuesto conforme a los deseos del señor de los colhuas. ¿Pero qué pasaría si la trampa sólo funcionaba a medias? ¿qué, si algunos de los dioses lograban escapar, huir hasta la costa y la guarnición de la Vera Cruz y regresar con más gente? La participación de los

[32] Aguilar, pp. 174-175.
[33] Cortés, *Cartas de relación*, p. 54, y Tapia, *Relación*...., p. 97.
[34] Tapia, *Relación*..., pp. 95-96, seguido por López de Gómara, vol. 2, pp. 117-119.

mexicas en la emboscada quedaría expuesta, los extranjeros buscarían vengarse y, entonces sí, sería realmente el fin del imperio. Para evitarlo, Moctezuma había dado orden a las guardias costeras de Nauhtlan, al norte de la Vera Cruz, de liquidar a los dioses que habían quedado ahí. El trabajo tenía que realizarse al mismo tiempo que en Cholula.

El gobernador de Nauhtlan se llamaba Coatlpopoca. Sabía que con las fuerzas limitadas que tenía difícilmente podría acabar con cien españoles o más, bien atrincherados y apoyados por los totonacos de la región. Había, pues, que dividirlos. Para ello, concibió un plan maquiavélico.

Un día, la guarnición de la Vera Cruz vio aparecer una delegación de indios que llegaban de Nauhtlan. Venían a anunciar que su amo, Coatlpopoca, deseaba prometer su obediencia al gran soberano de allende los mares, pero recelaba de la hostilidad de los totonacos revoltosos que lo rodeaban y pedía una escolta para protegerlo. Juan de Escalante, el comandante de la plaza, después de hacerse repetir el mensaje varias veces para estar seguro de comprenderlo bien, decidió enviar a cuatro hombres a Nauhtlan. Apenas llegaron, los desdichados fueron atacados y dos de ellos muertos o sacrificados, pero los otros dos se escaparon.

Al enterarse del incidente, Escalante tomó a cincuenta hombres, dos caballeros, dos culebrinas y varios miles de guerreros totonacos y marchó sobre Nauhtlan. Coatlpopoca salió a su encuentro con todas sus fuerzas y tropas amigas. Se trabó una batalla feroz. Los españoles perdieron a siete hombres, entre ellos a Escalante, que no sobrevivió a sus heridas. Los mexicas fueron vencidos y Coatlpopoca tuvo que huir con los señores aliados. Algunos de los prisioneros confesaron que habían actuado por orden de Moctezuma.

La trampa de Coatlpopoca, sin embargo, estaba bien armada. Primero, atraer a unos pocos hombres y matarlos, pero dejando escapar a dos para que dieran la alarma. Luego, obligar a una parte de las tropas enemigas a salir de su plaza fuerte y esperarla en terreno conocido y, finalmente, liquidar a las pocas fuerzas que quedaran en la Vera Cruz. Los cempoaltecas no contaban mucho: nunca habían sido guerreros muy brillantes. Pero los extranjeros probaron ser más recios de lo previsto...

Sin embargo, para los mexicas el incidente no fue un fracaso completo. El prestigio de los españoles había sufrido bastante, a tal punto que desde entonces hasta los totonacos, que no se habían distinguido mucho en la batalla, los miraban de arriba abajo.[35] Parecería –pero el

---

[35] Cortés, *Cartas de relación*, pp. 65-66; López de Gómara, vol. 2, p. 159, y Díaz del Castillo, caps. 93-94, pp. 179-181. Tapia (*Relación...*, p. 102) habla de un solo muerto español.

detalle viene de Bernal Díaz y por tanto es poco seguro– que la cabeza de uno de los españoles, un tal Argüello, personaje barbudo y voluminoso, le fue enviada a Moctezuma incluso antes de la entrada de Cortés a Tenochtitlan. Muy impresionado, el emperador prohibió ofrendarla a los dioses de la ciudad y ordenó llevarla a otros templos. Luego preguntó por qué sus tropas no habían podido vencer a este puñado de hombres. Le contestaron que había sido imposible hacer nada porque delante de los *teteo* y animándolos caminaba una gran dama de Castilla. Por una vez, Bernal Díaz no estaba ahí: "Esto yo no lo vi, porque estaba en México, sino lo que dijeron ciertos conquistadores que se hallaron en ello, y plugiese a Dios que así fuese".[36]

En Cholula, entre tanto, los españoles reciben advertencias más precisas. Primero es un joven de Cempoala. La señora cholulteca en cuya casa está alojado le pide un día que la siga fuera de la ciudad. Como insiste en saber por qué, la mujer le dice que los mexicas llegarán en la noche a masacrar a todo el mundo.[37] Luego, los españoles se enteran de que guerreros cempoaltecos han descubierto diversos preparativos militares, en especial hoyos cubiertos con maderos y tierra, con estacas puntiagudas en el fondo, para matar a los caballos. Marina-Malintzin, a su vez, les revela que una señora vieja que le ha agarrado cariño le ha dicho que mejor se vaya con ella a su casa, porque tropas de Moctezuma están estacionadas en las afueras de la ciudad, listas para acabar con

[36] Díaz del Castillo, cap. 94, p. 181. La versión que da Durán (*Historia...*, cap. 72) es muy distinta. Ubica los hechos mucho más temprano. Según él, Cortés sale de Cempoala hacia el suroeste, alcanza Xalapa y... ¡llega a Nauhtlan, en la costa norte! Pregunta a Coatlpopoca por el camino más corto hacia México, y éste aprovecha para atraer a los españoles hacia un camino tan peligroso que dos de los caballos caen a un precipicio (Alvarado Tezozómoc, *Crónica mexicana*, cap. 110, habla de diez muertos y no dos). Coatlpopoca desaparece, pero Moctezuma lo hará detener, entregar a Cortés y, finalmente, despedazar. Reconocemos algunos elementos verídicos: el nombre del jefe de Nauhtlan, su deseo de poner una trampa y "engullir" a los españoles, los dos muertos, la captura y ulterior ejecución del culpable. En cuanto a lo demás, la trampa en este caso habría consistido en guiar a los españoles por caminos escabrosos. También es un elemento real, pero que se presentó más tarde. Si la *Crónica X* lo traslada aquí, y con bastante torpeza lo combina con el asunto Coatlpopoca, es porque ese capítulo sigue al que mostraba a Moctezuma tratando de detener a los errantes mandándoles brujos devoradores de corazones: se trata de mantenerse en un registro de acciones comparables.

[37] Anglería, vol. 2, p. 455.

Los españoles y los tlaxcaltecas atacan
el templo de Quetzalcóatl en Cholula.
Lienzo de Tlaxcala.

sus amos, y ya los ciudadanos de Cholula han evacuado a sus mujeres e hijos.[38]

En cuanto se entera, Cortés actúa sin perder un instante. Hace detener a "uno de los naturales de la ciudad que por allí andaba", lo interroga, y el hombre confirma la existencia del complot. Después de un breve consejo de guerra durante el cual todos recomiendan golpear pronto y fuerte, Cortés convoca a las autoridades de la ciudad y manda encerrar a todos los dignatarios que se presentan. Interrogados por separado, éstos confiesan la trampa, pero atribuyen la responsabilidad a Moctezuma. El capitán general instruye a sus hombres: cuando escuchen un tiro

---

[38] Cortés, *Cartas de relación*, p. 54; Tapia, *Relación...*, p. 97, y Díaz del Castillo, cap. 83, pp. 146-147.

de escopeta, tendrán que lanzarse sobre los indios que llenan el gran patio y sus alrededores, donde desde la mañana se arremolina una multitud cada vez más densa. Entre otros, por miles, los cargadores prometidos –en realidad, al parecer, algunos de los más intrépidos guerreros, con sus armas. La insolencia de estos cargadores no tiene límites. Cuando los españoles les piden que les traigan algo de comer o de beber, ellos se burlan, "¿para qué quieren comer éstos, si presto los han de comer a ellos en ají cocidos; si Motecuhzoma no se enojase que los quiere para su plato, aquí nos los habríamos comido ya". Las cuatro puertas que dan acceso al patio están guardadas por guerreros cholultecas.

Cuando resuena la señal, los conquistadores se lanzan al asalto. Los indios quedan pasmados al ver que se les han adelantado. Siguen horas de combate y un baño de sangre. Los tlaxcaltecas, acampados en las afueras de la ciudad, llegan como refuerzos y se dan gusto destruyendo, matando, saqueando y llevándose cantidades de cautivos. Las tropas de Moctezuma ni se asoman. Más de tres mil enemigos pasan a mejor vida. Los sacerdotes se atrincheran en lo alto de sus pirámides, desde donde disparan flechas y todos los proyectiles a la mano. Acosados, prefieren lanzarse al vacío o dejarse quemar vivos antes que rendirse. Algunos corren desesperadamente al templo de Quetzalcóatl para abrir sus flancos y liberar el agua que, se supone, encierra y que ahogará a los españoles bajo torrentes poderosos. Pero nada sale del edificio. Está claro que Quetzalcóatl está del lado de los extraños... A los cholultecas no les queda más que mandar una delegación de dignatarios para pedir la paz y ofrecer la sumisión, sincera esta vez, de la ciudad. Cortés concede una y recibe la otra de buena gana, feliz por haberla librado a tan bajo costo. Hasta consigue aplacar la enemistad entre Tlaxcala y Cholula y hacer regresar a la población desplazada. Tan pronto como el día siguiente, afirma él, la vida en Cholula retomó su curso normal.[39]

Tanto las advertencias recibidas como las confesiones de los cholultecas apuntaban a la responsabilidad de Moctezuma, así que Cortés convocó a los emisarios del embajador y les informó de las acusaciones contra su amo:

Hablé acerca de aquella traición que en aquella ciudad se me quería hacer [...] y que no me parecía que era hecho de tan gran señor

[39] Cortés, *Cartas de relación*, pp. 54-55, seguido por Fernández de Oviedo, vol. 4, pp. 23-25 y 217-218; Tapia, *Relación...*, pp. 97-98; López de Gómara, vol. 2, pp. 121-122, y Torquemada, vol. 1, pp. 439-440. Sobre el agua que debía ahogar a los españoles, ver Muñoz Camargo, *Descripción...*, pp. 255-256.

enviarme sus mensajeros y personas tan honradas como me había enviado, a decirme que era mi amigo, y por otra parte buscar maneras de ofenderme con mano ajena, para salvarse él de culpa si no le sucediese como pensaba. Y que pues así era, que él no me guardaba su palabra ni me decía verdad, que yo quería mudar mi propósito; que así como iba hasta entonces a su tierra con voluntad de verle y hablar y tener por amigo y tener con él mucha conversación y paz, que ahora quería entrar por su tierra de guerra, haciéndole todo el daño que pudiese como a enemigo, y que me pesaba mucho de ello, porque más le quisiera siempre por amigo y tomar siempre su parecer en las cosas que en esta tierra hubiera de hacer.[40]

Los nobles mexicas, obviamente, negaron todo en bloque y le rogaron al dios que verificara bien sus informaciones antes de tomar la decisión de hacerle la guerra a Tenochtitlan. Cortés fingió creerles. En otra conversación, les afirmó que no podía dar fe a las acusaciones de los cholultecas, pues Moctezuma era su amigo y gran señor, y los grandes señores no solían mentir ni hacer traiciones. Los mexicas pidieron licencia de ir a ver a su amo y con la mayor prisa se fueron a Tenochtitlan.[41]

La carnicería de Cholula había conmovido al Anáhuac entero.[42] Y con razón. Desde hacía décadas, las grandes matanzas de este estilo eran casi monopolio de los gigantescos ejércitos imperiales cuando se arrojaban sobre una u otra pequeña ciudad. ¡Y ahora de repente la víctima era la Triple Alianza, o por lo menos una ciudad cómplice de ella! Informado, Moctezuma sin duda tuvo que admirar la energía –igual a la suya– y la determinación de su adversario, y el modo como había adivinado sus intenciones. Parece que hizo sacrificar a muchas víctimas y se aisló durante ocho días para hacer penitencia. Durante esos ejercicios, Huitzilopochtli le dijo que no temiera a los invasores y los dejara entrar a Tenochtitlan, donde "haría de ellos a su voluntad", pues eran pocos.[43]

---

[40] Cortés, *Cartas de relación*, p. 56.

[41] Cortés, *Cartas de relación*, p. 56; Anglería, vol. 2, p. 457; Tapia, *Relación...*, pp. 98-99, y López de Gómara, vol. 2, pp. 121-122 y 125.

[42] Torquemada, vol. 1, pp. 439-440; Sahagún, *Historia general...*, libro 12, cap. 11, pp. 769-770, y Díaz del Castillo, cap. 83, p. 150.

[43] Fernández de Oviedo, vol. 4, p. 218, seguido, por ejemplo, por López de Gómara, vol. 2, p. 125, y Díaz del Castillo, cap. 84, pp. 151-152. Ver también Benavente o Motolinía (*Memoriales...*, p. 82): Moctezuma deja que lleguen los españoles porque piensa que los podrá matar cuando quiera.

Entre tanto había que aplacarlos, sin dejar de preparar más emboscadas. Los embajadores fueron reenviados a Cholula con un suntuoso regalo de diez platones de oro, mil quinientas piezas de manta y víveres en cantidad. Transmitieron al capitán el pesar de Moctezuma por la pérfida trampa urdida contra los dioses y le aseguraron que el emperador no tenía nada que ver con ella. Era verdad que había tropas imperiales acampadas en los alrededores, pero estaban formadas por gente de Acatzinco y Azacan, dos ciudades vecinas y aliadas de Cholula, a las que seguramente los cholultecas habrían pedido ayuda. Casi una confesión... Finalmente los embajadores una vez más pedían que los españoles no fueran a Tenochtitlan, tierra estéril en la que se carecía de tantas cosas. Cortés, como siempre, contestó que tenía órdenes y debía cumplirlas. A los pocos días, Moctezuma le hizo saber que se alegraba de verlo llegar.[44]

LA CONTROVERSIA DE CHOLULA

Tales fueron, pues, los acontecimientos ocurridos en Cholula. Moctezuma les preparó una celada a los conquistadores y trató de sorprenderlos donde les iba a ser más difícil defenderse. Los españoles, al verse amenazados en su punto débil, reaccionaron con una brutalidad capaz de disuadir cualquier nuevo intento. En la situación en que se encontraban, no tenían otra opción.[45]

Los testimonios serios son bastante concordantes, aun cuando los hechos y las intenciones dieron lugar a interpretaciones a veces distintas por parte de conquistadores desigualmente informados. Sin embargo, algunos historiadores modernos no creen que la conspiración fuera real.

Tal es el caso, por ejemplo, de Orozco y Berra, en el siglo XIX: para él, nada en la actitud de Moctezuma permite prever semejante comportamiento. Los culpables reales serían los tlaxcaltecas y Marina, que habrían inventado ese cuento de la celada ¡por odio al emperador y para vengarse de sus enemigos! Collis comparte esa opinión. Para Wagner, los cholultecas eran mansos corderos, y Las Casas tenía toda la razón en decirlo. Eulalia Guzmán, sin la menor prueba, considera que lo que pasó fue ni más ni menos una perfidia de Cortés, y Sotomayor, en un panfleto contra el conquistador, abunda en el mismo sentido: Cortés fue bien recibido por los cholultecas y expresó su gratitud masacrándolos.

[44] Cortés, *Cartas de relación*, pp. 56-57; Anglería, vol. 2, p. 457; López de Gómara, vol. 2, p. 126, y Tapia, *Relación...*, p. 100.
[45] Madariaga, p. 277.

En cambio, autores como Prescott, Babelon, Madariaga, Pérez Martínez, Descola, Padden, Brundage, White, Fuentes, Thomas y Martínez aceptan la tesis española, y lo mismo hace Vázquez Chamorro en unas pocas y fuertes páginas sobre el tema. Davies, no sin pertinencia, señala que la actitud atribuida a Moctezuma y que consiste en empujar a los demás a pelear en su lugar, y de ser necesario desautorizarlos después, era muy propia de él.[46]

¿En qué se basan los revisionistas? En algunas disonancias entre las versiones españolas y las de la mayoría de los autores indígenas.

Veamos primero a los indígenas o sus voceros, cuyos testimonios son poco creíbles. No hay, por supuesto, unanimidad. Muñoz Camargo, el tlaxcalteca, se identifica totalmente con la causa española e incluso amplifica. Por ejemplo, cuenta que los españoles y los tlaxcaltecas mandaron de embajador a Cholula al ilustre Patlahuatzin. Para mostrar su determinación de pelear, los cholultecas le desuellan la cara y los brazos y así lo envían de vuelta a Tlaxcala. Chimalpáhin, quien expresa el punto de vista de Chalco, dice que los cholultecas marcharon contra los españoles.[47] Del lado "pro-azteca", los *Anales de Tlatelolco* de 1528 ni hablan del asunto. Sólo lo mencionan textos más tardíos, como los que gravitan en la órbita de la *Crónica X* o de Sahagún.

La *Crónica* de Alvarado Tezozómoc se interrumpe antes de la llegada de los españoles a Cholula. Durán sólo habla de la matanza al pasar. En su libro sobre los ritos, explica que Cortés hizo matar a quinientos indios porque le traían leña en lugar de víveres. En su *Historia...*, los cargadores de agua y de leña son masacrados porque Cortés cree que son señores disfrazados con la intención de cometer alguna traición.[48] Según los informantes de Sahagún, los tlaxcaltecas sembraron "con insidias" la desconfianza de los españoles contra Cholula. Temiendo una trampa, éstos convocaron a "los señores, los capitanes, los guías y también los hombres del pueblo" en el atrio del templo de Quetzalcóatl, cerraron todos los accesos y asesinaron a la multitud desarmada.[49] Finalmente, sesenta años después de los hechos los cholultecas niegan haber planea-

---

[46] Orozco y Berra, vol. 4, pp. 219-220; Collis, p. 127; Wagner, pp. 175-176; Guzmán, p. 139, y Sotomayor, pp. 122ss. Toscano, asimismo (p. 114), parece albergar serias dudas. Davies, *The Aztecs...*, p. 253.

[47] Muñoz Camargo, *Descripción...*, p. 255; Torquemada, vol. 1, pp. 435-437, y Chimalpáhin, *Relaciones...*, p. 234.

[48] Durán, *Historia...*, vol. 1, cap. 6, p. 62, y vol. 2, cap. 74, pp. 539-540.

[49] Sahagún, *Historia general...*, libro 12, cap. 11, pp. 769-770; Tovar, *Manuscrito...*, fol. 52b, y Acuña, *Relaciones geográficas...*, vol. 5, p. 25.

do la emboscada y afirman que fueron agredidos porque habían descuidado el abastecimiento de los españoles.[50]

Dos elementos notables surgen de estas crónicas: el odio de Tlaxcala, aducido espontáneamente por los partidarios de los mexicas, y el asesinato de los cargadores de agua y de víveres bajo el pretexto de que han interrumpido el abastecimiento. La descripción de la masacre por Sahagún y Tovar no es confiable, pues se inspira en un hecho ulterior: la matanza de *Tóxcatl*. Las fuentes favorables a los aztecas en ningún momento aluden a una participación de Moctezuma; también eso es comprensible: quieren hacer creer que los mexicas sólo combatieron cuando, acorralados por los excesos de los españoles, no les quedó ninguna otra posibilidad. Para lo cual hay que convertir a Moctezuma en un cobarde –ya sabemos que ésta es una de las preocupaciones centrales de los textos afines a los mexicas. Ahora bien, un cobarde no tiende emboscadas...

Queda la masacre de los inocentes aguadores. O, según los documentos españoles, de los cargadores, en general, movilizados para atender a los extranjeros. ¿Cuál es la fuente de ese relato?

Hay que esperar hasta 1529. En ese año, los enemigos de Cortés por fin han conseguido que tenga que rendir cuentas sobre sus acciones desde la Conquista. El ex conquistador Vázquez de Tapia, que lo odia por razones personales, da su testimonio en secreto y habla de Cholula. Explica que Cortés pidió a las autoridades de la ciudad un gran número de cargadores para reemprender la marcha. Cuatro o cinco mil se presentaron, y fueron encerrados todos en el atrio del Templo Mayor.

Mandó a los españoles que allí estaban, y él juntamente con ellos, que los matasen a todos y así los mataron, y así muertos, salió luego por la ciudad con toda su gente y a todos cuantos topaba mataba y mandó asimismo que entrasen en las casas de los señores donde estaban huidos y recogidos y allí los mataban y ponían fuego a las mezquitas [...] decían que los dichos indios se querían alzar para matar los cristianos, pero este testigo vio como los habían recibido bien y dado de comer con buena voluntad.

Según él, "entre muertos y cautivos, fueron más de veinte mil personas".[51]

[50] "Relación de Cholula", en Acuña, *Relaciones geográficas...*, vol. 5.
[51] Martínez, *Documentos...*, vol. 2, p. 39. Ya en 1521 un testigo partidario de Velázquez hacía una alusión malintencionada a la masacre de Cholula, pero sin pronunciarse sobre su causa (Martínez, *Documentos...*, vol. 1, pp. 202-203).

Ésa es pues la versión cocinada por Vázquez de Tapia y algunos de sus cómplices para perjudicar a Cortés. Una versión malvada e insidiosa: "Decían [los españoles] que los indios se querían alzar", pero el propio Vázquez de Tapia no vio nada excepto la calurosa hospitalidad. Como si Cortés fuera a matar por puro gusto. Y a unos pobres aguadores inofensivos cuyos servicios, además, necesitaba. ¿Hará falta decir que otros testigos de los hechos dieron versiones conformes con lo que relatan las fuentes españolas?[52] Por lo demás, Vázquez de Tapia tampoco cree en su inverosímil cuento. Años más tarde, cuando ya no se trata de dañar a su antiguo jefe, da una versión del todo distinta. Entre 1542 y 1546, redacta un documento administrativo cuyo objeto es hacer un recuento de los servicios prestados a la Corona y de sus méritos propios. Ahí, admite la tesis de la conspiración y confirma la presencia de tropas mexicas estacionadas cerca de Cholula. Incluso llega a decir exactamente lo contrario de lo que afirmaba en su testimonio. ¡No, los españoles no fueron bien recibidos ni bien alimentados! Lo sabía mejor que nadie, ya que había pasado por Cholula poco antes, cuando trató de llegar hasta Tenochtitlan con Alvarado. Los españoles fueron alojados en edificios ruinosos, mientras que a él, en su viaje anterior, lo habían hospedado en un lugar en perfectas condiciones. Incluso se lo señaló a Cortés. Es más, agrega, los indios no les quisieron dar nada de comida, ¡ni siquiera para los caballos![53]

Pero mientras tanto el daño ya estaba hecho. Los enemigos de los conquistadores –indígenas, frailes protectores de los indígenas– habían retomado agradecidos su versión. Durán, por ejemplo. O Juan Cano, un español que se casó con una hija de Moctezuma: le dijo a Fernández de Oviedo en 1544 que en Cholula Cortés había pedido tres mil cargadores y que los había hecho exterminar. También Las Casas quien, en su *Brevísima relación de la destrucción de las Indias* como en muchos otros textos, da a sus exageraciones una dimensión épica y cae en lo grotesco. Bajo su pluma, el número de cargadores –casi desnudos, humildemente sentados en cuclillas en el atrio, como mansas ovejas, llevando en la mano una redecilla con su pobre comida– sube a cinco o seis mil y rebasa la cifra señalada por Vázquez de Tapia. "Pónense a las puertas del patio españoles armados que guardasen y todos los demás echan mano a sus espadas y matan a espada y a lanzadas todas aquellas ovejas"; a los

---

[52] Por ejemplo, Andrés de Tapia o Martín Vázquez en Martínez, *Documentos...* (vol. 2, pp. 344 y 358-359). Sobre la tesis de la conspiración ver, asimismo, *Historia de los mexicanos...*, p. 77.

[53] Vázquez de Tapia, p. 142.

señores los queman vivos, y todo únicamente para sembrar el terror. Y para inspirar a Cortés, quien, durante la masacre, entona una cancioncita de circunstancias:

Mira Nero de Tarpeya
a Roma cómo se ardía;
gritos dan niños y viejos,
y él de nada se dolía.[54]

Más asombrosa es la actitud de un soldado de Cortés, cuyo testimonio parece ser una combinación de las versiones españolas admitidas con la de Vázquez de Tapia. Francisco de Aguilar escribe cuarenta años después de la Conquista, cuando ya tiene más de ochenta. Según él, desde que entran los españoles en la ciudad los tlaxcaltecas les advierten de la equívoca actitud de los cholultecas. Actitud que no mejora en los siguientes días, ya que los huéspedes sólo reciben agua y leña. Los oficiales de Cortés lo empujan a tomar las armas para garantizar el abastecimiento. Al principio, el capitán se niega, pero como insisten da la orden de matar a los cargadores de agua y de leña, unas dos mil personas. Sólo más tarde, cuando salen de la ciudad, los tlaxcaltecas le señalan a Cortés la presencia de un ejército mexica en las cercanías.[55]

Aguilar admite, por tanto, la provocación por parte de los cholultecas y habla de la masacre de los cargadores, aunque se guarda mucho de explicarla o dar la impresión de justificarla por la conspiración, de la cual posiblemente no ha visto pruebas. Pero hay algo más: en el momento en que escribe hace treinta años que se ha convertido en padre dominico. Como Las Casas. Si lo hace, es porque algunos religiosos se lo han pedido con insistencia. ¿Podía permitirse entonces dar un versión de los hechos que contradijera de manera tajante la de Las Casas, el gran hombre de su orden? Si se hubiera atenido a los hechos, ¿no se habrían mortificado los religiosos defensores de los indios que le rogaban que diera su testimonio,? ¿No lo habrían considerado entonces como un conquistador impenitente? Aguilar eligió pues conciliar y acudió, para su propia versión, a las afirmaciones de Vázquez de Tapia.

Así que podemos muy bien seguir la génesis del mito según el cual no hubo emboscada en Cholula, mito que tiene la triple ventaja de manchar a los conquistadores, limpiar a los mexicas de la acusación de haberse opuesto a los españoles y confirmar la pretendida cobardía del señor

---

[54] Fernández de Oviedo, vol. 4, p. 263, y Las Casas, *Obra indigenista*, pp. 92-93.
[55] Aguilar, pp. 174-175.

de los colhuas. Cobardía que es otro mito. Desde muy joven Moctezuma fue intrépido, y en la época de la Conquista en ningún momento les dio a los invasores la impresión de que le faltara valor. Es verdad que la llegada de seres tan insólitos como invencibles, asociados con Quetzalcóatl, lo asusta y que siente llegados el final de su imperio y su propia muerte. Pero no por eso deja de cumplir con su deber ni de tratar de evitar la catástrofe por todos los medios que le parecen razonables. Es probable que en un principio contara con los mayas de Cintla. Intentó constantemente convencer a los recién llegados de que se fueran. Les cortó el abastecimiento de víveres cuando estaban en la costa. Echó mano de la hechicería y la magia. Incitó contra ellos a los tlaxcaltecas y en particular a los guerreros, representados por el joven Xicoténcatl que más tarde será ejecutado por haberse alineado con los mexicas. La trampa de Cholula era la consecuencia necesaria de todo lo anterior.

Y todo lo demuestra, por poco que se les conceda valor a los documentos. Bernal Díaz rechaza violentamente la versión de Las Casas y afirma que los primeros franciscanos en llegar a la Nueva España realizaron una investigación en Cholula y tuvieron que constatar la verdad de la versión hispano-tlaxcalteca de lo acontecido.[56] El testimonio de Cortés está corroborado por los demás testigos. Y las cartas de Cortés no son cualquier cosa: son informes oficiales enviados al rey y emperador, testimonios cuyo autor tiene claro que serán verificados, como en efecto sucedió. No puede permitirse, pues, contar lo que se le antoje. Su relato fue confirmado, en la época misma de la Conquista, por Pedro Mártir de Anglería, quien dispuso de otros testimonios. A todo lo largo de su marcha, don Hernán siempre se empeñó en evitar inútiles efusiones de sangre. Es incontestable que los mexicas insistieron en que los recién llegados siguieran hasta Cholula, al tiempo que sabemos sin lugar a duda que Moctezuma no los quería ver en Tenochtitlan.

La actitud que se atribuye a los cholultecas es coherente: desde el principio expresan su hostilidad a los españoles, por ejemplo cuando mandan gente del común como emisarios a Tlaxcala. Luego reciben a los españoles para evitar el conflicto abierto, pero hacen todo para apresurar su partida y poder atacarlos en el momento en que se vayan. Las informaciones sobre la existencia de partidos a favor y en contra de Moctezuma en la ciudad santa son verosímiles, como también las presiones del emperador y el temor que le tenían los cholultecas, así como la negativa de éstos a dejar entrar en la ciudad al ejército imperial.

[56] Díaz del Castillo, cap. 83, p. 151.

La confesión de Moctezuma respecto a la presencia de sus tropas en la región también es reveladora: al no poder negar lo obvio, da una explicación poco convincente. Desde la estancia de los conquistadores en Tlaxcala, incluso quizás antes si es verídico lo que reporta Bernal Díaz sobre un comentario de Ollintecuhtli,[57] el emperador está considerando preparar una emboscada en alguna ciudad: la idea da vueltas en la cabeza de sus embajadores –a tal punto que acusan a los tlaxcaltecas de atraer a los españoles hacia dentro de su ciudad para exterminarlos. Y todavía hay otro argumento capital:[58] el ataque simultáneo de Coatlpopoca contra la guarnición de la Vera Cruz. Finalmente, ya lo vimos, la trampa es perfectamente coherente con el comportamiento del emperador y lo honra. La elección de Cholula para llevar a cabo el ataque se imponía, porque era la última gran ciudad antes de Tenochtitlan y el lugar del que se había expulsado a Quetzalcóatl. Ciertamente, un combate leal en el campo de batalla hubiera sido más glorioso, pero los hechos ya habían demostrado que era inútil. Y de todas formas leal no iba a ser, dada la superioridad aplastante del armamento español. En pocas palabras, Moctezuma hizo lo que debía. Igual que Cortés.

Algunos investigadores sostienen que allí Cortés reveló su verdadera cara a los aztecas: el baño de sangre les hizo ver que nada tenía que ver con el benévolo Quetzalcóatl, el dios pacífico y gentil que se había opuesto a los sacrificios humanos. Por el contrario: debía de estar más bien del lado del siniestro Tezcatlipoca, eterno enemigo de la buena Serpiente Emplumada.[59]

Esta tesis descansa en la noción errónea de Quetzalcóatl que se elaboró en la época colonial. El dios precolombino nada tenía de pacifista. Lo hemos visto, por ejemplo, agredir a Tezcatlipoca a palos al final de la primera era para sustituirlo como sol, y matar a sus tíos en la montaña de Mixcóatl. Astro ascendente de la era del cuarto Sol, se le consideraba un gran conquistador. En cuanto a identificar con Tezcatlipoca a los recién llegados, hubiera sido inconcebible: Tezcatlipoca-Huitzilo-

<hr>

[57] Ver el capítulo XII, "El imperio se fisura".

[58] Aunque Vázquez Chamorro (*Moctezuma*, p. 100) sitúa ese ataque unos días después.

[59] Wasserman, pp. 85-93; Vázquez Chamorro, *Moctezuma*, p. 25, y su nota 45, pp. 179-180, en Díaz et al. La tesis según la cual los indios, desengañados al ver la brutalidad de los españoles, los tomaron por adeptos ya no de Quetzalcóatl, sino de su gran enemigo Tezcatlipoca, ya aparece en Tovar, *Manuscrito...* (p. 82), y debe de ser una invención del padre Tovar, que pinta un muy cristiano retrato de Quetzalcóatl.

pochtli era el dios más importante de los mexicas, había expulsado a Quetzalcóatl y, obviamente, el regreso temido era el de este último. Moctezuma lo entendió así. Espantado por las noticias de la matanza, exclamó: "Ésos son los hombres de quienes nuestro dios había anunciado su llegada y su dominio sobre este país".[60]

LAS ÚLTIMAS TRAMPAS

En los días que siguieron al drama de Cholula, Cortés recibió de la Vera Cruz una misiva que le relataba la trampa tendida por Coatlpopoca. Por otra parte, mandó a una decena de voluntarios, con Diego de Ordaz, a escalar el vecino Popocatépetl. Ayudados por guías indígenas, los hombres llegaron al cráter del espléndido volcán nevado, desde donde descubrieron el valle de México con sus grandes lagos y sus incontables ciudades blancas en sus estuches de verdor. Vieron también un camino que llevaba al valle y pasaba entre el Popocatépetl y el vecino Iztaccíhuatl, la Dama Blanca. La ruta les pareció buena, y los guías lo confirmaron.[61]

Y después de sucedidas las matanzas de Cholula, ya se pusieron en marcha, ya van hacia México. Van en una rueda, van en son de conquista. Van alzando en torbellino el polvo de los caminos. Sus lanzas, sus astiles, que murciélagos semejan, van como resplandeciendo. Y en cuanto a sus espadas, como el agua que hace ondas. Así también estruendo. Sus cotas de malla, sus cascos de hierro; haciendo van estruendo. Algunos van llevando puesto hierro, van ataviados de hierro, van relumbrando. Por esto se les vio con gran temor, van infundiendo espanto en todo: son muy espantosos, son horrendos.[62]

Nuevos emisarios de Moctezuma los acompañaban. Aquí o unos días después se ubica un extraño episodio del cual hacen mención sólo dos de las "versiones de los vencidos", las de Sahagún y Tovar,[63] éste siguiendo a aquél. Al parecer uno de los embajadores del emperador tenía el en-

---

[60] Fernández de Oviedo, vol. 4, p. 218.
[61] Cortés, *Cartas de relación*, pp. 57-58, y Tapia, *Relación...*, p. 96. Díaz del Castillo (cap. 78, p. 136) ubica la exploración del volcán durante la estancia en Cholula.
[62] Sahagún, *Historia general...*, libro 12, cap. 11, p. 770.
[63] Sahagún, *Historia general...*, libro 12, cap. 12, pp. 770-771, y Tovar, *Manuscrito...*, fol. 53a.

cargo de hacerse pasar por Moctezuma en persona. El padre Tovar explica que después de la masacre Moctezuma estaba tan espantado que quería ver cómo lo iban a tratar los invasores a él personalmente. Pero esa explicación pasa por alto lo principal.

Según los informantes indios de Sahagún, la escena transcurre durante el paso entre el Popocatépetl y el Iztaccíhuatl, en el Tajón del Águila, "lugar de la piedra de los sacrificios del águila" (*cuauhtechcac*). Les ofrecen a los españoles banderas de oro y de plumas de quetzal, así como collares de oro. Luego se acerca Tzihuacpopoca, quien hace el papel del emperador; pero los tlaxcaltecas avisan del engaño, de modo que los españoles empiezan a interrogarlo: "¿Acaso tú eres Moctezuma?" Tzihuacpopoca asiente y en seguida lo increpan:

¡Fuera de aquí...! ¿Por qué nos engañas? ¿Quién crees que somos? Tú no nos engañarás, no te burlarás de nosotros [...]. Tú no nos hechizarás los ojos, no los torcerás tampoco. Tú no nos amortecerás los ojos, no nos los atrofiarás. Tú no nos echarás lodo a los ojos, no los llenarás de fango. Tú no eres... ¡Allá está Moctezuma! No se podrá ocultar, no podrá esconderse de nosotros. ¿A dónde podrá ir? ¿Será ave y volará? ¿O en la tierra pondrá su camino? ¿Acaso en lugar alguno ha de perforarse un cerro para meterse en su interior? Nosotros hemos de verlo. No habrá modo de no ver su rostro. Nosotros oiremos su palabra, de sus labios la oiremos.

Y en adelante, los españoles ignoran a Tzihuacpopoca.

Para los conquistadores, fue un incidente insignificante, un malentendido, ni siquiera lo mencionan. El discurso redundante y enfático que se les atribuye no sólo está reproducido en estilo mexica, sino que es más bien una reconstitución de lo que habría tenido que suceder, de lo que los españoles habrían debido contestar si hubieran entendido la trampa. Pues realmente era una trampa: los mexicas intentaron engañar a los invasores, cegarlos y así llevarlos a la perdición.

Para los mexicas, los españoles son recién llegados pobres pero heroicos, solares, cuyas peregrinaciones, como las de los mexicas, los toltecas o los quichés de antaño, se asimilan a un viaje al inframundo. En el *Popol Vuh* de los maya-quichés, el pueblo errante es representado por los Gemelos que bajan a los infiernos para vencer a la inercia y la muerte, personificadas por los señores de Xibalbá. Pero los señores autóctonos se defienden contra los intrusos. El acceso a Xibalbá está sembrado de emboscadas. Primero, el río de sangre, que debería destruirlos. Luego, una encrucijada donde uno está perdido si no elige el buen camino.

El falso Moctezuma se encuentra con los autoproclamados
embajadores del rey de España. Según Sahagún, libro 12.

Después, los señores han instalado en una sala unas efigies de madera
que los representan. Si los visitantes se dejan engañar y saludan a esas
estatuas y no a los propios señores, es, de nuevo, señal de que están perdidos. Finalmente siguen varias pruebas más en distintas moradas de
Xibalbá.[64]

Así que es crucial no equivocarse. Quien se deja engañar por apariencias falaces es un ser lunar, destinado a menguar y morir.

Por esta razón Moctezuma envía a una persona que finge ser él. Si
Cortés se equivoca, está perdido: sería la prueba de que no es un astro
en ascenso. Esto recuerda aquella otra trampa, difícil de descifrar, que
se le presentó a Cortés al principio de las peregrinaciones de los españoles, cuando se vio confrontado con Quintalbor, el mexica que parecía su imagen en el espejo –es decir, un sol menguante, reflejado en un
espejo de obsidiana, como Quetzalcóatl al final de Tollan.

El encuentro con Tzihuacpopoca se da en el "lugar de la piedra de
los sacrificios", sitio altamente significativo. En Tollan, los toltecas, víctimas de apariencias ilusorias, se habían sacrificado voluntariamente
en un altar semejante, caído del cielo.

<hr/>

[64] *Popol Vuh, Las antiguas historias...*, p. 236.

Esa interpretación adquiere más fuerza si consideramos su contexto. Poco después del episodio, Sahagún cuenta que el señor de los colhuas trata de incitar a los españoles a elegir un camino equivocado. Como en la encrucijada de Xibalbá. ¿Y por qué ubica el encuentro entre el falso Moctezuma y Cortés en el paso entre las dos montañas, lugar ventoso, nevado, notoriamente poco propicio para los encuentros? Porque las dos montañas que se entrechocan son un elemento muy conocido del paisaje del inframundo. Cuando Quetzalcóatl pasó por ahí huyendo de Tollan, los dos volcanes efectivamente chocaron entre sí y muchos toltecas perecieron.[65]

Moctezuma, pues, sigue inspirándose en los mitos para luchar contra los españoles. Cholula era quizá el río de sangre que, en el inframundo, destruye a los visitantes. Hubo en efecto un baño de sangre, pero no el que esperaba el emperador. Después vienen el rey falso y el camino equivocado. Finalmente, vendrán las moradas de Tenochtitlan. Y cada vez los intrusos superan las trampas. Todo se vuelve en contra del desdichado monarca. ¡Él es el ser lunar, el astro menguante!

¿Confirman las fuentes españolas esos episodios de una lucha mítica? No mencionan al falso Moctezuma, pero eso puede explicarse por la poca importancia que los conquistadores concedieron a lo que habrán visto como un simple malentendido. Del camino cerrado, en cambio, hay testimonios firmes.

Lo tropa cristiana sale de Cholula el 2 de noviembre. Va acompañada por miles de tlaxcaltecas, cuyos jefes advierten una y otra vez de los ardides de Moctezuma. Casi todos los cempoaltecas han regresado a su tierra, convencidos de que en Tenochtitlan morirían, y los españoles con ellos. Embajadores de Tenochtitlan –¿aquí habrá que ubicar el incidente de Tzihuacpopoca?– vienen a decirle a Cortés que Moctezuma lo espera. Su misión es guiar a los españoles y conducirlos a una trampa. El camino más fácil hacia la capital ha sido cubierto de pencas de maguey y resulta intransitable. El que los mexicas indican pasa por Cuauhquechollan. Atractivo a primera vista, es en realidad muy escabroso, con barrancas, puentes que cruzan abismos y lugares ideales para las emboscadas. Los tlaxcaltecas olfatean nuevas celadas. Diego de Ordaz, quien encabezó la escalada del Popocatépetl, así como Alvarado y Vázquez de Tapia que recorrieron la peligrosa ruta de Cuauhquechollan, aconsejan tomar el camino más corto, entre los volcanes, y así se hace. Los guías de Moctezuma no oponen objeciones: si no eligieron esa ruta, explican, es

---

[65] *Codex Vaticanus A*, fol. 9; Sahagún, *Historia general...*, libro 3, cap. 14, p. 203, y Graulich, *Quetzalcóatl...*, pp. 220-223.

porque pasa por Huexotzinco, ciudad que les es adversa. No precisan que Cuauhquechollan fue una de las etapas de la huida de Quetzalcóatl. Cortés afirma que vio pruebas de una emboscada. Bernal Díaz desarrolla el tema. Las autoridades de la región de Chalco, en efecto, habrían revelado que el camino recomendado por los mexicas había sido cortado en un lugar peligroso que ocupaban varios escuadrones de guerreros. Pero, habrían agregado, Huitzilopochtli había aconsejado dejar pasar a los intrusos y matarlos en Tenochtitlan.[66]

LA DEBACLE DE TEZCATLIPOCA

Entre el episodio del falso Moctezuma y el de la ruta cortada, los informantes de Sahagún ubican otro intento de Moctezuma por detener a los españoles.[67] Por tercera vez, les manda magos y hechiceros. Pero les sale al paso un habitante de Chalco que finge estar borracho y los vitupera:

¿Por qué, por vuestro motivo, venid vosotros acá? ¿Qué cosa es la que queréis? ¿Qué es lo que hacer procura Moctezuma? ¿Es que aun ahora no ha recobrado el seso? Es que aun ahora es un infeliz miedoso? Ha cometido errores. Ha llevado allá lejos a sus vasallos, ha destruido a las personas. Unos con otros se golpean; unos con otros se amortajan. Unos con otros se revuelven, unos de otros se burlan.[68]

Y luego, cada vez más furioso, prosigue: "¿Por qué en vano habéis venido a pararos aquí? ¡Ya México no existirá más! ¡Con esto, se le acabó para siempre! Largo de aquí: aquí ya no...! ¡Volved allá por favor...! ¡Dirigid la vista a México! ¡Lo que sucedió, ya sucedió!" Los hechiceros voltean y ven toda la ciudad en llamas, "como si hubiera batalla". En-

[66] Cortés, *Cartas de relación*, pp. 59-60; Anglería, p. 458; Martínez, *Documentos...*, vol. 2, pp. 358-359; Tapia, en Díaz et al., pp. 95-98; Vázquez de Tapia, pp. 139-143; Aguilar, pp. 174-176; López de Gómara, vol. 2, p. 126; Díaz del Castillo, cap. 86. Nótese que Bernal Díaz escribe después del ataque contra los españoles en México, y Cortés antes. Sahagún, *Historia general...*, libro 12, cap. 14, pp. 772-773.

[67] Sahagún, *Historia general...*, libro 12, cap. 13, pp. 771-772.

[68] La interpretación que da Graulich del texto náhuatl difiere de la de Garibay aquí citada: "¿Es que aun sigue preso de sus espantosos terrores? Muy mal ha obrado, ha abandonado al hombre del pueblo, ha destruido al señor; a las personas, se les rompió la cabeza, de ellas se han burlado, las han engañado" [N. de T.].

tienden entonces que el borracho, que ya ha desaparecido, ¡"era el joven Tezcatlipoca"!

Las apariciones de Espejo Humeante bajo formas diversas eran frecuentes y, generalmente, de mal agüero. Podía presentarse de noche, bajo el aspecto de un hombre sin cabeza cuyo pecho hendido se iba abriendo y cerrando con un ruido de hacha, o tomar la forma de un bulto de cenizas que rodaba por el piso o, a veces, la de un zorrillo o una enana, o la de una calavera que daba brincos.[69] Aquí su aparición no es particularmente espectacular: sólo es un chalca. Salvo que Chalco es "el lugar al borde del abismo",[70] el punto de contacto con el infierno. De ahí provenía la famosa roca rebelde de Moctezuma. Inframundo, territorio de autóctonos, es aquí el equivalente de Xibalbá, y Tezcatlipoca es su representante. El dios precede a los españoles, precisa el texto. Entendamos que huye ante ellos, como huyó Quetzalcóatl ante Tezcatlipoca al final de la era anterior. Aparece como borracho, pero al final de Tollan Quetzalcóatl también estaba ebrio por obra, además, de Tezcatlipoca. Está furioso, pero tiene sobradas razones para estarlo, puesto que viene a anunciar la muerte de su Sol. Y si se acaba su era, si tiene que escapar corriendo de su enemigo, es por culpa de Moctezuma, de su desprecio hacia los humildes –los protegidos de Tezcatlipoca–, de su inconmensurable orgullo.

El 3 de noviembre, los invasores cruzan el paso entre los dos volcanes. Al bajar por la otra ladera de la montaña, contemplan asustados y maravillados el esplendor de la cuenca de México: el espectáculo más hermoso del mundo, exclaman...

Haciendo círculos de jade está tendida la ciudad,
Irradiando fulgores como pluma de quetzal
está tendido México aquí.
Junto a ella hay un ir de guerreros en barcas:
Niebla florida sobre todos se tiende.

¡Es tu casa Dador de la Vida, aquí imperas tú,
en Anáhuac se oye tu canto:
sobre todos se tiende!

De blancos sauces, de blancas espadañas, es México mansión.
Tú, garza azul, abres tus alas, vienes volando,

[69] Sahagún, *Historia general...*, libro 5, pp. 269ss.
[70] Swadesh y Sancho, p. 47: "*challi*: borde de hondonada".

abres aquí y embelleces tu cola, tus alas: tus vasallos.

[...]

Perdura entre nenúfares de jade la ciudad,
perdura bajo la irradiación de un verde sol México
al retornar al hogar los príncipes,
niebla florida se tiende sobre ellos

¡Es aquí tu casa, Dador de la Vida!

(Cantar mexica)[71]

---

[71] Lambert, pp. 70-71. [N. de T.: el cantar mexica que publica Lambert en *Les poésies mexicaines* es la traducción al francés de un *collage* de varias versiones distintas del mismo manuscrito náhuatl (Ms 22v-23r de la Biblioteca Nacional de México), vertido al español por Ángel María Garibay K. sucesivamente en *Poesía indígena de la altiplanicie* ("Retorno de los guerreros", p. 84); *Historia de la literatura náhuatl* (t. 1, p. 160) y *Poesía náhuatl* ("La ciudad del dios de la guerra", vol. 2, p. 37). Siguiendo al autor, que sigue a Lambert, reconstruyo aquí un *collage* semejante con las versiones de Garibay.]

· XIV ·
La ciudad ceñida de jades

ÚLTIMAS ETAPAS

Una vez franqueado el paso entre los volcanes, empezó el rápido descenso hacia el valle.[1] Iban con recelo, pues cuando vieron las numerosas ciudades y Tenochtitlan en medio de las aguas, los soldados empezaron a temer quedar atrapados ahí como en una nasa. Cortés, sin embargo, logró nuevamente infundirles valor. Poco antes de la ciudad de Amaquemecan, encontraron un campamento preparado para ellos, con víveres dispuestos y fuegos encendidos, donde se instalaron. Ahí estaban descansando cuando apareció una embajada de Tenochtitlan, encabezada por un hermano del emperador. Después de la infaltable entrega de obsequios valiosos, incluida una buena cantidad de oro, los emisarios intentaron una vez más persuadir a los invasores de que se tenían que regresar, por ser la tierra muy pobre de comida, los caminos muy malos y la ciudad lacustre y peligrosa. Tenochtitlan pagaría a los españoles lo que quisieran, una vez al año, en un puerto o en otro lugar acordado. Como siempre, don Hernán contestó que tenía órdenes que cumplir y necesitaba ver al emperador. Pero prometió: "después que yo lo viese, si fuese su voluntad todavía de no me tener en su compañía, que yo me volvería".

En el campamento la tensión era grande, todos andaban nerviosos. Diversos movimientos observados en las cercanías hacían temer un ataque nocturno. Los españoles se mantuvieron en alerta y al día siguiente

---

[1] Para lo que sigue, ver principalmente Cortés (*Cartas de relación*, pp. 59-63), al que Oviedo y López de Gómara siguen de cerca; también, Torquemada (vol. 1, pp. 448-449) y Alva Ixtlilxóchitl (vol. 2, pp. 217ss).

Cortés estaba convencido de que sus precauciones habían prevenido un asalto. Los centinelas afirmaron que habían visto a muchos indios que se retiraban sigilosamente: posiblemente eran los que habían preparado el campamento y se habían quedado cerca para observar y servir a los españoles, como en la costa, cuando desembarcaron; tal vez, al ver los gestos amenazadores de los centinelas, habían considerado prudente huir o por lo menos alejarse. Entre ellos seguramente había numerosos observadores y espías de la Triple Alianza.

El siguiente día, los conquistadores alcanzaron Amaquemecan, donde fueron alojados en las hermosas moradas de los cinco señores de la ciudad. Éstos les ofrecieron unas cuarenta muchachas, "mozas hermosas, muchachas de muy poca edad, todas muy galanas y bien vestidas y aderezadas, atados a la espalda muy ricos plumajes y en las cabezas todas el cabello tendido y en los carrillos puesto su color que las hermoseaba mucho".[2] Luego los señores se quejaron de la tiranía de Tenochtitlan, de los tributos y servicios indebidos que les imponían y de la arrogancia de los recaudadores, que no se limitaban a robar sino que violaban a las esposas e hijas ante los ojos de sus maridos y padres, y se las llevaban como esclavas. Llegaron delegaciones de los pueblos aledaños a saludar a Cortés y traerle regalos en señal de sumisión.[3] En eso estaban cuando unos altos dignatarios, despachados por Moctezuma, llegaron a ponerse a las órdenes de los españoles para acompañarlos y cuidar que no les faltara nada. Y también, seguramente, para impedir que siguiera la descomposición del imperio.

Dos días después, los españoles llegaron a Ayotzinco, pequeña ciudad instalada en parte en el lago y en parte colgada de las laderas del monte Ayaqueme. Ahí también, Cortés sintió que se estaba preparando un asalto nocturno, y los centinelas alertas mataron a unos veinte espías o merodeadores.

Era poco probable el ataque. Todos los intentos por interrumpir el avance de los intrusos –los ruegos, las amenazas, los regalos, la magia, las batallas formales y las emboscadas por interpósitos pueblos– habían fracasado y no quedaba más remedio que dejarlos llegar. Por lo demás, de ahí a Tenochtitlan ya no había ciudad de tamaño suficiente para tragárselos sin daño. Pero en Tenochtitlan, sí iba a ser posible, y sin ries-

<hr />

[2] Durán, *Historia...*, vol. 2, cap. 73, p. 535.
[3] López de Gómara (vol. 2, pp. 128-129) sigue a Tapia (*Relación...*, p. 101); Durán, *Historia...*, vol. 2, cap. 73. Los dudosos detalles relativos a las violaciones provienen de Díaz del Castillo (cap. 86, p. 156) que sin duda habrá visto escenas semejantes, pero perpetradas por los conquistadores.

gos, sin que ninguno pudiera escapar:[4] bastaba con cortar los puentes para que la ciudad volviera a ser una isla –y una trampa perfecta. El emperador tenía al respecto la palabra de Huitzilopochtli y, gracias a sus embajadores y espías, ya conocía bien las costumbres, los recursos y las debilidades de los enemigos. A la hora de recibirlos en Tenochtitlan, tendría tiempo bastante para ver qué querían realmente. Podría colmarlos de favores hasta que, ablandados, sedentarizados, terminaran por bajar la guardia. En ese momento, si era necesario, asestaría el golpe –extremo que preferiría evitar y que costaría muchos hombres, extremo que no lograría sino aplazar lo ineluctable, pues tarde o temprano desembarcarían más extranjeros. ¿Pero qué margen de maniobra le dejaban la terquedad de Cortés y las instancias de sus propios consejeros más belicosos? Entre tanto, el emperador tomaba precauciones, por ejemplo poniendo a salvo, en lugares distintos, algunos bultos sagrados que contenían reliquias de deidades.

Se desconoce, una vez más, lo que sucedía exactamente en Tenochtitlan durante esos días cruciales, pues no se pueden considerar como informaciones serias las inevitables leyendas y calumnias de la *Crónica X*, que ponen en escena a un Moctezuma cada vez más sumido en el abatimiento. Tan abatido que cuando los españoles van llegando a Iztapalapan, su última etapa antes de Tenochtitlan, convoca a los reyes de Texcoco y de Tlacopan, Cacama y Totoquihuaztli, para llorar con ellos:

Poderosos señores, lo que os quiero es, después de [deciros] que es justo que todos tres recibamos a los dioses, consolarme con vosotros y saludaros y despedirme de vosotros y consolar vuestros pechos atribulados: ya veis cuán poco hemos gozado de nuestros reinos y señoríos, los cuales nos dejaron nuestros antepasados reyes y grandes Señores, saliendo de esta vida con paz y concordia, sin pena ni pesadumbre; pero ¡ay desdichados de nosotros! ¿Qué merecimos? ¿En qué ofendimos a Dios? ¿Cómo fue eso? ¿De dónde vino esta calamidad y zozobra y este desasosiego? ¿Quiénes son esos que han venido? ¿De dónde han venido? ¿Quién les enseñó acá? ¿Cómo no sucediera esto en tiempo de nuestros antepasados? El remedio que hay es os esforcéis y animéis a sufrir lo que os viniere, pues ya los tenemos a la puerta.

Y los tres reyes lloran amargamente y se despiden unos de otros. Moctezuma incluso habría reclamado a los dioses, tan bien y lealmente servidos y que ahora lo abandonaban.

[4] Benavente o Motolinía, *Memoriales...*, p. 82.

Esta lamentosa plática y querella hizo delante de los dos reyes y delante de todo el pueblo, con muchas y abundantes lágrimas, dando a entender a todo el pueblo la pena que recibía de la venida de estas nuevas gentes, pidiéndoles a esos mismos dioses se apiadasen de los pobres, de los huérfanos y de las viudas, de los niños y de los viejos y viejas, con otras muchas peticiones que pidió, ofreciendo sacrificios y ofrendas con mucha devoción y lágrimas y sacrificándose y sacando la sangre de sus brazos y orejas y de sus espinillas, todo para mostrar su inocencia y lo que de la venida de los españoles se dolía. Venido a su casa se despidió de sus mujeres e hijos con grandísimo dolor y lágrimas, encomendando a todos sus privados y más servidores tuviesen en cuenta de ampararlos, ya como hombre que va a morir y que en realidad tenía y veía la muerte cierta y delante de los ojos.[5]

Este último detalle, al menos, podría ser auténtico. Los informantes de Sahagún abundan en lo mismo:

En este tiempo, aquí en México estaba como si fuera una ciudad abandonada: ya nadie salía, ya nadie venía acá. Las madres ya no dejaban salir a sus hijos. Estaban los caminos solitarios y limpios. Desamparados y sin gente, totalmente vacíos estaban los caminos. Tal como en honda noche: nadie pasaba a otros, nadie encontraba a otros. No hacía otra cosa que dedicarse a su tristeza...
Decía el pueblo bajo:
—¡Sea lo que fuere...! ¡Mal haya! ¿Qué otra cosa habrá que hagáis? ¡Ya vamos a morir, ya vamos a dejar de ser, ya vamos a ver con nuestros ojos la muerte![6]

Pero regresemos a Ayotzinco. Al día siguiente de la noche de la cacería de espías, aparecieron doce señores principales que rodeaban a un joven de veinte o veinticinco años, Cacama de Texcoco. Lo cargaban en andas y barrían las piedras y pajas de su camino. El emperador, dijo el joven, ofrecía disculpas por no presentarse en persona pues su salud no se lo permitía. Por tanto, lo había mandado a él para que escoltara a los huéspedes hasta la ciudad, ciudad por lo demás incómoda y en la cual los españoles iban a carecer de todo y exponerse a múltiples peligros. Cortés deparó a sus visitantes todas las atenciones que su rango

[5] Durán, *Historia...*, cap. 73, p. 536.
[6] Sahagún, *Historia general...*, libro 12, cap. 14, p. 773.

merecía y procuró tranquilizarlos, prometiendo que su llegada sería de mucho beneficio para los mexicas.

El ejército español avanzó por la ribera del lago de Chalco y luego empezó a cruzar el lago por medio de la amplia calzada que llevaba a la península donde estaban construidas Colhuacan e Iztapalapan. A mitad de la calzada estaba Cuitláhuac, una encantadora ciudad de unos dos mil habitantes, construida en un islote coronado por tantas pirámides que parecía fortificada. Las autoridades locales recibieron muy bien a los españoles y quisieron retenerlos hasta el día siguiente, pero Cacama y los principales que lo acompañaban invitaron a los españoles a seguir hasta Iztapalapan: los conquistadores, pues, siguieron de largo.

Esa prisa que Cortés –que sabe– atribuye a las exhortaciones de los enviados imperiales, la entienden de manera muy diferente sus subordinados, reducidos a las conjeturas. Vázquez de Tapia cree que Cortés no quiere demorarse porque teme ser atacado en esta pequeña ciudad, fácil de aislar con sólo cortar los puentes. Aguilar va todavía más lejos y agrega que Moctezuma mandó disponer mucha comida para poder abalanzarse sobre los españoles ¡en plena cena! Esas interpretaciones a todas luces falsas muestran, primero, que los soldados no siempre estaban informados del porqué de las decisiones (excepto Bernal Díaz que, aunque soldado raso, siempre lo ha visto y oído todo...) y, luego, que temían lo peor y se mantenían en perpetua alerta.[7]

La cohorte de invasores llega a Iztapalapan mientras, se supone, Moctezuma estaría llorando con Cacama y el rey de Tlacopan... lo cual demuestra que Cacama tiene el don de la ubicuidad, puesto que está escoltando a Cortés o está en camino de regreso a Tenochtitlan... El rey de Iztapalapa es nada menos que Cuitláhuac, uno de los hermanos del señor de los colhuas y el que le sucederá de modo efímero. Recibe a los españoles junto con Tezozómoc, rey de Colhuacan, y una multitud de nobles. Cortés admira la ciudad y la describe con entusiasmo:

Tendrá esta ciudad de Iztapalapa doce o quince mil vecinos, la cual está en la costa de una laguna salada, grande, la mitad dentro del agua y la otra mitad en la tierra firme. Tiene el señor de ella unas casas nuevas que aún no están acabadas, que son tan buenas como las mejores de España, digo de grandes y bien labradas, así de obra de cantería como de carpintería y suelos y cumplimientos para todo género de servicios de casa excepto mazonerías y otras cosas ricas que

[7] Vázquez de Tapia, en Díaz et al., p. 142, y Aguilar, pp. 176-177. Bernal Díaz no habla de Cuitláhuac.

en España usan en las casas y que acá no las tienen. Tiene muchos cuartos altos y bajos, jardines muy frescos de muchos árboles y rosas olorosas; asimismo albercas de agua dulce muy bien labradas con sus escaleras hasta lo hondo. Tiene una muy grande huerta junto a las casas, y sobre ella un mirador de muy hermosos corredores y salas.[8]

El conquistador conquistado por su conquista... Empieza a persuadirse de que ha conseguido apoderarse pacíficamente de este maravilloso país; confía en que Moctezuma rendirá obediencia a Carlos V y se mantendrá en el trono, quedando él mismo a su lado, como representante de España en ese reino ya convertido en un protectorado.

Las versiones indígenas, mientras tanto, siguen bordando y adornando. En su mayor parte no constituyen una "visión de los vencidos" sino una reconstrucción e interpretación simbólica de los acontecimientos, vistos a la distancia y cuando la memoria colectiva ya los había elaborado a su manera. Durán, según el cual Cacama está en Tenochtitlan cuando en realidad acompaña a los españoles, afirma que estos últimos pasaron por Coyoacan, donde recibieron la sumisión de los tepanecas. Nada más falso. El *Códice Florentino* no se queda atrás: también enlista Amaquemecan, Cuitláhuac, Iztapalapan, Mexicatzinco, Colhuacan e Huitzilopochco, todas las cuales habrían reconocido la autoridad de los invasores.[9] Cortés no menciona nada parecido. Por otra parte, el padre Tovar, recogiendo una tradición de Texcoco, sostiene que Ixtlilxóchitl fue a recibir a los españoles y los invitó a su ciudad. Los invitados acudieron, prosigue el fantasioso relato, y ahí los acogieron el rey, sus hermanos reconciliados y una multitud prosternada que adoró a los huéspedes como a hijos del sol; poco después, Ixtlilxóchitl y sus hermanos cayeron de rodillas ante el crucifijo, pidieron el bautismo y lo recibieron.[10]

LA ENTRADA A LA TIERRA PROMETIDA

El noveno día del mes de *Quecholli*, en el año 1-Caña (8 de noviembre de 1519), año aniversario de Quetzalcóatl, los *teteo* hacen su entrada en la ciudad capital del Anáhuac. Un poco más de trescientos hombres, seguidos por varios miles de aliados y tamemes, desfilan al son de los

---

[8] Cortés, *Cartas de relación*, pp. 61-62.

[9] Durán, *Historia...*, cap. 73, pp. 535-536, y Sahagún, *Historia general...*, libro 12, cap. 14, p. 772.

[10] Tovar, *Códice Ramírez*, fragmento 2, pp. 135-137.

tambores, con sus banderas desplegadas y en tan perfecto orden como lo permite la multitud.

Los espectadores se apiñan, efectivamente, en el camino u observan desde las incontables canoas que cubren la laguna. A partir de cierto punto, la calzada corre en línea recta hacia el norte, cruzando las aguas; es tan ancha que ocho caballos pueden avanzar a la par. A cerca de tres kilómetros del centro de Tenochtitlan, una gran puerta fortificada controla el acceso a la ciudad. Ahí, unos mil señores principales espléndidamente vestidos esperan a los conquistadores para saludarlos. Uno tras otro, durante una hora, vienen a inclinarse ante ellos, tocando la tierra con un dedo que luego llevan a sus labios. Cacama, Cuitláhuac y otros grandes aprovechan para ir a reunirse con el emperador, quien espera a sus huéspedes un poco más lejos, en su litera.

Cuando los españoles llegan, Moctezuma se apea y camina a su encuentro, bajo un toldo de plumas verdes adornado con oro y pendientes de plata cargado por cuatro señores. Camina entre Cacama y Cuitláhuac, apoyado en sus brazos. Ellos van descalzos mientras que Moctezuma lleva sandalias de oro incrustadas con piedras preciosas. Doscientos dignatarios de alto rango lo siguen, arrimados a las paredes y mirando el suelo. Luego vienen miles y miles de soldados y sirvientes. Hay cortesanos que barren delante del emperador; otros extienden alfombras bajo sus pies y las recogen cuando ha pasado; hay flores por doquier... Cortés, que ha desmontado apenas ver a Moctezuma, se le acerca y quiere abrazarlo, pero Cacama y Cuitláhuac se interponen. Moctezuma le da la bienvenida:

Señor nuestro: te has fatigado, te has dado cansancio: ya a la tierra tuya tú has llegado. Has arribado a tu ciudad: México. Allí has venido a sentarte en tu solio, en tu trono. Oh, por tiempo breve te lo reservaron, te lo conservaron, los que ya se fueron, tus sustitutos. Los señores reyes, Itcoatzin, Motecuhzomatzin el Viejo, Axayácatl, Tízoc, Ahuítzotl. Oh, qué breve tiempo tan sólo guardaron para ti, dominaron la ciudad de México. Bajo su espalda, bajo su abrigo estaba metido el pueblo bajo. ¿Han de ver ellos y sabrán acaso de los que dejaron, de sus pósteros? ¡Ojalá uno de ellos estuviera viendo, viera con asombro lo que yo ahora veo venir en mí! Lo que yo veo ahora: yo, el residuo, el superviviente de nuestros señores. No, no es que yo sueño, no me levanto del sueño adormilado: no lo veo en sueños, no estoy soñando... ¡Es que ya te he visto, es que ya he puesto mis ojos en tu rostro...! Ha cinco, ha diez días yo estaba angustiado: tenía fija la mirada en la Región del Misterio. Y tú has venido entre nubes, entre nieblas. Como que esto era lo que nos iban dejando dicho los reyes, los que rigieron, los que gobernaron tu ciudad: que habrías de instalarte en tu asiento, en tu sitial, que habrías de venir acá... Pues ahora, se ha realizado. Ya tú llegaste, con gran fatiga, con afán viniste. Llega a la tierra: ven y descansa: toma posesión de tus casas reales, da refrigerio a tu cuerpo. ¡Llegad a vuestra tierra, señores nuestros![11]

Cortés se quita un collar "de margaritas y diamantes de vidrio" y lo pasa al cuello de Moctezuma. Luego, le agradece el honor que le hace. Entonces, el emperador hace una señal a un paje mexica que enseguida trae dos collares de conchas marinas rojas muy apreciadas, cada uno provisto de ocho perlas de oro del tamaño de una nuez, y se los pone a Cortés. Tras lo cual, echa a andar con Cacama hacia el centro de la ciudad, seguido por Cuitláhuac, que acompaña a Cortés, y por los demás reyes y señores que antes saludaron al capitán. Todo eso, bajo los ojos de una multitud densísima, trepada en los techos de las casas.[12]

Moctezuma conduce a sus huéspedes al palacio de su padre, Axayácatl. En la gran sala, que da a un amplio patio, les presenta un suntuoso obsequio de mantas preciosas y joyas. Le dice a Cortés que está en su casa: que los huéspedes descansen y coman; volverá más tarde a verlos. Apenas sale, los españoles se instalan, disponen sus cañones en los puntos estratégicos y se sientan a comer.

Poco después el emperador regresa, toma asiento en un estrado al lado de Cortés y le dice cuánto lo alegra su presencia. Es verdad que le pidió que no viniera, pero era porque su pueblo tenía mucho temor de ver a seres barbados y temibles acompañados de bestias devoradoras de hombres. Entonces, según escribe Cortés, el emperador habría proseguido contando el mito del regreso de Quetzalcóatl y se habría declarado vasallo del rey de España:

[11] Sahagún, *Historia general...*, libro 12, cap.16, p. 775.
[12] Además de Cortés, *Cartas de relación*, p. 63, ver Fernández de Oviedo, vol. 4, pp. 218-219, y López de Gómara, vol. 2, pp. 130-131; también Tapia, *Relación...*, p. 102; Aguilar, pp. 177-178; Díaz del Castillo, cap. 88; Sahagún, *Historia general...*, libro 12, cap. 15, y Alva Ixtlilxóchitl, vol. 2, p. 217. Según Durán (*Historia...*, vol. 2, cap. 73, p. 540), el encuentro se dio a la altura del templo de Toci, el mismo que habían incendiado los tlaxcaltecas. El *Códice Florentino* lo ubica en Huitzillan. En la versión texcocana ultrachovinista recogida por el padre Tovar (*Códice Ramírez*, p. 138), la solemne entrevista en la calzada transcurre entre Cortés y... ¡Cacama!, quien después lleva a Cortés a casa de Moctezuma.

Tenochtitlan.

Moctezuma conversa con Cortés en Tenochtitlan.
Atrás de Cortés, doña Marina. *Lienzo de Tlaxcala.*

Muchos días ha que por nuestras escrituras tenemos de nuestros antepasados noticia que yo ni todos los que en esta tierra habitamos somos naturales de ella sino extranjeros, y venidos a ella de partes muy extrañas; y tenemos asimismo que a estas partes trajo nuestra generación un señor cuyos vasallos todos eran, el cual se volvió a su naturaleza, y después tornó a venir mucho tiempo más tarde, y tanto que ya eran casados los que habían quedado con las mujeres naturales de la tierra y tenían mucha generación y tenían pueblos donde vivían; y queriéndolos él llevar consigo, no quisieron ir ni menos recibirlo por señor, y así se volvió; y siempre hemos tenido que los que de él descienden habían de venir a sojuzgar esta tierra y a nosotros como a sus vasallos; y según de la parte que vos decís que venís, que es a do sale el sol, y las cosas que decís de este gran señor o rey que acá os envió, creemos y tenemos por cierto, él sea nuestro señor natural, en especial que nos decís que él ha muchos días que tenía noticia de nosotros. Y por tanto, vos sed cierto que os obedeceremos y tendremos por señor en lugar de este gran señor que vos decís.[13]

[13] Cortés, *Cartas de relación*, p. 64.

Durán resume un discurso de parecido tenor, pero en el que Moctezuma menciona por su nombre a su "padre" (!) Quetzalcóatl, en cuyo trono él, indigno, está sentado.[14] Tendremos oportunidad de volver sobre este tema y sobre la sumisión, auténtica o no, del señor de los colhuas. El emperador todavía añade:

Bien podéis en toda la tierra [...] mandar a vuestra voluntad, porque será obedecido y hecho; y todo lo que nosotros tenemos es para lo que vos de ello quisierais disponer. Y pues estáis en vuestra naturaleza y en vuestra casa, holgad y descansad del trabajo del camino y guerras que habéis tenido, que muy bien sé todos los que se os han ofrecido de Puntunchán acá; y bien sé que los de Cempoal[a] y de Tascaltecal [Tlaxcala] os han dicho muchos males de mí. No creáis más de lo que por vuestros ojos veáis, en especial de aquellos que son mis enemigos; algunos de ellos eran mis vasallos y se me han rebelado con vuestra venida, y por favorecerse con vos lo dicen; los cuales sé que también os han dicho que yo tenía las casas con las paredes de oro y que las esteras de mis estrados y otras cosas de mi servicio eran asimismo de oro, y que yo era y me hacía dios y otras muchas cosas. Las casas ya las veis que son de piedra y cal y tierra.

Entonces, alzando sus ropas, Moctezuma muestra su cuerpo a Cortés, diciendo:

A mí véisme aquí que soy de carne y hueso como vos y como cada uno, y que soy mortal y palpable. [...] Veis cómo os han mentido;[15] verdad es que tengo algunas cosas de oro que me han quedado de mis abuelos: todo lo que yo tuviere tenéis cada vez que vos las queráis; yo me voy a otras casas donde vivo: aquí seréis proveído de todas las cosas necesarias para vos y para vuestra gente. Y no recibáis pena alguna, pues estáis en vuestra casa y naturaleza.

Cortés agradece, descubre su cabeza y dice que su emperador y rey es en efecto el personaje tan esperado por Moctezuma. Por primera y última vez, utiliza en provecho propio el mito de la Serpiente Emplu-

---

[14] Durán (*Historia...*, vol. 2, p. 541) agrega que, a pedido de Cortés, Moctezuma habría declarado su sumisión al rey y solicitado que se lo instruyera en la fe.
[15] Según Díaz del Castillo (cap. 90, p. 165), Moctezuma dice todo eso "riendo, porque era muy regocijado en su hablar de gran señor".

mada.[16] Sin embargo, Moctezuma ya no cree que se trate de un dios. A medida que avanzaban los españoles y se iban haciendo más precisas las noticias, su actitud ha ido cambiando. Al principio, trataba de explicarse el presente por el pasado: los españoles tenían que ser dioses relacionados con Quetzalcóatl y con los toltecas... Pero ahora ha pasado a explicarse el pasado por el presente. Debe de creer que esos dioses cuyas remotas hazañas se cuentan, esos Mixcóatl, Quetzalcóatl y Huitzilopochtli, seguramente fueron hombres como los españoles a los que después divinizarían. Los mexicas caminando hacia la Tierra Prometida también se parecían a esos hombres, y esas historias de Soles que se suceden alternándose probablemente habrán sucedido como lo que ahora mismo él está viviendo. Por lo tanto, estos hombres son realmente los del Sol anterior, el de Quetzalcóatl, que regresan. ¡Para su desdicha!

Los días siguientes fueron de espera y observación mutuas. Numerosos nobles mexicas venían a visitar y rendir homenaje a los huéspedes extranjeros. Éstos recibían abundantísimo abastecimiento, lo que permitía que multitud de tamemes y sirvientes circularan por sus aposentos. Todos, nobles y gente común, aguzaban ojos y oídos y reportaban a las autoridades de la ciudad todo lo que les podía interesar. El emperador aguardaba su hora, el momento en que sus huéspedes se relajaran, terminaran sintiéndose en casa. Trataba de persuadirse de que entonces él quedaría dueño del juego y podría eliminarlos si resultaban hostiles. Si no, quizás podría convertirlos en aliados y utilizarlos.

En tanto, Moctezuma juntaba toda la información posible, incluso personalmente. El día de la llegada de Cortés, le había preguntado cuáles de sus hombres eran gente noble y cuáles vasallos o esclavos, para tratarlos y obsequiarlos según su rango. El capitán contestó, hábilmente, que todos eran sus amigos y compañeros. Entonces el emperador se informó secretamente sobre cada uno y cuidó de proveerles de todo lo necesario, y de mujeres y joyas.[17]

Los españoles, por su parte, exploraron su residencia de arriba abajo para poder defenderla si se daba el caso. Esa exploración les deparó una feliz sorpresa: al notar una puerta condenada poco antes, la abrieron y descubrieron varias salas, algunas de las cuales encerraban inmensas

---

[16] Cortés, *Cartas de relación*, pp. 64-65; Aguilar, pp. 44-46, y Durán, *Historia...*, vol. 2, p. 541. Según López de Gómara (vol. 2, pp. 132-133), Cortés le contesta con alegría, pues le ve lágrimas en los ojos. También Cervantes de Salazar, p. 309; Díaz del Castillo, cap. 90, y Tovar, *Códice Ramírez*, p. 138.

[17] Tovar, *Códice Ramírez*, p. 140; el autor sigue a Fernández de Oviedo, vol. 4, p. 219.

cantidades de oro, joyas, plumas ricas y otros objetos de todo tipo. Se trataba, afirma Durán, del tesoro de los antecesores de Moctezuma. Cortés prohibió que se tocara nada y mandó volver a sellar la puerta –provisionalmente.[18] Interesante detalle, ese tesoro que no había sido removido. Obviamente Moctezuma había esperado desviar o suprimir a los invasores y confiaba, todavía ahora, en que no se quedarían mucho tiempo en su ciudad. Al menos, no se quedarían mucho tiempo vivos.

Por supuesto también visitaron la ciudad; el propio Moctezuma los acompañó incluso a recorrer algunos de los edificios principales. Pudieron darse cuenta mejor del tamaño de Mexico-Tenochtitlan y de sus peligros. Los españoles eran unos centenares en una ciudad de ciento cincuenta o doscientos mil habitantes: una ciudad rodeada de agua, de la cual era difícil salir; una ciudad lacustre cruzada por muchos canales, con puentes en todas partes, hechos de vigas fáciles de quitar, con calles bordeadas por casas de techo plano, desde donde era fácil dispararles casi sin que pudieran responder. En fin, que Tenochtitlan era una inmensa trampa. Esta vez los más preocupados eran los invasores. Recordaban las advertencias de sus amigos: el consejo de Huitzilopochtli a Moctezuma era dejarlos entrar para poder masacrarlos. Notaron o creyeron notar que ya no se les abastecía con el mismo celo que en los primeros días, y le reclamaron a su jefe que tomara medidas; los tlaxcaltecas, de nuevo, hablaban de una emboscada. ¿No sería prudente asegurar la persona de Moctezuma? Aunque convencido de que en algún momento iba a tener que hacerlo, Cortés se negó, esperando sin saber qué, acaso una ocasión excepcional o un pretexto. Entonces recordó lo sucedido en la Vera Cruz y la carta que le había llegado en Cholula. La tomó y se preparó a actuar.[19]

[18] Tapia, *Relación*...., p. 102, al que sigue López de Gómara, p. 160, seguido a su vez por Díaz del Castillo, cap. 93, p. 178, y Durán, *Historia*..., vol. 2, p. 543.
[19] Cortés, *Cartas de relación*, pp. 65-66; López de Gómara, vol. 2, p. 159, y Aguilar, en Díaz et al., pp. 181-182; también Díaz del Castillo (cap. 93, pp. 178-179), siempre dispuesto a denunciar las "malas" intenciones de Moctezuma. Según Alva Ixtlilxóchitl (vol. 2, p. 218), algunos tlaxcaltecas y españoles habían escuchado que Moctezuma quería matarlos y hacer cortar los puentes; pero agrega que tiene en su poder una carta que demuestra que no era cierto. Para explicaciones fantasiosas sobre la aprehensión de Moctezuma en las fuentes indígenas, ver *Historia de los mexicanos*... (p. 77): Cortés manda arrestar a Moctezuma ¡para que éste le dé mucho oro y plata! Del mismo modo se explicarán los acontecimientos de Tóxcatl. Según Tovar (*Manuscrito*..., fol. 55a, p. 80), Cortés hizo prender a Moctezuma y a otros principales porque ya no los abastecían; se trata de uno de los motivos alegados para la matanza de Cholula.

Llegado el momento, seis días después de su entrada en la capital, la mitad de los efectivos españoles están en pie de guerra en el palacio de Axayácatl. Varios más vigilan las esquinas de las calles que llevan al palacio de Moctezuma. Cortés va entonces a visitar al emperador con unos treinta españoles que se infiltran discretamente en el palacio por grupos de tres o cuatro. Moctezuma sale a recibirlo y lo lleva a la sala de recepción, donde se ponen a conversar. Está de muy buen humor, platica y bromea, según su costumbre. Es evidente que no sospecha nada. Por lo demás, ¿por qué iba a desconfiar? Cientos de héroes, todos armados, lo protegen.[20] Y hace cuanto puede por seducir a su huésped. En ese día fatal, llega incluso hasta a ofrecerle una de sus hijas, así como a otras hijas de grandes señores para sus compañeros. Cortés acepta, pero explica que está casado y que su fe le prohíbe tener más de una esposa. Luego, cuando sus hombres ya se han acercado en silencio listos para desenvainar la espada, exhibe la carta que ha recibido de la Vera Cruz y denuncia las fechorías de Coatlpopoca, ese pérfido que se atreve a defenderse alegando –obvia mentira– que actuó por orden del emperador. Es preciso investigar. Hay que convocar al gobernador de Nauhtlan y a sus cómplices.

¿Qué debe hacer Moctezuma? Reconocer la lealtad de Coatlpopoca es exponerse a represalias inmediatas: el enemigo está ahí a dos pasos y superiormente armado. Sin duda su guardia es más numerosa, pero ¿cómo podría impedir que los españoles lo maten? No le queda más que negar, y esperar que sus hombres entenderán y sabrán interponerse eficazmente.

Así que el emperador niega haber dado órdenes a Coatlpopoca y promete castigar a los culpables. Desprende de su brazo una figurita de piedra que entrega a unos de sus oficiales, con la orden de traer, vivos o muertos, a Coatlpopoca y a sus cómplices. Sus hombres obedecen, sin entender la situación inconcebible en la que se encuentra su amo. O, si la entienden, no se les ocurre tomar una iniciativa o no se atreven. Don Hernán da las gracias, pero explica a Moctezuma que tendrá que acompañarlo al palacio de Axayácatl, mientras se aclara el caso.

Moctezuma no puede creer lo que oye. Se le viene el mundo encima: una vez más, en lugar de sorprender, es sorprendido, y ahora del modo

Tovar añade (*Códice Ramírez*, p. 141) que Cortés decidió capturar a Moctezuma ¡porque confiaba en Ixtlilxóchitl y en su ejército apostado en la frontera!

[20] López de Gómara, vol. 2, p. 145.

más ignominioso. Lo quieren convertir en un cautivo, un hombre prometido a la muerte, él, el señor de los colhuas, el gran *tlatoani*, ¡el emperador de Anáhuac frente al cual todos tiemblan! Con gravedad, replica: "No es persona la mía para estar presa", y agrega que por lo demás, aunque él aceptara, los suyos no lo tolerarían. Pero los suyos, acostumbrados a obedecer ciegamente, están esperando una orden, alguna señal, que no llega.

Durante horas, Moctezuma alega, objeta, discute. Cortés le promete que conservará toda libertad y seguirá administrando su imperio como antes, desde los aposentos que tenga a bien elegir.

> No tengáis pena; que yo miraré por vuestra honra y persona como por la propia mía o por la de mi rey; y perdonadme que lo haga así, pues no puedo hacer otra cosa; que si disimulase con vos, estos que conmigo vienen se enojarían de mí, que no los amparo y defiendo. Así que mandad a los vuestros que no se alteren ni rebullan, y sabed que cualquier mal que nos viniere lo pagará vuestra persona con la vida.[21]

Cortés conserva la calma, pero sus capitanes se impacientan. Finalmente, uno de ellos se altera: "¿Qué hace vuestra merced ya con tantas palabras? O lo llevamos preso, o darle hemos de estocadas. Por eso, tórnele a decir que si da voces o hace alboroto, que le mataremos, porque más vale que de esta vez aseguremos nuestras vidas o las perdamos". Moctezuma le pregunta a Marina qué ha dicho, y ella traduce a su modo: "Señor Moctezuma: lo que yo os aconsejo es que vais luego con ellos a su aposento, sin ruido ninguno, que yo sé que os harán mucha honra, como gran señor que sois, y de otra manera aquí quedaréis muerto, y en su aposento se sabrá la verdad". Moctezuma se dirige entonces a Cortés: "Señor Malinche: ya que eso queréis que sea, yo tengo un hijo y dos hijas legítimas, tomadlos en rehenes, y a mí no me hagáis esta afrenta. ¿Qué dirán mis principales si me viesen llevar preso?" Pero Cortés sigue firme.

Finalmente, Moctezuma se resigna.[22] Entiende que los españoles no buscan sólo intimidarlo; entiende que, si lo matan, la guerra estallará en su ciudad, sin la ventaja de la sorpresa; espera reconquistar pronto su libertad; no tiene la menor gana de morir, y menos sin haber designado a su sucesor. Cede. Luego manda preparar aposentos en el palacio

---

[21] López de Gómara, vol. 2, pp. 160-161.
[22] Díaz del Castillo, cap. 95, pp. 182-183, para todo ese diálogo.

de Axayácatl y allí va, cargado en andas por varios señores, acompañado por otros muchos que no pueden contener sus lágrimas. Afuera, la población empieza a inquietarse, pero Moctezuma manda restablecer la calma explicando que va a casa de sus huéspedes por su propia voluntad. A pesar de todo, aún logra hacerse la ilusión de que su honra está a salvo.[23]

A partir de ese momento, el emperador es un rehén. Es cierto: la suya es una cárcel dorada; lo sirven como en su casa, sigue gobernando, se reúne y conversa con quien quiere, acude al templo, tiene incluso la libertad de ir a cazar o a cualquiera de sus casas de campo. Los españoles lo tratan con extrema cortesía, varios incluso se muestran muy amables. Les conviene, Moctezuma es generoso: es uno de los pocos recursos que le quedan. Pero el caso es que ocho hombres lo vigilan día y noche, con orden de impedir por cualquier medio que se escape.[24]

Moctezuma puede actuar a su antojo, pero de sus planes no queda nada. Mientras siga cautivo, no podrá eliminar a los intrusos. Hay que tranquilizarlos, intentar una vez más convencerlos de irse; en todo caso, de nuevo debe esperar, confiar en que los suyos lograrán liberarlo, acechar el momento propicio para un levantamiento. El emperador está preso, pero no está solo. Tenochtitlan sigue siéndole leal y también sus principales o al menos la mayoría de ellos. Ellos también esperan el momento para actuar, aunque algunos, como Cuitláhuac, juzgan que Moctezuma nunca debió dejar entrar a los españoles. Pero ¿qué hubiera hecho en su lugar? ¿Pelear contra esos dioses o hombres a los que es imposible sorprender? ¿Pelear, por tanto, en batalla formal, es decir al costo de pérdidas exorbitantes? ¿Correr el riesgo de ver exterminados a los nobles, y a la gente común preferir la paz española a la guerra azteca? No, Moctezuma no tuvo opción. Y no tenía manera de prever la loca audacia de los invasores ni la ineficacia de los valientes guerreros que debían protegerlo.

Las apariencias estaban a salvo: el emperador conservaba el mando, pero desde la casa de su padre: la casa de sus amigos los dioses. Es lo que dijo –lo que tuvo que decir– para tranquilizar a los suyos y salvar su vida. Pero esa explicación del primer momento no tardó en voltéarsele: poco a poco, los españoles van siendo percibidos como fuerza de ocu-

[23] Cortés, *Cartas de relación*, p. 67; Tapia, *Relación...*, pp. 102-103; López de Gómara, vol. 2, pp. 160-161; Aguilar, p. 182; Tovar, *Códice Ramírez*, p. 141, y Alva Ixtlilxóchitl, vol. 2, pp. 218-219.

[24] Cortés, *Cartas de relación*, pp. 67-69: López de Gómara, vol. 2, pp. 161-162, y Alva Ixtlilxóchitl, vol. 2, p. 219.

pación y el emperador, como amigo del ocupante. Van a comportarse cada vez más como amos, a utilizar al emperador como su instrumento y, en algunos casos, lo comprometen gravemente.

Como en el caso Coatlpopoca. Quince días después del secuestro de Moctezuma, sus enviados traen al gobernador de Nauhtlan en un palanquín, junto con uno de sus hijos y quince señores involucrados en la emboscada contra la guarnición de la Vera Cruz. Ciertos testimonios dicen que Moctezuma los recibió, seguramente para recomendarles que lo dejaran fuera del caso. Luego, los señores fueron entregados a los españoles, que los interrogaron por separado. Coatlpopoca era orgulloso. Cuando le preguntaron si era vasallo de Moctezuma, replicó, altivo: "¿Acaso hay otro señor de quien podría serlo?" Sus compañeros y él mismo aceptaron haber matado a los españoles, pero negaron cualquier responsabilidad del emperador. Fueron condenados a ser flechados –para colmo ¡por tlaxcaltecas!– y quemados vivos. Para matar dos pájaros de un tiro, se formaron las hogueras, erigidas en la plaza mayor, con todas las armas encontradas en los arsenales vecinos. A punto de ser ejecutados de un modo tan cruel y para ellos tan insólito, sin que su amo pudiera protegerlos, "todos a una voz dijeron que era verdad que el dicho Moctezuma se lo había enviado a mandar y que por su mandado lo habían hecho".[25]

Cortés no había esperado las confesiones para convencerse y desde la mañana le había hecho poner grilletes a Moctezuma: ahora sí, era realmente como un prisionero o un esclavo. Y ello, ¡el día de la fiesta del "Levantamiento de Banderas", en que se conmemoraba el mayor triunfo mexica, la victoria de Huitzilopochtli en el Coatépec! El emperador, dice Cortés, recibió "no poco espanto" de esa humillación. Y sus allegados lloraban, desolados, levantaban las cadenas para que no le pesaran al *tlatoani* y, para que los grilletes no tocaran su piel, colocaban telas finas entre unos y otra.

Cumplida la ejecución, el conquistador fue a quitarle los grilletes a Moctezuma y trató de consolarlo. Esta vez y varias más, le habría ofrecido devolverle la libertad. El emperador caído la rechazaba. ¿Quizá porque temía que los suyos lo obligaran a rebelarse? Eso le dijo a Cortés, obviamente para complacerlo.[26] ¿O porque no le creía? Bien podría

<hr />

[25] Cortés, *Cartas de relación*, p. 68; Juan Álvarez, testimonio de 1521, en Martínez, *Documentos...*, vol. 1, p. 206, y *Anales de Tlatelolco*, p. 101. Para ejemplos de ejecución por el fuego entre los mexicas, ver entre otros Thomas, *The Conquest...*, p. 310.

[26] Cortés, *Cartas de relación*, pp. 72-73, y Anglería, vol. 2, p. 473.

ser. Según Bernal Díaz, Cortés había mandado decir al emperador, a través de Aguilar y como en secreto, que los capitanes y soldados se opondrían a su liberación. Además, Moctezuma tenía vergüenza: había tenido que entregar a sus servidores leales y dejarse tratar como un esclavo. ¿Qué prestigio podía conservar? Tal vez ya empezaba a temer las reacciones de sus súbditos –aunque todavía sin razón.[27]

Algunas fuentes indígenas afirman que Moctezuma fue tomado prisionero desde la entrada de los españoles a Tenochtitlan. Así, los informantes de Sahagún: "Y cuando hubieron llegado y entrado a la Casa Real, luego lo tuvieron en guardia, lo mantuvieron en vigilancia. No fue exclusivo de él, también a Itzcuauhtzin, juntamente". Moctezuma, prosiguen, tuvo que pedir víveres y enseres varios para sus captores, pero los principales, irritados contra el desdichado –por motivos que desconocemos– ¡ya no le obedecían! Después el palacio del emperador habría sido saqueado. Las Casas también habla de que lo hicieron prisionero desde el primer día.[28]

Durán es más preciso. Afirma haber visto en antiguos códices figurativos que Moctezuma tenía grilletes en los pies desde el primer encuentro en la calzada, al igual que los reyes que lo acompañaban. Es difícil de creer, comenta, pues no lo confirma ninguno de los conquistadores, pero éstos también han negado otras verdades más manifiestas. Chimalpáhin de Chalco refiere lo mismo.[29]

Los relatos de los vencidos no deben tomarse en serio como documentos históricos. En primer lugar, se contradicen unos a otros: apresamiento en el palacio, según algunos, en la calzada misma y con grilletes y cadenas, dicen otros. Pero ambas versiones son del todo inverosímiles y las desmienten todos los testigos.[30] Es difícil imaginar cómo, en una calzada finalmente bastante estrecha, los españoles hubieran podido rodear a Moctezuma sin que los suyos interviniesen en seguida e impidieran la maniobra. Si lo hubieran logrado, por otra parte, la vergüenza habría recaído sobre todo el pueblo mexica. Por lo demás, semejante operativo no se improvisa, y no se entiende cómo lo hubiera podido preparar

[27] Cortés, *Cartas de relación*, p. 68; López de Gómara, vol. 2, pp. 166-167; Tapia, *Relación...*, pp. 109-110; Díaz del Castillo, cap. 95, pp. 184-185; Torquemada, libro 4, cap. 55: vol. 1, pp. 467-469, y Alva Ixtlilxóchitl, vol. 2, pp. 221-222. Según los fragmentos poco confiables del padre Tovar (*Códice Ramírez*, p. 142), Coatlpopoca fue ahorcado.

[28] Sahagún, *Historia general...*, libro 12, cap. 17, p. 776, y Las Casas, *Obra indigenista...*, p. 93.

[29] Durán, *Historia...*, vol. 2, p. 541-542, y Chimalpáhin, *Relaciones...*, p. 235.

[30] Ver discusión en Martínez, *Hernán Cortés*, pp. 244-249.

Cortés, cuando no sabía dónde ni en qué circunstancias se iba a encontrar con el emperador. En cualquier caso, una calzada que cruzaba una laguna era el lugar menos apropiado. Finalmente, la carta de Cortés a Carlos V es categórica y sabemos cuán precavido tenía que ser el capitán, expuesto a investigaciones ulteriores de la Corona. Nadie, ni siquiera sus más enconados críticos entre los conquistadores, pensó en desmentirlo a este respecto.

Lo cierto es que los relatos mexicas amalgaman hechos y momentos. Reúnen en una sola secuencia acontecimientos que se dieron en diferentes periodos, del mismo modo que sus códices suelen presentar diferentes momentos en una sola imagen. El encuentro en la calzada existió y es cierto que enseguida tuvo lugar la reunión en Palacio; que, más tarde, el emperador fue apresado; que, después, le pusieron cadenas; que sus tesoros fueron saqueados; que, muchos meses más tarde, los mexicas descuidaron el abastecimiento de los españoles, y que, finalmente, algunos de los principales se negaron a obedecer a su amo. Ahora bien, es más contundente concentrar todo eso en un solo día y en pocas imágenes cargadas de sentido. Así como desde el primer contacto a bordo del navío español, frente a San Juan de Ulúa, los embajadores de Moctezuma fueron asegurados con grilletes, aquí también, en la calzada que cruza la laguna, desde el primer encuentro, Moctezuma fue encadenado, y en su persona todo el Anáhuac. El encuentro de dos civilizaciones tuvo por resultado la reducción de los indios a la esclavitud. He aquí lo que significan los textos. Son relatos simbólicos creados por los vencidos largos años después de los hechos.[31] Cabe agregar que probablemente reflejan la influencia de lo que sucedió en Perú, donde en efecto el inca fue capturado por los españoles desde su primera entrevista con ellos.

En los días siguientes, las cosas retomaron un curso más o menos normal. Moctezuma había sido informado del descubrimientos de las salas del tesoro; Cortés le había incluso dicho que sus hombres no habían podido resistir y le habían hincado el diente. Moctezuma contestó que esas riquezas pertenecían a los dioses y pidió a sus huéspedes que dejaran ahí todo lo que no fuera oro.[32] Durán cuenta que no sólo encontra-

---

[31] Ver también los obvios errores de Durán (*Historia...*, vol. 2, p. 542), que dice que Moctezuma estuvo encarcelado en el palacio del primer Moctezuma (en realidad, de Axayácatl) y que su cautiverio duró ochenta días (cuando fueron más de siete meses).

[32] Tapia, *Relación...*, p. 104. Ver asimismo Tovar, *Códice Ramírez*, p. 139, y Tovar, *Manuscrito...*, fol. 55a, p. 80.

ron los tesoros, sino también unos departamentos muy secretos en los cuales habían buscado refugio las esposas de Moctezuma o quizá "las mozas recogidas de los templos". Huían de la "poca continencia", ya notoria, de los españoles. Y comenta el monje que seguramente los españoles no les aconsejaron a las vírgenes perseverar en su castidad o, si eran las mujeres del emperador, seguir fieles a su esposo encadenado.[33] A nadie se le podría ocurrir salir aquí en defensa de la virtud de los conquistadores. Con todo, el relato no deja de parecer un tanto extraño. Es difícil imaginar a Moctezuma poniendo a salvo a sus esposas precisamente en el palacio donde se propone alojar a los que tanto teme. Por otra parte, los españoles ya estaban bien provistos de mujeres y Moctezuma siguió prodigándoles más. Y Cortés siempre se empeñó en mantener la disciplina de su pequeña tropa y en evitar saqueos y violaciones. Los intrusos no se podían permitir provocaciones de este calibre. Más adelante, cuando empiece el conflicto abierto, las cosas cambiarán. Aquí, de nuevo, Durán está confundido y piensa también en lo que pasó en Perú con las esposas del inca y las vírgenes del sol.

LA REBELIÓN DE CACAMA

Moctezuma había dado órdenes de saciar directamente la sed de oro de los pobres recién llegados. Dispuso que algunas ciudades entregaran su oro sin más trámite, lo que no dejó de producir ciertos equívocos. Así fue, al parecer, cuando los españoles fueron a Texcoco para tomar posesión del tesoro del gran Nezahualcóyotl. Dos hermanos de Cacama los acompañaban; uno de ellos, llamado Nezahualquentzin. A la hora de embarcar, en Tenochtitlan, este príncipe recibió la visita de un mensajero de Moctezuma y se apartó para hablar con él. Sospechando una trampa, uno de los españoles agarró al príncipe, le dio una paliza y lo llevó ante Cortés que, dicen, lo habría hecho ahorcar ahí mismo. Cacama se sintió muy ofendido. Y no era para menos ya que, según Ixtlilxóchitl de Texcoco quien relata la anécdota, el mensaje de Moctezuma consistía en ¡encomendar a Nezahualquentzin que sirviera bien a los cristianos! El incidente no le impidió a Cacama mandar a otro de sus hermanos para acompañar a los españoles. Éstos juzgaron insuficiente la enorme montaña de oro de Texcoco y obligaron a todos los señores locales a aportar más.

[33] Durán, *Historia...*, vol. 2, pp. 543-545; siguen cinco líneas tachadas, como si hubieran sido censurados otros detalles sobre la actitud de los conquistadores hacia esas mujeres.

Es difícil distinguir lo cierto de lo inventado en esta oscura historia. Lo que parece seguro es que Cortés no está implicado: según los *Anales de Tlatelolco* (1528),[34] Nezahualquentzin fue ahorcado meses después, cuando Cortés ya había partido hacia la costa y Cacama llevaba mucho tiempo prisionero de los españoles.

Obligado a colaborar con Cortés, Moctezuma ganaba tiempo con rodeos, mientras esperaba una ocasión de tomar revancha. Las relaciones entre los mexicas y los intrusos estaban muy tensas. Cortés había prohibido a sus hombres alejarse del palacio más de cierta distancia sin su permiso expreso. Y dentro del palacio tenían que estar muy alertas, pues ya había habido varias tentativas de liberar al emperador: más de una vez habían aparecido agujeros en los muros; otras, se habían incendiado los techos. Un día, incluso, Moctezuma había querido echarse de lo alto de una azotea a los brazos de mexicas que lo esperaban, pero un guardia logró impedírselo.[35] Eso demuestra que conservaba la esperanza de retomar el control de la situación. Su gente cercana, por lo demás, le urgía a dar la señal de la revuelta.[36] ¿Pero cómo iba a poder darla, siendo rehén?

Entre los impacientes que querían actuar ya e incitaban al emperador a recobrar su libertad estaba Cacama, el joven rey de Texcoco. Le pesaba cada vez más el virtual cautiverio de su ilustre tío y su inercia, y más todavía la creciente insolencia de los españoles que ya no dudaban en actuar como en tierra conquistada. De regreso en Texcoco, empezó a hacer preparativos de guerra. Informado de ello, Cortés lo convocó en vano a presentarse a recibir sus órdenes. Varias veces hizo que Moctezuma lo mandara llamar, siempre sin resultado. "Antes respondía que si algo le querían, que fuesen a su tierra y que allá verían para cuánto era, y el servicio que era obligado a hacer."[37] Algunos dicen que añadió palabras insultantes sobre su tío, tachándolo de cobarde,[38] cosa que sería sorprendente ya que Cacama estaba entre los que habían aconsejado recibir a los españoles en Tenochtitlan.

Cortés pidió consejo a Moctezuma sobre el camino a seguir, insistiendo en que a quien Cacama se negaba a obedecer era a su emperador.

---

[34] Alva Ixtlilxóchitl, vol. 2, p. 222; Tapia, *Relación*..., p. 110, y *Anales de Tlatelolco*, p. 101.

[35] Tapia, *Relación*..., p. 112. Declaración de Martín Vázquez en 1534, durante el juicio de residencia contra Cortés, en Martínez, *Documentos*..., vol. 2, p. 336, y Torquemada, vol. 1, p. 458.

[36] Díaz del Castillo, cap. 95, p. 183.

[37] Cortés, *Cartas de relación*, p. 73.

[38] Cortés, *Cartas de relación*, p. 73, y Anglería, vol. 2, p. 472.

¿Convenía marchar contra él, mexicas y españoles juntos? Moctezuma lo desaconsejó: el operativo era demasiado peligroso, pues Texcoco disponía de tropas y recursos poderosos. Era mejor tenderle una trampa. Tenochtitlan tenía agentes en Texcoco. No fue difícil lograr que Cacama celebrara consejo en una de sus casas en la ribera del lago, "de tal manera edificada que por debajo de toda ella navegan las canoas y salen a la laguna". Un comando emboscado en canoas ocultas debajo de la casa irrumpió en la sala del consejo, donde tenía cómplices entre los capitanes reunidos, y secuestró a Cacama. El rey fue llevado a Tenochtitlan y entregado a Cortés. Moctezuma, quizá avergonzado, se había negado a verlo. Un hermano menor de Cacama, Cuicuitzcatzin, recibió el trono de Texcoco por gracia de Cortés y Moctezuma. Reinó poco tiempo, pues pronto lo asesinó otro de sus hermanos, Coanacochtzin.[39] Obviamente, este lamentable caso no honra mucho al señor de los colhuas. Probablemente se dejó persuadir de que Cacama se proponía suplantarlo y de que, de paso, Texcoco trataba de reconquistar el terreno perdido respecto de Tenochtitlan. Es lo que sugieren algunos testimonios. Moctezuma reaccionó como jefe del imperio pero, en ese caso concreto, los papeles de jefe del imperio y de colaborador del ocupante coincidían penosamente. Dicho lo cual, ¿qué otra salida tenía el emperador? Si los españoles hubieran marchado solos contra Texcoco y hubieran sido derrotados, lo habrían acusado de haberlos conducido a una trampa. Por lo demás, era improbable que los españoles atacaran con la sola ayuda de sus aliados: habrían exigido tropas mexicas, puesto que se trataba de castigar la desobediencia del texcocano contra Moctezuma. Y ello hubiera significado la guerra civil en el corazón mismo del imperio –lo que había que evitar a cualquier costo. Ahora bien, negarse a tomar partido, incluso tomar partido por Cacama, significaba aprobar la desobediencia contra el imperio, quitarse la careta y así granjearse la ira de los españoles. Implicaba detonar el enfrentamiento sin tener la ventaja de la sorpresa, correr el riesgo de provocar la devastación de la ciudad y, para

[39] Cortés (*Cartas de relación*, pp. 72-73), Anglería (vol. 2, pp. 472-473), López de Gómara (vol. 2, pp. 171-172), Tapia (*Relación...*, pp. 105-106) y Díaz del Castillo (cap. 100) dicen que el mismo Moctezuma avisó a Cortés de la rebelión de su sobrino. Tovar, *Códice Ramírez*, pp. 142-143. Alva Ixtlilxóchitl (vol. 2, p. 223) involucra a Ixtlilxóchitl en la conjura contra Cacama. Según Bernal Díaz (cap. 100), en los ocho días que siguieron el rey de Coyoacan, Cuitláhuac de Iztapalapa y Totoquihuatzin de Tlacopan, cómplices en la conspiración de Cacama para destronar a Moctezuma, también fueron arrestados y encadenados.

él y los suyos, la muerte. Por otra parte, si hubiera tenido éxito la insurrección, ¿quién sino Cacama habría cosechado los laureles?

En suma, si la actitud del emperador estaba lejos de ser la más honrosa, era la que menos hipotecaba el futuro. Cacama se le sumaba en su cautiverio, nada más. Y seguirían esperando que el enemigo se fuera o cediera a los repetidos intentos de comprarlo,[40] o a que surgiera alguna circunstancia propicia que permitiese eliminarlo.

LA TRANSMISIÓN DEL PODER

Sin embargo, el asunto Cacama les indicaba a los españoles que era urgente oficializar la situación de hecho creada por la detención de Moctezuma. Unos días más tarde, el emperador convocó a todos los grandes señores de Tenochtitlan, así como a todos los reyes y señores de las ciudades aliadas o sometidas, y les habló así:

> Hermanos y amigos míos, ya sabéis que de mucho tiempo acá vosotros y vuestros padres y abuelos habéis sido y sois súbditos y vasallos de mis antecesores y míos, y siempre de ellos y de mí habéis sido muy bien tratados y honrados y vosotros asimismo habéis hecho lo que buenos y leales vasallos son obligados a sus naturales señores; y también creo que de vuestros antecesores tenéis memoria cómo nosotros no somos naturales de esta tierra, y que vinieron a ella de muy lejana tierra y los trajo un señor que en ella los dejó, cuyos vasallos todos eran. El cual volvió desde ha mucho tiempo y halló que nuestros abuelos estaban ya poblados y asentados en esta tierra y casados con las mujeres de esta tierra y tenían mucha multiplicación de hijos, por manera que no quisieron volverse con él ni menos lo quisieron recibir por señor de la tierra; y él se volvió, y dejó dicho que tornaría o enviaría con tal poder, que los pudiese constreñir y atraer a su servicio. Y bien sabéis que siempre lo hemos esperado, y según las cosas que el capitán nos ha dicho de aquel rey y señor que lo envió acá, y según la parte de donde él dice que viene, tengo por cierto, y así lo debéis vosotros tener, que aqueste es el señor que esperábamos, en especial que nos dice que allá tenía noticia de nosotros. Y pues nuestros predecesores no hicieron lo que a su señor eran obligados, hagámoslo nosotros, y demos gracias a nuestros dioses porque en nuestros tiem-

[40] Durán (*Historia...*, vol. 2, p. 545) escribe que Moctezuma y los reyes ofrecen tesoros inmensos para que Cortés se vaya, pero ese corazón valiente se niega a abandonar la salvación de tantísimas almas.

pos vino lo que tanto aquéllos esperaban. Y mucho os ruego, pues a todos es notorio todo eso, que así como hasta aquí a mí me habéis tenido y obedecido por señor vuestro, de aquí adelante tengáis y obedezcáis a este gran rey, pues él es vuestro natural señor, y en su lugar tengáis a este capitán; y todos los tributos y servicios que hasta aquí a mí me hacíais, los haced y dad a él, porque yo asimismo tengo de contribuir y servir con todo lo que me mandare; y demás de hacer lo que debéis y sois obligados, a mí me haréis en ello mucho placer.[41]

El mismo Cortés cuenta que Moctezuma pronunció estas palabras con "las mayores lágrimas y suspiros que un hombre podía manifestar": es tanto como confesar que el desdichado emperador lo hacía a la fuerza. A su vez los nobles estaban tan conmovidos que no podían responder y hasta los españoles sentían "mucha compasión". Cuando los reyes y señores por fin lograron sosegarse, dijeron que tenían a Moctezuma por su soberano y que habían prometido obedecerlo, lo cual hacían. Se reconocieron vasallos de Su Majestad y entregaron niños como rehenes. Cortés prometió tratarlos bien. Todo fue debidamente consignado por el notario de la expedición.[42]

Este discurso de Moctezuma, el segundo que Cortés refiere, se parece mucho a la primera parte del que le atribuye el conquistador al relatar su primer encuentro. Vuelve a aparecer la referencia al mito de Quetzalcóatl. Es verdad que el nombre del dios no está mencionado, sea porque no le pareció importante a Cortés en el momento, sea más bien porque juzgó conveniente no mencionárselo a Carlos V para que su mentira no fuera tan notoria: él mismo le había dicho a Moctezuma que Su Majestad era en efecto "el señor que esperábamos".

La autenticidad de estos discursos ha sido cuestionada.[43] Algunos han querido ver en la transferencia del poder que realiza Moctezuma un invento de Cortés, destinado a sustraer el territorio mexicano a la autoridad de Diego Velázquez, el gobernador de Cuba, a legitimar su acción y a justificar la represión de las "rebeliones" de los indios contra el poder legítimo de España. Por otra parte, no olvidemos las tesis que sostienen que Cortés habría inventado incluso el mito narrado por el *tlatoani*. Al poner en boca de su interlocutor que los ancestros de los

[41] Cortés, *Cartas de relación*, p. 74.
[42] Cortés, *Cartas de relación*, pp. 74-75; Tapia, *Relación...*, p. 104; López de Gómara, vol. 2, pp. 173-174; Díaz del Castillo, cap. 101, y Alva Ixtlilxóchitl, p. 225.
[43] Wagner, p. 188; Frankl; Elliott, p. 51; Stenzel, y Gillespie, pp. 180-182.

mexicas venían de tierras lejanas, habría querido sugerir que la autoridad de España sobre esas nuevas tierras podía remontarse a una época muy lejana.

Todo eso es excesivo. Por supuesto, los discursos que nos trasmite don Hernán no son, ni podrían ser, exactamente los que Moctezuma pronunció. Lo que se sabe del arte oratorio mexica muestra que Cortés abrevió, podó, recortó las florituras. En cuanto al fondo, ¿quién sabe si captó todos los matices, si supo comprender todas las alusiones a los mitos? Plantear esta preguntas es preguntar también si Marina y Aguilar traducían perfectamente. Y, en el caso de Marina, si no estaba torciendo un poco las cosas en el sentido de lo que Cortés quería oír. Implica preguntarse también si Cortés cuando escribe, un año después de los hechos, recuerda todo con precisión o si acaso no confunde un poco los dos discursos.

Veamos primero el preámbulo histórico-mítico de Moctezuma. ¿Está del todo conforme al mito de Quetzalcóatl tal y como lo conocemos? No, posiblemente por las razones que acabamos de mencionar. ¿Es inverosímil? De ningún modo. Este relato de lejanos orígenes y pueblos errantes guiados por un gran jefe suena perfectamente acorde con las tradiciones y los códices mesoamericanos. Pensemos en los supuestos orígenes de los mexicas o en las peregrinaciones de los toltecas conducidos por Mixcóatl desde su lugar de origen, del otro lado del agua. Desde luego el emperador se refiere a esas peregrinaciones toltecas, pues en aquel tiempo vivió Quetzalcóatl. Dicho sea de paso, aquí los mexicas colhuas se consideran descendientes de los toltecas. Nada más usual, además, que esa oposición entre los errantes que siguen a su jefe pero, una vez instalados y sedentarios, se niegan a volver a migrar. El gran jefe que regresa a su tierra evoca el astro ascendente que, llegado al cenit, desanda el camino hacia su punto de partida. Finalmente, la mala acogida al jefe que regresa aparece en no pocas variantes del mito de Quetzalcóatl.[44] La negativa de los antepasados de los mexicas a seguir otra vez a Quetzalcóatl podría traducir, en términos velados, la infidelidad de la ciudad de Tenochtitlan que ha abandonado a su dios tutelar en favor de Huitzilopochtli. Como sea, Cortés no pudo inventar todo eso. Y la confusión entre los antepasados de los mexicas y los españoles no fue obra de éstos sino de aquéllos.

[44] Por ejemplo, Las Casas (*Apologética...*, vol. 1, p. 650) cuenta que Ixbalanqué va a hacer la guerra en los infiernos: vuelve victorioso pero, de regreso a casa, no lo acogen con fiestas y cantos como hubiera querido, y se va a otro reino donde sí lo reciben como conviene. Ver Graulich, *Quetzalcóatl...*, pp. 246-248.

Queda el espinoso asunto de la transmisión de poderes. ¿Tenía el conquistador necesidad de inventarla? No. Si quería el poder, estaba en sus manos tomarlo; tal era su intención y no lo ocultaba en sus cartas. Desde el principio de su segundo informe, promete a Carlos V someter a Moctezuma:

> y que, confiado en la grandeza de Dios y con esfuerzo del real nombre de vuestra alteza, pensaba irle a ver a doquiera que estuviese, y aun me acuerdo que me ofrecí, en cuanto a la demanda de este señor, a mucho más de lo a mí posible, porque certifiqué a vuestra alteza que lo habría, preso o muerto, o súbdito a la corona real de vuestra majestad. Y con este propósito y demanda me partí de la ciudad de Cempoal, que yo titulé Sevilla, a dieciséis de agosto.[45]

Por otra parte, para estar formalmente en regla desde el punto de vista legal, le bastaba con observar las instrucciones relativas al *requerimiento*, es decir, requerir públicamente de los indios que se sometieran al rey de España, a quien el Papa había concedido América, y que aceptaran recibir la fe. Y Cortés respetaba esas prescripciones escrupulosamente.

Veamos ahora el asunto de su desacato a Velázquez. Recuérdese que Cortés lo consideraba resuelto desde su nombramiento por el cabildo de la Vera Cruz y confiaba que el éxito de su empresa terminaría de zanjar el tema. En ese sentido, la rendición de Moctezuma, que por añadidura era un tirano contra el cual sus súbditos se rebelaban, no resultaba indispensable. Sin embargo, subrayaba el carácter "pacífico" de la empresa de conquista de Cortés –oficialmente, nunca había combatido contra la Triple Alianza– y la volvía tanto más aceptable.

¿Se dio esta sumisión desde el primer día, como lo relata el capitán? ¿En aquel fatídico 8 de noviembre del 1519, noveno día del mes de *Quecholli* (mes dedicado al padre de Quetzalcóatl) y día 8-Viento (Ehécatl es el otro nombre de Quetzalcóatl) del año 1-Caña (nombre calendárico del dios)? No es imposible, pero sí poco probable.

No es imposible, porque Moctezuma ya había ofrecido pagar tributo para mantener a distancia a los extranjeros. Además, el traspaso de poderes era una consecuencia lógica del mito evocado por Moctezuma: los españoles tenían que ser los descendientes de los antiguos amos del país. Por último, cuando los españoles llegaron a Tenochtitlan, Moctezuma tenía sin duda toda la intención de eliminarlos y tal declaración podía contribuir a aplacar su desconfianza.

---

[45] Cortés, *Cartas de relación*, p. 38.

Pero es poco probable porque nada obligaba a Moctezuma a traspasar de entrada sus poderes a los españoles, que no se lo pedían y que además, como seguramente se dio cuenta, estaban bastante asustados. Y porque, en la realidad, está claro que Moctezuma seguía reinando solo. Los españoles no eran más que huéspedes. El día del encuentro, Moctezuma seguramente aludió al regreso de Quetzalcóatl y a los recién llegados les dijo que estaban en su casa, por ser huéspedes y por su vínculo con la Serpiente Emplumada; todo eso aderezado con hiperbólicas fórmulas de cortesía, que sólo eran eso: cortesía. Pero Cortés las convirtió en una sumisión en regla.[46] ¿Por qué? Porque una declaración de sumisión es más convincente si la hace una persona libre que si la hace un prisionero. Y, sobre todo, porque permite justificar el arresto de Moctezuma unos días después, arresto que podía desagradarle a Carlos V como una afrenta a la dignidad real.

En el segundo discurso, si bien el relato del mito de Quetzalcóatl deja que desear –para Cortés, lo único que importa es la identificación entre el antiguo soberano del país y el rey de España–, en cambio la parte relativa a la sumisión es probablemente un resumen fiel. En efecto, no cabe duda de que Cortés le había precisado al emperador lo que tenía que decir, y el discurso fue asentado en actas. Pero ¿dijo Moctezuma exactamente lo que deseaba Cortés? No es nada seguro pues el emperador, al transferir todos sus poderes al rey de España y a sus representantes, les transfiere también la obediencia, los tributos y los servicios de sus "vasallos" y súbditos. ¿Qué le queda después de eso? Nada. Es un rey depuesto. Y Cortés no puede haber querido eso, pues si el *tlatoani* que tiene de rehén era su carta más fuerte y la salvación de su tropa, un rey caído no le podía servir de mucho.

Uno puede preguntarse entonces si Moctezuma no eligió, deliberadamente, llevar las cosas más lejos de lo que deseaba Cortés. Tal vez quiso expresar a los suyos que ya no dependían más de él, y por tanto podían recuperar su libertad de acción. Tal vez quiso sacrificarse, y de ahí su profunda emoción, que no se explicaría sólo por la humillación de abdicar. Sea como fuere, los principales mexicas no lo entendieron o no quisieron entenderlo así. "Respondieron que ellos lo tenían por su señor"[47] y siguieron sirviéndolo. Sabemos con seguridad que al día siguiente del traspaso de poderes, Cortés hizo todo lo posible por persuadir a

[46] Esas palabras atribuidas a Moctezuma en el primer encuentro han sido retomadas hasta por las fuentes indígenas, encantadas con esta prueba de la bajeza del emperador...

[47] Cortés, *Cartas de relación*, p. 74.

Moctezuma de que siguiera gobernando. También los principales, que por ejemplo le insistieron en que su retiro o su muerte abriría el camino a conflictos de sucesión y a la desintegración del imperio que, aunque mermado, era preciso mantener.[48]

Los reyes del imperio se habían comprometido a pagar tributo: había que alentar tan excelentes intenciones. Cortés no perdió tiempo y exigió una primera entrega. Moctezuma le enseñó las salas en que se hallaba el tesoro y Cortés mandó recoger todo: oro, mantas y plumas preciosas. Se despacharon a las provincias recaudadores, acompañados de españoles, para reunir las cantidades de oro fijadas por el emperador.[49] No todo se pudo hacer sin violencia: Pedro de Alvarado se encargó de hacer pagar a Texcoco; Cacama le hizo saber que si lo dejaba acompañarlo, la cosecha sería mucho mejor; Alvarado aceptó y lo llevó consigo, encadenado, pero una vez en su ciudad Cacama declaró que oro ya no tenía y que sólo había ido con la esperanza –vana– de que los texcocanos lo liberarían. Esto no les gustó a los españoles y lo maltrataron: Vázquez de Tapia atestiguaría más tarde ante la justicia que al rey acolhua le aplicaron chapopote hirviendo en el vientre –pero ya conocemos el valor de sus testimonios. Otros señores habrían sufrido una suerte parecida.[50]

---

[48] Ver Díaz del Castillo (cap. 101, p. 197, y cap. 104, p. 202), respecto al rey de Tollan, pariente cercano de Moctezuma, que se negó a someterse y declaró que "también él era señor de México".

[49] López de Gómara, vol. 2, pp. 175-176. En total, se juntaron ciento sesenta mil pesos de oro y más de quinientos mil marcos de plata.

[50] Ramírez, *Proceso...*, pp. 35-36 y 57.

·XV·
El rey sacrificado

De lo que sucedió en los meses siguientes, se sabe muy poco. Cortés se preocupó primero por la seguridad de su ejército. Consciente de los peligros de su situación en una isla donde era fácil aislarlo, hizo construir cuatro bergantines lo suficientemente grandes para embarcar a sus hombres –por lo menos a los europeos– y a los caballos. Despachó hacia las islas noticias y dinero, para atraer refuerzos.

En varias ocasiones, don Hernán le prometió a Moctezuma que ensancharía los territorios del imperio, haciéndolo más poderoso que nunca antes y, para empezar, lo ayudó a castigar a quienes se rebelaban.[1] Hasta zanjó conflictos de fronteras entre algunos reinos, al tiempo que se iba informando de todo lo relacionado con el imperio. A pedido de él, se levantó un mapa de la costa, para uso de una expedición de diez españoles que salieron en busca de un puerto bien protegido. La pequeña tropa con su séquito de indios recorrió el litoral hasta la desembocadura del Coatzacoalcos, donde el rey local, enemigo de la Triple Alianza, los recibió muy bien. Moctezuma daba sin reservas todas las informaciones que Cortés le pedía sobre los recursos del país, en especial sobre la ubicación de las minas de oro, y facilitó el envío de españoles a reconocerlas.

También se procuró la expedita percepción de los tributos y, desde luego, la recolección de cuanto oro se pudiera localizar. Luego, se procedió a la fundición de todo el metal precioso obtenido hasta ese día y a su reparto. Primero se separó el quinto real, la quinta parte del botín que por derecho pertenecía al soberano. Cortés no podía alabar lo bastante las joyas que había reunido, "las cuales, demás de su valor eran ta-

---

[1] Testimonio de Martín Vázquez en el juicio de residencia a Cortés (1534), en Martínez, *Documentos...*, vol. 2, pp. 336-337; Cortés, *Cartas de relación*, pp. 68-75, y Vázquez de Tapia, p. 110.

les y tan maravillosas que consideradas por su novedad y extrañeza, no tenían precio ni es de creer que alguno de todos los príncipes del mundo de quien se tiene noticia las pudiese tener tales y de tal calidad".[2] Los orfebres tan admirados por el conquistador empezaron, por orden de Moctezuma, a fabricar crucifijos, medallas, imágenes de santos y adornos diversos, en "maravillosa" imitación de lo que se hacía en España. En otro orden de ideas, el emperador mandó instalar, para provecho de los españoles, una vasta granja en la cual se cultivaban maíz, frijoles y cacao a gran escala y se criaban mil quinientos guajolotes y patos.[3]

Por lo demás, los españoles paseaban, observaban, visitaban. Saqueaban también, una que otra vez. Por ejemplo, Pedro de Alvarado se vio comprometido en un caso de robo de seiscientas cargas de semillas de cacao en el palacio de Moctezuma. Cortés ordenó una investigación, pero cuando se enteró de la complicidad de Alvarado no pudo castigar a los culpables con el rigor requerido, aunque sí reprendió severamente a Alvarado.[4] En conjunto, los españoles se portaban de manera más o menos decente, aunque no habrán sido excepcionales abusos como el que sufrió Cacama. Cortés por su parte tomaba apuntes, en los cuales todavía leemos hermosas y entusiastas descripciones de esa ciudad en la cual reinaba por interpósita persona.

Cortés solía hablar de religión con Moctezuma, al igual que los frailes de la expedición que se empeñaban en convertirlo. Quizá no fueron del todo infructuosos sus esfuerzos, pues al parecer el *tlatoani* terminó pidiendo el bautismo. Pero la ceremonia se aplazó hasta el Domingo de Ramos con la intención de darle más brillo, y finalmente nunca se realizó.[5] ¿Era sincero Moctezuma? Lo más verosímil es que quería llevarse bien con los españoles, para desarmar su vigilancia. Pero sus sentimientos debían de ser ambiguos. A medida que pasaba el tiempo, iba empezando a sentir simpatía por Cortés y sus hombres, a merced de los cuales vivía. En nuestro tiempo, es bien conocido ese fenómeno de los rehenes que poco a poco se encariñan con sus captores.

Los dos hombres se llevaban bien, exteriormente. Cortés hacía todo lo que de él dependía para aligerar el cautiverio de Moctezuma. Juga-

---

[2] Cortés, *Cartas de relación*, p. 75.

[3] Cortés, *Cartas de relación*, pp. 75-76, p. 70; Tapia, *Relación...*, p. 113, y López de Gómara, vol. 2, pp. 175-177.

[4] Cervantes de Salazar, vol. 1, p. 377, y Torquemada, vol. 1, p. 472.

[5] Martínez, *Documentos...*, vol. 2, p. 241. Durán (*Historia...*, vol. 2, p. 542) afirma haber escuchado de personas fidedignas que, efectivamente, Moctezuma había sido bautizado. Si eso fuera cierto, Cortés no lo habría callado.

dores ambos, dedicaban largas horas a juegos de azar. Pedro de Alvarado anotaba los puntos y siempre favorecía a Cortés; Moctezuma se daba cuenta y lo decía "con gracia y risa". Cuando ganaba, distribuía sus ganancias entre los soldados que lo vigilaban; si se imponía don Hernán, lo obtenido iba a los sobrinos del emperador y a sus allegados. El capitán general se ocupaba de que nadie le faltara al respeto a su rehén. Un guardia, de noche, producía ruidosos vientos; Moctezuma le hizo notar que era "de mala crianza" y le dio una joya de oro para animarlo a corregirse; la siguiente noche, el grosero reincidió, esperando hacerse de otra joya: Moctezuma informó al jefe de la guardia y el pedorro recibió una severa reprimenda. Otro soldado se quejó con un colega de que siempre tenía que vigilar a ese "perro"; Moctezuma lo escuchó y se sintió agraviado: se lo dijo a Cortés, que mandó azotar al soldado indiscreto.

Bernal Díaz cuenta que siempre saludaba al emperador con "muy gran acato", y así ganó su simpatía. Un día, le dijo al paje de Moctezuma, un tal Orteguilla, que le gustaría que le dieran "una india muy hermosa"; el paje transmitió el deseo y Bernal Díaz recibió una "buena moza", "hija de hombre principal", así como oro y mantas. A propósito de Orteguilla, sabemos que el propio Moctezuma había pedido que lo sirviera ese muchachito que ya sabía algo de náhuatl. Gracias a él averiguaba lo que podía sobre España, y Orteguilla informaba a los españoles de las conferencias de Moctezuma con sus generales.[6]

¿Y los indios? Si hemos de creerle a Cortés, feliz con su conquista pacífica y por una vez ingenuo, estaban tan satisfechos como él mismo... "En esta gran ciudad", escribe,

> estuve proveyendo las cosas [...] con tanta voluntad y contentamiento del dicho Moctezuma y de todos los naturales de las dichas tierras, como si desde siempre hubieran conocido a vuestra sacra majestad por su rey y señor natural, y de muy buen grado hacían todas las cosas que en su real nombre les mandaba.[7]

En realidad, los mexicas tascaban el freno, esperando la liberación del emperador o una orden suya –orden que nunca llegó.

Moctezuma empezaba a pensar que, bien considerada, la situación no era tan, tan mala. Los españoles habían llegado a su Tierra Prometida y se habían adueñado de ella sin que se produjeran todos los cata-

---

[6] Díaz del Castillo, cap. 97, pp. 188-189.
[7] Cortés, *Cartas de relación*, p. 85. Ingenuo o, quizá, exagerando a propósito para resaltar mejor lo desastroso de la llegada de Narváez.

clismos que marcaron el final de Tollan: guerras, epidemias, hambruna, mortandad... En cuanto a él, seguía reinando. Con Cortés, claro, pero en un imperio más unido y más extenso que antes. Con los españoles, sí, pero ¿por qué no considerarlos como una especie de guardia pretoriana y núcleo de los ejércitos del nuevo imperio?... ¡Al fin que los autóctonos siempre terminaban absorbiendo a los recién llegados! En todo caso, debía de pensar Moctezuma, él mismo y los suyos seguían vivos. Por el contrario, si lo liberaban, sus peores temores amenazaban con hacerse realidad. Llegarían la revuelta, la guerra en Tenochtitlan, masacres sin nombre y, probablemente, la destrucción de la ciudad y el fin del imperio. Y el emperador moriría, con todo su linaje. Porque ya sabía lo suficiente sobre Europa y sobre España para entender que la derróta era inevitable: era mejor salvar lo que se pudiera y mantener las cosas tal cual. No, realmente su situación no era tan mala. Era rehén de los intrusos pero ellos eran rehenes de Tenochtitlan. Debía ser posible llegar a algún arreglo.

El emperador seguramente callaba tales ideas. Quienes lo rodeaban no paraban de instarlo a huir y pelear, incluso empezaban a alternar ruegos y amenazas. Si no quería el señor de los colhuas portarse como rey, ¿por qué iban a seguir ellos portándose como vasallos? ¿No vivía acaso en la deshonra, permitiendo que lo despojaran constantemente, entregando su país al saqueo? ¿Y qué decir de su sobrino favorito que estaba ahí, casi a su lado, encadenado con otros grandes señores? Dos o tres trágicos errores de los españoles iban a poner fin al sueño imposible de un protectorado relativamente autónomo y a la ilusión de Moctezuma de evitarle a su pueblo los cataclismos del final de una era.

LOS ÍDOLOS DEL TEMPLO MAYOR

El primer error lo cometió Cortés. Virtualmente amo del imperio azteca, no perdía de vista que la misión principal de los reyes de España en América era convertir a los indígenas a la fe católica. De eso hablaba a menudo con Moctezuma quien, por supuesto, seguía acudiendo al Templo Mayor donde se continuaban celebrando sacrificios humanos. Un día, Cortés le pidió que les pusiera fin. El emperador contestó que si lo hacía la población tomaría las armas para defender a sus dioses, pues le prodigaban la lluvia, las cosechas, la salud e incontables favores más.

Poco después, paseando por el recinto del Templo Mayor con algunos de sus hombres, Cortés le dijo a uno de ellos, Andrés de Tapia, que fuera a examinar un santuario en la cumbre de una pirámide. Tapia subió, acompañado por varios sacerdotes. La entrada del templo estaba escondida tras una gruesa cortina de fibra de henequén sembrada de cascabeles. A su vez, Cortés subió con una decena de hombres. Para poder ver el santuario, sacaron sus espadas y cortaron la cortina. A lo largo de los muros, descubrieron estatuas de deidades en parte recubiertas por espesas costras de sangre coagulada. "Oh Dios, suspiró Cortés, ¿por qué consientes que tan grandemente el diablo sea honrado en esta tierra?" Mandó llamar a sus intérpretes y se dirigió a los sacerdotes:

> Dios que hizo el cielo y la tierra os hizo a vosotros y a nosotros y a todos, y cría lo con que nos mantenemos. Y si fuéremos buenos nos llevará al cielo y si no, iremos al infierno, como más largamente os diré cuando más nos entendamos. Yo quiero que aquí donde tenéis esos ídolos esté la imagen de Dios y de su madre bendita. Traed agua para lavar estas paredes y quitaremos de aquí todo eso.

Poco convencidos, los sacerdotes se echaron a reír.

> No solamente esta ciudad, pero toda la tierra junta tienen a éstos por sus dioses, y aquí está esto por Uchilobos, cuyos somos; e toda la gente no tiene en nada a sus padres y madres e hijos, en comparación de éste, y determinarán morir. Y mira que de verte subir aquí se han puesto todos en armas, y quieren morir por sus dioses.[8]

Estaba crítica la situación: no quedaban en la ciudad sino ciento diez españoles; todos los demás habían salido a diversas partes a explorar o buscar oro. Cortés, muy enojado, hizo llamar a treinta hombres de refuerzo y ordenó redoblar la vigilancia en torno a Moctezuma. Luego, agarró una barra de hierro con la cual empezó a golpear las estatuas. "Y", comenta Tapia,

> yo prometo mi fe de gentilhombre y juro por Dios que es verdad que me parece ahora que el marqués [Cortés, más tarde marqués del Valle de Oaxaca] saltaba sobrenatural, y se abalanzaba tomando la barra por en medio a dar en lo más alto de los ojos del ídolo, y así le quitó las máscaras de oro con la barra, diciendo "A algo nos hemos de poner por Dios".

Moctezuma, informado, trató de interponerse. Pidió a Cortés que le permitiera alcanzarlo en el templo y, mientras tanto, interrumpiera sus

[8] Tapia, *Relación...*, pp. 110-112.

destrucciones. Don Hernán accedió, pero le puso fuerte vigilancia. Moctezuma apaciguó a la gente y propuso que de un lado se colocaran las imágenes cristianas y se dejara a los dioses del otro. Cortés rechazó la propuesta. Entonces dijo Moctezuma: "Pues yo trabajaré que se haga lo que queréis; pero nos habéis de dar los ídolos para que los llevemos donde quisiéremos". Esta vez, Cortés aceptó. Las estatuas fueron retiradas del templo y sustituidas por imágenes piadosas de Nuestra Señora y de San Cristóbal, las únicas disponibles por el momento. Moctezuma habría prometido también poner fin a los sacrificios humanos. Al parecer efectivamente no hubo más, por lo menos no en presencia de los españoles.[9]

La ofensa contra Tenochtitlan y contra los sacerdotes era mortal. Los españoles ya les habían arrebatado a su gran *tlatoani*; ahora destruían las estatuas de los dioses, como si la ciudad hubiera sido vencida. El emperador había conseguido controlar los daños, pero con concesiones intolerables. Más que nunca, los más resueltos entre sus súbditos soñaban con exterminar a los intrusos. Y era inevitable que terminaran considerando al emperador como un obstáculo, a menos que se pronunciara claramente a su favor.

Por su parte, Moctezuma consultó a Huitzilopochtli, según su costumbre. El dios –¿por boca de sus sacerdotes? o, más probablemente, ¿en visiones provocadas por las maceraciones?– le dijo que tenía que elegir: corría o mataba a los españoles o él, Huitzilopochtli, se iría.

De todos modos se le había vuelto imposible seguir reinando con los españoles. Los suyos no lo dejarían. ¿Y cómo convencerlos de que la guerra no necesariamente era la mejor salida? No sabemos si lo intentó. El sentimiento de su dignidad y el miedo a los reproches pudieron impedírselo.

Bajo la presión de las circunstancias, Moctezuma decidió actuar: iba a comunicarles a los españoles que se tenían que ir o morirían. Se juntó en secreto un ejército de cien mil hombres. ¿Se trataba realmente de dejar que los españoles se fueran o quería Moctezuma, como en Cholula, obligarlos a salir de sus fortalezas para poder aniquilarlos? Probablemente los guerreros principales querían atacar, mientras que Moctezuma

---

[9] Cortés, *Cartas de relación*, p. 80; Anglería, Década V, libro 4, vol. 2, pp. 481-483; López de Gómara, vol. 2, pp. 163-166, y Alva Ixtlilxóchitl, vol. 2, p. 221. Tapia (*Relación...*, pp. 110-112) da una versión que en varios aspectos difiere de su declaración en el juicio de residencia contra Cortés (Martínez, *Documentos...*, vol. 2, p. 359-360), donde dice entre otras cosas que no fue Moctezuma sino el *atempanécatl* Cuitláhuac quien acudió al templo a calmar a Cortés.

seguía esperando una salida menos peligrosa. Y lo más seguro es que nadie creyera que Cortés iba a consentir: por eso el ejército de cien mil hombres.

Luego Moctezuma convocó a Cortés, que tuvo un mal presentimiento: "No sé que novedad es aquesta: plega a Dios que sea por bien; pero no me agrada esta embajada".

El emperador vio llegar a Cortés, acompañado por unos diez hombres. Lo recibió con menos afecto que de costumbre, lo llevó aparte y le dijo a la intérprete:

> Di al capitán que yo le ruego que se vaya de esta ciudad y de mi tierra, porque mis dioses están enojados porque están aquí él y su gente, y que pida lo que quisiere, que yo se lo daré, y que se vaya a su tierra. Y que no piense que esto se lo digo burlando, sino porque así ha de ser hecho; y que diga lo que quiere o ha menester para su camino.[10]

No terminaba Marina de traducir cuando Cortés ya había puesto en alerta a sus hombres. Luego le preguntó al emperador en cuánto tiempo tenía que irse. Moctezuma dijo que podía irse cuando quisiera. Entonces replicó Cortés que necesitaba tiempo para construir nuevos navíos y pidió que le dieran carpinteros indios para ayudarlo, cosa que Moctezuma le concedió de buen grado. Obviamente no tenía la menor intención de irse. De regreso a sus aposentos, recomendó a sus hombres ganar tiempo en lo que les llegaban refuerzos.[11]

LLEGA NARVÁEZ

Al principio, el conquistador pudo creer que se le había cumplido su deseo más rápido de lo previsto. Ocho días después de que los españoles recibieron la orden de abandonar el país, una importante flota echó anclas frente a San Juan de Ulúa. De ella desembarcaron ochocientos hombres y ochenta caballos, al mando de Pánfilo de Narváez.

[10] Fernández de Oviedo, vol. 3, cap. 97, p. 507.
[11] Fernández de Oviedo, vol. 4, pp. 224-225, seguido por López de Gómara, vol. 2 p. 177-179, al que sigue a su vez y amplifica Díaz del Castillo, cap. 108, pp. 209-210. Cortés no menciona el ultimátum de Moctezuma, para poder asignar sólo a la llegada inoportuna de Narváez la responsabilidad del deterioro de la situación. Ver las declaraciones de los testigos de descargo en su juicio de residencia, que van en el mismo sentido, en Martínez, *Documentos...* (vol. 2, p. 158).

Moctezuma fue informado rápidamente de esa llegada, que no dejó de preocuparlo. Más que nunca, urgía desalojar a sus huéspedes abusivos. Enseguida dio aviso a Cortés: ya no tenía por qué esperar la construcción de sus navíos: acababan de llegar unos quince, de modo que se podía ir de una vez. Los españoles quedaron felices, convencidos de que se trataba de los refuerzos esperados.

Entre los mexicas reinaba más bien la consternación. Uno de los consejeros del emperador le recomendó que no corriera el riesgo de que los dos ejércitos enemigos se reunieran, y que empezara por aniquilar sin más demora a los hombres de Cortés –aprovechando la ausencia de muchos de ellos, comisionados fuera de la ciudad– y a los otros después. Al cabo de largos conciliábulos, se tomó el acuerdo de dejar que los nuevos intrusos llegaran hasta la ciudad. Si se enteraban de la desaparición de la gente de Cortés, se pondrían en guardia, a lo mejor se irían para regresar en mayor número y sería inevitable enfrentarlos a campo abierto, con poca posibilidad de vencerlos. Era mejor destruirlos a todos juntos de una sola vez en un terreno propicio, es decir, en la ciudad lacustre.[12]

Los mexicas hacían mal en preocuparse, y los españoles en alegrarse. El nuevo ejército, enviado por Diego Velázquez, venía con orden de deponer a Cortés y castigarlo, junto con sus cómplices, por rebelión y desacato. Adelantado de las tierras conquistadas por Cortés, Velázquez tenía la firme intención de ponerlas bajo su mando y hacerse de buena parte de las riquezas inauditas que en ellas se encontraban. Quería resolver el asunto a su manera, por las armas, a pesar y en contra del requerimiento formal de las autoridades de Santo Domingo.[13] Segundo error, imperdonable, que introducía la división entre los españoles.

Cortés mandó mensajeros a traer noticias, pero no regresaron. Al enterarse poco después por emisarios mexicas de que habían sido arrestados, despachó al capellán de la expedición, Bartolomé de Olmedo, para que explicara a los que acababan de llegar la situación del país y les preguntara a qué venían y en qué podía servirles. Sólo pasaron unos días hasta que por medio de hombres de la Vera Cruz supo de quién se trataba y cómo Narváez intentaba ganar para su causa al mayor número posible de sus hombres. Le escribió para pedirle que justificara su presencia

[12] Fernández de Oviedo, vol. 4, p. 226; López de Gómara, vol. 2, p. 180, y Díaz del Castillo, cap. 108, pp. 209ss.

[13] Sobre este episodio, ver entre otros Martínez, *Hernán Cortés*, pp. 258-262, y la "Información de Velázquez", en Martínez, *Documentos...*, vol. 1, pp. 171-209.

y sus actos presentando instrucciones de la Corona, si las tenía, y agregó que por el momento él no podía ausentarse de la ciudad por temor a una rebelión.

Narváez sabía que Cortés tenía hombres aguerridos y se enteró pronto de que contaba con muchos auxiliares locales. Para asegurar el éxito de su empresa, se dio a la tarea de granjearse la simpatía y la ayuda de los indios, y para empezar de los totonacos, que no tardaron en darse cuenta de que la nueva tropa de cristianos era más numerosa y más fuerte que la anterior. Luego, empezó a tratar con Moctezuma, que le había enviado como embajador a un alto dignatario. Le mandó decir que venía a liberarlo a él y a prender a Cortés, hombre malo que quería robarle su reino, y que, hecho eso, se iría.[14]

Para Moctezuma se despejaba por fin el cielo. La nueva invasión no estaba dirigida contra él sino contra sus enemigos. Éstos iban a verse obligados a abandonar la ciudad para ir a enfrentar a Narváez. No tenía que hacer nada, sólo esperar que los dos ejércitos se entremataran para después acabar con la guarnición que quedaba en Tenochtitlan y con los sobrevivientes.[15]

Cortés veía que su situación se deterioraba rápidamente. A cualquier costo tenía que impedir que los desembarcados llegasen a Tenochtitlan. Y para eso debía ir a su encuentro en Cempoala, donde se había instalado Narváez. El capitán se despidió del emperador, no sin recordarle que había jurado obediencia a la Corona y encomendarle mucho a la guarnición que dejaba en Tenochtitlan. Moctezuma prometió todo lo que se le pedía e incluso ofreció a Cortés tropas auxiliares que por supuesto éste no aceptó. También le pidió permiso para que los nobles jóvenes y los guerreros destacados pudieran celebrar dignamente la fiesta de *Tóxcatl* en el Templo Mayor. Cortés consintió, y se fue con sólo un centenar de hombres; en el camino se le juntaron algunos de los que habían sido mandados a diversas comisiones por el resto del país. Cerca de Cholula, topó con el padre Olmedo que traía una carta de Narváez

[14] Cortés, *Cartas de relación*, p. 91; Tapia, *Relación...*, p. 114; López de Gómara, vol. 2, p. 184, y "Descargos hechos por García de Llerena", en Martínez, *Documentos...*, vol. 2, p. 155, y vol. 1, pp. 115-128.

[15] Ver Cortés, *Cartas de relación*, p. 95: "Y según de los indios yo me informé [...] entre tanto ellos matarían a los que yo en la ciudad dejaba, como lo acometieron, y después se juntarían y darían sobre los que acá quedasen, en manera que ellos y su tierra quedasen libres y de los españoles no quedase memoria. Puede vuestra alteza ser muy cierto que si así le hicieran y salieran con su propósito, de hoy en veinte años no se tornara a ganar ni a pacificar la tierra, que estaba ganada y pacífica".

pidiendo su sometimiento. Pero el enviado de Velázquez tampoco le presentó las órdenes reales que Cortés reclamaba.

A medida que se acercaba a Cempoala, se intensificaron los intercambios de emisarios, sin que ninguna de las partes cediera en nada. Narváez los utilizó para intentar meter a Cortés en una celada, y Cortés para sobornar a unos cuantos soldados de su adversario. Pronto llegó a la vista de Cempoala.[16]

LA MATANZA DE *TÓXCATL*

En Tenochtitlan, entretanto, se estaban calentando los ánimos. Se aproximaba la gran fiesta de fin de la veintena, o "mes", de *Tóxcatl* (del 4 al 23 de mayo) y se preparaba febrilmente, con el renovado permiso de Alvarado, lugarteniente de Cortés, a quien se lo habían pedido para que no creyera que tramaban alguna conspiración. Ese mes estaba dedicado a los dos principales dioses de la ciudad, Huitzilopochtli y Tezcatlipoca. Un joven que personificaba a Tezcatlipoca recorría la ciudad tocando una flauta, para llamar a la penitencia. Se estaba elaborando una inmensa imagen de Huitzilopochtli en masa de semillas de amaranto, imagen que iba a ser sacrificada al final de la fiesta, junto con el personificador de Tezcatlipoca, para que los dioses renacieran fortalecidos.

Huitzilopochtli, el sol mexica, el dios de la guerra, y Tezcatlipoca, también llamado el Guerrero o el Enemigo, uno y otro enemigos de Quetzalcóatl, al que habían expulsado de Tollan: los mexicas no podían dejar de ver el parecido con el Quetzalcóatl que reinaba sobre Tenochtitlan. Y tampoco ignoraban que, ido Cortés a combatir a sus semejantes, nunca se iba a ofrecer mejor oportunidad de deshacerse de los intrusos.

En la pequeña guarnición de ciento veinte a ciento cincuenta españoles que se había quedado en la ciudad para vigilar a Moctezuma y conservar el imperio, la angustia crecía al compás de la excitación de los indios. Los conquistadores también sabían que eran más vulnerables que nunca, y eso cuando Moctezuma los acababa de conminar a que levantaran el campo si no querían ser masacrados. Por su parte, Moctezuma seguramente tenía a la mano todavía a los cien mil hombres que había movilizado en secreto, listos para combatir y ardiendo en ansias.

---

[16] Cortés, *Cartas de relación*, pp. 86-94; Anglería, vol. 2, pp. 487-490; Tapia, *Relación*...,, pp. 113-117; Vázquez de Tapia, pp. 143-144; López de Gómara, vol. 2, pp. 181-189; Díaz del Castillo, caps. 109-121; Cervantes de Salazar, vol. 1, pp. 385-410; Torquemada, vol. 1, pp. 474-485; Durán, *Historia*..., vol. 2, p. 545, y Alva Ixtlilxóchitl, vol. 2, p. 227.

Crecía la tensión por ambos lados. Entre los indios, por las danzas que acababan de empezar: los jóvenes y los guerreros bailaban incansablemente, bailaron durante días, serpenteando en torno a las muchachas destinadas a "abrazar a Huitzilopochtli"; después, más de seiscientos guerreros eminentes y grandes señores se sumaron a la danza.[17] Entre los españoles, porque sentían que todo aquello no presagiaba nada bueno y porque temían el momento en que terminaran la música y las danzas.

Pedro de Alvarado, que ocupaba el lugar de Cortés, recibía informes preocupantes. En la ciudad el trato de los indios había cambiado singularmente. También corría el rumor, propagado especialmente por los tlaxcaltecas, de que todos los importantes personajes reunidos en el recinto del Templo Mayor preparaban un ataque general contra el palacio donde vivían los españoles.[18] Había que actuar. ¿Pero cómo? ¿Qué hubiera hecho Cortés en tales circunstancias? Entonces Alvarado se acordó de Cholula. Como entonces, tenía que adelantarse, descabezar a la insurrección sin demora. Las danzas en que estaban reunidos todos los conspiradores ofrecían una ocasión inmejorable.

Más de la mitad de los soldados españoles salieron del palacio, se dirigieron al Templo Mayor y algunos de ellos bloquearon las cuatro entradas; los demás, como cincuenta, sacaron sus espadas y masacraron a los señores y a los grandes guerreros que bailaban.

Inmediatamente, cercan a los que bailan, se lanzan al lugar de los *atabales*: dieron un tajo al que estaba tañendo: le cortaron ambos brazos. Luego lo decapitaron: lejos fue a caer su cabeza cercenada.

Al momento, todos acuchillan, alancean a la gente y les dan tajos, con las espadas los hieren. A algunos los acometieron por detrás; inmediatamente cayeron por tierra disparadas sus entrañas. A otros les desgarraron la cabeza: les rebanaron la cabeza, enteramente hecha trizas quedó su cabeza.

Pero a otros les dieron tajos en los hombros: hechos grietas, desgarrados quedaron sus cuerpos. A aquéllos hieren en los muslos, a éstos en las pantorrillas, a los de más allá en pleno abdomen. Todas las entrañas cayeron por tierra. Y había algunos que aún en vano co-

[17] Sobre esta fiesta, ver Seler, "Die achtzehn Jahresfeste...", y Graulich, "Tozoztontli, Huey Tozoztli..."
[18] Fernández de Oviedo, vol. 4, p. 227; López de Gómara, vol. 2, pp. 193-195; Cervantes de Salazar, cap. 103; Durán, *Historia...*, vol. 2, p. 547; Torquemada, vol. 1, p. 541, y Alva Ixtlilxóchitl, vol. 2, pp. 228-229.

rrían: iban arrastrando los intestinos y parecían enredarse los pies en ellos. Anhelosos de ponerse en salvo, no hallaban a dónde dirigirse. Pues algunos intentaban salir: allí en la entrada los herían, los apuñalaban. Otros escalaban los muros: pero no pudieron salvarse. Otros se metieron en la casa común: allí sí se pusieron en salvo. Otros se entremetieron entre los muertos, se fingieron muertos para escapar. Aparentando ser muertos, se salvaron. Pero si entonces alguno se ponía en pie, lo veían y lo acuchillaban.

La sangre de los guerreros cual si fuera agua corría: como agua que se ha encharcado, y el hedor de la sangre se alzaba al aire, y de las entrañas que parecían arrastrarse.

Y los españoles andaban por doquiera en busca de las casas de la comunidad: por doquiera lanzaban estocadas, buscaban cosas: por si alguno estaba oculto allí; por doquiera anduvieron, todo lo escudriñaron. En las casas comunales por todas partes rebuscaron.[19]

Se dio una auténtica cacería de hombres en el interior y los alrededores de las decenas de edificios grandes y pequeños situados en el recinto del Templo Mayor. El personificador de Huitzilopochtli-Tlacahuepan o de Tezcatlipoca recibió un golpe en la cara.[20] La mayor parte de los personajes principales que habían participado en las danzas fue muerta y despojada de sus adornos de oro y piedras semipreciosas. Las víctimas sumaban cientos, tal vez miles.[21]

Según los informantes indios de Sahagún, el espectáculo fue atroz. Pero lo describen varias décadas más tarde, cuando ya las mentalidades se han transformado y la sociedad mexica ha dejado de ser aquella temible máquina de guerra dedicada a alimentar con sangre al universo. El tono ha cambiado. Ya no se trata de una "batalla civil y gloriosa, rociada con flores, preciada plumería, de muerte gloriosa, con alegría, en campo florido". Los muertos que yacen ensangrentados en el "campo

---

[19] Sahagún, *Historia general...*, libro 12, cap. 20, pp. 779-780.
[20] *Codex Aubin*, p. 171.
[21] Según la "Información de Velázquez" (en Martínez, *Documentos...*, vol. 1, pp. 174 y 185), fueron seiscientos principales muertos y entre cinco y seis mil personas más. Según el testimonio de Juan Álvarez (Martínez, *Documentos...*, vol. 1, p. 208), Alvarado dijo que habían sido de dos a tres mil; Vázquez de Tapia habla en su testimonio contra Cortés de cuatrocientos principales muertos (Martínez, *Documentos...*, vol. 3, pp. 34-35); en López de Gómara son más de seiscientos; en Durán, ocho a diez mil hombres; en Cervantes de Salazar (libro 4, caps.101-102), de setecientos a mil de los principales.

florido" ya no parecen "flores, piedras ricas, rosas coloradas, envueltos en preciada plumería". Y ya no cayeron "con tanta alegría que ya están gozando de [la presencia de] nuestros antecesores y reyes".

Pero empezaba la gritería, los gritos de socorro y los llamados a las armas:

"Capitanes, mexicanos..., venid acá. ¡Que todos armados vengan: sus insignias, escudos, dardos...! ¡Venid acá de prisa, corred: muertos son los capitanes, han muerto nuestros guerreros...! Han sido aniquilados, oh capitanes mexicanos."

Entonces se oyó el estruendo, se alzaron gritos, y el ulular de la gente que se golpeaba los labios. Al momento fue el agruparse, todos los capitanes, cual si hubieran sido citados: traen sus dardos, sus escudos. Entonces la batalla empieza: dardean con venablos, con saetas y aun con jabalinas, con arpones de cazar aves. Y sus jabalines furiosos y apresurados lanzan. Cual si fuera capa amarilla las cañas sobre los españoles se tienden.[22]

Éstos recibieron por todos lados el asalto de numerosos batallones –que claramente estaban listos y esperando la batalla– y tuvieron que replegarse a toda prisa hacia el palacio de Axayácatl. Furioso y chorreando sangre, Alvarado corrió a los aposentos de Moctezuma, a quien nunca había apreciado: "'¡Mira lo que me han hecho tus vasallos!' 'Si tú no lo comenzaras, replicó el apesadumbrado monarca, mis vasallos no hubieran hecho esto. ¡Oh! cómo os habéis echado a perder, y a mí también.'"[23]

De regreso en sus cuarteles, los españoles creyeron estar a salvo, pero incontables guerreros se abalanzaron contra el palacio. Unos trataban de forzar las entradas, sin poder romper la barrera de acero que les oponían los sitiados: de nada les servía su superioridad numérica. Otros disparaban nubes de flechas, piedras y dardos desde los techos de los edificios vecinos. Como los intrusos aguantaban, intentaron socavar los muros. Uno se derrumbó y los guerreros penetraron en el palacio, pero fueron rechazados. Abrieron otras brechas que enseguida fueron tapadas.

El combate no cesó hasta caer la noche. Al otro día se reanudó, y prosiguió los días siguientes. Cada vez, los indios volvían al asalto con tal

[22] Sahagún, *Historia general...*, libro 12, cap. 20, p. 780, y Baudot, *Utopie et histoire...*, pp. 92-93.

[23] "Proceso de residencia contra Pedro de Alvarado", en Orozco y Berra, vol. IV, p. 414.

violencia que los españoles y sus aliados tlaxcaltecas, agotados, creían llegada su última hora. Acorralado, Alvarado jugó su última carta e hizo traer a Moctezuma. El emperador fue obligado a subir a una azotea, junto con sus hijos y otros grandes señores del reino, pero cuando aparecieron los mexicas exigieron su liberación. Entonces Alvarado desenfundó su puñal y apoyó la punta en el pecho del emperador: o le ponía fin a la rebelión o moriría, con sus hijos y todos los indios del palacio.

Moctezuma tuvo que obedecer, pues si moría se pondría el sol, el caos se instalaría y los suyos perecerían con él; el Sol azteca nunca más volvería a nacer, sustituido por el de los recién llegados, el de Quetzalcóatl. Se dirigió a los mexicas y les dijo que, si querían volver a verlo vivo, tenían que dejar de luchar.[24]

Regresó la calma, pero aún no la salvación para los españoles. Los siguientes días todavía hubo combates esporádicos, hasta que se tuvieron noticias del encuentro entre Cortés y Narváez. Luego, los mexicas siguieron cercando el palacio e impidiendo todo abastecimiento. Según algunos conquistadores, Moctezuma les había aconsejado que esperaran el regreso de los vencedores y liquidaran a todos los españoles juntos de una vez.[25]

Hasta aquí lo que se desprende de los documentos disponibles. Ahora bien, igual que en el caso de Cholula, hay quien ha puesto en duda las intenciones belicosas de los mexicas. Como si fueran vergonzosas... Pero sólo mucho después podían ser vergonzosas, para los indios que en la época de la Nueva España trataron de hacer creer que, si bien habían resistido a los españoles y a las bendiciones de la colonización, sólo lo habían hecho por falta de otra opción, acorralados como estaban por los abusos y la crueldad de los conquistadores y especialmente por las matanzas gratuitas de Cholula y de *Tóxcatl*. También podían ser vergonzosas para los monjes españoles, que intentaban presentar a los aztecas como mansos corderos, fieles a ultranza pero víctimas de la bar-

---

[24] Los informantes de Sahagún (*Historia general...*, libro 12, cap. 21, p. 781) dicen que ya en ese momento los mexicas, enardecidos por la masacre, insultaron a Itzcuauhtzin de Tlatelolco y a Moctezuma, y les tiraron proyectiles.

[25] Cortés, *Cartas de relación*, p. 95; Fernández de Oviedo, vol. 4, pp. 227-229; López de Gómara, vol. 2, pp. 192-195; testimonios en la "Información de Velázquez" [1521], en Martínez, *Documentos...*, vol. 1, pp. 174ss, 185-186, 193-196 y 207-208; "Juicio de residencia contra Cortés", en Martínez, *Documentos...*, vol. 2, pp. 34-35; Francisco de Aguilar, en Díaz et al., p. 144; Cervantes de Salazar, libro 4, caps. 101-102; Torquemada, vol. 1, pp. 489-491, y Alva Ixtlilxóchitl, vol. 2, pp. 228-229.

Alvarado sitiado en su cuartel.
Lienzo de Tlaxcala.

barie de los agresores extranjeros. Paradójicamente, los más interesados en negar la concertada rebelión mexica eran los amigos de Velázquez.

Según la mayor parte de los pocos testimonios que Velázquez hizo reunir en 1521, la matanza de *Tóxcatl* fue en efecto perfectamente inútil –un capricho de Alvarado, dice Vázquez de Tapia. La rebelión que siguió no tenía más motivo que esa masacre y otras atrocidades anteriores de los españoles, que les cortaban las manos y los pies a los indios y que habían torturado a un gran señor.[26]

Sin embargo, esos testimonios no son inocentes. Para Velázquez, el objetivo era mostrar cuán falsa era la afirmación de Cortés según la cual todo se echó a perder a raíz de la llegada de Narváez. Los testigos favo-

---

[26] "Información de Velázquez", en Martínez, *Documentos...*, vol. 1, pp. 174, 196 y 207, y vol. 2, pp. 34-35. Cuatro siglos después, en otro contexto, reapareció el cuento propagandístico de las manos cortadas...

443

rables a Cortés, por su parte, insistieron en la responsabilidad de Narváez y por consiguiente de Velázquez.[27]

También se dijo que Alvarado sólo decidió intervenir para apoderarse de los suntuosos atuendos de los danzantes nobles. Lo afirma Juan Cano, lo repiten López de Gómara y Cervantes de Salazar, pero Bernal Díaz lo considera descabellado.[28] La realidad es que la situación de Alvarado en la convulsa ciudad no le permitía actuar a su capricho y menos aún armar provocaciones. Disponía a lo sumo de ciento cincuenta hombres, de los cuales una gran parte debía montar guardia en el palacio y en torno al emperador.

La acusación según la cual el único origen de la masacre de *Tóxcatl* fue la codicia no aparece en las versiones de los vencidos, que también en el presente caso son confusas. Así, los *Anales de Tlatelolco*, que datan de 1528,[29] ubican los hechos en la misma época que la muerte de Nezahualquentzin y Coatlpopoca. También hablan del asesinato de los cargadores de agua que habían traído comida para los caballos, tal vez por una confusión con los acontecimientos de Cholula.

La *Crónica X* –o por lo menos el texto de Durán–[30] ubica la masacre de *Tóxcatl* no antes sino después del regreso de Cortés y la interpreta como resultado de una conjura de Alvarado y Cortés. Los conquistadores habrían oído rumores sobre proyectos de rebelión. Para enfrentarlos, pidieron a Moctezuma que organizara una gran danza solemne de los señores y los guerreros más valientes de la provincia. Sin sospechar nada, Moctezuma accedió. Diez mil jóvenes, la flor de la nobleza mexicana, acudieron a la fiesta. Por orden de Alvarado (sic), Cortés mandó a cuarenta hombres a bloquear las entradas del Templo Mayor mientras otros diez entraban y masacraban a los diez mil guerreros desarmados. Decididamente incansables, tres o cuatro de los masacradores no quisieron dejar las cosas a medias y se lanzaron al asalto de la pirámide principal. Allí, mataron a los sacerdotes y destruyeron las estatuas. El griterío y los alaridos de las mujeres y los niños no se podían aguantar, pero los capitanes españoles empezaron a canturrear la cancioncita sobre Nerón mirando arder a Roma, canción que otras fuentes ponen en labios de Cortés después de Cholula. A consecuencia de todo eso, Moc-

---

[27] "Solicitud de los oficiales reales contra Diego Velázquez...", en Martínez, *Documentos...*, vol. 1, pp. 129-147.

[28] Fernández de Oviedo, vol. 4, pp. 261-261; López de Gómara, vol. 2, p. 195; Cervantes de Salazar, vol. 2, p. 37, y Díaz del Castillo, cap. 125, p. 247.

[29] *Anales de Tlatelolco*, pp. 101-103.

[30] Durán, *Historia...*, cap. 75, vol. 2, pp. 546-548 y 553-554.

tezuma les habría pedido a sus guardias que lo mataran, pues de todos modos los indios lo iban a considerar responsable de la masacre. Los mexicas se sublevaron y, prosigue Durán acumulando los errores, eligieron a un nuevo rey, Cuauhtémoc...

El padre Tovar conserva de Durán la noción de que la gran danza fue organizada a petición de los españoles. En otro texto, dice que éstos lanzaron el ataque "movidos de no sé qué antojo o (como algunos dicen) por codicia de la riqueza de los atavíos".[31] Al tratar de dirigirse a los mexicas, Moctezuma habría sido insultado y llamado cobarde. Pero enseguida Tovar agrega que "antes había cada día nuevos alborotos pidiendo su rey, y él los aplacaba y aplacó hasta tanto que llegó Cortés de la Vera Cruz con mayor poder de gente y entró en la ciudad de México".[32]

¿Realmente los mexicas contemplaban el proyecto de acabar con los españoles? Seguramente. Tendrían que haber estado locos para no aprovechar una situación tan favorable. Cortés lejos, una guarnición raquítica, los intrusos a punto de matarse entre ellos, los guerreros mexicas en pie de guerra, la fiesta de los dioses enemigos de Quetzalcóatl...

Desde antes de la llegada de Narváez, Moctezuma había exigido la salida de Cortés, y esa llegada no pudo sino alentar al partido de la guerra.[33] El sangriento error de Alvarado precipitó las cosas y obligó a los mexicas a quitarse la careta.

Recordemos que en un primer momento algunos consejeros habían opinado que había que atacar a los intrusos antes de la reunión de los dos ejércitos cristianos, el de Cortés y el que acababa de desembarcar. Pero al final los jefes mexicas decidieron dejar que el segundo ejército llegara y deshacerse de todos de un solo golpe.

La situación cambió de aspecto cuando se supo que Cortés marchaba contra Narváez. Ya que las dos tropas iban a matarse la una a la otra,

---

[31] Tovar, *Manuscrito...*, fol. 55-b, p. 80.

[32] Tovar, *Códice Ramírez*, fragmento 2, p. 143.

[33] Entre los autores modernos que han estudiado la cuestión, Madariaga (p. 421-422) y Vázquez Chamorro (*Moctezuma*, pp. 129-134) creen que los mexicas tenían la intención de atacar. Otros, como Prescott (*History...*, p. 334), Orozco y Berra (vol. 4, p. 358), Collis (p. 228), Descola (pp. 212-213), Parkes (p. 65) y Fuentes Mares (pp. 176-178) juzgan que Alvarado creyó que se adelantaba a un ataque, como en Cholula. Para Pérez Martínez (*Cuauhtémoc...*, p. 102), lo que enfureció a Alvarado fue la fiesta pagana. Bussière (p. 276), Toscano (p. 144) y White (p. 220) aceptan la tesis de la codicia. Robertson (*Histoire...*, vol. 2, p. 43) culpa a la codicia y a la voluntad de ahogar la revuelta. Guzmán (p. 148) sigue a Durán, para quién *Tóxcatl* sería obra de Cortés, que se habría encontrado en la ciudad.

¿por qué no aprovechar para librar a la ciudad de los *teteo* que se habían quedado en ella? Sin embargo, en primer lugar había que liberar a Moctezuma, por ejemplo con un golpe de mano, atacando el palacio mientras se atraía a los españoles a otro lado.

Tal vez era ése el plan que los mexicas preparaban. Por eso también habían organizado en *Tóxcatl* una danza de los señores y los guerreros, danza que al parecer no formaba parte del programa habitual de la fiesta. Según Juan Álvarez, un testigo que estaba entonces en la ciudad, Alvarado penetró un día con unos de sus hombres en el Templo Mayor para ver cómo se desarrollaban los festejos. Como siempre en *Tóxcatl*, los mexicas habían fabricado una gran efigie de Huitzilopochtli, hecha con masa de nixtamal mezclada con sangre y corazones de sacrificados, y blandían sus armas.

Los informantes de Sahagún confirman el aspecto horrífico y belicoso del dios:

Lo envuelven todo él también con su manto de abajo, que tiene pintadas calaveras y huesos. Y arriba [las mujeres que ayunaron durante el año] le visten su chalequillo, y éste está pintado con miembros humanos despedazados: todo él está pintado de cráneos, orejas, corazones, intestinos, tórax, tetas, manos, pies. [...] A la espalda lleva como una carga su bandera color de sangre. Esta bandera color de sangre es de puro papel. Está teñida de rojo, como teñida de sangre. Tiene un pedernal de sacrificio como coronamiento, y ése es solamente de hechura de papel. Igualmente está rayado con rojo color de sangre. Porta su escudo: es de hechura de bambú. Por cuatro partes está adornado con un mechón de plumas finas de águila: está salpicado de plumas finas; se le denomina *tehuehuelli*. Y la banderola del escudo igualmente está pintada de color de sangre, como la bandera de la espalda. Tenía cuatro flechas unidas al escudo. Su banda a manera de pulsera está en su brazo; bandas de piel de coyote y de éstas penden papeles cortados en tiras cortas.[34]

Pero volvamos al testigo Álvarez. Una víctima humana estaba amarrada con una soga a la espalda de la estatua, mientras otro indio estaba del mismo modo atado a otra estatua, probablemente la de Tezcatlipoca. Al ver eso, Alvarado tuvo la impresión de que algo malo se estaba preparando. Hizo soltar a los dos cautivos y los llevó a su cuartel. Interrogados, dijeron que en efecto los iban a sacrificar y que se alegraban de

[34] Sahagún, *Historia general...*, libro 12, cap. 19, p. 778.

ir a reunirse con sus dioses. Y agregaron que el final de los bailes sería la señal del ataque contra los cristianos. Un representante de la tropa española le exigió a Alvarado que se adelantara a atacar primero. Y eso fue lo que hizo, con los resultados que conocemos. Álvarez lo vio regresar huyendo y lo interrogó. "Voto a Dios, que hemos dado en esos bellacos, pues que ellos nos querían dar, comenzamos nosotros los primeros." Entre bellacos, el primero que pega, gana.

Así dice, pues, el testimonio de Álvarez, que sin embargo fue testigo de cargo contra Cortés en 1521.[35]

¿Aprobaba el ataque Moctezuma? Había defendido la opción de esperar que el nuevo ejército enemigo entrara también a Tenochtitlan, lo que por lo menos tenía la ventaja de aplazar el enfrentamiento, una ventaja nada desdeñable para un rey que tenía poca probabilidad de salir vivo con los suyos del choque inminente. ¿Cambió de parecer después de recibir las promesas de Narváez? Quién sabe... Tal vez sólo aprobó el intento de liberarlo, dejando para después la tarea de liquidar o expulsar a los intrusos sobrevivientes.[36]

EL GOLPE DE CEMPOALA

Entre tanto, Cortés, sin dejar en ningún momento de negociar, requerir, amenazar y sobornar, proseguía su marcha hacia Cempoala. Nar-

---

[35] Martínez, *Documentos...*, vol. 1, pp. 207-208, y Madariaga, p. 422. Según el testimonio de Vázquez de Tapia en el juicio de Alvarado, fueron tres los mexicas "liberados", y los españoles los sometieron a torturas salvajes. Ver Orozco y Berra, vol. 4, p. 358. En el juicio de residencia contra Alvarado, éste explica que los indios lo querían matar, que la fiesta no era más que un pretexto para la sublevación y que los mexicas habían quitado la imagen de la Virgen del Templo Mayor para poner un ídolo en su lugar. Cuando Alvarado les reclamó al respecto, lo hirieron y mataron a un español. Así, según él, empezó la guerra. Ver Martínez, *Hernán Cortés*, p. 265. Según Chimalpáhin (*Troisième relation...*, p. 187), los combates se desataron cuando Alvarado golpeó a la estatua de masa de amaranto en el rostro.

[36] Ver Cortés, *Cartas de relación*; Fernández de Oviedo, vol. 4, pp. 227 y 229; Díaz del Castillo, cap. 125, y Cervantes de Salazar, libro 4, cap. 91. Aguilar ("Relación breve...", en Díaz et al., pp. 185-186) afirma que se sublevaron por orden de Moctezuma o para liberarlo. Ver también Torquemada, vol. 1, pp. 489-490. Sahagún (*Conquest of New Spain*, pp. 211-212) pone en boca de Cortés que *Tóxcatl* es resultado de una conjura india y, en efecto, tal parece ser su opinión. Alva Ixtlilxóchitl (vol. 2, p. 228) dice que dispone de una *Historia de Texcoco* y de una carta que afirman que la conjura es una calumnia tlaxcalteca.

váez no le temía, confiado en la considerable superioridad numérica de sus fuerzas.

Y visto que [...] la gente naturales de la tierra se alborotaban y levantaban a más andar, encomendándome a Dios, y pospuesto todo el temor del daño que se me podía seguir, considerando que morir en servicio de mi rey y por defender y amparar sus tierras y no las dejar usurpar, a mí y a los de mi compañía se nos seguía harta gloria, di mi mandamiento a Gonzalo de Sandoval, alguacil mayor, para prender al dicho Narváez y a los que se llamaban alcaldes y regidores; al cual di ochenta hombres, y les mandé que fuesen con él a los prender, y yo con otros ciento y setenta, que por todos éramos doscientos y cincuenta hombres, sin tiro de pólvora ni caballo, sino a pie, seguí al dicho alguacil mayor, para lo ayudar si el dicho Narváez y los otros quisiesen resistir su prisión.[37]

Avisado de la llegada del enemigo, Narváez marchó a su encuentro, pero no lo halló. Regresó a Cempoala con las manos vacías.

Cortés decide actuar de noche. Se apresura hacia Cempoala. Ya cerca de la ciudad, captura a un centinela pero otro se escapa y da la alarma. Cuando llega Cortés media hora después, los hombres de Narváez ya están en guardia. Pero él avanza con tanto sigilo que, antes de que nadie se haya dado cuenta, ha penetrado atrás de Sandoval en el recinto del Gran Templo, donde acampan los españoles, y volado hacia el cuartel general de Narváez que está en la cumbre de una pirámide. La batería de cañones que defiende el acceso apenas alcanza a soltar una sola descarga. Los hombres de Cortés escalan la pirámide en un santiamén, atacan a la guardia de Narváez y lo apresan a él. Se acaba el combate. Sólo deja unas pocas víctimas, entre las cuales el propio Narváez, que ha perdido un ojo.

Con oro y promesas, no fue demasiado difícil persuadir a los soldados de Narváez de que se pasaran del lado de los amos del territorio mexicano. Cortés se apoderó de la flota en la Vera Cruz, para impedir que la noticia llegara a Velázquez. Tomó también otras medidas, como mandar expediciones a Coatzacoalcos y a tierras huastecas, y dar aviso de la buena nueva a la guarnición de Mexico-Tenochtitlan. Doce días después, su mensajero regresó con la noticia del sublevamiento de la ciudad.[38]

[37] Cortés, *Cartas de relación*, pp. 93-94.
[38] Cortés, *Cartas de relación*, pp. 94-96; Martínez, *Documentos...*, vol. 1, pp. 129-209; Fernández de Oviedo, vol. 4, pp. 226-227; Vázquez de Tapia, p. 44; López de Gómara, vol. 2, pp. 189-191; Aguilar, pp. 184-185, y Díaz del Castillo, cap. 122.

El regreso se hizo a marchas forzadas, pero en Tlaxcala hubo que esperar la llegada de los destacamentos de Coatzacoalcos y de Pánuco. Una vez reunida, la tropa reanudó su marcha. Ahora, con más de mil hombres de a pie, cerca de cien caballos, ochenta ballesteros, otros tantos arcabuceros y dos mil tlaxcaltecas, Cortés se creía invencible. Se detuvo en Texcoco, donde encontró las calles desiertas. Un mensajero español llegó de Tenochtitlan en canoa y anunció que la guarnición estaba aguantando y no había perdido más de seis o siete hombres, y que, desde que los mexicas se habían enterado de la victoria contra Narváez, su ardor se había enfriado notablemente.

Apareció entonces un emisario de Moctezuma. El emperador temía con razón que lo consideraran responsable de lo ocurrido y que el vencedor llegara a vengarse en él y en los suyos. ¿Acaso no había él exigido, poco antes, que los españoles abandonaran la ciudad? ¿No había mandado emisarios a Narváez? ¿Podía alguien con la mínima sensatez imaginar que no deseaba que sus dos adversarios se mataran entre sí? ¿Le iban a creer cuando dijera que los mexicas ya no le obedecían, si sólo con aparecer en público había logrado detener los combates? Así que intentó aplacar al capitán y negar toda participación en la rebelión. Esto, para Cortés, era poco menos que una confesión.[39]

El panegirista de Ixtlilxóchitl cuenta aquí cómo este candidato fallido al trono de Texcoco se la había pasado hostigando a los mexicas por la retaguardia para ayudar a los españoles. Ofreció a Cortés cincuenta mil hombres y en dos días reclutó a doscientos mil más, con los cuales ayudó al capitán a entrar a Tenochtitlan. Al saber que llegaba Ixtlilxóchitl, los mexicas retrocedieron en desorden... Fragmento delirante, donde el chovinismo etnocéntrico de las fuentes indígenas alcanza una cumbre inigualada.[40]

En realidad, Cortés entró en Tenochtitlan el día 24 de junio, sin encontrar la menor resistencia. La ciudad parecía muerta. Fue recibido por los soldados cercados con un alivio y una alegría inmensos. Dos dignatarios mexicas vinieron a pedirle que fuera a ver a Moctezuma, pero él se negó: "¡Vaya para perro, que aun *tiánguez* no quiere hacer, ni de comer no nos manda dar!" Varios oficiales protestaron frente a la vehemencia de sus palabras, pero Cortés se indignó más: "'¿Qué cumplimiento he yo de tener con un perro que se hacía con Narváez secretamente, y ahora veis que aun de comer no nos dan?' [...] 'Eso nos parece que debe hacer, y es buen consejo'", aprobaron los capita-

---

[39] Cortés, *Cartas de relación*, p. 97.
[40] Tovar, *Códice Ramírez*, p. 144.

nes.[41] Los dos dignatarios, entendiendo que se insultaba a su señor, estaban mortificados. Moctezuma, informado de que Cortés se negaba a acudir a saludarlo y de sus comentarios insultantes, mandó decir a sus súbditos que hicieran lo que mejor les pareciera y que ya no lo tomaran en cuenta.[42] Se sacrificaba, porque se había vuelto inevitable el apocalipsis.

Los españoles le pidieron al emperador que mandara a una autoridad para hacer abrir el mercado. Moctezuma aprovechó para designar a su hermano, Cuitláhuac, que por supuesto no regresó. Al poco rato, un correo español apenas despachado hacia la Vera Cruz apareció, malherido y confuso. La ciudad se había sublevado y de todas partes estaban afluyendo guerreros. Cuitláhuac encabezaba el levantamiento. Cortés mandó a unos hombres a caballo a ver qué pasaba. No llegaron muy lejos, pero lo suficiente para ver que los puentes estaban cortados o sólo les quedaba una viga de cada dos. Atacados desde las azoteas, se replegaron y fueron a dar parte a Cortés.[43]

EL REY MUERTO POR LOS SUYOS

La encarnizada batalla duró varios días. Los españoles y sus aliados intentaron múltiples salidas, pero cada vez tuvieron que retroceder con pérdidas. Una lluvia de piedras, dardos y flechas les caía encima desde los techos de las casas y los indios atacaban formados en batallones compactos. Los cañones, las ballestas y los arcabuces, las espadas y las alabardas infligían terribles bajas a los mexicas, pero éstos apretaban las filas y regresaban al asalto con inaudita valentía. Al rato, otros escuadrones los relevaban, inagotables. Los sitiados tenían que franquear los canales, conquistar o reconstruir los puentes, tener cuidado de no dejarse llevar demasiado lejos pues lo más peligroso era el regreso. Las bajas

[41] Díaz del Castillo, cap. 126, p. 248. Juan Cano a Fernández de Oviedo en 1544, en Fernández de Oviedo, vol. 4, p. 262, y López de Gómara, vol. 2, p. 197.

[42] Martínez, Documentos..., vol. 1, pp. 174, 193, 196 y 202-203, y vol. 2, pp. 34-35 y 107-108. Los enemigos de Cortés le reclaman amargamente el haber ignorado a Moctezuma y, más que en la llegada de Narváez, quieren ver en ello la causa verdadera de la debacle.

[43] Cortés, Cartas de relación, pp. 97-98; López de Gómara, vol. 2, pp. 192-193 y 197; Cervantes de Salazar, libro 4, caps. 99, 100 y 104; Díaz del Castillo, cap. 126, pp. 247-248; Alva Ixtlilxóchitl, vol. 2, p. 229, y Sahagún, Historia general..., libro 12, cap. 22, pp. 782-783. En el capítulo 21 (p. 782), se precisa que los combates contra los españoles duraron siete días y el sitio, veintitrés.

Los sitiados intentan salir, al abrigo de torres móviles.
Lienzo de Tlaxcala.

de los conquistadores sumaban decenas, las de la Triple Alianza, cientos o miles. De regreso en su palacio fortificado, los intrusos tampoco estaban a salvo: ahí también seguían los ataques. Los mexicas escalaban los techos, abrían brechas en los muros, incendiaban partes del palacio, los proyectiles caían como aguacero... Dos, tres días seguidos.

El cuarto día se hizo una gran salida, al amparo de tres torres móviles de madera que Cortés había mandado construir para proteger a sus hombres contra los proyectiles. Disparando con todas sus armas, avanzaron lentamente, matando a muchos enemigos.

El objetivo era la pirámide principal. Estaba defendida por cientos de guerreros que habían amontonado en su cumbre cantidades de piedras y maderos pesados para dejarlos caer sobre los asaltantes. Después de una lucha despiadada, los españoles y sus aliados lograron alcanzar uno de los santuarios, al que prendieron fuego. Un momento de supremo triunfo para los tlaxcaltecas, que así participaban en una victoria hasta entonces inimaginable para ellos: tomar y quemar el templo, ¿no era acaso vencer? Pero, lejos de desalentarse, los mexicas combatían con más furor aún. No quedó más que bajar y replegarse, justo a tiempo para impedir que el enemigo se arrojara por una brecha dentro el palacio...[44] De noche, Cuitláhuac volvía a atacar, pero con medios distintos. Los magos y los hechiceros espantaban a los sitiados con visiones atroces, cabezas que brincaban en los patios, piernas que paseaban solas, cadáveres que se arrastraban...[45]

Ya era tiempo de que se interpusiera Moctezuma, y se lo fueron a decir de parte de Cortés. En vano al principio: "¿Qué quiere ya de mí Malinche, que yo no deseo vivir ni oírle, pues en tal estado por su causa mi ventura me ha traído?" Entonces Cortés lo fue a ver en persona, y el emperador le reclamó: "Tarde, señor, habéis acordado, porque ya tienen elegido y hecho señor a mi hermano; han propuesto de no os dejar salir de aquí con la vida; y así creo que todos vosotros habéis de morir. Mas empero yo iré como me lo mandáis".[46]

Mientras la batalla arreciaba afuera, Moctezuma se encaminó a una azotea para hablarle a su pueblo. Lo acompañaban varios españoles que lo protegían con sus escudos. Pero al salir a una especie de pequeño balcón, el emperador fue alcanzado por una piedra que lo derribó. Murió a los tres días. Eso, según Cortés; López de Gómara precisa que los mexicas ni siquiera habían tenido tiempo de reconocer a su *tlatoani* atrás del escudo que lo cubría, y lo mismo había afirmado antes Juan Cano, yerno de Moctezuma. Los conquistadores anónimos, a los que sigue Fernández de Oviedo, dan una versión muy parecida. Aguilar cuenta lo mismo, pero añade que los indios que estaban afuera no eran mexicas y por eso no reconocieron al emperador, y que apenas "descubrió un poco la cara Moctezuma para hablar [...] que vino, entre otras piedras que venían desmandadas, una redonda como una pelota, la cual dio a Moctezuma entre las sienes". Vázquez de Tapia abunda en el mismo sentido: la piedra hirió de muerte a Moctezuma.[47]

[44] Cortés, *Cartas de relación*, pp. 99-101; López de Gómara, vol. 2, pp. 197-202; Cervantes de Salazar, libro 4, caps. 105-108; Díaz del Castillo, cap. 126, pp. 249ss, y Sahagún, *Historia general...*, libro 12, cap. 22, pp. 782-783.

[45] Durán (*Historia...*, vol. 2, cap. 75, p. 550) invoca el testimonio de Aguilar, que también menciona esas visiones.

[46] Díaz del Castillo, cap. 126, p. 252, y Aguilar, p. 188.

[47] Cortés, *Cartas de relación*, p. 99; Anglería, vol. 2, p. 494; López de Gómara, vol. 2, p. 199; Fernández de Oviedo, vol. 4, pp. 230 y 262; Aguilar, p. 188, y

Moctezuma muerto por los suyos.
Lienzo de Tlaxcala. Los mexicas sitian el palacio ocupado por
los españoles y sus aliados. Arriba, Moctezuma está por dirigirse a ellos, pero le arrojan piedras y dardos.

Tal es el núcleo sólido de los testimonios respecto a la muerte de
Moctezuma. Pero también existen versiones muy diferentes, y dieron
lugar a una polémica que dura hasta hoy.

Ya en el "Origen de los mexicanos", pequeño documento de alrededor de 1532, se mencionan rumores según los cuales los mexicas mataron
a Moctezuma con pleno conocimiento de causa, después de deshonrar-
lo primero con palabras insultantes. Esos rumores reaparecen en detalle
en Cervantes de Salazar, es decir, mucho más tarde. Según él, el propio

Vázquez de Tapia, p. 145. En la *Historia de los mexicanos por sus pinturas*, que
data de principios de los años 1530 (p. 77), Moctezuma muere de una pedrada lanzada por los suyos, que se niegan a escucharlo. Bernal Díaz hace hablar
a Moctezuma, pero sus vasallos no lo insultan en absoluto.

Moctezuma, colaborador a ultranza, habría pedido permiso a Cortés para salir a aplacar al pueblo, al que le habría dirigido una larga arenga en la cual prometía, entre otras cosas, que los españoles se irían si los mexicas así lo deseaban. Siguieron, dice, unos instantes de silencio. Los jefes de los sitiadores se consultan entre sí y luego empiezan a gritar: "Calla, bellaco, cuilón, afeminado, nacido para tejer e hilar y no para rey y seguir la guerra; esos perros cristianos que tú tanto amas te tienen preso como a *macehual*, y eres una gallina; no es posible sino que ésos se echan contigo y te tienen por su manceba". Y, después de otros insultos más, empiezan a tirarle "muchas flechas y piedras".[48]

¿Dónde oyó o leyó Cervantes de Salazar esas palabras que, casi treinta años después, hacen eco al texto del "Origen..."? No hay más que una sola pista, que conocemos bien: la de los vencidos que otra vez y como siempre se las ingenian para difamar a Moctezuma y convertirlo en el único chivo expiatorio. Más precisamente, la *Crónica X*. En efecto, si hemos de creerle a la *Historia* que utiliza Durán, Cortés hizo salir a Moctezuma; llegado a una terraza, el señor de los colhuas hizo un gesto indicando que quería hablar y la batalla se detuvo. Pidió que dejaran de atacar a los españoles, provocando una enérgica réplica por parte de sus oficiales, que le gritaron que él era la mujer de los españoles y su cómplice en masacrar a los mexicas. Ya no era su rey, prosiguieron, y sus esposas e hijos serían extirpados del país junto con los invasores. Luego, una piedra lo golpeó en la frente antes de que nadie pudiera protegerlo. Pero el emperador sólo estaba levemente herido, como también por una flecha que lo alcanzó en un pie. Murió más tarde a manos de los españoles, que no quisieron cargar con él en su huida. Los mexicas lo encontraron en el palacio cuando lo buscaban para acabar con él. Estaba encadenado, con el pecho atravesado por cinco puñaladas. A su lado yacían otros grandes señores, como Cacama, al que en efecto los españoles mataron en ese momento.[49]

Algunas versiones indígenas, pues, sostienen que Moctezuma fue muerto por los españoles, pero no todas. Pablo Nazareo de Xaltocan, sobrino de Moctezuma, Muñoz Camargo de Tlaxcala e Ixtlilxóchitl de Texcoco

[48] "Relación de la genealogía...", p. 254, y "Origen de los mexicanos", p. 275. Cervantes de Salazar, libro 4, cap. 112. Díaz del Castillo (cap. 126, p. 252) relata un intercambio verbal conmovedor entre Moctezuma y Cuitláhuac.

[49] Durán, *Historia...*, pp. 551 y 556. Ver también Tovar, *Manuscrito...*, fol. 56b y 57b. Sobre los insultos, ver Muñoz Camargo, *Historia...*, p. 217, y Alva Ixtlilxóchitl, vol. 2, p. 229. La flecha en el pie proviene de otra fuente indígena, dice Durán. En Díaz del Castillo (p. 253) no hay flecha, pero sí varias heridas por las pedradas.

admiten la culpabilidad de los mexicas. Otro tanto hace Juan Cano, mientras que los informantes tlatelolcas de Sahagún no se pronuncian.[50]

Digamos de entrada que los mexicas pudieron creer de buena fe que no eran culpables. Al fin y al cabo, Moctezuma murió varios días después de la pedrada y en el cuartel español. Pero sobre todo, *quisieron* creerlo.

Las versiones que acusan a los conquistadores son desesperadamente contradictorias. En principio, se hubiera encontrado el cuerpo con cinco puñaladas en el pecho. Pero, según fragmentos de Tovar, cuyo carácter fantasioso ya pudimos apreciar, el emperador fue muerto de manera más discreta aún, ya que le metieron una espada en el ano para no dejar huellas visibles. Castigo justo y apropiado, puesto que lo tachaban de sodomita. Como el desdichado Eduardo II de Inglaterra, castigado también él ahí por donde había pecado... Ese crimen habría ocurrido justo al regreso de Cortés quien, con el refuerzo de los hombres de Narváez, habría creído que ya no necesitaba a Moctezuma. Mala suerte, pues cinco horas más tarde los ataques llegaron a ser tan peligrosos que se volvió urgente encontrar a alguien que aplacara a los mexicas. ¿Qué hizo Cortés entonces? Inspirado ahora en el Cid, llevó el cadáver de Moctezuma a una azotehuela como si estuviera vivo, para que se dirigiera a los asaltantes. Por fortuna, no tuvo que decir gran cosa, puesto que lo alcanzó una piedra que, precisa sagaz el autor, "no podía hacerle ningún mal".[51] Finalmente, Sahagún y Chimalpáhin mencionan una tercera versión según la cual antes de huir los españoles mataron a Moctezuma a garrote vil.[52]

Como es obvio, los vencidos inventan cualquier cosa. Puesto que recogieron el cadáver, les hubiera sido fácil ver si estaba intacto, gracias a una forma pérfida de asesinato, o si tenía heridas de puñal o huellas de estrangulamiento. Pero no se detienen en tales detalles. Antes que nada, quieren rechazar su responsabilidad, aunque al mismo tiempo y de modo característico exponen cantidad de buenas razones para matar a su *tlatoani*. Ya vimos cómo trataban de presentar a Moctezuma como un

[50] Nazareo, p. 115; Muñoz Camargo, *Historia*...; Alva Ixtlilxóchitl, vol. 1, pp. 390, 410 y 454, y vol. 2, pp. 229 y 237; Fernández de Oviedo, vol. 4, p. 262, y Sahagún, *Historia general*..., libro 12, cap. 23, pp. 783-784. Sahagún mismo (en *Conquest of New Spain*, p. 212) desmiente la acusación, poniendo en boca de Cortés un discurso hechizo sobre el tema.

[51] Tovar, *Códice Ramírez*, fragmento 2, p. 144.

[52] Sahagún, *Conquest of New Spain*, p. 195, y Chimalpáhin, *Relaciones*..., p. 236. La *Crónica mexicáyotl* de Alvarado Tezozómoc (p. 149) acusa a los españoles sin precisar.

orgulloso, un tirano, un usurpador de otros tronos o hasta del suyo, un asesino y, luego, cuando llegan los españoles, como un medroso, un cobarde, un traidor y un sodomita. La caída del imperio y el cataclismo de 1521 no podían sino ser resultado de alguna transgresión: Moctezuma las cometió todas, es el culpable integral al que había que matar, al que los mexicas querían matar ciertamente –Durán lo dice–, pero se les adelantó Cortés, una vez más. Por lo demás, los indios no niegan que lapidaron a su rey.

Para quien sabe leer entre líneas, todo en la versión de los vencidos proclama que mataron al Rey, al Padre. Y sobre todo lo muestra el mito de la fuga a Cincalco y la relación con Huémac quien, según algunos, se suicidó –como lo habría intentado Moctezuma y como lo hizo realmente al dejarse morir– o, en otra versión, fue muerto por los suyos, otra vez como Moctezuma, que murió lapidado por ellos, cosa que sólo se admite evocando a Huémac-Tezcatlipoca.

Al final de Tollan, pues, Huémac murió como Moctezuma, mientras que Quetzalcóatl, el verdadero Sol tolteca, se fue hacia el este, hacia el país de Tlapallan, donde desapareció. Unos años después de la muerte de Moctezuma, Cuauhtémoc, el heroico defensor de Tenochtitlan en 1521, el "verdadero" Sol azteca, aunque sol poniente –Cuauhtémoc significa "águila que desciende"–, se irá hacia el este, al país de Tlapallan, donde Cortés lo hará ahorcar.

Los testimonios españoles son claros y coherentes. El de Cortés y el de su enemigo Vázquez de Tapia, los de Bernal Díaz, el fraile Francisco de Aguilar, el yerno de Moctezuma: todos coinciden. En los juicios que enfrentó, Cortés fue acusado de toda suerte de crímenes excepto el de haber matado a Moctezuma. Y no lo mató, por la sencilla razón de que para nada le convenía. Al parecer Moctezuma conservó su autoridad hasta el final, y por eso todavía podía serle útil. Su pueblo no lo insultó soezmente: esa desacralización sólo se produjo después, en la leyenda de los vencidos, porque la necesitaban y porque culpaba a los españoles al sugerir que Moctezuma ya no podía servirles de nada, cuando en realidad seguía siendo su mejor arma. Como acertadamente lo dice Muñoz Camargo, en él los españoles tenían puestas todas sus esperanzas.[53]

El caso está zanjado. Pero eso no obsta para que algunos historiadores modernos sigan alegando a favor de la culpabilidad de los españoles. En el siglo XIX, Orozco y Berra, por ejemplo, se ve "obligado" a admitir esa conclusión: "hemos meditado con calma; no nos mueve odio, sino convencimiento". Y sin duda lo mueve la búsqueda de la ver-

[53] Muñoz Camargo, *Historia...*, p. 218.

dad, pero por desgracia no la de argumentos. Chavero fue del mismo parecer, así como Guzmán. Uno y otra se inclinan por la versión del garrote; Padden por el puñal, sin que se entienda bien por qué. Toscano y Brundage también creen en el asesinato y Sotomayor acepta incluso la versión del cadáver lapidado. Otros autores plantean las dos tesis contradictorias sin pronunciarse (León-Portilla), aunque para Babelon es aceptable la tesis indígena. La mayor parte de los historiadores se rinden ante la evidencia de la versión española, desde Prescott hasta Vázquez Chamorro, que también contrapone la coherencia de las versiones españolas con la incoherencia de las versiones indias.[54]

¿Mataron los mexicas a su rey deliberadamente? Es imposible resolver ese problema de manera definitiva. Pero es factible que por lo menos algunos de ellos hayan pensado que debían hacerlo. Sobre todo Cuitláhuac, al que Moctezuma había hecho salir del palacio dándole carta blanca, es decir, sacrificándose. Probablemente, por conducto de su hermano, Moctezuma mandó decir a su pueblo que ya no se preocupara por él, misión que Cuitláhuac aprovechó para hacer matar también a los hijos de Moctezuma.[55]

Herido en la sien, Moctezuma tardó unos días en morir. Ya no quería vivir, pues su vida ya no tenía sentido; era una traba para su gente, tenía que desaparecer. Los españoles lo trataron de curar y atender, puesto que de él dependía su salvación, pero él se negó a cuidarse. Intentaron convencerlo de recibir el bautismo pero fue en vano. Moctezuma encargó a sus hijos, especialmente a Chimalpopoca, al cuidado de Cortés, que hizo lo que pudo. Cuando murió, su cuerpo fue entregado a dos prisioneros para que lo restituyeran a los mexicas. Lo recibieron con gran-

[54] Orozco y Berra, vol. 4, pp. 437ss; Chavero, vol. 1, p. 427; Guzmán, pp. 149-151; Padden, p. 202; Toscano, p. 153; Brundage, *A Rain of Darts...*, p. 275; Romero Giordano; Sotomayor, pp. 151-154; León-Portilla, *Visión...*; Babelon, *La vie...*, p. 171; Madariaga, p. 391; Collis, p. 238; White, p. 224; Davies, *The Aztecs...*, p. 269; Fuentes Mares, p. 180, y Vázquez Chamorro, *Moctezuma*, pp. 147-156. Friederici (vol. 1, p. 400-401) considera que un "estudio crítico" de las fuentes permite establecer la culpabilidad de Cortés.

[55] Cortés, *Cartas de relación*, p. 118. Durán (*Historia...*, vol. 2, p. 549) afirma que matan a sus hijos y a sus mujeres; los *Anales de Tlatelolco* (p. 105) señalan a Axayácatl y Xoxopehuáloc como hijos de Moctezuma que los tenochcas mataron. La "Relación de la genealogía..." (p. 254) y el "Origen de los mexicanos" (p. 275) mencionan a Axayácatl y cuatro príncipes más. Según la *Crónica mexicáyotl* (pp. 150 y 163-164) murieron siete hijos, entre ellos Axayácatl y Chimalpopoca. Este último aparece mencionado también en Sahagún, *Historia general...* (libro 12, cap. 24, p. 785).

des aullidos, un inmenso dolor cundió entre los indios que quemaron a su rey la siguiente noche y le hicieron funerales solemnes.[56]

A la vez consecuentes e incoherentes, los vencidos niegan –sin razón, no cabe duda– los honores que se rindieron a los restos de su desdichado soberano. Incoherentes, porque si, como dicen, Moctezuma murió víctima de los españoles de los cuales era hasta entonces prisionero, merecía cierta consideración. Consecuentes, porque hasta el final había que seguir pintándolo como el único responsable de todo, el chivo expiatorio, la deshonra personificada.

Se cuenta que cuando el cuerpo del emperador fue entregado por los españoles, un tal Apanécatl –es el nombre del enemigo lunar de Quetzalcóatl, vencido en el Mixcoatépetl– se lo cargó en los hombros y corrió para todos lados, pero nadie aceptó recibir el cadáver. En Necatitlan, hasta le dispararon. Finalmente, Apanécatl se lamenta: "¡Oh!, ¡señores nuestros! ¡Véanlo ahora a Moctezuma, tan desdichado! ¿Acaso tendré que cargarlo a cuestas toda mi vida?" Entonces, se dio la orden de incinerarlo.[57]

Después, siguen contando, mientras el cadáver se iba consumiendo, lo insultaban:

Ese infeliz en todo el mundo infundía miedo, en todo el mundo causaba espanto, en todo el mundo era venerado hasta el exceso, le acataban todos estremecidos. Ése es el que al que en lo más pequeño lo había ofendido, lo aniquilaba inmediatamente. Muchos fingidos cargos a otros atribuía, y nada era verdad, eran invenciones suyas.

Es importante precisar que este fragmento, donde se critica la noción misma de imperio, es de origen tlatelolca. Y, agrega el texto, el cuerpo de Moctezuma "olía como carne chamuscada, hedía muy mal al arder": en Mesoamérica, el mal olor se asocia con el pecado y la deshonra. Las cenizas del emperador no recibieron sepultura.[58]

La muerte de Moctezuma fue a la vez asesinato y suicidio: murió justo a tiempo para no ver lo que tanto había temido, la destrucción de su

---

[56] Cortés, *Cartas de relación*, p. 99; Fernández de Oviedo, vol. 4, p. 230; Vázquez de Tapia, p. 145, y Durán, *Historia...*, vol. 2, p. 556. Según las "Costumbres..." (*Códice Tudela*, pp. 55 y 76), que confirman los funerales, Moctezuma fue herido en la cabeza por los indios pero murió por haber escuchado el derrumbe de los templos incendiados por los españoles.

[57] *Codex Aubin*, p. 171. Nótese que aquí se admite que los españoles entregaron el cuerpo del emperador. Pero, de haberlo matado, ¿lo habrían devuelto?

[58] Sahagún, *Historia general...*, libro 12, cap. 23, p. 784.

ciudad y de su civilización. Había querido evitar el sacrificio heroico de su pueblo. Su drama es que se lo reprocharon.

Desde el principio había entendido que su imperio no iba a prevalecer frente a los recién llegados. Porque éstos parecían divinos e invencibles y por tanto tenían que ser aquellos cuyo regreso se temía.

Moctezuma era prisionero de sus mitos. Del mito de las eras y los Soles que declinan, de la alternancia entre Tezcatlipoca y Quetzalcóatl: ese Quetzalcóatl cuya era se había abreviado cuando lo expulsaron de Tollan, que había sido remplazado por Huitzilopochtli y que volvía ahora a reclamar su lugar. También del mito de los mexicas errantes, recién llegados pobres pero valientes, en marcha hacia una Tierra Prometida donde vencerían a los autóctonos decadentes y terminarían siendo absorbidos por éstos: los españoles eran los recién llegados de la nueva era. Pero ¿acaso la concepción cíclica de la historia no enseñaba que ellos también, algún día, serían absorbidos por los autóctonos?

Moctezuma fue víctima de sus mitos. Pero ¿quién no lo hubiera sido, cuando se ajustaban tan estrechamente a la realidad de la vida y de la historia? Tantas coincidencias extraordinarias alimentaban la confusión: el nombre del año de la llegada de los españoles, el mes y el día de su entrada en Tenochtitlan, el rumbo por el que venían, su número, su apariencia de desamparo, su inverosímil intrepidez, su aspecto divino...

Moctezuma era, pues, cautivo de sus mitos, pero también de su sentimiento de culpa hacia un dios al que los mexicas habían perseguido, y de ahí sus muy particulares angustias que no compartían otras poblaciones como los mayas, los tlaxcaltecas o los cholultecas.

Aun así, es un hecho que ni su creencia en los mitos le impidió hacer lo que debía. Lo cierto es que, como los intrusos parecían invencibles, creyó que podía aplicar los mitos a lo que ocurría; cosa distinta, y falsa, es pensar que los creyó invencibles porque sus mitos se lo decían. Es verdad que recurrió a la magia, pero no por eso descuidó la acción: una acción sensata, inteligente, prudente, que buscaba salvar lo que podía ser salvado; que estudiaba al invasor, lo ponía a prueba, le cortaba los víveres, le tendía celadas. Trataba de aniquilar al enemigo, pero sin cancelar la posibilidad de preservar el imperio mexica aun en caso de fracaso. Ése es el motivo de las batallas por interpósitas poblaciones, los mayas de Tabasco tal vez, los tlaxcaltecas, Cholula y, luego, de la trampa de Tenochtitlan, donde el amo de la pesada maquinaria del imperio, una vez más, se vio rebasado por la rápida maniobra del pequeño grupo enemigo, ágil, móvil, determinado y dispuesto a jugarse el todo por el todo.

En su cautiverio mantuvo la misma línea de acción: buscó salvaguardar el imperio, ese conjunto heteróclito e inestable al cual se había empeñado en dar más solidez y coherencia durante todo su reinado. Gran rey y de alta inteligencia, había introducido reformas revolucionarias que lamentablemente no tuvieron tiempo de surtir sus efectos. También había entendido la necesidad de llenar los huecos del territorio en lugar de seguir extendiéndolo.

Muchos no le perdonaban todo eso. Soberanos relegados a papeles secundarios, reyezuelos caídos, grandes señores desposeídos, nobles humillados, adversarios rituales tratados como enemigos verdaderos, ciudades obligadas a aumentar su tributo: todos se juntaron para denunciar el supuesto orgullo del centralizador. Y cuando llegó la caída, ese orgullo fue señalado como su causa. Al paso de los años, Moctezuma fue convertido en el chivo expiatorio que conocemos y en el típico autóctono sumido en el lujo, cobarde, afeminado y sin reacciones. Esa imagen falsa tenía, entre otras muchas, la gran ventaja de acreditar la idea de que si los mexicas habían opuesto resistencia a los españoles y a la introducción de la fe, sólo había sido por los inaguantables excesos de los conquistadores. Finalmente, el emperador se convirtió en ese sol poniente de una era que va hacia su perdición.

De todo lo dicho resultó una historia remodelada por el mito, una historia aceptada como verdadera durante demasiado tiempo.

· Epílogo ·

Muerto el emperador, arreció la batalla de nuevo, con una ferocidad inaudita. Día tras día, los españoles intentaron salidas para apoderarse de los puentes que les permitirían abandonar la ciudad. En vano. Finalmente, cuando ya estaban heridos casi todos los hombres y destruidas dos de las tres calzadas que comunicaban la isla con la tierra firme, Cortés decidió huir por la calzada de Tlacopan, apenas llegara la siguiente noche.

La partida se realizó en el más completo silencio. Tenían el tiempo a su favor: llovía y la tormenta estaba desatada. Los españoles llevaban con ellos a los hijos de Moctezuma y todo el oro que podían cargar del tesoro acumulado. Cacama y otros eminentes personajes que tenían en rehenes fueron ejecutados. Al principio todo salió bien, parecía que los mexicas no se daban cuenta de nada. Pero cuando ya la vanguardia se creía a salvo y los últimos grupos iban saliendo del palacio de Axayácatl, empezó el ataque. Los guerreros aparecían por todos los costados, tirando piedras y dardos, dando lanzadas y golpes de *macuáhuitl*, arrastrando a los intrusos sobrecargados a los canales o a las aguas de la laguna. Estaban en los techos, en las canoas, en la calzada, combatiendo sin descanso, trozando la columna casi ciega e incapaz de maniobrar, tomando prisioneros que enseguida llevaban a inmolar al templo de Huitzilopochtli. El terror se apoderaba de los fugitivos, entre el estrépito de los grandes tambores de guerra y los alaridos de sus compañeros, cuyas siluetas se perfilaban a la luz de las hogueras en la cumbre de las pirámides.

Las pérdidas infligidas a los intrusos durante esa "Noche Triste" fueron terribles: más de seiscientos españoles y dos mil tlaxcaltecas perdieron la vida; la artillería, el oro, la impedimenta: todo se perdió, y entre los sobrevivientes ninguno estaba indemne. Pero Cuitláhuac no había logrado impedir que Cortés saliera. Su victoria, por tanto, era un fracaso. Trató de remediarlo interceptando la columna que intentaba llegar a Tlaxcala.

La batalla se trabó siete días después de la Noche Triste, el 7 de julio de 1520, en Otumba. Esa mañana, al amanecer, los españoles supervivien-

461

tes tuvieron la mala sorpresa de descubrir los campos cubiertos de un infinito número de guerreros. Pero esta vez estaban en campo abierto, y los indios eran tantos que se empujaban y estorbaban unos a otros. Los españoles, por su parte, usaron sus espadas metódicamente, abriéndose camino entre la multitud rumbo a un grupo de generales reconocibles por sus enseñas resplandecientes. El comandante en jefe fue muerto y con él varios generales. Las tropas aztecas se desbandaron. Al día siguiente, Cortés alcanzó territorio tlaxcalteca donde, para su inmenso alivio, les españoles fueron bien recibidos.

Veinte días de descanso y, enseguida, una primera campaña, brutal, sangrienta, contra la ciudad de Tepeaca, donde habían matado a enviados de la Vera Cruz. Mientras tanto, poco a poco iban llegando refuerzos y, al final del año, el pequeño ejército otra vez contaba con cerca de mil hombres.

Cortés sacaba las enseñanzas de lo sucedido. Había entendido que no podría controlar Mexico-Tenochtitlan sin primero adueñarse de las lagunas y los lagos que la rodeaban. Mandó entonces construir trece bergantines que se trasladarían por piezas para armarlos ya en el lago. Su estado de ánimo había cambiado: la primera vez, en lo posible, había marchado sobre Tenochtitlan pacíficamente. Ahora marchaba en plan de guerra, tratando de hacerle el mayor daño al enemigo.

Cuitláhuac, entre tanto, ha logrado coligar a más jefes y busca nuevas alianzas, especialmente con los tlaxcaltecas y los tarascos, pero con poco éxito. Y en ese momento se empieza a desatar realmente la catástrofe. Un negro de la tropa de Narváez tiene viruela, una enfermedad desconocida en América, como tantas otras. La peste se extiende y cobra una extrema virulencia. En noviembre los muertos ya se cuentan por cientos de miles, quizá por millones. Vázquez de Tapia afirma que sucumbió un indio de cada cuatro. Entre ellos Cuitláhuac, que ni siquiera había tenido tiempo de celebrar su entronización.

Le sucede Cuauhtémoc, el Águila que Cae, hijo de Ahuítzotl, muy joven aún y de excepcional valentía. Pero no logra contener a los españoles. Con sus aliados, éstos someten sistemáticamente, ciudad tras ciudad, pueblo tras pueblo, todo el valle de México. El 30 de mayo de 1521, Mexico-Tenochtitlan está rodeada. Empieza el sitio. Decenas de miles de guerreros tlaxcaltecas, otomíes, chalcas, xochimilcas se han juntado para tomar su parte en la fiesta. La ciudad se encuentra totalmente aislada; los bergantines mantienen a distancia a las canoas y con ellas el abastecimiento. Los invasores avanzan por las calzadas, atacan las barricadas, las destruyen y pasan a las siguientes. Dado que los puentes están cortados, tienen que cruzar a nado algunos fosos. En la ciudad, como los atacan desde los palacios y las casas, queman las construcciones. De noche, los asaltantes se repliegan. Los mexicas aprovechan para volver a abrir los fosos, volver a romper los puentes. Al siguiente día hay que empezar todo de nuevo.

Los sangrientos combates duran días, semanas, con pérdidas enormes del lado mexica y a veces serias entre los aliados. Ixtlilxóchitl de Texcoco ha llegado con un gran ejército a respaldar a los españoles. Pero nada desanima a los mexicas, que pelean con una valentía, una tenacidad, un aguante increíbles. Utilizan incluso espadas y lanzas españolas. Cortés, exasperado, sin poder emplear eficazmente su caballería, da la orden de arrasar las casas a medida que se avanza y de usar los escombros para "cegar las calles de agua" y aplanarlo todo. Los combates prosiguen. Repentinos ataques nocturnos, falsas retiradas mexicas, emboscadas, incursiones relámpago, asaltos a las pirámides... Un día Cortés está a punto de caer prisionero, decenas de españoles y un millar de indios mueren. Los víveres se les están agotando a los sitiados, que a su vez sirven de alimento a los tlaxcaltecas. Pronto se ven reducidos a comer raíces y hierbas... Pero rechazan toda propuesta de paz.

Es el apocalipsis, el fin de Tollan, lo que tanto había temido Moctezuma. La irrupción de la guerra, el hambre, las pestes, la muerte bajo todas sus formas. Y la destrucción total de la espléndida metrópolis, incendiada y arrasada.

Tres meses más duran los combates. Tres meses de resistencia encarnizada, de un heroísmo inconcebible contra un enemigo finalmente superior en número. Hasta que Cuauhtémoc es capturado cuando intenta huir, mientras los sobrevivientes abandonan la ciudad.

Era tanta la pena que tenían –escribe Cortés– que no bastaba juicio a pensar cómo la podían sufrir; y no hacían sino salirse infinito número de hombres y mujeres y niños hacia nosotros. Y por darse prisa al salir, unos a otros se echaban al agua y se ahogaban entre aquella multitud de muertos; que, según pareció, del agua salada que bebían, y de el hambre y mal olor, había dado tanta mortandad en ellos, que murieron más de cincuenta mil ánimas. [...] Y también dije a todos los capitanes de nuestros amigos que en ninguna manera consintiesen matar a los que salían; y no se pudo tanto estorbar, como eran tantos, que aquel día mataron y sacrificaron más de quince mil ánimas.[1]

[1] Cortés, *Cartas de relación*, p. 204.

Era, punto por punto, el final de Tollan.

La ciudad estaba vencida y destruida, pero no la civilización azteca. Volvió la paz: iba a durar siglos. Pero lo que la población ganó en vidas humanas gracias al fin de las guerras, lo perdió por las brutalidades y exacciones de los conquistadores.

La última palabra la tuvieron las epidemias. A lo largo de todo el siglo y más allá: en 1520-1521, 1531, 1538, 1545-1548, 1550, y así sucesivamente. Viruela, sarampión, paperas, tifus, otra vez viruela... En cien años, la población de México cayó a menos de la décima parte, una catástrofe sin paralelo en la historia. Un derrumbe demográfico que arrasó con las civilizaciones indias, que las mató tan certeramente como ahora lo hace la explosión demográfica del Tercer Mundo, cuando desintegra civilizaciones no occidentales al obligarlas a adoptar nuestras técnicas y nuestra cultura.

Cronología

•

Periodo preclásico (1700 a. C.-200 d. C.)

1400-400: Florecimiento de la cultura olmeca.

400 a. C.-200 d. C.: Culturas epiolmecas; formación de la civilización maya, la del México central (Teotihuacan, Cholula), la de la costa del Golfo, la de Oaxaca y la de Occidente.

Periodo clásico (200-900)

200-700: Florecimiento de las ciudades mayas; apogeo de Teotihuacan y de la civilización zapoteca en Monte Albán.

700-900: Apogeo de los mayas y derrumbe; desarrollo de Tajín, en la costa del Golfo, y de Cacaxtla, Xochicalco y Tollan en los valles centrales.

Periodo posclásico (900-1521)

900-1200: Imperio de los toltecas de Tollan; desarrollo de los mixtecos.

1063: Nacimiento mítico del quinto Sol.

1168: Salida de los mexicas de Aztlan.

ca. 1200: Invasiones chichimecas en el México central.

1325: Supuesta fundación de Mexico-Tenochtitlan.

1375: Advenimiento del primer rey de Tenochtitlan, Acamapichtli.

1395: Advenimiento de Huitzilíhuitl.

1414: Advenimiento de Chimalpopoca.

1418: Conquista de Texcoco por los tepanecas.

1428: Derrota de los tepanecas; advenimiento de Itzcóatl; fundación de la Triple Alianza Tenochtitlan-Texcoco-Tlacopan; principio del imperio azteca.

1440: Advenimiento de Moctezuma I.

1450-1454: Gran hambruna; instauración de la guerra florida.

1469: Advenimiento de Axayácatl, padre de Moctezuma II.

1473: Conquista de Tlatelolco.

1481-1486: Reinado de Tízoc.

1487: Advenimiento de Ahuítzotl e inauguración del Templo Mayor de Tenochtitlan.

1492: Cristóbal Colón llega a América.

1498: Ataque sorpresa de los mexicas contra el valle de Puebla; poco después, guerra civil en Huexotzinco.

1502: Muerte de Ahuítzotl, advenimiento de Moctezuma II.

1502-1506: Años de hambruna; reformas políticas y religiosas de Moctezuma.

1503: Campañas de Xaltépec y Achiotlan (Oaxaca).

1504: Gran ofensiva contra el valle de Puebla.

1505: Campaña de Quetzaltépec y Totontépec (Oaxaca).

1505-1507: Guerra contra Yanhuitlan, Zozollan y Teuctépec (Oaxaca).

1507: Fiesta de la "atadura de años" y del Fuego Nuevo; derrota de Atlixco.

1508-1509: Campañas de Teuctépec y Miahuitlan (Oaxaca); derrotas mexicas frente al valle de Puebla.

1510: Señales precursoras de la caída del imperio.

1511: Naufragio de un navío español frente a las costas de Yucatán. Entre los sobrevivientes se hallan Gonzalo Guerrero y Jerónimo de Aguilar.

1511-1512: Campañas de Nopallan, Icpatépec y Tlaxiaco (Oaxaca)

1515: Muerte de Nezahualpilli, rey de Texcoco; rebelión de Ixtlilxóchitl. Guerra entre Tlaxcala y Huexotzinco; los huexotzincas se refugian en Tenochtitlan.

1517: Expedición de Francisco Hernández de Córdoba.

1517-1518: Reinicio de la guerra entre Huexotzinco y Tenochtitlan.

1518: Expedición de Juan de Grijalva.

1519: Expedición de Hernán Cortés.

25 de marzo: Batalla de Cintla.

21 de abril: Llegada de Cortés a San Juan de Ulúa.

16 de agosto: Los españoles salen de Cempoala.

1-10 de septiembre: Guerra de los españoles contra Tlaxcala.

16-18 de octubre: Masacre de Cholula.

8 de noviembre: Entrada de los españoles en Mexico-Tenochtitlan.

1520:

10 de mayo: Cortés marcha contra Cempoala.

24 de junio: Regreso de Cortés a Tenochtitlan.

27 de junio: Muerte de Moctezuma.

30 de junio: Noche Triste, huida de los españoles.

1521:

13 de agosto: Rendición de Mexico-Tenochtitlan.

Bibliografía*

•

ABREVIATURAS

BAE   Biblioteca de Autores Españoles
CNCA   Consejo Nacional para la Cultura y las Artes
ECN   *Estudios de Cultura Náhuatl,* Instituto de Investigaciones Históricas, UNAM, México
FCE   Fondo de Cultura Económica
INAH   Instituto Nacional de Antropología e Historia
JSAP   *Journal de la Société des Américanistes de Paris*
REAA   *Revista Española de Antropología Americana,* Madrid
RMEA   *Revista Mexicana de Estudios Antropológicos,* México
SEP   Secretaría de Educación Pública
UNAM   Universidad Nacional Autónoma de México

FUENTES

Acosta, José de, *Historia natural y moral de las Indias,* edición de Edmundo O'Gorman, FCE, 1962.

Acuña, René (ed.), *Relaciones geográficas del siglo XVI,* vols. III a VIII, Instituto de Investigaciones Antropológicas-UNAM, 1984-1986.

Aguilar, fray Francisco de, *Relación breve de la conquista de la Nueva España,* Porrúa, 1954. También en Díaz et al., *La conquista...*; publicada primero en los *Anales del Museo Nacional de México,* primera época, t. 7, con el título *Historia de la Nueva España,* 1900, pp. 3-25.

Alva Ixtlilxóchitl, Fernando de, *Obras históricas,* 2 vols., edición de Edmundo O' Gorman, Instituto de Investigaciones Históricas-UNAM, 1975.

Alvarado Tezozómoc, Fernando, *Crónica mexicana, precedida del Códice Ramírez,* edición de Manuel Orozco y Berra, Porrúa, 1975. Primera edición: Manuel

* Cuando se mencionan varias ediciones, la primera es la edición citada. Salvo indicación en contrario, el lugar de publicación es la ciudad de México.

467

Orozco y Berra, edición de José María Vigil, Imprenta y Litografía de Ireneo Paz, 1878.

———, *Crónica mexicáyotl*, en *Tres crónicas mexicanas*, textos recopilados por Domingo Chimalpáhin, paleografía y traducción de Rafael Tena, CNCA, colección Cien de México, 2012.

Anales antiguos de México y sus contornos, compilación de José Francisco Ramírez, Vargas Rea Editor, 1948.

Anales de Cuauhtitlan, edición bilingüe, paleografía y traducción de Rafael Tena, CNCA, colección Cien de México, 2011. Ver también *Códice Chimalpopoca*.

Anales de Tlatelolco, edición bilingüe, paleografía y traducción de Rafael Tena, CNCA, colección Cien de México, 2004.

Anglería, Pedro Mártir de, *Décadas del Nuevo Mundo*, 2 vols., Porrúa, 1964.

Baudot, Georges, *Utopie et histoire au Mexique, les premiers chroniqueurs de la civilisation mexicaine (1520-1569)*, Privat, Toulouse, 1977.

———, *Utopía e historia en México: los primeros cronistas de la civilización mexicana, 1520-1569*, Espasa Calpe, Madrid, 1983.

———, *Les lettres précolombiennes*, Privat, Toulouse, 1976.

———, *Las letras precolombinas*, Siglo XXI, 1979.

———, y Tzvetan Tódorov (eds.), *Récits aztèques de la Conquête*, Le Seuil, París, 1983.

———, *Relatos aztecas de la Conquista*, Grijalbo-CNCA, 1990.

Benavente o Motolinía, fray Toribio de, *Memoriales e historia de los indios de la Nueva España*, Atlas, Madrid, 1970.

Burgoa, fray Francisco de, *Geográfica descripción de la parte septentrional del Polo Ártico de la América y nueva iglesia de las Indias occidentales, y el sitio astronómico de esta provincia de predicadores de Antequera, Valle de Oaxaca*, 2 vols., Porrúa, 1989.

Cantares mexicanos: Songs of the Aztecs, traducción del náhuatl, edición y notas de John Bierhorst, Stanford University Press, Stanford, 1985.

Casas, véase Las Casas.

Castillo, Cristóbal del, "Fragmentos de la obra general sobre historia de los mexicanos. Escrita en lengua náhuatl por Cristóbal del Castillo a fines del siglo XVI", en *Migración de los mexicanos al país de Anáhuac, fin de su dominación y noticias de su calendario*, 5 vols., edición y traducción de Francisco del Paso y Troncoso, Tipografía de S. Landi, Florencia, 1908.

Cervantes de Salazar, Francisco, *Crónica de la Nueva España*, 2 vols., BAE, Atlas, Madrid, 1971.

Chimalpáhin Cuauhtlehuanitzin, Domingo Francisco de San Antón Muñón, *Relaciones originales de Chalco Amaquemecan*, traducción del náhuatl de Silvia Rendón, FCE, 1965.

———, *Annales de Domingo Francisco de San Antón Muñón Chimalpahin Quauhtlehuanitzin: sixième et septième relations (1258-1612)*, edición y traducción de Rémi Siméon, Maisonneuve et Ch. Leclerc, París, 1889.

——, *Octava relación: obra histórica*, edición y traducción de José Rubén Romero Galván, Instituto de Investigaciones Históricas-UNAM, 1983.

——, *Troisième relation et autres documents originaux de Chimalpahin Quauhtlehuanitzin*, edición y traducción de Jacqueline de Durand-Forest, L'Harmattan, París, 1987.

——, *Memorial breve acerca de la fundación de la ciudad de Culhuacán*, edición y traducción de Víctor M. Castillo, Instituto de Investigaciones Históricas-UNAM, 1991.

Cisneros, fray Luis de, *Historia del principio, origen, progresos y venidas a México y milagros de la santa imagen de Nuestra Señora de los Remedios*, edición de Francisco Miranda, Colegio de Michoacán, 1999.

Clavijero, Francisco Xavier, *Historia antigua de México*, Porrúa, colección Sepan Cuantos..., 1964 y 2009.

Codex Aubin: Geschichte der Azteken, der Codex Aubin und verwandte Dokumente: aztekischer text, edición facsimilar de Walter Lehmann, Gerdt Kutscher y Günter Vollmer, Mann, Berlín, 1981.

Codex Azcatitlan, reproducción facsimilar, edición de Robert H. Barlow, *JSAP*, n. 38, Société des Américanistes de Paris, París, 1949.

Codex Borgia, edición facsimilar y comentario de Karl Anton Nowotny, Codices Selecti 58, Akademische Druck und Verlagsanstalt, Graz, 1976.

[*Codex Chimalpopoca*] *Die Geschichte der Königreiche von Colhuacan und Mexico*, edición y traducción de Walter Lehmann, Quellenwerke zur alten Geschichte Amerikas 1, Stuttgart y Berlín, 1938.

Codex Magliabechiano, CL XIII. 3 (B.R. 232), Biblioteca Nazionale Centrale di Firenze., edición facsimilar de Ferdinand Anders, Codices Selecti 23, Akademische Druck und Verlagsanstalt, Graz, 1970.

Codex Mexicanus, edición facsimilar de Ernest Mengin, *JSAP*, n. 41, Société des Américanistes de Paris, París, 1952.

Codex Nuttall, Facsimile of an Ancient Mexican Codex Belonging to Lord Zouche of Haryngworth, England, edición de Zelia Nuttall, Harvard University Press, Cambridge, 1939. También en Peabody Museum of American Archeology and Ethnology, Cambridge, 1902.

Codex Telleriano-Remensis, Ritual, Divination, and History in a Pictorial Aztec Manuscript, edición de Eloise Quiñones Keber, University of Texas Press, Austin, 1995. También en Kingsborough, *Antigüedades de México...*, vol. 1.

Codex Vaticanus A. 3738 [1562-1566] o Codex Ríos, en Kingsborough, *Antigüedades de México...*, vol. 3. También en FCE-Akademische Druck und Verlagsanstalt, 1996.

Codex Vaticanus No. 3773 (Codex Vaticanus B), ver Eduard Seler.

Códice Aubin: manuscrito azteca de la Biblioteca Real de Berlín, anales en mexicano y jeroglíficos desde la salida de las tribus de Aztlán hasta la muerte de Cuauhtémoc, Innovación, 1980.

Códice Borbónico: manuscrito mexicano de la Biblioteca del Palais Bourbon. Libro adivinatorio y ritual ilustrado publicado en facsímil, Siglo XXI, 1979. También en edición facsimilar de Karl Anton Nowotny, Codices Selecti 44, Akademische Druck und Verlagsanstalt, Graz, 1974.

Códice Boturini, en Kingsborough, *Antigüedades de México...*, vol. 2. También en edición de José Fernando Ramírez, Vargas Rea, 1952.

Códice Chimalpopoca. Anales de Cuautitlán y Leyenda de los soles, traducción de Primo Feliciano Velázquez, Instituto de Investigaciones Históricas-UNAM, 1992.

[*Códice Chimalpopoca*] *History and Mythology of the Aztecs, The Codex Chimalpopoca*, 2 vols., edición y traducción de John Bierhorst, University of Arizona Press, Tucson, 1992.

Códice Cozcatzin, edición de Ana Rita Valero de García Lascuráin y traducción de Rafael Tena, INAH, colección Códices Mesoamericanos, vol. 4, 1994.

Códice en cruz, 2 vols., edición facsimilar de Charles Dibble, University of Utah Press, Salt Lake City, 1981.

Códice Fejérváry-Mayer, en Kingsborough, *Antigüedades de México...*, vol. 4. Ver también León Portilla (ed.), *Tonalámatl...*

Códice Florentino, ver Sahagún.

Códice Mendoza, ver *Colección de Mendoza o Códice Mendocino*.

Códice Ramírez, ver Alvarado Tezozómoc, *Crónica mexicana...*

Códice Tudela, edición facsimilar, Testimonio Compañía Editorial, Madrid, 2002. También en edición facsimilar de José Tudela de la Orden, Cultura Hispánica del Instituto de Cooperación Iberoamericana, Madrid, 1980.

Códice de Yanhuitlán, edición de Wigberto Jiménez Moreno y Salvador Mateos Higuera, INAH-Museo Nacional, 1940.

Colección de documentos inéditos relativos al descubrimiento, conquista y organización de las antiguas posesiones españolas de ultramar, 42 vols., Academia de la Historia, Madrid, 1864-1884.

Colección de Mendoza o Códice Mendocino, facsímil fototípico dispuesto por Francisco del Paso y Troncoso, Cosmos, 1979. También en Kingsborough, *Antigüedades de México...*, vol. 1.

Conquistador anónimo, *Relación de algunas cosas de la Nueva España y de la gran ciudad de Temestitlan México, hecha por un gentilhombre del señor Fernando Cortés*, Porrúa, 1961. Ver Rose, *Le conquistador...*

Córdova, Juan de, *Arte del idioma zapoteco*, Toledo-SEP-INAH, 1987.

Cortés, Hernán, *Copias de documentos existentes en el Archivo de Indias y en su palacio de Castilleja de la Cuesta sobre la conquista de Méjico*, compilación de Camilo García de Polavieja, Sevilla, 1889.

——, *Cartas y documentos*, Porrúa, 1963.

——, *Cartas de relación*, Porrúa, colección Sepan Cuantos..., 2010.

Díaz, Juan, *Itinerario de la armada del Rey Católico a la isla de Yucatán en la India el año 1518 en la que fue por comandante y capitán general Juan de Grijalva. Escrito para Su Alteza por el capellán Mayor de la dicha armada Juan Díaz*, Juan Pablos, 1972. También en Díaz et al., *La conquista...*

———, et. al., *La conquista de Tenochtitlan*, editado por Germán Vázquez Chamorro, Historia 16, Madrid, 1988.

Díaz del Castillo, Bernal, *Historia verdadera de la conquista de la Nueva España*, introducción y notas de Joaquín Ramírez Cabañas, Porrúa, 2011.

———, *Historia verdadera de la conquista de la Nueva España*, edición crítica de Carmelo Sáenz de Santa María, Instituto de Investigaciones Históricas-UNAM, 1982.

———, *Verdadera historia de los sucesos de la conquista de la Nueva España*, BAE, Atlas, Madrid, 1947.

Dibble, Charles E., *Códice en cruz*, tesis de doctorado en Antropología Física, Facultad de Filosofía y Letras-UNAM, 1942.

Durán, fray Diego, *Historia de las Indias de Nueva España e Islas de la tierra firme*, 2 vols., edición de Ángel María Garibay K., Porrúa, 1967.

———, *Book of the Gods and Rites and the Ancient Calendar*, traducción y edición de Fernando Horcasitas y Doris Heyden, University of Oklahoma Press, Norman, 1971.

———, *Ritos y fiestas de los antiguos mexicanos*, introducción y glosario de César Macazaga Ordoño, Cosmos, 1980.

Fernández de Oviedo y Valdés, Gonzalo, *Historia general y natural de las Indias*, 5 vols., edición de Juan Pérez de Tudela Bueso, BAE, Atlas, Madrid, 1959.

García, fray Gregorio, *Origen de los indios del Nuevo Mundo e Indias Occidentales*, Francisco Martínez Abad, Madrid, 1729.

———, *Origen de los indios del nuevo mundo*, FCE, 1981.

García Icazbalceta, Joaquín (ed.), *Nueva colección de documentos para la historia de México*, 5 vols., Andrade y Morales, 1886-1892.

Garibay Kintana, Ángel María (ed.), *Teogonía e historia de los mexicanos: tres opúsculos del siglo XVI*, Porrúa, 1965.

Garza, Mercedes de la (ed.), *Relaciones histórico-geográficas de la Gobernación de Yucatán (Mérida, Valladolid y Tabasco)*, 2 vols., Centro de Estudios Mayas-Instituto de Investigaciones Filológicas-UNAM, 1983.

Harriot, Thomas, et al., *Voyages en Virginie et en Floride*, Duchartre et Van Buggenhoudt, París, 1927.

Herrera y Tordesillas, Antonio de, *Historia general de los hechos de los castellanos en las islas y tierra-firme del mar océano*, 10 vols., Guarania, Asunción del Paraguay, 1980.

Historia de los mexicanos por sus pinturas, en Tena (ed.), *Mitos e historias...*, pp. 24-95.

Histoyre du Méchique, edición de Edouard de Jonghe, *JSAP*, n. 2, vol. 1, 1905. También en Tena (ed.), *Mitos e historias...*, pp. 124-165.

Jerez, Francisco de, *La conquista del Perú*, Crotalon, Madrid, 1983 [1534].

Kingsborough, Edward K., *Antigüedades de México basadas en la recopilación de Lord Kingsborough*, 4 vols., edición fasimilar de José Corona Núñez, Secretaría de Hacienda y Crédito Público, 1964.

Kirchhoff, Paul, et al. (eds.), *Historia tolteca-chichimeca*, edición facsimilar, Centro de Investigaciones Superiores-INAH, 1976.

Landa, fray Diego de, *Relación de las cosas de Yucatán*, edición de Alfred M. Tozzer, Peabody Museum of American Archaeology and Ethnology, Cambridge, 1941.

——, *Relación de las cosas de Yucatán*, edición de Ángel María Garibay K., Porrúa, 1959.

Las Casas, fray Bartolomé de, *Historia de las indias*, 3 vols., edición de Agustín Millares Carlo, estudio prelimar de Lewis Hanke, FCE, 1965.

——, *Apologética historia sumaria*, 2 vols., edición de Edmundo O' Gorman. Instituto de Investigaciones Históricas-UNAM, 1967.

——, *Los indios de México y Nueva España. Antología*, edición de Edmundo O' Gorman, Porrúa, 1974.

——, *Obra indigenista*, edición de José Alcina Franch, Alianza, Madrid, 1985.

León-Portilla, Miguel (ed.), *Visión de los vencidos: relaciones indígenas de la Conquista*, introducción, selección y notas de Miguel León-Portilla, traducción de textos nahuas de Ángel María Garibay K., UNAM, 1961.

—— (ed.), *Tonalámatl de los pochtecas. Códice mesoamericano "Fejérváry-Mayer"*, Celanese Mexicana, 1985.

Lehmann, Walter, ver *Códice Chimalpopoca*.

Leyenda de los soles, en Tena (ed.), *Mitos e historias...*, pp. 169-205. Ver también *Códice Chimalpopoca*.

Lienzo de Tlaxcala, edición de Alfredo Chavero, 1892; reimpresión Artes de México, 1964.

Livio, Tito, *Décadas de la historia romana*, Librería de la Viuda de Hernando y Compañía, Madrid, 1888.

López de Gómara, Francisco, *Historia general de las Indias*, 2 vols., Orbis, Barcelona, 1985.

Mapa Tlotzin, en *Codex Tlotzin et Codex Quinatzin*, Ernest Théodore Hamy, París, 1885. También en "Mapas Tlotzin y Quinatzin", en *Anales del Museo Nacional de Arqueología, Historia y Etnografía*, primera época, t. 3, 1886, pp. 305-320 y 345-368.

Martínez, José Luis (ed.), *Documentos cortesianos*, 3 vols., FCE-UNAM, 1990-1991.

Mendieta, fray Gerónimo de, *Historia eclesiástica indiana*, 2 vols., CNCA, colección Cien de México, 2002. También en Joaquín García Icazbalceta, edición facsimilar, 4 vols., Porrúa, colección Biblioteca Porrúa, n. 46, 1971 [1870].

Molina, fray Alonso de, *Vocabulario en lengua castellana y mexicana y mexicana y castellana*, Porrúa, 1977 [1970].

Morales Padrón, Francisco, *Historia del descubrimiento y conquista de América*, Editora Nacional, Madrid, 1971.

Muñoz Camargo, Diego, *Historia de Tlaxcala*, publicada y anotada por Alfredo Chavero, Innovación, 1978. También en *Historia de Tlaxcala*, publicada y anotada por Alfredo Chavero, Secretaría de Fomento, 1892. Versión digital en http://bib.cervantesvirtual.com/servlet/SirveObras/891473943201250 30510235/index.htm.

——, *Descripción de la ciudad y provincia de Tlaxcala, de las indias y del mar océano para el buen gobierno y ennoblecimiento dellas*, edición de René Acuña, Editorial San Luis Potosí, Tlaxcala, 2000. También en Instituto de Investigaciones Filológicas-UNAM, 1981.

——, "Descripción de la ciudad y provincia de Tlaxcala", en Acuña (ed.), *Relaciones geográficas...*, vol. 4.

Nazarco, Pablo, "Carta al Rey Don Felipe II", en Del Paso y Troncoso, *Epistolario de Nueva España*, vol. 10, pp. 89-129.

"Origen de los mexicanos", en Pomar et al., *Relaciones de Texcoco y de la Nueva España*, pp. 281-308.

Paso y Troncoso, Francisco del (ed.), *Papeles de Nueva España*, 7 vols., Establecimiento Tipográfico Sucesores de Rivadeneyra, Madrid, 1905.

——, *Epistolario de Nueva España, 1505-1818*, 16 vols., Porrúa, 1939-1942.

——, *Descripción, historia y exposición del códice pictórico de los antiguos nahuas que se conserva en la Biblioteca de la Cámara de Diputados de París*, Tipografía de Salvador Landi, Florencia, 1899.

Pomar, Juan Bautista, *Relación de Tezcoco*, en Acuña (ed.), *Relaciones geográficas...*, vol. 3.

——, et al., *Relaciones de Texcoco y de la Nueva España*, introducción de Joaquín García Icazbalceta, Editorial Salvador Chávez Haynoe, 1941.

Ponce de León, Pedro, "Tratado de los dioses y ritos de la gentilidad", en Garibay, *Teogonía e historia de los mexicanos....*

Popol Vuh. Las antiguas historias del quiché, edición, traducción y notas de Adrián Recinos, FCE, 2012.

Popol Vuh: The Sacred Book of the Ancient Quiche Maya, edición y traducción de Delia Goetz y Sylvanus G. Morley a partir de la versión de Adrián Recinos, University of Oklahoma Press, Norman, 1950.

Procesos de indios idólatras y hechiceros, Archivo General de la Nación-Secretaría de Relaciones Exteriores, 1912.

Ramírez, José Fernando (ed.), *Proceso de residencia contra Pedro de Alvarado*, Valdés y Redondas, 1847.

Recinos, Adrián (ed.), *Memorial de Solalá. Anales de los Cakchiqueles*, FCE, 1950.

"Relación de la genealogía y linaje de los señores que han señoreado esta tierra de la Nueva España", en Pomar et al., *Relaciones de Texcoco...*, pp. 263-280.

Rose, Jean (ed.), *Le conquistador anonyme*, Institut Français d'Amérique Latine, 1970.

Ruiz de Alarcón y Mendoza, Hernando, "Tratado de las supersticiones y costumbres gentílicas que hoy viven entre los indios naturales desta Nueva España", *Anales del Museo Nacional de México*, vol. 6, 1892 [1629], pp. 125-223. También con introducción de María Elena de la Garza, Secretaría de Educación Pública, 1988.

Sahagún, fray Bernardino de, *Historia general de las cosas de Nueva España*, edición de Ángel María Garibay, Porrúa, 1999 [1956, en 4 vols.].

——, *Historia general de las cosas de Nueva España: primera versión íntegra del texto castellano del manuscrito conocido como* Códice Florentino, edición de Alfredo López Austin y Josefina García Quintana, Fondo Cultural Banamex, 1982 [1590].

——, *General History of the Things of New Spain, Florentine Codex*, 12 vols., edición y traducción del náhuatl de Arthur J. O. Anderson y Charles E. Dibble, The School of American Research and the University of Utah, Santa Fe, 1950-1981.

——, *Ritos, sacerdotes y atavíos de los dioses*, edición y traducción de Miguel León-Portilla, Seminario de Cultura Náhuatl-Instituto de Historia-UNAM, 1958.

——, *Códice Florentino*, edición facsimilar, Archivo General de la Nación, 1979, 3 vols. Versión digital en http://www.wdl.org/en/item/10619.

——, *Conquest of New Spain: 1585 Revision*, traducción de Howard F. Cline y S. Cline, University of Utah Press, Salt Lake City, 1989.

——, *Einige kapitel aus dem Geschichtswerk des Fray Bernardino de Sahagún*, edición y traducción del náhuatl de Eduard Seler, Stuttgart, 1927.

Tapia, Andrés de, *Relación de la conquista de México*, Axial-Colofón, 2008. También, en García Icazbalceta, *Nueva colección de documentos para la historia de México*, vol. II, pp. 555-593.

——, "Relación de algunas cosas de las que acaecieron al muy ilustre Señor Don Hernando Cortés...", en Díaz et al., *La conquista...*, pp. 67-123.

Tena, Rafael (ed.), *Mitos e historias de los antiguos nahuas*, CNCA, colección Cien de México, 2011.

Torquemada, fray Juan de, *Monarquía indiana*, 3 vols., Porrúa, 1969.

Tovar, Juan de, *Manuscrit Tovar: origines et croyances des indiens du Mexique*, edición y traducción de Jacques Lafaye, Akademische Druck und Verlagsanstalt, Graz, 1972.

——, *Códice Ramírez. Relación del origen de los indios que habitan esta Nueva España, según sus historias*, Leyenda, 1944.

——, *Manuscrito Tovar o Códice Ramírez*, en Alvarado Tezozómoc, *Crónica mexicana...*

Vázquez de Tapia, Bernardino, *Relación de méritos y servicios del conquistador Bernardino Vázquez de Tapia: vecino y regidor de esta gran ciudad de Tenustitlan, México*, edición de Jorge Gurría Lacroix, Dirección General de Publicaciones-UNAM, 1973. También en Díaz et al., *La conquista...*, pp. 131-154.

Zurita, Alonso de, *Los señores de la Nueva España*, UNAM, 1963.

ESTUDIOS MODERNOS

Alcina Franch, José, "Hernán Cortés y los tlaxcaltecas", en *Hernán Cortés y su época*, Instituto de Cooperación Iberoamericana-Historia 16, Madrid, 1986.

———, *Los aztecas*, Historia 16, Madrid, 1989.

Babelon, Jean, *Hernán Cortés*, Aguilar, Madrid, 1988.

———, *La Vie de Fernand Cortès*, Gallimard, París, 1928.

Bancroft, Hubert Howe, et al., *The Native Races of the Pacific States of North America*, 5 vols., D. Appleton and Company, Nueva York, 1875.

Barlow, Robert H., "Chalchiuhnenetzin", *Tlalocan*, vol. I, n. 1, Instituto de Investigaciones Filológicas-UNAM, 1943, pp. 73-75.

———, "Conquistas de los antiguos mexicanos", *JSAP*, n. XXXVI, Société des Américanistes de Paris, París, 1947, pp. 215-222.

———, *The Extent of the Empire of the Culhua Mexica*, University of California Press, Berkeley, 1949.

———, "Los mexicas y la Triple Alianza", *Fuentes y estudios sobre el México indígena* en *Obras de Robert H. Barlow*, vol. III, INAH-Universidad de las Américas, 1990.

———, "Tlatelolco: Rival de Tenochtitlan" y "Tlatelolco, fuentes e historia", en Jesús Monjarás-Ruiz et al. (comps.), *Obras de Robert H. Barlow*, 5 vols., INAH-Universidad de las Américas, 1987-1994.

Berdan, Frances F., *Trade, Tribute and Market in the Aztec Empire*, tesis doctoral, University of Texas, Austin, 1975.

———, "Ports of Trade in Mesoamerica: a Reappraisal", en Browman (comp.), *Cultural Continuity...*, pp. 179-200.

———, *The Aztecs of Central Mexico, an Imperial Society*, Rinehart and Winston, Nueva York, 1982.

———, "Markets in the Economy of Aztec Mexico", en Stuart Plattner (comp.) *Markets and Marketing*, University Press of America, Maryland, 1985, pp. 339-367.

Bierhorst, John (ed.), *Songs of the Aztecs*, Stanford University Press, Stanford, 1985.

———, *History and Mythology of the Aztecs...*, ver *Códice Chimalpopoca...*

Blond, Georges, et al., *Hernan Cortez*, Hachette, París, 1963.

Boone, Elizabeth Hill (comp.), *The Aztec Templo Mayor. A Symposium at Dumbarton Oaks, 1983*, Dumbarton Oaks Research, Washington, 1987.

Braden, Charles Samuel, *Religious Aspects of the Conquest of Mexico*, Duke University Press, Durham, 1930.

Bray, Warwick, "The City State in Central Mexico at the Time of the Spanish Conquest", *Journal of Latin American Studies*, vol. 4, n. 2, Cambridge, 1972, pp. 161-185.

Broda, Johanna, "Los estamentos en el ceremonial mexica", en Carrasco, Broda et al. (comps.), *Estratificación...*, pp. 37-66.

——, "Consideraciones sobre historiografía e ideología mexicas", *ECN*, 1978, pp. 97-117.

——, "Relaciones políticas ritualizadas: el ritual como expresión de una ideología", en Carrasco y Broda (comps.), *Economía...*, pp. 221-255.

——, "El tributo en trajes guerreros y la estructura del sistema tributario mexica", en Carrasco y Broda (comps.), *Economía...*, pp. 115-174.

——, "Estratificación social y ritual mexica", *Indiana*, vol. 5, Berlín, 1979, pp. 45-81.

——, "The Provenience of the Offerings: Tribute and *Cosmovisión*", en Boone (comp.), *The Aztec Templo Mayor...*, pp. 211-256.

——, "Cosmovisión y observación de la naturaleza: el ejemplo del culto a los cerros de Mesoamérica", en Broda, Iwaniszewski y Maupome (comps.) *Arqueoastronomía...*, pp. 461-500.

——, Stanislaw Iwaniszewski y Lucrecia Maupome (comps.), *Arqueoastronomía y etnoastronomía en Mesoamérica*, UNAM, 1991.

Browman, David L. (comp.), *Cultural Continuity in Mesoamerica*, Mouton-World Anthropology Series, La Haya, 1978.

Brumfiel, Elizabeth M., "Aztec State Making: Ecology, Structure, and the Origin of the State", *American Anthropologist*, vol. 85, n. 2, American Anthropological Association, Arlington, 1983, pp. 261-284.

Brundage, Burr Cartwright, *A Rain of Darts. The Mexica Aztecs*, University of Texas Press, Austin, 1972.

——, *The Phoenix of the Western World: Quetzalcoatl and the Sky Religion*, University of Oklahoma Press, Norman, 1982.

——, *The Jade Steps: A Ritual Life of the Aztecs*, University of Utah Press, Salt Lake City, 1985.

Burland, Cottie A., *The Gods of Mexico*, Eyre and Spottiswoode, Londres, 1967.

Bussière, Marie Théodore Renouard de, *L'Empire mexicain. Histoire des Toltèques, des Chichimèques, des Aztèques et de la conquête espagnole*, Plon, París, 1863.

Calnek, Edward, "The Internal Structure of Tenochtitlan", en Wolf (comp.), *The Valley of Mexico...*

Camelo Arredondo, Rosa de Lourdes, *Historiografía de la matanza de Cholula*, tesis de maestría en Historia, Facultad de Filosofía y Letras-UNAM, 1963.

Campe, Joachim Heinrich, *Histoire de la découverte et de la conquête de l'Amérique*, traducción de Charles de Saint-Maurice, Garnier, París, s. f. (1833?).

Canseco Vincourt, Jorge, *La guerra sagrada*, INAH, 1966.

Carrasco, Pedro, "Royal Marriages in Ancient Mexico", en H. R. Harvey y Hans J. Prem (eds.), *Explorations in Ethnohistory...*, University of New Mexico Press, Albuquerque, 1984, pp. 41-81.

——, Johanna Broda et al. (comps.), *Estratificación social en la Mesoamérica prehispánica*, INAH, 1976.

——, y Johanna Broda (comps.), *Economía política e ideología en el México prehispánico*, Nueva Imagen, 1978.

Caso, Alfonso, *El* Teocalli *de la guerra sagrada: descripción y estudio del monolito encontrado en los cimientos del Palacio Nacional*, Talleres Gráficos de la Nación, 1927.

——, *Reyes y reinos de la Mixteca*, 2 vols., FCE, 1977.

Ceballos Novelo, Roque, "Sentido religioso y social de la llamada Guerra Florida", *Cuadernos Americanos*, n. XXVII, 1939.

Chavero, Alfredo, "Historia antigua y de la conquista", en Vicente Riva Palacio, Juan de Dios Arias et al., *México á través de los siglos: historia general y completa del desenvolvimiento social, político, religioso, militar, artístico, científico y literario de México desde la antigüedad más remota hasta la época actual*, t. I., Ballescá-Espasa, México y Barcelona, 1887-1889.

Clendinnen, Inga, *Ambivalent Conquests: Maya and Spaniard in Yucatan, 1517-1570*, Cambridge University Press, Cambridge, 1987.

——, *Aztecs, An Interpretation*, Cambridge University Press, Cambridge, 1991.

——, *Los aztecas: una interpretación*, Nueva Imagen, 1998.

Collis, Maurice, *Cortez et Montezuma*, Laffont, París, 1956.

Conrad, Geoffrey W., y Arthur A. Demarest, *Religion and Empire: The Dynamics of Aztec and Inca Expansionism*, Cambridge University Press, Cambridge, 1984.

Cook, Sherburne F., "Human Sacrifice and Warfare as Factors in the Demography of Pre-Colonial Mexico", *Human Biology*, vol. 18, 1946, pp. 81-102.

——, y Woodrow Borah, "Quelle fut la stratification sociale au centre du Mexique durant la première moitié du XVI siècle?", *Annales: Economies, Sociétés, Civilisations*, vol. 18, n. 2, París, marzo-abril de 1963, pp. 226-258.

Crawford, Michael H, *The Tlaxcaltecans: Prehistory, Demography, Morphology, and Genetics*, University Press of Kansas, Lawrence, 1976.

Davies, Nigel, *Los señoríos independientes del imperio azteca*, INAH, 1968.

——, *The Aztecs. A History*, Macmillan, Londres, 1973.

——, *Los Mexicas: primeros pasos hacia el imperio*, UNAM, 1973.

——, *The Toltecs, Until the Fall of Tula*, University of Oklahoma Press, Norman, 1977.

——, *The Toltec Heritage from the Fall of Tula to the Rise of Tenochtitlán*, University of Oklahoma Press, Norman, 1980.

——, *The Aztec Empire, the Toltec Resurgence*, University of Oklahoma Press, Norman, 1987.

——, *El imperio azteca, el resurgimiento tolteca*, Alianza, 1992.

Denhardt, Robert M., "The Equine Strategy of Cortés", *The Hispanic American Historical Review*, vol. XVIII, n. 4, 1938, pp. 550-555.

Descola, Jean, *Los conquistadores del imperio español*, Juventud, Barcelona, 1957.

Dewey, Janice, "Huémac: el fiero de Cincalco", *ECN*, vol. 16, 1983, pp. 183-192.

Dumond, Don E., "An Outline of the Demographic History of Tlaxcala", en Crawford, *The Tlaxcaltecans...*, pp. 13-23.

Duverger, Christian, *L'Origine des Aztèques*, Le Seuil, París, 1983.

——, *El origen de los aztecas*, Grijalbo, 1987.

Elliott, John H., "The Mental World of Hernán Cortés", *Transactions of the Royal Historical Society*, Fifth Series, vol. 17, 1967, pp. 41-58.

Escalante, Pablo, *Educación e ideología en el México antiguo: fragmentos para la reconstrucción de una historia*, Subsecretaría de Cultura-SEP-Caballito-Consejo Nacional de Fomento Educativo, 1985.

Ezquerra, Ramón, "El viaje de Pinzón y Solís al Yucatán", *Revista de Indias*, n. 30, 1970.

Friederici, Georg, *Introducción a la historia de la colonización de América por los pueblos del Viejo Mundo*, vol. I: *El carácter del descubrimiento y de la Conquista de América*, traducción de Wenceslao Roces, FCE, 1973 [1925].

Frankl, Viktor, "Die *Cartas de Relación* des Hernán Cortés und der Mythos von der Wiederkehr des Quetzalcóatl", *Adeva Mitteilungen*, n. 10, 1966, pp. 7-17.

Fuentes Mares, José, *Cortés, el hombre*, Grijalbo, 1981.

García Cook, Ángel, "Las fases Texcalac y Tlaxcala o Postclásico de Tlaxcala", *XIII Mesa Redonda*, Sociedad Mexicana de Antropología, 1975, vol. I, pp. 127-70.

García Granados, Rafael, *Diccionario biográfico de historia antigua de Méjico*, 3 vols., Instituto de Historia, 1952-1953.

García Payón, José, "Los monumentos arqueológicos de Malinalco", *RMEA*, vol. 8, 1964, pp. 5-63. También en *Los monumentos arqueológicos de Malinalco: conmemoración del sesquicentenario de la erección del Estado de México*, Biblioteca Enciclopédica del Estado de México, 1974.

García Quintana, Josefina. "El baño ritual entre los nahuas, según el *Códice Florentino*", *ECN*, vol. 8, 1969, pp. 189-213.

Garibay K., Ángel María (ed.), *Poesía náhuatl*, 3 vols., Instituto de Investigaciones Históricas-UNAM, 1964-1968.

Gerhard, Peter, *A Guide to the Historical Geography of New Spain*, Cambridge University Press, Cambridge, 1972.

Gibson, Charles, "Structure of the Aztec Empire", en Wauchope (comp.), *Handbook...* vol. X, parte 1, 1971, pp. 376-393.

——, *Tlaxcala en el siglo XVI*, FCE, 1991.

Gillespie, Susan Dale, *The Aztec Kings: The Construction of Rulership in Mexica History*, University of Arizona Press, Tucson, 1989.

Girard, René, *La Violence et le sacré*, Grasset, París, 1972.

——, *La violencia y lo sagrado*, Anagrama, Barcelona, 1983.

Gómez de Orozco, Federico (ed.), "Costumbres, fiestas, enterramientos y diversas formas de proceder de los indios de la Nueva España", *Tlalocan*, vol. 2, n. 1, 1945, pp. 37-63.

González Aparicio, Luis, *Plano reconstructivo de la región de Tenochtitlan*, SEP-INAH, 1973.

González R., Luis, "Hernando de Alarcón, descubridor del río Colorado y el retorno de Quetzalcóatl", en Barbro Dahlgren (comp.), *Historia de la religión en Mesoamérica y áreas afines. II Coloquio*, UNAM, 1990, pp. 169-189.

Graulich, Michel, *Mythes et rites des vingtaines du Mexique central préhispanique*, tesis de doctorado, Université Libre de Bruxelles, Bruselas, 1979.

——, "L'Au-delà cyclique des anciens Mexicains", *La antropología americanista en la actualidad. Homenaje a Raphaël Girard*, vol. I., Editores Mexicanos Unidos, 1980, pp. 253-270.

——, "La structure du calendrier agricole des anciens Mexicains", *Lateinamerika Studien*, vol. 6, Múnich, 1980, pp. 99-113.

——, "Tlacaxipehualiztli ou la fête aztèque de la moisson et de la guerre", *REAA*, vol. 12, 1982, pp. 215-254.

——, "Tozoztontli, Huey Tozoztli et Toxcatl, fêtes aztèques de la moisson et du milieu du jour", *REAA*, vol. 14, 1984, pp. 127-164.

——, *Mythes et rituels du Mexique ancien préhispanique*, Académie Royale de Belgique, Bruselas, 1987.

——, *Mitos y rituales del México antiguo*, Istmo, Madrid, 1990.

——, *Quetzalcóatl y el espejismo de Tollán*, Instituut voor Amerikanistiek, Amberes, 1988.

——, "Montezuma et le souvenir de Tollan, ou la remémoration inévitable", *La Commémoration, Colloque du Centenaire de la Section des Sciences Religieuses de l'École Pratique des Hautes Études*, vol. XCI, Peeters, Lovaina, 1988, pp. 287-298.

——, "Afterlife in Ancient Mexican Thought", *Circumpacifica: Festschrift für Thomas S. Barthel*, vol. 2, P. Lang, Fráncfort, 1990, pp. 165-187.

——, "L'Arbre interdit du paradis aztèque", *Revue de l'Histoire des Religions*, vol. 207, n. 1, París, 1990, pp. 31-64.

——, "Les Signes avant-coureurs de la chute de l'empire aztèque", en A. Dierkens (ed.) *Apparitions et miracles*, Université Libre de Bruxelles, Bruselas, 1991.

——, "La piedra del sol", en José Alcina Franch, Miguel León-Portilla y Eduardo Matos Moctezuma (comps.), *Azteca-mexica. Las culturas del México antiguo*, Sociedad Estatal Quinto Centenario, Madrid, 1992, pp. 291-295.

——, *L'Art et l'architecture à Mexico sous le règne de Montezuma II*, en prensa.

Guzmán, Eulalia, *Una visión crítica de la historia de la conquista de México-Tenochtitlan*, Instituto de Investigaciones Antropológicas-UNAM, 1989.

Harner, Michael, "The Ecological Basis for Aztec Sacrifice", *American Ethnologist*, vol. 4, 1977, pp. 117-135.

——, "The Enigma of Aztec Sacrifice", *Natural History*, vol. 86, n. 4, 1977, pp. 47-52.

Harris, Marvin, *Cannibals and Kings: The Origins of Culture*, Random House, Nueva York, 1977.

——, *Caníbales y reyes: los orígenes de las culturas*, Alianza, Madrid, 1997.

Hartau, Claudine, *Herrschaft und Kommunikation. Analyse aztekischer Inthronisationsreden aus dem Codex Florentinus des Fray Bernardino de Sahagún*, Wayasbah, Hamburgo, 1988.

Hassig, Ross, *Trade, Tribute, and Transportation: The Sixteenth Century Political Economy of the Valley of Mexico*, University of Oklahoma Press, Norman, 1985.

——, *Aztec Warfare: Imperial Expansion and Political Control*, University of Oklahoma Press, Norman, 1988.

——, *Comercio, tributo y transportes: la economía política del valle de México en el siglo* XVI, Alianza, 1990.

Helps, Arthur, *The Life of Hernando Cortez*, 2 vols., G. Bells and Sons, Londres, 1896.

Hernández Pon, Elsa, "Una escultura azteca encontrada en el centro de la ciudad de México", *Antropología*, vol. 13, 1987, pp. 15-21.

Heyden, Doris, "Xiuhtecuhtli: investidor de soberanos", *Boletín INAH*, segunda época, n. 3, INAH, 1972, pp. 3-10.

Hicks, Frederic, "Social Stratification and the Calpixque of Aztec Mexico", trabajo presentado en la 76ª convención anual de la American Anthropological Association, Houston, 1977.

——, "Los calpixque de Nezahualcóyotl", *ECN*, n. 13, 1978, pp. 129-155.

——, "'Flowery War' in Aztec History", *American Ethnologist*, vol. VI, n. 1, 1979, pp. 87-92.

——, "Subject States and Tribute Provinces: The Aztec Empire in the Northern Valley of Mexico", *Ancient Mesoamerica*, Cambridge University Press, Cambridge, vol. 3, n. 1, 1992, pp. 1-10.

Hodge, Mary G., *Aztec City-States*, University of Michigan Press, Ann Arbor, 1984.

Hottois, Olivier, *L'Armement des civilizations précolombiennes en Mésoamérique*, tesis de licenciatura, Université Libre de Bruxelles, Bruselas, 1989.

Howard, Calvin, "The Atlatl: Function and Performance", *American Antiquity*, Washington, vol. 39, n. 1, 1974.

Hvidtfeldt, Arild, *Teotl and Ixiptlatli: Some Central Conceptions in Ancient Mexican Religion*, Munksgaard, Copenhague, 1958.

Innes, Hammond, *Los conquistadores españoles*, Noguer, Barcelona, 1969.

Isaac, Barry L., "Aztec Warfare: Goals and Battlefield Comportment", *Ethnology*, vol. 22, University of Pittsburgh, Pittsburgh, 1983, pp. 121-131.

——, "The Aztec 'Flowery War': A Geopolitical Explanation", *Journal of Anthropological Research*, vol. 39, n. 4, University of New Mexico, Albuquerque, 1983, pp. 415-432.

Katz, Friedrich, "The Causes of War in Aztec Mexico", *Wiener Völkerkundliche Mitteilungen*, vol. 3, n. 1, Viena, 1955, pp. 31-33.

——, *Situación social y económica de los aztecas durante los siglos XV y XVI*, Instituto de Investigaciones Históricas-UNAM, 1966.

Kelly, Isabel, y Ángel Palerm, *The Tajin Totonac*, vol. 1: *History, Subsistence, Shelter and Technology*, Smithsonian Institution, Washington, 1952.

Klein, Cecelia, "The Ideology of Auto-Sacrifice at the Templo Mayor", en Boone (comp.), *The Aztec Templo Mayor...*, pp. 293-370.

Krickeberg, Walter, *Felsplastik und Felsbilder bei den Kulturvölkern Altamerikas*: vol. 1: *Die Andenländer. Die Felsentempel in Mexico*, 1949; vol. 2: *Felsbilder Mexicos: als historische, religiöse und Kunstdenkmäler*, Palmen, Berlín, 1969.

——, "Les religions des peuples civilisés de Mésoamérique", en W. Krickeberg, O. Zerries et al., *Les religions amérindiennes*, Payot, París, 1962, pp. 15-119.

——, *Las antiguas culturas mexicanas*, FCE, 1961.

Lafaye, Jacques, *Quetzalcóatl et Guadalupe: la formation de la conscience nationale au Mexique (1531-1813)*, Gallimard, París, 1974.

——, *Quetzalcóatl y Guadalupe: la formación de la conciencia nacional en México*, FCE, 2002.

Lambert, Jean Clarence, *Les poésies mexicaines. Anthologie des origines à nos jours*, Seghers, París, 1961.

Lameiras, José, *Los déspotas armados: un espectro de la guerra prehispánica*, Colegio de Michoacán, Zamora, 1985.

Launey, Michel, *Introduction à la langue et à la litterature aztèques*, 2 vols., L'Harmattan, París, 1979.

——, *Introducción a la lengua y a la literatura náhuatl*, Instituto de Investigaciones Antropológicas, UNAM, 1992.

Lebrun, Henri, *Aventures et conquêtes de Fernand Cortez au Mexique*, A. Mame, Tours, 1853.

León-Portilla, Miguel, *Los antiguos mexicanos a través de sus crónicas y cantares*, FCE-Cultura SEP, 1983.

——, "Quetzalcóatl-Cortés en la conquista de México", *Historia Mexicana*, vol. XXIV, n. 1, 1974, pp. 13-35.

——, *La Pensée aztèque*, Seuil, París, 1985.

——, *La filosofía náhuatl estudiada en sus fuentes*, Instituto de Investigaciones Históricas-UNAM, 2001.

Litvak King, Jaime, *Cihuatlán y Tepecoacuilco. Provincias tributarias de México en el siglo XVI,* Instituto de Investigaciones Históricas-UNAM, 1971.

——, y Noemí Castillo Tejero (comps.), *Religión en Mesoamérica: XII mesa redonda,* Sociedad Mexicana de Antropología, 1972.

Lombardo de Ruiz, Sonia, *Desarrollo urbano de México-Tenochtitlan según las fuentes históricas,* INAH, 1973.

López Austin, Alfredo, *La constitución real de México-Tenochtitlan,* UNAM, 1961.

——, *Cuerpo humano e ideología. Las concepciones de los antiguos nahuas,* 2 vols., Instituto de Investigaciones Antropológicas-UNAM, 1980.

——, *Tarascos y mexicas,* FCE, 1981.

——, *Educación mexica: antología de documentos sahaguntinos,* Instituto de Investigaciones Antropológicas-UNAM, 1985.

——, *La educación de los antiguos nahuas,* 2 vols., Subsecretaría de Cultura-SEP-El Caballito, 1985.

Madariaga, Salvador de, *Hernán Cortés,* Sudamericana, Buenos Aires, 1945; Espasa Calpe, Madrid, 2008.

Magaña, Edmundo, y Peter Mason (comps.), *Myth and the Imaginary in the New World,* Cedla, Ámsterdam, 1986.

Maldonado Jiménez, Druzo, *Cuauhnáhuac y Huaxtepec: tlalhuicas y xochimilcas en el Morelos prehispánico,* Centro Regional de Investigaciones Multidisciplinarias-UNAM, Cuernavaca, 1990.

Martínez, José Luis, *Hernán Cortés,* UNAM-FCE, 1990.

Mendoza, Rubén G., "World View and the Monolithic Temples of Malinalco, Mexico: Iconography and Analogy in Pre-Columbian Architecture", *JSAP,* vol. 64-1, Société des Américanistes de Paris, París, 1977, pp. 63-80.

Molins Fábrega, Narcís, "El *Códice Mendocino* y la economía de Tenochtitlan", *RMEA,* vol. 14, 1954-1955, pp. 303-335.

Monjarás-Ruiz, Jesús, "Panorama general de la guerra entre los aztecas", *ECN,* vol. 12, 1976, pp. 241-264.

Mönnich, Annelise, *La diosa de la tierra en las religiones de Mesoamérica,* tesis doctoral, Múnich, 1969.

Morales Padrón, Francisco, *Historia del descubrimiento y conquista de América,* Gredos, Madrid, 1990 [Editora Nacional, Madrid, 1971.]

Moreno, Manuel M., *La organización política y social de los aztecas,* Secretaría de la Reforma Agraria-Centro de Estudios Históricos del Agrarismo en México, 1981.

Nicholson, Henry B., "The Chapultepec Cliff Sculpture of Motecuhzoma Xocoyotzin", *El México Antiguo,* vol. 9, 1961, pp. 379-444.

Nutini, Hugo G., "An Outline of Tlaxcaltecan Culture, History, Ethnology and Demography", en Crawford (comp.), *The Tlaxcaltecans...,* pp. 24-34.

Offner, Jerome Anthony, *Law and Politics in Aztec Texcoco,* Cambridge University Press, Cambridge, 1983.

Olivera, Mercedes, *Pillis y macehuales: las formaciones sociales y los modos de producción de Tecali del siglo XII al XVI*, Casa Chata-Centro de Investigaciones y Estudios Superiores en Antroplogía Social, 1978.

Orozco y Berra, Manuel, *Historia antigua y de la conquista de México*, 4 vols., Tipografía de Gonzalo A. Esteva, 1960 [1880].

Padden, Robert C., *The Hummingbird and the Hawk: Conquest and Sovereignty in the Valley of Mexico, 1503-1541*, Ohio State University Press, Columbus, 1967.

Padilla, Judith, Pedro Francisco Sánchez-Nava y Felipe Solís Olguín, "The Cuauhxicalli of Motecuhzoma Ilhuicamina", *Mexicon*, vol. 11, n. 2, Gotinga, 1989, pp. 24-25

Palacios, Enrique Juan, *La piedra del escudo nacional de México*, Talleres Gráficos de la Nación, 1929.

Parkes, Henry B., *L'Histoire du Mexique*, Payot, París, 1980.

——, *La historia de México*, Diana, 1979.

Parsons, Jeffrey R., "The Role of Chinampa Agriculture in the Food Supply of Aztec Tenochtitlan", en Charles Cleland (comp.) *Cultural Change and Continuity: Essays in Honor of James Bennet Griffin*, Academic Press, Nueva York, 1976.

Pasztory, Esther, *Aztec Art*, Abrams, Nueva York, 1983.

Pérez-Castro Lira, Guillermo, et al., "El Cuauhxicalli de Moctezuma I", *Arqueología*, vol. 5, 1989, pp. 131-151.

Pérez Martínez, Héctor, *Cortés et Cuauhtémoc: vie et mort de la civilisation aztèque*, Laffont, París, 1982.

——, *Cuauhtémoc, vida y muerte de una cultura*, La Prensa, 1980.

Pereyra, Carlos, *Hernán Cortés*, Porrúa, 1971.

Phelan, John Leddy, *El reino milenario de los franciscanos en el Nuevo Mundo*, UNAM, 1972.

Piho, Virve, "La jerarquía militar azteca", en *Actes du 40e Congrès International des Américanistes*, vol. 2, Roma-Génova, 1972, pp. 273-288.

——, "Tlacatecutli, tlacochtecutli, tlacatéccatl y tlacochcálcatl", *ECN*, vol. 10, 1972, pp. 315-328.

Prem, Hanns J., "Las fechas calendáricas completas en los textos de Ixtlilxóchitl", *ECN*, vol. 16, 1983, pp. 225-231.

——, Ursula Dyckerhoff y Gunter Miehlich, *Milpa y hacienda*, FCE, 1988.

Prescott, William H., *History of the Conquest of Mexico*, Routledge, Londres, 1906 [1843].

——, *Historia de la conquista de México*, Océano, 2004.

Ramírez, José Fernando, "Descripción de cuatro lápidas monumentales conservadas en el Museo Nacional de México, seguido de un ensayo sobre su interpretación", en Prescott, *Historia...*, pp.106-124.

Ramos Pérez, Demetrio, *Hernán Cortés: mentalidad y propósitos*, Rialp, Madrid, 1992.

Revista de Indias, n. 30-32, Instituto de Historia-Consejo Superior de Investigación Científica, Madrid, 1948.

Ricard, Robert, "Sur la politique des alliances dans la conquête du Mexique par Cortés", *JSAP,* vol. 17, Société des Américanistes de Paris, París, 1925, pp. 243-260.

Robelo, Cecilio Agustín, *Diccionario de mitología náhuatl,* 2 vols., Innovación, 1980.

Robertson, William, *Histoire de l'Amérique,* 2 vols., Pancoucke, París, 1778.

——, *The History of America,* Cadell and Davies, Londres, 1812.

Rojas, José Luis de, *México-Tenochtitlan: economía y sociedad en el siglo XVI,* FCE-Colegio de Michoacán, 1986.

——, "La organización del imperio mexica", *REAA,* vol. XXI, Madrid, 1991, pp. 145-169.

Romero Giordano, Carlos, *Moctezuma II, el misterio de su muerte,* Panorama, 1986.

Rounds, Jeffrey, "Lineage, Class and Power in the Aztec State", *American Ethnologist, Journal of the American Ethnological Society,* vol. 6, n. 1, Davis, California, 1979, pp. 73-86.

——, "Dynastic Succession and the Centralization of Power in Tenochtitlan", en George A. Collier, Renato I. Rosaldo y John D. Wirth (comps.), *The Inca and Aztec States, 1400-1800: Anthropology and History,* Academic Press, Nueva York, 1982, pp. 63-92.

Sáenz, César A., *El fuego nuevo,* INAH, 1967.

Schele, Linda, y David Freidel, *Una selva de reyes,* FCE, 1999.

Schmid, Ulla K., *Die Tributeinnahmen der Azteken nach dem Codex mendoza,* Fischer, Fráncfort, 1988.

Scholes, France V., y Ralph L. Roys, *The Maya Chontal Indians of Acalan-Tixchel,* Carnegie Institution, Washington, 1948.

Séjourné, Laurette, *Antiguas culturas precolombinas,* Siglo XXI, 1971.

——, *El pensamiento náhuatl cifrado por los calendarios,* Siglo XXI, 1981.

Seler, Eduard, "Die achtzehn Jahresfeste der Mexikaner (1 Hälfte)", *Altmexikanische Studien,* n. 2, Berlín, 1899, pp. 67-209.

——, *Gesammelte Abhandlungen zur Amerikanischen Sprach-und Altertumskunde,* 5 vols., Berlín, 1902-1923.

——, *Codex Vaticanus n. 3773. Eine altmexikanische Bilderschrift der Vatikanischen Bibliothek,* Berlín, 1902

——, *Comentarios al Códice Borgia,* FCE, 1963.

Smith, Michael E., "The Role of Social Stratification in the Aztec Empire: A View From the Provinces", *American Anthropologist,* vol. 88, American Anthropological Association, Arlington, Virginia, 1986, pp. 70-91.

Solís, Antonio de, *Historia de la conquista de México: población y progresos de la América septentrional, conocida por el nombre de Nueva España,* Porrúa, 1990 [1684].

Sotomayor, Arturo, *Cortés según Cortés*, Extemporáneos, 1979.

Soustelle, Jacques, *La Vie quotidienne des Aztèques à la veille de la conquête espagnole*, Hachette, París, 1955.

——, *La vida cotidiana de los aztecas en vísperas de la Conquista*, FCE, 1956.

Spores, Ronald, *The Mixtec Kings and Their People*, University of Oklahoma Press, Norman, 1967.

Stenzel, Werner, *Quetzalcóatl de Tula: Mitogénesis de una leyenda postcortesiana*, Facultad de Filosofía y Letras-Universidad Autónoma de Nuevo León, Monterrey, 1991.

Swadesh, Morris, y Magdalena Sancho, *Los mil elementos del mexicano clásico: base analítica de la lengua nahua*, UNAM, 1966.

Taladoire, Eric, "Gerónimo de Aguilar et les interprètes de Cortés", *Culture*, vol. VII, n. 1, Montreal, 1987, pp. 55-65.

Thomas, Hugh, *The Conquest of Mexico*, Hutchinson, Londres, 1993.

——, *La conquista de México*, Planeta, 2000.

Thompson, J. Eric S., *La civilisation aztèque*, Payot, París, 1934.

Tódorov, Tzvetan, *La conquête de l'Amérique. La question del l'autre*, Seuil, París, 1982.

——, *La Conquista de América. El problema del Otro*, Siglo XXI, 2005.

Tomicki, Ryszard, "Las profecías aztecas de principios del siglo XVI y los contactos maya-españoles. Una hipótesis", *Xochipilli*, vol. I, n. 1, 1986, pp. 19-30.

Toscano, Salvador, *Cuauhtémoc*, FCE, 1992.

Townsend, Richard F., "Coronation at Tenochtitlan", en Boone (comp.), *The Aztec Templo mayor...*, pp. 371-410.

——, *The Aztecs*, Thames and Hudson, Londres, 1992.

——, "State and Cosmos in the Art of Tenochtitlan", *Studies in Pre-Columbian Art and Archeology*, n. 20, Dumbarton Oaks, 1979.

Uchmany, Eva, *Motecuhzoma II Xocoyotzin y la conquista de México*, Instituto Nacional de la Juventud, 1972.

Umberger, Emily, *Aztec Sculptures, Hieroglyphs and History*, University Microfilms International, Ann Arbor, 1981.

——, "El trono de Moctezuma", *ECN*, vol. 17, pp. 63-87.

Vaillant, George C., *The Aztecs of Mexico: Origin, Rise and Fall of the Aztec Nation*, Pelican, Londres, 1962.

——, *La civilización azteca. Origen, grandeza y decadencia*, FCE, 1973.

Vázquez Chamorro, Germán, "Las reformas socio-económicas de Motecuhzoma II", *REAA*, vol. 11, Madrid, 1981, pp. 207-217.

——, *Moctezuma*, Historia 16-Quorum, Madrid, 1987.

Veytia, Mariano, *Historia antigua de México*, 2 vols., Leyenda, 1944.

Wagner, Henry R., *The Rise of Fernando Cortés*, The Cortes Society, Berkeley, 1944.

Wasserman, Martin, "Montezuma's Pasivity. An Alternative View Without Post-conquest Distortions of a Myth", *The Masterkey for Indian Lore and History*, vol. 57, n. 3, Los Ángeles, 1983, pp. 85-93.

Wauchope, Robert (comp.), *Handbook of Middle American Indians*, 16 vols., University of Texas Press, Austin, 1964-1976.

Weitzel, Robert B., "Mexican Manuscripts and Solar Eclipses", *RMEA*, vol. 11, 1950, pp. 5-13.

White, Jon M., *Cortes and the Downfall of the Aztec Empire: A Study in a Conflict of Cultures*, St. Martin Press, Nueva York, 1971.

Wolf, Eric, *Peuples et civilisations de l'Amérique Centrale des origines à nos jours*, Payot, París, 1962.

——, *Sons of the Shaking Earth*, University of Chicago Press, Chicago, 1959.

——, *Pueblos y culturas de Mesoamérica*, Era, 1967.

—— (comp.), *The Valley of Mexico: Studies in Pre-Hispanic Ecology and Society*, University of New Mexico Press, Albuquerque, 1976.

Zantwijk, Rudolf A. M. van, "Los seis barrios sirvientes de Huitzilopochtli", *ECN*, vol. 6, 1966, pp. 177-186.

——, "Iquehuacatzin, un drama real azteca", *ECN*, vol. 13, 1978, pp. 89-96.

——, *The Aztec Arrangement. The Social History of Pre-Spanish Mexico*, University of Oklahoma Press, Norman, 1985.

——, "Quetzalcóatl y Huémac, mito y realidad Azteca", en Magaña y Masone (comps.), *Myth and the Imaginary...*, pp. 321-358.

——, *"Met mij is de Zon opgegaan"*, *De levensloop van Tlacayelel (1398-1478)*, *De stichter van het Azteekse rijk*, Prometheus, Ámsterdam, 1992.

Zavala, Silvio, *La filosofía política en la conquista de América*, FCE, 1984.

Principales deidades aztecas

•

Chalchiuhtlicue: "la de la falda de jades", diosa de las aguas vivas, esposa de Tláloc.

Cihuacóatl: "Serpiente Hembra", aspecto de la diosa tierra, patrona de las mujeres muertas en parto, guerrera.

Cintéotl: "dios maíz", nacido de la transgresión en el paraíso de Tamoanchan.

Coatlicue: "la de la falda de serpientes", diosa tierra, madre de Huitzilopochtli.

Coyolxáuhqui: "la de los cascabeles en la cara", hermana enemiga de Huitzilopochtli, muerta en el Coatépec; diosa lunar.

Ehécatl: "viento", "aire", dios del viento y del aliento vital, aspecto de Quetzalcóatl.

Huitzilopochtli: "Colibrí Zurdo", dios tutelar y representante de los mexicas, dios de la guerra, vencedor en Coatepec, Sol mexica, se confunde con Tezcatlipoca.

Huitznahuas: "los del país de las espinas, del sur", medios hermanos enemigos de Huitzilopochtli, muertos por él en el Coatépec; seres estelares.

Itzpapálotl: "mariposa de obsidiana", aspecto de la tierra, guerrera, representante de los autóctonos; uno de los nombres de la culpable de Tamoanchan.

Malinalxóchitl: "flor de hierba seca", bruja hermana de Huitzilopochtli, abandonada durante las peregrinaciones mexicas.

Mictlantecuhtli: "señor del Mictlan, del país de los muertos", dios de la muerte.

Mimixcoa (plural de Mixcóatl, "serpiente de nubes"): héroes toltecas; víctimas de la primera guerra para alimentar al sol y a la tierra, prototipos de los guerreros; seres estelares.

Nanáhuatl: "buboso", nombre de Quetzalcóatl cuando se sacrifica en Teotihuacan para volverse sol.

Ometéotl: "dios dos", nombre de la suprema pareja creadora.

Quetzalcóatl: "Serpiente Emplumada", dios de la vida, hermano enemigo de Tezcatlipoca, hijo de Mixcóatl a quien venga en el Mixcoatépec; Sol de la segunda y la cuarta eras, rey-sol de Tollan, y después Venus como estrella de la mañana.

4-Pedernal o Tecciztécatl: "el de la concha marina", dios lunar, rival de Quetzalcóatl-Nanáhuatl en el sacrificio de Teotihuacan.

Tezcatlipoca: "Espejo Humeante", dios nocturno y lunar, todopoderoso, hermano y rival de Quetzalcóatl, con quien alterna como sol en su advocación de Tezcatlipoca Rojo, viento destructor.

Tláloc: "lleno de tierra", dios de la tierra, de la lluvia y del paraíso verde, el Tlalocan.

Tlatéotl (o Tlaltecuhtli): "deidad tierra" o "señora de la tierra", saurio monstruoso; en el origen de los tiempos fue desgarrado y se conviertió en la tierra y la bóveda celeste.

Tlazoltéotl: "diosa de la inmundicia", diosa del amor, de la lujuria y de la confesión; diosa del tejido, asociada con la tierra y con la luna, representa a la mujer en sus distintas edades.

Toci: "nuestra abuela", diosa tierra, aspecto de Tlazoltéotl, festejada en el mes de *Ochpaniztli*.

Tonatiuh: "el que calienta", dios del disco solar, señor del más allá de los guerreros heroicos.

Tzitzimime (plural de Tzitzímitl): fieras celestes, espectros nocturnos.

Xipe Tótec: "el que tiene una piel, nuestro señor", dios de la purificación y del cambio de estaciones, guerrero, asociado con el maíz, el sol y la luna.

Xiuhtecuhtli: "señor de turquesa", llamado también "dios viejo", Huehuetéotl, dios del fuego, a veces identificado con la pareja suprema.

Xochipilli: "príncipe de las flores", dios de las flores, la música, la danza, las artes; sol lunar de la tarde.

Xochiquétzal: "flor-quetzal", diosa de la seducción, culpable de las primeras relaciones sexuales en Tamoanchan.

Xólotl: "servidor", gemelo de Quetzalcóatl en su aspecto de estrella del atardecer, perro que conduce a los difuntos a los infiernos.

Glosario

•

Calmécac: especie de colegio en el cual se educaban los jóvenes nobles y los futuros sacerdotes.

Calpixqui: intendente, recaudador.

Calpulli: literalmente, "casa grande"; grupo de familias o gremio de un mismo barrio, que comparten un mismo origen y una deidad tutelar comunes.

Chalchíhuitl: nombre dado a diversas piedras verdes muy apreciadas por los mesoamericanos, especialmente el jade, considerado como la carne de los dioses de la lluvia.

Chía: del náhuatl *chian;* semilla cultivada de la *Salvia hispánica L.*

Chinampa: pequeño campo cultivado en un islote artificial creado en lagunas o lagos poco profundos, que da cosechas más frecuentes y abundantes.

Cihuacóatl: "mujer (*cíhuatl*) serpiente (*cóatl*)"; especie de virrey que representa a la diosa tierra y, en principio, se ocupa principalmente del gobierno interior del Estado.

Copal: del náhuatl *copalli;* resina de varios árboles tropicales usada como incienso.

Cuáchic: "cabeza rapada"; guerrero valiente que ha realizado veinte proezas y ha jurado no retroceder nunca.

Cuauhxicalli: "vasija (*xicalli*) del águila (*cuauhtli*)"; recipiente para los corazones y la sangre de las víctimas sacrificadas.

Cuauhtlatoani: "orador del águila (*cuauhtli*)"; gobernador militar.

Huey tlatoani: "gran orador", gran jefe del Estado, gran rey.

Macuáhuitl: especie de garrote o espada de madera, con navajas de obsidiana fijadas en los filos.

Náhuatl: lengua aglutinante de la familia uto-azteca, hablada en el centro de México por lo menos desde el siglo VIII y hasta hoy.

Quecholli: flamenco o espátula rosa (*Platalea ajaja* o *Ajaia ajaja*).

Quetzal: del náhuatl *quetzalli;* pájaro de plumas verdes (*Pharomacrus mocinno*) cuyas largas plumas caudales son particularmente espectaculares.

Tecuhtli: señor, jefe de linaje noble.

Telpochcalli: "casa de los jóvenes"; especie de escuela donde los hombres jóvenes aprendían, sobre todo, el oficio de las armas.

Temalácatl: "rueda de molino (*malácatl*) de piedra (*te*)"; piedra circular sobre la cual combatían, amarradas, las víctimas del sacrificio "gladiatorio".

Teocalli: "casa de dios", templo.

Tlacatéccatl: "hombre del palacio"; comandante en jefe del ejército, junto con el *tlacochtécatl*. Uno de los dos era noble, el otro no.

Tlacatehcutli: "señor de los hombres"; uno de los jueces y funcionarios supremos y jefe militar, junto con el *tlacochtecuhtli*.

Tlachtli: juego de pelota.

Tlacochcálcatl: "el de la casa de los dardos".

Tlacochtecuhtli: "señor de los dardos"; uno de los jueces y funcionarios supremos y jefe militar.

Tlatoani: "el que habla"; jefe (o uno de los jefes) del Estado; rey.

Tzompantli: plataforma coronada por filas de mástiles que soportan varas horizontales de las cuales se colgaban las cabezas de los guerreros sacrificados.

Xiuhuitzolli: corona o diadema real decorada con un mosaico de turquesas (*xiúitl*).

Xochiyaóyotl: "flor (*xóchitl*), guerra (*yaóyotl*)"; "guerra florida", batalla regulada organizada con el único propósito de conseguir guerreros que sacrificar.

Índice onomástico

•

Los nombres seguidos de un asterisco figuran en la lista de deidades principales de los aztecas.

Amaquemecan, 17, 48, 401-402, 406

Amatlan, 220-21

Amboise, 84

Amecameca, 372; ver también Amaque-mecan

América del Sur, 46

Anáhuac, 68, 158, 250, 351, 371, 385, 398, 406, 414, 418

Anglería, Pedro Mártir de (humanista italiano, 1457-1526), 391

Antonino Pío (emperador romano), 244

Apanécatl (deidad lunar), 31, 37, 40, 458

Arabia, 244, 302

Argüello (conquistador), 382

Atícpac, 74

Atlantonan, 197

Atlixco, 48, 50, 61, 65, 66, 71, 75, 89, 101-103, 117, 158, 171-72, 194, 222, 227, 264

Atlmoyahuacan, 373

Atocatzin, 262

Atzitzihuacan, 171-72

Agustín, San, 302

Austria, 322

Axayácatl (sexto soberano de Tenoch-titlan), 45, 57-58, 60-61, 74, 85, 88-89, 112, 118, 150, 179, 189, 191, 194, 231-32, 279, 286-87, 344n.11, 407-408, 413, 415, 418n.31, 441, 457n.55, 461

Ayaqueme, monte, 402

Ayotlan, 82-83

Ayotzinco, 402, 404

Azacan, 386

Azcapotzalco, 44-46, 69, 147, 228, 232, 278, 302

Azcapotzalco (dama de), 262

Aztlan, 35-36, 39, 129, 235, 236-38, 325, 340, 357

Azúa, 310

Babelon, Jean (historiador francés), 305, 311, 387, 457

Brasil, 46, 106

Brundage, Burr C. (historiador esta-dounidense), 49, 52, 53, 54, 82, 122, 136, 196, 301, 387, 457

Cacama (soberano de Texcoco, 1515?-1520), 263-66, 326, 403-408, 419-22, 427, 430, 454, 461

Cacaxtla, 53n.20, 248

Camaxtli (otro nombre de Mix-cóatl*), 49n.10, 65, 202, 227, 271

Campeche, 58, 276, 288, 316

Cano, Juan, 389, 444, 450, 452, 455

Carlos V, 18, 55, 120, 183, 239, 248, 321n.24, 331, 362, 406, 418, 423, 425-26

Carlos VIII (rey de Francia), 84

Castilla, 295, 313, 334, 382

Catemaco (lago), 260

Catoche (cabo), 275, 277

Cecepaticatzin, 103

Cempoal, 410, 425; ver también Cem-poala

Cempoala, 58, 120, 326, 332-33, 344-47, 350, 352, 355, 360-61, 366, 368, 373, 377, 382, 437-38, 447-48

Centzontépec, 261

Cervantes de Salazar, Francisco (cro-nista español, ca. 1515-1575), 240, 352, 444, 453-54

César, Julio, 139

Chahuaque, 64

Chalchiuhcueyecan, 327, 360

Chalchiuhnenetzin, 231-32, 262, 337, 475

Chalchiuhtlicue,* 21, 130, 203, 487

Chalco, 17, 41, 44, 48, 51-53, 57, 61, 64, 87, 102, 148, 154, 158, 163, 195, 197, 221, 255, 267, 271-72,

187-88, 195, 222, 238-40, 250, 265, 275-76, 278, 281, 286-90, 292-93, 296, 299n.50, 303, 305-306, 310-26, 328-35, 344-55, 361-63, 365-80, 382-93, 395-97, 401-14, 416-21, 422n.40, 423-27, 429-39, 442-57, 461-63

Cotaxtla, 58, 253

Coyoacan, 66-67, 251, 406, 421n.39

Coyolapan, 175-76

Coyolxauhqui,* 37, 39, 111-12, 137, 142, 212, 283, 357

Cozcacuauhqui, 166

Cozumel, 273, 288, 310, 312-13, 317

Cuahuacan, 373

Cuatzontlan, 116, 147

Cuauhnáhuac, 47, 69, 129, 298

Cuauhquechollan, 171-72, 372-73, 376-77, 396-97

Cuauhtémoc (rey no coronado de Tenochtitlan en 1520-1521), 12, 174n. 41, 261, 305, 445, 456, 462-63

Cuauhtenanco, 82

Cuauhtinchan, 373

Cuauhtitlan, 44, 147, 195, 278

Cuauhtla, 78

Cuauhtliiztactzin, 263

Cuba, 275, 288, 295, 310-11, 333-34, 351-52, 361, 374, 423

Cuechtlan, 58

Cuernavaca, 47

Cuetlaxtlan, 58, 253, 284, 294, 297, 305, 317, 320, 321n.24, 323, 327, 329, 332

Cuetzallan, 47

Cuextlan, 108, 373

Cuicuitzcatzin, 265, 421

Cuitláhuac (población), 44, 61, 300, 305, 373, 405-406

Cuitláhuac (sucesor de Moctezuma II en 1520), 74, 103, 166, 191, 250, 264, 266, 273, 283, 326-27, 348n.15, 372, 405, 407-408, 415, 421n.39, 434n.9, 450, 452, 453n.48, 457, 461-62

Cuitlalpítoc (embajador de Moctezuma II ante Cortés), 294-95, 297-98, 305, 320, 323, 331-32, 349

Culúa, 291, 311, 316

Dama Blanca, 393; ver también Iztaccíhuatl

Darién (Panamá), 275

Davies, Nigel (historiador inglés), 122-23, 387

Descola, Jean, 387

Díaz, Juan (capellán y cronista de la expedición de Grijalva), 286, 288, 290-92, 295-96, 312

Díaz de Alpache, Giraldo, 291

Díaz del Castillo, Bernal (conquistador y cronista, 1496-1584), 18, 81, 149, 181-82, 186, 193, 195, 275-76, 288-90, 293, 312-13, 316, 323, 350, 353-55, 362-63, 368, 382, 391-92, 397, 405, 417, 431, 444, 456

Díaz de Solís, Juan, 251

Dos Bocas, río, 293

Dumézil, Georges, 230

Durán, Diego (dominico cronista y etnógrafo, 1537?-1588?), 86, 95, 109, 113, 116, 120, 128, 148, 151, 161, 165, 168-69, 187, 213, 256, 263, 265-66, 279, 296, 306, 326, 387, 389, 406, 410, 412, 417-19, 444-45, 454, 456

Dzahuindanda, 147

Ecatépec, 194-95, 260, 302

Ecuador, 312

Eduardo II de Inglaterra, 455

Egipto, 12

Ehécatl,* 99, 134, 213, 293, 309, 321, 425

163, 179, 196-97, 200, 202, 204, 207-209, 211-13, 215, 221-22, 226, 235-40, 245-48, 250-51, 267, 283-84, 299, 301, 307, 309, 316, 320-21, 325, 337, 346n.13, 356, 357, 359, 361, 376, 385, 392, 397, 403, 411-12, 416, 424, 434, 438-40, 446, 459, 461

Huitznahuas,* 37, 39, 111-12, 130, 137, 142, 202, 211, 214, 283, 357

Huixachtécatl, 208-10, 211n.6

Huixachtépetl, 208; ver también Huixachtécatl

Huixachtlan, 208; ver también Huixachtécatl

Huixtocíhuatl (diosa de la sal), 197

Huizaches, cerro o monte de los, 208, 210, 212; ver también Colhuacan

Icpatépec, 101-102, 253-56

Ilancuéitl (hija de Moctezuma II), 195

Ilancuéitl (primera reina de Tenochtitlan), 44

Indias, 11n.1, 17, 78, 306, 311, 350, 389

Itzcahua, 221

Itzcóatl (cuarto soberano de Tenochtitlan), 45-48, 85, 124, 128, 133, 138, 228-30, 236

Itzcuauhtzin, 174, 417, 442

Itzcuincuitlapilco, 299

Itzoncan, 373

Itzpapálotl,* 23-24, 31, 356, 375

Itzyocan, 220

Ixcozauhqui (uno de los nombres del dios del fuego), 113

Ixhuacan, 361

Ixtepetla, 338, 340

Ixtlilcuecháhuac (hermano de Moctezuma II y rey de Tula), 74-75, 171, 194

Ixtlilxóchitl, el Viejo (rey de Texcoco, asesinado en 1418), 45

Ixtlilxóchitl (príncipe de Texcoco), 239-40, 243, 249, 263-66, 333, 363, 406, 449, 463

Izquitlan, 378

Izquixochitépec, 257

Iztaccíhuatl, 41, 393-94

Iztacmaxtitlan, 159, 363-64, 366, 368-69

Iztactlalocan, 260-61

Iztapalapan, 74, 208, 264, 372, 403, 405-406

Izúcar, 163, 220

Jano, 244

Japón, 311

Jerusalén, 244, 248

Júpiter, 281

Landa, Diego de, 291

Las Casas, Bartolomé de (cronista dominico), 386, 389-91, 417

Lázaro, 242, 276

León-Portilla, Miguel, 457

Le Tellier, arzobispo, 16

López de Gómara, Francisco (historiador, ca. 1511-1566), 18, 55-56, 81, 178, 186, 192, 288-89, 292, 316-17, 350, 352, 362, 368, 444, 452

Luis XIV, 125

Macuilmalinalli (hermano de Moctezuma II), 74-75, 89, 117, 222, 233

Macuilxóchitl (dios del sol de la tarde, de las flores, de los guerreros), 98, 99n.68

Madariaga, Salvador de (escritor español), 387

Magdalena Xaltépec, 147

Malinal, 257-58

Malinalco, 214, 300, 357, 360

Malinalli, 134, 315-16, 322; ver también Marina y Malinche o Malitzin

Malinaltépec, 155, 221, 261n.18

Malinalxóchitl,* 37, 43, 357, 358, 359, 360

Malinche o Malintzin, 382; ver también Marina y Malinalli

Maquizcóatl, 21

Margarita de Borgoña (reina de Francia), 232

Marina (intérprete de Cortés), 296, 299n.50, 302, 315n.13, 316, 322, 352, 354, 373, 382, 386, 409, 414, 424, 435; ver también Malinalli y Marina o Malinche

Martínez, José Luis, 387

Matlatlan, 261

Matlatzíncatl, 103

Maxixcatzin (señor de Ocotelulco, Tlaxcala), 56, 57, 365

Maxtla, 45

Mazahuacan, 373

Medellín (Extremadura), 310

Melchor o Melchorejo (intérprete indígena), 276, 289

Mendieta, Gerónimo de (cronista franciscano, 1528-1604), 243-44

Mesalina (emperatriz romana, esposa de Claudio), 231

Mesoamérica, 21, 28, 46-47, 100, 125, 191, 194, 276, 281, 371, 458

Mesopotamia, 12

Metztitlan, 61, 102, 108, 342

Mexicatzinco, 406

México, golfo de, 48, 58, 155, 175, 228, 278, 294, 296, 298, 322

Mezquital, 41

Miahuatlan, 220

Miahuaxíhuitl, 129

Miahuaxóchitl, 194

Michoacán, 60, 108, 110, 242, 270, 342n.8

Mictlancíhuatl (esposa de Mictlantecuhtli), 21

Mictlancuauhtla, 294, 296-97, 302, 305

Mictlantecuhtli,* 21, 84, 173

Mímich, 355-56

Mimixcoa,* 26, 31, 37, 39, 40, 63, 101, 104-105, 111-12, 166, 201, 208

Misantla, 261

Mitla, 261

Mixcoatépec, 39, 208, 327, 377

Mixcoatépetl, 458; ver también Mixcoatépec

Mixcóatl,* 26, 31, 37, 101, 166, 202, 204-205, 208, 214, 271, 301, 309, 325, 356, 392, 411, 424

Mixteca, 147, 164-65, 176, 211, 262, 326, 370

Mixteca oriental, 176

Mízquic, 44, 61, 300, 305

Molina, Alonso de (franciscano, ca. 1513-1579), 358

Montejo, Francisco de (conquistador), 294, 312, 333-34, 352

Moctezuma (Montezuma o Motecuhzoma) I Ilhuicamina (quinto soberano de Tenochtitlan), 48-49, 58, 62, 74, 85, 124, 128-29, 136, 215, 229-30, 235, 238-39, 257, 262, 271, 287, 344n.11

Morelos (estado), 41, 47-48, 172

Motelchiuh, 361

Mulúa, 291; ver también Culúa

Muñoz Camargo, Diego (cronista mestizo, ca. 1525-1613), 17, 57, 59, 270, 326, 365, 387, 454, 456

Nácxitl, 299

Nanáhuatl,* 25, 27, 29, 76, 101, 107, 141, 198, 212

Narváez, Pánfilo de, 275, 431n.7, 435-38, 442-45, 447-49, 450n.42, 455, 462

Nauhtlan, 381, 382n.36, 413, 416

Necatitlan, 458

Nene, 137

Nequámetl, 195, 221-22

Nerón (emperador romano, 37-68), 444

Nezahualcóyotl (rey de Texcoco de 1431 a 1472), 45-46, 51, 57, 67-69, 228-30, 266, 419

Nezahualpilli (rey de Texcoco de 1472 a 1515), 87, 89, 96, 108, 130, 132, 143, 162, 192, 211, 222-23, 228, 231-34, 239-41, 249-50, 253, 262-66, 267n.32

Nezahualquentzin, 419-20, 444

Nicaragua, 262

Nonoalcatzin, 263

Nopallan, 101-102, 253-56, 257n.8, 258n.10, 261

Nuestro señor portador de la piel (nuestro señor el desollado), 168; ver también Xipe Tótec

Nueva España, 55, 391, 442

Nueva York, 303

Oaxaca, 61, 70, 147, 155n.15, 160, 164-65, 168, 174-76, 220-21, 253, 257-61, 433

Oaxtépec, 360

Ocotelulco, 158-59

Ocotépec, 373

Ocuila, 360

Ocuituco, 372

Ojeda, 80

Olid, Cristóbal de, 312

Ollintecuhtli, 362-63, 392

Ollintetl, 362; ver también Ollintecuhtli

Olmedo, Bartolomé de (fraile mercedario de la expedición de Cortés), 312, 316, 354, 436-37

Omácatl, 195, 302

Omecíhuatl (esposa de Ometecuhtli), 21

Ometecuhtli, 21, 324; ver también Ometéotl

Ometéotl,* 21, 23, 25-26

Opochhuacan Chalco, 195

Oquizqui, 302

Ordaz, Diego de, 314, 393, 396

Orozco y Berra, Manuel (historiador mexicano), 386, 456

Orteguilla, 431

Otompan, 264

Otumba, 264, 333n.51, 461

Oztoman, 70, 261n.18, 299

Pacífico, océano, 61, 155, 352

Padden, Robert C. (historiador estadounidense), 387, 457

Pantitlan, 143, 203

Pánuco, 325, 449

Papantla, 261

Papantzin, 241-42

Papátzac, 26

Paraguay, 244

Patlahuatzin, 387

Paynal (lugarteniente de Huitzilopochtli), 130

Pérez Martínez, Héctor (escritor e historiador mexicano), 387

Perro (guerrero de Tlatelolco), 210

Pértinax (emperador romano, 126-193), 244

Perú, 46, 418-19

Piaxtla, 159, 261n.18

Piltzintecuhtli (dios de los nobles, del sol de la tarde), 120

Pináhuitl, 103

Pínotl, 294, 295n.45, 297, 305

Plata, río de la, 251

Pomar, Juan Bautista (historiador mestizo de Texcoco, ca. 1525-1613), 17, 56, 232, 262, 266

Popocatépetl, 41, 103, 156, 205, 258, 372, 393-94, 396

Potonchan, 291, 299n.50, 309, 314-16, 321n.24, 322, 331

Prescott, William H. (historiador estadounidense, 1796-1859), 387, 457

Puebla, 41, 44, 46, 48-49, 56, 58-61, 65, 67, 71, 75, 102-103, 109-11, 118, 158-59, 170, 174-76, 219-20, 222-23, 228, 261-62, 266-68, 271, 273, 287, 337, 364n.42, 365

Puerto Deseado, 289, 291

Puerto Escondido, 101, 168, 253

Quechólac, 158

Quechollan, 172

Quctzalacxóyatl, 265

Quetzalapan, 260

Quetzalcóatl,* 13, 15, 21, 23, 25-27, 29-34, 39, 43, 47, 49n.10, 73, 76, 91, 99, 101, 107, 113-14, 129, 133, 136, 140-41, 167n.32, 171, 194, 198, 202, 205, 208, 213, 238-40, 245n.15, 246, 249-50, 281, 286-87, 292-93, 297, 299, 300-301, 303, 305-10, 318, 319n.21, 320-22, 324-26, 330-31, 333n.51, 336-37, 343, 363, 376-78, 383-84, 387, 391-93, 395-98, 406, 408, 410-11, 423-26, 438, 442, 445-56, 458-59

Quetzalcuauh, 64

Quetzaltépec, 153n.13, 160-63, 176, 260

Quiahuiztlan, 159, 333-34, 344-45, 346n.13, 348-49

Quilaztli (otro nombre de Cihuacóatl), 300-302, 356-57, 359

Quimichintépec, 254, 257

Quintalbor, 320n.23, 395; *ver también* Cuitlalpítoc

Reims, 16

Rojas, José Luis de (historiador español), 122

Roma, 11n.1, 390, 444

Sahagún, Bernardino de (etnógrafo franciscano, 1499-1590), 18, 83, 86, 186-87, 242, 245-46, 302-303, 305, 318-21, 329, 335, 343, 387-88, 393-94, 396-97, 404, 417, 440, 446, 455

Salamanca, 310

Salceda, Francisco de, 351

Salomón, 192

Samalce, 118

San Francisco Ixpantepec, 102, 255 n.4; *ver también* Icpatépec

San Jerónimo Sosola, 159n.22; *ver también* Zozollan

San Juan, 294

San Juan de Ulúa, 317, 418, 435

Sandoval, Gonzalo de, 448

Santa Cruz Centzontepec, 261; *ver también* Centzontépec

Santa Lucía Teotepec, 168; *ver también* Teuctépec

Santa María Jaltianguis, 261; *ver también* Xaltianquizco

Santiago de Baracoa, 310

Santiago de Cuba, 275

Santo Domingo, 436

Serpientes, monte o montaña de las, 37, 39, 112, 212, 357; *ver también* Coatépec

Sevilla, 425

Sierra Madre, 361

Sotomayor, Arturo, 386, 457

Soustelle, Jacques (americanista francés), 121, 123

Suárez, Catalina (esposa de Cortés), 311

Sumiltépec, 372

Sur, mar del, 360; *ver también* Pacífico, océano

Tabasco (estado), 58, 291, 459

Tabasco (rey de Potonchan), 316, 322

Tabasco, río, 291

Tamoanchan, 23-24, 28, 33
Tapia, Andrés de (conquistador y cronista, nacido en 1495), 18, 313, 330, 432-33
Tarquino (rey de Roma, ca. 616-578 a. C.), 281
Tascaltecal, 410; ver también Tlaxcala
Tata, 137
Tayhualcan (esposa de Moctezuma II), 193, 194n.36
Tecamachalco, 159, 373
Tecayehuatzin (rey de Huexotzinco), 158
Tecepátic, 75
Tecóac, 50, 366, 367n.8
Tecualoyan, 248
Tecuichpo (hija de Moctezuma II), 194
Tehuantépec, 82, 154, 166, 259-60
Tehuantepec, istmo de, 147, 160, 165, 175-76
Temilotécatl, 366
Tenantépec, 372
Tenantzinco, 360
Tenanyocan, 221
Tenayuca, 44, 195, 302
Tentlilli (embajador de Moctezuma ante Cortés), 294-95, 305, 317-18, 320, 322-24, 327-32
Teocalhueyacan, 373
Teocinyocan, 294, 305
Teopuctlan, 176
Teotihuacan, 25-26, 29-32, 41, 76, 101, 107, 196, 208, 321n.25
Teotlaltzinco, 373
Tepatlaxco, 373
Tepeaca, 58, 167n.32, 462
Tepepulco, 154
Tepetícpac, 159
Tepetzinco, 373
Tepeyácac, 158, 373
Tepoztlan, 360

Tequanehuatzin, 233
Tequixquíac, 44
Término (dios romano, guardián de los límites de los campos), 281
Términos, laguna de, 278, 289-90, 317
Tetela, 159
Tetlahuehuetzquititzin, 263
Tetlepanquetza, 162
Tetzcoco, 44, 263; ver también Texcoco
Tetzmolocan, 373
Teuctépec, 150n.10, 160n.23, 168-69, 211n.7, 220, 253, 255
Teúhcatl, 271
Texcoco, 14, 17, 41, 44-46, 49, 51, 56-57, 60, 68-70, 85-89, 90n.57, 93, 96-97, 100, 107-110, 117, 127, 132, 143, 146, 148, 152-54, 163-64, 191-92, 194, 196, 203, 205, 219, 222-23, 228-34, 240, 249, 253, 262-68, 273, 275, 283, 326, 333, 363-64, 372, 403-404, 406, 419-21, 427, 449, 454, 463
Texocuauhtli, 261
Tezcatlipoca,* 21, 23-24, 30, 33-34, 49n.10, 118, 130, 133, 136-37, 182, 196-97, 205, 209, 225, 251, 257, 294, 306-308, 319n.21, 320-21, 324n.32, 325, 331, 336-37, 339, 376, 392, 398, 438, 440, 446, 456, 459
Tezozómoc (gobernador de Azcapotzalco, ca. 1500), 232-33
Tilantongo, 326
Tizapan, 43
Tizapantzinco, 350-51
Tizatlacatzin, 158
Tizatlan, 159, 248
Tízoc (séptimo soberano de Tenochtitlan), 45, 60-61, 63, 74, 78, 86, 88, 95n.63, 103, 125, 279, 407

Moctezuma

se terminó de imprimir el 19 de mayo de 2014
en Litográfica Ingramex, S.A. de C.V.
Centeno 162-1, 09810 México, D.F.
Composición tipográfica: Alfavit.
Para la composición tipográfica se utilizó
la familia ITC New Baskerville.